A. SCHLATTER
PAULUS DER BOTE JESU

ADOLF SCHLATTER

PAULUS
DER BOTE JESU

EINE DEUTUNG
SEINER BRIEFE AN DIE
KORINTHER

CALWER VERLAG STUTTGART

CIP-Kurztitelaufnahme der Deutschen Bibliothek

Schlatter, Adolf:
Paulus, Der Bote Jesu: e. Deutung seiner Briefe
an d. Korinther / von A. Schlatter
5. Aufl. — Stuttgart: Calwer Verlag 1985
ISBN 3-7668-0198-8

ISBN 3-7668-0198-8
Fünfte Auflage 1985
© 1934 by Calwer Verlag Stuttgart
Druck: Gutmann + Co. GmbH, Heilbronn

ÜBERSICHT

DIE GESCHICHTE DER KORINTHISCHEN GEMEINDE

Von Athen aus wanderte Paulus allein ohne seine Begleiter Silvanus und Timotheus nach Korinth. Noch hatte niemand die Botschaft Jesu in die griechischen Städte gebracht. Deshalb war Paulus der Eingang in die korinthische Synagoge noch nicht verschlossen. Die Ereignisse in Athen hatten nicht so großes Aufsehen gemacht, daß sie gleich auch die Korinther aufgeregt hätten, und mit den makedonischen Städten waren sie nicht so eng verbunden, daß sich von dort her der Kampf auch in die korinthische Synagoge übertragen hätte. Die Macht, die die ganze Judenschaft leitete, das Hohepriestertum und das Rabbinat Jerusalems, hatte auf Paulus den Bann noch nicht so gelegt, daß er allen Synagogen mitgeteilt wurde, Apgsch. 28, 21, und die fünf Urteile, die synagogale Gerichte gegen ihn gefällt hatten, II 11, 25, hatten noch nicht für alle Synagogen verpflichtende Kraft. Paulus konnte daher das Gespräch mit den korinthischen Juden beginnen. Bei seinem Verkehr mit ihnen wurde er dadurch unterstützt, daß ihn die Gemeinsamkeit des Handwerks mit einem der Ihrigen, mit Aquila, verband. Diese Gemeinschaft machte es ihm möglich, die neue Gemeinde zu sammeln, ohne daß er ihre Unterstützung für sich in Anspruch nahm. Das war ihm hoch erwünscht, da er damit allen Verdächtigungen eine allen sichtbare Widerlegung bereitete. Seinen Gläubigen mutete er aber damit zu, daß sie sich an seiner Haltung, die von jedem Prunk frei war, nicht ärgern. Diese Probe hat die Gemeinde nicht ohne Schwankung bestanden. Durch die Gemeinschaft mit Aquila wurde zugleich der Blick des Paulus nach dem Westen gerichtet und Rom in sein Sehfeld gestellt. Denn Aquila war ein Glied der römischen Judenschaft gewesen und hatte Rom nur deshalb verlassen, weil Klaudius den Juden den Aufenthalt in Rom verboten hatte. Über die Taufe Aquilas und seiner Frau Priskilla haben wir keine Nachricht. Paulus nennt Stephanas und seine Familie „den Erstling der Achaja", I 16, 15. Die Nennung der Provinz anstatt der Städte hier und Röm. 16, 5, wo er „den Erstling der Asia" grüßt, wird damit zusammenhängen, daß Paulus der in der Hauptstadt entstehenden Gemeinde die Aufgabe zuwies, die Botschaft Jesu in ihrer Landschaft zu vertreten. In denen, mit denen die Bildung der korinthischen Gemeinde begann, sah er das Zeichen, daß auch in der Provinz Achaja eine Ernte für den Christus reife. Das war ihm durch das, was er in Athen erreicht hatte, noch nicht gesichert, da die Zahl ·der Getauften dort klein geblieben war. Nun aber, da in Korinth eine Gemeinde entstand, gab es auch in Achaja eine Kirche.[1] Ob es zur Taufe des Aquila und seines Hauses erst im Verlauf der Wirksamkeit des Paulus kam oder ob er den wandernden Juden von den in Korinth Seßhaften unterschied und darum nicht ihm, sondern Stephanas die Würde des Erstlings zuerkannte, ist nicht erkennbar.

Stephanas war ein Jude. Denn Paulus hat sein Wirken in der Synagoge begonnen, und daß dieses nicht erfolglos war, ist deshalb gesichert, weil der Archisynagoge Krispus von Paulus getauft wurde, I 1, 14; Apgsch. 18, 8. Das ergab innerhalb der Judenschaft eine Scheidung. Es gelang Paulus nicht, die ganze jüdische Gemeinde zu gewinnen; die von ihm Überzeugten blieben die Minderheit. Aber auch als ihm das Wort in der Synagoge verweigert war, blieb es sein Anliegen, der Judenschaft die Botschaft Jesu zu vermitteln. Er machte dies dadurch sichtbar, daß er seine Tätigkeit in das an die Synagoge anstoßende Haus verlegte, Apgsch. 18, 7. Es sollte der Judenschaft immer gegenwärtig bleiben, daß der Christus in Korinth verkündigt werde. Auch jetzt zog er nicht in das Haus eines Griechen, das ein ernster Jude zu betreten sich scheute, sondern in das eines Proselyten.

Der älteste Teil der Gemeinde waren somit jüdische Familien. Dies gab ihr ihre Verfassung; sie lebte von Anfang an nicht ohne Tradition und Sitte, sondern nahm diese aus der Synagoge mit, von der sie sich gelöst hatte. Das führte zur

---

[1] Daneben steht die Angabe des Lukas, Apgsch. 17, 34, die zeigt, daß in Athen ein Christ und eine Christin, Dionysius und Damaris, das christliche Bekenntnis mit dem Erfolg vertraten, daß ein größerer Teil der Kirche an ihrer Wirksamkeit Anteil nahm.

Erwägung, wie weit die Angleichung an die Verfassung der Synagoge beizubehalten sei. Es entstand eine Bewegung, die sie weiter von der der Synagoge entfernen wollte. Man darf den Teil der Gemeinde, der sich zu Paulus hielt, nicht ohne weiteres heidenchristlich heißen. Die führenden Männer waren jüdisch-griechische Christen, zu Jesus gebrachte Juden der Diaspora. Darum zeigt sich in dem, was die Gemeinde bewegte, keine Spur von Antisemitismus, obwohl er in der Stadt stark vertreten war, Apgsch. 18, 17. Es stand fest, daß in der Gemeinde Jesu Juden und Griechen verbunden seien, und es blieb das Kennzeichen eines Apostels und sein Ruhm, daß er „Ebräer, Israelit und Same Abrahams" sei, II 11, 22. Unter dem, was gegen Paulus vorgebracht wurde, findet sich der Vorwurf, er sei ein Jude, nicht.

Ausdehnung bekam die Wirksamkeit des Paulus, als Silvanus und Timotheus aus Makedonien zu ihm kamen. Paulus sagt von ihnen, sie seien mit ihm an der Gründung der Gemeinde beteiligt gewesen, II 1, 19. Für die Geschichte der Gemeinde war dies bedeutsam, weil sie dadurch sofort in Verbindung mit den makedonischen Christen kam. Es trat damit in den Gesichtskreis aller, daß die neu entstehende Gemeinde nicht vereinzelt, sondern in einen Verband von Gemeinden hineingestellt sei, die zusammen die eine Gemeinde des Christus bilden. Nun traten auch Griechen in die Gemeinde, nicht nur Proselyten, sondern auch solche, die bisher den Anschluß an die Judenschaft nicht gefunden hatten. Paulus sagt, daß die überwiegende Zahl der Christen aus der unteren Schicht der Bevölkerung stammte, I 1, 26. So war es nicht nur im Anfang; das änderten auch die späteren Evangelisationen nicht. Immer sah die Gemeinde an ihrer Zusammensetzung, daß Gott das, was nichts ist, erwählte. Auch Sklaven waren in der Gemeinde, I 7, 21; 12, 13; ihre Zahl war aber nicht so groß, daß sie die Haltung der Gemeinde sichtbar bestimmt hätten. Denn bei der Bildung des christlichen Eherechts und bei den Satzungen über den Anteil am griechischen Opfer und über die Beteiligung an der städtischen Rechtspflege hat Paulus mit keinem Wort an die besondere Lage der Sklaven gedacht; er sprach in diesen langen Belehrungen einzig zu den Freien. Auch Män-

ner aus dem Kreise der Besitzenden und Regierenden fehlten
nicht ganz. Wir kennen außer dem Archisynagogen Krispus
(und Sosthenes?) noch Erastus, den Verwalter der Stadt, und
Titius Justus und Gajus, deren Häuser geräumig genug waren,
um die Gemeinde zu herbergen, Apgsch. 18, 7; Röm. 16, 23.
Auch Aquila mit seinem eigenen Handwerksbetrieb kann nicht
ein Proletarier heißen. Paulus rechnet damit, daß Christen
als Gäste an einem Festmahl teilnehmen, I 10, 27; das waren
nicht die Besitzlosen. Auch I 11, 21. 22 zeigt, daß die Gemeinde
Besitzlose und Besitzende verband, und die Begüterten waren
immerhin so zahlreich, daß sie der Gemeinde das gemeinsame
Mahl zu bereiten vermochten. Für die Haltung der Gemeinde
ist es bedeutsam, daß aus dem Gegensatz zwischen den Besitzenden und Besitzlosen für sie keine Schwierigkeit entstand. „Verachtung dessen, der nichts hat", empfanden alle
als Sünde, I 11, 22. Stärker tritt die Schwierigkeit hervor,
die aus der völlig verschiedenen rechtlichen Lage entstand.
Freie und Sklaven zur völligen Gemeinschaft zu verbinden,
das erscheint als eine ebenso schwere und große Sache,
wie daß Juden und Griechen zu einer Gemeinde verwachsen,
I 12, 13.

Für den Fortgang der Gemeinde war der Ausgang der Klage
wichtig, die die Judenschaft vor dem Prokonsul Gallio gegen
Paulus erhob.[1] Sie berief sich auf den Schutz, den der römische
Staat der Judenschaft für die Beobachtung ihres Gesetzes zu-
gesagt hatte; dieses werde von Paulus bestritten. Gallio gab
aber kein Urteil über die religiöse Frage ab, die die Trennung
zwischen Paulus und der Judenschaft schuf, womit der
Versuch, die römische Behörde zur Unterdrückung des
Paulus zu benützen, mißlungen war. Dabei kam in derber
Form zur Erscheinung, daß die auf der Agora versammelte

---

[1] Der Versuch der Juden, ein Urteil Gallios gegen Paulus zu erwirken,
verschafft uns ein gesichertes Datum. Nach einem Brief des Klaudius
an Delphi, der in der ersten Hälfte des Jahres 52 geschrieben wurde,
war Gallio im Sommer 51 Prokonsul der Achaja. Vor dem Prozeß war
Paulus anderthalb Jahre in Korinth gewesen, Apgsch. 18, 11. Er kam
also ungefähr mit dem Beginn des Jahres 50 dorthin. Den Brief schrieb
er im Frühling 55 oder 56, den zweiten im Herbst desselben Jahrs.

Bürgerschaft nicht gegen Paulus, sondern gegen die Judenschaft erbittert war. Die Folge war, daß die Gemeinde bleibend unangefochten blieb. Das ergab zwischen ihr und Paulus, als seine Wirksamkeit in Ephesus schwerste Kämpfe hervorrief, eine Spannung, da die Erwägung nahelag, es müsse an Paulus liegen, daß es ihm in Ephesus nicht gelang, sich und der Kirche das Ansehen und die Sicherheit zu verschaffen, die sich doch die korinthischen Christen zu erwerben wußten.

Bedeutsam war für die Korinther auch die zweimalige Anwesenheit von Abgeordneten der Gemeinde von Thessalonich bei Paulus. Denn mit ihnen wurden die Fragen besprochen, die für jede Gemeinde wichtig waren. Den wohlgelittenen und gesicherten Korinthern zeigten die Berichte aus Thessalonich, daß der Anschluß an Jesus zu einem Kampf berief, der den erbitterten Widerstand der Judenschaft und infolge davon auch den Druck der Staatsgewalt zu überwinden hatte. Sodann trat die Bedeutung, die die Auferstehung der Toten für die christliche Verheißung hat, schon damals an die Korinther heran. Von den Thessalonichern, die Paulus zum Eigentum des Christus gemacht hatte, waren einige gestorben; und doch war ihnen die Verheißung gegeben, sie werden den Herrn sehen und Gottes Herrschaft ererben. Nun schien ihr Gerettetwerden bedroht, wenn dennoch der Tod sie wegraffte. Das gab der Verheißung der Auferstehung Gewicht. Paulus erläuterte sie dadurch, daß er sie mit der Offenbarung des Christus verband und von den Auferweckten sagte, sie würden vereint mit den Lebenden den Herrn bei seiner Ankunft abholen. Mit diesem Vorgang stimmt überein, daß Paulus den Korinthern sagte, er bringe mit seiner Verkündigung der Auferstehung ihnen das wieder in Erinnerung, was sie schon von ihm selbst gehört hatten, I 15, 1. Nicht weniger tief griff die andere Frage ein, die die Thessalonicher Paulus vorlegten, ob der von Christus Berufene aus seinen natürlichen Verhältnissen herausgehoben sei. Derselbe Drang, der in Thessalonich zur Einstellung der Arbeit geführt hatte, trieb später die Korinther zur Mißachtung der Ehe und zur geringschätzigen Behandlung der am Eigentum entstehenden Zwistigkeiten. Es wäre schwerlich richtig, wenn wir die Briefe nach Thessalonich nur als die Zusammenfassung der privaten Gespräche des Paulus mit den makedonischen Abgeordneten deuteten. Alles, was die eine Gemeinde bewegte, ging auch die anderen an, und die Besprechung mit den Makedonen fand vermutlich vor den versammelten Brüdern statt. Bei dieser Gelegenheit lernten die Korinther Paulus als Briefschreiber kennen und sahen, wie unzerbrechlich für ihn seine Verbundenheit mit den von ihm gesammelten Gemeinden war. Sie sahen auch, daß Makedonen — vermutlich waren es Christen aus Philippi — nicht mit leeren Händen zu Paulus kamen und daß er ihre Gaben von ihnen annahm, II 11, 9. Das blieb in Korinth unvergessen und kam, als sich die Gemeinde gegen seine Weigerung, sich besolden zu lassen, auflehnte, zur Sprache.

Gegen das Ende des zweiten Jahrs seines Aufenthalts in Korinth verließ er die Stadt in der Überzeugung, der Bestand der Gemeinde sei fest begründet; er rechnete sie bleibend zu denen, deren er sich vor dem Richterstuhl des Christus rühmen werde, II 1, 14. Die Anhänglichkeit der Gemeinde an ihn, die ihn bei sich festhalten wollte, wird durch das Gelübde sichtbar, durch das ihr Paulus die Unwiderruflichkeit seines Entschlusses zeigte, sie zu verlassen, sowie er es ihretwegen konnte. Infolge seines Gelübdes schor er sein Haar erst wieder in Kenchreä, als er zur Abfahrt nach Ephesus bereit war, Apgsch. 18, 18. Die Briefe tragen zum Verständnis dieses Gelübdes dadurch bei, daß sie anschaulich zeigen, wie völlig Paulus mit den Korinthern verwachsen war. „Ihr seid in unseren Herzen, um gemeinsam zu sterben und gemeinsam zu leben", II 7, 3. Nicht nur Gleichbildung des Denkens, auch nicht nur Gemeinsamkeit der Arbeit war zwischen ihnen entstanden, auch nicht nur jenes Wohlgefallen des einen am anderen, das wir Freundschaft heißen. Da Paulus alles, was er war, in sein Wirken hineinlegte, faßte er auch die Korinther im Grunde ihres Lebens, wodurch er sie zu totaler Gemeinschaft mit sich verband. Darum verstand er seine Abreise nicht als seine Trennung von der Gemeinde. Ihre Einheit war im Christus begründet, zu dem Paulus sie geführt hatte. Darum blieb er ihr Vater, nicht nur der Vater derer, die er selbst gewonnen hatte, sondern der Vater der Gemeinde, der Vater aller, die sie bei sich aufnahm, I 4, 14. 15. Die Gemeinde war für ihn ein einziges Gewächs, ein einziger Bau, weshalb es nicht möglich war, daß es für ihn einen Nachfolger geben könne, I 3, 6. Er rechnete damit, daß die Gemeinde vor dem Christus als die seine stehen werde, II 1, 14. Auch Aquila brach die Verbindung mit den Korinthern nicht ab, I 16, 19. Er wertete aber seine Gemeinschaft mit Paulus höher als die mit den Korinthern und fuhr deshalb zugleich mit Paulus nach Ephesus, um ihn dort in derselben Weise zu unterstützen, wie er es in Korinth getan hatte.

Die Ordnungen, die Paulus der Gemeinde gegeben hatte, bestanden nach seiner Abreise fort, getragen von seiner nicht vergänglichen Autorität, I 11, 2. Diese verbanden die Korinther mit allen anderen Gemeinden; denn sie waren nicht seine eigenen Verfügungen, sondern von ihm aus dem Besitz der Kirche vor ihm und neben ihm übernommen und den Korinthern von ihm überliefert. Dazu gehörte die Taufe, die für alle der Beginn ihres Christenstands war, I 10, 2; 12, 13, und die Teilnahme der Gemeinde am Mahl des Herrn, I 11, 23. Auch das wird eine paulinische Anordnung gewesen sein, daß der Tisch Jesu mit einer Mahlzeit verbunden wurde, die zwischen den Gemeindegliedern die Tischgemeinschaft herstellte. Die Abgrenzung gegen die griechischen Kulte hatte Paulus dadurch hergestellt, daß er den Korinthern das Verbot, den Göttern Geopfertes zu essen, übermittelte. Die Stellung der Frau in der Gemeinde war dadurch gekennzeichnet, daß die Frauen das von der jüdischen Sitte verlangte Kopftuch trugen.

Eine Wendung in der Geschichte der Gemeinde trat dadurch ein, daß Aquila während der Abwesenheit des Paulus in Syrien die Übersiedlung des Apollos von Ephesus nach Korinth bewirkte und ihm durch einen Empfehlungsbrief der ephesinischen Brüder den Eingang in die Gemeinde verschaffte, Apgsch. 18, 27. Dadurch wurde der jüdische Bestandteil der Gemeinde verstärkt, nicht nur deshalb, weil der neue Lehrer wieder, wie Paulus, ein Jude war, sondern auch deshalb, weil Apollos in der korinthischen Synagoge nochmals eine erfolg-

reiche Evangelisation gelang. Damit kam zur ersten Schicht
der Gemeinde eine zweite hinzu, die von Apollos in sie hineingeführt wurde. Nach dem Urteil des Paulus war damit die
Gemeinde nicht verändert; er kannte nur eine Gemeinde, die
er „gepflanzt" und Apollos „getränkt" hatte, I 3, 6. Er schrieb
damit Apollos eine für das Bestehen der Gemeinde unentbehr-
liche Wirksamkeit zu. Das von Paulus gepflanzte Gewächs
mußte wachsen und der von ihm begonnene Bau die finden,
die weiterbauten.

Vielleicht gibt uns die Überschrift I 1, 1 eine Nachricht über
den Erfolg des Apollos, da Paulus dort vom „Bruder Sosthenes" sagt, daß er mit ihm den Brief vertrete. Er war also mit
dem, was in Korinth geschah, völlig vertraut und befugt, über
das zu urteilen, was die Korinther taten. Es wird kein Fehlgriff sein, wenn wir sagen: er war ein Korinther. Da Paulus,
als er von „unseren Orten" sprach, I 1, 2, vermutlich auch an
ihn gedacht hat, hatte er auch an der Arbeit teil, die zur Befestigung der Gemeinschaft zwischen den Korinthern und den
Christen in den anderen Orten der Provinz geschehen war.
Jetzt aber war er bei Paulus in Ephesus, und Paulus nahm
an, seine Zustimmung verstärke wirksam das von ihm Verfügte. Nun ist nach dem Bericht des Lukas zur Zeit, als Paulus in Korinth war, ein Sosthenes — ob als Nachfolger des Krispus oder zusammen mit ihm, ist ungewiß — dort Archisynagoge gewesen. Damit hat ihn Lukas als einen Mann gekennzeichnet, der der Christenheit bekannt war; denn es war nicht
die Gewohnheit des Lukas, unbekannte Männer mit ihrem
Eigennamen der Christenheit vorzustellen. Damals war aber
Sosthenes Archisynagoge geworden oder geblieben, weil er ein
Gegner des Paulus war und die die Christenheit bekämpfende
Judenschaft führte. Lukas nennt ihn, weil er die Klage gegen
Paulus vor Gallio vertrat und nach ihrer Abweisung von den
Griechen mißhandelt wurde, ohne daß ihn der Prokonsul
schützte. Das schließt aber die Verbindung von Apgsch. 18, 17
mit I, 1, 1 nicht aus, weil nach der Abreise des Paulus ein
Ereignis eingetreten ist, das das Verhältnis der Judenschaft
zur paulinischen Gemeinde veränderte, die Evangelisation des
Apollos in der Synagoge. Daß ein Jude, der alle jene aufregen-

den Vorgänge miterlebt hatte, die sich in der korinthischen Synagoge zutrugen, als Paulus zu ihr sprach, und unerschüttert gegen Paulus für die unantastbare Geltung des Gesetzes gekämpft hatte, dann aber durch die Predigt des Apollos doch noch vom Gesetz gelöst und zu Jesus geführt wurde, nun nach Ephesus zu Paulus ging, gäbe keinen Anlaß zur Verwunderung. Apollos hat sich nicht bleibend mit der korinthischen Gemeinde verbunden; er brach seine Tätigkeit in Achaja ab und kehrte in die ephesinische Gemeinde zurück. Es wäre denkbar, daß damals auch Sosthenes zu Paulus ging. Paulus hatte in Ephesus Mitarbeiter, die völlig mit ihm verbunden waren, Apgsch. 19, 29; 20, 4. Aber keiner von diesen Brüdern, die in Korinth nicht unbekannt waren, I 16, 11, wurde von Paulus herangezogen, um seinen Brief zu bestätigen, nicht einmal Titus, den er bald darauf als seinen Stellvertreter nach Korinth sandte. Das ist alles durchsichtig, wenn Sosthenes nicht von Paulus, sondern von Apollos gewonnen worden ist. Dann hatte es freilich ernsthafte Bedeutung, daß sein Name neben dem des Paulus stand. Man kann erwidern: warum forderte Paulus nicht Apollos, der ja in Ephesus war, I 16, 12, zur gemeinsamen Abfassung des Briefes auf? Wir können die Vorgänge nicht im einzelnen erraten. Doch läßt sich sagen: Sosthenes war Korinther, ein Glied der Gemeinde, deren Vater sich Paulus hieß; Apollos dagegen blieb ein wandernder Evangelist, der sich mit keiner Gemeinde dauernd verband und von Paulus nicht in seinen eigenen Mitarbeiterkreis hineingestellt wurde.

War es aber möglich, daß sich ein nicht von Paulus selbst unterwiesener Mann in allem, was der Brief enthält — und er enthält vieles —, dem Urteil des Paulus anschloß? Hier ist an das Vertrauen zu erinnern, das Paulus Apollos erwiesen hat. Er sah in ihm keinen Verderber der Gemeinde, sondern sagte von ihm, er sei in derselben Weise wie er Gottes Mitarbeiter auf Gottes Acker und an Gottes Bau. Über die Eintracht, die Apollos mit Paulus verband, waren auch die Korinther unterrichtet. Denn sie trugen ihren Wunsch, daß Apollos zu ihnen zurückkehre, Paulus vor und baten ihn, ihre Bitte bei Apollos zu unterstützen. Dies hat Paulus getan und der

2*

Gemeinde erklärt, es sei nicht seine Schuld, daß Apollos ihr
Begehren ablehne; er habe sich dem Entschluß des Apollos
deshalb fügen müssen, weil offenkundig ein göttlicher Beschluß, ein θέλημα, vorlag, das Apollos die Rückkehr nach Korinth verbot, I 16, 12. Damit tat auch Paulus das, was vor
ihm Aquila getan hatte, als er Apollos bat, nach Korinth zu
gehen, Apgsch. 18, 27, und der Bericht des Lukas über die
Bekehrung des Apollos in Ephesus und seine Tätigkeit in
Korinth zeigt, daß das Urteil des Lukas unverändert mit dem
des Paulus einstimmig blieb.

Aus der Herkunft des Apollos aus Alexandria lassen sich
keine Schlüsse über die Haltung seines Glaubens und seiner
Predigt ziehen. In der großen Judenschaft Alexandrias war
alles vorhanden, was es an Formen jüdischer Frömmigkeit
gab, vom Pharisäer bis zum liberalen Renegaten. Es gab dort
auch seit langer Zeit jüdische Aristoteliker, Stoiker und Platoniker, und gleichzeitig mit Paulus betrieb einer der letzteren,
Philo, eine eifrige Schriftstellerei. Daraus läßt sich aber für
die Geschichte des Apollos und der Korinther nichts gewinnen, weil Apollos, ehe ihn Aquila in die christliche Gemeinschaft hineinzog, ein eifriger Verkündiger der Taufe des Johannes gewesen war. Vermutlich war ein von der Taufbewe-
gung erfaßter Mann von allen griechisch gefärbten Theologien
weit entfernt, und die Unterweisung, die er von Aquila empfing, konnte ihm nichts anderes geben, als was Aquila von
Paulus erhalten hatte, und dies war etwas ganz anderes als
mit Platonismus begründete Mystik. „Glühend durch den
Geist redete er", sagt Lukas von Apollos, Apgsch. 18, 25, und
vermittelt uns dadurch etwas von dem Eindruck, den Apollos,
der ἀνὴρ λόγιος, machte. Er hatte ein mächtiges Wort und
fesselte die Hörer als Redner. Daran werden wir zu denken
haben, wenn die Korinther von ihren Führern verlangen, daß
ihnen die überzeugende Rede und Bewunderung weckende
Erkenntnis zu Gebote stehen, und wenn Paulus, als er erwog,
was ihm vorgehalten werden könne, sagte, er sei kein geschul-
ter Redner, ἰδιώτης τῷ λόγῳ, II 11, 6. Aber die Auflehnung
der Korinther gegen Paulus läßt sich nicht nur durch die Erinnerung an die rednerische Kraft des Apollos erklären. Die,

die nach dem Besuch des Paulus in Korinth sagten, seine Rede
sei nichts wert, II 10, 10, haben sich nicht auf Apollos berufen, und daran, daß er kein Redner sei, erinnert Paulus, als
er sich „den übergroßen Aposteln" gleichstellte, II 11, 5. Zu
ihnen hat Apollos nicht gehört, und die griechische Rhetorik
kam hier höchstens nebenbei in Frage. Von Petrus, Johannes
und Jakobus hat niemand gesagt, ihre Rede stehe am Maß
griechischer Rhetorik gemessen weit über der des Paulus. Ihr
Inhalt gibt der Rede ihre überzeugende Macht, nicht ihre
Kunstform. Weil die, die in Petrus den Führer der Kirche
verehrten, von den ersten Aposteln sagten, ihr Wissen sei reicher als das des Paulus, sagten sie auch von ihrem Wort, daß
es stärker als das des Paulus sei.

Sätze wie die, daß der Pfahl des Christus nicht leer gemacht
werden dürfe, I 1, 17, und daß Gott diese Weisheit verderbe
und Torheit aus ihr mache, I 1, 19. 20, sind nicht im Blick
auf Apollos gesagt; das schließt die Gemeinschaft, in die Paulus ihn mit sich selber stellt, aus. Für Paulus war aber nicht
Gleichheit die Bedingung der Gemeinschaft. Das volle Vertrauen, das er Apollos gab, schließt nicht aus, daß die christliche Haltung des Apollos und noch mehr die derer, die Apollos in die Gemeinde geführt hatte, spürbar von dem verschieden war, was die von Paulus Berufenen in langer Gemeinschaft
mit ihm empfangen hatten. Griechische Juden verwandelten
oft die Schrift und die Sitte in ein vergeistigtes Gesetz, in dem
sie den Weg sahen, der sie zu Gott emporleite. Sie werteten
leicht die Summe ihrer religiösen und moralischen Ideen als
den Besitz, der ihnen den Anteil an Gottes Gnade vermittle.
Sie wären nicht Christen geworden und nicht in die Gemeinde
des Paulus hinübergegangen, wenn ihnen Apollos nicht in Jesus den gezeigt hätte, der Gott offenbart und seine Gnade
bringt. Wenn aber in Korinth die Meinung mächtig wurde,
das Wesentliche am Christenstand sei die Erkenntnis und die
von Jesus gebrachte Erkenntnis erhebe den Menschen in eine
Vollkommenheit, die ihn hoch über die Welt stelle und ihm
die Vollmacht zur autonomen Gestaltung seines Lebens
gebe, so waren vermutlich die von Apollos Gewonnenen
für diese Gedanken empfänglicher als die, denen Paulus

gezeigt hatte, wie er von dem die Schuld erzeugenden Gesetz durch den Anteil am Tode und Leben des Christus frei
geworden war.

An einen Vorgang, der beim Eintritt des Apollos in die korinthische Gemeinde geschah, erinnert die Frage, ob wohl
Paulus, wie einige, Empfehlungsbriefe an die Korinther nötig
habe, II 3, 1; denn Apollos ist mit einer ἐπιστολὴ συστατική
nach Korinth gereist. Aber die Stelle läßt sich nicht von der
ganzen Polemik des zweiten Briefs ablösen, und es ist offenkundig, daß Paulus damals nicht Apollos bekämpft hat. Auch
der Plural, τινες, sträubt sich dagegen, daß Paulus damals
allein oder doch überwiegend an die Weise, wie Apollos um
das Vertrauen der Korinther geworben hatte, gedacht habe.
Freilich stellt die ganze Satzreihe die Überlegenheit des Paulus auch gegen Apollos fest. Der Brief des Christus, den die
Gemeinde darstellt, ist durch Paulus und für Paulus geschrieben, durch keinen anderen und für keinen anderen, auch nicht
durch und für Apollos. Die Gemeinde, sagt Paulus, sei ausschließlich sein Werk. Die ἐπιστολὴ συστατική war keine neue
und darum nur vereinzelt vorkommende Einrichtung. Sie war
für Lehrer, die von der jüdischen Zentrale irgendwohin gesandt wurden, und für Juden, die in eine andere Gemeinde
übersiedelten, in festem Gebrauch. Es hat nichts Auffallendes,
daß dieser sofort auch im Verkehr der christlichen Gemeinden
miteinander Anwendung fand. Nicht unmöglich ist es, daß eine
Beziehung auf die Tätigkeit des Apollos in der Erklärung des
Paulus liegt, Christus habe ihn nicht gesandt, zu taufen, I 1, 17,
an die sich seine Angaben über seine wenigen Taufen in Korinth anschließen. Aus ihnen ergibt sich, daß die Abgrenzung
der Gruppen in Korinth nach der von ihnen empfangenen
Taufe geschah. Da Apollos zuerst für die Taufe des Johannes
geworben hat, kann man es wahrscheinlich heißen, daß er,
auch als er auf den Namen Jesu taufte, dem, der die Taufe
erteilte, mehr Wichtigkeit zuschrieb, als es Paulus tat. Und
wenn die Deutung von I 15, 29 richtig wäre, die dort liest,
daß Männer in Korinth dazu getauft wurden, um den Toten
den Anteil am Reich des Christus zu verschaffen, so würde
dadurch eine Schätzung der Taufe sichtbar, von der es nicht

wahrscheinlich ist, daß Paulus sie in die Gemeinde hineingetragen habe. Ich halte aber diese Deutung für falsch.
Noch einmal erhielt der jüdische Bestandteil der Gemeinde
eine Verstärkung; denn es kamen zu ihr Christen aus dem
Orient. Ich brauche die vorsichtigere Formel; denn es wird
nicht sichtbar, daß sie unmittelbar aus Jerusalem kamen.
Ihre Zugehörigkeit zum ältesten Teil der Kirche machten sie
dadurch sichtbar, daß sie sich nach Petrus nannten, I 1, 12.
Wenn auch sie damit den nannten, von dem sie die Taufe
empfangen hatten, wäre es vermutlich richtig, wenn wir sie
Jerusalemiten hießen. Doch hatte Petrus in jenen Jahren bereits die Wanderpredigt begonnen, I 9, 5, und die Berufung
auf Petrus war auch dann sinnvoll, wenn sie sich durch sie
von den Gemeinden des Paulus unterschieden und als Glieder
und Vertreter der ersten Christenheit kennzeichneten. Es
scheint, daß sie Petrus nicht mit seinem Eigennamen, sondern
mit seinem Berufsnamen „Kephas" nannten, ohne daß sie
diesen übersetzten. Sie hoben damit hervor, daß ihn der Herr
selbst zum Stein gemacht habe, der die Gemeinde trug. Ihre
Ankunft diente einem Bestreben, das allmählich die ganze
Kirche durchdrang, der Zusammenfassung der zerstreuten
Gemeinden in eine festgefügte Einheit nach dem Vorbild der
Judenschaft, die es verstanden hatte, aus ihren zahlreichen
und weit voneinander getrennten Gemeinden eine einheitliche
Körperschaft zu machen. Wirksam wurde diese Bewegung da-
durch, daß Glieder der ältesten Kirche in die neuen Gemeinden
hinübergingen, die Petrus über alle anderen Apostel stellten,
damit sich die Gemeinden in der Unterordnung unter ihn
einigten.[1] Damit war sofort die Frage gegeben, welche Stellung
Paulus in der Kirche zukomme. Wie stark sie die gesamte
Kirche bewegt hat, macht Lukas sichtbar, der der Kirche in
Petrus und Paulus ihre Führer zeigt.
Aus den griechischen Kreisen bekam die Gemeinde keine
Erweiterung, die auf ihre Theologie und Politik einen wahr-
nehmbaren Einfluß gewann. Männer, die von einer philo-
sophisch begründeten Frömmigkeit zur Gemeinde geführt wor-

---

[1] Vgl. Gal. 2, 11. 12; Röm. 16, 7.

den waren, werden nicht sichtbar. „Nicht viele Weise, nicht
viele Mächtige" waren in der Gemeinde, auch dann noch, als
Paulus an sie schrieb. In dem, was er mit ihr in den Briefen
besprach, wird ein ausschließlich griechischer Einfluß nirgends
sichtbar. Die Gemeinde begehrte nach einem reichen Wort und
einer in die Geheimnisse Gottes eindringenden Erkenntnis.
Aber die Wissenschaft, nach der sie verlangte, war „die Erkenntnis Gottes", während von einer philosophischen Deutung der Welt nirgends die Rede ist. Erkenntnis Gottes, Anteil an der Weisheit Gottes war aber das Ziel der jüdischen
Frömmigkeit.[1] Die Gemeinde strebte darnach, sich eine ange-
sehene Stellung in der Stadt zu verschaffen; dann mußte sie
freilich imstande sein, ihr Weisheit anzubieten; denn der
Grieche verlangte nach Weisheit, I 1, 22. Damit hat aber Paulus nicht gesagt, daß die korinthischen Lehrer über die griechische Weisheit anders urteilten als er. Weder er noch sie
haben vom Griechen gesagt, daß er Weisheit habe, so daß man
sie von ihm bekommen könnte; sie sagten vielmehr, daß er sie
nicht habe und ihren Mangel schmerzlich empfinde und ratlos
sei. Nun trennten sich freilich die neuen Führer der Korinther
von Paulus, weil dieser dem griechischen Verlangen nach Weisheit nichts anderes als die Torheit Gottes vorhielt, während sie
denen, die nach Weisheit begehrten, Weisheit anboten; aber
auch sie haben dabei an die Weisheit Gottes gedacht. Das Urteil des Paulus über die Griechen und das über die Juden sind
gleichartig geformt. Wenn er es zum Merkmal des Juden macht,
daß er nach Zeichen verlange, so sagt er nicht, daß das Rabbinat Wunder tue; vielmehr sagt er, daß dem Judentum das
Wunder fehle, daß es aber das Wunder vom Propheten und
vollends vom Christus verlange, da dieser niemals der Herr der
Welt werden könne, wenn ihm nicht die Wundermacht Gottes
verliehen sei. An dieser Stelle trennten sich aber die Korinther
nicht von Paulus. Wie ihn das jüdische Begehren nicht bewog,
Wundertäter statt Evangelist zu sein, so haben auch seine
Gegner ihre Autorität nicht durch das Wunder begründet.

---

[1] Erst im Fortgang der Bewegung bekam auch das, was Paulus
„Philosophie" nannte, Einfluß in den Gemeinden, Kol. 2, 8.

Paulus erwartete, er finde bei ihnen nur Worte, nicht Kraft, I 4, 19.

Man war in Korinth überzeugt, daß mit der Erkenntnis auch die Richtigkeit des Handelns gegeben sei. „Wir alle haben Erkenntnis", sagten sie, I 8, 1; das genügte, um sie gegen die Gefahr zu schützen, die aus dem griechischen Kultus entstehen konnte. Darin zeigt sich die griechische Schätzung des Wissens, des Begriffs, des Syllogismus, der Abstraktion, womit der Mensch für sein Handeln ausreichend gerüstet sei. Aber diese Schätzung des Wissens trennte den Griechen nicht vom Juden. Sie war auch für den jüdischen Lehrer in allen Abwandlungen seines Unterrichts das Fundament.

Der Eifer, mit dem die Korinther mit Zungen redeten, erinnert an den Enthusiasmus dionysischer Feste, und die Absichtlichkeit, mit der die Zungenrede vor der Gemeinde ausgestellt wurde, wiederholt offenkundig die Haltung des Griechen, der für jede Tüchtigkeit den Zuschauer und seinen Beifall nötig hatte. Die Zungenrede entstand aber nicht im Kreise des Paulus, sondern kam aus der Urgemeinde, Apgsch. 2, und in den Juden war unter der Herrschaft des Gesetzes das Verlangen nach dem Lob des Zuschauers und die Bereitschaft, den, der Besonderes leistete, zu feiern, nicht weniger groß geworden, als sie es unter dem Einfluß der Tugendethik bei den Griechen waren. Die Verehrung, die dem Zungenredner gespendet wurde, macht zugleich sichtbar, daß am Preis der Weisheit rationale Motive nicht oder doch nur oberflächlich beteiligt waren.

Den Kultus der Griechen hielten die Korinther für leer; wie sollte ihnen der Genuß von Geopfertem schaden können? Für viele Griechen hatte ihr Kultus jeden Sinn verloren; aber nach dem Urteil der rationalen Juden war nicht nur der griechische Kultus wertlos, sondern auch für ihre eigene Frömmigkeit das Opfer zur Nebensache geworden. Es wurde darum in Korinth nicht darüber gesprochen, was das Opfer, sei es das griechische, sei es das jüdische, sei; das, worum gekämpft wurde, war einzig die jüdische Satzung, die den Genuß von geopfertem Fleisch verbot, und gemessen wurde sie an der Freiheit, die man dadurch erlangt, daß man sich vom Gesetz zum Christus bekehrt.

Im Verzicht auf die Toten, deren Auferweckung als unmöglich vom Zukunftsbild abgelöst wird, macht sich eine
Gegenwirkung des Hellenismus gegen das Judentum sichtbar,
die auch rationale Waffen verwendete, da sie die Frage aufwarf, wie die Auferweckung geschehe und mit welchem Leib
die Toten wiederkommen, I 15, 35. Aber der Streit für und
gegen die Auferstehung war im Judentum schon längst im
Gang und hat die jüdischen Priester und Lehrer entzweit.
Kämen rationale oder spekulative Erwägungen etwa in Anleh-
nung an Plato hier ernsthaft zum Wort, so griffen sie das Kern-
stück der Verheißung, die neue Sichtbarkeit des Christus, an.
Diese lebt aber kräftig in der Gemeinde. Für sich selbst, für
die Lebenden, erwartet sie den Eingang in das ewige Leben, und
dies so, daß ihr Paulus als ein Geheimnis sagen mußte, daß
Fleisch und Blut an Gottes Herrschaft keinen Anteil haben,
I 15, 50. Das zeigt, wie gänzlich unberührt die Gemeinde von
griechischen Spekulationen war. Das mußte man dem Pharisäer sagen, nicht dem Platoniker.

Alle drei Schichten, die sich in der Gemeinde zusammen-
fanden, hatten jüdische Führer; das schloß es aus, daß sich
die Juden und die Griechen gegeneinander stellten. Aber jeder
der Führer hatte seine eigene Geschichte und seine eigenen
Ziele. Dessen waren sich die verschiedenen Gruppen bewußt
und waren dadurch gehindert, zur Einheit zu verwachsen;
jedenfalls einigten sie sich nicht so, wie Paulus es verlangte,
dem die Einheit das Ziel gewesen ist, das ihn völlig bestimmte.
Die Bildung der Gruppen wird schwerlich richtig gedeutet,
wenn sie als Zerfall einer früher vorhandenen Einheit beschrieben wird. Die Einigung gelang den nacheinander in die Gemeinde Tretenden nicht im vollen Maß. Die von Paulus gebrauchte Formel καταρτίζεσθαι, κατάρτισις I 1, 10 = II 13, 9,
fertiggemacht werden, wird sachkundig angeben, was in
Korinth zu tun war.

Durch die Orientalen kam manches Neue in die Gemeinde
hinein. Paulus setzt bei ihr die genaue Kenntnis der Zustände
und Vorgänge in der ersten Kirche voraus, I 9, 5. 6; 15, 5—7.
Die Korinther kennen die führende Stellung des Petrus, wissen,
daß er verheiratet ist, von den Gaben der Gemeinden lebt, die

Wanderpredigt übt und dabei seine Frau bei sich hat. Sie wissen, daß neben ihm die anderen Apostel stehen, die zwölf, I 15, 5, und daß die Brüder Jesu nicht weniger als diese eine führende Stellung in der Kirche haben. Paulus behandelt den Namen Jakobus ohne jeden Zusatz als verständlich. Jedermann weiß, wer gemeint ist und welche Bedeutung ihm zukommt. Man weiß auch von ihm und den anderen Brüdern Jesu, daß sie verheiratet sind und nicht arbeiten. Man weiß von den Aposteln, daß sie Gesichte und Offenbarungen des Herrn empfingen und durch Wunder beglaubigt werden, II 12, 1. 12; aber auch das weiß man, daß einige der ersten Zeugen den Zeugentod erlitten haben und, wie es ihnen Jesus geweissagt hatte, mit derselben Taufe getauft wurden, mit der er getauft worden ist, I 15, 29. Man weiß aber wahrscheinlich auch, daß Jesus einigen von ihnen verheißen hat, daß sie nicht sterben werden, sondern ihn bei seiner Ankunft sehen. Ohne dies wäre schwerlich daraus ein Anstoß geworden, daß Paulus für sich mit dem Sterben rechnete. Nun läßt sich freilich nicht abgrenzen, wie weit die Vertrautheit der Korinther mit der Kirche Jerusalems schon auf die Erzählungen des Paulus und Silas zurückgeht und wie weit sie durch die seither Eingewanderten zustande kam. Das aber darf ohne Bedenken gesagt werden, daß die Kenntnis der palästinischen Kirche durch die Gegenwart derer, die mit Petrus verbunden waren, in Korinth gewachsen ist.

Wuchs durch sie auch ihr Anteil an der Geschichte Jesu über das hinaus, was die Korinther von Paulus gehört hatten? Sie hatten von ihr keine geringe Kenntnis. Als Paulus aus der Passionsgeschichte die Stiftung des Abendmahls heraushob, entstand für sie kein unverständliches Fragment, I 11, 23—25. Mit wem Jesus das Mahl gehalten hat, nämlich mit seinen Jüngern, wo er es gehalten hat, nämlich in Jerusalem, wie darauf in derselben Nacht die Verhaftung folgte, wer ihn verhaftete und wie aus seiner Verhaftung seine Kreuzigung wurde und wie der Gekreuzigte ein Grab erhielt, das wußte man in Korinth. Man wußte, wie Simon zu seinem Namen Kephas kam und was dieser bedeutete, wußte, daß Jesus nicht nur ihn, sondern zwölf zu seinen Jüngern gemacht hatte und daß er sie

ausgesandt hatte als die ganz Armen, die seine Botschaft umsonst zu sagen hatten, aber auch das Recht besaßen, von denen,
denen sie seine Botschaft brachten, Gaben zu empfangen, I 9, 14;
II 11, 7. Man wußte, daß er ihnen die Vollmacht zum Wunder
gegeben hatte und daß er sie nicht nur mit seinem Wort in
die Welt gesandt, sondern ihnen befohlen hatte, die Glaubenden zu taufen, und daß er ihnen für sie und die von ihnen Getauften den Geist verheißen hatte, II 12, 12; I 6, 11; 1, 13.
Mit welchen Worten er der dem Glauben gegebenen Verheißung
die Unbegrenztheit gab, wußte man, I 13, 2, aber auch das,
daß Jesus seine Boten zur Geduld ohne Grenzen verpflichtet
und ihnen das Richten untersagt hatte, weil er selbst der
Richter sei, II 12, 12; I 4, 12. 5. Man wußte, daß er denen,
die wegen der Herrschaft Gottes ehelos blieben, seine Verheißung gegeben, zugleich aber die Ehe unauflöslich gemacht
hatte, I 7, 10. Was aber an diesem Christusbild von Paulus
stammte und was aus der Überlieferung der ersten Kirche in
die Gemeinde hineingetragen wurde, läßt sich nicht voneinander sondern.

Die Eingewanderten brachten ihr aber nicht nur die Erweiterung ihres Sehfelds durch die Bekanntschaft mit der öst-
lichen Kirche; sie erschwerten ihr ihre Einigung. Ihnen war
Paulus und sein Werk bisher fremd gewesen, und sie wuchsen
in das väterliche Verhältnis, in dem er zur Gemeinde stand,
nicht leicht hinein. Wenn wir uns das Bild der palästinischen
Kirche verdeutlichen, das uns vom ersten Evangelium gegeben
wird, so tritt klar hervor, daß für jeden aus Palästina nach
Korinth Gewanderten Paulus und sein Werk etwas Neues
und Fremdes war, nicht weil er damit etwas getan hätte, was
die heimische Kirche verbot, denn sie sagte vom Christus, er
habe die Vollmacht für alle Völker und seine Botschaft sei
an alle gerichtet, sondern weil das, was die palästinische Kirche
für ihren Beruf hielt, durch das Werk des Paulus weit überboten war. Matthäus zeigt uns die von der Judenschaft bedrückte, auf den Herrn wartende und um seinetwillen leidende
und sterbende Jüngerschar; was die Lage der Menschheit
wendet, ist nicht ihre Wirksamkeit, sondern die Offenbarung
ihres Herrn. Für sie war die von Paulus in die Völker hinein-

getragene Mission ein völlig neuer Vorgang. Es entspricht dem, was uns Matthäus und Johannes sagen, daß sich die Eingewanderten nicht Jerusalemiten, sondern „die des Kephas" hießen.[1] Sie stützten sich nicht auf ihre heimische Kirche und brachten nicht jenen Gedankenkreis mit, aus dem die Formel „die Mutterkirche" entstanden ist; er war in Palästina noch nicht vorhanden. Man schrieb dort nicht der Kirche den Beruf zu, die Menschheit zu bekehren und zu führen. Sie waren nicht durch die Kirche, sondern durch die Apostel mit Jesus verbunden. Diese hatte Jesus erwählt und diese besaßen sein Wort. Wir dürfen nicht einzig von Befangenheit in der heimischen Sprache und Denkweise reden, wenn sie urteilten, das Wort der ersten Apostel sei das reichere und stärkere. Es stehen ihnen nicht nur die zur Seite, die jetzt der Christenheit raten: „Zurück zu den Evangelien!", sondern die ganze alte Kirche, die in ihren heiligen Schriften vor „den Apostel" die Evangelien gestellt und diesen in allen Gemeinden die Geltung verschafft hat. Eine Neigung, das mosaische Gesetz in die Gemeinden zu bringen, hatten diese Männer nicht. Man sprach auch in ihrer heimischen Kirche vom neuen Bund, der an die Stelle des alten getreten sei, vom Ende des Gesetzes, da Christus der Herr der Gemeinde sei, von der neuen Gemeinde, die im Unterschied von Israel durch den Geist geeinigt sei, vom Glauben, durch den man dem Christus gehöre und der die bessere Gerechtigkeit sei als die des Rabbinats. Das stand aber alles bei ihnen viel näher beisammen und war nicht, wie bei Paulus, durch einen scharfen Gegensatz getrennt. Darum war ihnen manches, was in den paulinischen Gemeinden gesagt wurde, nicht nur neu, sondern fremd, und es konnte leicht dazu kommen, daß ihnen die Erinnerung an die ersten Apostel das, was sie von Paulus hörten, entwertete, so daß jene zu „übergroßen Aposteln" wurden, II 11, 5; 12, 11, und ebenso leicht war es möglich, daß sie in eine kritische Haltung gegen die Gemeinde gerieten. Waren die paulinischen „Missionsgemeinden" nicht notwendig die schwächeren, geringer begnadeten, die der Leitung der großen Apostel bedürftig blieben?

---

[1] Vgl. Gal. 2, 12 τινες ἀπὸ Ἰακώβου, nicht τινες ἀπὸ Ἱεροσολύμων.

Daher mußte Paulus den Korinthern sagen: „Ihr seid nicht im Nachteil gegen irgendeine andere Gemeinde", I 1, 7; II 12, 13. Diese Gemeinden, von denen gesagt wurde, sie seien den Korinthern überlegen, waren nicht die Makedoniens oder Galatiens, sondern die von Jerusalem, Antiochia und den syrischen Städten, und überlegen waren diese den Korinthern deshalb, weil sie bei sich die großen Apostel hatten. Darin sah Paulus eine ernsthafte Störung seines Werkes. Wenn es denen, denen er den Ruf Jesu gebracht hatte, fraglich wurde, ob Paulus dazu berechtigt gewesen sei, oder doch, ob nicht andere dies wirksamer getan hätten als er, so war ihr Glauben untergraben. Sie konnten nicht an seinem Apostolat zweifeln, ohne daß dies ihren Christenstand erschütterte.

Wenn in Korinth nichts anderes geschehen wäre, als was bisher beobachtet wurde, unterschiede sich der Vorgang nicht von dem, was immer in der Kirche geschehen ist und geschieht. Dieselbe Schwierigkeit, zur Einheit zu kommen, zeigt sich immer im Wechsel der kirchlichen Generationen und ebenso in jeder Gemeinde, sowie ihre einander folgenden Geistlichen wirksam das Leben ihrer Gemeinden bewegen. Eine Tiefe, die solche Analogien weit hinter sich läßt, erhielten die Ereignisse in Korinth aber dadurch, daß es dort Männer gab, die ihr christliches Ziel durch das Bekenntnis beschrieben :„Ich bin des Christus", I 1, 12 = II 10, 7. Man könnte vermuten, es habe sich eine Gruppe gebildet, die der Gemeinde die Einheit dadurch erhalten wollte, daß sie der um die Apostel gescharten Parteiung widersprach und ihr das Bekenntnis zu Christus entgegensetzte. Oft genug hat in der Geschichte der Kirche die Berufung auf Christus dazu gedient, Parteien zum Frieden zu bewegen. Allein auch dieses Bekenntnis war ein Kampfruf und hatte einen exklusiven Sinn wie die anderen Formeln, neben die es Paulus stellt. Sie alle störten die Einheit der Gemeinde nur dann, wenn ihre Absicht war, die anderen Lehrer abzulehnen: Ich bin des Paulus und nicht des Apollos und nicht des Kephas; ich bin des Apollos und weder des Paulus noch des Kephas; ich bin des Kephas und bin eben dadurch von Paulus und Apollos getrennt. Wenn aber das Bekenntnis: „Ich bin des Christus!" einen exklusiven Sinn erhielt, dann wurde nicht mehr ein Apostel mit einem anderen oder ein Lehrer mit einem anderen verglichen; dann wurde das Verhältnis der Kirche zum Apostolat fraglich gemacht und damit ein Problem aufgeweckt, bei dem es um den Bestand der Kirche geht. Der exklusive Sinn dieses Bekenntnisses zum Christus ist in II 10, 7 ebenso unverkennbar wie in I 1, 12. Nur von sich sagen die, die sich als dem Christus gehörend kennzeichnen, sie seien des Christus; Paulus gestehen sie dies nicht zu, weshalb sie ihm nicht zugeben, daß er ein Apostel Jesu sei und Christus durch ihn rede, II 10, 8; 13, 3, und es fraglich machen, ob er den heiligen Geist habe und nicht nach dem Fleisch wandle, I 7, 40; II 10, 2, und nicht anerkennen, daß ein Gebot deshalb, weil Paulus es gibt, ein Gebot des Herrn sei, I 14, 37.

Die Korinther haben dem Bekenntnis dieser Männer lange Vertrauen entgegengebracht, und auch Paulus hat nur den exklusiven Sinn ihres Bekenntnisses als verwerflich gekennzeichnet. Er antwortete ihnen nicht: Ihr seid nicht des Christus, sondern: Ich bin es auch, nicht: Ihr habt nicht den Geist, sondern: Ich habe ihn auch. Sagte er: „Christus ist nicht verteilt", I 1, 13, so war ihnen damit zugestanden, daß Christus auch ihnen gehöre, aber nicht ihnen allein. Die Briefe zeigen völlig deutlich, daß in Korinth nicht um die Geltung Jesu gekämpft wurde, sondern um die des Apostels; nicht darüber wurde verhandelt, ob die Gemeinde Jesus gehöre und sich ihm im Glauben ergebe, sondern darüber, ob sie bleibend an den Apostel gebunden sei oder ihm gegenüber Selbständigkeit habe. Umstritten war die Verfassung der Gemeinde, nicht ihr Glaube. Nach dem Urteil des Paulus griff aber der Versuch, die Gemeinde vom Apostel zu befreien, ihren ganzen Bestand an; denn nach ihm gab sie mit der Trennung vom Apostel den Anschluß an Jesus auf. Wirksam und gegenwärtig war Jesus in Korinth durch Paulus geworden. Wurde ihm der Gehorsam verweigert, so war er Jesus versagt. Darum sprach er von solchen, die den Tempel Gottes verderben, I 3, 17, und die Gedanken der Gemeinde von Christus wegziehen, II 11, 3, von solchen, deren Gedanken gefangen werden müssen, damit sie dem Christus gehorchen, II 10, 5, von solchen, die dadurch, daß sie sich dem Apostel gleichstellen, aus sich falsche Apostel

machen, II 11, 13, und er sagte seinen Gegnern, wann sie für
ihn Anathema seien, I 16, 22. Gefährlich wurden aber die
neuen Lehrer nicht dadurch, daß sie zu gering von Jesus dachten und seine Gnade mißachteten, sondern dadurch, daß sie
sich selbst überschätzten, auf ihren Christenstand stolz waren
und sich selber rühmten, II 10, 12–18.

Durch das exklusiv gemeinte Bekenntnis zu Christus wurden der himmlische Herr, der durch seinen Geist in den Glaubenden wirksam ist, und die menschlichen Träger seines Worts
gegeneinander gestellt. Das war Auflehnung gegen die Geschichte der Kirche und ein Angriff auf das Fundament der
paulinischen Theologie, da damit sofort auch das Verhältnis
zum irdischen Christus berührt wurde. Das Bedeutsame am
Vorgang war, daß hier nicht mit Fremdem, nicht mit Vor-
christlichem gerungen wurde, sondern aus dem Christentum
selbst ein Gegensatz aufbrach. Damit ist nicht verneint, daß
das geschichtliche Erbe und die Umwelt, die jüdische und die
griechische, an allem, was in Korinth geschah, beteiligt waren.
An jeder einzelnen These, über die verhandelt wird, wird ihr
Zusammenhang mit den vorhandenen Traditionen sichtbar.
Aber die in Korinth miteinander Ringenden gingen beide von
dem aus, was sie von Christus empfangen hatten. Die Kirche
lebte in einer doppelten Abhängigkeit; sie war an ihren himmlischen Herrn und seinen Geist und zugleich an das Wort
seiner menschlichen Boten gebunden; welche Abhängigkeit war die entscheidende? Die Analogien zum Kampf in
Korinth sind die immer wiederkehrenden Spannungen zwischen der Schrift und dem Geist, zwischen dem Christus und
der Kirche.

Wer die waren, die sich vom Apostolat lösten und die Gemeinde gegen den Apostel selbständig machen wollten, hat
Paulus nicht gesagt. Darum enthalten die Briefe auch keine
Angabe darüber, ob die Gruppe überwiegend aus jüdischen
oder aus griechischen Christen bestand. Die Auslegung teilt
sich; entweder sieht sie in eingewanderten Juden die Urheber
der Bewegung oder sie findet sie in Paulinern, die das paulinische Evangelium weiterbildeten. Wenn die Gesamtheit der
Angaben erwogen wird, die die Briefe enthalten, dürfte sich

für das Urteil gesicherte Begründung gewinnen lassen, daß
eingewanderte Juden die Bewegung in die Gemeinde hineintrugen.

Die Gegner des Paulus waren nur eine kleine Minorität.
Der zweite Brief grenzt die Gemeinde klar und scharf von
ihnen ab. Es stehen gegeneinander „einige", τινες, und „ihr",
die geeinte Gemeinde. So war es freilich nicht von Anfang an;
dazu kam es erst durch die heftigen Kämpfe, die zwischen dem
ersten und zweiten Brief liegen. Doch zeigt I 3, 17; 4, 18;
15, 12 dieselbe Antithese zwischen τινες und ὑμεῖς; vgl. I 16,
22 τις. Es ist nicht wahrscheinlich, daß Paulus Männer, die er
selber unterwiesen hatte, in dieser Weise von der Gemeinde
absonderte.

Sodann richtet sich die Absage an die Apostel, die das
exklusive Bekenntnis zu Christus in sich schloß, vor allem
und scharf gegen Paulus. Von irgendwelcher Dankbarkeit
ist in dem, was sie über ihn sagten, nichts zu spüren. Der
Gemeinde wird vorgehalten, es sei für sie kein Ruhm, daß
sie durch „den geringsten der Apostel" berufen worden sei,
von dem es nicht gewiß sei, ob er auch wirklich ein Apostel
sei, I 15, 9; 9, 2. Sie sagen der Gemeinde, sie sei befugt,
über Paulus zu richten, I 4, 3. Sein Evangelium hießen
sie nicht falsch; für Anfänger war es das Richtige; aber
Paulus hatte die Gemeinde noch nicht in den Reichtum
der göttlichen Erkenntnis hinaufgeführt. Seine Erkenntnis
war gering und sein Wort dürftig, I 2, 1; II 10, 10; 11, 6.
Das hänge daran, daß er nicht in besonderem Maß Pneumatiker sei. Vom Geist Gottes merkte man bei ihm nicht viel,
I 7, 40, und ob auch er das Vermögen habe, mit Zungen zu
reden, war fraglich, I 14, 18; man hörte ihn ja in der Gemeinde
nur verständig reden, I 14, 6. 19. Von Gesichten und Offenbarungen, die er erhalten habe, wußte man nichts, II 12, 1.
Es war nicht mehr in ihm wirksam als das Fleisch, II 10, 2;
1, 12. 17. Der Verlauf seiner Arbeit in Ephesus verstärkte
den Anstoß, da er sich hier den erbitterten Haß der Judenschaft zuzog, die ihm die beständige Todesgefahr bereitete.
Das nahm ihm alle apostolische Größe; unmöglich konnte
diese Unmenge erniedrigender Leiden das Kennzeichen eines

göttlichen Boten sein. Wie tief stand er unter Mose, der doch
nur der Bringer des Gesetzes gewesen war! Dennoch leuchtete
sein Angesicht infolge seines Verkehrs mit Gott, II 3, 7, Paulus dagegen — das mußte er selbst gestehen — fehlte jede
Herrlichkeit. Daß er nun erst noch freiwillig sein Leiden stei-
gerte, weil er sich weigerte, von den Gemeinden seinen Unterhalt zu empfangen, ergab einen die Gemeinde tief kränken-
den Anstoß, I 9; II 11, 7–12; 12, 13–18. So stellt sich sein
Anspruch, für immer der Führer der Gemeinde zu sein, als
Anmaßung dar, die ihn nötigt, beständig von sich zu reden
und sich vorzudrängen, da er sein Ziel, der Herr der Gemeinde
zu sein, nicht durch seine Leistungen erreichen kann, II 3, 1;
5, 12; 6, 4; 12, 11. Das alles entfernt sich durch einen grellen
Kontrast von der auch die Freundschaft hoch überragenden
Gemeinschaft, die zwischen Paulus und den Korinthern bestand: „Ihr seid in unseren Herzen, um zusammen zu sterben
und zusammen zu leben", II 7, 3. Es ist schwer denkbar, daß
Männer, die einst an dieser Gemeinschaft teilhatten, dazu
kommen konnten, so über Paulus zu urteilen. Jedenfalls ist
die Vorstellung leichter, daß diese Urteile von Fremden gefällt wurden, die zunächst nicht ihn selber, sondern nur seine
Gemeinde kannten und mit ihm selbst erst dann in persönliche Berührung kamen, als er sie bekämpfte.

Paulus urteilte, die Gegner hätten sein Bild entstellt, so
daß er für die Gemeinde ein Unbekannter und Unverstande-
ner geworden sei, II 1, 14; 5, 11. Darum deckte er ihr die ihn
bestimmenden Überzeugungen, sowohl sein Verhältnis zum
Gesetz als seinen Anteil am Tode und an der Auferstehung
des Christus, aufs neue auf, in der Meinung, er müsse wieder
dafür sorgen, daß sie sich mit ihm in den Gewißheiten einige,
aus denen sein ganzes Wirken entstand, II 3, 4–11; 5, 14–21.
Das spricht nicht dafür, daß der Gegensatz, mit dem er ringt,
aus seinem eigenen Unterricht erwachsen sei, sondern zeigt
an, daß Paulus die Störung der Gemeinde Fremden zuschrieb,
die nicht deutlich wußten, was er wollte.

Die bitteren Worte über Paulus lassen sich nicht denen zuschreiben, die sich zu Petrus bekannten. Dem Preis der großen Apostel stellt Paulus den Satz entgegen: „Ich stehe in

nichts hinter ihnen zurück", II 11, 5; 12, 11; I 15, 10. Hier
wird ein Apostel mit dem anderen verglichen; die ersten Apostel sind Apostel, und Paulus ist es auch. Das Apostolat beider
steht fest, und umstritten ist nur, ob jene Paulus überlegen
seien. Das konnte Paulus denen sagen, die sich zu Petrus bekannten und ihrem Bekenntnis den exklusiven Sinn gaben,
nicht aber denen, von denen er fürchtete, daß sie die Gemeinde
verderben. Das wird dadurch bestätigt, daß kein einziger Satz
zur Besprechung kommt, der sich auf Petrus zurückführen
ließe. Von zwei Seiten her wird die Unterordnung der Gemeinde unter Paulus bekämpft, von solchen, die die ersten
Apostel über ihn stellten, und von solchen, die die Gemeinde
von der Führung der Apostel loslösten, um sie selbst zu
führen.

Freilich, wenn um die Geltung der Führer Zank entsteht,
wird leicht auch mit vergifteten Waffen gekämpft, und das
Bild, das wir uns von der Gemeinde zu machen haben, wäre
einfacher, wenn nicht zwei Bewegungen sie spalteten, von
denen die eine zu Petrus hin, die andere von den Aposteln
weg strebte. Wer diesem Wunsch gehorcht, kann sich mit der
Vermutung befreunden, das vierte Bekenntnis: ,,Ich bin des
Christus", I 1, 12, sei ein Zusatz einer fremden Hand, etwa
die Randglosse eines Lesers, der seinen Widerspruch gegen
die, die sich nach den Aposteln benannten, zum Text hinzugefügt habe. Allein der erste Brief stellt fest, daß die Gemeinde
in eine Bewegung hineingetrieben wurde, die hart gegen die
Ordnung der Kirche verstieß, die ihr die Apostel gegeben
hatten. Es ist nicht denkbar, daß die, die sich auf Petrus beriefen, die apostolischen Ordnungen aufhoben. Die Vierzahl
der Bekenntnisse ist, abgesehen von I 3, 22. 23 und II 10, 7,
dadurch gesichert, daß Paulus gänzlich Unapostolisches und
die Verherrlichung der ersten Apostel gleichzeitig sich gegenüber hat. Dabei fällt das entscheidende Gewicht auf die Abwehr des Unapostolischen.

Eher ist denkbar, daß sich Paulus in den Briefen gar nicht
gegen die wandte, die sich ihrer Gemeinschaft mit Petrus
rühmten, sondern einzig die abwehrte, die sich an die Stelle
der Apostel setzten. Eine radikale Aufhebung des Lehramts

3*

haben sie damit, daß sie ihr Wirken auf den Christus und seinen Geist gründeten, nicht angestrebt. Sie nahmen vielmehr für sich selbst ein Lehramt in Anspruch und verbanden mit ihm hierarchische Neigungen, II 11, 20. Für den Anfang der Kirche konnten sie das Apostolat unmöglich bestreiten. Da sie sich zum Christus bekannten, haben sie die Geschichte Jesu, mit der sie durch das Apostolat verbunden waren, irgendwie zum Grunde ihres Glaubens gemacht. Da ihnen nicht das Apostolat der abwesenden Apostel, sondern das des Paulus hinderlich war, hießen sie nach dieser Deutung Paulus den geringsten Apostel und sagten von den ersten Aposteln, sie seien Paulus weit überlegen. Das war aber nicht ihr letztes Wort, weil sie der Gemeinde die Verfassung, die sie für sie anstrebten, nicht geben konnten, wenn die Kirche das blieb, was sie durch Petrus geworden war. Da sie die Trennung der Gemeinde von Paulus deshalb wollten, um sie freier in die gegebenen Verhältnisse hineinzustellen, konnten sie auch die Autorität des Petrus nicht als bindend anerkennen, sondern mußten sich auf Christus berufen, neben dem es keinen zweiten Herrn über die Gemeinde geben kann. Dieser Deutung der Briefe widersteht aber, daß Paulus die Verherrlichung der ersten Apostel auch dann noch als einen ihn schwer hemmenden Druck empfand, als sich die Gemeinde von seinen Gegnern schon völlig gelöst hatte; II 11, 1–12, 18 folgt II 7 und 10 noch nach.

Das Bemühen, der Gemeinde eine neue Verfassung zu geben, die sie über die apostolischen Ordnungen hinausführte, wird in der Freigabe der Dirne und des den Göttern Geopferten sichtbar. Das beweist, daß die Bewegung nicht in Korinth entstand, sondern aus Syrien dorthin gebracht wurde. Denn damit wurden die Grenzen durchbrochen, die die Apostel Jerusalems und Paulus mit ihnen der Freiheit der Christen gesetzt hatten. Man darf hier nicht nur an sinnliche Vitalität und erotische Schwüle denken. Denn begründet wurde die Beseitigung dieser Verbote durch die von Christus gebrachte Freiheit, die keine Einschränkung ertrage, weil alles, was zum Bereich des Leibes und der Natur gehört, für die, die im Christus sind, die Bedeutung verloren habe. Die Verkündigung der Freiheit durch die Formel: „Alles steht in meiner Macht, mein Vermögen zu handeln, meine ἐξουσία, hat keine Grenzen, es gibt nichts Verbotenes", I 6, 12; 10, 23, nämlich für die, die im Christus sind, arbeitet nicht mit griechischen, sondern ausschließlich mit den jüdischen Gedanken. Was gelöst und was gebunden sei, was erlaubt, ἐξουσία, und was Pflicht, ὀφείλημα, sei, das ist die Frage, die jeden jüdisch Erzogenen beständig begleitete. Ihre Beantwortung erhielt sie durch das Gesetz. Nun war aber das Gesetz vergangen, da der Christus gekommen und der Herr der Gemeinde geworden war. Damit war die Freiheit erschienen und Verbote gab es nicht mehr. Es gab nun ebensowenig unerlaubten geschlechtlichen Verkehr, als es noch verbotene Nahrung gab, I 6, 13, und dies konnte auch nicht dadurch aufgehoben werden, daß am Fleisch irgendein kultischer Brauch vollzogen worden war. Das war total umgestelltes Judentum, blieb aber eben deshalb Judentum.

Die Folgerungen, die aus der Verkündigung der Freiheit gezogen wurden, widersprachen der ursprünglichen Ordnung der Kirche schroff und ließen sich unmöglich mit der Berufung auf Petrus decken. Das Verbot der Ehe mit Blutsverwandten verpflichtete nun ebensowenig wie die Unterscheidung zwischen den reinen und unreinen Speisen. Nur ein maßlos gesteigertes Selbstbewußtsein, ein Freiheitsrausch ohnegleichen, konnte zur Überwindung der Scheu führen, die die Ehe mit den nächsten Verwandten meidet; dergleichen billigte keiner, der aus der palästinischen Kirche kam und Petrus anhing. Die Freigabe der Dirne wurde nicht um der Dirne willen begehrt, sondern war nur ein Folgesatz aus der Ablehnung der Ehe.[1]

---

[1] Der kurze Bericht Apgsch. 15, 29 läßt nicht erkennen, wie die Zulassung des Verkehrs mit der Dirne begründet wurde. Die Deutung ist aus den Vorgängen in Korinth zu entnehmen. Die Freigabe der Dirne folgte aus dem Verzicht auf die Ehe. Das wird auch durch Apok. 2, 14. 20, wo die Nikolaiten in die Nähe dieser Bewegung gestellt sind, Apok. 2, 15. 6, dann bestätigt, wenn die Überlieferung, die Klemens von Alexandria erhalten hat, zutrifft, daß die Nikolaiten ihren christlichen Kommunismus auf die Frauen ausdehnten. Durch den gemeinsamen Besitz der Frauen war das Eheproblem noch radikaler gelöst als durch die Freigabe der Dirne. Diese wurde sowohl in Pergamon als in Thyatira

Ihre Aufhebung und was damit notwendig verbunden war,
die Freigabe der Ehescheidung, wurde zu einem Ziel, nach
dem die Gemeinde zu streben habe, damit sie von jeder Bindung befreit für niemand lebe als allein für ihren Herrn. Diese
Forderung erwuchs aus demselben Bewußtsein unbegrenzter
Macht, das korinthische Christen dazu brachte, auch am griechischen Opfermahl teilzunehmen. Verzicht auf die Ehe um
der Herrschaft Gottes willen gab es zwar in der Urkirche von
Anfang an im Gehorsam gegen Jesus, Mat. 19, 12. Aber die Verwandlung der Gemeinde in eine Genossenschaft von Ehelosen,
eine Satzung, die die Verheiratung der heranwachsenden Mädchen verbot, war eine offenkundige Auflehnung gegen die Apostel und so unjüdisch, wie es ungriechisch war. Das pries man
aber in Korinth als die christliche Vollkommenheit, obwohl
man das Wort Jesu kannte, das die Auflösung der Ehe verbot, I 7, 10, und obwohl man wußte, daß Petrus verheiratet
war und seine Frau sogar auf seinen Wanderungen mit sich
nahm, I 9, 5. Aber das Beispiel des Petrus verpflichtet die
nicht, die dem Christus gehören, und ein Wort Jesu, das den
Jüngern gesagt war, war nicht auch zur gesamten Christenheit gesagt.

Die Korinther konnten sich die unbeschränkte Freiheit im
ganzen Bereich des natürlichen Lebens nicht zuschreiben, ohne
daß sie die Führerschaft der Apostel ablehnten. Autonomie
in allen natürlichen Dingen und Abhängigkeit von der apostolischen Leitung im Bereich des geistlichen Lebens vertru-
gen sich nicht miteinander. Mit derselben Folgerichtigkeit fiel
die kanonische Geltung der Schrift. Sie lag hinter den Korinthern. „Hinauf über das, was geschrieben ist", sagte man
in Korinth, I 4, 6, und verstieß damit hart gegen die apostolische Regel. Nicht weniger folgenreich war der Gegenstoß
gegen die frühere Sitte, als die Korinther begannen, auf die
eigene Gerichtsbarkeit zu verzichten und den Streit um das
Recht den städtischen Richtern zur Entscheidung zu über-

---

durch den Besitz des Geistes und der Prophetie gestützt. So war es auch
in Korinth. Der Zusammenhang, der zwischen den inspirierten Zuständen und der Ehelosigkeit besteht, ist durchsichtig, vollends bei den
Frauen.

geben. Mit diesem Verzicht auf die Durchführung der Zucht
innerhalb der eigenen Gemeinschaft war ein wesentliches
Merkmal der jüdischen Gemeinde preisgegeben, und das Motiv, das zu diesem Verzicht drängte, war derselbe aus der Gemeinschaft herausstrebende Drang nach Freiheit, der den
Verzicht auf die Ehe und auf die Einehe als begehrenswertes
Ziel erscheinen ließ. Höchst lehrreich ist es auch, daß Christinnen, wenn der Geist sie erfüllte und ihnen das Gebet und
die Weissagung gab, ihr Kopftuch als entehrend empfanden.
Gewiß war ihr Mut zur Gegenwehr gegen die von der Sitte
geforderte Stellung der Frau noch gering; aber die Vorstellungen und Ziele, die zur Auflehnung gegen das jüdische Kopftuch führten, hatten ernsthafte Bedeutung, und es liegt kein
Grund vor, darüber zu staunen, daß sich Paulus so ernsthaft
für seine Beibehaltung einsetzte. Noch ungleich gewichtiger
war freilich der Gegenstoß gegen die apostolische Botschaft,
der durch die Anfechtung der Auferstehung geschah. Paulus
hat dies mit großem Nachdruck gesagt. Verkündet etwa nur
er die Auferstehung? Ist sie seine Erfindung? Freilich verkündigt auch er sie als Augenzeuge, als ein selbst an der
Ostergeschichte Beteiligter. Aber nicht er allein verkündigt
sie. Das hielt aber seine Gegner nicht davon zurück, sie aus
dem Zukunftsbild der Gemeinde auszuscheiden. Männer, die
Petrus unterwiesen hatte, haben nie darauf verzichtet, mit
den Vätern im Reiche Gottes vereinigt zu werden. Zu dieser
Loslösung vom apostolischen Wort wären die korinthischen
Lehrer nie gekommen, wenn ihr Verhältnis zur Geschichte
Jesu noch dasselbe gewesen wäre wie das der Apostel. Ihre
Bedeutung war für sie geschwächt. Von der Ostergeschichte
sagt das Paulus nachdrücklich; er deutet dasselbe aber auch
für die Passionsgeschichte an, I 1, 17. Das schuf einen radikalen Gegensatz gegen die Apostel. Denn ihre Botschaft war
die Erzählung von dem, was Jesus gesagt und getan hatte,
und das machte ihr Evangelium zur Passionsgeschichte und
folgerichtig zum Osterzeugnis. Damit wurden auch die alttestamentlichen Geschichten für die Korinther belanglos; Paulus war es, der ihnen einschärfte: „Dies ist für euch geschrieben", I 10, 11. Nun ist es auch nicht unverständlich, daß sie

dem Willen des Paulus, die Gemeinde an der Erhaltung der jerusalemischen Christenheit zu beteiligen, widerstanden. Sie nahmen es als vollendete Tatsache hin, daß Jerusalem sich gegen Jesus entschieden hatte. Die Kirche war jetzt nicht mehr an Jerusalem gebunden, und die persönliche Verpflichtung, die Paulus auf sich genommen hatte, nach Kräften für die Christen Jerusalems zu sorgen, band nicht auch sie. Warum Paulus auch jetzt noch die Gemeinschaft mit Jerusalem suchte, verstanden sie nicht, und daß er sich deshalb in schwerste Gefahr begab, war ihnen anstößig.

Das Verständnis der Briefe wird gehemmt, wenn wir in den Ereignissen in Korinth eine Reihe von Zufälligkeiten sehen. Alle diese Negationen, die die Gemeinde über den gegebenen Bestand der Kirche emporzuheben suchten, hatten denselben positiven Grund. Der Christus wird gepriesen, in dem die allmächtige Gnade Gottes wirksam ist, und seine Offenbarung steht unmittelbar bevor. Was die Gemeinde von ihm empfangen hat, ist die Erkenntnis. Vor der Erkenntnis Gottes im Christus verliert alles, was bisher bindende Kraft hatte, seine Macht; das Gesetz ist vergangen; die Götter sind verschwunden; alles Natürliche ist der Macht dessen untertan, dem der Geist gegeben ist. Nicht glauben, sondern erkennen, nicht gehorchen und untertan sein, sondern seine Vollmacht betätigen, nicht an andere denken, für sie sorgen und ihnen dienen, sondern das eigene religiöse Erlebnis pflegen, auch wenn es für andere unverständlich bleibt, nicht sterben, sondern sich des Lebens freuen, das durch die Herrschaft Gottes in Bälde verklärt werden wird, das ist das, was der Gemeinde des Christus, der Gemeinschaft der Heiligen, gegeben ist. Darum ist es auch nicht ihre Pflicht, sich in einen Kampf einzulassen, der ihr Leiden bringt, weder in ihrer eigenen Mitte, indem sie versuchte, das Böse aus ihrer Mitte zu entfernen, noch im Verkehr mit den Juden und Griechen. Wozu soll sie Reibungen mit der Judenschaft herbeiführen oder die griechische Bevölkerung reizen? Die Offenbarung des Christus besteht darin, daß er aus den von ihm Berufenen in Bälde die ewig Lebenden macht. Falls ein Stichwort dienlich ist, um diese religiöse Haltung zu kennzeichnen, kann man sie Perfektio-

nismus heißen; sie verlegte das religiöse Ziel in die Bereicherung und Vervollkommnung des eigenen Ichs. Damit blieb
dieses Christentum in Verbindung mit allen, die im Judentum eine starke Frömmigkeit vertraten. Der Rabbi, der
Pharisäer, der Mystiker, der rationale Ethiker, alle waren
Perfektionisten.

Das gab dieser Gruppe auch ihre Politik. Die Kirche soll
sich eine gesicherte Stellung in der Welt erwerben. Sie kann
sich diese verschaffen, wenn sie ihre Freiheit gebraucht, die
ihr den ungestörten Verkehr mit den Griechen und die un-
gehemmte Bewegung im natürlichen und politischen Bereich
verschafft. Setzt sie an die Stelle des Evangeliums eine Theologie, die das Leben dadurch sinnvoll macht, daß sie den Menschen zur Erkenntnis Gottes erhebt, hat sie werbende Kraft.
Von der Verheißung muß das weggenommen werden, was den
Zugang zur Kirche erschwert, weil es das Ziel der Gemeinde
in ein unvorstellbares Jenseits verlegt. Wertvoll an der Verheißung ist, daß sie die Verklärung der irdischen Zustände
verbürge. Bis der Herr kommt, richte sich die Kirche in den
gegebenen Verhältnissen ein.

Das hatte unvermeidlich zur Folge, daß die Einheit der
Gemeinde gelockert wurde. Denen, die an Paulus hingen,
prägten die neuen Lehrer ein, Paulus sei für die Gemeinde
entbehrlich geworden und ein neuer Besuch in Korinth sei
ausgeschlossen, I 4, 18; II 10, 14. Dem widersprach der alte
Teil der Gemeinde. Nach der neuen Theologie war das, was
die Schrift geboten hatte, durch das überschritten, was Jesus
seinen Jüngern gegeben hatte, und dies war wieder durch das
überboten, was der Geist den neuen Führern gab. Ebenso
gab es in der Gemeinde Abstufungen. Über den Unmündigen
standen die Reifen, da ja die Erkenntnis nur in allmählicher
Aneignung erworben wird. Das machte den Vollkommenen
zum Großen, dessen sich die zu rühmen hatten, die an seine
Führung gebunden waren. Das ergab die Vergleichung des
einen Lehrers mit dem anderen und zerriß die Gemeinde in
die Gruppen, aus denen sie entstanden war.

Diese Deutung der Vorgänge in Korinth setzt die Beobachtung Lütgerts fort, der die korinthische Theologie als

„Schwarmgeisterei" kennzeichnete[1] und damit ihr Verständnis über die ältere Deutung beträchtlich hinaufhob. Nun war erkannt, daß die Bewegung in Korinth aus dem eigenen Leben der Kirche entstand und darum nicht auf einzelne Männer und die von ihnen geleitete Gemeinde beschränkt blieb, sondern in die gesamte Kirche hinüberdrang. Die Verwandtschaft der Korintherbriefe mit Phil. 3 und mit den Briefen an Timotheus und Titus war erkannt. Nur darf durch die Formel „Schwärmer" nicht verdeckt werden, daß die Haltung der korinthischen Gegner des Paulus, die die Erkenntnis über den Glauben stellten, sich vom Alten Testament lösten, auf das Auferstehen der Toten aus den Gräbern verzichteten, durch ihre autonome Ethik den natürlichen Inhalt des Lebens gleichgültig machten und die sittliche Entscheidung dem freien Ermessen des einzelnen übergaben, die der Rechtspflege dienenden staatlichen Einrichtungen ungescheut benützten und auf eine die Gemeinde reinhaltende Zucht verzichteten und für ihre hierarchische Ordnung mit fester Besoldung ihrer Lehrer eintraten, in hohem Maß rational begründet war und die nüchterne Schärfe des jüdischen Verstandes nicht verleugnet hat. Ihrer Rationalität verdankte die Bewegung, daß sie für die gesamte Kirche Bedeutung gewann.

Die ältere Deutung nahm an, daß Störungen in einer apostolischen Gemeinde nur dadurch entstehen können, daß sie von außen her in sie hineingetragen werden. Die Vorstellung von der Kirche war die: die ihr gegebene Wahrheit ist eine feste Größe; das in ihr gültige Gesetz ist unwandelbar, und die Gebundenheit aller ihrer Glieder an das kirchliche Gesetz ist vollständig. Kommt es dennoch zum Widerspruch, so geht er von solchen aus, die ihr nicht wirklich angehören, sondern nur von außen in sie eingedrungen sind. Daher sprach man von den „Irrlehrern", die die Korinther zu verführen suchten. Damit wurden Vorstellungen, die erst einer weit späteren Zeit angehören, in den Anfang der Kirche zurückverlegt. Dagegen

---

[1] Lütgert, Freiheitspredigt und Schwarmgeister in Korinth. Beiträge zur Förderung christlicher Theologie XII 3.

hat Barths Deutung[1] recht, daß die Kritik des Paulus nicht gegen einzelne, sondern gegen die Gemeinde gerichtet sei. Nur war „Kritik", wie sie ein Dialektiker übt, nicht das richtige Wort für das, was Paulus tat, als er mit denen rang, die in Korinth in die vollkommene Freiheit gelangt waren.

Weil sich eine Gruppe in der Gemeinde auf Petrus berief und die großen Apostel in Korinth auch wegen ihres Judentums gerühmt wurden, II 11, 22, schien es ungefährlich, die Gegner des Paulus zu „Judaisten" zu machen. Die Annahme schien vielen sicher, ein Jude kämpfe für das Gesetz, auch wenn er erkläre, daß er des Christus sei. Durch diese Deutung wurden die Vorgänge in Korinth zu einer Episode aus dem Kampf um das Gesetz, der freilich für die Kirche in ihren ersten Jahrzehnten große Wichtigkeit hatte. Aber von den gesetzlichen Ordnungen, von den gottesdienstlichen Satzungen, vom Sabbat und den Festen, vom Tempel und den Opfern, von den reinen und unreinen Speisen und vom Vorzug der Beschnittenen spricht Paulus hier mit keinem Wort. Jüdisch ist das, was der erste Brief abwehrt, nur deshalb, weil es mit dem jüdischen Freisinn Zusammenhang hat; mit dem Rabbinat steht dagegen alles, was die korinthische Bewegung wollte, in schroffem Streit. Um Judaisten in Korinth unterzubringen, mußte darum der zweite Brief vom ersten getrennt werden, wie es zuletzt wieder Wendland tat.[2] Dies wird aber durch die zahlreichen und starken Parallelen verboten, die die beiden Briefe enthalten.

Da die Formel „Judaismus" nicht geeignet ist, die Korinther zu kennzeichnen, bot sich zur Deutung der Vorgänge die Formel „Synkretismus" an, die auch denen für die Deutung des ersten Briefs unentbehrlich ist, die erst nach demselben Judaisten nach Korinth kommen lassen. Wird nicht alles, was geschah, sofort verständlich, wenn wir bedenken, daß uns hier die Christenheit einer griechischen Großstadt beschrieben wird? Ist es denn in Korinth mit seinem erotisch verseuchten Kultus seltsam, daß die Freigabe des Verkehrs mit der Dirne

---

[1] Karl Barth, Die Auferstehung der Toten, 1926.
[2] Wendland: Das neue Testament deutsch. Die Briefe an die Korinther, 1932.

begehrt wird? Daß es in Korinth erotisch Verwilderte in
Menge gab, sagt Paulus derb genug, I 5, 10. Hier wurde aber
über die Dirne unter der Aufsicht derer gesprochen, die be-
zeugten, daß sie des Christus sind, und die Dirne von solchen
verteidigt, denen Paulus sagte: „Ihr seid Ein Geist mit dem
Herrn", I 6, 17. Stand nicht jedesmal, wenn eine gerichtliche
Verhandlung stattfand, eine Schar vor der Tribüne des Prokonsul, die ihr stundenlang mit gespannter Aufmerksamkeit
zuhörte? Hier beugten sich aber vor dem Spruch des staatlichen Richters die, die sich zum Weltgericht berufen wußten,
I 6, 2. 3. Beim Areopag Athens hatte Paulus mit der Verkündigung der Auferstehung Jesu nur erreicht, daß er verlacht
wurde. Selbstverständlich geschah dasselbe in Korinth. Aber
hier verzichteten die auf die Toten, die auf den großen Tag
Gottes warteten, an dem Gott im Christus seine Herrlichkeit
offenbaren wird. Damit waren alle rationalen Erwägungen
verdrängt und das absolute Wunder zum Grund des Denkens
und Handelns gemacht; warum gewann das Verlangen nach
Denkbarkeit an dieser Stelle und nur an dieser Stelle wieder
Macht? Reden hatte der Grieche gelernt, und er redete im
Übermaß, und auch das hatte er gelernt, daß aus der Rede
ein Kunstwerk gemacht werden kann. Er hatte auch denken
gelernt, und eine tief bewegte Geschichte hatte gezeigt, daß
aus dem Denken, nachdem es den Mythus zerstört hatte, eine
neue Frömmigkeit entstand, die von der Erkenntnis erwartete,
sie einige den Menschen mit Gott. Konnte es in einer Gemeinde, die in der griechischen Welt lebte, ausbleiben, daß
sie in ihrer Erkenntnis den Vorzug sah, der sie über die anderen erhob? In kurzer Zeit wurde die Verlegung des religiösen
Ziels in die Erkenntnis zum Merkmal der gesamten Kirche.
Aber von Entlehnungen aus dem griechischen Denken dürften
wir nur dann reden, wenn sich die Korinther um die Erkenntnis der Welt bemüht hätten. Was sie aber bei Paulus suchten,
war einzig die Erkenntnis Gottes, II 2, 14. Nirgends kommt
die Verwendung griechischer Denkformen ans Licht. Es gab
keine griechische Stadt, in der es keine Parteien gab, und da
sie politisch machtlos waren und über nichts mehr zu entscheiden hatten, entzweiten sie sich wegen des Sports. Kein

Wunder, daß sich die Gemeinde in Parteien teilte und nicht begriff, warum Paulus mit glühendem Eifer für die Einheit eintrat. Wenn der Anteil des Menschen an Gott in seiner Erkenntnis besteht, wendet sich sein Blick nach innen; in sich sucht er Gottes Offenbarung und findet in seinem inwendigen Leben seinen Halt. Die nach der philosophischen Weise Frommen waren aus allen Verbänden gelöst, hatten keinen tätigen Anteil an der Geschichte und wurden Vereinsamte. Aber hier war ja eine Gemeinde entstanden, die aus jedem das Glied eines Ganzen machte und jedem am Werk des einen Herrn Anteil gab. Das ganze griechische Denken war vom Begehren nach Glück beherrscht. Wie konnte ein Grieche vor dem Kreuz Jesu verweilen und in ihm die Herrlichkeit der göttlichen Gnade erkennen, und was konnte ihn bewegen, auf einen Boten Gottes zu hören, dessen Los beständige Mißhandlung und Entehrung war? Bedarf es denn einer Erklärung, daß die Korinther wünschten, daß Paulus die Handarbeit einstelle und sich nicht von einer Todesgefahr in die andere stürze? Das liegt hell im Licht, daß die Geschichte der korinthischen Gemeinde ein Teil der griechischen Geschichte war, und das war sie nicht, obwohl, sondern weil für beide Teile der Gemeinde Juden die Führer gewesen sind. Der Jude lebte ja schon längst in der griechischen Welt. Wer Paulus einen „Synkretisten" heißt, mag auch die korinthischen Lehrer so nennen. Aber der Name verliert seinen Sinn, wenn er nicht sagen will, daß Griechisches, griechischer Kultus, Mythus, Wissen, Kunst und Staat um ihrer selbst willen geschätzt und in der Gestaltung des Denkens und Lebens verwendet worden seien, und dies haben die korinthischen Juden so wenig wie Paulus getan.

Sowie Paulus von Galatien nach Ephesus herabgekommen war, stellte er seine Verbindung mit Korinth wieder her. Über die Wirksamkeit des Apollos in Korinth wurde er sofort unterrichtet, da jener nach dem Rat Aquilas nach Korinth gegangen war. Aber auch Apollos selbst kehrte nach Ephesus zurück; warum er Korinth verließ, erfahren wir nicht. Von den Korinthern stellte sich Erastos bleibend unter die Männer, über die Paulus als über seine Gehilfen verfügen konnte, Apgsch. 19, 22, und auch die Gegenwart des Sosthenes, wie

immer wir über Apgsch. 18, 17 denken mögen, brachte Paulus
mit den Korinthern in Verbindung, da Sosthenes offenkundig
den Korinthern wohlbekannt gewesen ist. Nun begann Paulus
den brieflichen Verkehr mit ihnen. Von einem der Briefe — es
kann der erste gewesen sein, den er nach Korinth geschrieben
hat, doch läßt sich dies nicht bestimmt sagen — gibt I 5, 9
Bericht. Sichtbar wird, daß der Gebrauch der Dirne in Korinth bereits freigegeben war, und da dies nur ein Folgesatz
aus der Aufhebung der Ehe war, so war auch das Bestreben,
die Ehe abzuschaffen, bereits damals im Gang. Da Paulus das
Verbot der Dirne erneuerte, wurde dem Brief widersprochen.
Die Männer, die sich weigerten, in einem Gebot des Paulus
ein Gebot des Herrn zu erkennen, I 14, 37, hatten schon damals ein gewichtiges Wort, und die Gemeinde verlangte schon
damals nach Autonomie und unbegrenzter Freiheit. Der Brief
des Paulus wurde abgelehnt, weil er zweideutig und unausführbar sei. Nun trat die Sonderung in Gruppen, von der Paulus damals noch nichts erfahren hatte, notwendig ein. Sie hätte
nur dann ausbleiben können, wenn es keine Männer mehr gegeben hätte, die fest mit Paulus verbunden waren. Daß aber
der Kampf, soweit wir Nachricht haben, damit begann, daß
um die Dirne gestritten wurde, spricht dagegen, daß sich der
Gegensatz gegen Paulus aus dem Paulinismus entwickelt habe.
Von der paulinischen Absage an das Fleisch war der Verkehr
mit der Dirne weit entfernt, und die Fassung des christlichen
Ziels, die zu ihrer Freigabe führte, ist nicht erst in Korinth
entstanden, sondern wurde von außen in die Gemeinde hin-
eingebracht.

Von diesen Kämpfen erhielt Paulus durch die Angehörigen
der Chloe Bericht, I 1, 11. Vielleicht treffen wir das Richtige,
wenn wir annehmen, daß die Angehörigen der Chloe den Brief
des Paulus nach Korinth gebracht hatten und bei seiner Verlesung gegenwärtig waren. Dann waren sie auch Zeugen dessen
geworden, was bei der Verlesung und infolge derselben geschah. Auch über die Ehe eines Korinthers mit der Frau
seines Vaters bekam Paulus Bericht, I 5, 1. Er war nun in
Sorge um die Gemeinde und beschloß die Sendung des Timotheus und des Erastos nach Korinth. Aber auch aus den

makedonischen Gemeinden waren betrübende Nachrichten gekommen, und die Lage war dort so, daß Paulus zuerst für die makedonischen Gemeinden sorgen wollte. Timotheus und Erastos bekamen die Weisung, über Troas nach Makedonien und erst von dort aus nach Korinth zu gehen, Apgsch. 19, 22; I 4, 17; 16, 10. 11.[1] Inzwischen beschloß die Gemeinde, von Paulus eine Entscheidung der Fragen, die sie entzweiten, zu erbitten. Sie formulierte ihre Fragen schriftlich, I 7, 1, und sandte drei der Ihrigen, Stephanas, Fortunatus und Achaikus, zu Paulus, I 16, 17. Stephanas gehörte zum ältesten Teil der Gemeinde und hielt treu zu Paulus. Die Absendung der Abgeordneten war somit die Tat derjenigen Gruppe, die in Paulus ihren Führer sah. Sie war ein Bekenntnis zu seinem Apostolat und eine Erklärung der Bereitwilligkeit, nach seinen Entscheidungen das Verhalten der Gemeinde zu ordnen. Die Antwort auf den Brief der Gemeinde, den ihre Abgesandten nach Korinth brachten, ist unser erster Brief.

Das Vertrauen des Paulus zur Gemeinde war durch ihren Brief und seinen Verkehr mit den zu ihm gereisten Korinthern nicht erschüttert, wenn er auch den Ernst des gegen ihn gerichteten Widerstands deutlich sah, I 4, 18–21; 7, 40; 14, 37; 16, 22. Nach seinem Urteil stand aber seine Autorität noch fest, und er formte deshalb jedes Wort so, daß es zur Verständigung führen konnte. Er machte aus dem Brief keine Kampfansage, sondern stellte ihn ganz in den Dienst des Friedens. Er wurde durch ihn über die Versuche, die Verfassung der Gemeinde auszuweiten, Herr. In seinem zweiten Brief spricht er nicht mehr von den Anliegen, über die ihn der Brief der Korinther befragt hatte, nicht mehr von der Ehelosigkeit und vom griechischen Opfer, und auch die Einrede gegen die Auferweckung der Toten scheint verschwunden zu sein. Paulus spricht im zweiten Brief von der Auferstehung, ohne anzudeuten, daß die Korinther an ihr zweifeln, II 1, 9; 4, 14; 5, 10. Dagegen wurde durch seinen Brief, der seine Autorität unverkürzt geltend machte, der Widerstand gegen seine apostolische Vollmacht verstärkt. Der Regel, nach der Paulus

---

[1] Ob Timotheus auch einen Brief des Paulus bei sich hatte, wissen wir nicht.

das Verhältnis der Apostel zur Gemeinde ordnete: „Sie alle, Paulus, Apollos, Kephas, gehören euch, und dies deshalb, weil ihr alle des Christus seid", stimmten die Gegner nicht zu. Die, die sich zu Petrus hielten, stellten Petrus und Paulus nicht in dasselbe Verhältnis zur Kirche, und die, die ihre Geltung vom Geist ableiteten, stimmten Paulus nicht zu, daß Dienen ihr Beruf sei, da sie die Herrschaft beanspruchten. Wie stark dieser Widerspruch auf die Gemeinde drückte, zeigt sich darin, daß die Anweisungen, die Paulus über die Sammlung für die Jerusalemiten gab, I 16, 1–4, unausgeführt geblieben sind, II 8. 9.

Das Nächste, was nun geschah, war die Ankunft des Timotheus in Korinth. Der zweite Brief enthält aber kein Wort, das auf die Erlebnisse des Timotheus hindeutete. Nach der Anweisung des Paulus sollte sein Aufenthalt in Korinth nur kurz sein, I 16, 11. Paulus erhielt also rasch Bericht über die Wirkungen seines Briefs, und was er erfuhr, bewog ihn, selbst nach Korinth zu fahren.

Wahrscheinlich wurde aus Korinth ein dringender Ruf an ihn gerichtet: Komm! Denn er sagt, II 2, 1, er sei nicht erst in Korinth betrübt worden, sondern von seinem Kummer getrieben zu ihnen gereist. Der festliche Jubel, der das Kennzeichen der Gemeinde war, war also gründlich gestört worden. Vertreiben konnte ihn einzig Sünde. Irgendeine Missetat war geschehen, von der Paulus urteilte, die Gemeinde befreie sich von ihr nicht ohne seine Hilfe. Er fürchtete, der Tempel Gottes in Korinth werde zerstört, I 3, 17, und kam, ohne zu zaudern, da er erkannte, daß die Voraussetzung, auf die sein Brief gestellt war, nicht völlig zutraf. Er hatte zu „euch", zu der zur Einheit verbundenen Gemeinde, gesprochen und die, die ihm widersprachen, neben die Gemeinde gestellt; sie waren nur „einige", τινες, I 4, 18; 15, 12. Nun zeigte es sich aber, daß ihre Stellung in der Gemeinde fester war, als er gehofft hatte. Es kann sein, daß sie gerade dadurch fest wurde, daß es neben ihnen noch eine andere Gruppe gab, die sich nicht unter Paulus stellte. Denen, die sich zu Petrus bekannten, durfte die Gemeinschaft nicht verweigert werden; konnte man sie nun denen, die sich auf Christus beriefen, versagen?

Dieser Besuch war der zweite, an den er II 13, 1. 2; 12, 21;
1, 23; 2, 1 erinnert. Da der erste Brief noch keine Erinnerung
an diesen Besuch enthält, geschah er zwischen dem ersten und
dem zweiten Brief. Die Lösung von der ephesinischen Gemeinde
geschah noch nicht durch diese Reise. Da Paulus im Sinne
hatte, sie nach Pfingsten endgültig zu verlassen, I 16, 8, fuhr
er vermutlich noch vor Pfingsten nach Korinth.

Das gerichtliche Verfahren, das Paulus für notwendig hielt,
fand statt. Denn Paulus sagt nicht nur von sich, sondern auch
von der Gemeinde, sie sei damals betrübt gewesen, II 2, 2.
Beide Teile bewahrten eine schmerzhafte Erinnerung an jene
Tage. „Gott hat mich bei euch gering gemacht", urteilte
Paulus, II 12, 21, und dies war auch das Urteil der Gegner. Auch sie fanden ihn „klein", ταπεινός, II 10, 1, und
waren durch sein Auftreten und Reden enttäuscht. Sie hatten
sich ihn mächtiger vorgestellt, II 10, 10; 13, 3. 4. Es zeigte
sich, daß eine Einigung des Paulus mit ihnen nicht möglich
sei. Von ihrer geistlichen Größe und ihren inwendigen Erfahrungen sprachen sie mit den größten Worten; aber alles war
„unmeßbar"; sie waren εἰς τὰ ἄμετρα καυχώμενοι, II 10, 15.
Eine greifbare Leistung, ein meßbares Werk hatten sie nicht
aufzuweisen. Ihre Überzeugung von ihrem Recht und ihrer
geistlichen Größe machte sie unfähig, auch nur zu erwägen,
was Paulus sagte; „sie nehmen nicht wahr", οὐ συνιᾶσιν; denn
sie kennen niemand als sich selbst, II 10, 12. Aber Paulus sah,
daß er die Gemeinde noch nicht vor die Entscheidung stellen
konnte. Für ihn stand es fest, daß die Gemeinschaft zwischen
ihm und den Gegnern unmöglich war; das Anathema, von dem
er I 16, 22 gesprochen hat, hatte für ihn Geltung, jedoch noch
nicht für die Gemeinde, und da sich Paulus noch nicht von
den Ephesern verabschiedet hatte, kehrte er nach Ephesus
zurück mit der Erklärung, er werde bei seinem nächsten Besuch die Reinigung der Gemeinde bewirken und ihre untaug-
lichen Glieder aus ihr entfernen, II 13, 2. An der Zuversicht,
daß er die Gemeinde für Christus gewonnen habe und daß sie
sich deshalb nicht von ihm trennen könne, hielt er fest, II 1,
15. Nur für eine kurze Zeit sollte seine Rückkehr nach Ephesus die Entscheidung des Kampfs aufschieben. Darum ver-

sprach er den Korinthern, er werde, wenn er sich von Ephesus getrennt habe, zuerst zu ihnen kommen und erst von Korinth aus die makedonischen Gemeinden besuchen, II 1, 15. 16. Darauf wurde aber seine Zuversicht auf eine harte Probe gestellt.

Durch einen Korinther geschah eine Tat, die, wenn sie unbestraft blieb, die Gemeinde völlig von Paulus löste und seine Rückkehr unmöglich machte. Paulus hat sie als „Unrecht" gekennzeichnet, durch das einer der Brüder „Unrecht gelitten habe", II 7, 12, hat sie aber nicht beschrieben. Vermutlich wurde an einem der zu Paulus haltenden Männer in der versammelten Gemeinde Gewalt geübt. Gewiß ist, daß alle Gemeindeglieder von der Tat Kenntnis hatten und für ihre Bestrafung verantwortlich waren.

Nun gab Paulus seine Absicht auf, sofort nach Korinth zu gehen. Die Bestrafung des Übeltäters mußte durch eine gerichtliche Verhandlung geschehen, bei der harte Worte unentbehrlich waren. Schon bei seinem Besuch war er nicht „Gottes Gehilfe für ihre Freude", sondern der sie Betrübende gewesen; er wollte es nicht zum zweitenmal sein, II 1, 23, und zog es vor, der Gemeinde durch einen Brief zu sagen, was er in diesem Augenblick zur Abwehr der Sünde und zur Erhaltung der Zucht für notwendig hielt. Dieser Brief forderte die Umkehr der Gemeinde mit großem Ernst. Der Bote, der ihn nach Korinth brachte und ihn vor der Gemeinde zu vertreten hatte, war Titus. Paulus selbst wanderte nun nach Troas, um von dort nach Makedonien zu gelangen, und gab Titus die Weisung, nicht in Korinth oder in Makedonien auf ihn zu warten, sondern ihm nach Troas entgegenzureisen, II 2, 13. Timotheus behielt Paulus bei sich. Den Begleiter des Titus, den er mit ihm nach Korinth sandte, II 12, 18, hat er nicht mit Namen genannt. Titus war Grieche, Gal. 2, 3, und in Gemeinschaft mit Paulus seit der Zeit, als Paulus in Antiochia arbeitete. Den aus dem Orient Eingewanderten war er dadurch ebenbürtig; denn er gehörte zur ältesten Christenheit und war bei den Verhandlungen in Jerusalem über den Verkehr mit der Dirne und den Genuß des Geopferten anwesend gewesen. Er konnte daher der Gemeinde als Zeuge sagen, was die versammelten Apostel zur Bedingung für den Anteil an der Kirche gemacht hatten.

Über das, was nun in Korinth geschah, berichtet II 2, 5; 7, 7–16. Die Gemeinde mußte sich nun für oder gegen Paulus entscheiden, und sie nahm das Urteil des Paulus an. Der Übeltäter wurde von der versammelten Gemeinde verurteilt und ihm eine Strafe aufgelegt. Einstimmig war freilich das Urteil der Gemeinde noch nicht, II 2, 6; vielleicht bezog sich aber die Spaltung des Urteils nicht darauf, ob er bestraft werden müsse, sondern nur darauf, wie er zu bestrafen sei. Der Schuldige selbst beugte sich und bat die Gemeinde um Vergebung, und diese war bereit, sie ihm zu gewähren, behielt aber die Zustimmung des Paulus vor. Sie bat ihn auch, wieder zu ihr zu kommen. Aber die, die jeden Schritt und jedes Wort des Paulus mit boshafter Deutung versahen und alles hervorhoben, was sein Ansehen schädigen konnte, waren noch immer in Korinth. Das war der Bericht, den Paulus von Titus in Makedonien empfing; denn er war, da er ihn nicht in Troas fand, geängstigt ihm entgegengereist.

Als er in Makedonien war, sprach er mit den Philippern über die Richtung, die viele der Kirche zu geben versuchten, Phil. 3, 18. In der Erinnerung an jene Gespräche nennt er die Korinther nicht; aber was er über die von ihm beklagten Vorgänge sagt, entspricht völlig dem, was die Korintherbriefe zeigen. Die christlichen Juden können es nicht lassen, sich zu rühmen, und verstehen es nicht, daß Paulus nur ein einziges Verlangen hat, dies, daß er Christus erkenne, was durch die Gleichgestaltung mit seinem Tod und durch den Anteil an seiner Auferstehung geschieht. Darum ziehen sie die Kirche von Paulus weg und sagen, er könne nicht ihr Vorbild sein. Ihnen ist das Kreuz Jesu zuwider und die Verheißung, die sie auf die Umgestaltung ihres Leibes durch den wiederkehrenden Herrn hoffen heißt, gibt ihnen nicht ihr Ziel. Sie sind auf das Irdische bedacht und gehorchen willig dem Verlangen ihres Bauchs. Sie wollen, daß sich die Kirche in der Welt ihren Platz erringe. Das ist, wahrscheinlich etwas bewußter und entwickelter, derselbe Gegensatz, der den Kampf in Korinth hervorgerufen hat.

4*

Als Titus endlich kam, hatte Paulus einen freudigen Tag.
Schon die Rückkehr des Titus machte ihn froh. Da seine Mitarbeiter ebenso wie er selbst in beständiger Gefahr waren, war
es kein kleines Ereignis, wenn einer der Seinen von einer Reise
unverletzt zurückkehrte. Noch stärkeren Grund zur Freude
gab ihm der Bericht des Titus über die Haltung der Korinther
und ihr Verlangen, ihn bei sich zu haben und ihre Gemeinschaft mit ihm wieder völlig herzustellen, und auch das, was
Titus selbst im Verkehr mit den Korinthern erlebt hatte, war
eine Verstärkung seiner Freude.

Die Männer, die die gegen Paulus gerichtete Bewegung führten, waren zwar von ihrer geistlichen Größe überzeugt; aber
so stark waren sie nicht, daß sie das neue Ziel, das sie der
Kirche geben wollten, durch einen klaren Gedanken zu beschreiben vermochten. Paulus schreibt ihnen zwar νοήματα,
Gebilde des Denkens, zu, II 10, 5; vgl. 11, 3; 4, 4; 3, 14, hat
aber für diese keine Hochachtung. „So, wie sie erkennen sollen, haben sie noch nicht erkannt", I 8, 2; wie sollten sie auch
erkennen, da sie „Liebe nicht haben"? Das macht auch der
erste Brief dadurch deutlich, daß er nur von der Reform einzelner kirchlichen Ordnungen spricht. Die Entscheidungen,
die hier getroffen werden mußten, hatten freilich für das Leben der Gemeinde größte Bedeutung, da sie die Ehe, die Absonderung vom griechischen Kultus und die fruchtbare Gestaltung ihres Gottesdienstes betrafen. Aber die Fortbildung
der Gemeinde wurde von ihnen doch nur an einzelnen Stellen
durch die Aufhebung einiger bisher gültiger Satzungen versucht. Ihr Versuch, die Verheißung an die gegebenen Verhältnisse dadurch anzupassen, daß sie die Toten auf der Seite ließen, ist zwar in seinen Motiven durchsichtig, zeigt sie aber
nicht als große Denker; denn sie machten dadurch ihr Zukunftsbild widerspruchsvoll. Nach ihrem Bruch mit Paulus
bei seinem zweiten Besuch wurde zwischen ihm und den Korinthern nur noch darüber verhandelt, ob sein Anspruch an
die Führerschaft berechtigt sei. Zwischen ihm und den Gegnern gab es nur noch Kampf. Die neuen Normen, nach denen
sie die Gemeinde bauen wollten, waren dadurch erledigt, daß
sich die Gemeinde für ihn entschieden hatte. Nur der Angriff

auf sein Apostolat wirkte noch nach, und diesem Schwanken wollte Paulus durch einen neuen Brief ein Ende machen, ehe er selbst wieder nach Korinth kam.

Damals war ihm wichtiger als jedes andere Anliegen die Steuer für Jerusalem. Die Makedonen hatten eifrig gesteuert, um Jerusalems willen und um des Paulus willen, weil Paulus sein Wort gegeben hatte, daß er für Jerusalem sorgen werde, Gal. 2, 10. Nach dem Bericht des Titus hatten aber die Korinther die Sammlung unterlassen. Die Verpflichtung, die Paulus eingegangen war, nahmen sie in den Tagen des Kampfes nicht ernst, und die Verbindung mit Jerusalem hatte für die Gegner des Paulus keinen Wert. Wer sagte: „Hinauf über das, was geschrieben ist", und ebenso: „Hinauf über das, was Paulus verkündet", sagte auch: „Los von Jerusalem". Ob sich dort eine Christengemeinde halten könne oder nicht, war bedeutungslos. Nun stand aber bereits fest, daß Paulus nicht allein, sondern von Makedonen begleitet nach Korinth kommen werde. Es hätte aber einen Riß zwischen den Gemeinden geschaffen, wenn nur die Makedonen steuerten, die Korinther sich aber der Steuer weigerten. Paulus tat alles, was die Eintracht der Kirche stärkte, und hielt darum darauf, daß alle Gemeinden die Steuerpflicht anerkannten und keine aus der Reihe der Steuernden heraustrat. Er traute es aber den Korinthern noch nicht zu, daß sie selber die Sammlung der Steuer zustande brächten, und wünschte, daß Titus diese leite. Darum sandte er ihn mit zwei Brüdern nach Korinth zurück, womit er sich die Gelegenheit schuf, wieder einen Brief nach Korinth zu senden, den vierten, von dem wir Nachricht haben.

Der Brief hat ein einziges Thema, die Begründung seiner apostolischen Autorität, der sich die Kirche nicht entziehen kann. Er bleibt für sie ein Apostel, und seine Sendung ist unvergänglich. Der Ton des Briefs wechselt, je nachdem Paulus auf das zurücksieht, was geschehen war, oder auf das vorwärtssieht, was kommen wird. Der erste rückblickende Teil, II 1–7, ist eine große Danksagung für das Paulus gewährte Werk, die mit der Abwehr von Anstößen verbunden ist, die das Vertrauen zu ihm schwächten. Als er aber erwog, was bei seiner neuen Ankunft in Korinth geschehen werde, II 10, 1, wurde

aus dem Brief der Kampf; den Gegnern wird die Gemeinschaft aufgesagt und den unbußfertig bleibenden Gemeindegliedern die Bestrafung angedroht. Lehrhaftes wird in beiden
Teilen nicht erörtert. In Korinth stand fest, daß es keinen anderen Christus, keinen anderen Geist, keine andere Botschaft
Gottes gibt als die, die sie von Paulus empfangen hatten, II 11,
4, und daß sie im Christus die geheiligte und begnadigte Gemeinde Gottes sind. Was Paulus sagt, gilt für immer. Aber
manches hätten sie an ihm anders gewünscht, und alle ihre
anderen Beschwerden wurden durch den Anstoß überragt, den
ihnen das Leiden des Apostels bereitete. Darum hatten sie sich
auch noch nicht mit seinem Darben ausgesöhnt, das er sich
durch die Ablehnung ihrer Gaben bereitete. Darum machte
Paulus aus dem Brief die Verherrlichung des mit seinem Werk
verbundenen Kampfs; durch sie zog er die Gemeinde an sich,
und durch sie verscheuchte er seine Widersacher.

Durch Apgsch. 20, 2 und Röm. 15, 23 ff. wissen wir, daß
Paulus die von ihm angekündigte Reise nach Korinth ausgeführt hat. Ob seine Gegner ihn noch erwarteten oder schon
vor seiner Ankunft die Stadt verließen oder neben der Gemeinde des Paulus eine eigene Gemeinde gründeten, wissen
wir nicht. Ob die Lehrer, die die Briefe an Timotheus als
Widersacher des Paulus und Bestreiter der den Toten geltenden Verheißung nennen, Hymenäus, Philetus und Alexander,
2 Tim. 2, 17; 1 Tim. 1, 20, Beziehungen zur korinthischen Gemeinde hatten, läßt sich nicht feststellen. Dies aber zeigt der
Römerbrief, daß die Gemeinde wieder fest mit Paulus verbunden war, als er sie im kommenden Frühling verließ.

Wer war der Sieger? Die Einordnung der paulinischen Gemeinden in die Gesamtkirche geschah vollständig. Was die, die
sich nach Petrus nannten, wollten, ist geschehen. Paulus hat
aber erreicht, daß er der Apostel der Kirche blieb. Die Korintherbriefe wanderten von Gemeinde zu Gemeinde und waren
schließlich neben den Evangelien ein Teil „der Schrift", an die
die Kirche sich gebunden weiß. Das von der Kirche verkündete
Wort blieb die Botschaft vom Tode und der Auferstehung des
Christus. Das Abendmahl verschwand nicht aus dem Gottesdienst der Gemeinde, und die Mischung der Kulte wurde völlig

unterdrückt. Jene Fassung der Freiheit, die für den natürlichen Bereich keine Bindungen anerkennt, verschwand, und
das Bekenntnis der Kirche verkündete die Auferstehung der
Toten und lehnte es ab, daß das Ziel des Christus ein diesseitiger
Zustand vermehrter Glückseligkeit für den Menschen sei. In
all dem unterlagen die Gegner des Paulus. Aber ihre Gedanken
und Ziele stammten aus einer jener Bewegungen, die uner-
klärlich und unaufhaltsam durch die Völker gehen. Paulus
wurde einsam; er blieb der Apostel, aber unverstanden. Seine
Briefe wurden heilige Schrift; aber über sie stellte sich die
Theologie, und die Kirche sah in ihrer Erkenntnis ihr wesentliches Merkmal. Sie verbot die Ehe nicht, aber sah im Asketen
den Heiligen und legte auf das geschlechtliche Verlangen die
Schande der Sünde. Sie wurde über alles Herr, was an den
Enthusiasmus erinnerte, und machte, daß nicht nur die Zunge,
sondern auch die Prophetie verschwand; aber die Wirksamkeit
des Christus im Geiste wurde für sie eine dunkle Rede. Damit
verschwand die Gemeinde, die dem Leibe gleicht, dessen Glieder einander dienen. An die Stelle der Gemeinde trat die
Hierarchie, die die Scharen einzelner regiert. Unaufhaltsam
vollzog sich die Einordung der Kirche in die Welt durch ihre
Angleichung an den Staat.

Seinem brieflichen Verkehr mit der Gemeinde gab Paulus dadurch Tiefe, daß er bei sich selbst und bei der Gemeinde auf das hinzeigt, was sie durch Gott geworden sind. Da er als der Bote des Christus Jesus zu den Korinthern als den Heiligen spricht, die durch den Christus zur Gemeinde Gottes geworden sind, wird aus seinem Gespräch mit ihnen ein religiöser Vorgang, durch den Gottes Wort an die Gemeinde ergeht. Durch die Verbindung der beiden Namen „Christus Jesus" kennzeichnet Paulus das Wesentliche seiner Botschaft. Vom Menschen Jesus ist er gesendet, jedoch von dem Menschen, den Gottes Sendung zum Christus, zum Herrn aller, machte. Für sein Wirken als Bote Jesu hatte es entscheidende Wichtigkeit, wie er zu seinem Botenamt gekommen war; sein Grund war nicht sein eigener Entschluß, sondern der Ruf des Christus, in dem ein göttlicher Beschluß, ein ϑέλημα Gottes, wirksam geworden ist. Das macht aus seinem apostolischen Wirken den beharrlich durchgeführten Gehorsam; was er tut, auch das, was er jetzt für die Korinther tut, hat für ihn die Notwendigkeit einer von Gott ihm auferlegten Pflicht; vgl. I 9, 16.[1]

Wie er sich auf Gottes Wirken in seinem eigenen Erleben gründet, so beschaut er auch ehrfürchtig und dankbar das göttliche Werk, das an den Korinthern geschehen ist. Sein Gespräch mit ihnen bekommt sein Ziel und seine Regel dadurch, daß sie eine Gemeinschaft sind, die Gottes Eigentum ist und darum zu gemeinsamem Handeln in seinem Dienst zusammentritt. Das sind die Merkmale einer ἐκκλησία τοῦ ϑεοῦ. „Sie ist vorhanden, hat Bestand"; vgl. αἱ οὖσαι ἐξουσίαι Röm. 13, 1. Es kann sich damit der Gedanke verbinden, daß die Glaubenden nicht nur gelegentlich, etwa um einen Lehrenden

---

[1] Über den Bruder Sosthenes s. S. 18. Die zu Paulus gekommenen drei Korinther Stephanas, Fortunatus und Achaikus hat er bei der Abfassung des Briefs nicht neben sich gestellt; sie waren die, die ihm die Fragen der Korinther überbracht hatten, nicht zugleich auch die, die sie beantworteten. Erastus, der Korinther, war bereits zusammen mit Timotheus von Paulus nach Makedonien gesandt, Apgsch. 19, 22.

zu hören, zusammenkommen, sondern zu einer festen Gemeinschaft verbunden sind.

Mit der Vorstellung „Gemeinde Gottes" war die andere
„Heiligkeit" schon längst durch eine völlig befestigte Beziehung
vereint. Das Gott Gehörende ist heilig. Für die Vorstellung, die
Paulus mit dem Wort „Gemeinde" verband, ist es lehrreich,
daß er sofort den Plural ἡγιασμένοι, ἅγιοι einsetzt. Er dachte
bei der „Gemeinde" nicht an eine Organisation, die nur ein
Gemeingut schafft, sondern denkt sich das Verhältnis zu
Gott, in das die Gemeinde gebracht ist, als den persönlichen
Besitz jedes einzelnen. Es muß ihnen aber deutlich bleiben,
wie ihre Heiligkeit zustande kam. Dies beschreiben die beiden
Formeln „im Christus Jesus Geheiligte" und „Gerufene Heilige". Dieses ἐν Χριστῷ Ἰησοῦ läßt keine mystische und keine
synergistische Deutung zu. Die Heiligkeit der Gemeinde entsteht nicht durch ihre Leistung; nicht durch das, was sich in
ihnen selbst ereignet, gewinnen sie ihren Anteil an Gott. Heiligkeit wird empfangen durch Gottes Tat, die im Christus ihren
Mittler hat. Durch sein Dasein und seine Wirksamkeit sind
sie geheiligt. Wie der einzelne von seiner Wirksamkeit erreicht wird, sagt die zweite Formel. Das Wort Jesu, seine „Botschaft", wird jedem einzelnen gesagt, und wenn sein Wort
in ihm wirksam wird, wird aus dem Wort der Ruf, durch den
ihm die Heiligkeit verliehen ist.

Für die Deutung der Worte, die den weiteren Kreis beschreiben, für den Paulus die nun folgende Unterweisung bestimmt, gibt die Wortparallele II 1, 1 die Weisung: σὺν τοῖς
ἁγίοις πᾶσιν τοῖς οὖσιν ἐν ὅλῃ τῇ Ἀχαίᾳ. Dieser weitere Kreis
entsteht nach dieser Parallele dadurch, daß sich auch in anderen griechischen Orten Christen finden. Daß es nicht nur in
Korinth, sondern auch anderswo schon beim ersten Besuch
des Paulus zur Bildung von Gemeinden kam und daß Paulus sie
selbst aufsuchte, wissen wir durch 2 Thess. 1, 4. Genannt werden außer den Christen von Athen, Apgsch. 17, nur noch die
von Kenchreä, Röm. 16, 1. Daß Paulus hier nicht wieder,
wie 2 Thess. 1, 4, von mehreren ἐκκλησίαι spricht, deutet
vielleicht an, daß in den anderen griechischen Städten die
Christen kleine Gruppen blieben, deren Verband nicht die

Stärke bekam, wie „das zahlreiche Volk des Christus" in
Korinth sie hatte, Apgsch. 18, 10. Das entspricht dem, was
Lukas über den Erfolg des Paulus in Athen berichtet hat.
Freilich ist neben ἐν ὅλῃ τῇ Αχαίᾳ die Formel ἐν παντὶ τόπῳ αὐτῶν
καὶ ἡμῶν dunkel. Wir stehen zum erstenmal vor der Frage,
wie weit die Zweiheit der Namen „Paulus und Sosthenes" den
Sinn des ἡμεῖς bestimmt hat. Da aber dieses ἡμεῖς in dem Satz
steht, für den die beiden Namen das Subjekt sind, läßt sich
hier die Beziehung des „wir" auf Paulus und Sosthenes nicht
umgehen. Dadurch erhält aber die Formel einen begrenzten
Sinn, der ihr fehlen würde, wenn ἡμῶν nichts anderes bedeutete
als ἐμοῦ. Sosthenes war Korinther, und „seine Orte" sind die,
die die Stätten seiner Wirksamkeit geworden sind, an denen
er heimisch ist, weil dort die ihm wohlbekannten Brüder wohnen. Ist er einer der ersten Christen Korinths, so hat er Paulus
begleitet, wenn dieser mit der Botschaft Jesu in die umliegen-
den Orte wanderte; hat ihn erst Apollos zu Jesus geführt, so hat
er mit diesem die in Griechenland zerstreuten Brüder aufge-
sucht. Orte, die in dieser Weise Paulus und Sosthenes gehörten, gab es nur in Achaja. Da der Brief zu allen gelangen soll,
die mit beiden, mit Paulus und Sosthenes, verbunden sind,
geht er nicht über die Achaja hinaus. Bei dieser Deutung wächst
αὐτῶν aus dem ihm folgendem ἡμῶν heraus. Daß der Ort, an
dem sie wohnen, der ihre sei, müßte nicht erst gesagt werden,
wenn Paulus nicht zu sagen im Sinn hätte, daß ihr Ort „der
unsrige" sei. Nun bewegt ihn jenes Anliegen, das in der Gestaltung der beiden Briefe immer wieder wirksam wird: er
wehrt alles ab, was die korinthischen Christen in eine Abhängigkeit von ihm brächte, die sie unfrei und untätig machte.
Ihr Ort ist zunächst der ihrige, an dem sie den Namen Jesu
zu nennen und seine Botschaft zu sagen haben. Da es aber bei
Paulus kein spontan entstehendes Christentum gibt, ist ihr
Platz deshalb der ihrige, weil er auch der unsrige ist.

Diese Deutung verbindet σύν mit dem verbalen Gedanken,
der unausgesprochen aus dem Satz die Adresse, die Anrede an
die Gemeinde macht: „Ich rede zu euch Korinthern und zugleich zu allen an jedem Ort." So ist σύν II 1, 1 gedacht. Die
andere Deutung hält ἐν παντὶ τόπῳ αὐτῶν καὶ ἡμῶν nicht für

geeignet, den Kreis derer, zu denen Paulus spricht, zu begrenzen. Damit aber der Brief, der in jedem Wort aus der Lage
in Korinth entsteht, nicht zu einem Schreiben an die ganze
Christenheit werde, heftet diese Deutung σύν an die Prädikate
an, die den korinthischen Christen gegeben sind; sie sind Heilige, die im Christus geheiligt und von ihm gerufen sind, zusammen mit allen, die den Herrn anrufen an jedem ihnen und
uns gehörenden Ort. In dieser Fassung erinnerte der Satz die
Korinther daran, daß sie mit der an vielen Orten entstandenen
Kirche verbunden seien; die sie heiligende Gnade sei ihnen
zusammen mit den vielen anderen zuteil geworden. Dieser
Gedanke konnte aus dem Ziel des Briefs leicht entstehen, da
die Bewegung in Korinth, die sich mit Berufung auf den
Christus von den Aposteln löste, dazu führte, daß sich die
korinthische Gemeinde von den anderen schied und die Einheit der Kirche gefährdete. Daher sagt der Brief den Korinthern wiederholt, daß sie nicht eigene Wege gehen können,
I 4, 17; 11, 16; 14, 33. 36; 15, 11. Zur Einheit gemacht wird die
Kirche durch den Namen Jesu, den alle anrufen. In dieser
Fassung beschränkt aber ἡμῶν, das nun nicht mehr bedeutet
als ἐμοῦ, nachträglich das πάντες. Nur an die ist nun gedacht,
die durch den Dienst des Paulus zu Anrufern des Namens
Jesu geworden sind, und die korinthische Gemeinde wäre dadurch in die weitverzweigte von Paulus begründete Kirche
hineingestellt. Das wäre aber nur dann möglich, wenn σύν
nicht an ἅγιοι angeschlossen wird. Wird dagegen hier beschrieben, wie die Heiligkeit empfangen werde, nämlich in Gemeinschaft mit allen, die den Namen Jesu anrufen, dann wird die
Einengung des Satzes durch ἡμῶν kaum erträglich. Eine von
der übrigen Christenheit abgesonderte paulinische Kirche gab
es nicht. Möglich würde der Satz nur, wenn αὐτῶν καὶ ἡμῶν
disjunktiv gedacht würde: „an jedem Ort, ob er der ihrige oder
der unsrige sei", parallel mit I 15, 11 εἴτε ἐγὼ εἴτε ἐκεῖνοι. Aber
die Parallele zeigt, wie dieser Gedanke eine deutliche Formung
erhielte. Das in der byzantinischen Tradition erscheinende τε
wird eine Einlage sein; es zeigt aber, wie die Griechen αὐτῶν
καὶ ἡμῶν empfanden, nicht als trennbar, so daß Orte, die
ihnen, und Orte, die uns gehören, unterschieden würden, son-

dern als verbunden, so daß jeder Ort durch die beiden Genetive gekennzeichnet wird. Diese Deutung setzt zugleich voraus, daß Sosthenes nicht mehr als eine stumme Figur sei und
auf den Sinn von ἡμεῖς keinen Einfluß habe, und die Parallele
II 1, 1 bleibt unbeachtet.

Weil Paulus und Sosthenes mit der Botschaft Jesu an jene
Orte kamen, gibt es dort solche, die den Namen des Herrn
Jesus Christus anrufen. Da diese Formel aus dem Semitismus
in das Griechische hinübergekommen ist,[1] ist sie nicht eindeutig. Im religiösen Sprachgebrauch der Griechen hatte
ἐπικαλεῖσθαι oft die Bedeutung ,,herbeirufen``. Dann wäre der
Name als der Empfänger des Anrufs gedacht und ,,der Name``
stände vollständig für den, der ihn trägt. Oder ἐπικαλεῖσθαι
bedeutet ,,zu etwas hinzu ausrufen, zu etwas hinzu nennen``.
Bei dem, was sie tun, bei ihrem Gebet, bei ihrem Bekenntnis,
bei der Taufe und jeder Segnung nennen sie den Namen Jesu,
wodurch sie das, was sie tun, unter seinen Willen stellen und
als von ihm geboten und gewirkt kennzeichnen. Damit verhalten sie sich so, wie es dem an sie ergangenen Ruf entspricht.

Der Segen begründet den Verkehr, in den Paulus mit den
Korinthern tritt, durch die fundamentale Gewißheit, die aus
der Kenntnis Jesu entsteht. In seinem Verkehr mit ihnen werden, wie in ihrem ganzen Erleben, nicht göttlicher Unwille und
Widerstand, sondern ,,Gunst und Friede`` wirksam. Der Satz
läßt sich als Dank und als Bitte, als Indikativ und als Optativ,
lesen. Aus der hier verkündeten Gewißheit entsteht immer
untrennbar beides, und von Paulus wissen wir, daß er seinen
Verkehr mit den Korinthern gläubig begonnen hat. Die Nennung beider, die begabend und Frieden schaffend an der Gemeinde handeln, gibt dem christlichen Gedanken die ihm wesentliche Formung. Der Hinweis auf Jesus bliebe unfertig und
unverständlich, wenn nicht zuerst Gott genannt wäre; aber
ebenso bliebe die im Namen Gottes gegebene Verheißung unglaublich, wenn nicht auf Jesus hingezeigt würde. Neben Gott,
den Unsichtbaren, ist der gestellt, der die göttliche Gabe in
die menschliche Geschichte hineinträgt und sie im Bereich

---

[1] Ps. 99, 6 ἐν τοῖς ἐπικαλουμένοις τὸ ὄνομα αὐτοῦ, שָׁמוֹ בְקֹרְאֵי. Joel 3,
5 = Röm. 10, 13.

unseres Erlebens wirksam macht. Der Vatername preist Gott
als den Urheber des Lebens; der Name „Herr" sagt aus, wie
unser Leben zur Einigung mit dem göttlichen Willen gebracht
und für uns heilsam wird.

Das Gebet für die Gemeinde
1, 4–9

Indem Paulus das Gespräch mit den Korinthern mit einem
Gebet beginnt, bleibt er bei der Sitte Israels, die anordnete,
daß jede Handlung mit einer Doxologie verbunden werde.
Er hebt aber sein Gebet über die Sitte dadurch hinaus, daß er
die Danksagung für die Gemeinde nicht nur jetzt, sondern beständig übt. Gelingt es ihm, eine Gemeinde zu sammeln, so
entsteht daraus für ihn eine bleibende Gebetspflicht, da er mit
der Entstehung der Gemeinde eine göttliche Gnadentat erlebt
hat, deren Folgen sich bis hinaus zum Tage des Christus er-
strecken, II 1, 14, die darum eine nie endende Danksagung
begründet. Weil das Gebet, zu dem ihm jetzt der Anlaß gegeben
ist, ein Teil seines beständig geübten Gebetes ist, ist sein Inhalt bestimmt; es kann nur Danksagung sein. Daß die Verwirrung in Korinth ihn zum Schreiben bewegt, dämpft sie
nicht; im Gegenteil, gerade dann, wenn sein Werk verkleinert
wird, gedenkt er dankend der Größe dessen, was vollbracht ist,
vor Gott.

In seinem Gebet spricht er allein; das ist nach dem, was sich
über Sosthenes sagen läßt, nicht befremdlich. Seine Danksagung erwächst aus der Arbeit, die er in Korinth vollbracht hat,
und an dieser hatte Sosthenes keinen Teil. Die Verschiedenheit
von 1 Thess. 1, 2 εὐχαριστοῦμεν, 2 Thess. 1, 3 εὐχαριστεῖν
ὀφείλομεν ist nicht zufällig. Denn Silas und Timotheus waren in
anderer Weise am Entstehen der Gemeinde und am Gebet des
Paulus beteiligt als Sosthenes. Darum gibt das Gebet, das den
zweiten Brief einleitet, das „wir"; denn dort ist Timotheus der,
der mit Paulus zur Gemeinde spricht.

Der die Gaben gewährende Wille, die χάρις, wird selbst als
die erste und größte Gabe gewertet; vgl. I 3, 10; II 8, 1. Das
ergibt keine sachliche Fassung der Gnade, die χάρις an χάρισμα

angliche. Die Beschreibung des göttlichen Gebens als „im Christus" geschehend ist mit ἡγιασμένοις ἐν Χριστῷ Ἰησοῦ, Vers 2, und mit ἐπλουτίσθητε ἐν αὐτῷ, Vers 5, parallel.

Da die göttliche Gütigkeit den Menschen den Reichtum Gottes öffnet, macht sie mit allem reich. Die Begrenzung bekommt dieses πᾶν, das ein häufig hervortretendes Merkmal für die unbeschränkte Zuversicht des Paulus ist, durch die Lage, die dem Menschen gesetzt ist, und durch die Bedürfnisse, die durch sie begründet sind. Ein Begehren, das sich von der Lage phantastisch löste, war für Paulus mit einer ernsten Beziehung des inwendigen Lebens auf Gott nicht vereinbar.

Die Apposition ἐν παντὶ λόγῳ καὶ πάσῃ γνώσει engt das ἐν παντί nicht ein, hebt aber aus all dem, was die Gemeinde bedarf und empfängt, das hervor, was für sie die größte Wichtigkeit hat.

Ob Paulus bei πᾶς λόγος, πᾶσα γνῶσις zuerst an die mannigfachen Gegenstände gedacht hat, über die in der Gemeinde gesprochen werden und für die sie das richtige Urteil gewinnen muß, ist nicht gewiß. Vielleicht haftet sein Blick vor allem an der sich immer neu einstellenden Gelegenheit, bei der gesprochen werden muß, und an dem stets sich erneuernden Anspruch, der sie zur Wahrnehmung und Beurteilung dessen beruft, was geschieht. γνῶσις ist das die Tätigkeit benennende Nomen; Paulus hat nicht gesagt, daß die Korinther alles wüßten, sondern daß sie beständig bei jedem Anlaß begriffen, was zu sagen und zu tun sei. In der durch die Zeitfolge gegebenen Reihe von Worten und Erkenntnissen gibt es freilich nie bloß Wiederholungen; jeder Anlaß verlangt sein besonderes Wort; aber es findet damit auch kein Übergang zu neuen Gegenständen statt, sondern die Vielheit der Worte und Erkenntnisse ist in den einheitlichen Verlauf des christlichen Lebens hineingefügt. Im Vermögen, jedesmal das Wort zu reden, das geredet werden muß, und die Erkenntnis zu gewinnen, die jetzt das Handeln ermöglicht, zeigt sich, daß die Gemeinde mit allem ausgerüstet und reich gemacht ist. Eine ähnliche, aber noch erweiterte Beschreibung des Reichtums der Gemeinde steht II 8, 7. Die für Paulus schmerzhaften Vorgänge bei und nach seinem Besuch in Korinth haben sein Urteil über die Gemeinde nicht verändert.

Mit καθώς wird der Tatbestand eingeführt, der den soeben
beschriebenen Zustand der Gemeinde ermöglicht und erklärt.
Die Gemeinde kann reden und erkennen, weil sie das Wort des
Christus besitzt. Neben τὸ μαρτύριον τοῦ Χριστοῦ steht τὸ
μαρτύριον τοῦ θεοῦ I 2, 1, was auch auf die Schreibung an dieser
Stelle eingewirkt hat. Bei der Fassung des Genetivs τοῦ
Χριστοῦ darf die parallele Formel mit τοῦ θεοῦ nicht übersehen
werden. Schwerlich hat Paulus sich selbst und die, die wie er
die Botschaft sagen, als die Zeugen beschrieben, die Gottes
Dasein und Wirken beglaubigen. Da alle seine Aussagen vom
Bewußtsein umfaßt sind, daß er selbst der Empfangende sei,
hat er sich Gott nicht als den Empfänger des Zeugnisses, sondern als den, der das Zeugnis spricht, vorgestellt. Das wird
durch I 15, 15 ψευδομάρτυρες τοῦ θεοῦ nicht zweifelhaft. Da das
von Gott Bezeugte durch Paulus den Menschen gesagt wird,
wird es zu seiner heiligen Pflicht, daß er nicht „ein falscher
Zeuge Gottes" sei. Ebenso war ihm Christus der Zeugende,
der Gottes Willen und Werk kundtut als der, der sie weiß.
Damit ist auch die Aussage Jesu über seine eigene Sendung als
ein Zeugnis gewertet. In I 2, 1 verbindet Paulus mit dem Gedanken „Zeugnis" deutlich den Gegensatz gegen die Weisheit.
Im Kampf für die Wahrheit und das Recht spricht der Zeuge
aus, was geschehen ist. Das trennt sein Wort von jeder eigenmächtigen Bildung von Gedanken, durch die der Mensch seinen
Willen in der Absicht formt, die Dinge zu beherrschen.

Mit βεβαιοῦσθαι wird die von der Rechtspflege hergenommene Bilderreihe festgehalten. Das Zeugnis wird entweder
widerlegt und vom Richter entkräftet, oder es wird von ihm
bestätigt und zur Basis des Urteils gemacht. Schwerlich reichen wir ganz an die Meinung des Paulus heran, wenn wir
sagen: das von Jesus abgelegte Zeugnis sei dadurch fest geworden, daß die Korinther es glaubten. Gewiß wäre es nicht
bei ihnen fest, wenn sie es ungläubig verwürfen. Das Zeugnis
sagt aber, was Gott tun wird, und bekommt die Bestätigung
dadurch, daß das göttliche Wirken mit dem göttlichen Wort
untrennbar verbunden ist. Was der Christusname Jesu ihr
verhieß, hat die Gemeinde empfangen und ist zu dem geworden, was Christus aus den Menschen macht.

ἐν ὑμῖν: wie weit reicht dieses ἐν? Die ὑμεῖς sind nicht eine Anzahl isolierter einzelner, sondern zu gemeinsamem Leben und Handeln vereint; sie sind aber auch nicht nur durch ihre Organisation verbunden, sondern werden in ihrem eigenen inwendigen Leben von dem erfaßt, was das Gemeingut aller ist. ἐν ὑμῖν wird darum beides heißen: die Aussage Jesu über Gottes Werk ist der befestigte Besitz der Gemeinde geworden, und: im inwendigen Leben der einzelnen hat das Zeugnis Jesu Glauben geschaffen und das Wollen und Handeln geformt.

Da das Zeugnis Jesu nicht nur die kommende Offenbarung Gottes ansagt, sondern seine Sendung verkündet und das bezeugt, was er durch seinen Tod und seine Auferstehung schuf, erhält der Mensch dann, wenn das, was Jesus bezeugt hat, geschieht, den Anteil an dem, was Jesus für die Menschheit geschaffen hat. Darum gibt es keine Gnadengabe, in der die Korinther hinter den anderen Gemeinden zurückgeblieben wären. Nichts von dem, was als gnädige Gabe Jesu der Christenheit zuteil wird, fehlt ihnen. ὑστερεῖσθαι geht von der Wahrnehmung aus, daß zwischen den Gemeinden in der charismatischen Begabung Unterschiede sichtbar sind. Es gibt mehr und weniger begabte Gemeinden, solche, in denen einzelne Gaben fehlen oder selten sind. Die aus anderen Teilen der Kirche Zugewanderten verglichen das, was sie in Korinth sahen, mit dem, was sie in anderen Gemeinden gesehen hatten, und die, die Paulus nicht gewogen waren, waren geneigt, die anderen Gemeinden gewährte Gnade größer zu heißen als die, die den Korinthern ihre Gaben zugemessen hatte. Die Überzeugung des Paulus: „In nichts blieb ich hinter den großen Aposteln zurück", II 11, 5, wäre erschüttert worden, wenn es anderswo reichere Gemeinden gegeben hätte als die korinthische. Er sah aber bei ihr alles, was er als Erweis der Gnade Jesu schätzte. Hier überwiegt bei ὑμεῖς der Gedanke an den zu einer Einheit zusammengeschlossenen Verband, da die Gaben auf die einzelnen verteilt werden und nicht jeder jede Gabe hat.

Da das Zeugnis Jesu bei ihnen die sie formende Geltung hat, warten sie auf seine Offenbarung. Die Verheißung Jesu, die der Menschheit seine neue Sendung verspricht, ist ein wesentlicher Teil seines Zeugnisses, und da, wo es geglaubt wird, ist diese

Erwartung freudige Zuversicht, nicht Angst vor seinem richterlichen Werk. Steht ein Genetiv bei einem Nomen, das von einem transitiven Verbum abgeleitet ist wie ἀποκάλυψις, dann vertritt er in der Regel den das Objekt kennzeichnenden Akkusativ, und es steht mit dem paulinischen Christusbild in voller Übereinstimmung, daß er sich Gott als den denkt, der die Verborgenheit des Christus aufheben wird. Denn er sah auch im Ende Jesu, in der Überantwortung Jesu in den Tod und in seiner Auferweckung, Gott wirksam. Dieses göttliche Wirken bekommt dadurch die Vollendung, daß der Christus seine Offenbarung, die ihn zum königlich Wirkenden macht, von Gott empfängt; vgl. I 15, 27.

Damit ist das Ziel der Gemeinde in die Zukunft gelegt, weshalb sie erwägen muß, ob ihr Glaube auch den Blick in das Kommende mit Gewißheit und Freudigkeit erfüllen kann. Jede Stützung auf die eigene Leistung bleibt dabei völlig ausgeschlossen. Nur das wird erwogen, was der Christus tun wird. Paulus fügte zum gegenwärtigen Empfang der Gaben Jesu die Verheißung hinzu, daß er aus dem Anfang die Vollendung machen werde. Die alte prophetische Formel „Tag Gottes" dient auch Paulus zur Beschreibung des Kommenden, nun in in der Form, daß der Tag Gottes bestimmter als der Tag des Christus gekennzeichnet ist. Da der Tag Gottes Gerichtstag sein wird, bedarf die Gemeinde die Bewahrung vor der Sünde, die sie dem Gericht preisgäbe. Sie erfährt daher die Gnade des Christus dadurch, daß er sie unerschütterlich macht. Dann trifft sie keine Anschuldigung; kein Kläger wird gegen sie reden. Es wird offenbar, daß der Christus an ihr das gnadenvolle Werk Gottes vollendet hat. ἕως τέλους geht leicht von der zeitlichen Bedeutung in die Bedeutung „völlig" über.

Wie alles, was der Christus tut, stellt Paulus auch dieses sein Wirken, durch das er die Gemeinde für den Gerichtstag rüstet, unter den Willen Gottes. Christus offenbart dadurch Gottes Treue, die nicht zuläßt, daß die begründete Gemeinschaft zerfalle, ihr vielmehr die volle Verwirklichung gibt. In einer κοινωνία, einer Teilhaberschaft, sind beide füreinander κοινωνοί, Teilhaber. Was stand in jenem Augenblick für das Empfinden des Paulus an der ersten Stelle? Sagte er: ihr wur-

det von Gott dazu berufen, damit Jesus euch Anteil an dem
gewähre, was er ist und hat? Oder sagte er: ihr wurdet von
Gott dazu berufen, damit ihr mit Jesus als seine Miterben,
Röm. 8, 17, erlangt, was er ist und hat?[1] Darüber freilich kann
kein Zweifel bestehen, daß bei Paulus in dieser Teilhaberschaft
einzig Jesus der Gebende ist. Darum nennt er ihn hier nicht
nur „unseren Herrn", sondern auch „den Sohn Gottes". Damit
ist der Grund aufgedeckt, der Jesus die Herrschaft über die
Menschheit gibt. Der aus Gott Gewordene und mit ihm Geeinte ist der Herr. Das gibt seiner Gemeinschaft mit uns die
Wirksamkeit und Fülle, die die Gegenwart und die Zukunft
umfaßt. Sie verleiht das Mitgekreuzigt- und das Mitauferwecktsein mit ihm und macht es zum Ziel, das Gottes Vorbestimmung feststellte, „gleich geformt mit der Gestalt seines Sohnes
zu sein", Röm. 8, 29. Das macht aus seinem Ruf die Gnadentat, zu der sich Gott mit unwandelbarer Treue bekennen wird.

---

[1] Das segnende Wort II 13, 13 ἡ κοινωνία τοῦ ἁγίου πνεύματος ist
eindeutig; der Geist tritt mit den Christen in die Gemeinschaft, die
ihnen an dem Anteil gibt, was der Geist ist und wirkt; der dritte Genetiv
ist nicht anders gedacht als die beiden vorangehenden. In I 10, 20 wird
die Meinung auch die sein, daß die Dämonen den Menschen Anteil an
dem geben, was sie ihnen darbieten.

Die in der Gemeinde entstandenen Gruppen[1]

1, 10–12

Das Werk des Herrn ist die in ihm geeinigte Gemeinde. Sie kann aber ihre Einheit nicht durch Zwang und Machtgebrauch herstellen. Denn die wahre Einheit ist die Gemeinschaft Freier. Sie ist darum ein Ziel, das von der Gemeinde die ernste Bemühung verlangt, zu der Paulus durch den Namen Jesu mahnt. Die Formel „durch den Namen" entfernt sich nicht weit von „im Namen", da auch ἐν kausale Kraft hat. Die Mahnung geschieht dadurch, daß sein Name genannt und dadurch festgestellt wird, daß die Mahnung im Auftrag Jesu erfolgt, damit sein Wille durch die Gemeinde geschehe. Alle sollen wissen, daß ihre Eintracht das von Jesus Gewollte und Gewirkte ist; sie würden sich dem Werk des Herrn widersetzen, wenn sie die Gemeinde zerspalteten. Die Eintracht, τὸ αὐτὸ λέγειν, ist ihr aber nur dann möglich, wenn sie ein alle einigendes Gemeinleben bei sich herzustellen vermag und nicht in Sondergruppen, σχίσματα, zerfällt. Da es aber keine zwingende Gewalt gibt, die der Gemeinde von außen her die Einheit geben könnte, setzt sie denselben Besitz von Gedanken und von Urteilen, denselben νοῦς und dieselbe γνώμη, voraus.

Da Paulus vom selben νοῦς spricht, dachte er bei der Formel νοῦς nicht nur an das Denkvermögen,[2] sondern an die geformten Gedanken, die unser Bewußtsein füllen. Neben diesen stehen die Urteile, γνώμη, durch die wir die Entschlüsse begründen und das Handeln ordnen. Die Unterscheidung der beiden Leistungen unseres Denkens, von denen die eine den νοῦς, die andere die γνώμη herstellt, ist damit verwandt, daß ein befestigter Sprachgebrauch die Leistung unseres Denkens mit den beiden Worten „Weisheit" und „Verständigkeit", σοφία und σύνεσις, beschrieb, vgl. Vers 19; II 10, 12. Durch die Weisheit formt der Mensch die Überzeugungen, auf die er sein Handeln gründet; sie sind nun seine „Vernunft", sein νοῦς. Mit seiner Verständigkeit, seiner σύνεσις, erfaßt er die Lage, die

---

[1] Der Überwindung der Parteien dient 1, 10–4, 21.
[2] In I 14, 14 braucht Paulus νοῦς vom Denkvermögen.

ihm für sein Handeln die Ziele und die Mittel gibt; mit ihr erwirbt er sich seine γνώμη.

Durch die Übereinstimmung in der Denkweise und im Urteil wird die Gemeinde „fertiggemacht, völlig hergestellt", κατηρτισμένοι. Solange sie im Widerstreit ihrer An- und Absichten verharrt, hat sie das, was ihr obliegt, noch nicht völlig zustande gebracht und leidet noch an einem mangelhaften Zustand. Mit κατηρτισμένοι ist die Einheitlichkeit der Erkenntnis und des Handelns zum Ziel der Gemeinde gemacht und ihr gesagt, daß sie es nicht ohne ernsthafte Bemühung erreiche. Dieselbe Formel erscheint wieder am Schluß des zweiten Briefs, II 13, 9. 11. In der Überwindung der anfänglichen Unfertigkeit sah Paulus das Ziel, dem sein ganzer Verkehr mit den Korinthern zu dienen hatte. Dies entsprach der Weise, wie das Wachstum der Gemeinde geschehen war. Da zuerst er, dann Apollos, dann die, die sich zu Petrus, und die, die sich nur zum Christus bekannten, die Gemeinde unterwiesen, wurde von ihr eine ernsthafte Arbeit verlangt, damit sie zur selben Denkweise und zum selben Bekenntnis gelange.

Der Satz gibt Einblick in die Weise, wie sich Paulus die inwendigen Vorgänge gedeutet hat. Er sah im Willen den „das Leben" bildenden Vorgang. Aus der Bewegung des Willens entstehen jene Gebilde, an die er bei den Worten νοῦς und γνώμη dachte. Die Möglichkeit, daß die Gemeinde, ohne den Zwang zu Hilfe zu rufen, zur Einheit gelange, ist ihr dadurch gezeigt, daß die Mahnung, dasselbe zu denken und zu sagen, im Namen Jesu an sie gerichtet wird. Damit zeigt ihr Paulus den, der ihr alles, was sie will und denkt, darreichen wird. Weil die Gemeinde ihr Denken und Handeln von ihm empfängt, besitzt sie die Fähigkeit, aber auch die Verpflichtung, dieselbe Vernunft und dasselbe Urteil zu erwerben und nicht mehrere, sondern ein Ziel zu haben.

Für die, die Paulus widerstanden, war die Einheit der Gemeinde nicht das oberste Ziel, unter das sie ihr ganzes Wirken stellten. Mehr lag ihnen an ihrer eigenen Geltung, auch wenn sich die Gemeinde deshalb spaltete. Doch blieb für alle, nicht nur für die, die sich zu Petrus bekannten, sondern auch für die, die sich von der apostolischen Leitung lösten, die Herstellung

der Gemeinde das Ziel der Verkündigung. Auch ihr Christus
war der Schöpfer der Kirche, und es gab auch für sie nicht
mehrere Kirchen, sondern nur eine, entsprechend der Einheit
dessen, der sie schafft. Sie lösten die korinthische Gemeinde
nicht in kleine Zirkel auf. Das paulinische ὑμεῖς, das so nachdrücklich die Einheit der Gemeinde kennzeichnet, behält in
beiden Briefen Gültigkeit.

Zur Eintracht mahnt Paulus, weil es in Korinth zu erregten
Erörterungen gekommen war und Zeugen derselben, „die der
Chloe", ihn über sie unterrichtet hatten. Das können die Söhne
oder das Gesinde der Chloe sein. Auch die drei Korinther, die
zu Paulus gekommen waren, hatten diesen Streit miterlebt.
Paulus hat sich aber nicht auf ihr Zeugnis berufen, da nicht
jene Verhandlungen den Anlaß zu ihrer Sendung gaben. Ihr
Bericht wird aber an dem, was Paulus sagt, dadurch mitbetei-
ligt sein, daß sie ihn über die nachhaltigen Wirkungen jener
Kämpfe unterrichteten. Ein Anlaß, der unvermeidlich zu
heftigen Erörterungen führte, wird uns durch das sichtbar,
was Paulus über das Schicksal seines früheren Briefes sagt,
I 5, 9. Es ist nicht denkbar, daß der Widerspruch gegen den
Brief des Paulus nicht auf lebhafte Abwehr stieß. Die Vermutung, daß die Leute der Chloe deshalb den Streit in Korinth
mitansehen mußten, weil sie den früheren Brief dorthin gebracht hatten, trifft vielleicht das, was geschehen ist.

Die Streitigkeiten in Korinth haben dazu geführt, daß sich
jeder nach dem benannte, von dem er die Botschaft Jesu erhalten hatte. Von „jedem" wurde verlangt, daß er Auskunft
gebe, zu welchem Lehrer er sich halte. Der Streit bewegte
also die ganze Gemeinde; niemand kam um die Erklärung
herum, zu welchem Führer er sich bekenne. Es ist aber ein
Kennzeichen des Vorgangs, daß keines dieser Bekenntnisse
nach seinem Wortlaut etwas ausspricht, was beanstandet werden konnte. Es erscheint in ihnen zunächst nur das schritt-
weise Wachstum der Gemeinde. Dem ältesten Teil der Gemeinde, der ihre Gründung erlebt hatte, haben die Lehrer, die
später nach Korinth kamen, die Erinnerung an Paulus nicht
verdunkelt; er blieb für diese Männer ihr Apostel. Kein Wort
in beiden Briefen deutet an, daß ihre Anhänglichkeit an Pau-

lus entartete und zur Schwärmerei für ihn wurde; vielmehr bestätigt und verteidigt der ganze Brief das Bekenntnis derer,
die sich unter die Führung des Paulus stellten, und im zweiten Brief setzt Paulus seine ganze Kraft dafür ein, daß das
Bekenntnis: „Ich bin des Paulus" die unerschütterliche Geltung behalte, freilich nicht nur für eine Gruppe, sondern für
die gesamte Gemeinde. Die Worte, mit denen Paulus seine
Unfähigkeit für sein Amt bekennt: „Ich bin der Geringste der
Apostel" I 15, 9, „Wer ist dazu tüchtig?" II 2, 16, „Nicht aus
uns selbst sind wir tüchtig" II 3, 5, „Ich bin nichts" II 12, 11,
zeigen nicht, daß er die Verehrung derer, die sich zu ihm
hielten, ernüchtern mußte, sondern sagen denen, die er „die
Aufgeblähten" hieß, wann sich das Machtbewußtsein eines
Apostels in eitlen Selbstruhm verkehre. Wer sich so zu ihm
bekennt, wie Paulus es von ihm verlangt, rühmt sich nicht
des Menschen, sondern des Herrn; denn darauf, daß er selbst
nichts ist, beruht seine ganze Macht und Autorität.

Für die zweite Gruppe, die erst Apollos in die Gemeinde
geführt hatte, hatte dieser dieselbe Bedeutung wie Paulus
für die erste, und Paulus schalt ihre dankbare Verbundenheit
mit Apollos nicht. Als die Gemeinde, freilich nicht nur eine
um Apollos gescharte Gruppe, sondern die ganze Gemeinde,
in dankbarer Erinnerung an ihn bat, daß er zu ihr zurückkehre, I 16, 12, hat Paulus ihre Bitte unterstützt. Ebenso begründet und unanfechtbar war es, wenn Christen, die aus
Palästina oder Syrien nach Korinth kamen, ihren Christenstand dadurch kennzeichneten, daß sie sich auf Petrus beriefen. Damit taten sie nichts anderes als die in Korinth Seßhaften, die Paulus oder Apollos ihre Führer hießen. Paulus
hat das Bekenntnis zu Petrus genau in derselben Weise bestätigt wie das zu ihm selbst und das zu Apollos, I 3, 22.

Der Tadel, den Paulus auf alle diese Bekenntnisse legt,
war also nur darin begründet, daß sie als Kampfruf dienten,
wodurch sie einen die anderen ausschließenden Sinn bekamen.
Sie bedeuteten, daß sich die, die diesen Führer verehrten, einzig ihm ergaben und sich gegen alle, die sich nicht zu ihm bekannten, absonderten. Durch den exklusiven Sinn ihres Bekenntnisses machten sie offenbar, daß sie mit dem, was sie

empfangen hatten, ihren eigensüchtigen Willen stärkten.
„Einer blähte sich für den einen gegen den anderen auf",
I 4, 6. Das ist die Weise, wie aus der göttlichen Gabe die Versündigung entsteht. Es gab aber auch Männer, die das Bekenntnis zu Christus dazu benützten, um die anderen Glieder
der Gemeinde zu bekämpfen, und sie waren die, die der Gemeinde die größte Gefahr bereiteten. Darum geht Paulus nicht
auf eine Vergleichung mit Apollos oder Petrus ein; auch da,
wo er sich gegen die Verehrung der ersten Apostel wendet,
II 11, 1–12, 12, hat er kein Wort gegen Petrus gesagt. Dagegen hat er von Anfang an gegen die Männer gesprochen, die,
wenn sie nach ihrem Apostel gefragt wurden, sich weigerten,
einen Apostel zu nennen, und sich auf Christus beriefen, dem
sie allein gehören.[1] Denn mit dem Bekenntnis: „Ich bin des
Christus, nicht des Paulus, nicht des Apollos, nicht des Petrus" wurde die Kirche von den Aposteln losgelöst.

Von Apollos sagte Paulus nur, er sei ganz mit ihm einig,
I 3, 5; 4, 6. Kein Wort geht auf die besondere christliche Haltung des Apollos ein. Über sein Verhältnis zu Petrus und
seinen Mitaposteln spricht er I 9, 5. 6 und I 15, 9–11. Es wird
zwar schon dort sichtbar, daß Paulus sich durch die Weise,
wie jene gepriesen wurden, gehindert fühlte, doch ohne daß
ihn dies zu polemischen Worten bewegte, und als er es im
zweiten Brief mit scharfem Tadel ein kopfloses, törichtes Verfahren hieß, daß die Autorität der ersten Apostel gegen ihn
angerufen wurde, hat er seine herb strafenden Worte an die
ganze Gemeinde gerichtet und nicht die mit Petrus Verbundenen als eine besondere Gruppe von der Gemeinde getrennt,
II 11, 1–12, 18. Dagegen wird das Verhältnis des Apostels zu
Jesus und zur Kirche das immer wieder beleuchtete Thema
der beiden Briefe, und nicht nur das, was zwischen dem ersten
und dem zweiten Briefe in Korinth geschah, sondern noch
viel mehr die Geschichte der Kirche bis heute hat ans Licht
gestellt, wie zutreffend sein Urteil war, als er der Frage, ob
die Kirche für immer an die Apostel gebunden sei, entscheidendes Gewicht zuschrieb. Da er aber den ersten Brief noch

---

[1] Über das Bekenntnis „Ich bin des Christus" s. S. 30—40.

in der Hoffnung schrieb, er könne den Streit beenden und die
Korinther miteinander einigen, zeichnet er die Gruppe, die
das Apostolat mit der Berufung auf Christus ablehnte, nicht
sofort als die verwerfliche und sündigende vor den anderen
aus. Er will beides, die Mißachtung und die Verehrung der
Apostel, beseitigen; diese erzeugt jene, und beide sind in derselben Weise sündig. Der Widerspruch des Paulus wendet
sich darum gegen alle vier Bekenntnisse. Keines wird vor den
anderen bevorzugt, keines unter die anderen herabgesetzt.
Alle gefährden die Einheit der Gemeinde; darum müssen alle
diese Kampfrufe verstummen.

Nichts stützt die Vermutung, daß die, die sich zu Petrus
bekannten, schon mit der Absicht nach Korinth gekommen
seien, Paulus zu verdrängen. Dazu, daß die ersten Apostel so
hoch über Paulus erhoben wurden, daß die Wirksamkeit des
Paulus gehemmt wurde, wird es erst im Verlauf des Kampfs
gekommen sein, als sie die Geltung der Apostel nicht nur gegen
die, die sich zu Paulus hielten, sondern auch gegen die zu verteidigen hatten, die die Gemeinde von allen Aposteln unabhängig machten. Ebenso ist nicht gewiß, daß diese den Par-
teinamen ,,die Christus Gehörenden" schon mitbrachten. Er
stellte sich leicht ein, sowie ihre christliche Haltung zu Reibungen mit denen führte, die sich zu Paulus und Petrus bekannten. Vermutlich haben sie sich im Verkehr mit den Juden und den Heiden, wie es in Antiochia üblich war, ,,Chri-
stianer" genannt, Apgsch. 11, 26. Im Verkehr mit den Brüdern gaben sie dagegen ihrer christlichen Haltung dadurch
einen völlig durchsichtigen Ausdruck, daß sie sagten: ,,Wir,
die des Christus", mit derselben Formel, die auch für Paulus ein
alles umfassender Name der Christenheit war, I 3, 23; 15, 23.

Über die Größe der verschiedenen Gruppen bekommen wir
keine Nachricht, auch nicht, wie groß die Zahl derer war, die
sich zu den neuen Lehrern hielten. Ausgeschlossen ist es keineswegs, daß auch Einheimische, und zwar nicht nur Juden, sondern auch Griechen, urteilten, eine bleibende Bindung an Paulus vertrage sich nicht mit der Allgegenwart und Allherrschaft
des Christus, und für die Gemeinde das Recht verlangten, ihr
Handeln selbständig zu regeln.

Paulus nicht der Herr der Gemeinde

1, 13—17

„Der Christus ist verteilt worden!" μεμέρισται ὁ Χριστός.
Das kann Ausruf sein und verlangt nicht notwendig den Frage-
ton. Die Einheit der Gemeinde beruht auf dem Christus; wer
jene angreift, tastet den Christus an. μερίζειν kann verteilen,
austeilen oder zerteilen, in Stücke zerlegen bedeuten. Bei jener
Färbung des Worts ist daran gedacht, daß jede Gruppe den
Christus in besonderer Weise und größerem Maß für sich in
Anspruch nimmt, als wäre er austeilbar, so daß der eine dies,
der andere jenes von ihm erhielte. Er ist aber derselbe für
alle, ganz bei allen, der Unteilbare, der mit seiner ganzen
Gnade für alle wirksam ist. Oder es ist daran gedacht, daß
der Christus der die Gemeinde Einigende ist, weshalb die, die
sie in Gruppen zerlegen, den Christus in Stücke zerteilen wollen. Sie stellen sich, als streite der Christus gegen sich selbst.
Die nächste Parallele ist I 7, 17: ὁ κύριος μεμέρικε, er hat ausgeteilt, vgl. II 10, 13; Röm. 12, 3; dagegen hilft I 7, 34 zur
Deutung nichts, da μεμέρισται dort in schwankendem Text
steht und schwierig ist. Da Paulus die Gemeinde immer als
Einheit anspricht und nicht zugibt, daß sie in Splitter zerfallen sei, ist wahrscheinlich μεμέρισται nach μεμέρικεν zu deuten. Der wahre Sachverhalt ist, daß der Herr austeilt; das
wird in Korinth dahin verkehrt, daß er an die verschiedenen
Gruppen ausgeteilt wird, wobei die eine mehr als die andere
von ihm erhalten haben will. Das entspricht der Haltung der
Gegner, da diese sich beständig mit Paulus vergleichen und
sich als in höherem Maß begnadigt preisen. Nur darum gab
es in Korinth solche, die himmelhoch über Paulus standen,
II 10, 12, und andere, für die die ersten Apostel „im Übermaß"
Apostel waren, II 11, 5.

Paulus spricht hier nicht weiter davon, daß die Gemeinde
von Christus die Einheit empfängt und sie nicht aufgeben
kann, ohne ihn zu verlieren. Er läßt aber damit diesen Gedanken nicht fallen; er erscheint Kap. 12 wieder und wird
dort zu einem Hauptteil des Briefs. Zuerst stellt er aber fest,
wie er sein eigenes Verhältnis zur Gemeinde auffasse; er be-

hütet das Bekenntnis derer, die sagen: „Ich bin des Paulus",
davor, daß es die Gemeinde spalte und zum Abzeichen einer
Partei verdorben werde. Die, die sich des Paulus rühmen, sollen den anderen zeigen, wie man sich christlich seines Apostels rühmt.

Unmöglich ist es, daß sie Paulus an die Stelle Jesu setzten.
Denn Jesus ist der, der für sie starb, und Jesus ist der, der
ihnen die Taufe gewährt hat. „Für euch starb Jesus;" den
Tod Jesu hat Paulus fortwährend ohne jede Schwankung auf
jedes Glied der Menschheit bezogen. So universal wie die
Herrschaft des Christus ist auch die Wirkung seines Tods.
Was „für euch" meint, erläutert „für unsere Sünden", I 15, 3,
und „damit wir für ihn leben", II 5, 15. Durch seinen Tod
hat der Christus bewirkt, daß „sie nicht mehr in ihren Sünden sind", I 15, 17; II 5, 21. Darum hat Paulus die Botschaft
vom Kreuz Jesu und die Anbietung der Taufe untrennbar
miteinander verbunden. Weil der Christus gestorben ist, wird
den Menschen die Taufe gegeben, die sie von ihrer Schuld befreit. Sie geschieht darum „im Namen Jesu", nach seinem
Willen zum Vollzug seines Gebots und zur Vermittlung seines
Wirkens. Einzig mit seinem Namen ist gesagt, daß und wie
der Menschheit die Sünden vergeben sind.

Aber gerade von der Taufe aus ließ sich eine Verfassung
der Gemeinde begründen, die über sie ein Amt stellte, das sie
vom Apostel unabhängig machte. Die christliche Taufe er-
forderte einen Täufer und unterschied sich dadurch von der
jüdischen Taufe, bei der der unrein Gewordene sich selber
taufte. Nun aber gab es keine Taufe ohne das Wort, das aussprach, sie geschehe im Namen Jesu und verleihe dem Täufling, was ihm Jesus erworben habe. Wenn der Täufer der war,
der dem Verschuldeten die Vergebung gewährte und ihm dadurch den Anteil an Gottes Herrschaft aufschloß, mußte dieser seinem Täufer für immer ergeben sein. Nicht wahrnehmbar
ist, ob die Gegner des Paulus auch in der Synagoge und unter
den Griechen missionarische Arbeit taten und die von ihnen
zur Taufe Geführten sich deshalb verpflichteten, weil sie ihnen
die Taufe gegeben haben. Deutlich ist zwar, daß sie die Herrschaft über die Gemeinde begehrten, II 11, 20; aber sichtbar

wird nur, daß sie ihre Überlegenheit über die anderen durch
ihre Erkenntnis begründeten.

Paulus erinnert daran, daß die Weise, wie er beim Taufen
verfahren war, jedermann zeigte, daß er nicht auf seinen Namen taufte und niemand durch die Taufe an sich band. Der
Schluß, er habe, weil er nicht selber taufte, die Taufe geringgeschätzt, scheitert daran, daß er soeben die Taufe neben das
Kreuz Jesu gestellt und von ihr gesagt hat, sie werde im
Namen Jesu erteilt. Er sagt auch unzweideutig, daß die Korinther sämtlich getauft wurden, I 12, 13; 10, 2, freilich nicht
von ihm und noch weniger auf seinen Namen. Dazu, die Geltung der Taufe nicht vom Täufer abhängig zu machen, führte
nicht Geringschätzung der Taufe, im Gegenteil ein an sie sich
haltender Glaube, der in ihr ungehemmt und unverkürzt die
Gnade des Christus wirksam sah, der der Menschheit die Sünden vergibt. Von diesen Sätzen kommen wir ohne Sprung zu
dem, was Paulus Röm. 6, 3. 4 sagt, wo er die Taufe als Anteil
am Tode und am Leben des Christus und damit als das Ende
des Sündigens beschreibt.

Jetzt, da in Korinth darüber verhandelt wird, ob er die Gemeinde knechte, II 1, 24; 4, 5, dankt Paulus dafür, daß er in
Korinth nur wenige taufte. Sein Dank macht sichtbar, daß
ihm in seinem ganzen Handeln nichts ein Zufall blieb, sondern alles unter der göttlichen Leitung geschah. Da er darin,
daß er nur wenige selber taufte, eine göttliche Wohltat sieht,
die ihn jetzt zu einem besonderen Dank bewegt, macht er
sichtbar, daß ihm auch das entgegengesetzte Verhalten möglich war. An anderen Orten hat er offenbar viele selbst getauft. Ob er dabei auch an das von seinem verschiedene Verhalten anderer, z. B. des Apollos, dachte, ist nicht wahrnehmbar. Von Petrus hat Lukas gesagt, daß er sich ebenso wie
Paulus verhalten habe, Apgsch. 10, 48. Petrus verwaltete das
Wort und übergab, wenn das Wort den Glauben schuf, das
Taufen anderen.

Getauft hat Paulus Krispus, den Archisynagogen, Apgsch.
18, 8, und Gajus, bei dem Paulus in Korinth herbergte und
bei dem sich die Gemeinde versammelte, Röm. 16, 23. Stephanas und seine Söhne waren die ersten Männer, die Paulus

in Korinth zum Glauben bewog, I 16, 15; da Stephanas bei
Paulus, als er den Brief schrieb, anwesend war, mag er Pau-
lus daran erinnert haben, daß er auch ihm, wie Krispus und
Gajus, selbst die Taufe gegeben habe.

Wie nun Paulus bei den anderen die Feier der Taufe ordnete, ist uns nicht gesagt. Er stand ja nicht lange allein, sondern arbeitete bald in Gemeinschaft mit Silas und Timotheus.
Auch das ist denkbar, daß er den von ihm Getauften, Krispus, Gajus, Stephanas, sofort den Auftrag gab, denen, die
neben und nach ihnen die Taufe begehrten, sie zu geben, wie
sie ja auch, sowie Paulus Korinth verließ, ihrerseits die Taufe
zu verwalten hatten. Von den Söhnen des Stephanas sagt
Paulus: „Sie ordneten sich zum Dienst für die Heiligen", I 16,
15; zum Dienst, der den Heiligen zu leisten war, hat immer
auch die Erteilung der Taufe gehört; vielleicht übten die Söhne
des Stephanas diesen Dienst von Anfang an.

Für die Weise, wie Paulus die Gemeinden aufbaute, hat die
Angabe, er habe das Haus des Stephanas getauft, Wichtigkeit,
nicht deshalb, weil sie die Kindertaufe belegte — die zum
Haus des Stephanas Gehörenden waren erwachsen, I 16, 15 —,
sondern deshalb, weil sich damit von Anfang an die Gemeinde
aus Familien zusammensetzte. Auch von Krispus sagt Lukas,
er sei mit seinem ganzen Hause gläubig geworden, Apgsch.
18, 8. Die Versammlung der Christen war also von Anfang an
nicht nur eine Versammlung von Männern, immer waren auch
Frauen dabei, und sie bestand nie nur aus „Alten", πρεσβύ-
τεροι, sondern umfaßte immer auch Jugend, τὸ νεώτερον. Die
ganze Mannigfaltigkeit der menschlichen Beziehungen kam
von Anfang an in der Gemeinde zur Geltung.

Paulus entnahm die Gestaltung seiner Wirksamkeit nicht
seinem eigenen Ermessen, da die Sendung, die er vom Christus empfangen hat, sein Verhalten völlig ordnet. Seine Gebundenheit an den Befehl Jesu ist sein Merkmal, das er immer
hervorhebt, wenn er über sich Auskunft gibt. Das ihm gegebene Gebot verpflichtet ihn aber nicht dazu, zu taufen,
sondern dazu, die Botschaft zum Gemeingut der Völker zu
machen. Dadurch schafft er die Möglichkeit, daß es Getaufte
geben kann. Es hat also niemand Grund, sich darüber zu be-

klagen, daß ihm Paulus nicht selber die Taufe gegeben habe. Er hat ihm mit dem Evangelium das gegeben, was er ihm nach dem Befehl Jesu bringen soll.

Vom Schluß des Matthäusevangeliums weicht das Verhalten des Paulus in einer Weise ab, die ihn kennzeichnet. Bei Matthäus ist die Wirksamkeit der Apostel unter das Gebot gestellt, die Völker zu taufen. Über diesem steht als höchstes Ziel: „Macht die Völker zu Jüngern Jesu". Das geschieht einerseits dadurch, daß sie getauft werden, wodurch sie die Vergebung der Sünden bekommen, andrerseits dadurch, daß sie über die Gebote Jesu unterrichtet werden, so daß sie nun den Willen Gottes tun. Dem Auftrag, die Völker zu Jüngern Jesu zu machen, entspricht bei Paulus das Gebot, ihnen die Botschaft zu sagen. Sie können nicht Jesu Jünger werden, wenn sie ihn nicht kennen, und sie lernen ihn dadurch kennen, daß der Apostel zum Evangelisten wird. Die Weise, wie nun bei Matthäus die Jüngerschaft betätigt wird, fehlt im Aufbau der paulinischen Kirche nicht. Denn man tritt dadurch in sie ein, daß man die Taufe empfängt, und über dem Handeln der Kirche steht mit verpflichtender Kraft die Erinnerung an die Gebote Jesu. Verschieden von Matthäus bleibt aber die Haltung des Paulus deshalb, weil er die die Jüngerschaft vermittelnden Vorgänge von seiner eigenen Sendung absonderte und der Kirche zu eigener Verwaltung übergab. Sie hat selbst bei sich die Taufe zu verwalten und selbsttätig ihre Sitte zu formen. Die Tätigkeit „des weisen Baumeisters", I 3, 10, besteht bei ihm darin, daß er die Grundmauer aufführt, indem er die Menschen in Verbindung mit Jesus bringt. Paulus dachte sich die Kirche als die freigewordene Gemeinde, der die ihr gewährte Begnadigung das eigene Handeln verleiht. Eben deshalb, weil Paulus nichts anderes als Evangelist sein wollte, gab es in der Gemeinde eine Bewegung, die über ihn hinaufstrebte.

Darüber, wie er die Botschaft sagen soll, ist in Korinth das Urteil unsicher geworden. Das abwehrende „nicht durch Weisheit der Rede", οὐκ ἐν σοφίᾳ λόγου, zeigt, daß in Korinth der Ersatz der Botschaft, die die Geschichte Jesu erzählt, durch Weisheit angestrebt wird. War die Botschaft der die

Gemeinde einigende Besitz, so blieb sie an die Apostel gebunden. Sowie dagegen an die Stelle der Botschaft die Weisheit trat, ging ihre Führung in die Hand ihrer neuen Meister über. Nun waren diejenigen Erkenntnisse, die ihr Handeln ordneten, ihr wichtigstes Eigentum. Jesu Werk bestand nun darin, daß er seiner Gemeinde die Weisheit gebracht habe, und es wurde zu einem Vorwurf, der Paulus schwer belastete, daß er seine Gemeinde nicht in die Weisheit eingeführt habe. Für einen jüdischen Christen besaß dieser Gedanke einleuchtende Selbstverständlichkeit. Die alte Gemeinde wurde von ihren Weisen geführt; die neue wäre unerträglich benachteiligt, wenn nicht auch ihre Führung in der Hand der Weisen läge. Das Gesetz war von ihr genommen und die Freiheit ihr geschenkt; aber das konnte unmöglich bedeuten, daß ihr auch die Weisheit verlorenginge. Sie bedurfte sie gerade deshalb in verstärktem Maß, weil sie aus Freien bestand. Gab es für sie eine fruchtbare, wirksame Politik ohne eine Erneuerung des Rabbinats, durch das sich die Judenschaft ihre Einheit erhielt? Diesem Anspruch setzt Paulus den Satz entgegen, daß die ihm erteilte Sendung ihn nicht zum Verbreiter von Weisheit gemacht, vielmehr ihm diese verboten habe, weil die ihm aufgetragene Botschaft die Verkündigung des für uns gestorbenen Christus sei.

Der die Weisheit kennzeichnende Genetiv λόγου soll schwerlich sagen, daß die Weisheit nur Worte bilde und im Grunde nur Geschwätz bleibe. Der Widerspruch des Paulus richtet sich nicht gegen hohle Rhetorik und entartetes Denken, das nur fälschlich Weisheit hieße. Er entsagt mit vollem Bewußtsein dem, was jeder, der Jude und der Grieche, als unentbehrlichen Besitz und kostbarste Gabe Gottes schätzt, was auch Paulus unter allen Wirkungen der Gnade an die erste Stelle setzt, I 12, 8, die Paulus selbst besitzt und den reifen Gliedern der Gemeinde bringt, I 2, 6. Der Genetiv sagt vielmehr, was die Weisheit begehrenswert und wirksam macht; sie gestaltet die Rede nach ihrem Gehalt und ihrer Form; s. I 12, 8. Paulus kann aber seine Sendung nicht durch ein von der Weisheit ihm gegebenes Wort ausführen. So wäre er selbst der Redende, der seine Erkenntnis und seinen Willen durch sein Wort den Hörern mitteilt. Er aber spricht nicht sein eigenes Wort.

Dies sagt er nicht einer einzelnen Gruppe; er spricht zu
allen, ob sie sich zu ihm oder zu Apollos oder zu den ersten
Aposteln halten oder eigene Wege gehen. Der zweite Brief
zeigt aber, daß ein Urteil wie das, das Wort des Paulus sei
verächtlich, II 10, 10, von denen vertreten wurde, die sich
gegen ihn auf Christus beriefen, II 10, 11. Sie hatten nicht ein
anderes Evangelium, dagegen ein anderes Ziel, auf das sie
das Handeln der Kirche richteten, eine andere Ethik und eine
andere Politik.

Die Botschaft, die Paulus zu sagen hatte, war die Passionsgeschichte. Dieser ihr Inhalt macht es unmöglich, daß er
sich zum Verkündiger von Weisheit mache. Es hat auch die
sittliche Entartung, die durch die Ausbildung einer christlichen Weisheit entstand, mit großer Klarheit gesehen, I 8, 1.
Die Umwandlung des Christentums in eine Lehre, durch die
der einzelne sich Erkenntnis und die Gemeinde sich Ansehen
erwarb, entstand aus dem eigensüchtigen Begehren des Menschen, aus seinem Verlangen nach Macht, Größe und Glück.
Sie erzeugt daher das φυσιοῦσθαι, I 4, 6. 18; II 10, 12. Aber
die Absage an die Weisheit gewann Paulus zuerst am Inhalt
der Botschaft, an der Geschichte, die für ihn die bindende
Kraft der göttlichen Offenbarung besaß. „Der Pfahl des
Christus" ist Gericht über den Menschen, über seine Frömmigkeit, aber ebenso über seine Weisheit, über sein Wollen
und Handeln, aber ebenso über sein Denken. Mit diesem
Gericht hat sich aber der Mensch ohne Vorbehalt willig und
völlig zu einigen; so wird es für ihn zum Empfang der Gnade.

Verhütet werden muß, daß „der Pfahl des Christus geleert
werde". Wären die Theorien, die νοήματα, die Paulus denen
zuschreibt, die ihre Weisheit über seine Botschaft erhoben,
II 10, 5, schon ausgebildete gnostische Spekulationen gewesen,
so könnte man daran denken, daß ihre Passionsgeschichte
nicht mehr den gekreuzigten Christus, sondern nur einen
geleerten Pfahl zeigte, weil der Gottessohn, der nicht leiden
kann, zu seinem Vater entrückt worden sei, wie immer nun
die Fabel geformt werden mag. Die Briefe lassen aber nicht
erkennen, daß die Gegner bereits so tief in die Mythologie
hineingerieten.

Wenn Paulus von Korinthern berichtet hätte, daß sie, sei es als Ekstatiker, sei es mit klarem Bewußtsein, sagten: „Anathema ist Jesus", I 12, 3, dann hätten sie das Kreuz Jesu freilich leer gemacht. Denn damit hätten sie sich vom ganzen geschichtlichen Wirken Jesu gelöst. Ich habe aber zu dieser Auslegung von I 12, 3 kein Vertrauen.

Die Worte könnten auch bedeuten, daß die Verkündiger der Weisheit den Pfahl des Christus dadurch leer machen, daß sie seine Kreuzigung in keine Verbindung mit seiner königlichen Sendung bringen. Wenn Jesus als der Weise gefeiert wird, von dem die Menschheit die Weisheit empfängt, dann wird aus seinem Ende eine Missetat der Juden und ein von Jesus geduldig ertragenes Geschick; dann hängt aber nicht mehr der Christus, nur noch Jesus, am Pfahl. Das Kreuz des Christus ist nur dann verkündet, wenn die Kreuzigung die Tat des Christus ist, durch die er seine königliche Sendung vollbringt.

Wahrscheinlich haftet aber an κενωθῆναι nicht die Raumvorstellung, sondern ein kausaler Gedanke. Was leer ist und keinen Gehalt hat, hat auch keine Wirkung; vgl. κενὸν τὸ κήρυγμα, κενὴ ἡ πίστις I 15, 14; ὁ κόπος οὐκ ἔστι κενός I 15, 58; ἡ χάρις οὐ κενὴ ἐγενήθη I 15, 10; die Gnade soll nicht εἰς κενόν empfangen werden II 6, 1. Die vom Pfahl des Christus ausgehende Wirkung soll nicht vereitelt werden. Nur dann hat Paulus die Botschaft im Gehorsam gegen seine Sendung gesagt, wenn der Tod Jesu zu seiner richtenden und rettenden Wirkung kommt.

Wer die Weisheit feiert, preist den Geist. In Korinth war aber aus dem Jubel: „Wir haben den Geist!" die Mißachtung des Leibes entstanden. Das führte in der Eschatologie zu der zweifelnden Frage: „Mit was für einem Leib werden die Toten kommen?" I 15, 35, und in der Würdigung der Geschichte Jesu dazu, daß sein Leib und alles, was mit diesem geschah, die Bedeutung verlor. Denen, die den Geist priesen, sagte Paulus: „Ihr unterscheidet den Leib des Herrn nicht", I 11, 29; Jesu Leib gilt euch nicht mehr als ein anderer Leib. Für die, die Christus durch den Geist in die Erkenntnis führte, hörte das Mahl Jesu auf, Teilhaberschaft an seinem Leib und an seinem Blut zu sein, I 10, 16. Immer trieb die Umstellung der Botschaft in eine Weisheit in eine doketische Christologie hinein; wie weit sich aber schon die Gedanken der Korinther in dieser Richtung vorwagten, wissen wir nicht.

Paulus hat sich nicht gegen die einzelnen Begriffe der neuen Lehre gewandt. Der Jude sprach von der richtigen Ansicht, der ὀρϑὴ δόξα, die für jedes Glied der Gemeinde gültig sei, nicht Paulus. Er urteilte über das Denken auf Grund seiner Überzeugung, daß der Mensch zum Wirken geschaffen sei, und maß es darum an der Weise, wie das Erkennen das Verhalten bestimmt. An die korinthischen Meister richtete er die Frage, ob ihre Gedanken sie dem Christus gehorsam machen, II 10, 5. Wer dagegen statt der Botschaft Weisheit begehrt, setzt die Erkenntnis über alles, was in ihm geschieht, und bezieht die göttliche Gnade nur auf sie. Nun erfaßt sie seinen Leib nicht mehr und macht ihn von seiner Eigensucht nicht frei.

Weil das Kreuz des Christus Gottes Urteil über die Menschheit enthüllt, regelt es auch das Verhältnis der Glaubenden zur Welt, Gal. 6, 14. Dieser Wirkung des Kreuzes entzieht sich aber jede auf die Erhöhung des Eigenlebens eingestellte Frömmigkeit. Den Philippern beschrieb Paulus die Vielen, die er in der Kirche mächtig werden sah, deren Wirken er aber beklagte, als „Feinde des Kreuzes des Christus", Phil. 3, 18. Er dachte dabei zunächst daran, daß sie sein Verlangen nach der Teilhaberschaft an den Leiden des Christus nicht teilten, Phil. 3, 10. Daß Paulus diese begehrte, hat aber auch die Korinther befremdet. Zum Anstoß an seinem Leiden konnte es jedoch nur kommen, wenn das Kreuz Jesu verhüllt wurde. Wer nicht mit Jesus leiden wollte, entzog sich der Wirkung seines Tods.

Vom Christus geht königliche Würde und Macht auf die über, die sein eigen sind. Das war das Urteil der Korinther über ihr Verhältnis zu Gott und zur Welt, I 4, 8. So konnten sie aber nicht urteilen, wenn der Pfahl der Ort war, an dem sie Christus erkannten und den Glauben an ihn empfingen. Wenn sie sich nicht das Ende Jesu verdeckt hätten, wäre ihnen diese Haltung unmöglich gewesen. Denn durch das

Kreuz Jesu wird der Anspruch des Menschen an königliche Macht und Würde widerlegt.

Paulus erläutert nun, warum der Inhalt der Botschaft der Weisheit das Ende bereitet hat.

Gottes Widerspruch gegen die Weisheit

1, 18–25

Die Formel „das den Pfahl verkündende Wort" gibt der Passionsgeschichte eine Färbung, die durch die zahlreichen lehrhaften Worte des Paulus über das Ende Jesu erläutert wird. Die Späteren sahen im „Kreuz" den Hinweis auf die unsägliche Qual, die die letzten Stunden Jesu füllte. Aber die Formeln, mit denen Paulus das Ende Jesu deutete, sprechen alle von höchster Aktivität; sie zeigen uns am Kreuz den handelnden Christus, den wirkenden Gott. Als er das Ende Jesu durch den „Pfahl" kennzeichnete, hob er nicht die dort erlittene Marter, sondern das dort geschehene Gericht als das Wesentliche am Vorgang hervor. Der Pfahl ist Justiz ohne Erbarmen, Rechtsvollzug, der mit letzter Schändung und völliger Entrechtung verbunden ist. Eben dadurch zeigt das Ende Jesu den richtenden und begnadenden Gott. „Gott verurteilte die Sünde im Fleisch", Röm. 8, 3.

Bestände die Menschheit nur aus solchen, die gerettet werden, so gingen von der Botschaft, die das Ende des Christus am Kreuz verkündet, nur heilsame Wirkungen aus, die es zum Grund des Glaubens und der Danksagung machten. Die Menschheit besteht aber aus zwei Scharen, den Sterbenden und denen, die gerettet werden. Sterbende sind sie nicht infolge des natürlichen Vorgangs, der dem menschlichen Leben das Ende bereitet. ἀπόλλυσθαι spricht vom gewaltsamen Entzug des Lebens, den der verurteilende Spruch Gottes über den Menschen verhängt. Auch die, „die umkommen", könnten leben, da im Christus das Leben für alle erschienen ist, I 15, 22. Daß sie dennoch dem Tod verfallen, macht aus ihm die ἀπώλεια. Nun nimmt ihnen der Tod nicht nur den Anteil an der Schöpfung, sondern auch die Teilnahme an Gottes Reich. Ebenso gelangt die andere Schar nicht in Kraft ihrer natür-

lichen Beschaffenheit oder durch ein gütiges Schicksal zum
Leben; auch ihr droht die Gefahr des Untergangs, und was
ihn von ihr abwehrt, ist Gottes rettende Tat. Spricht Paulus
von der Rettung, σωτηρία, so wendet er den Blick immer hin
zu Gottes Tag, an dem der das Leben verliert, den er verurteilt hat, und der das Leben gewinnt, den er freigesprochen
hat.

Darum ist das Wort vom Ende Jesu auch für die, die gerettet werden, nicht Weisheit, eben weil sie durch Errettung
das Leben erlangen. Wäre es Weisheit, so gäbe es Anleitung,
wie sich die Gemeinde selbst helfen könne. Es gibt aber bei
Paulus nicht Menschen, die sich selber retten, sondern nur
solche, die gerettet werden, und dies werden sie durch Gottes
Kraft. Der gekreuzigte Christus ist der, der nicht die Wünsche
des Fleisches erfüllt, sondern Gott gehorsam ist und Gottes
Recht offenbart, und gerade dadurch ist er der, der Gottes
Kraft hat, die retten wird. Damit ist wieder ein Satz ausgesprochen, der sich durch das ganze Gespräch des Paulus
mit den Korinthern hindurchzog; denn Paulus hat ihn in den
letzten Worten des zweiten Briefs wiederholt, II 13, 4. Daß
sich durch den Tod des Christus Gottes Kraft offenbare,
war nicht die Meinung der neuen Lehrer, und die Folgerung,
die Paulus daraus zog, daß sich Gottes Kraft auch an ihm
durch Leiden offenbare, lehnten sie ab.

Für die, die sterben, ist aber das Wort, das den Pfahl des
Christus verkündet, vollends nicht die Enthüllung der Weisheit; für sie ist es Torheit, die sie mit Spott und Verachtung
abweisen. Indem Paulus sagt: „Es ist Torheit", spricht er
die Erfahrung aus, die er fortwährend machte, sooft er seine
Botschaft sagte. Aber diese Erfahrung hatte für ihn nichts
Erschütterndes und kann auch die Gemeinde nicht erschüttern; denn diese Spötter sind die Sterbenden.

„Uns, die wir gerettet werden." Die Zuversicht, die dieses
„uns" auszusprechen vermag, hat darin ihren Grund, daß
„uns" die Botschaft vom Ausgang Jesu keine Torheit ist,
sondern Gottes Werk zeigt. Sein Wirken ist rettende Kraft.

Die ersten Jünger Jesu haben oft neben das Bild des Gekreuzigten prophetische Worte gestellt. Indem sie im Ausgang

6*

Jesu die Erfüllung der prophetischen Worte wahrnahmen,
machten sie sich stark gegen den Druck, den das Ende Jesu
auf sie legte. Seine Übereinstimmung mit dem, was sie bei
den Propheten lasen, zeigte ihnen, daß mit der Kreuzigung
Jesu der Wille Gottes geschehen war; vgl. I 15, 3. Auch Paulus
macht es so, jetzt, da er das vernichtende Urteil erwägt, das
am Pfahl des Christus über die menschliche Weisheit ergangen ist. Dazu stellt er Jes. 29, 14. Schon der Prophet hat den
Willen Gottes verkündet, die menschliche Weisheit und Verständigkeit zu vernichten. Dies war also ein von Gott gewoll-
ter Zweck der Sendung Jesu, und es verstummt jede Widerrede, wie die sie wagen, die das auf das Kreuz hinzeigende
Wort eine Torheit heißen. Dem Urteil Gottes gebe der Mensch
ohne Vorbehalt und Sträuben sein ganzes Ja. Diesen Wert
besaß ein Wort Jesajas für Paulus deshalb, weil er die ganze
prophetische Verkündigung auf die Zukunft bezog. Für ihn
war alles, was der Prophet gesagt hatte, Eschatologie, somit
Christologie. Sprach der Prophet von Gottes Willen, der
Weisheit das Ende zu bereiten, so beschrieb er damit den
dem Christus gegebenen Beruf, und diesen Beruf hat Jesus
dadurch erfüllt, daß er am Kreuz gerichtet worden ist.

Auch dann, wenn Paulus feststellt, daß kein Weiser, kein
Schriftkundiger, kein Forscher dieser Zeit in der Gemeinde
zu finden sei, für die der Gekreuzigte die rettende Kraft
Gottes hat, liegt ihm ein jesajanisches Wort im Sinn, 33, 18.
Er zählt die Titel auf, mit denen die Judenschaft ihre Gelehr-
ten geehrt hat. Neben σοφός steht חָכָם, neben γραμματεύς
סוֹפֵר, neben συνζητητής דֹּרְשָׁן. Die σοφοί sind die Wissenden,
die die Unterweisung der Gemeinde besorgen und das Gericht
und die Politik des Volks verwalten. Sie sind γραμματεῖς;
denn die Quelle, aus der sie ihre Weisheit schöpfen, ist die
Schrift; und sie sind συνζητηταί; denn sie erschließen sich
die in der Schrift verborgene Weisheit durch ihre Forschung,
bei der sie ihre exegetische Kunstfertigkeit zur Verwendung
bringen. Der Genetiv τοῦ αἰῶνος τούτου bestimmt die Art und
damit auch die Grenze ihres Erkennens. Sie empfangen es
durch die jetzt geschehende Geschichte und gehören der
gegenwärtigen Menschheit an, womit ihrem Wissen die Gren-

zen gesetzt sind, die es nicht überschreiten kann. Freilich
war ihre Wissenschaft Theologie, und zu dieser gehörte auch
eine Eschatologie. Auch sie sprachen von der kommenden
Herrschaft Gottes. Aber den von der Natur uns bereiteten
Stand des Lebens überschritten ihre Gedanken nie. Sie wollten
die Gemeinde so erhalten, wie sie war, auf Grund dessen, was
einst zu ihr gesagt war, in den Ordnungen, die ihr jetzt gesetzt sind, und wenn sie von der Zukunft sprachen, so dachten
sie dabei nur an eine verewigte und verschönerte Gegenwart.
Sie verhießen dem Menschen, der Fleisch und Blut ist, den
Eingang in Gottes Reich, und wenn er auferweckt wird, wird
sein irdischer Zustand wieder hergestellt; vgl. I 15, 36. 50.

An die Träger des griechischen Wissens erinnert hier kein
Wort. Paulus fragt nicht, ob auch Philosophen und Astro-
logen und naturalistisch denkende Ärzte in der Gemeinde
seien. Was er feststellt, ist, daß das jüdische Rabbinat in
geschlossener Einmütigkeit das Kreuzwort für eine Torheit
erkläre. Darin setzte sich die Passionsgeschichte fort. Vor
dem Kreuz Jesu standen nicht Philosophen; Israels Weise,
Schriftgelehrte und Ausleger haben den Christus Gottes an
das Kreuz gehängt. Ihre Weisheit war durch Gott zur Torheit
gemacht worden. Damit hat Paulus gesagt, wie ihm das, was
das Rabbinat ihm gegeben hatte, verlorenging. Die Kreuzigung Jesu nahm ihm seine rabbinische Theologie. Damit ist
zugleich erklärt, warum er zugleich mit festem Griff sein jüdisches Erbe bewahrte, II 11, 22. Da der Tod des Christus
die Tat der göttlichen Gnade ist, wird der, der an ihm Anteil
hat, nicht vernichtet, sondern auferweckt. Sein Ich bleibt
erhalten, lebt nun aber durch das, was ihm Christus gibt.

Durch diese Worte fällt aber auch auf das Licht, was in
Korinth geschah. Die Weisheit, die Paulus dort widerstand,
war nicht eine Philosophie, nicht das griechische Wissen,
sondern setzte die jüdische Überlieferung fort. Sie trat als
Erkenntnis Gottes auf, die seinen Willen, den er durch die
Sendung des Christus offenbart hat, zu deuten verstehe.
Diese Überbietung des apostolischen Worts war aber eine
Rückwärtsbewegung, die die Kirche der Judenschaft anglich;
vgl. Phil. 3, 2. 3.

Das Gericht über die Weisheit, durch das Gott aus ihr Torheit machte, geschah dadurch, daß Gott den Christus so zu den Weisen sandte, daß sie ihn verurteilten und töteten. Der Weise, der seiner Weisheit wegen Gottes Werk verkennt, Gottes Gnade verwirft und den, der sie ihm bringt, kreuzigt, ist ein Tor. μωρία, μωρός bleibt von ἀφροσύνη, ἄφρων deutlich verschieden. Jener braucht sein Denkvermögen zweckwidrig; dieser läßt es ungebraucht, weil er zum Wahrnehmen und Verstehen unwillig und unfähig ist. Darum ist jenes ein Scheltwort, das den, der so denkt und spricht, entehrt, während ἄφρων das kraftlose Versagen des Menschen feststellt, das ihn unwissend und unbrauchbar macht. Als Paulus die Größe seiner Leistung pries, nannte er sich einen ἄφρων, II 12, 11; er hätte nicht gesagt, er sei ein μωρός. Wenn dagegen die, die meinen, die Weisheit zu besitzen, auf diese verzichten, werden sie in ihren Augen und in denen ihrer Genossen μωροί, I 3, 18. Gottes Verhalten bei der Hingabe Jesu in den Tod deutet sich Paulus analog wie die Absicht Gottes bei seiner Offenbarung in der Natur und Geschichte. Obwohl diese dem Menschen Gottes Herrlichkeit zeigen, wird er durch ihre Betrachtung ein Tor, Röm. 1, 22. Gott entzieht ihm die Entschuldigung; er macht ihn ἀναπολόγητος, Röm. 1, 20.

Weil das Kreuz des Christus Gottes Werk ist, macht er selbst „der Weisheit der Welt" ein Ende. Paulus setzt an die Stelle von ὁ αἰὼν οὗτος die andere Formel ὁ κόσμος, die neben jener das palästinische עולם wiedergibt. κόσμος war noch besser als αἰών geeignet, die Erzeuger und Verteidiger der menschlichen Weisheit zu kennzeichnen. Denn κόσμος ist in Jerusalem zum Namen der Menschheit geworden und drückt aus, daß sie in allen ihren Teilen, mögen sie durch Rasse, Sprache, Kultur, Geschichte und Religion noch so verschieden sein, dasselbe Maß des Lebens, denselben Typus des Denkens und Wollens, dieselbe Gebundenheit an die Natur aufweist. Jedes Geschlecht empfängt seinen Besitz vom anderen; jeder hat nur, was er ererbt. In diese Gemeinsamkeit, die alle Zeiten umfaßt, tritt nirgends ein göttliches Wort hinein, wird nirgends neue göttliche Gnade wirksam. Der Mensch lebt nur vom Menschen, nicht von Gott. Dieser alle verbin-

denden Gemeinschaft gehört auch Israel an. Paulus bestreitet
ihm das Recht, sich von der Welt zu unterscheiden. Seine
Weisen denken, wie jedermann denkt, und tun, was alle tun.
Der von der Welt Getrennte ist nur Gottes eigener Sohn, den
die Welt eben deshalb verworfen und getötet hat. Das göttliche Urteil, das am Kreuze Jesu zum Vollzug kam, hat deshalb universale Geltung. Es trifft nicht nur die Zeitgenossen
Jesu, nicht nur die unmittelbar an seiner Verurteilung Beteiligten. Es zeigt nicht nur dem eiteln Rabbi, daß er ein Narr
ist, und nicht nur dem machtgierigen Priester die Sündlichkeit seiner Heiligkeit. Gerichtet wird hier, was die Menschheit
in allen ihren Teilen denkt und tut. Gottes Urteil verwarf
„die Weisheit der Welt".

Weisheit besitzt aber die Menschheit deshalb, weil Gott
weise ist. Weisheit ist seine Gabe. Er macht in allen seinen
Werken seine Weisheit offenbar, sowohl am Tag der Schöpfung als am Tag von Golgatha. Aber „die Welt erkannte durch
die Weisheit Gottes mittelst der Weisheit Gott nicht". Das
Denkvermögen, das Wissen hervorbringt und das Handeln
erfolgreich macht, wird dem Menschen deshalb zuteil, weil
Gott der mit Weisheit Wirkende ist, und ist ihm dazu gegeben,
damit er Gott erkenne und ihm gehorche. Er soll im göttlichen Werk den Wirker, in der ihm geschenkten Gabe den
Gnädigen wahrnehmen. Auf die Voraussetzungen, die dies
möglich machen, weist Paulus mit zwei Worten hin: „durch
die Weisheit Gottes", ἐν τῇ σοφίᾳ τοῦ θεοῦ, und „mittelst
der Weisheit", διὰ τῆς σοφίας. Die beiden kausalen Präpositionen ἐν und διά haben verschiedenen Gehalt. Mit ἐν
ist der Empfänger der Wirkung in enge Verbindung mit ihrem
Geber gebracht, während an διά die Vorstellung „Werkzeug"
haftet. Wäre nicht Gottes Weisheit in seinem Wirken offenbar, so gäbe es kein Verhältnis Gottes zum Menschen, das in
sein Bewußtsein hineinragte, sein Denken bewegte, ihm die
Erkenntnis Gottes gewährte und ihn zum Diener Gottes
machte, der seinen Willen tut. Weil Gottes Weisheit den
Menschen bewegt, wird ihm selbst Weisheit zuteil. Denn
Weisheit bringt Weisheit hervor. Aber die Weisheit brachte
den Menschen nicht dazu, daß er nicht nur die Werke Gottes

sah, sondern auch ihren Wirker wahrnahm und nicht nur
Gottes Gaben empfing, sondern in ihnen ihren Geber erkannte.
Gott blieb für die Menschheit der Unerkannte, nicht, weil er
sich versteckte, — den berühmten deus occultus, den sich
verbergenden Gott, kennt Paulus nicht — sondern gerade
deshalb, weil er sich offenbarte. Den alle überführenden Vorgang, der ihr Unvermögen, Gott zu erkennen, ihre ἀγνωσία
θεοῦ I 15, 34, feststellt, sah Paulus in Jesu Kreuz. Das wird
dadurch, daß im Tode Jesu der die Welt richtende Spruch
Gottes geschieht, nicht eingeschränkt oder aufgehoben. Denn
der Mensch soll Gott auch in seinem richtenden Wirken erkennen. Wenn der Schriftgelehrte Gottes Gericht in seinem
Schicksal nicht spürt, sondern Jesus lästert und versichert,
er sei mit Recht gekreuzigt worden, so beweist er damit,
daß er Gott nicht erkannt hat und deshalb der blendenden
Wirkung des Kreuzes preisgegeben ist, die aus dem Weisen
einen Narren macht.

Später fragte der Grieche: Warum verfuhr Gott so? Ist
nicht seine Weisheit mit seiner Allmacht geeint, so daß er
das Wahrnehmen und Begreifen des Menschen so gestalten
kann, daß er ihn erkennt? Paulus hat sich solche Fragen
nicht gestattet; er sammelte seinen ganzen Willen in das
Bemühen, sich den Tatbestand deutlich zu machen, den ihm
das Verhalten des Menschen offenbart, und dieser Tatbestand
ist der, daß Gott der Weise ist und darum der Mensch Weisheit hat, daß ihn aber seine Weisheit nicht zum Kenner
Gottes macht.

Dasselbe Urteil bestimmt auch das Gespräch des Paulus
mit den Korinthern im zweiten Brief. Auch auf jener Stufe
der Verhandlung ist dies die Frage, wie der Mensch zur Erkenntnis Gottes komme, und auch dort ist dabei, sowenig
als hier, an ein abstraktes Gottesbewußtsein oder an eine
theoretische Beschreibung des göttlichen Wirkens gedacht.
Die Frage des Paulus ist immer die, ob der Mensch in dem,
was geschieht, Gott wahrzunehmen vermöge. Daß überall
durch ihn die Erkenntnis Gottes entsteht, ist sein Beweis,
II 2, 14, während die Wirksamkeit seiner Gegner dadurch als
verwerflich erwiesen ist, daß sie die Erkenntnis Gottes ver-

hindert, II 10, 5. Auch an dieser Stelle ist die Einheitlichkeit,
die die beiden Briefe als Teile derselben Geschichte erweist,
offenbar.

Was sich daraus ergibt, daß die Menschheit Gott nicht
erkannt hat, kommt nicht durch eine natürliche Entwicklung oder durch logische Folgerichtigkeit zustande. Gottes
freier Wille ordnet an, was infolgedessen aus der Menschheit werden soll, εὐδόκησεν ὁ θεός. Nicht das ist die Folge, daß
Gott den Menschen preisgibt, sondern das, daß er ihn rettet.
Diese Verknüpfung von Fall und Rettung, von Schuld und
Freispruch, die durch die Sünde die Rettung und durch die
Schuld die Rechtfertigung begründet, ist ein Kernsatz der
paulinischen Botschaft. Sie liegt ebenso wie hier Röm. 1,
17. 18 vor: weil Gottes Zorn sich gegen jede Gottlosigkeit
und Ungerechtigkeit offenbart, offenbart sich Gottes Gerechtigkeit an den Glaubenden, und Röm. 8, 1 gibt dem die Gnade
verkündenden Satz dieselbe Begründung: weil sich der Mensch
vom Gesetz, das in seinen Gliedern wirksam ist und das
Sündigen von ihm verlangt, nicht lösen kann, darum hat
Gott die Verurteilung von ihm genommen. Ebenso sagt
Paulus hier: weil die Menschheit Gott nicht erkannte, hat
Gott sie gerettet. Durch diese Einigung der beiden gegeneinander stehenden göttlichen Urteile gewann Paulus seine
vollendete Zuversicht zur göttlichen Gnade; durch einen dua-
listischen Riß im Gottesbewußtsein hätte er sie zweifelhaft
gemacht.

Nun aber ist das Mittel, durch das Gott den Menschen
rettet, eine Botschaft, ein κήρυγμα, die überall ausgerufen
werden soll und der Menschheit kundtut, was der zur Tat
gewordene, rettende Wille Gottes sei. Nun ist der Anteil der
Menschen an Gott auf das Wort gestellt. Diese Botschaft
ist aber nicht Anbietung von Weisheit, nicht Ausrüstung des
Menschen zu eigenem Denken, Reden und Handeln, sondern
sie bereitet allen menschlichen Gedanken das Ende. Das
Merkmal der Botschaft ist Torheit. Die Folge ist, daß die,
denen die Botschaft Rettung bringt, die Glaubenden sind.
Aus dem Kreuz Jesu entstand beides, sowohl daß es nun
einen Heroldsruf Gottes gibt, der Törichtes meldet, als daß

sich die rettende Kraft dieses Rufs an den Glaubenden offenbart.

Den Gegensatz, in den hier Paulus den Glauben zur Weisheit bringt, behandelt er in derselben Weise als jedem unmittelbar durchsichtig wie den Gegensatz, der zwischen dem
Wirken und dem Glauben besteht. Die Weisheit hatte für
ihn immer die engste Beziehung zum Wirken; sie ist dasjenige Wissen, das den Menschen zum zweckmäßigen, fruchtbaren Wirken tüchtig macht. Auch durch die Weisheit bewegte sich der Mensch, wenn er sie hätte, empor zu Gott.
Dagegen ist der Glaubende von sich selbst weggewandt und
steht vor Gott als der Empfangende. Dieser Gegensatz ist
aber bei Paulus nicht so bestimmt, wie die Späteren ihn
faßten, als auch sie zwischen dem Wissen und dem Glauben
einen Gegensatz empfanden. Die Späteren sehen im Wissen
und im Glauben psychologische Ereignisse, Bestandteile des
inwendigen Lebens, und beobachten die sie unterscheidenden
Qualitäten. Paulus, der auch hier, wie immer, teleologisch
denkt, mißt die beiden Vorgänge nach dem, was sie hervorbringen. Die Weisheit bringt nicht Erkenntnis Gottes hervor;
der Glaube erfährt Gottes rettendes Wirken. Daher wird das
Verhältnis beider zueinander bei Paulus und bei den Späteren
verschieden bestimmt. Die Späteren stellen das Wissen über
den Glauben; denn mit ihm bekommt das Bewußtsein die
Vollendung und das inwendige Leben den Reichtum. Bei
Paulus steht der Glaube über der Weisheit; denn er macht
Gottes Wirken für uns wirksam, und dieses schafft unser Heil.
Aber auch die Gegner des Paulus kannten die Frage, die die
Späteren bewegt, noch nicht, obwohl auch sie die Weisheit
über den Glauben stellten. Aber die psychologische Fassung
der Frage wird nirgends sichtbar. Glaube und Wissen kommen noch nicht als seelische Leistungen in Betracht. Auch die
Gegner des Paulus dachten teleologisch; d. h. ihr Denkakt
war mit der Bewegung ihres Willens völlig geeint, wie es sich
für einen Juden geziemt. Sie dozierten nicht griechische Logik,
sondern schufen Ethik, freilich eine andere als die des Paulus,
eine perfektionistische Ethik, die den Menschen anwies, wie
er das Vollmaß des Lebens erlange, und für diese Ethik stand

sofort die Erkenntnis obenan. Weil sie ihre Erkenntnis als die vom Geist gewirkte Erkenntnis Gottes werteten, sahen sie in ihr „das Bleibende", vgl. I 13, 8–13.

Es folgt noch ein zweites ἐπειδή, das wie das erste auf einen offenkundigen Tatbestand hinweist. Die Botschaft ist töricht, weil sie Glauben verlangt und nur für die Glaubenden heilsam ist. Das ist so, da ja die Juden Zeichen begehren und die Griechen Weisheit verlangen. Wer Zeichen begehrt, glaubt nicht, heißt vielmehr den einen Toren, der von ihm Glauben verlangt, und ebensowenig glaubt der, der Weisheit verlangt und nur zustimmt, weil er begriffen hat. Da hier das ἐπειδή glatten, logisch starken Anschluß hat, ist es nicht ratsam, es vom vorangehenden Satz abzulösen. ἡμεῖς δέ eignet sich für den Beginn des Nachsatzes nicht.

Für den Juden stand es fest, daß sich jeder, der mit dem Anspruch, ihm Gottes Wort zu bringen, auftrat, durch Zeichen zu bewähren habe. Wenn sich Gottes Allmacht für ihn einsetzt, dann, nur dann, überläßt er sich ihm. Er will Sicherheit haben, ehe er sich hingibt, vollends dann, wenn ihm ein Gekreuzigter als der gezeigt wird, der ihn retten werde. Die religiöse Geschichte, die die Griechen erlebt hatten, hatte sie vom Wunder weggeführt und sie gelehrt, die mannigfachen religiösen Gebilde nach dem zu messen, was sie für die Wißbegier leisteten. Auch sie begehren nach Sicherung, nach dem Erweis von Macht, der ihnen die Bereicherung ihres Lebens verbürgt. Sie suchen ihn darin, daß ihrem Denkvermögen ein Stoff gegeben werde, der ihnen die mit der Erkenntnis verbundene Stärkung und Befriedigung gewähre. Schon längst waren die religiös starken Männer unter den Griechen alle „Philosophen" gewesen. Aus der Verschiedenheit im Anspruch, den die Juden und die Griechen an den Boten Jesu stellen, ergibt sich der Unterschied in ihrer Gegenwehr. Mit dem Juden wird der Kampf heiß. Ein Wort Gottes ohne Zeichen, ein durch das Kreuz sich offenbarender Christus wird ihm zum „Ärgernis". Daran fällt er und wird zum Sünder; denn dagegen bietet er alles auf, was er an Haß besitzt. Diesen Christus lästert er. Bleibt dagegen das Gespräch auf den Denkwert der Botschaft beschränkt, dann ist die Abwehr weniger leidenschaftlich, aber nicht weniger entschlossen. Dem Griechen genügt es, zu spotten und zu verachten. Beide sind somit, solange sie nichts anderes als Juden oder Griechen sind, Sterbende, weil beide nicht fähig zum Glauben sind.

Paulus gleicht sich weder dem Griechen noch dem Juden an. Er wirbt um sie weder als Wundertäter noch als Denker, sondern ist der Ausrufer, der die Ankunft des Christus meldet; dieser aber ist Gottes Kraft und Gottes Weisheit. Sowohl der Jude als der Grieche empfangen von ihm, was sie begehren, dies freilich nicht dadurch, daß ihr Verlangen nach Sicherheit und Macht erfüllt würde, sondern dadurch, daß Gottes Ruf ihnen hörbar wird und sie bewegt. „Berufene" sagt hier Paulus, nicht mehr Glaubende. Er hat damit gesagt, wie es zum Glauben kommt. Wird das Wort Jesu im Menschen wirksam, so macht es aus ihm den Glaubenden. Er hat in diese Beschreibung seines Wirkens auch Sosthenes und die anderen alle mit eingeschlossen, die ihn im apostolischen Werk unterstützten: „Wir rufen aus, daß Christus gekreuzigt sei"; es ist der Beruf der ganzen Gemeinde, daß sie den Tod des Christus verkündige, I 11, 26.

Der letzte Satz spricht aus, was Paulus die Unerschütterlichkeit und Überlegenheit gibt. Freilich ist das, wovon er als Apostel spricht, töricht und kraftlos; aber dieses Törichte und Kraftlose ist Gottes Sache, Gottes Werk, und neben dem, was Gottes ist, unterliegen die Menschen. Damit ist angegeben, wie es zum Glauben an diese törichte und kraftlose Botschaft kommen kann. Glauben kann der Mensch nur Gott; wird er ihm wahrnehmbar, dann ist ihm die Ermächtigung zum Glauben gegeben.

Die Öffnung der Gemeinde für die, die nichts sind
1, 26–31

Was sich im Ausgang Jesu als das göttliche Wohlgefallen offenbart, bestimmt auch die Weise, wie die Gemeinde zustande kommt. Der Mensch verschafft sich Gottes Ruf nicht durch das, was er ist und kann. Unabhängig vom Besitz des

Menschen wird Gottes Wort so in ihm wirksam, daß es Glauben schafft.

βλέπετε kann ein Imperativ sein; dagegen spricht aber γάρ. Die Aussage über Gottes Weisheit wird durch das begründet, was jedermann wahrnimmt, wenn er die zur Versammlung vereinten Korinther ansieht. Weil Paulus sich vom göttlichen Wirken umfaßt weiß, hatte das, was um ihn her geschah, für ihn lehrreiche Tiefe und weisende Wichtigkeit. Daher leitete er auch seine Gemeinden zur ernsten, aufmerksamen Beobachtung dessen an, was bei ihnen geschah. „Der Ruf" ist Gottes Akt, wird aber sichtbar in seinem Ergebnis, darin, daß sie Gerufene sind, I 1, 2. Die Botschaft, die die Sendung des Christus erzählt, wird zum Ruf, weil der göttliche Wille, der in der Geschichte Jesu wirksam ist, Gnade ist, und diese erwählt und bereitet sich für ihre Gabe die Empfänger. Hier waltet aber kein Zufall; der wissende Gott handelt hier, der die kennt, zu denen er so spricht, daß sie sein Wort als das seine vernehmen und besitzen. Sie sind dadurch in ihrer konkreten Lage von Gott bejaht, bestätigt und geschätzt. Sind sie töricht, schwach und ohne Adel, so ist durch den göttlichen Ruf auf ihre Torheit, Schwachheit und Wertlosigkeit das göttliche Wohlgefallen gelegt. Das gab der Formel „Ruf" jenen Sinn, den unser „Beruf" in verdünnter Fassung festhält, da wir damit von unserem natürlichen Können und Wirken sagen, daß es göttliche Gabe und göttliche Verpflichtung sei; vgl. I 7, 17.

Durch den Ruf vollzieht sich das göttliche Wählen, da der Ruf zu Gott ruft. Der rufende Wille ist Gnade, die den Menschen in Gemeinschaft mit Gott versetzt und ihn zu seinem Eigentum macht; vgl. κλητοὶ ἅγιοι I 1, 2. 9.

Da der Ruf nicht an alle ergeht, wird durch ihn auch ein ablehnendes Urteil wirksam. Der, den er übergeht, wird beschämt, entrechtet und zu denen gestellt, die nichts sind. Dabei erweitert Paulus den Gedanken über die vorangehende Satzreihe hinaus. Nun ist nicht mehr einzig die Weisheit der Wert, den er mißt. Neben das Wissen stellt er auch die Macht und den Adel. Weisheit, Stärke, Vornehmheit werden derselben Beurteilung unterstellt. Der Widerspruch Gottes rich-

tet sich gegen alles, womit der Mensch sich stark macht ohne
Gott. Das ergibt für die Lage in Korinth, daß dort die Verehrung für die Weisheit nicht mit der Absicht verbunden
war, einzig sie als das zur Vollkommenheit führende Gut zu
schätzen. Man war dort nicht bereit, sich ausschließlich auf
den Denkvorgang zu konzentrieren und um seinetwillen die
anderen Güter zu mißachten. Die Verehrung für die Weisheit
war dort, wie überall in der Judenschaft, ein Teil des Eudämo-
nismus und Perfektionismus; sie wurde als ein Teil des vollkommenen Lebens begehrt, weil der Mensch von ihr den
fruchtbaren Gebrauch seines Vermögens bekommt. Dieselbe
Dreiheit der begehrten Güter: Klugheit, Stärke, Ehre erscheint I 4, 10 wieder, φρόνιμοι, ἰσχυροί, ἔνδοξοι.

Die Weisheit, aus der Gott die Schande des Menschen
macht, wird durch die Formel σοφοὶ κατὰ σάρκα beschrieben.
Sie gehört zu σοφία τοῦ αἰῶνος τούτου und σοφία τοῦ κόσμου.
Damit sind die drei Formeln beisammen, mit denen Paulus
die Art, Schuld, Not und Vergänglichkeit des Menschen beschrieben und begründet hat. Es ist das Merkmal des Menschen, daß das Fleisch, das natürliche Gebilde, durch das er
lebt, alles bestimmt, was er denkt, will und tut. Damit ist
der Begier, die nach der Erhaltung und Stärkung des eigenen
Lebens verlangt, die Macht gegeben, das ganze Leben zu
gestalten. Unter dem Antrieb der eigensüchtigen Begehrlichkeit erwirbt der Mensch auch sein Wissen, und nach ihrer
Regel gebraucht er es; vgl. σοφία σαρκική II 1, 12. Die Gebundenheit an das Fleisch ergibt jene immer wiederkehrende
Gemeinsamkeit, die aus der Menschheit „die Welt" macht,
und hat zur Folge, daß der gegenwärtige Weltbestand vergeht und einem neuen Zeitalter, einem neuen αἰών, weichen
wird. Daß Paulus auch von der Weisheit sagt, sie sei an den
leiblichen Vorgang gebunden, ist damit parallel, daß für ihn
auch das Sündigen aus dem Fleisch entstand. Den Dualismus,
der den Leib und die Seele voneinander trennt, hat er abgewiesen. Seine Deutung des inwendigen Lebens stand unter
der Herrschaft jenes Bewußtseins, das sich im „Ich" ausspricht, mit dem sich der Mensch als Einheit weiß. Daher
brauchte er auch die palästinische Formel „jeder, der Fleisch

ist", πᾶσα σάρξ, als Kennzeichnung des Menschen, Vers 29,
obwohl sie für die Griechen fremdartig klang.

Die allein bestimmende Freiheit des göttlichen Wirkens
zeigt sich auch darin, daß es in der Gemeinde auch Weise,
Mächtige und Vornehme gab. Nichts, was der Mensch ist
und hat, zieht Gottes Gnade zu ihm herab; aber auch nichts,
was der Mensch ist und hat, verwehrt es Gott, ihn zu begna-
digen; s. S. 14. Zahlreich waren aber die Gebildeten und Begüterten in der Gemeinde nicht. Eine Schätzung, wie groß
sie etwa war, ist nicht möglich. Nur das sagt hier Paulus, daß
sie nicht nur ein kleines Häuflein gewesen ist. Standen auf
der einen Seite nicht viele, so gab es auf der anderen Seite
viele. Wenn sich die Gemeinde zur Danksagung für die Rettung des Paulus versammelt, so wird Gott „aus vielen Gesichtern" gedankt, II 1, 11. Darin, daß die meisten der Berufenen nicht zur Oberschicht Korinths gehörten, sah Paulus
nicht einen Mißerfolg. Das bedrückte ihn nicht. Mochten
seine Gegner von diesem Zustand der Gemeinde nicht befriedigt sein und ihn ärmlich und bedrückend finden, er
nahm gerade in dieser Zusammensetzung der Gemeinde Gottes
Größe und die Allmacht seiner Gnade wahr. Der Gegensatz,
in dem sie zum menschlichen Denken und Wollen steht, verdunkelt sie nicht; im Gegenteil, dieser Gegensatz ist ihr wesentlich.

Die Gegnerschaft, in der sich Paulus zur griechischen
Kultur befand, wird hier sichtbar. Mit der jüdischen Stimmung, die dem Antisemitismus die Verachtung der Heiden
entgegensetzte, hat dieser Gegensatz nichts zu tun. Juden
und Griechen begehrten dieselben Güter; sie stritten miteinander um Reichtum und Macht. Darum traf der Widerspruch des Paulus beide. Dieser entstand aus seinem Supra-
naturalismus, daraus, daß er ernsthaft „die Herrschaft Gottes" verkündete, daraus, daß er sich durch den Christus in
ein Verhältnis zu Gott gestellt sah, das ihn über alles erhob,
was die Natur dem Menschen darreicht. Damit aber, daß er
dem Menschen, weil er Fleisch ist, verbot, sich zu rühmen,
und es als eine gnadenreiche Wirkung des Christus beschrieb,
daß er den Ruhm des Menschen beende, nahm er sowohl den

Griechen als den Juden alles, was ihrem Leben Sinn und Wert verlieh. Mochte es griechische Tugend oder jüdische Gerechtigkeit sein, beide wurden sinnlos und ihres Zieles beraubt, wenn sie dem Menschen nicht das befestigte, stolze Bewußtsein gaben, das seine Leistung als seinen Ruhm empfand. Als unerläßlich und heilsam erkannte Paulus die Beseitigung des menschlichen Ruhms aber deshalb, weil so und nur so Gott für den Menschen zum Grund seines Ruhmes wird.

Damit wird ein Ziel sichtbar, nach dem die beiden Briefe immer wieder streben. Wie steht es mit dem Ruhm, dem Ruhm wegen der eigenen Leistung und dem Ruhm wegen eines anderen Menschen, und wie wird aus ihm der in Gott begründete Ruhm, weshalb darf sich Paulus rühmen und warum soll die Gemeinde sich seiner rühmen, das ist die Frage, die immer wieder gestellt und beantwortet wird, I 3, 21; 4, 7; 9, 15; 15, 31; II 1, 12. 14; 5, 12; 10, 1–12, 18; vgl. das mit καυχᾶσθαι verwandte συνιστάνειν ἑαυτόν II 3, 1; 5, 12; 6, 4; 10, 12. 18; 12, 11. Was der Frage nach dem Ruhm im Verkehr des Paulus mit den Korinthern die große Wichtigkeit gab, war uns durch das gesagt, was wir über die Parteiung in Korinth erfuhren.

Neben das, was die Gemeinde nicht hat, stellt Paulus das, was sie hat, neben den ihr genommenen Ruhm, den ihr verliehenen. Im Anschluß an das vorangehende „das, was nicht ist", τὰ μὴ ὄντα, und „das, was ist", τὰ ὄντα, hat „ihr seid", ἐστε, vielleicht den Ton, der es zur Aussage macht; ihr seid, habt Bestand und Realität, und dies aus Gott vermittelt im Christus.[1] Die andere Deutung nimmt „ihr seid im Christus", ἐστε ἐν Χριστῷ, als Aussage zusammen; ihr Versetztsein in den Christus ging von Gott aus, war Gottes Werk. Bei der ersten Deutung sagt der Relativsatz, wieso durch die Vermittlung des Christus durch seine Gemeinschaft mit ihnen das wahrhafte Sein erlangt werde. Bei der zweiten Deutung erklärt der Relativsatz, wieso das Sein im Christus etwas an-

---

[1] Es ist möglich, daß hier in die Rede des Paulus ein Nachklang aus den spekulierenden Predigten hineinkam, an denen es in den griechischen Synagogen nicht fehlte. Deutlich läge aber eine solche Anpassung nur dann vor, wenn Paulus Gott „den wahrhaft Seienden" genannt hätte.

deres und Herrlicheres sei als die vor Gott nichts geltenden
Güter.

Jesus selbst wurde für uns Weisheit. Die Regelung unserer
Gedanken zur Übereinstimmung mit den göttlichen Gedanken und die Einordnung unseres Handelns in das göttliche
Wirken geschieht durch ihn. Die neue Art dieser Weisheit,
die sie von der Weisheit der Welt und des Fleisches unterscheidet, ist dadurch beschrieben, daß sie von Gott ausgeht;
sie ist ἀπὸ θεοῦ. Jesus erfüllt aber nicht nur das intellektuelle
Bedürfnis. Er wurde weiter „Gerechtigkeit und Heiligung",
δικαιοσύνη τε καὶ ἁγιασμός. Durch τε καί sind diese beiden
Begriffe fest zusammengebunden, wie auch 6, 11 ἡγιάσθητε
und ἐδικαιώθητε beisammenstehen. Die Befreiung von der
Schuld, die durch die Verwerflichkeit unseres Begehrens entsteht, durch die Gewährung der Rechtbeschaffenheit, die
uns das göttliche Wohlgefallen verleiht, und die Beseitigung
der Entfernung von Gott durch die Gewährung der Verbundenheit mit ihm, die uns Anteil an der göttlichen Würde und
Reinheit gibt, beides wird durch dasselbe Erlebnis empfangen;
beides haftet für die Gemeinde vollständig an dem, was
Christus für sie ist, und ist die Gabe, die ihr von Gott aus
zugeteilt wird. Dazu kommt noch „der Loskauf", ἀπολύ-
τρωσις, durch den die Verhaftung an den Tod von der Gemeinde genommen ist. Den Loskauf hat Paulus mit dem Tode
Jesu verbunden, Röm. 3, 24, da Christus durch seinen Tod
das Todesurteil von der Menschheit nimmt; er verlegt ihn
aber auch in die Wirksamkeit des wieder offenbar gewordenen
Christus, da sein Auferstehung wirkender Ruf den Leib von
der Sterblichkeit befreien wird, Röm. 8, 23. Eine Spannung
bestand für ihn zwischen den beiden Aussagen nicht, da er
im Tod und im Leben des Christus den einheitlichen Willen
der göttlichen Gnade sah.

Den Schluß der Satzreihe macht das Zitat aus Jerem. 9,
22. 23. In Gott wird nun der Grund des Ruhms gefunden,
weil alle genannten Werte, die Befreiung von der Torheit,
der Schuld und Gottesferne und dem Tod, Eigentum der
Gemeinde geworden sind, aber nicht als ihr Erwerb und der
Ertrag ihrer Anstrengung, sondern als im Christus für sie

hergestellt und in seiner Gegenwart und Wirksamkeit für
sie vorhanden. Somit offenbart der an die Gemeinde gerichtete Ruf die göttliche Gnade in ihrer alle Erwartung überragenden Größe. Dieser Satz lehnte die pharisäische Gerechtig-
keitslehre vollständig ab; dennoch bleibt er ohne Begründung
und Verteidigung. Somit hat Paulus bei denen, die ihm in
Korinth widersprachen, nicht die pharisäische Theologie gesucht. Nur ein Satz von dem, was er hier als den Besitz der
Gemeinde darstellt, war in Korinth umstritten, nur der mit
dem ἵνα angeschlossene Folgesatz, nur das, daß der Christenstand den Ruhm des Menschen unmöglich mache, dafür aber
den Ruhm Gottes besitze. Dagegen gab es in Korinth zähen,
für Paulus schwer zu überwindenden Widerstand. Dieser
Gegensatz fällt aber in die Ethik; er entstand nicht am Inhalt
der Botschaft, sondern an der Frage, was der durch die Botschaft Jesu begründete Wille des Christen sei.

Der Inhalt und das Ziel der apostolischen Verkündigung
2, 1–5

An das Ende Jesu und an den die Gemeinde sammelnden
göttlichen Ruf schließt sich die Regel einheitlich an, an die
sich Paulus bei seinem Wirken gebunden wußte. Was ihn
bewog, nach Korinth zu kommen, war nicht der Reichtum
und die Tiefe seines Worts, nicht die ihn auszeichnende
Größe seiner Erkenntnis. Er kam nicht als der Redner, der
mit einem mächtigen Wort die Hörer gewinnt, und nicht als
der Wissende, der sie zu überzeugen weiß. Man hört hier
gewöhnlich die Ablehnung der griechischen Rhetorik, der
Verwendung künstlerischer Mittel zur Überredung der Hörer.
Vermutlich hat Paulus aber auch hier vor allem an das gedacht, was er zu sagen hatte, an das, was dem λόγος den
Inhalt gab. Daß er hier „das Zeugnis Gottes", τὸ μαρτύριον
τοῦ θεοῦ, an die Stelle „der Botschaft Gottes", τὸ εὐαγγέλιον
τοῦ θεοῦ, setzt, wächst aus dem ihn bewegenden Gedanken
heraus. Das Zeugnis, das einen Tatbestand festzustellen hat,
nimmt seine Kraft nicht aus den Worten, mit denen es ab-
gelegt wird, als hinge seine Wahrheit und Geltung von der
Weise ab, wie der Zeuge reden kann. Ebensowenig erhält

es seine Beweiskraft durch ein Wissen, das sich über den Vorgang erhebt. Mag er noch so sehr Geheimnis und dem Verständnis entzogen sein, das Zeugnis bleibt unerschütterlich, weil es das aussagt, was geschehen ist. Seine Kraft, mit der es den Hörer zur Zustimmung bewegt, kommt nicht von außen zu ihm hinzu, sondern liegt in ihm selbst. Das gab Paulus die Sicherheit, mit der er immer wieder seinen staunenden, spottenden oder zürnenden Hörern die Auferstehung Jesu verkündete, I 15, 15. Der Ursprung des Christus und seiner Wirksamkeit aus Gott bringt mit sich, daß Gott im Christus nicht nur der Handelnde, sondern auch der Redende ist. Denn dadurch, daß aus dem, was Jesus tat, die Botschaft wurde, bekommt die Menschheit Anteil an dem, was er ist und gibt. Als der Handelnde ist Gott im Christus der Richtende und Rettende; als der Redende ist er der Zeuge, der aussagt, was der Mensch vor Gott ist und was Gott für ihn tut. Weil Paulus das Zeugnis Gottes sagt, „macht er die Wahrheit wahrnehmbar", II 4, 2.

Welchen Tatbestand das Zeugnis Gottes ans Licht bringt und unangreifbar macht, das war das einzige, was der Überlegung bedurfte. Paulus hat erwogen, was er im Verkehr mit den Korinthern sein Wissen nennen wolle, und sich entschlossen, einzig das als sein Wissen zu schätzen, daß Jesus der Christus sei und daß er deshalb am Pfahl getötet worden sei. Dies war die Tatsache, die für ihn die unbedingte Sicherheit des Gewußten hatte. Die beiden Aussagen, daß Jesus der Christus sei und daß er gekreuzigt sei, sind durch eine kausale Beziehung miteinander verbunden. Weil er der Christus ist, ist er gekreuzigt worden, und weil er gekreuzigt wurde, ist er der Christus. Das ist nicht als eine Entschuldigung gedacht, die für den geringen Inhalt seiner Predigt um Nachsicht bäte. Das ist sein Ruhm; denn dieser Entschluß erwuchs aus der Macht, mit der der Kreuzestod Jesu sein ganzes Leben formte. Dort sah er den, der die göttliche Barmherzigkeit der verschuldeten Menschheit gebracht hat. Nichts anderes bedarf der Mensch. Aus dem Blick auf den Gekreuzigten gewann Paulus die Liebe, die ihn ganz mit Jesus verband. II 5, 14 wiederholt mit anderen Worten das, was Paulus hier die sein Wirken tragende Gewißheit genannt hat. Sie gab ihm jene entschlossene Wendung zu Christus hin, ἁπλότης εἰς Χριστόν, in der ihm der Christenstand bestand, II 11, 3. Lieben und Kennen sind eng verwachsen. Wer vielerlei kennt, liebt vielerlei; wer nur den einen liebt, kennt nur den einen. Indem er beschloß, einzig Jesus zu kennen, handelte er nach der Regel, mit der er den Brief beschloß und seinen Gegnern den Kampf ansagte: „Wenn jemand den Herrn nicht liebt, sei er gebannt", I 16, 22.

Damit war gesagt, was Paulus mit seinen Gegnern einte, und zugleich die Stelle bezeichnet, an der er sich von ihnen schied. Sagten sie: Wir gehören keinem Menschen, weil wir Christus gehören, so stimmt Paulus ihnen zu, da auch er einzig Christus kennt. In seiner Verkündigung ist nicht von seiner eigenen apostolischen Größe die Rede, II 4, 5. Für ihn ist aber das Merkmal des Christus, an dem er erkannt werden soll, daß er der Gekreuzigte ist. Darum endet für ihn, aber nur für ihn, nicht auch für sie, dadurch, daß er dem Christus gehört, aller Ruhm der Weisheit und der Rede, da das Kreuz Jesu auch ihn, wie alle, zum Toten gemacht hat, während die Korinther imstande sind, sich zu bewundern, II 10, 12, und über die Gemeinde herrschen wollen, II 11, 20. Sie „rühmten sich des Gesichts" II 5, 12. Für ihn folgte dagegen daraus, daß er einzig Jesus kannte, daß er „niemand nach der Weise des Fleisches kannte", II 5, 16. Denn er erkannte im Tode Jesu seine Herrlichkeit, die ihn zum Spender der göttlichen Gnade für die Menschheit macht. Damit schied er sich von den theologischen Erzeugnissen der Korinther, von ihren νοήματα, II 10, 5; 4, 4. Wir kennen sie nicht; aber dies ist gewiß, so völlig waren die Korinther nicht mit dem Kreuz Jesu verwachsen, wie ihnen auch die Auferstehung Jesu nicht das bedeutete, was sie für Paulus war.

Wieder stehen für Paulus Wissen und Macht beisammen. Er hatte kein die Welt begreifendes Wissen, sondern kannte nur den, durch den Gott zwar alles geschaffen hat, den er aber dem Tode übergeben hat, I 8, 6. Darum hatte er auch keine Macht, sondern Schwachheit und große Angst. Auch das ist nicht zu seiner Entschuldigung gesagt. Sowenig er

deshalb um Nachsicht bittet, weil er niemand als Jesus
kannte, sowenig hält er es für einen Schaden und Tadel,
daß die Korinther ihn geängstet und furchtsam gesehen hatten. Vielmehr prägt er auch dies ihrer Erinnerung an ihn ein,
damit „sie seine Nachahmer werden", I 11, 1. Daher verfuhr
er auch im zweiten Brief ebenso, wo er absichtlich erzählt,
daß er sowohl in Troas als in Makedonien Unruhe und Furcht
zu ertragen hatte, II 2, 13; 7, 5. Der Glaube würde den Korinthern zerbrechen, wenn sie nur dann glauben wollten,
wenn nichts zu fürchten ist. In Korinth war es nicht die
Gefahr, die Paulus erschreckte; er war dort sicherer als an
anderen Orten; und er bebte auch nicht deshalb, weil er bei
seinem Wirken mit unüberwindlichen Schwierigkeiten rang.
Diese waren in Korinth nicht größer als an anderen Orten.
Seine Furcht verschwand darum auch nicht, als der Erfolg
kam. Denn je mehr dieser wuchs, um so größer wurde seine
Verantwortlichkeit. Dürfte er sich rühmen, so schwände freilich mit dem Erfolg auch die Furcht; aber es gehörte zu seinem
apostolischen Dienst, daß er den Ruhm des Fleisches hinaus-
sperre, Röm. 3, 27, und darum weigerte er sich nicht, bleibend
der Schwache und Geängstete zu sein.

Lukas hat erzählt, daß Paulus, nachdem er einige Zeit
in der Synagoge gesprochen und eine große Zahl von Glaubenden gewonnen hatte, von den Juden genötigt wurde, die neue
Gemeinde ganz von der Synagoge zu trennen. In dieser Lage,
als er die Arbeit unter der Judenschaft geschlossen hatte und
zur Evangelisation der griechischen Bevölkerung überging,
habe ihn Christus in einem nächtlichen Gesicht gestärkt:
„Fürchte dich nicht und schweige nicht"; weil Christus in
dieser Stadt ein großes Volk habe, werde ihn niemand angreifen, Apgsch. 18, 9. 10. Das berührt sich mit der Aussage
des Paulus, durch die er sich als mit Schwäche und Angst
belastet beschreibt. Oft wurde diese Aussage auch mit dem
Bericht des Lukas über die Ereignisse in Athen verbunden
und in diesen der Schlüssel zum Verhalten des Paulus gesucht. Nach der Erzählung des Lukas sprach Paulus vor dem
Areopag nicht sofort von Jesus und von seinem Kreuz. Bevor
er dies tat, verkündigte er den Griechen den einen Gott, den

Schöpfer, den Lenker der Geschichte, den, den alle Menschen
suchen sollen, den, der dem Menschen Verwandtschaft mit
sich verliehen hat. Damit brachte er seine Botschaft in Berührung mit den Gedanken der philosophischen Frömmigkeit.
In diesem Gespräch blieb ihm aber die Erfahrung nie erspart,
wie schwer sich das Gefüge der philosophischen Ideen erschüttern ließ, wie denn nach dem Bericht des Lukas in Athen
nur wenige zum Glauben gelangten, und dieser Bericht wird
dadurch bestätigt, daß nach den Briefen unverkennbar Korinth die größte Gemeinde Achajas war. Eine rationale Deutung der Ereignisse kann urteilen, damit sei der Entschluß
des Paulus, in Korinth einzig von Jesus und seiner Kreuzigung
zu reden, erklärt; er habe bedeutet, daß er nicht mehr über
die Beziehung Gottes zur Natur und Geschichte gesprochen
habe. Ebenso sei erklärt, daß er nach dem Mißerfolg in Athen
in Korinth nur furchtsam aufs neue begonnen habe. Von der
Rede vor dem Areopag sind aber nur die Zitate entbehrlich,
die um die Aufmerksamkeit der Athener werben, wobei sich
nicht beobachten läßt, ob Paulus in Korinth apologetische
Zitate verwendete oder vermied. Daß er ganz auf sie verzichtet habe, ist wenig wahrscheinlich, da in I 15, 33 ein Vers
des Menander erscheint. Bloß eine Zierat waren solche Zitate
nie, da sie das Bestreben belegten, die neue Botschaft mit
dem zu verbinden, was der Jude und der Grieche besaßen.
Konnte aber dieser Wille Paulus je fehlen? Sein Gespräch mit
den Korinthern widersetzt sich laut der Annahme, daß Paulus
je ohne Anschluß an das, was der Hörer war, gesprochen
habe. Denn die Briefe nach Korinth stellen beständig die
enge Fühlung mit dem her, was in Korinth geschehen war,
genau nach der Regel: „Ich bin allen alles geworden", I 9,
22. Mit Berufung auf den Römerbrief wird oft vermutet,
Paulus habe die Berührung mit seinen Hörern an der Stelle
gesucht, an der die bei uns übliche Weise der Evangelisation
sie zu gewinnen hofft; er habe mit der Enthüllung der Sünden
begonnen. Aber der Römerbrief zeigt uns nicht den ersten
Verkehr des Paulus mit Juden und Griechen; er gibt nicht
die erste Anleitung zum Glauben; vielmehr lag es ihm damals
mit jedem Wort daran, die sittliche Haltung der Gemeinde

zu sichern. Für diese Absicht stand freilich die Sünde und die
Weise, wie die Gemeinde von ihr frei geworden war, an der
ersten Stelle.

Suchen wir unter dem, was wir von der Hand des Paulus
haben, einen Abschnitt, der „nichts als Jesus Christus den
Gekreuzigten kennt", dann ist es an erster Stelle Phil. 2,
6–11; denn diese Satzreihe hat es ganz mit den Voraussetzungen und Wirkungen des Kreuzes Jesu zu tun. Aber wie viel
mußte hier gesagt werden, damit ein Grieche diese Botschaft
verstehend und glaubend fassen konnte. Schuldbewußtsein
läßt sich nicht erwecken, wenn nicht gleichzeitig mit der
Selbstbeschauung die Gottesgewißheit wach wird. Nur dann
stellt sich das bisherige religiöse Verhalten als Gottlosigkeit
und der bisherige Verkehr mit den Menschen als Ungerechtigkeit dar, und nur dann zerbricht an dieser Erkenntnis
die Selbstbehauptung des menschlichen Ichs. Darum waren
die Gewißheiten, die den wesentlichen Inhalt der athenischen
Rede bilden, Gott, der Schöpfer der Natur, der Lenker der
Geschichte, für den die Menschen geschaffen sind, der Richter
der Menschen durch den auferstandenen Christus, Paulus im
Verkehr mit allen völlig unentbehrlich. Keiner dieser Sätze
machte den Versuch, die Weisheit Gottes zu enthüllen; keiner
sprach vom göttlichen Ziel und Plan mit der Absicht, uns zu
zeigen, wie wir an der göttlichen Regierung teilerhalten. All
das war einzig Wegbereitung für die göttliche Botschaft. Was
sagte der Ruf, Jesus sei der Christus und für die Sünden der
Welt gestorben, den Hörern, wenn ihnen nicht gesagt wurde,
daß Gott der sei, der den Christus gesandt und in den Tod
gegeben habe? Die Geschichte Jesu war vollständig des Sinns
und der Wirkung beraubt, die Paulus ihr zuschrieb, wenn
nicht Gott als ihr Wirker bezeugt und erkannt wurde, und
der Name „Gott" blieb leer, wenn das, was die athenische Rede
sagt, verschwiegen oder bezweifelt wurde. All das vertrat Paulus
ununterbrochen und gerade auch dann, wenn er die Passionsgeschichte erzählte. Er tat dies mit der Absicht, seine Hörer
zur Erkenntnis Gottes zu führen, „aus dem alles ist", I 8, 6.

Der Gegensatz, aus dem Vers 2 entsteht, ist nicht der: soll
von Gott oder von Jesus gesprochen werden? Dieser Gegen-

satz war für Paulus nie vorhanden. Immer war die Erweckung der Gewißheit Gottes sein Ziel, und immer hat er diese bei Jesus gesucht. Mit Vers 2 hat er nicht die Gottesgewißheit, sondern die Weisheit abgelehnt, durch die der Mensch mit seinem Denken und Handeln aktiv an Gottes Wissen und Wirken beteiligt wird. Entweder Gott oder Jesus, das ist kein Paulus gehörender Gedanke; entweder Gott oder der Mensch, das ist die Antithese, die sein ganzes Denken formt. Wer dem Menschen Weisheit anbot, ersetzte diese Antithese durch eine Synthese und verhieß ihm die Einigung mit Gott. Diese Synthese ist auch bei Paulus das Ziel seiner Botschaft; es wird aber nur dann erreicht, wenn der Widerspruch des Menschen gegen Gottes Willen unverhüllt und unverfälscht ans Licht gestellt wird, und diesen Widerspruch erkennt der Mensch daran, daß der Christus gekreuzigt worden ist. Darum bot Paulus den Korinthern die Gewißheit Gottes durch die Passionsgeschichte an, und es werden ihn dabei die Erfahrungen, die er in Athen gemacht hatte, mitbestimmt haben. Weisheit begehrten die, die auf dem Areopag als seine Richter beisammensaßen; „Philosophen" waren sie. Aber der Weg, der sie in die Weisheit führte, war, daß sie Toren wurden, und dies hat Paulus damals dadurch bewirkt, daß er ihnen den Auferstandenen verkündete.

Zu seinem Beruf, „den Geruch vom Tod zum Tod", II 2, 16, zu den Menschen zu bringen und der Welt zu sagen, daß sie dem Tod übergeben sei, bekannte sich Paulus immer ohne Schwankung, in Korinth ebenso wie in Athen, immer aber so, daß dieser Teil seines Wirkens unter den höheren Zweck gestellt war, daß er denen, die ihn hörten, das Leben bringe, und dieses Ziel erreichte er dann, wenn er ihnen im Gekreuzigten den Christus zu zeigen vermochte. Wenn er, wie er es in Athen nach dem Bericht des Lukas tat, den Griechen, der von seiner Philosophie her die Gottesfrage in sich trug, vom Schöpfer zu Jesus führte und ihm Jesus dadurch bedeutsam machte, daß er ihm in Jesus den kommenden Richter zeigte, war das letzte Wort der Rede die Aufforderung zur Wendung des Sinns, zur μετάνοια, und diese blieb ungehört. Wenn er dagegen die Korinther von der Kreuzigung Jesu

zu Gott führte, so war die Anbietung des Glaubens das Ziel
der Rede; dann schloß sie mit der Mahnung: „Seid versöhnt
mit Gott," II 5, 20. Aber eben dadurch, daß er sie zum Glauben an den Gekreuzigten bewog, bewirkte er den radikalen
Umsturz aller ihrer Vorstellungen über Gott und aller ihrer
Urteile, unter die sie bisher ihr Handeln gestellt hatten.

Es gab aber noch andere Themata, die Paulus auf die
Seite schob, nicht nur die Deutung der Natur und der Geschichte. Er war im dritten Himmel und im Paradies gewesen,
II 12, 2. 4; gab dies nicht seiner Rede die die Hörer fesselnde
Kraft? Allein „wir verkünden nicht uns selbst", II 4, 5. Der
reiche Vorrat anschaulicher Bilder, mit dem die Prophetie das
Verheißene beschrieb, stand Paulus zur Verfügung, und den
vielen Vereinsamten oder nur in den natürlichen Verbänden,
in der Sippe und im Volkstum, Lebenden konnte er die Größe
und den Segen der Kirche beschreiben, und da er die Not
Israels in ihrer Tiefe kannte, war er wie keiner imstande,
darzustellen, was die am Gesetz entstandene Frömmigkeit
entkräftete, alles Themata, die seiner Rede anziehende Kraft
und viele erfassende Wirksamkeit gegeben hätten. Aber in
all dem sah er nicht jenes Wissen, das er seinen Hörern mitzuteilen habe. Dieses Wissen war die Erzählung von Jesu
Kreuzigung. Denn diese machte völlig klar, in welches Verhältnis der Mensch zu Gott gestellt ist.

Das Adjektiv πειθός ist seltsam, weil es keinen belegbaren
Sprachgebrauch hat. Paulus lehnt die Anpassung an die
Wünsche seiner Hörer ab, womit er ein Thema berührt, das
in Korinth, aber auch in den anderen Gemeinden eifrig besprochen wurde. „Suche ich jetzt die Zustimmung der Menschen oder die Gottes?" Gal. 1, 10. Wenn sein Apostolat
herabgesetzt, seine Erkenntnis und Rede geringgeschätzt und
der Widerstand, auf den er stieß, ihm zur Last gelegt wurde,
war der Vorwurf bald da, es fehle ihm das Vermögen, seine
Hörer zu gewinnen; er könne sie nicht überzeugen. Aber
ebenso nahe lag es denen, die sich von seiner Autorität lösen
wollten und darum seine Erfolge mit Unbehagen beobachteten, diese dadurch zu erklären, daß er es meisterhaft verstehe, die Leute zu überreden. Daher ist auch II 5, 11 vom

„Überreden", πείθειν, die Rede, und mit I 9, 19–22 und II 2, 14–17 tut Paulus dar, wie seine Erfolge zustande kommen. Wie immer seine Gegner über ihn urteilen mögen, ob sie ihm das Überreden nachsagen oder aberkennen, seine Arbeitsmittel sind nicht die Hörer überredende Worte.

Das Ziel seiner Rede ist, daß Gott seinen Hörern offenbar werde, und dies erreicht er dadurch, daß er „Geist und Kraft" aufzeigt. Durch diese Deutung ist der Genetiv πνεύματος καὶ δυνάμεως als Angabe des Objekts, das aufgezeigt wird, verstanden. Die andere Deutung macht πνεῦμα καὶ δύναμις zum Subjekt der ἀπόδειξις; die Rede des Paulus sei mit dem Beweis verbunden gewesen, den Geist und Kraft herstellen. Der Satz schließt die Vorstellung endgültig aus, Paulus habe sich mit dem Vorangehenden entschuldigt; gerade deshalb, weil er selbst schwach und furchtsam war, war er imstande, Geist und Kraft aufzuzeigen. Damit ist ein Satz ausgesprochen, der im Fortgang der Briefe die reiche Ausführung bekommt.

Der Geist verbirgt sich nicht; denn Gott macht ihn wahrnehmbar, I 12, 7. An dem, was er wirkt und schafft, wird er erkannt; denn Geist und Kraft sind beisammen. Beide Worte behalten aber einen eigenen Geltungsbereich. „Geist" bezeichnet die Wirksamkeit Gottes im inwendigen Leben des Menschen, und diese den Menschen innerlich ergreifende und bewegende Macht des Worts ist sein Beweis. Darüber geht „Kraft" noch hinaus; nicht nur das, was im Bewußtsein entsteht, sondern auch das, was jenseits des Bewußtseins geschieht, wird vom göttlichen Wirken erreicht und umgewandelt, und dies ist Aufzeigung von Kraft. „Geist", damit ist wieder ein Wort ausgesprochen, das im Gespräch mit den Korinthern zentrale Wichtigkeit bekommen hat. Die Berufung auf den Christus, der von der Abhängigkeit von den Aposteln freimache, war mit dem Preis des Geistes verbunden. Der Fortschritt der Gemeinde über ihren von Paulus ihr gegebenen Anfang wurde dadurch aufgewiesen, daß sich jetzt in ungleich größerem Maß der Geist in ihr offenbare, I 14. Paulus verbindet aber nicht Geist und Wort miteinander, noch weniger Geist und Zunge, sondern Geist und Kraft.

Die Glaubenden rettet Gott, I 1, 21. Daher ist es für die
Wirksamkeit des Paulus die Rechtfertigung, daß durch sie
der Glaube zustande kommt. Es stehen gegeneinander „Menschen" und „Gott"; nur Gott kann mit jener ganzen Hingabe
geglaubt werden, bei der der Mensch sich mit allem, was er
ist, dem übergibt, der sich ihm zum Helfer macht. Sodann
stehen gegeneinander „Weisheit", die belehrende und überzeugende Denkleistung, und „Kraft", der Eingriff in den
realen Bestand des Lebens. Fehlte dem Wort die es verwirk-
lichende Kraft, so wäre es nicht Glaubensgrund. Paulus
einigt sich mit den Korinthern im Verlangen nach Kraft, wie
er auch im Verlangen nach Weisheit mit ihnen einig ist; was
er aber begehrt, ist Gottes Kraft und Gottes Weisheit; nur
diese machen aus dem Menschen den Glaubenden.

Mit diesen kurzen, aber wuchtigen Sätzen hat es Paulus
nicht erreicht, daß die Klagen, er könne nicht reden und sei
schwach, in Korinth verstummten. Sie erscheinen im zweiten
Brief wieder, II 10, 1. 10; 11, 6. Das beweist, daß der Widerstand gegen ihn schon zur Zeit des ersten Briefs aus tiefen
Wurzeln erwuchs.

Die von Paulus gelehrte Weisheit

2, 6–9

Vom Anfang der Gemeinde hatte Paulus gesprochen; aber
dieser Anfang, sagen die Korinther, liegt hinter uns; sollen
wir denn im Anfang beharren? Auf das Gläubigwerden folgt
das Gläubigsein, auf den Empfang der göttlichen Gaben ihr
Gebrauch, wie auf die Kindheit die Mannheit, die Reife, das
Vollmaß des Lebens folgt. Wenn die Erkenntnis die größte
aller Gaben war, die die Gemeinde von Jesus erhielt, dann
wurde aus dem Christenstand eine aufsteigende Bewegung,
die sich in Stufen gliederte. Dann gab es in der Gemeinde
solche, die zum Lehren befähigt waren, und solche, die des
Unterrichts bedurften, da die Erkenntnis durch die allmäh-
liche Bereicherung des inwendigen Lebens erworben wird.
Dadurch entstanden Abstufungen, ein Mehr und Minder von
geistlicher Kraft, „Reife", τέλειοι, und „Unmündige", νήπιοι.

Da die natürliche Ordnung unseres Lebens ihm die wachs-
tümliche Bewegung gibt, konnte niemand sie leugnen oder sie
hemmen wollen. Auch Paulus anerkennt, daß der Reife durch
das Wort etwas anderes empfange als der Anfänger, das
Kind etwas anderes als der Mann.

Weisheit, die ihnen Ziele für ihr Handeln gibt und ihren
Willen formt, gibt Paulus den Befestigten und Entschlossenen,
den Ganzen. Darauf hat er Gewicht gelegt. Nicht an den
Eingang zur Gemeinde stellte er den Unterricht in der Weisheit. Dort steht die Botschaft Gottes; diese so zu hören, daß
sie Glauben schafft, macht den Christen. Freilich sollen alle
vollkommen werden, alle ihren Beruf erfüllen, alle unter
Gottes Leitung handeln lernen; aber erst dann können sie
die Weisheit empfangen, wenn die Botschaft Jesu ihr Eigentum geworden ist und die Entscheidungen, die ihnen der
Ruf Jesu auferlegt, endgültig getroffen sind.

Wie erhielt das Wort, je nachdem es einem Unreifen oder
einem Herangewachsenen gesagt wurde, verschiedenen Inhalt? Dadurch, daß Paulus über einen anderen Gegenstand
sprach, oder dadurch, daß der Hörer es mit gestärkter Empfänglichkeit vernahm? „Einzig den gekreuzigten Christus
zeigte ich euch damals." Damit war ihnen die Botschaft
gesagt und der Ruf Gottes ihnen so gebracht, daß er sie in
ihrem vorchristlichen Zustand ergriff. Daß es eine sie suchende
göttliche Gnade gebe, daß alle ihre Gottlosigkeit und Ungerechtigkeit unter Gottes Gericht gestellt und ihnen deshalb
vergeben sei, daß sie, die Gott nicht kannten, durch Jesus in
den Stand der Heiligkeit versetzt werden, das war mit der
Passionsgeschichte ihnen gesagt. Bei der Weisheit Gottes
dachte Paulus dagegen an das Kommende, an den Aufgang
des neuen Zeitalters, an die königliche Wirksamkeit des
offenbar gewordenen Christus, mit der der Tod vergeht.
Daran schloß sich in mancherlei Richtung die Deutung der
Geschichte an, ein Rückblick auf den Anfang der Menschheit und den Israels, eine Darstellung der dem Gesetz gegebenen Wirkung, ein Vorblick auf die zum Kommen des
Christus führenden Ereignisse. Paulus konnte also von einer
Mannigfaltigkeit im Stoff seines Unterrichts reden. Aber die

Abgrenzung der Stufen nach dem mitgeteilten Stoff ergab
nie eine feste Grenze. Mochte der Blick noch so fest an das
Ende Jesu gebunden werden, für den Hörer bedeutsam und
Grund des Glaubens wurde es nur dann, wenn ihm im Gekreuzigten der Sohn Gottes und der zum Herrn der Menschheit Gesetzte gezeigt wurde. Ohne die Verkündigung der
Auferstehung verlor die Passionsgeschichte ihre Kraft, und
diese blieb wieder unverständlich, wenn sie nicht mit der
Verheißung der königlichen Sendung Jesu verbunden wurde.
Auch wenn Paulus mit heiligem Ernst darauf hielt, es
handle sich beim Christwerden nicht um die Eschatologie,
nicht um das Stückwerk der Prophetie, sondern um den
gekommenen Christus, der dem Menschen deshalb verkündigt
werde, damit er sich im Glauben Gott ergebe: ganz ohne
Eschatologie konnte Paulus seine Botschaft nie sagen, weil
sie die Verkündigung der Herrschaft Gottes war. Das Kreuz
Jesu war ja das Zeichen, daß Gott von der Welt nicht erkannt
wurde und die bestehende Welt nicht die bleibende sei. An
der Wandlung im Wort war daher die wachsende Empfänglichkeit des Hörers durch die Befestigung seines Glaubens
nicht weniger beteiligt als die Veränderung im mitgeteilten
Stoff. Wenn der Glaube im Menschen begründet war, dann
wurde das ihm gesagte Wort in ihm zur Weisheit, die ihn
tüchtig machte, dem Herrn in seinem Werk zu dienen.

Wenn wir neben jene Fassung des Worts, die einzig vom
Gekreuzigten sprach, Phil. 2, 6–11 stellen, dann läßt sich
als ein Beispiel für ein Wort, das zu den Vollkommenen gesprochen ist, Phil. 3, 7–15 anführen.

Die neuen Sätze unterscheiden sich von denen, die sich
auf die Entstehung der Gemeinde bezogen, deutlich dadurch,
daß Paulus hier das „wir" einsetzte, vgl. I 1, 23. Er spricht
nicht von einer Erkenntnis, die nur ihm verliehen wäre. Alle,
die in Gemeinschaft mit ihm das Wort sagen, sagen es so, daß
es aus denen, die nicht in der Unmündigkeit verharren,
Weise macht. Auch im Gebrauch des „wir", wie in dem
betonten „ich" der ersten Sätze, liegt Anpassung an die Lage
der Briefempfänger vor. Beides ist für sie bedeutsam, daß
keiner die Gemeinde gegründet hat als er, und daß es eine

Weisheit, die das besondere Eigentum einzelner wäre, nicht gibt. Die, die mit Paulus zusammen arbeiten, haben dieselbe Weisheit und führen auf demselben Weg zu ihr.

Weil Paulus jetzt auf das Verlangen der Korinther eingeht, liegt es ihm daran, daß der Gegensatz zwischen dem, was er tut, und dem, was sie tun, deutlich bleibe. Seine Weisheit leitet nicht zur Beherrschung der gegenwärtigen Welt an und ist nicht von denen, die jetzt die Menschheit regieren und die Weltgeschichte machen, empfangen. Zuerst hat Paulus von den Weisen, Schriftgelehrten und Auslegern gesagt, sie seien die Besitzer und Lehrer der Weisheit dieser Zeit, I 1, 20. Sie waren die, gegen die er die Gemeinden schützen mußte. An Macht fehlte es ihnen nicht; die Judenschaft gehorchte ihnen und die Griechen hörten oft auf sie und waren ihnen bei der Verfolgung der Christenheit dienstbar. Wenn Paulus sagt, er rede nicht die Weisheit der Herrscher, so sagt er damit nicht nur, daß man sie reden kann und auch er sie reden könnte, sondern auch, daß es solche gibt, die sie reden. Die aber, die Weisheit reden, hat Paulus nicht in Athen oder Rom gesucht; was dort gelehrt wird, hat er nicht Weisheit genannt. Was dagegen in den Lehrsälen der Judenschaft gelehrt wurde und was ihren Führern ihre Politik gab, das war Weisheit, aber eine Weisheit, die nur für die gegenwärtige Welt brauchbar war, über die sie nicht hinauszusehen vermochte. Den Beweis dafür gibt ihr Verhalten gegen Jesus. Die, die durch ihre Weisheit zur Macht erhöht waren, haben den Herrn der Herrlichkeit gekreuzigt. Das Todesurteil über Jesus sprach das jüdische Synedrion, und das Rabbinat aller Länder bestätigte es. Das hat ihre Weisheit widerlegt. Wenn die Worte nicht mehr bedeuteten, würde der neue Satz das wiederholen, was Paulus mit 1, 18. 19 gesagt hat, daß dadurch, daß Gott den Christus dem Tod übergeben habe, aus der Weisheit der Judenschaft Torheit geworden sei.

Woher hatten aber die Weisen ihre Gedanken und wer gab ihnen ihre Ziele? Bringt etwa der Mensch seine Gedanken selbsttätig aus sich hervor und erweckt er in sich seinen Willen mit eigener Vollmacht? Was in ihm wächst, wird in ihn hineingesät; er hat nichts, was er nicht empfangen hätte. Weil er

inspiriert wird, denkt er, und weil er bewegt wird, handelt
er. Mit der ganzen antiken Welt empfand Paulus stark die
Abhängigkeit, die das ganze Leben des Menschen bestimmt.
Immer ist er der Geleitete, der sich so bewegt, wie er bewegt
wird. Er empfängt aber seine Bewegung nicht nur durch
den vom Fleisch erzeugten Trieb; nicht einzig aus seinem
Blut wächst seine Weisheit heraus. Er empfängt sie auch
nicht von einem unbestimmbaren Etwas, von einem all-
mächtig über ihn verfügenden „Schicksal". Die Menschheit,
sagte Paulus, ist unter geistige Mächte gestellt und erhält
von ihnen ihre Geschichte. Eine andere Quelle der Weisheit
gab es auch für die Weisen der Judenschaft nicht. Diese geistigen Herrscher sind aber nur für diese Welt mit ihrer Macht
begabt und sind nicht die Schöpfer der kommenden Welt.
Sie bringt erst der Christus, und mit seiner Offenbarung endet
die Gewalt derer, die jetzt die Weltgeschichte gestalten.

Für die Juden in Korinth war dies keine neue, ihnen bisher
unbekannte Lehre. Die Theologen Jerusalems haben den Satz
geformt, daß über die Völker und ihre Geschichte Geister
gesetzt seien, die sie regieren. Sie gaben ihnen denselben Namen, mit dem Paulus sie nennt, שָׂרִים, ἄρχοντες. Sie sprachen
vom Fürsten der Perser, der Griechen, Roms, auch vom
Fürsten Israels. Da schon Daniel von den himmlischen Fürsten gesprochen hatte, 10, 13, erhielt dieser Satz weite Verbreitung und Autorität.[1] Paulus sprach daher oft von den
himmlischen Herrschern, ἀρχαί, Röm. 8, 38; 1 Kor. 15, 24;
Kol. 1, 16; 2, 15; Eph. 1, 21; 3, 10; 6, 12. Er prägte damit
der Gemeinde ein, Gottes Ziel, das durch die Sendung des
Christus erschienen sei, sei gänzlich neu und der Welt völlig
fremd geblieben. Auch die Geister, die den Verlauf der Geschichte bewirken und der Menschheit ihre Gedanken geben,
kannten Gottes Ziel nicht. Weil er im Christus sein Reich
herstellt, war auch die Weisheit, die ihnen gegeben war, begrenzt und ihrer Macht ein Ende gesetzt. Sie werden entrechtet und abgesetzt, wenn der Christus königlich waltet
und die Herrschaft Gottes gekommen ist, I 15, 24.

---

[1] Siehe meinen Kommentar zu Joh. 12, 31.

Gottes Weisheit, die Paulus lehrt, ist ein Geheimnis und verborgen. λαλοῦμεν θεοῦ σοφίαν ἐν μυστηρίῳ wird bedeuten: „wir reden Gottes Weisheit dadurch, daß wir ein Geheimnis sagen." Ein Geheimnis sagte Paulus, wenn er weissagte, I 15, 51; Röm. 11, 25; vgl. I 14, 2; 13, 2. Ein Geheimnis sagte er auch, wenn er den Juden und den Griechen verkündete, daß die Botschaft Jesu allen Völkern gelte, Kol. 1, 26; Eph. 3, 3. Aber auch dem Evangelisten sind „die Geheimnisse Gottes" anvertraut, I 4, 1, da der Christus sogar für die Geister ein Geheimnis war, I 2, 8. Gottes Ziel überragt alles menschliche Denken, und da sein Wille, der das Geschehende vorausbestimmt, Gnade ist, ist das, was seine Weisheit bereitet, unsere Herrlichkeit.

Damit beginnt der Kampf des Paulus gegen die Umbildung der Verheißung und die Verfälschung der Hoffnung, die die neuen Führer in die Gemeinde hineintrugen. Sie sorgten als Ethiker und Politiker für sich und für die Kirche; für Paulus war dagegen Gottes Herrschaft das Ziel, das er begehrte. Es war unvermeidlich, daß die Abschwächung des Evangeliums durch die Verhüllung der Passionsgeschichte auch den Gegensatz verhüllte, in dem das Verheißene zum jetzt Bestehenden steht.

Damit, daß Paulus von der Weisheit Gottes sagte, sie verordne uns die Herrlichkeit, sprach er wieder ein Wort aus, das im Gespräch mit den Korinthern beständig wiederkehrt. Bei Paulus fanden sie die Herrlichkeit nicht, vgl. II 3, 7, und dies war für sie der Beweis, daß ihm die Weisheit fehle. Seine Antwort ist: die Herrlichkeit ist das Kommende, das, was nicht in dieser Zeit erscheint, sondern von Gott an das Ende der Geschichte gesetzt worden ist. Weil Paulus dieses Ende kennt und den kennt, der es schaffen wird, führt die von ihm gelehrte Weisheit in die Herrlichkeit. Nicht der empfängt sie, der sich in den gegenwärtigen Verhältnissen klug einzurichten und sie auszunützen weiß, sondern der, der sein ganzes Denken und Handeln zu dem hinwendet, was kommen wird. Ob Paulus auch durch die Absage an die Geister, die den Weltlauf regieren, dem widerspricht, was die neuen Meister über ihre Weisheit sagten, bleibt undeut-

lich,[1] weil Paulus grundsätzlich nicht einzelne Lehrsätze, die
das Sondergut der neuen Theologie waren, besprochen hat.
Ihm lag einzig daran, daß die Absicht des Evangeliums nicht
entstellt werde. Es soll deutlich bleiben, daß Jesus nicht unserer Eigensucht dient, die nach Wissen begehrt, um durch
die Mehrung des Wissens unsere Macht zu steigern und unseren
Ruhm zu vergrößern. Nicht darin besteht Jesu Gabe, sondern darin, daß er uns zu Gott ruft und für seinen Dienst
heiligt. Hätte Paulus die einzelnen Lehrsätze der Gegner besprochen, so hätte er schwerlich vermeiden können, daß aus
seinem Brief ein Gesetzbuch geworden wäre, das angeordnet
hätte, was die Kirche zu denken habe. Das war für Paulus
unmöglich. Als Freier schuf er die Gemeinde der Freien, über
die er nicht herrscht, die er aber dadurch führt, daß er ihr
an seinem Reichtum Anteil gibt. Er schrieb an die Korinther,
damit sie mit eigenem Wissen und eigenem Glauben von der
Weisheit der Welt frei werden und jene Vollkommenheit erlangen, die mit dem ganzen Willen das begehrt, was ihnen
dann zuteil werden wird, wenn Gott seine Weisheit enthüllen wird.

Jesus ist „der Herr der Herrlichkeit". Gottes Größe wird
an ihm wahrnehmbar, nicht erst einst durch seine Erhöhung,
sondern schon durch sein Kreuz. Dieser Gedanke war Paulus
unentbehrlich; ohne ihn hätte er, der Leidende und täglich
Sterbende, nicht von sich sagen können, er habe eine unvergleichliche Herrlichkeit, II 3, 7—11. 18. Er zeigt durch diesen
Satz zugleich, wie die Botschaft, die die Geschichte Jesu
erzählt, und Gottes Weisheit miteinander verbunden sind.
Daß das, was kommen wird, unsere Herrlichkeit ist, ist deshalb erkennbar und gewiß, weil Gott der Menschheit den
Herrn gegeben hat, dessen Kennzeichen die Herrlichkeit ist.
Seine Kreuzigung macht aber offenbar, daß die Kreatur nicht
weiß, was Gott will und wirkt. Gottes Weisheit ist in so
vollständigem Sinn ein Geheimnis, daß der Christus sogar für
die Himmlischen ein unerkanntes Geheimnis blieb. „Niemand

---

[1] Später und an anderen Orten kam es zum Versuch, Verbindung mit
Engeln herzustellen, Kol. 2, 18.

erkennt den Sohn als der Vater," Mat. 11, 27; mit diesem
Wort Jesu hat Paulus seine Absage an die menschliche Weisheit gestärkt. Er hat es auch auf die himmlischen Mächte
bezogen, unter deren Herrschaft nicht nur die heidnischen
Völker, sondern auch Israel stand. Die am Ende Jesu beteiligten Menschen hat hier Paulus ganz auf die Seite geschoben.
Hing das Urteil über Jesus von der Gottlosigkeit des Kajaphas
und der Blindheit Gamaliels ab? Sie schöpften ihre Weisheit
nicht aus sich selbst. Auch dann ließ Paulus die Menschen,
deren Tat die Kreuzigung Jesu war, ganz verschwinden, wenn
er sie durch das von Gott über ihn gesprochene Urteil begründete, Röm. 4, 25; 8, 3. Dieses Urteil vollzogen das jüdische Synedrion und der über ihm stehende Rat der herrschenden Geister, ohne es zu verstehen. Sie wußten nicht, was
sie taten, als sie über Jesus den Spruch fällten, es gebe für
ihn in der Welt keinen Raum. Das war Gottes Sieg auch über
die himmlischen Mächte, Kol. 2, 15.

Man verwirrt das Weltbild des Paulus, wenn man die
Herrscher, denen Paulus die Leitung der menschlichen Geschichte zuschrieb, „Dämonen" nennt. Nur wenn man ihn
die Sprache neuplatonischer Philosophen reden läßt, kann
man seine ἄρχοντες δαίμονες nennen. Für den Juden war aber
das Dämonion eine boshafte, den Menschen verderbende
Macht. Bei Paulus entsteht die Unwissenheit der geistigen
Mächte nicht aus ihrer Bosheit, sondern aus ihrer Kreatürlich-
lichkeit. Auch sie sind samt ihrer Weisheit und ihrer Macht
von den Grenzen dieser Zeit umfaßt. Denn sie sind nur für
diese eingesetzt. Erwägen kann man dagegen, ob Paulus
dachte, daß auch die herrschenden Geister für die Einwirkung
des Satans offen waren und durch ihn gehindert wurden, den
Christus zu erkennen, da er den Satan den Gott dieser Zeit
nennt und ihm die Macht zuschreibt, die Gedanken blind zu
machen, II 4, 4. Aber auch diese Erwägung fährt über das
hinaus, was Paulus gesagt hat. Gewiß ist dagegen, daß er den
Menschen, auch wenn er nach dem ihm unbewußten Willen
der Geister handelt, für schuldig hielt. Der Mensch wird bei
Paulus nie nur zum Werkzeug der Geister, sondern bleibt
der Wirker seiner Werke. Aber erstaunen konnte er nun nicht

mehr darüber, daß die, die nach der Weisheit dieser Welt
begehrten, das Kreuz Jesu entleerten und die Botschaft vom
Gekreuzigten eine Torheit nannten. Hatten doch sogar die
jenseitigen Mächte nicht geahnt, was geschah, als Jesus in
die Welt kam und am Kreuze starb.

Dadurch wird das Kreuz Jesu zur Weissagung, die die
kommende Herrschaft Gottes verkündet. Er war das Geheimnis, das keiner erkannte; aber dieses Geheimnis wird offenbar
werden durch seine neue Sendung, und die zur Erkenntnis
Gottes unfähige Welt ist nicht die bleibende, sondern wird
dadurch erneuert werden, daß sie durch ihn in die Erkenntnis
Gottes hineingeführt und die Macht der Geister, die jetzt
die Menschheit von Gott trennen, beseitigt wird.

Vor dem Kreuze Jesu verstummt jeder Ruhm der menschlichen Weisheit; sie versinkt aber auch in völliges Schweigen
vor der Herrlichkeit der göttlichen Gnadengabe. Mit dem,
was sie gibt, ist im gegenwärtigen Bestand der Welt nichts
vergleichbar. An eine Verewigung des natürlichen Lebens
hat Paulus nach der Kreuzigung und Auferstehung Jesu
nicht mehr gedacht. Weder das Auge noch das Ohr, aber
auch nicht menschliche Ahnen und die von der Hoffnung
geschaffenen Wunschbilder reichen an das heran, was kommen wird. Obgleich aber die Hoffnung nicht sagen kann, was
uns zuteil werden wird, hat sie doch Gewißheit. Eine Vorbestimmung Gottes ist ergangen, die die unausdenkbare Herrlichkeit für die bereitet hat, die ihn lieben. Gott so wert-
schätzen, daß sie für ihn leben, das ist das Merkmal derer,
die Gott zu Empfängern der Herrlichkeit machen wird. Der
Spruch, an den Paulus dachte, als er den Satz eine „Schrift"
nannte, ist Jes. 64, 3 וּמֵעוֹלָם לֹא שָׁמְעוּ לֹא הֶאֱזִינוּ עַיִן לֹא־רָאָתָה אֱלֹהִים
זוּלָתְךָ יַעֲשֶׂה לִמְחַכֵּה־לוֹ, Sept. ἀπὸ τοῦ αἰῶνος οὐκ ἠκούσαμεν
οὐδὲ οἱ ὀφθαλμοὶ ἡμῶν εἶδον θεὸν πλὴν σοῦ καὶ τὰ ἔργα σου
ἃ ποιήσεις τοῖς ὑπομένουσιν ἔλεον. Der jesajanische Satz erscheint beim Rabbinat in befestigtem Gebrauch als Beweis
für die unvorstellbare Herrlichkeit der kommenden Welt,[1]
weshalb es nicht seltsam ist, daß ein ähnlicher Satz wie

---

[1] Z. B. Sifre Num. 135; R. zu Prediger 1, 8; B. Berak. 34b.

8*

der des Paulus nach einer Angabe des Origenes in einer
jüdischen Apokalypse stand, die Elia zugeschrieben war.
Daß Paulus diese Apokalypse als heilige Schrift geschätzt
habe, ist bei der häufigen und gleichartigen Verwendung von
Jes. 64, 3 nicht gesichert. Auch die Bezeichnung derer, für
die Gott die Herrlichkeit bereitet hat, als οἱ ἀγαπῶντες αὐτόν
ist befestigter jüdischer Gebrauch, wobei Ri. 5, 31 die Grund-
stelle war; vgl. Jak. 1, 12.

Nun wissen wir, daß alle Erkenntnis vergänglich ist und
es keine Prophetie oder Zungenrede gibt, die unbegrenzte
und unwandelbare Wahrheit wäre, I 13, 8.

Der Geist gibt die Weisheit
2, 10–16

Das dem Erleben und Ahnen des Menschen Entzogene
kam in die Erkenntnis des Paulus durch göttliche Offenbarung, und der Wirker der Offenbarung ist der Geist. Damit
setzt sich Paulus wieder mit dem in Verbindung, was die
Korinther bewegte; sie priesen ihren Geistbesitz und nannten
ihn größer als den, der Paulus gegeben sei, I 7, 40; II 10, 2.
Nicht irgendwelche geistigen Mächte, sondern Gott selbst
hat Paulus durch den Geist mit seiner Erkenntnis begnadet.
Daß er den Geist nicht als den Wissenden oder Lehrenden,
sondern als den Forschenden erlebt, zeigt, wie völlig für
Paulus „Gott" und „Schöpfer" identische Gedanken gewesen
sind. Er kannte kein ruhendes göttliches Wesen, darum auch
keinen ruhenden, nur seienden Geist. Sein Gott war Wille
und Wirken, der Schaffende, und der Geist ist darum der,
der erkennen will und den Menschen bewegt, daß er die Erkenntnis suche. Dieser Bewegung wird keine Schranke gesetzt;
es gibt kein Verbot, das ihr von außen die Hemmung bereitete.
Immer verschwanden für Paulus, wenn er an das göttliche
Wirken und Geben dachte, alle Schranken. Möglich wird
aber dieses von jeder Schranke befreite Forschen dadurch,
daß der Geist der Forschende ist. Jenes Wissen, das satt und
stolz macht, bei dem der Mensch sich damit brüstet, daß er
erkannt habe, I 8, 2, hat Paulus verworfen. Denn der Geist

gibt nicht „eine Erkenntnis, die man hat", I 8, 1, sondern er weckt das Forschen auf. Wenn aber der Geist forscht, so bedeutet das, daß das eigensüchtige Begehren des Menschen gestorben ist. Nun sucht er in seinem Denken nicht mehr das Seine, sondern ist der Hörende, Empfangende, Geleitete, der in der Bewegung seines Denkens von Gott Bewegte. Da die Weisheit von dem redet, was jenseits dieser Zeit geschehen wird und in Gottes Rat verborgen ist, stellt sich die Frage vor Paulus, ob sich das Erkennen des Geistes auch auf das beziehe, was Gottes ist. Er bejahte sie und hielt damit an der unbegrenzten Vollmacht des Geistes, uns mit Erkenntnis zu begnaden, fest. Der Geist lehrt auch nach dem fragen, was noch in den Tiefen Gottes verschlossen ist.

Damit reichte Paulus den Korinthern die Hand. Wir stoßen im Fortgang des Briefs immer wieder auf ihre Zuversicht, die sich über alle Schranken erhob: „Alles steht in meiner Macht." Das sagten sie auch von der Erkenntnis. Paulus stimmt zu. Denn was Gott im Christus gibt, ist ganze, letzte, vollkommene Gnade. Diese erlangt aber der Mensch nicht dadurch, daß er sich aufbläht; denn Gnade wird empfangen.

„Die Tiefen Gottes", das bedeutet: Gott offenbart sich durch sein Werk und Wort, doch nicht so, daß sein Werk und Wort ihn uns ohne Schranke zeigte. Gott ist größer als seine Offenbarung, größer als sein Werk, die unerschöpfliche Fülle. Eben deshalb kommt nach der gegenwärtigen Zeit die neue Welt, die noch unbeschreibliche, und deshalb sind alle unsere Erkenntnisse wandelbar, I 13, 8.

Das Gottesbild des Paulus ist das trinitarische; denn er stellt den Geist mit eigenem Dasein vor Gott. Das in den Tiefen Gottes Verborgene ist von ihm vorbestimmt, also ihm nicht unbewußt, sondern seinem Wissen gegenwärtig; es ist seine „verborgene Weisheit", I 2, 7. Aber nicht von diesem Wissen ist die Rede, wenn Paulus vom Wissen spricht, das sich der Geist erwirbt. Er denkt an den im Christus wirksamen Geist, den er in der Gemeinde gegenwärtig macht; ihm öffnet Gott auch seine Tiefen. Ob auch die Korinther in die Tiefen Gottes eindringen wollten und Aussagen über das göttliche Leben des Vaters oder des Sohnes wagten, ist ungewiß.

Paulus spricht von den Tiefen Gottes, weil in ihnen das beschlossen ist, was er „Geheimnisse", μυστήρια, nennt. Weil
die Botschaft Gottes das Geheimnis des Christus offenbart
und weil es Weissagung und Zungen gibt, weiß Paulus, daß
der Geist in die Tiefen Gottes schaut, und weil die Weissagung mit dem Gang der Geschichte vorwärtsschreitet,
sagt er nicht, daß der Geist das in den Tiefen Gottes Ver-
schlossene wisse und lehre, sondern daß er es erforsche.

Am menschlichen Erlebnis wird dargetan, daß nur der
Geist Wissen vermittelt, der Geist es aber auch wirklich gewährt. Das inwendige Leben des Menschen ist unzugänglich
für den Blick jedes anderen; dagegen wird es ihm selbst wahrnehmbar. Sich selbst kann er kennen. Dies kann er, weil er
Geist hat. Dieser zeigt dem Menschen, was er denkt und will.
Ebenso ist Gottes Geist der Erkennende, und nur er ist es.
Da sich Paulus als Gottes Geschöpf weiß, dient ihm der Besitz
des Menschen zur Füllung des Gottesbilds. Der Mensch ist
der Wissende; Gott ist es vollends; der Mensch ist durch den
Geist der, der sich kennt; ebenso ist Gottes Geist der Wissende;
es gibt im Menschen keinen anderen Mittler der Erkenntnis
als den Geist; dies gilt vollends von Gott; auch er wird nur
im Geist erkannt.

Paulus hat es eine Wirkung des Geistes genannt, daß der
Mensch ein Selbstbewußtsein erzeugendes Leben hat. Da
dies ein wesentliches, nie fehlendes Merkmal des Menschen
ist, schließt es sich an das Gesagte glatt an, daß Paulus nun
vom „Geist der Welt" redet. Weil im gleichartigen, alle ver-
bindenden Gemeinleben Geist wirksam ist, gibt es eine Weisheit der Welt, die nicht Unwissenheit und Unsinn, sondern
Weisheit ist, und daß himmlische Geister die Menschheit
beherrschen, wird darin sichtbar, daß sich in dem, was sie
denkt und tut, Geist offenbart. Wäre aber dies der Geist,
der Paulus zum Weisen machte, wäre nichts anderes in ihm
wirksam als der Geist, der der Menschheit ihr natürliches
Wissen gibt, so wäre er ebenso blind wie die, die Jesus kreuzigten, und wüßte vom Ziel Gottes so wenig wie alle anderen.
Nie ist der Geist das eigene Produkt des Menschen; immer
wird er empfangen. Von wem die Welt den Geist empfängt,

der sie mit Wissen und Wollen erfüllt, sagt er nicht. Nur das
ist gewiß, daß auch vom Geist der Welt in letzter Instanz
gilt, daß sie ihn nach Gottes Willen und Ordnung empfängt.
Das aber sagt Paulus, daß es noch einen anderen Geist gebe
als den, der in die Menschheit hineingelegt ist, „den Geist
aus Gott", den, der von Gott ausgeht, und dieser schuf jenes
Wissen, das der Welt verschlossen war.

Wie die Sendung des Christus, so beruht auch der Ausgang
des Geistes, des Forschers, der den göttlichen Willen erfährt,
darauf, daß der Wille Gottes Gnade ist. τὰ χαρισθέντα, das
von Gott der Menschheit Geschenkte, soll der Mensch nicht
nur haben, als könnte er in einem unpersönlichen Verhältnis
zu Gott stehen. So wäre Gottes Wille nicht Gnade, nicht ganze,
wahre Güte. Die Gnade stiftet zwischen Gott und dem Menschen ein persönliches Verhältnis, und darum wird dem Menschen das ihm Geschenkte gezeigt, sowohl das, was Gott
ihm schon geschenkt hat — darum gibt es ein Evangelium —,
als das, was er ihm schenken wird —, darum gibt es Prophetie.

„Wir haben den Geist aus Gott empfangen"; denkt Paulus
an ein besonderes Erlebnis, durch das ihm offenbar wurde,
daß der Geist in ihn eingegangen sei? Es gibt keine Aussage
des Paulus, die darauf führte, daß er die Offenbarung des
Christus und die Ankunft des Geistes voneinander getrennt
hätte. Zur Begründung seines Apostolats genügte ihm der
Satz: „Ich habe den Herrn gesehen", ohne daß dieser eine
Verstärkung durch den Satz bedürfte: „Ich habe einen Pfingsttag erlebt, an dem ich den Geist empfing," I 9, 1. Die Wirksamkeit des Christus war für Paulus immer eins mit der des
Geistes. Damit trifft die Erzählung des Lukas zusammen,
nach der die erste Vision, die Paulus empfing, die war, die
ihn auf die Ankunft des Ananias vorbereitete, der ihn zur
Taufe führte, Apgsch. 9, 12. Für den Kultus der Gemeinde
bedeutete dies, daß es in ihr nicht neben der Taufe noch ein
Sakrament für den Empfang des Geistes gab.

Kann man aber das vom Geist Gezeigte auch sagen? In
Korinth verloren die, die die Geheimnisse Gottes schauten,
die Sprechfähigkeit, I 14, 2. Mußten die vom Geist empfangenen Worte nicht unaussprechbar sein? Vgl. II 12, 4. Wir

wissen nicht nur, sagt Paulus, sondern wir sagen es auch.
Dabei steht aber der Redende unter der Verpflichtung, daß
er die göttliche Weisheit nicht mit der menschlichen Weisheit
vermenge. „Die gelernten Worte menschlicher Weisheit"
bieten sich auch dann als das Lehrmittel an, wenn dem Menschen Gottes Werk gezeigt werden soll, und doch läßt sich
durch sie jenes Wissen, das der Geist gibt, nicht aussprechen.
Aber die Zuversicht des Paulus wurde an dieser Stelle nicht
schwankend. Er sonderte das Wirken des Geistes nicht von
der Rede ab. Auch im Reden wird er vom Geist begabt und
geleitet. Dieser lehrt, weil er das Wissen gibt, auch reden.
Schwerlich dachte Paulus zunächst an die einzelnen Worte,
die zu Zeichen der christlichen Wahrnehmungen wurden; es
zeigt sich bei ihm gar kein Bemühen, einen neuen christlichen
Wortschatz zu schaffen und seine Rede von der gegebenen
religiösen Sprache zu unterscheiden. Dagegen wird er an die
mannigfache Gestaltung und Begrenzung des Worts denken,
die sich aus der wechselnden Situation ergab. Es kam immer
wieder alles darauf an, was er jetzt sagte und wie er es sagte.
Er war aber dabei nicht sich selbst überlassen und nicht
genötigt, erlernte Formeln und längst geprägte Worte zu
wiederholen, sondern war auch in der Gestaltung des Worts
der Geleitete. Mochte Paulus bei der Deutung der Schrift
oft unter dem Einfluß der alten Inspirationslehre denken,
für sein eigenes Lehren schied er die Inspiration völlig von
der Passivität ab, in der das Rabbinat das Merkmal des
Propheten sah. Da war er selbst der Forschende, selbst der
Redende. In ihm verdrängte der Geist das menschliche Ich
und seine Funktionen nicht; weil jetzt die Gnade das war,
was den Geist verlieh, machte der Geist seinen Empfänger
zum Wissenden und Redenden; vgl. I 14, 15.

πνευματικοῖς πνευματικὰ συγκρίνοντες bleibt deshalb zweideutig, weil πνευματικοῖς ein Maskulin oder ein Neutrum sein
kann. Hat Paulus πνευματικοῖς maskulin gedacht, dann bedeutet
συγκρίνειν deuten, erklären, ähnlich wie wenn es von der Deutung der Träume gebraucht wird. „Denen, die die Art des
Geistes haben, deuten wir das, was die Art des Geistes hat."
Der Ursprung des Wissens im Geist stellt auch an den Hörer

den Anspruch, daß er sein Denken und Wollen vom Geist empfange. Wie es für den Lehrenden kein Erkennen des göttlichen Willens gibt ohne den Geist, so gibt es auch für den
Hörenden kein Verstehen des ihm Gesagten ohne den Geist.
Damit wäre erläutert, weshalb Paulus sagte, er rede die Weisheit bei den Vollkommenen, I 2, 6. Verstanden und geglaubt
wird sie nur von denen, deren inwendiges Leben vom Geiste
gestaltet wird. Oder Paulus hat auch bei πνευματικοῖς an
die πνευματικά gedacht. Dann bedeutet συγκρίνειν verbinden,
zusammenordnen, einigen, als Gegensatz zu διακρίνειν, unterscheiden, trennen. Dann ist an den Unterschied zwischen dem
Wissen und dem Wort gedacht. Paulus verbindet das vom
Geist ihm gegebene Wissen mit dem vom Geist ihm gegebenen
Wort und macht dadurch ein Lehren der Weisheit möglich,
das sie nicht entstellt. Da er vom Geist das Wissen empfängt,
kann er nicht eigenmächtig rednerische Kunststücke aus-
arbeiten, sondern er hat auch in der Form der Mitteilung der
Empfangende und Gehorchende zu sein. In dieser Fassung
gibt der Satz eine neue Erklärung und Begründung zu Vers 1
und spricht die Regel aus, die er beim Überreden der Menschen,
beim ἀνθρώπους πείθειν, nie verletzen darf, II 5, 11.

Der Ursprung und der Gehalt seines Worts macht aus dem
Lehramt des Paulus einen Kampf. Denn die Welt und Gott, der
Geist der Welt und der Geist aus Gott sind gegeneinander. See-
lisch, nicht fleischlich, heißt hier der Mensch, weil es jetzt auf
seinen inwendigen Besitz ankommt. Der Sprachgebrauch ist
schon hier wie I 15, 45 durch Genes. 2, 7 bestimmt; durch Gottes
Geist wurde der Mensch bei seiner Schöpfung eine lebendige
Seele. Dadurch ist auch sein natürliches Leben vom Geiste
abhängig, weshalb es auch einen Geist der Welt und eine
Weisheit der Welt gibt. Bis aber der Mensch mehr empfängt
als das, was ihm von der Schöpfung her gegeben ist und die
Natur ihm vermittelt, bekommt er seine Art von seiner Seele.
Dann ist er ein mit seinen eigenen Zuständen beschäftigtes
Ich, das in seinem Verhalten gegen Gott und die Welt nichts
anderes als die Erfüllung seines Begehrens will. Für dieses
Ich ist ein Kreuz keine rettende Gottestat und eine Verheißung,
die von dem spricht, was kein Auge sah, kein begehrenswertes

Ziel. Angenommen kann das Wort nur dann werden, wenn es
verstanden wird. Durch das Verstehen geht es in uns ein und
wird unser Eigentum. Aber der in sich versunkene und an
seine Begier gefesselte Mensch findet in sich nicht die Mittel,
um im Todesurteil, das durch das Kreuz Jesu über ihn ergeht, den Freispruch zu erkennen, der ihm das Leben schenkt,
und kann sich von dem, was gegenwärtig ist, nicht befreien,
um nach dem zu verlangen, was kommen wird. Dazu muß
Gott für ihn jene Gegenwart und Wirklichkeit erhalten,
die er sich dadurch gibt, daß sein Geist Herr über unsere
Seele wird und ihr Denken und Wollen formt.

ἀνακρίνειν ist aus der Verwaltung des Rechts herüber-
genommen. Es ist das für das Verhör des Richters übliche
Wort. Denn der Streit zwischen der göttlichen und der dies-
seitigen Weisheit ist ein Kampf um die Wahrheit und um das
Recht. Was Weisheit ist, wird Torheit gescholten; was Gerechtigkeit ist, wird Sünde und Frevel genannt; was Heil
ist, wird als Verderben mißachtet. Es gilt, im Streit der einander widerstehenden Urteile die Wahrheit zu finden. Das ergibt ein „Verhören", das aber nur dann gelingen und die
Wahrheit ans Licht bringen kann, wenn es πνευματικῶς, nach
der Weise des Geistes, geschieht, so daß der Geist den Grund
und das Ziel der inwendigen Bewegung bestimmt und dem
Fragenden den Maßstab darreicht, mit dem er sein Urteil
gewinnt.

Neben den Menschen, der nichts hat, als was die erste
Schöpfung in seine Seele legt, und darum für die Herrlich-
keiten Gottes verschlossen ist, stellt Paulus wieder den Frei-
gewordenen, der fragen gelernt hat und nie umsonst fragt,
sondern aus dem Streit in die Gewißheit dringt und über den
Zweifel empor zum Glauben gelangt. Frei geworden ist er
dadurch, daß er πνευματικός ist, dadurch, daß der Geist ihm
seine Art gegeben hat. Weil der Geist sein Forschen weckt und
es zum Erkennen führt, gibt ihm Paulus die unbedingte Verheißung: alles ergründet er. Möglich ist auch, daß Paulus
πάντα maskulin gedacht hat: „Er verhört jeden" und bringt
bei jedem ans Licht, was er ist. Zu ἀνακρίνειν fügt sich ein
persönliches Objekt leicht, wie gleich der folgende Satz zeigt.

Bei dieser Fassung hätten wir daran zu denken, daß der mit
dem Geist Begabte in seinem ganzen Verkehr mit den anderen
zum Träger der Botschaft Jesu gemacht ist. Der Macht seines
Worts kann sich aber keiner entziehen; ob er glaube oder nicht,
es wird enthüllt, was in ihm ist. Dann ist ein Gedanke ausgesprochen, der bei der Verhandlung über Paulus in Korinth
noch lange erwogen wurde, wie II 4, 2 zeigt, weil er mit der
Frage, woher Paulus seinen Erfolg habe, verwachsen war.
Seine Zuversicht zum Denken gründet Paulus nicht auf das
menschliche Vermögen, nicht auf das, was der seelische Mensch
leisten kann, sondern auf die unbeschränkte Größe und Allmacht der göttlichen Gnade. Hier spricht dieselbe Zuversicht,
wie wenn Paulus den Glauben als Gerechtigkeit wertet und
sich im Anschluß an den Auferstandenen mit ihm auferstanden weiß. Er hat der göttlichen Gnade nie Schranken ange-
heftet, auch dann nicht, wenn sie den Denkvorgang zum
fruchtbaren Ergebnis führt. Darum hielt er es nicht für nötig,
der unbegrenzten Verheißung eine Warnung beizugeben. An
den machtgierigen Mißbrauch des Denkens, an neugierige
Forschung und herrschsüchtige Zudringlichkeit, hat er hier
nicht gedacht, da er ja die Verheißung dem vom Geist Geleiteten gibt, den der Geist dem göttlichen Willen gehorsam
macht.

Mit der Freiheit des unbegrenzten Forschens gibt der Geist
dem, in dem er wirkt, die Unabhängigkeit von den Menschen.
Der mit dem Geist Begabte wird für die anderen zum Geheimnis und unzugänglich für ihr Urteil. Ihrem Verständnis und
ihrem Gericht ist er entnommen. Das hat Paulus im Blick
auf das Verhalten der Korinther gesagt, I 4, 3; 9, 2. Sie wollen
Paulus verhören und treten als seine Richter vor ihn. Damit
tun sie, was ihre Vollmacht übersteigt. Denn er ist als vom
Geist bewegt nicht ihrem Verständnis und ihrem Urteil
preisgegeben.

Damit hat Paulus die Begründung und die Begrenzung
der Kirchenzucht klar bestimmt, ihre Begründung: es gibt
nichts, was sich dem Verhör dessen, den der Geist bewegt,
entziehen könnte; er hat das Recht, an jeden die Frage
zu richten, die in sein inneres Leben eindringt, I 14, 25. Un-

antastbar aber und jedem Gericht der Brüder entzogen bleibt
der Bereich des Lebens, das aus dem Geiste stammt. Darum
hat in der Gemeinde niemand die Vollmacht, über die Brüder
zu richten, Röm. 14, 4, und Gewaltherrschaft gibt es in der
Kirche nicht.

Die Freiheit dessen, der im Geiste handelt, schützt Paulus
durch Jes. 40, 13 S. Auch hier verlangt die Frage zunächst
die verneinende Antwort. Niemand hat Gottes Gedanken
erkannt; keinen gibt es, der ihn beraten könnte. Vor Gottes
νοῦς schweigt der Mensch. Auch hier ist νοῦς der zusammenfassende Name für die im Bewußtsein stehenden Gedanken,
und συμβιβάζειν τινά, zusammenbringen, bekommt die Bedeutung „unterstützen, beistehen".

Aber aus der vor Gott verstummenden Frage wird die
jubelnde Bejahung: Gottes Gedanken werden durch Jesus
zu unseren Gedanken, da wir die Gedanken des Christus
haben. Damit hat Paulus nachdrücklich und wirksam das
über den Geist Gesagte mit der Botschaft Jesu verbunden.
τὰ πνευματικά, das vom Geist Gewirkte, und das von Jesus
Stammende ist dasselbe. Im Anschluß an Jesus erlangt man
den Geist. Darum ist Jesus für uns die Weisheit, I 1, 30. Damit
ist der andere Satz, daß der Geist und nur der Geist sie gebe,
völlig identisch. Die Wirksamkeit des Geistes besteht darin,
daß er die Denkweise des Christus zu unserer Denkweise
macht. Durch ihn entsteht die Willensgemeinschaft mit Jesus,
die uns durch die Aneignung seiner Gedanken vermittelt
wird.

Die Freiheit dessen, der jeder Beurteilung entrückt ist,
entsteht also aus der Gebundenheit an den Christus. Seine
Freiheit beruht darauf, daß aus dem Gedanken des Christus
der seine entsteht. Der Befreite ist damit, daß er die Freiheit
empfängt, nicht aus der Gemeinde hinausgeführt und in eine
Einsamkeit versetzt, in der er für sich leben dürfte. Weil er
den Gedanken des Christus denkt, ist er in die Gemeinde versetzt und zu den Menschen gebracht.

Die Weise, wie Paulus in die Weisheit einführt, entspricht seinem Unterricht über die Gerechtigkeit genau. Hier
und dort beginnt er damit, daß die Leistung des Menschen

beseitigt wird. Über die Weisheit der Welt ergeht das Gericht, und die Gerechtigkeit des Menschen verfällt der Verurteilung. An beiden Stellen entsteht aus der Verneinung die Begabung des Menschen. Durch die Preisgabe der eigenen Weisheit empfängt er die Weisheit; durch den Verzicht auf die Gerechtigkeit, mit dem er sich als schuldig erkennt, erlangt er die Gerechtigkeit. Nun sind es aber die Weisheit Gottes und die Gerechtigkeit Gottes, die in ihm wirksam sind. Daraus entsteht das vom Geist bewirkte Denken und das vom Geist regierte Handeln. Damit ist die Freiheit gewonnen; der Weise ist keinem Urteil unterworfen, und der Gerechte ist über das Gesetz emporgestellt. Die Freiheit beider ist aber darin begründet, daß sie an den Christus gebunden sind.

Was für die Weisheit unfähig macht
3, 1–4

Wieder wird, wie in 2, 1, deutlich, daß die Korinther das, was ihnen Paulus bei der Sammlung der Gemeinde gab, als unzulänglich mißachten. Seither haben sie von anderen ein reicheres Wort empfangen. In 2, 1 hat Paulus seine Abwendung von der Weisheit, die aus seinem Wort einzig die Begründung des Glaubens macht, durch die Sendung gerechtfertigt, durch die ihm aufgegeben ist, was er zu sagen hat. Hier begründet er sie durch den Zustand und das Bedürfnis der Korinther. Damals fehlte ihnen die Bedingung, die vorhanden sein muß, um den Anteil an der göttlichen Weisheit zu empfangen. Sie waren nicht solche, die die Art des Geistes haben, sondern bestanden aus Fleisch und hatten nur das, was Gott durch die Geburt dem Menschen gibt. Das Wort hatten sie angenommen, und damit hatten sie den Glauben und deshalb auch die Taufe empfangen. Das war aber keine Vernichtung oder Verwandlung ihres menschlichen Wesens. Der Mensch hat aber nicht nur Fleisch, sondern er ist es, solange er seinen inwendigen Besitz einzig durch die Vorgänge erhält, die ihm sein Leib vermittelt. Eine dualistische Deutung des Verhältnisses, in dem das inwendige Geschehen zum Körper steht, hat Paulus bei den Korinthern nicht vermutet.

Wenn die Leitung der Gemeinde unter Einflüssen stände, die aus dem Griechentum und seiner religiös gewordenen Philosophie stammten, wäre sie zu erwarten. Paulus arbeitet aber unbesorgt mit dem Gegensatz „Geist" und „Fleisch", wie er den Juden geläufig war. Je stärker die Wirksamkeit des Geistes erlebt wurde, um so deutlicher wurde der Gehalt der Formel „Fleisch"; um so mehr wurde die Abhängigkeit des inwendigen Lebens vom körperlichen Vorgang als Hemmung empfunden. Erst der Anteil am Geist bringt mit der Befreiung vom Fleisch auch die Erkenntnis seiner Wirkungen, da wir das Verwerfliche erst dann als verwerflich erkennen, wenn wir von ihm befreit worden sind.

σάρκινος „fleischern" und σαρκικός „fleischlich" sind deutlich unterschieden. Bei „fleischlich" hat Paulus daran gedacht, daß der Mensch einen anderen Willen haben kann als den, den er durch seine Leiblichkeit hat. Damals aber, als Paulus den Korinthern die Botschaft Jesu sagte, hatten diese noch nicht mehr als das, was die Geburt dem Menschen gibt. Das ist kein Tadel; sie konnten damals nichts anderes sein als Fleisch. Damit ist ihnen die inwendige Regsamkeit eines reichen seelischen Lebens nicht ab-, sondern zugesprochen; das gibt ja gerade dem leiblichen Vorgang seine Wichtigkeit, daß er den seelischen Vorgang erzeugt. Daß „der aus Fleisch Bestehende" auch „seelisch" ist, ist das Werk der Natur, d. h. göttliche Schöpferordnung. Weil aber ihr inwendiges Leben durch das bestimmt war, was der Leib wirkt, waren sie nicht voll Erwachsene und Ausgereifte, sondern Kindlein, denen man noch keine Pflicht auferlegt und kein Werk zumutet. Paulus spricht aus, daß die Aneignung seiner Botschaft, die Lösung von den sinnlichen Vorstellungen und Begehrungen, allen, den Juden wie den Griechen, eine nur langsam gelingende Arbeit brachte. Wie es von der Gemeinde gilt, daß sie nicht bleiben kann, was sie im Anfang war, I 3, 10, so empfängt auch der einzelne mit seiner Berufung den Beginn einer Bewegung, die ihn über seinen Anfang hinaufführt.

Unmündige im Christus waren sie. Da sie sein Wort empfangen hatten, waren sie in den Bereich hineingestellt, in

dem Christus wirksam ist. Denn das Umfaßtsein vom Christus
stellt der Mensch nicht dadurch her, daß er vollkommen wird;
vielmehr verbindet Christus den Menschen mit sich durch
seinen Ruf, und diesen gibt ihm Christus in seinem natürlichen Zustand mit seiner Unfähigkeit, göttlich zu denken
und zu handeln. Paulus hat wegen der absoluten Aussagen,
mit denen er die göttliche Gnade beschreibt, die zeitlich bedingte und geschichtlich vermittelte Bewegung unseres Lebens
nie verneint.

Nicht, weil er ihnen die Weisheit mißgönnte, bot er sie
ihnen nicht an, sondern weil das Wort des Lehrenden nie den
Zusammenhang mit der Empfänglichkeit der Hörenden verlieren darf. Mit der Änderung der Nahrung bei zunehmendem
Alter haben auch andere vor und neben Paulus den Wechsel
im Wort verglichen, den die wachsende Erkenntnis verlangt.[1] Die Vergleichung drückt deshalb sehr geschickt
aus, was Paulus sagen wollte, weil bei ihr die untere Stufe
von jeder Mißachtung befreit bleibt. Milch ist für das Kind
keine unzulängliche Nahrung; es erhält mit ihr, was es
bedarf. Die Korinther erhielten durch das Wort des Paulus
das, was ihnen das Leben im Christus gab; vgl. I 4, 15;
II 6, 13.

Paulus verweilt aber nicht beim Rückblick auf den Anfang
der Gemeinde. Von diesem spricht er nur um dessentwillen,
was jetzt bei ihr geschieht. Sowie er sich aber von der Vergangenheit zur Gegenwart wendet, wird aus seiner Verteidigung die Anklage der Korinther. Sie selbst beweisen, wie
recht er tat, als er ihnen nicht Weisheit anbot; denn sie selbst
machen sichtbar, daß sie zu ihr damals nicht fähig waren,
da sie es auch jetzt noch nicht sind. Sie widerlegen selbst
ihren Ruhm, jetzt mehr zu sein als einst, und entkräften ihre
Behauptung, daß sie seither zur Weisheit gelangt seien. Auch
das, was sie jetzt bedürfen, ist etwas anderes als Weisheit, die
sich in die göttlichen Geheimnisse vertieft. Denn aus dem,
was sie ihre Erkenntnis nennen, entsteht Eifersucht, die den
Menschen verherrlicht, und ihre Folge, der Zank, der den

---

[1] Philo, Ackerbau 9; Hebr. 5, 12.

anderen widerlegen und verdrängen will. Diese Wirkung hat
aber ihre Erkenntnis nur deshalb, weil sie ihrem eigensüchtigen Machtwillen dienen muß. In diesem Zusammenhang hat
das scharf tadelnde „fleischlich", σαρχιχοί, seinen richtigen
Platz. Denn jetzt ist es denen gesagt, die für sich den Geist
in Anspruch nehmen und darum die Art des Geistes an sich
aufzuzeigen haben. Sie aber „verhalten sich, wie ein Mensch
sich verhält". Indem Paulus „Fleisch" mit „Mensch" vertauscht, zeigt er, daß er mit der Formel „Fleisch" an sich
keinen verächtlichen Sinn verband. Von Verachtung des Menschen war Paulus völlig rein. Zum Scheltwort wird „Mensch"
hier deshalb, weil es im Gegensatz zu Gott gebraucht ist,
wie „Fleisch" dann zur Anklage wird, wenn es im Gegensatz zum Geiste steht. Wenn sie sich einem Meister ergeben, den sie über alle anderen erhöhen, und darob die
Gemeinde spalten, so sind sie „Menschen". Denn Sekten-
bildung und eifersüchtigen Streit um die Erkenntnis kann
der Mensch als Mensch ohne die göttliche Hilfe; darauf versteht er sich ohne den Christus und ohne seinen Geist. Das
war nichts Neues neben der von den Schulen und Staaten
betriebenen Politik.

Er wendet sich nur gegen die, die sich auf ihn selbst beriefen,
und gegen die, die Apollos ihren Meister nannten, hat aber mit
4, 6 gesagt, daß er dabei nicht an sich und Apollos gedacht
habe. Er hat an sich selbst und an dem ihm nahestehenden
Mitarbeiter denen, die die Korinther mit ihrer Weisheit an
sich zogen, gezeigt, daß es in der Gemeinde des Christus keine
Herrschaft der Wissenden, keine Knechtung der Lernenden
geben kann. Der Ruhm des Wissens schafft leicht den Hier-
archen, den Seelenführer, an den die, die nach seiner Weisheit begierig sind, ihre Freiheit verlieren. Es hat tiefe Begründung, daß Paulus den Kampf gegen die Verwandlung
der Botschaft Jesu in eine Theologie und den Kampf für die
Freiheit der Gemeinde untrennbar verbunden hat. Wenn sich
die Korinther gegen den Apostel auflehnen und sein Wort
mißachten, treten die Theologen an seine Stelle, die die Gemeinde um ihre Freiheit bringen. Dies ist der Ausgang, wenn
sich die Kirche vom apostolischen Wort befreit.

Der Beruf des Lehrers

3, 5–9

Indem Paulus mit „Diener" sagt, was ein Bote Jesu sei, hat er jede selbstische Absicht von seinem Wirken entfernt. Der Diener arbeitet nicht für sich, sondern für den, dem er dient. Das blieb für die ganze Verhandlung mit den Korinthern ein Hauptbegriff: „Wir regieren nicht", II 1, 24, sind „eure Sklaven", II 4, 5, „bewähren uns als Gottes Diener", II 6, 4, „die anderen Apostel sind Diener des Christus wie er, und Paulus ist es mehr als sie", II 11, 23. Für die Korinther war der Gegensatz, in den sich damit Paulus zu denen brachte, die sie verehrten, klar. Denn diese wollten herrschen und knechteten die Gemeinde, II 11, 20.

Der Dienst, der Paulus und Apollos aufgetragen ist, ist die Begründung des Glaubens. Dieser ist nicht Glaube an die Apostel, wohl aber Glaube durch sie. Hier verwendet Paulus dasselbe inhaltsvolle διά für sein Verhältnis zu Jesus, mit dem er auch das Verhältnis Jesu zu Gott beschrieb, I 8, 6.

Wieder ist dadurch der Glaube in einen deutlichen Gegensatz zur Weisheit gebracht wie I 1, 21 und 2, 5. Seine Begründung ist das Ziel, dem das ganze Wirken des Apostels dient und das diesem seine Herrlichkeit gibt. Es gibt nichts Größeres, als daß der Mensch Gott gegenüber zu jenem Verhalten gebracht wird, durch das er sich ihm ganz ergibt. Das war das Neue, das Paulus in der vorchristlichen Menschheit nirgends wahrnahm.

Die Verschiedenheit zwischen den Lehrern entsteht aus der jedem zugewiesenen Gabe. Das Gleichheitsideal konnte Paulus nicht übernehmen, da es gegen die Freiheit des über alle verfügenden Gottes streitet und den Reichtum seines schöpferischen Wirkens verkürzt. Dadurch aber, daß alle mit dem wirken, was sie empfangen, sind sie miteinander vereint. Dadurch ist Jesus selbst der, der die Gemeinde schafft. Er offenbart sich dadurch als „den Christus, unseren Herrn", und der Glaube wird ihm dargebracht. Ein Glaube, der die Gemeinde an die Apostel bände, könnte nur dann entstehen, wenn sie das von ihnen Empfangene als ihren eigenen Er-

werb darstellten. Damit war denen, die die Gemeinde von den
Aposteln lösen wollten, alles bestätigt, was in ihrem Bestreben
berechtigt war. „Wir sind nicht des Paulus, sondern des Christus", das sagte auch Paulus mit ihnen. Wenn sie es vereint mit
ihm sagten, verlor ihr Bekenntnis, was an ihm verwerflich war.
Ohne jede erläuternde Bemerkung setzt Paulus voraus, daß
alle Glaubenden, weil und sowie sie glauben, zur Gemeinde
verbunden seien. Darum, nur darum wird aus dem Wirken
der einander folgenden Lehrer ein einheitliches Werk. Das
Bild, das dies verdeutlicht, nimmt Paulus von einem Gewächs, z. B. einem Baum oder einer Rebe. Paulus, der die
Gemeinde gesammelt hat, hat es gepflanzt; Apollos, der in
die bestehende Gemeinde hineintrat und bewirkte, daß sie
wuchs, hat es bewässert. Paulus hat damit auch das Wirken
des Apollos als unentbehrlich dargestellt, da ein Gewächs
abstirbt, wenn es keine Zuleitung von Wasser bekommt. Das
Bild verdeutlicht aber nicht nur den verschiedenen Anteil
beider am Bestand der Gemeinde, sondern ordnet auch die
Wirksamkeit beider in das göttliche Wirken ein; denn das
Wachstum wird nicht vom Menschen hervorgebracht. Der
Satz belegt, wie kräftig der Gedanke an den Schöpfer Paulus
bei allem, was er sagt, bestimmt hat. Er nahm im natürlichen
Geschehen Gottes Wirken wahr. Unter dasselbe Urteil hat
er aber auch das menschliche Wirken gestellt; es entsteht
aus dem göttlichen Wirken. Jenes steht neben diesem nicht
als Gegensatz, nicht als seine Verdrängung oder Hemmung,
sondern es entsteht aus dem göttlichen Wirken als die von
ihm gewollte und begründete Folge. Diese Folge ist aber nur
dadurch möglich, daß das göttliche Wirken sie schafft.

Darum zerfällt der falsche Anspruch an Macht. Keiner,
wie er am Bestand der Gemeinde beteiligt sei, „ist etwas";
der einzig wirklich Wirkende ist Gott. Dasselbe wird im zweiten Brief nachdrücklich wiederholt; „nicht daß wir aus uns
selbst tüchtig seien", II 3, 5; „alles aus Gott", II 5, 18; „ich
bin nichts", II 12, 11. Dieser völlige Verzicht auf sich selbst
unterscheidet das große Bewußtsein des Paulus von seinem
Beruf und seiner Macht von der korinthischen Verkehrung
des Christenstands in Eitelkeit und Übermut.

Zunächst beschrieb Paulus die Sammlung der Gemeinde als das Werk des Christus; der Herr, d. h. Jesus, gab seinen Boten die Arbeitsmittel, die Arbeitsgelegenheit, den Arbeitserfolg. Deshalb ist die Gemeinde das Werk und Eigentum Jesu. Weil aber Jesus ganz und ausschließlich als der Mittler des göttlichen Wirkens gedacht ist, kommt dadurch, daß er seine Boten begabt, das Gleichnis zur Erfüllung, daß Gott es ist, der das Wachstum gibt.

Aus der völligen Abhängigkeit der Lehrenden von Gott entsteht ihre Eintracht; sie sind nicht gleich, aber sie sind eins, weil allein Gott durch alle der Wirkende ist, I 12, 4–6. Verschieden ist aber nicht nur der jedem zugewiesene Beruf, sondern auch die von jedem an seinen Dienst gewandte Anstrengung und Arbeitsamkeit, der κόπος eines jeden. Wieder erscheint damit ein Thema, über das sich die Korinther bleibend ereiferten. Die Gegner des Paulus haben den Einsatz der ganzen Kraft, mit dem er arbeitete, nicht hoch geschätzt und für sich ein bequemes Lehramt vorgezogen, und nachdem darüber gesprochen wurde, wieviel Beschwerung und Aufopferung der Dienst des Christus verlange, wurde die Haltung des Paulus auch mit der der anderen Apostel verglichen, I 9, 5. 6; 15, 10; II 11, 23. Gewicht hat diese Frage, weil nach der aufgewendeten Kraft und übernommenen Beschwerung der Lohn bemessen wird. Wer sich nicht anstrengen mag, soll sich nicht einbilden, daß er Lohn empfange. Sein Maß hängt nicht von der Größe der Begabung und nicht vom Umfang des Erfolgs ab; denn sowohl über die Begabung als über den Erfolg entscheidet der, der „wachsen läßt". Einzig der persönlichen Aufopferung ist der Lohn verheißen, und mit ihr verband Paulus die Erwartung des Lohnes ohne jede Hemmung, I 9, 17. 18.[1] Dem menschlichen Wirken antwortet das göttliche, der Hingabe des Menschen das göttliche Geben.

Damit ist die höchste Formel vorbereitet, mit der Paulus die Herrlichkeit seines Amtes preist: Gottes Gehilfe. Daraus entstehen auch die Formeln, die der Gemeinde zeigen, was sie sei: Gottes Acker und Bau. Den συνεργός Gottes verkündet

---

[1] Dem, der sich bemüht, die Thora zu lernen, gibt Gott שָׂכָר וְיִצְיָה, μισθὸν κόπου, R. Lev. 19, 2.

auch der zweite Brief, ohne daß ϑεοῦ an συνεργός und ϑεῷ an συνεργεῖν anzutreten braucht, II 1, 24. 6, 1; vgl. I 16, 16. Den Synergismus der jüdischen Theologie hat Paulus damit völlig aufgegeben. Nach dieser half Gott dem Menschen; denn der Mensch hält sich selbst für den Wirkenden, hofft aber dabei auf Gottes Beistand. Diese Deutung des menschlichen Handelns und seines Verhältnisses zum göttlichen Wirken war Paulus, seit er ein Glaubender geworden war, unmöglich geworden. Nun ist er nichts als der Empfangende, der das wird, was Gott aus ihm macht. Jetzt ist Gott der erste Wirker, ὁ ἐνεργῶν τὰ πάντα ἐν πᾶσιν I 12, 6, und aus dem göttlichen Wirken entsteht das menschliche, weil Gott der Gebende ist.

„Der Acker Gottes" kann leicht Beziehung zu den Gleichnissen Jesu haben; „der Bau Gottes" schließt sich an die Formel „Haus Gottes, Tempel Gottes" an. Paulus hat die griechischen Gemeinden völlig vom Tempel gelöst und sie angewiesen, sich selbst als den wahren Tempel zu schätzen. Im folgenden hat Paulus nur das Bild vom Bau festgehalten, weil er die Störung der Gemeinde durch schlechte Arbeit darstellen will. Dazu war der Bau geeigneter als der Acker, weil er durch menschliche Kunst entsteht und darum auch für die menschliche Untüchtigkeit Raum hat.

Die Warnung der untüchtigen Arbeiter
3, 10–15

Für den in Korinth errichteten Bau war Paulus der Baumeister, der den Bauplan entwarf und seine Ausführung leitete. Indem er sich einen weisen Baumeister nennt, kommt er den Gedanken der Korinther entgegen; es ist in der Tat so, daß Weisheit zur Leitung der Gemeinde unentbehrlich ist. Nur weil er ein weiser Baumeister war, hat er die Gemeinde zu gründen vermocht. Er hat die Grundmauer aufgeführt, nicht mehr. Er konnte nicht von der Vollendung seines Baus sprechen. Die Vorstellung, die Gemeinde sei vollendet, ist unmöglich, solange sie noch auf den Christus zu warten hat. Vollendet wird sie durch seine Offenbarung in königlicher

Wirksamkeit. Mit der Errichtung der Grundmauer sind aber
der Platz und die Maße des Baus festgelegt. Damit ist allen,
die den Bau weiterführen, ihre Arbeit zugeteilt.

Auf der Grundmauer muß weitergebaut werden.[1] Unmöglich kann die Gemeinde so bleiben, wie Paulus sie hergestellt
hat. Sie kann nicht nur bewahren, was sie von ihm empfangen hat; sie verlöre es, wenn sie es nur bewahren wollte.
Denn der Bau besteht nicht aus toten Steinen, sondern ist
ein lebendiges Gebilde, das sich dadurch erhält, daß es wächst.
Da die Zeit sich bewegt, treten neue Menschen in die Gemeinde
ein und neue Zeiten, neue Menschen erfordern neue Erkenntnisse und neue Wirksamkeit. Somit bedarf die Gemeinde
solche, die weiterbauen. Nicht dagegen verwahrt sich Paulus,
daß es in Korinth Männer gibt, die die Gemeinde über das
hinausführen, was sie durch ihn geworden ist. Das muß so
sein. Wohl aber gilt denen, die als seine Nachfolger an seine
Stelle treten, die Mahnung, daß sie wissen müssen, wie der
Aufbau der Gemeinde so geschieht, daß sie ihren Beruf erfüllt.

Was die nach Paulus Kommenden zu tun haben, kann nicht
ein Neubau sein, nicht Abbruch dessen, was Paulus geschaffen hatte, nicht Gründung einer neuen, von der seinen getrennten Gemeinde. Es gibt für die Gemeinde nur einen sie
tragenden Grund; sie ist die Gemeinde des Christus; das ist
der Grund ihres Daseins und gibt ihr ihren Besitz, ihre Kraft,
ihr Gesetz, ihr Ziel. Eine völlig gewisse Tatsache, die unbestritten bleiben muß, ist aber, daß Paulus die Korinther zu
Jesus gebracht hat. Abbruch dessen, was er geschaffen hatte,
wäre also Verleugnung Jesu und Abfall von ihm. Für jede
künftige Arbeit und Neubildung war daher in dem, was die
Gemeinde von Paulus empfangen hatte, die Grundlage gegeben, die nicht verlassen werden konnte.

Mit diesem Satz war ausgesprochen, unter welcher Voraussetzung es Gemeinschaft zwischen Paulus und den neuen
Lehrern gab. Die Besorgnis, daß es zur Trennung komme, wird
freilich schon hier hörbar, da Paulus davor warnte, einen

---

[1] τοὺς θεμελίους ἐγείραντες ἐπῳκοδόμουν, Jos. a 11, 79.

Neubau auf einem anderen Fundament zu versuchen. Mit dem Bekenntnis: „Wir sind des Christus" erklärten aber die neuen Führer, daß sie auf dem von Paulus gelegten Grund weiterbauen. Sie traten nicht als die Zerstörer der Gemeinde auf, sondern erschienen ihr und sich selbst als Bauleute an Gottes Bau; daß dabei auch ein Gegensatz gegen Paulus entstehen konnte, ließ sich als notwendig begreifen. Das Fundament der Gemeinde war nicht Paulus. Das sagte er selber mit allem Nachdruck. Somit hatten die Späteren das Recht, ihren Christenstand in der Gemeinde zur Geltung zu bringen und mit ihrer Kraft an ihrem Wachstum mitzuwirken.

In Sorge war Paulus im Blick auf die, die sie in die Gemeinde hineinnehmen. Mit was bauen sie, mit wertvollen Stoffen oder mit Holz, Heu, Stroh? Er formt das Bild im Gedanken an die kommende Bewährung der Gemeinde durch das Feuer des Gerichts, ohne daß er das Mögliche völlig überschreitet. Stroh und Grasstengel konnten zur Herstellung einer Hütte oder zu der der Dächer verwendet werden.

Das Fundament des Baus ist der Christus, nicht eine Lehre von Christus. Somit sind auch die mit ihm verbundenen Stoffe nicht Lehren, weder orthodoxe, noch Irrlehren, sondern die in die Gemeinde hineingestellten Menschen. Was wird aus den Menschen, die die Korinther jetzt in die Gemeinde bringen? Das ist die Frage, die Paulus auf die Bauenden legt. Er legte sie aber nicht nur auf die anderen; sie lag mit ihrem schweren Gewicht auch auf seiner Seele. Deshalb versank er in Betrübnis, wenn in der Gemeinde Sünden geschahen, II 2, 1, und um die, die er wieder aus ihr entfernen mußte, trauerte er, wie man um Tote trauert, II 12, 21.

Die Ereignisse in Korinth machen es durchsichtig, weshalb Paulus fürchtete, daß es untaugliche Gemeindeglieder in Korinth gebe. Eine Ehe wie die in 5, 1 erwähnte verdirbt nicht nur den Mann und die Frau, sondern gefährdet die ganze Gemeinde. Wird gepredigt: „Alles steht in meiner Macht", so werden die Leute verdorben. Am Mahl des Herrn essen sie sich das Gericht. Werden die Lehrer die Herren der Gemeinde, so wird sie von ihrem Fundament, von Christus, abgelöst. Der Erfolg ist, daß viele in der Gemeinde sind, ohne

Buße zu tun, II 12, 21. Wurde die Verheißung verkürzt und
nicht mehr von der Auferstehung der Toten gesprochen, so
wurde der Zugang zur Gemeinde für manchen beträchtlich
leichter gemacht, und wenn die Verkündigung des Gekreuzigten durch Weisheit verdrängt wurde, wenn also der
Mensch vom Gesetz nicht mehr die Verurteilung empfing
und der Tod des Christus nicht auch ihm das Sterben
brachte, dann erlosch das selbstische Begehren nicht, und
das Leben für Gott begann nicht, und das den Menschen
Regierende blieb sein Fleisch. Dadurch wurde aber aus der
Gemeinde eine Ansammlung Untauglicher, ein Bau aus Holz,
Heu und Stroh.

Das Werk eines jeden wird offenbar werden, weil der richtende Christus das Verborgene im Menschen ans Licht bringen wird, I 4, 5. Schein und Anpassung an die Gemeinde ohne
innere Wahrheit werden dann vernichtet. „Der Tag" ist der
Gemeinde bekannt, ohne daß er durch einen Zusatz beschrieben wird. „Der Tag wird klar machen, weil er mit Feuer geoffenbart wird"; ὅτι wird nicht das Objekt zu δηλώσει bringen,
sondern begründende Kraft haben. Halb bleibt Paulus beim
Bild vom Bau, der aus brennbaren Stoffen besteht; halb
formt er seinen Satz aus der Weissagung, die dem kommenden Christus als das Mittel seines Gerichts das Feuer zuschreibt. An einen die Welt vernichtenden Brand hat aber
Paulus nicht gedacht. Der Bau soll nicht zerstört werden;
im Gegenteil, das mit der Grundmauer verbundene Edel-
metall wird auch im Feuer bewährt. Der Christus führt seine
Gemeinde in das ewige Leben ein. Diese Verheißung gilt
aber nicht allen, die sich zur Gemeinde halten, als wäre die
Zugehörigkeit zu ihr schon die Verbürgung des Lebens. Das
Gericht des Christus scheidet zwischen denen, die in der Gemeinde sind, und dies legt in das Amt derer, die sie sammeln
und leiten, den tiefen Ernst.

Den Gedanken, daß die, die der Lehrende unterwies, taufte
und der göttlichen Gnade versicherte, im Gericht untergehen,
ohne daß er selbst davon berührt würde, lehnte Paulus ab.
Der Untergang der von ihm Geleiteten bringt auch ihrem
Führer Bestrafung, in genauer Parallele mit dem positiven

Satz, daß Gott die redliche und wirksame Arbeit an der Gemeinde lohne. Da sie zwischen ihren Gliedern eine echte,
wirksame Gemeinschaft herstellte, war damit auch eine Verantwortlichkeit des einen für den anderen begründet, die
nicht zuließ, daß der Untergang des einen nicht auch den
anderen belaste. Da aber Paulus unter der Voraussetzung
schreibt, daß der Lehrende auf dem gelegten Grund weiter-
baue, also im Dienst des Christus arbeite, besteht die Strafe,
die er leiden muß, nicht darin, daß er aus der Zahl der Geretteten ausgeschlossen würde, obgleich er nun nur mit Gefahr
und Angst die Rettung erlangen kann. Dies hat Paulus mit
der als Sprichwort vorhandenen Formel: „gleichsam durch
Feuer hindurch" gesagt.

Durch die Erwartung, daß der Lehrende auch dann noch
gerettet werde, wenn er nicht imstande sei, das Wort Jesu
so zu sagen, daß es die, die auf ihn hören, heiligt, bekannte
sich Paulus zu der dem Glauben gegebenen Verheißung. Der
Lehrende könnte nicht am Aufbau der Gemeinde mitwirken,
wenn er nicht durch Glauben mit Christus verbunden wäre.
Ohne das Bekenntnis: „Ich bin des Christus" wäre er kein
Bauender. Den Glauben hat aber Paulus nie entwertet und
nie von einem Glauben gesprochen, den Christus beschäme
und vernichte. Paulus hat sich aber ebenso ernst wie zur
Verheißung Jesu zu seinem Gebot bekannt, das den Glaubenden zu seinem Diener macht. Darum unterstellt er den
Glaubenden für das, was er in der Gemeinde wirkt, dem göttlichen Gericht. Was er wirkt, bleibt nur dann bestehen, wenn
das göttliche Urteil es bestätigt, wird aber abgetan, wenn es
dem göttlichen Willen und Werk widerwärtig war. Der Glaubende erhält durch sein Glauben nicht die Vollmacht zu einer
eigenmächtigen Wirksamkeit, nicht das Recht, das Ziel der
Botschaft Jesu umzubiegen und das vor Gott Verwerfliche
für erlaubt zu erklären. Da sich der Glaubende mit der
Rechtsregel Gottes mit ganzem Willen geeinigt hat, begehrt
er für sein Wirken die Bestätigung durch das göttliche Urteil, und darum muß er es als gerecht erkennen, daß er
dann Strafe empfange, wenn der göttliche Spruch sein Werk
verwirft.

Das Urteil über die Verderber der Gemeinde

3, 16–20

Die Nachrichten aus Korinth ließen Paulus noch Schlimmeres befürchten, nicht nur, daß die neuen Männer unnütze Arbeit tun und die Türe zur Gemeinde so weit öffnen, daß ihr Christenstand undeutlich werde, sondern daß sie die Zerstörung der Gemeinde betreiben. Den Frevel, der dadurch geschieht, beschreibt er dadurch, daß er die Gemeinde den Tempel heißt. Dies ist sie als der Ort der göttlichen Gegenwart, als die Stätte, an der Gottes Gnade empfangen wird. Das ist die Gemeinde deshalb, weil Gottes Geist in ihr wohnt. Der Mittler der göttlichen Gegenwart, durch den Gottes Gnade wirksam wird, ist der Geist. Durch die Frage: „Wißt ihr nicht?" kennzeichnet Paulus seine Aussage über die Kirche als die allen gewisse Wahrheit, die in allen lebt, die den Christus erkannt haben, deutet aber zugleich an, daß er darüber nicht mehr sicher ist, ob ihr Wissen um den Beruf der Kirche ihr Verhalten noch wirksam bestimme; vgl. I 6, 15. Aus der Verkürzung des Evangeliums entstand sofort auch eine verkürzte Vorstellung vom Beruf der Gemeinde, und ohne diese konnte es nicht zu einer Weisheit kommen, die sich auf diese Zeit einrichtete und der Kirche in ihr Raum und Sicherheit verschaffen wollte. Dieses mahnende „Wißt ihr nicht" hat Paulus in seinem Brief oft wiederholt, außer 3, 16 noch 5, 6; 6, 2. 3. 9. 15. 16. 19; 9, 13. 24.

Zum befestigten Wissen aller gehört, daß das Werk des Christus der Aufbau des echten, wirklichen Tempels Gottes in der Menschheit ist. Denn alle, nicht nur die griechischen, sondern ebenso die jüdischen Christen wissen, daß Jesus über den Tempel Jerusalems das Urteil gesprochen hat, das ihn der Vernichtung preisgegeben hat, und alle wissen weiter, daß er dies nicht dazu tat, um die Welt ihrer Gottlosigkeit preiszugeben, sondern damit in seiner Gemeinde ein Ort vorhanden sei, an dem der Mensch den Zugang zu Gott finde und den Anteil an seiner Gnade erlange. Jeder, der den Christus kennt, weiß auch, daß er den lebendigen Tempel dadurch herstellt, daß er seinen Geist in denen, die ihm glauben, wirk-

sam macht. Weil diese Aussage über die Kirche in dem
begründet ist, was der Christus ist, wird sie durch das
Schwanken und Sündigen der Gemeinde nicht erschüttert.
Sie hat, was sie ist, nicht durch ihr Verhalten erworben,
sondern ist es durch das, was der Christus ihr verleiht und
aus ihr macht. Aus der Größe dessen, was sie empfing,
entsteht aber auch die Größe der Schuld, die die auf sich
laden, die die Gemeinde verderben. Sie verderben den
Tempel Gottes, der Gottes Eigentum und deshalb heilig
ist. Verderbnis der Gemeinde ist Widerstand gegen das
Werk der göttlichen Gnade, Schuld, die nicht vergeben
wird, und diese tödliche Schuld können die in Korinth
Lehrenden durch das auf sich laden, was sie den Korinthern
tun; denn der heilige Tempel, der nicht entweiht werden
darf, seid ihr.

Diese Befürchtung, daß der christliche Bestand der Gemeinde in Gefahr sei, steht hinter allem, was Paulus den
Korinthern sagte und tat; sie zeigt sich, wenn er vor denen
warnt, die das Wort Gottes verfälschen, II 2, 17; 4, 2, sich
als Boten Jesu darstellen, während sie Diener des Satans
sind, II 11, 13, und die Gedanken der Gemeinde verderben,
so daß sie dem Christus untreu wird, II 11, 3. Aus dieser
Befürchtung entsteht der Aufruf an die Gemeinde, sich vom
Widerchristlichen zu scheiden, II 6, 14—7, 1, und Paulus gab
ihr auch in dem, was er den Philippern über die neue Bewegung in der Kirche sagte, einen starken Ausdruck, Phil. 3,
18. 19.

Mit der Warnung: Entweiht den Tempel nicht! weckte
Paulus das tiefste Empfinden des Juden auf. Dieser pries den
Tempel als Gottes größtes Geschenk, das die Heiligkeit des
Volkes offenbart, und verdammte die Entweihung des Tempels als schwersten Frevel. Unter den Vorwürfen, durch die
die Judenschaft die Schuld des Paulus bewies, hatte die Anklage, daß er den Tempel verachte, besonderes Gewicht;
vgl. Apgsch. 21, 28; 6, 14. So dachte der Jude aber nur, solange das Gesetz für ihn gültig war. Für die korinthischen
Juden war aber das Gesetz vergangen und damit der Tempel
gefallen. Denn die Heiligkeit des Tempels hatte im Gebot

des Gesetzes ihren Grund. „Mir steht alles frei"; das machte
auch vom Tempel frei. Dem, der des Christus ist, war die
Freiheit dadurch gegeben, daß der Geist und durch ihn die
Erkenntnis in ihm war. Das ergab das mit sich selbst beschäf-
tigte Ich und die um ihre Größe und ihren Ruhm bemühte
Gemeinde. Das war nicht mehr der Ersatz des alten Tempels
durch den neuen, sondern die Verderbnis des Tempels, den
Christus aufbaut. Das war Mißbrauch der göttlichen Gabe,
Fall und Schuld. Wer des Christus ist, zerstört sein Werk
nicht.

Von welchen Korinthern Paulus fürchtete, daß sie die Gemeinde zerstören, zeigt der folgende Satz. Das sind die, die
sich für weise halten. „In dieser Zeit", in den gegebenen
Verhältnissen, in der Lage, in der sich die Christenheit jetzt
befindet, wollen sie weise sein, mit den jetzt ihnen gegebenen
Mitteln erfolgreich handeln und in der gegenwärtigen Lage
die Gemeinde zu Ruhm und Glück emporbringen. Daß es
ihnen nicht einzig daran liegt, daß die Gemeinde der Tempel
Gottes sei, ist die Gefahr, in die sie sich und die Gemeinde
bringen. Diese Weisheit kann nicht gebessert, ergänzt und
teilweise als Wahrheit anerkannt werden. Ihr gebührt nur die
vollständige Verneinung, wodurch der Weise zum Toren wird.
Nicht unverständig, ἄφρων, soll er werden, nicht kopflos und
für die Wahrnehmung verschlossen, sondern närrisch, ein
μωρός, der wegen seines Unsinns verachtet und gescholten
wird. Schelten lassen muß er sich, weil er eine Weisheit verehrte, die vor Gott Torheit ist; weil aber diese Weisheit von
der Welt geehrt wird, muß er nicht nur sich selbst als einen
Toren verurteilen, sondern wird von den anderen als ein Tor
verspottet werden. Er wird aber durch seinen Verzicht auf
die Weisheit in Wahrheit ein Weiser. Denn das Urteil Gottes,
das am Kreuz Jesu ergangen ist, ist gültig; bei ihm ist die
Weisheit der Welt Torheit, und der, der sie nicht hat und
nicht begehrt, ist der Weise. Mit diesen Sätzen wiederholt
Paulus, was er 1, 18–21 gesagt hat, und die Stelle, an der
er seine Ablehnung der Weisheit wiederholt, bestätigt,
daß sie zuerst gegen die gerichtet war, die die Gemeinde
von Paulus trennen und selber beherrschen wollten, weshalb

er ihre Freiheit und sein Apostolat gegen sie verteidigen muß.

In Vers 17 und 18 erscheint zum erstenmal das τις oder τινες, das sich nun durch beide Briefe durchzieht, I 4, 18; 15, 12; 16, 22; II 10, 2. 7. 12; 11, 20. 21. Er scheidet damit eine Gruppe von der Gemeinde ab, die er nicht in sein ὑμεῖς einschließt.

Sein Urteil über die Weisheit begründet Paulus aus der Schrift, Hiob 5, 12. 13[1] und Ps. 94, 11, weil es ein schweres Urteil war und führende Männer in Korinth wuchtig traf. Sie können sich ihm nicht mit der Einrede entziehen, daß es nur aus seiner eigenen Denkweise entstehe und seine persönliche Verstimmung gegen seine Gegner ausspreche. Die Schrift zeigt, daß seine Drohung ihnen das sagt, was Gott tun wird. Gewandte Hinterlist und heimliche Tücke, πανουργία, schützen die Weisen nicht; vielmehr sind gerade sie das Mittel, mit dem Gott sie fängt. Es ist das Merkmal des Weisen, daß er Pläne zu entwerfen vermag, die die Verwirklichung seiner Absichten sichern; diese Pläne sind aber nichtig und nie ausführbar. Die Warnung vor ränkesüchtiger Diplomatie, πανουργία, hat Paulus II, 4, 2 wiederholt, und etwas von der Politik der Gegner erfahren wir schon I 4, 18, da Paulus ihnen sagt, ihre Absicht sei, ihn gänzlich von der korinthischen Gemeinde auszusperren. Das hieß Paulus einen in Gottes Urteil nichtigen Plan. Den Eifer, mit dem sie diesen Plan verfolgten, bezeugen die Ereignisse, die der zweite Brief voraussetzt, und dieser spricht auch den Grundgedanken aus, der sie bei ihrer Politik leitete; sie wollten den Gegensatz, der die Christenheit von der übrigen Welt trennte, abschwächen, II 6, 14. Das war nach dem Urteil des Paulus das Unternehmen solcher, die in dieser Zeit weise sein wollten, deren Pläne Gott zum Scheitern bringt, weil er seinen Tempel, den sie verderben, schützt.

---

[1] ὁ δρασσόμενος τοὺς σοφοὺς ἐν τῇ πανουργίᾳ αὐτῶν entsteht aus לֹכֵד חֲכָמִים בְּעָרְמָם, nicht aus S. ὁ καταλαμβάνων σοφοὺς ἐν τῇ φρονήσει. Auch in Röm. 11, 35 stammt τίς προέδωκεν αὐτῷ καὶ ἀνταποδοθήσεται αὐτῷ aus הִקְדִּימַנִי וַאֲשַׁלֵּם Hiob 41, 3, nicht aus S. καὶ τίς ἀντιστήσεταί μοι καὶ ὑπομενεῖ.

Das von Gott geordnete Verhältnis der Gemeinde
zu ihren Lehrern

3, 21–23

Der Weise rühmt sich und will gerühmt werden. Gottes
Urteil über die Weisen macht aber allem Ruhm ein Ende,
der Menschen dargebracht wird in der Meinung, sie seien die
Führer und Herrscher, so daß die Untertänigkeit unter sie
Glück und Größe gewähre. Aber nicht nur dann, wenn ein
hoffärtig gewordener Lehrer für sich Ruhm begehrt, darf die
Gemeinde sein Verlangen nicht erfüllen. Auch die von Gott
reich Begabten und zu ihren Führern Bestellten sind ihr nicht
dazu gegeben, damit sie aus ihnen ihren Ruhm mache. Ihr
Verhältnis zu Paulus wäre freilich gestört, wenn sie sich seiner
nicht rühmte, wie auch er sich seiner Gemeinden wegen rühmt,
I 15, 31; II 1, 14. Dabei darf aber nicht der Mensch wegen
seiner eigenen Größe und Leistung gefeiert werden. Werden
dagegen aus den ersten Aposteln „die übergroßen Apostel",
II 11, 5; 12, 11, neben denen kein anderer Raum hat, dann
ist das Verhältnis, in dem die Apostel zum Herrn stehen,
verkannt.

Machte die Gemeinde aus Menschen ihren Ruhm, so gäbe
sie die von Gott ihr gegebene Freiheit preis. Gott hat sie an
niemand weggegeben, hat vielmehr alles ihr übergeben, alles
zu ihrem Eigentum gemacht. Das ist wieder eines von jenen
„alles", die Paulus dann über die Lippen kommen, wenn er
aus seinem Gottesbewußtsein heraus spricht und an die von
keiner Schranke beengte Herrlichkeit des göttlichen Wirkens
denkt. Alles ist Gottes Eigentum, darum ist alles der Gemeinde
eigen, weil Gott ihr Gott geworden ist. Weil Gott für sie ist,
ist nichts wider sie; weil er sie begnadet, hilft und dient ihr
alles.

Diesen Grundsatz wendet Paulus zunächst auf das Verhältnis der Gemeinde zu den Aposteln und Lehrern an. Paulus,
Apollos, Kephas, alle drei Namen, die 1, 12 genannt waren,
erscheinen hier wieder, jetzt aber nicht mehr als die der Mächtigen und Berühmten, um deren Autorität und Geltungsbereich gestritten wird. Die Frage, welcher Teil der Gemeinde

jenem und welcher diesem gehöre und welche Abhängigkeit die vornehmere und vorteilhaftere sei, ist verstummt. So wird gerechnet und gestritten, wenn die Eigensucht regiert. Nun aber hat Paulus den ganzen Verkehr der Gemeinde mit ihren Führern unter die Liebesregel gebracht. Dienst ist ihr Beruf, nicht Herrschaft; ihr Wirken ist Geben, nicht Nehmen. Dadurch sind sie alle zum Eigentum der Gemeinde gemacht; um ihretwillen haben sie empfangen, was sie besitzen. Nicht einzig den einen, etwa nur Paulus, nicht aber Petrus, oder nur Petrus, nicht aber Paulus, haben die Korinther zu hören; nicht nur durch den einen, sondern durch alle begabt und regiert sie Christus. Aber nicht nur das Verhältnis der Gemeinde zu denen, die in ihr und für sie das Amt verwalten, wird durch diese Regel geordnet und fruchtbar gemacht. „Alles!" Das umfaßt auch die mächtigen Gegensätze, die durch die Berufung zum Christus in das Sehfeld und Erleben der Gemeinde hineingestellt sind: Apostel oder Welt, Leben oder Tod, Gegenwärtiges oder Zukünftiges. An diesen Gegensätzen entstand die Spannung und Schwankung, die das Urteil und die Praxis der Korinther verwirrte. Für Paulus sind sie dagegen im Christus zur Einheit zusammengebunden.

Der Ruf Jesu schuf die Trennung der Gemeinde von der Welt und machte aus jeder Begegnung mit ihr den nie stillstehenden, heißen Kampf. Aber die Welt war nicht nur ihr Feind. Sie besaß alle jene Reichtümer, mit denen uns die Natur beschenkt, und lebte nach den Ordnungen, die sie von ihrem Schöpfer empfangen hat. Darum wurde das Verhältnis der Gemeinde zur Welt doppelseitig. Die Welt stieß sie ab und zog sie an. Das ergab zwei einander entgegengesetzte Bewegungen, die den Gang der Gemeinde unsicher machten, weg von der Welt, sie sündigt und stirbt durch Gottes Gericht, hin zur Welt, sie ist unentbehrlich, in ihr finden sich die Bedingungen des Lebens. Aus diesem Schwanken entstand Unsicherheit in der Wertung der Ehe und des Staats, die den Anlaß zum Brief der Korinther gab, und das Bestreben, die Verfassung, die die Gemeinde von Paulus erhalten hatte, auszuweiten. Nun gibt Paulus der

Gemeinde den festen Stand. Die Boten Jesu und die Welt
gehören beide zu dem, was Eigentum der Gemeinde ist.
Beide stehen in ihrem Dienst; denn sie sind die Träger der
göttlichen Gaben für sie, die Welt bringt ihr, was die Natur
uns gewährt, die Boten Jesu das, was die Herrschaft Gottes
schafft.

Die Gabe der göttlichen Gnade ist Leben; sie bestätigt aber
zuerst jenes Urteil Gottes, das den Menschen sterben heißt,
und für die Gemeinde hatte die Verpflichtung, zum Sterben
bereit zu sein, verstärkten Ernst. Sie konnte das Leben so
preisen, daß der Tod ihr Feind wurde, aber auch so nach dem
Sterben verlangen, daß sie zum Leben unfähig wurde. Von
beidem befreit sie Paulus; das Leben und der Tod bringen ihr,
was Gottes Gnade ihr beschert. In den gegenwärtigen Verhältnissen sammelt Christus seine Gemeinde und gibt ihr ihr Ziel
in der kommenden Herrschaft Gottes. Sie kann so nach dem
Zukünftigen begehren, daß ihr die Gegenwart leer wird. Dann
lebt sie nur noch in der Hoffnung, und ihr Wort ist einzig
noch Eschatologie. Oder weil die Gemeinde durch das, was
sie jetzt geworden ist, stark und froh gemacht ist, verliert
die Verheißung für sie ihre Kraft und verblaßt. Es gehört ihr
aber alles, die jetzt für sie bestimmte Gnadengabe und das,
wovon die Verheißung nur im Geheimnis spricht, weil kein
Wort es beschreiben kann. Ob sie auf das Kommende erst
zu warten hat oder ob die Gestalt dieser Welt vergangen ist,
nichts ist für sie ein Verlust, nichts ein Grund zur Angst,
alles Grund zum Dank.

Ihre Freiheit von Furcht und Hemmungen, ihr Vermögen,
durch alles gesegnet zu werden, hat die Christenheit deshalb,
weil sie das Eigentum des Christus ist. Hier erscheint nun
auch das vierte Bekenntnis: „Ich bin des Christus." Die
anderen drei: „Ich bin des Paulus, des Apollos, des Kephas",
stellte Paulus um; denn sie beschreiben das Verhältnis, in
dem sie zu ihren Führern stehen, nicht richtig; sie sind ihnen
nicht unterworfen; denn die Lehrenden sind für sie da, nicht
sie für die Lehrenden. Dagegen bleibt das Bekenntnis „Ich
bin des Christus" in Kraft und wird zum Bekenntnis aller
gemacht; denn mit ihm ist ausgesprochen, was allen die

Kraft und die Freiheit gibt. Dadurch ist aber auch dieses Bekenntnis von aller eigensüchtigen Entstellung befreit und über den Streit der Parteien völlig emporgehoben. Dazu, um Paulus abzulehnen, läßt sich nun das Bekenntnis nicht mehr benützen. Weil die Gemeinde dem Christus gehört, sind Paulus und Petrus für sie da, und ihr Wort ist für sie unentbehrlich und heilsam. Aus der Gebundenheit an den Christus entsteht nicht die Mißachtung der Apostel, sondern das Vermögen, sie zu hören und durch sie und mit ihnen „im Christus zu sein". Weil die Gemeinde ihm gehört, das ist, was er aus ihr macht und ihr Wissen durch sein Wort und ihren Willen durch sein Gebot empfängt, ist ihre Freiheit nicht Willkür, sondern Gehorsam, und ihr Recht, alles zu nützen, nicht herrischer Eigennutz, sondern Gottesdienst.

Wuchtig, alles Gesagte durchleuchtend und befestigend sagt der letzte Satz: „Der Christus aber ist Gottes." Das stellt ihn über alle, die in der Gemeinde reden und die sie mit vollem Recht hört, verehrt und liebt; sie alle sind deshalb Gottes, weil sie des Christus sind; er aber ist Gottes in der unmittelbaren und vollständigen Einheit, die den Sohn zum Eigentum des Vaters macht. Das Bekenntnis zu ihm ist dadurch vollends von jeder parteisüchtigen Verwendung abgeschieden. Den, der Gottes ist, macht keiner sich untertan, als könnte er ihn seinem Eigenwillen dienstbar machen. Nur der kennt ihn, der in ihm den sucht, der Gott gehört, und deshalb an ihn glaubt, weil er Gottes Werk wirkt.

Der Gemeinde war damit gezeigt, wie sie zum Frieden kommen konnte. Dem Drang in die Weite, dem Verlangen nach machtvoller Betätigung der Freiheit war alles zugestanden, was sie begehren konnte. Sie war aber nicht mehr imstande, sich in dem, was ihr hier gesagt war, zu einigen. Die Gegner setzten ihr Bemühen, die Gemeinde zu beherrschen, fort, II 11, 20, und gaben darum ihrem Bekenntnis: „Wir sind des Christus" bleibend einen gegen Paulus gerichteten Sinn, II 10, 7. Ebenso geschah die Berufung auf Petrus und seine Mitapostel auch später noch in der Absicht, Paulus unter sie herabzusetzen, II 11, 5; 12, 11.

Paulus steht nicht unter dem Gericht der Gemeinde
4, 1–5

Nachdem die immer gültige Regel gewonnen ist, die die Gemeinde mit allen Lehrern und alle Lehrer mit der Gemeinde vereint, kann Paulus mit voller Offenheit mit den Korinthern von dem reden, was das stärkste Motiv und eigentliche Ziel ihrer Bewegung war. Sie lehnten sich nicht gegen die fernen Apostel auf, weder gegen Petrus noch gegen Jakobus; diese mit hohen Worten zu preisen waren sie bereit. Paulus war der, gegen den sie sich auf Jesus beriefen; von ihm sollte die Gemeinde befreit werden; weil sie seine Macht als einen sie hemmenden Druck empfanden, nannten sie ihn einen „Herrn", vor dem sich die Christenheit nicht beugen dürfe, II 1, 24; 4, 5. Daher dürfen die wuchtigen Sätze, mit denen Paulus sein eigenes Verhältnis zu den Korinthern ordnet, nicht als ein wenig bedeutender Anhang zu den großen lehrhaften Sätzen gewertet werden, als ob Paulus hier nicht bis zum Grund der in Korinth geschehenden Ereignisse durchstieße. Ob Ehen zwischen Blutsverwandten gestattet oder verboten seien, ob der Verkehr mit der Dirne von der Gemeinde ausschließe oder übersehen werden könne, ob es ratsam sei, aus der Ehe die Scheinehe zu machen und die Mädchen nicht zu verheiraten, ob Opferfleisch gegessen werden dürfe oder nicht, ja auch, ob Tote auferstehen können oder nicht, an all dem lag den neuen Führern ungleich weniger als daran, daß die Macht des Paulus über die Kirche gebrochen werde. Wer in Kap. 4 nur einen Anhang zu Kap. 1–3 sieht, wird folgerichtig auch im zweiten Brief nur einen matten, wenig bedeutenden Anhang zum ersten Brief sehen. Dann ist aber das, worum Paulus mit den korinthischen Meistern rang, verkannt. Dies wurde vielfach nicht gesehen in dem wirren Gespräch, das über das Thema „Jesus oder Paulus", „paulinische Theologie oder gegenwärtiges Christentum" geführt wurde; die Frage, wer in der Kirche die Führung habe, der Apostel oder der Theologe, das Evangelium oder die theologische Wissenschaft, ist für sie eine Lebensfrage geworden.

Eine herrschende Stellung kommt Paulus nicht zu. Er
ist der Diener des Christus, sein ὑπηρέτης. Er steht unter dem
Gebot Jesu, hat keine Vollmacht zu eigenmächtigem Wirken
und keinen anderen Beruf als den, das ihm Aufgetragene zu
tun. Somit ist der Widerwille gegen Paulus Auflehnung gegen
den Christus. Von διάκονος, 3, 5, unterscheidet sich ὑπηρέτης
dadurch, daß bei διάκονος an den Wert gedacht ist, den die
Leistung des Dienenden für den hat, für den sie geschieht,
während bei ὑπηρέτης der Ton auf der Unterordnung und
Abhängigkeit liegt, die den Diener zum ausführenden Organ
für den Willen seines Gebieters macht. Darum haben selbst-
süchtige Gelüste nach Herrschaft im Wirken des Paulus keinen
Raum; ebensowenig kann er aber in die Abhängigkeit von
seinen Gemeinden geraten, durch die er sich ihrem Befehl und
Urteil unterwürfe. Seine Auftraggeber sind nicht die Korinther,
nicht die von ihm zum Glauben Berufenen; der, unter dessen
Gebot er steht, ist Christus. Das macht ihn zum Freien, der
von den Korinthern keine Anweisungen empfangen und kein
Urteil annehmen kann.

Er beschreibt sein Amt noch mit einem zweiten Wort; da
ihm durch den Befehl Jesu göttliches Gut und Eigentum
übertragen ist, ist er ein „Verwalter der Geheimnisse Gottes".
Dadurch hat Paulus wieder, wie in der vorangehenden Ausführung, die Frage nach der Macht des Amts und die nach
dem Ursprung und dem Ziel der Lehre miteinander verbunden.
Die, die von ihm Weisheit verlangen, werden sie bei ihm
finden, jedoch nicht die Weisheit der Welt, die darauf bedacht ist, das Begehren des Fleisches zu erfüllen, sondern
die Weisheit Gottes, die ihm der Geist dadurch verleiht, daß
er ihm die Geheimnisse Gottes offenbart. Diese Weisheit
kann nicht dazu gebraucht werden, um den Menschen groß
und mächtig zu machen; nicht der Mensch ist es, der die
Geheimnisse Gottes entdeckt. Auf diese bezieht sich aber
die ganze Amtsführung des Paulus, weil er der Diener des
Christus ist, der jenen Willen Gottes vollbringt, der auf die
kommende Welt gerichtet ist.

Damit ist festgestellt, daß das, was Paulus lehrt und tut,
nicht seine Erfindung, nicht das Produkt seines Denkens und

Wollens ist; aber ebenso fest steht es, daß es nicht dem Urteil
der Gemeinde und ihren Wünschen unterworfen ist. Gottes
Geheimnisse sind, was sie sind, allein durch Gott.
Der Anspruch, der damit an Paulus gestellt ist, ergreift
seinen ganzen Willen und spannt seine ganze Kraft. Er faßt
sich aber in das eine Wort zusammen: Treue. In Korinth
verlangten sie von ihm: sei mächtig, sprich ein starkes Wort,
überwinde die Widersacher! Sie verlangen damit, was er
nicht erfüllen kann. Einzig Treue ist die Pflicht, die ein Verwalter damit auf sich nimmt, daß ihm sein Amt gegeben wird.
Für das, was er zu verwalten hat, ist nicht er verantwortlich;
denn es ist das Eigentum seines Herrn. Daß aber der Wille
des Herrn unverkürzt und unverfälscht geschehe und sein
Gut unvermindert bewahrt und in vollem Umfang fruchtbar
gemacht werde, das ist die Pflicht, unter der ein Verwalter
steht. Wenn also die Korinther Paulus richten wollen, so
müssen sie seine Treue messen. Können sie das?
Sie waren dazu bereit, vgl. I 9, 3. Hier erscheint wieder,
wie I 2, 14. 15, die richterliche Formel ἀνακρίνειν. Denn die
Erörterungen über das Amt und die Leistungen des Paulus
bezogen sich unvermeidlich auf das Innerste in ihm, auf die
Motive, die sein Verhalten formten, und wurden zur Erforschung seines Gewissens.
Von dem, womit sich eine gerichtliche Verhandlung der
Korinther über Paulus beschäftigt hätte, wird wenig sichtbar.
Paulus vergleicht sie mit dem, was er tut, wenn er selbst
sein Gewissen erforscht. Untersucht wird also sein Wollen
und Handeln. Dagegen wurde das, was Paulus sein Erlebnis
und die Offenbarung des Herrn genannt hat, soweit die Briefe
ein Urteil erlauben, von diesen Anklagen nicht berührt. Fragen wie die, warum ihn Jesus nicht berufen habe, als er Petrus
und die anderen Jünger berief, wie er sich am Tage der Kreuzigung Jesu verhalten habe und warum er zum Verfolger
geworden sei, wie es mit der von ihm erzählten Erscheinung
Jesu stehe, werden nicht hörbar. Die Wahrhaftigkeit des
Paulus in seinen Aussagen über den Herrn wurde nicht angefochten; man traute ihm nicht zu, daß er „gegen Gott
zeuge", I 15, 15, weshalb er von seinem wunderbaren Ver-

10*

kehr mit Jesus reden kann, ohne seine Erzählung durch eine
Beteuerung seiner Wahrhaftigkeit zu sichern, II 12, 1–8.
Solche fügt er nur zur Beschreibung der Last hinzu, die er
getragen hat und trägt, II 11, 31; I 15, 31. Lebhaft wurde
sein Verzicht auf jede Besoldung besprochen; aber dies eignete
sich schlecht für eine gerichtliche Verhandlung, weshalb
Paulus diese Sache auch eingehend in beiden Briefen bespricht. Die Anklagen werden überwiegend sein Verhalten
gegen einzelne Gemeindeglieder angegriffen haben; solche
Vorwürfe wehrt er II 7, 2 ab. Auch seine Trennung von Petrus
und den anderen Aposteln ist ihm vielleicht vorgeworfen
worden; vgl. II 3, 1. Solche Vorwürfe griffen aber über die
einzelnen Fälle hinaus und machten seine apostolische Vollmacht fraglich. Wenn er in seinem Amt nicht treu war und
es nicht ohne Fehltritte verwalten konnte, wurde es zweifelhaft, ob er die Sendung wirklich von Christus empfangen
habe und sie auch jetzt noch besitze.

Nicht deshalb verwehrt es Paulus den Korinthern nicht,
ihn zu verhören, weil er sich vor ihrem Verhör fürchtet. Aber
ihr Verfahren ist verkehrt; denn es führt zu keinem Urteil,
das irgendwelchen Wert hätte. Wer nicht zum κρίνειν befugt
ist, lasse das ἀνακρίνειν. Von diesem Verbot nimmt er alles,
was einer Geringschätzung der Korinther gliche, dadurch
weg, daß er auch sich selber nicht verhört. Sie können es
nicht; aber er kann es auch nicht. Er fällt aber nicht deshalb
über sich selber kein Urteil, weil er sich vor seinem Gewissen
scheute und nicht wagte, mit aufrichtiger Einkehr in sich
selbst sein Verhalten zu prüfen. Wie er den Korinthern nicht
verbietet, über ihn zu debattieren, so macht er auch sein
Gewissen nicht stumm. Er läßt es reden und stellt mit Freude
fest: „Ich bin mir nichts bewußt." Von Untreue weiß er nichts.
Er hat dies auch später in anderem Zusammenhang wieder
gesagt: „Christus hielt mich für treu", 1 Tim. 1, 12. Damit
erklärt er die Zuversicht, mit der er sich jedem Verhör stellt
und vor jeden menschlichen Richter tritt. Diese Zuversicht
gibt ihm sein gutes Gewissen. Darum hat er auch die Kühn-
heit, sich mit jedem Apostel zu vergleichen und seinen Dienst
höher zu schätzen als den ihrigen, I 15, 10; II 11, 23. Sein

Selbstbewußtsein, mit dem er jede Kritik ablehnt, ist aber dadurch gegen Übermut geschützt, daß er auch sich keine richterliche Befugnis über sich selbst zuschreibt. Er läßt sein Bewußtsein reden und freut sich, daß es ihn nicht verklagt, meint aber nicht, damit sei ein gültiges Urteil über ihn gesprochen, als sei er deshalb gerechtfertigt, weil ihm sein Gewissen nichts vorhält. Damit hätte er sich angemaßt, was allein dem zusteht, dessen Diener und Verwalter er ist. Von Jesus allein hat Paulus das Urteil erwartet, das Recht und Schuld, Wert und Unwert in seinem Wirken feststellt; vgl. II 10, 18; 5, 10.

Damit spricht er als der, der nicht in seinen Werken, sondern allein in seinem Glauben die Gerechtigkeit hat. Selbstgericht ist ebenso unmöglich wie Selbsterlösung; jenes würde ja dazu geschehen, damit diese zustande komme. Könnte er sich selbst richten, so könnte er auch sich selbst vergeben. Als Glaubender erwirbt er sich die Rechtfertigung nicht durch ein Verhör, das er mit sich selbst vornimmt, nicht durch die Wertung seines Verhaltens, sondern findet in der Tat des Christus, der ihm die göttliche Gnade gibt, seine Gerechtigkeit. Darum sind Gerechtigkeit des Glaubens und Selbstbeurteilung Gegensätze, die sich zerstören. Würde sich Paulus hier als den zeigen, der über sich selber das Urteil abgibt, so hätte er aus seiner Verkündigung der Gerechtigkeit des Glaubens ein Gerede gemacht.

Die sorgfältige Überlegung seiner Entschlüsse und die stete Wachsamkeit, die die Richtigkeit seiner Motive mißt, bleibt von dieser Absage an sein Gewissen völlig unberührt. Er spricht hier nicht davon, wie seine Entschlüsse zustande kommen und sein Handeln vorbereitet werde. Hier spricht er von dem, wozu ihn der fertige Wille und das vollbrachte Werk berechtige, ob er aus dem geleisteten Gehorsam und der bewährten Treue seine Rechtfertigung ableiten dürfe, und dies lehnte er ab.

Diese Aussage, mit der Paulus sein Innerstes aufschließt, zeigt ihn so groß, daß sich mit dem Erstaunen unvermeidlich der Widerspruch regt. Die Kirche sah in ihm vor allem den Zerstörer der Einbildung, die mit Wohlgefallen die frommen Leistungen mißt, um damit das Bewußtsein der Verschuldung zuzudecken. Sie hörte ihn, wenn er uns sagt: „Ihr seid alle unter der Sünde", Röm. 3, 9, und schrieb ihm die Meinung zu, die beständige Erweckung des Schuldbewußtseins sei die Bedingung des Glaubens. Tritt nun Paulus mit der Erklärung, er sei sich nichts bewußt, nicht auf den pharisäischen Standort zurück? Muß er nicht auch von sich bekennen, daß er ein Sünder sei? Es steht ja völlig fest, daß er sich vor Gott als schuldig wußte; wie kann aber ein Sünder ein gutes Gewissen haben? Die Aussage unserer Stelle kehrt aber im Verkehr des Paulus mit allen seinen Gemeinden immer wieder, da er sich ihnen beständig zum Vorbild macht und ihnen durch die Erinnerung an sein Verhalten die Regel für ihr Handeln gibt. Das war ihm nur deshalb möglich, weil ihm sein christliches Verhalten ein Gewissen gab, das ihn nicht beschuldigte.

Schuldig hieß sich Paulus vor Gott nicht nur in jenem entleerten und wertlosen Sinn, daß auch er an der menschlichen Begehrlichkeit und Nichtigkeit Anteil habe, sondern mit dem voll persönlichen Ernst, den die verwerfliche Tat für immer in das Leben legt. Nur dadurch war er Apostel geworden, daß er die Vergebung empfangen hat, und dazu war er es geworden, um den Verschuldeten zu zeigen, daß ihnen vergeben sei. Diese Schuld geschah aber, ehe er Christus kannte, nicht nachdem er mit Christus verbunden war. Im Blick auf seinen Christenstand hat dagegen Paulus nie zugegeben, daß „Christus ein Diener der Sünde sei", Gal. 2, 17, sondern ihn immer als den gepriesen, „durch den man für das Sündigen gestorben sei", Röm. 6, 2.

Wie Paulus das Gericht über sich unterläßt, so sollen es auch die Korinther nicht wagen, ein Urteil über ihn zu fällen. Damit wird dem Gebot des Herrn, Mat. 7, 1, gehorcht. Wie verhält sich aber dieser Verzicht zu 2, 15, wo von dem, der den Geist hat, gesagt wird, daß er alles erforsche? Beide Sätze haben nicht dasselbe Subjekt. Wenn Paulus über sich oder die Korinther über ihn ein Urteil abgäben, so gäbe der Mensch seine Meinung für Wahrheit und Gerechtigkeit aus und verstattete seiner Eigensucht, was sie begehrt, für göttliches Recht zu erklären. Darum schreibt Paulus das Vermögen, das eigene Gewissen und das der anderen zu erforschen, nur dem

zu, den der Geist bewegt. Das ergibt nicht jene Selbstprüfung,
bei der der Mensch in sich den Grund des Glaubens finden
möchte, und ebensowenig jenes Gericht über die anderen, das
sie knechten will. Menschliches Gericht ist „vorzeitig", weil allein der Christus richten kann und richten wird. Paulus verkündet die
neue Ankunft Jesu, und es zeigt sich keine Spur, daß die
Erwartung Jesu in der Gemeinde erschüttert wäre. Die
Schwankung in der Eschatologie hat diesen ihren Kernsatz
noch nicht ergriffen. Dennoch ist es nicht überraschend, daß
Paulus auch über die Verheißung Jesu mit den Korinthern
reden muß. Weil aus der Verheißung Jesu bei ihnen eine Lehre
wurde, die das Zukünftige beschreibt, hat sie ihr gegenwärtiges Handeln nicht mehr normiert. Die Korinther wissen, daß
Christus als der Richter kommen wird, sind aber dadurch
nicht gehindert, jetzt selbst die Richter zu sein. Nur der
Christus kann der Richter sein, weil er in der Weise Gottes
wirksam ist. Das menschliche Urteil scheitert an der Begrenztheit des menschlichen Wissens. Es erfaßt nicht auch das ins
Dunkel Verborgene, nicht das, was die Herzen wollen, vgl.
II 4, 2. Indem Paulus dabei blieb, daß das Herz das Organ
sei, das das inwendige Leben hervorbringe, hat er an einer
bedeutsamen Stelle den griechischen Einfluß von sich abgewehrt.

Weil Jesus in gottheitlicher Weise richten wird, ist sein
Urteil das, das Paulus begehrt. Denn durch seinen Spruch
empfängt er Gottes Lob. Damit ist wieder die Frage berührt,
die sich in beiden Briefen immer wieder vordrängt: wie gewinnt der Mensch den ihn froh und sicher machenden Ruhm?
Lob und Ruhm gehören zusammen. Erteiltes Lob berechtigt
zum Ruhm. Will der Mensch sich rühmen, so sucht er das
Lob der Menschen. Da er sich aber Gottes wegen rühmen soll,
kann er nichts anderes begehren als Gottes Lob, und dieses
empfängt er dann, wenn Christus ihm die Rechtfertigung
gewährt. Würde sich Paulus nicht um Gottes Lob, sondern
um das der Menschen bemühen, so hätte er die Freiheit ver-
scherzt, die ihn von jedem menschlichen Gerichtshof unabhängig macht.

Die Abwehr der Bewunderung
4, 6. 7

Klammert sich der Mensch an den Menschen, so entsteht
hier Zuneigung, dort Abneigung. Bewegt ihn Abneigung,
so richtet er; zieht ihn Zuneigung, so bewundert er. Hier
und dort verbirgt ihm der Mensch Gott; hier und dort urteilt
er, als wäre er sein eigenes Geschöpf und sein eigener Herr.

Was Paulus von 3, 4 an schrieb, sagte er nicht seinet- oder
des Apollos wegen, obgleich er keinen als sich und Apollos
mit Namen genannt hat. Er hat das Gesagte auf sich und
Apollos übertragen und es „umgeformt"; denn er hat dabei
an andere gedacht, die er nicht mit Namen nennt, die aber
in Korinth jeder kennt. Weder er noch Apollos hatten die
Mahnung nötig, daß sie Diener seien, und daß sie die Gemeinde nicht auch für solche öffnen dürfen, die in Gottes
Bau keinen Platz haben, und daß die Verderber der Gemeinde
dem Gericht verfallen. Nicht ihretwegen hat Paulus gesagt,
daß die Gemeinde nicht den Lehrern gehöre und Christus Gott
eigen sei und nicht von einer christlichen Gruppe für sich
allein beansprucht werden könne. Er hat auch weder an sich
noch an Apollos gedacht, als er an das göttliche Urteil über
die Weisheit der Welt erinnerte, das aus ihr eine Torheit
macht, und als er die göttliche Weisheit das Geheimnis
nannte, das erst die zukünftige Welt enthüllen werde. „Um
euretwillen" übertrug er dies auf sich selbst; die, die dies erst
lernen müssen, befinden sich in Korinth. Er wendet sich aber
auch jetzt nicht gegen einzelne Glieder oder Gruppen der
Gemeinde; da diese auf die neuen Lehrer hört, müssen alle
in dem Gegensatz, der zwischen Paulus und ihnen entstanden
war, die Entscheidung finden.

Der Satz bestätigt, was schon 3, 6 erkennen ließ, daß
Paulus zwischen sich und Apollos keinen die Gemeinsamkeit
des Wirkens hemmenden Gegensatz sah. Er hat das Vertrauen
der Gemeinde zu Apollos, das sie bewog, ihn zu sich zu rufen,
mit diesem Wort verstärkt.

Durch das, was er schrieb, wollte Paulus erreichen, „daß ihr
an uns lernt, was es heißt: nicht über das hinauf, was geschrie-

ben ist". Können wir bei dem, was geschrieben ist, nicht
einfach an die vorangehende Spruchreihe denken? Dann wäre
„das Geschriebene" das, was Paulus selbst soeben schrieb,
etwa wie in der kultischen Inschrift, die in Dittenbergers
Sammlung orientalischer Inschriften II 748, 133 steht: ἀδι-
κῶν τὰ ἱερὰ καὶ τοὺς προγόνους ὑπὲρ ὧγ γέγραπται ἐν τῶι βωμῶι
καὶ ἐν τῆι στήληι. Aber das Passiv: „Es ist geschrieben",
γέγραπται, sträubt sich gegen diese Deutung. Paulus sagt,
wenn er von seinem eigenen Schreiben redet, regelmäßig
ἔγραψα; vgl. Philem. 21 ὑπὲρ ὃ λέγω ποιήσεις. Die passive Formel
gehört der rechtlichen Sprache an und steht in der Judenschaft
und Christenheit mit befestigtem Gebrauch von den Satzungen, die im heiligen Gesetzbuch aufgezeichnet sind. Es bliebe
auch unverständlich, warum Paulus das, was sie lernen sollen,
durch eine für sich stehende Sentenz beschrieb und nicht einfach sagte: „Damit ihr lernt, was geschrieben ist."

Die Warnung, sich nicht über das Geschriebene, also nicht
über das alttestamentliche Gesetz zu erheben, scheint an
dieser Stelle rätselhaft zu bleiben, weil wir durch die vorangehenden Sätze nicht darauf vorbereitet sind, daß die Korinther die Neigung haben, auf das Alte Testament herab-
zusehen. Das Rätsel läßt sich auch nicht dadurch aufklären,
daß an die von Paulus zitierten alttestamentlichen Worte
1, 31 = Jerem. 9, 22 und 3, 19. 20 = Hiob 5, 12; Ps. 94, 11
erinnert wird. An eine Überbietung läßt sich bei jenen Zi-
taten nicht denken; ihnen gegenüber ist nur zweierlei denkbar:
entweder Gehorsam oder Widerspruch; entweder rühmen sich
die Korinther der Menschen und sind auf ihre Weisheit stolz,
oder sie verhalten sich so, wie die Schrift es verlangt, rühmen
sich Gottes und ehren sein Urteil, das die Weisheit der Welt
verwirft. „Über das hinauf, was geschrieben ist" spricht aber
nicht von Ungehorsam gegen die geschriebenen Gebote, ὑπέρ
ist nicht dasselbe wie κατά, hier so wenig wie II 11, 23, wo
er mit ὑπέρ seinen Dienst über den der Apostel stellt. Verlangt
wird in Korinth die Überbietung der alttestamentlichen
Satzungen. Die von Paulus gebrauchte Formel läßt sich nur
verstehen, wenn sie nicht einzelne biblische Worte, sondern
den Kanon als Ganzes fraglich macht. Sie sagt: das, was

geschrieben ist, bindet deshalb, weil es geschrieben ist, den
Christen nicht; er steht nicht unter dem Gesetz, ist mehr als
ein Jude, kann mehr als jener und hat die Vollmacht, auch das
zu tun, was im Gesetz verboten war.

Wenn wir nur Kap. 1–3 lesen, kann es uns grundlos und
unvermittelt scheinen, daß sich Paulus hier gegen die Mißachtung des Alten Testaments wendet. Das gibt aber keine
Einrede gegen die Deutung des Spruchs, die sein Wortlaut
verlangt, da diese Überraschung nur daher rührt, daß wir
von der Lage in Korinth noch wenig erfuhren. Dort war aber
der Anlaß, der den Gedanken des Paulus nach dieser Seite
wandte, allen gegenwärtig; denn Grund zu dieser Mahnung
gab das, was in Korinth geschah, genug.

Das mosaische Verbot der Ehe mit der Stiefmutter wurde öf-
fentlich übertreten. Eine mosaische Satzung bindet den Christen
nicht mehr. Die Anrufung der städtischen Richter und der Genuß des den Göttern Geopferten wird für unbedenklich erklärt;
denn das Geschriebene bindet nicht. In der Gemeinde wird gepredigt: „Alles ist erlaubt"; das war die grundsätzliche Über-
schreitung der Schrift; das Gesetz mit seinen Verboten, die das
Erlaubte vom Verbotenen trennen, liegt hinter der Christenheit.

Paulus verband aber die Warnung vor der Überbietung
der Schrift nicht erst mit dem, wovon er gleich sprechen wird,
sondern mit dem, was er über das Amt und die Weisheit
gesagt hat. Liegt wirklich Anlaß vor, darüber zu staunen?
In Korinth hatten sie Paulus überholt und sahen auf ihn
herab; standen sie nun etwa noch unter der Schrift? Sie
hatten eine Weisheit, die reicher war als die Botschaft Jesu;
sollte nun noch die Schrift ihr Kanon sein? Sie waren vom
Alten Testament noch weiter entfernt als vom Wort Jesu.
Sie banden die Gemeinde an sich, weil ihnen ihre Weisheit
die Macht gab, sie zu führen. Durch sie waren sie befähigt,
zu gebieten und zu verbieten. Was sie geboten, holten sie
nicht aus der Schrift, bewährten vielmehr ihre Weisheit dadurch, daß sie Anderes, Besseres, Größeres sagten als das,
was schon die Schrift enthielt. Sie hatten eine autonome Ethik;
wer aber eine solche hat, hat keinen geschriebenen Kanon
mehr. Wenn dagegen Paulus und Apollos das göttliche Urteil

über die Weisheit der Welt anerkannten und in der Weisheit
Gottes das Geheimnis ehrten, das sich erst in der neuen Welt
offenbaren wird, wenn sie also keine Erkenntnis geltend
machten, durch die sich der eine über den anderen erheben
könnte, und sie kein Herrscherrecht für sich beanspruchten,
dann führten Paulus und Apollos den Menschen an den Ort
vor Gott, den ihm die Schrift angewiesen hat, die dem Menschen sagt, er sei nichts vor Gott, weil sie Gottes Weisheit,
Gottes Wirksamkeit und Gottes Gericht bezeugt.

Daß gegen Paulus die Mose gegebene Herrlichkeit gepriesen
wurde, steht mit der Erhebung über die Schrift in keinem
Widerspruch. Mit dem Grundsatz: „Hinauf über das Geschriebene!" war nicht die Beseitigung des Alten Testaments verlangt.
Wie es Stufen im Einzelleben gab und „Vollkommene" über
„die Unmündigen" gesetzt wurden, so unterschied man in
Korinth auch im Gang des Volkes Gottes übereinander auf-
gebaute Stufen. Darum bleibt Paulus dabei, die Schrift zu
zitieren, ohne die Einrede zu erwarten, daß sie wertlos sei,
und darum konnte ihm vorgehalten werden, daß ihm die
Herrlichkeit Moses fehle, II 3, 7–13. Aber über dem, was das
Gesetz der alten Gemeinde verschafft hatte, stand diejenige
Gemeinschaft mit Gott, die die besaßen, die Christus ange-
hörten, wie sich diese über die erhoben, die noch von einem
Apostel abhängig waren, und wie sich die, die Petrus kannten,
denen überlegen wußten, die bloß Paulus gehört hatten.

Aus der Überhebung über die Schrift entsteht die Verehrung für die Lehrer, die aus ihnen die Herren der Gemeinde
macht. Wenn nicht jeder Lehrer seine Gruppe auf seine Erkenntnis verpflichtet, sondern die Schrift die für alle gültige
Norm bleibt, dann hat die Gemeinde gelernt, „daß sich nicht
einer für den einen gegen den andern überheben darf". „Für
den einen — gegen den andern", das ist die doppelte Haltung,
die die Parteiung kennzeichnet. Der eine wird gepriesen, der
andere mißachtet. Zur Erhöhung des eigenen Führers wird
der andere herabgedrückt. Der eigene Christenstand wird
hoch gepriesen, der des Paulus dagegen angezweifelt. Der
eine Apostel wird zum geringsten, der andere zum besonders
apostolischen Apostel gemacht, I 15, 9; II 11, 5; 12, 11. Das

ist aber nur denen möglich, die sich über die Schrift erheben. Sind alle an sie gebunden und ihr gegenüber die Lernenden, so bleibt deutlich, daß man einen Apostel weder verherrlichen noch erniedrigen kann. Denn dann bleibt er der, der das, was er hat, empfangen hat. Dann kann er aber auch nicht mehr zum Schirmherrn einer Partei gemacht werden, was nur deshalb geschieht, weil jedes Glied der Partei mit dem Ruhm ihres Führers seine eigene, persönliche Eitelkeit nährt. Gegen diese steht Paulus beständig im Kampf, I 4, 18; 5, 2; 8, 1; II 10, 12; 11, 12, und dies ist nicht seltsam, nachdem die Erkenntnis über die Botschaft Jesu gestellt und von der Freiheit jede Beschränkung weggenommen war.

Wie konnte aber Paulus eine so gewichtige Frage wie die Ablehnung des Alten Testaments mit einer so kurzen Bemerkung erledigen? Sie trat nicht isoliert für sich auf, sondern ergab sich aus der Frage nach der in der Kirche gültigen Autorität. Wenn der Geist die, die er jetzt zu Lehrern machte, über alle vor ihnen und neben ihnen Redenden erhob, so daß Paulus und die Apostel und die Botschaft Jesu unter ihnen standen, hatte auch die Schrift nur noch eine begrenzte Geltung. Darum bemüht sich Paulus darum, der Autorität der Lehrenden die richtige Begründung zu geben. Würde das Bekenntnis: „Wir sind des Christus" so verstanden, wie Paulus es der Gemeinde gedeutet hat, dann behielten alle, Paulus, die Apostel, das Evangelium, die Schrift, den ihnen zukommenden Platz nach der Regel, daß alles der Gemeinde ihr zur Hilfe und Stärkung übergeben sei.

Paulus entfernt die Verehrung der Großen aus der Gemeinde. Wer zeichnet dich aus? Niemand. Dein Vorzug ist nur Einbildung, und wenn er Wirklichkeit ist, so ist es Gott, der dich bevorzugt hat. Dann bist auch du einer, der empfangen hat, womit der Grund zum Ruhm beseitigt ist. Da in εἰ δὲ καί ἔλαβες das καί undeutlich ist, ließe sich vermuten, ein σύ sei ausgefallen: εἰ δὲ καὶ σὺ ἔλαβες, oder es liege wenigstens so stark im Gedanken des Paulus, daß es das καί hervorgerufen habe. Vielleicht schließt aber καί das ἔλαβες an ἔχεις an. Du besitzest; das ist Kraft und Ehre; aber du besitzest nicht nur, sondern hast noch etwas anderes erlebt, auch das Empfangen.

Der Widerspruch zwischen dem Verhalten des Paulus
und dem der Korinther

4, 8–13

Verehrungswürdiger Glanz setzt eine günstige Lage voraus. Den Korinthern war es gelungen, sich eine solche zu verschaffen. Durch die Rechtsprechung Gallios waren sie gesichert, und der in der Stadt mächtige Antisemitismus hemmte die Unternehmungen der Judenschaft, die vielleicht auch durch die Übertritte ihrer Archisynagogen Krispus (und Sosthenes) geschwächt war. Daraus entstand zwischen den Zuständen in Korinth und den Erlebnissen des Paulus in Ephesus ein mächtiger Gegensatz, der die Korinther von Paulus wegtrieb. Der zweite Brief ist deshalb in großen Teilen eine gewaltige Parallele zu dem, was Paulus schon hier mit unverkennbarer Schärfe sagt. Es war aber nicht nur die günstige Stellung der Gemeinde in der Stadt, die ihr ihre wohlgemute Sicherheit gab. Sie empfand auch ihren geistlichen Besitz als groß. War sie nicht reich begnadet, eine blühende Gemeinde, die Grund hatte, sich dessen zu rühmen, was sie war? Dann war es aber auch eine durchaus verständige Politik, wenn sie alle Konflikte mit ihrer Umgebung vermied und sich in der griechischen Welt eine geachtete Stellung verschaffte. Dem war aber ein schweres Hindernis bereitet, wenn ihr Apostel überall verachtet, gehaßt und mißhandelt war.

Das nachdrücklich wiederholte ἤδη ist eine Parallele zu πρὸ καιροῦ 4, 5. Wie sie vorzeitig richten, so sind sie auch vorzeitig satt geworden. Einst erfüllt Christus freilich das Verlangen seiner Christenheit und gibt ihr an Gottes Reichtum und an seiner königlichen Offenbarung teil. Paulus hat die Verheißungen Jesu, die den Hungernden das Sattwerden und den Gebeugten den Besitz der Erde und den Verfolgten den Anteil an der Herrschaft Gottes verhießen, nicht verhüllt. Er widerspricht aber mit diesem „Schon!" der Selbsttäuschung, die sich den Gegensatz verhüllt, der die Gemeinde von der Welt trennt. Zum königlichen Herrschen ist es für sie noch nicht Zeit. Ohne die eigensüchtige Verfärbung der Hoffnung wäre es nicht zu dieser befriedigten Schätzung des

schon Erreichten gekommen, die dadurch widerlegt wird, daß
nur sie, nicht aber die Apostel an dieser königlichen Freiheit und Machtübung teilhaben. Die Formel „mitherrschen"
hatte ihren ursprünglichen Ort im Verhältnis der Gemeinde
zum Christus; übertragen auf das Verhältnis der Apostel zur
Gemeinde wird sie zu einer scharf geschliffenen Ironie.
Wer königliche Würde und Macht hat, ist ein Freier. Wir
können nicht mehr überrascht sein, wenn wir von der Gemeinde hören, daß sie für ihre Freiheit keine Beschränkungen
zuläßt und die apostolische Führung für entbehrlich hält.
Für königlich Herrschende ziemt es sich, daß sie von sich
Großes sagen und kühne Pläne haben; sie sind „Wagende",
II 11, 21, und ihr Ruhm hat kein Maß, II 10, 12.

Die, die schon jetzt zur Ausübung göttlicher Herrschaft
gelangten, sind erste; erst in weitem Abstand folgen ihnen
die Apostel als letzte. Das ihnen auferlegte Maß von Leiden
läßt vermuten, daß Gott sie zuallerletzt in sein Reich bringen
werde. In beiden Briefen hat Paulus, als er sich mit den Aposteln verglich, seine Überlegenheit über sie dadurch begründet,
daß von ihm ein größeres Maß von Beschwerden und Leiden
getragen werde als von ihnen; dem περισσότερον αὐτῶν πάντων ἐκοπίασα, I 15, 10, entspricht genau das ὑπὲρ ἐγώ II 11, 23.
Das macht sichtbar, daß die Einrede gegen den kämpfenden
und leidenden Paulus in Korinth andauernd damit begründet
wurde, daß die ersten Apostel nicht im selben Maß mit Leiden
heimgesucht seien wie er. Er hat auf diesen Vorwurf geantwortet, das besondere Maß von Mühsal, das er zu tragen habe,
sei sein Ruhm. Allein vor diese Antwort, die auf den Unterschied zwischen ihm und den anderen eingeht, hat er hier mit
starkem Ton „uns die Apostel" gesetzt, das ihn mit allen
Aposteln zur Gemeinschaft des Leidens vereint; vgl. II 12,
12. Sein Leiden entsteht nicht aus seiner Eigenart oder aus
seiner besonderen Arbeitsweise, sondern haftet am Botenamt, das die Herrschaft Jesu verkündet. Leiden ist ein Kennzeichen des Apostolats. Bote Jesu sein hat zur Folge, daß
ihnen das Recht zu leben verweigert wird und die ihnen
angetane Schande und Pein aus ihnen ein Schauspiel macht.
Die Formel θέατρον γενηθῆναι entstand daraus, daß die Schau-

bühne auch zur Folterung und Hinrichtung gebraucht wurde;
die wollüstige Grausamkeit der Antiken machte auch aus der
Marter ein Spiel. Die Größe des Leidens spiegelt sich in der
Menge der Beschauer, deren Blick es auf sich zieht. Die
Menschheit, der Kosmos, sieht staunend auf das Leiden der
Apostel. Dazu tritt noch steigernd hinzu: „und Engel und
Menschen". Es ist menschlich, daß der Mensch vor großem
Leid erschüttert verweilt und es beschaut. Dasselbe wider-
fährt aber auch Engeln; auch ihren Blick zieht der Kampf,
den Paulus zu bestehen hat, auf sich. Nur an den Platz der
Zuschauer stellt Paulus die Welt; davon, daß sie ihm das
Leiden auflegt, spricht er nicht. „Gott hat uns zu letzten gemacht"; weil der Blick auf Gott gerichtet bleibt, verschwinden die Verfolger. Paulus sieht auf das Leiden der Apostel,
wie er auf das Kreuz Jesu sah, wo ebenfalls die, die Jesus
kreuzigten, für ihn verschwanden und Gott allein handelte.
Weil nicht die Menschen die Macht haben, ihm Leiden zu
bereiten, entsteht in ihm kein Haß; aus demselben Grunde
muß aber auch jede Zumutung, daß er sich schonen müsse,
verstummen.

Damit streitet das, was in Korinth geschieht, schroff.
Neben den für Narren erklärten, machtlos gemachten und
ehrlosen Aposteln stehen die klugen, starken, geehrten Christen Korinths. Die drei in Korinth hochgeschätzten Güter,
die 1, 26 nebeneinandergestellt waren, stehen auch hier beisammen. Obwohl es seltsam ist, daß das Geschick der Gemeinde nicht dem der Apostel folgt, wird dieser Gegensatz
nicht so gedeutet, daß Christentum neben dem Abfall von
Christus stände. Wie die Apostel des Christus wegen Narren
sind, so sind die Korinther im Christus klug; vgl. I 10, 15;
II 11, 19. Sonst hätte Paulus auch nicht gewünscht, an ihrem
herrlichen Los teilzubekommen. Dies hätte er auch nicht als
Ironie gesagt, wenn er den Korinthern vorhielte, sie erkauften
ihre Sicherheit durch die Verleugnung Jesu. Er ehrt sowohl
in seinem Geschick als in dem der Gemeinde den in allem
waltenden Willen des Herrn. Daß sie sicher und einflußreich
sind, heißt er die Gabe, die sie durch den mit ihnen verbundenen
Christus, ἐν Χριστῷ, empfangen haben. Das sagt er auch im

zweiten Brief, 4, 12. Seinen Boten mutet der Herr aber Schwereres zu, Mangel an allem, Mißhandlung und Verfolgung. Auch die Handarbeit, mit der Paulus sich die Lebensmittel verschafft,[1] stellt er in diese Reihe, ebenso das unbegrenzte Dulden, mit dem er jeden Angriff beantwortet. Allen fehlgreifenden Urteilen und Verdächtigungen setzt er nicht tätlichen Widerstand, sondern nur die Mahnung entgegen. Sein einziges Mittel, sich zu wehren, ist das Wort. Offenbar beruht auch bei Paulus die passive Haltung, die dem Leiden nur die Geduld entgegenstellt, auf Jesu Gebot. So werden die Worte, die einen Menschen in der empfindlichsten Weise entehren, der zutreffende Ausdruck für das, was die Apostel im menschlichen Urteil sind: ein Auswurf der Menschheit, mit dem sich niemand abgeben kann, ohne seine Ehre zu verlieren.

Hier traf jedes Wort die korinthischen Lehrer tief. Während Paulus Mangel an Nahrung und Kleidung leidet, sind die Korinther besoldet. Paulus läßt sich schlagen; sie wahren ihr Ansehen und erwarten, daß man sie ehre. Paulus ist heimatlos; sie sind seßhaft in Korinth und lassen sich nicht auf die Wanderpredigt ein. Paulus lebt von der Handarbeit: die Korinther lehnen sie ab. Sie empfanden diese Haltung des Paulus als Druck, gegen den sie sich sträubten; sie gaben nicht zu, daß er wegen seiner Beschwerden vor ihnen im Vorsprung sei, II 11, 12.

Die Verse zeigen nicht alles, was Paulus in Ephesus erlebt hat. Der Bericht des Lukas über den großen Erfolg des Paulus in Ephesus gibt zu dieser Schilderung die Kehrseite; vgl. I 16, 9. Auch sein innerliches Verhältnis zum Leiden kommt in diesen Worten nicht ganz zum Ausdruck. Was ihm angetan wird, ist hier nur nach seiner peinvollen Bitterkeit als Leiden gewertet; daß er aber von seiner Schwachheit seine Kraft empfängt und durch sein beständiges Sterben zum apostolischen Wirken fähig gemacht wird, das war nicht erst im zweiten Brief seine Überzeugung. Das hebt aber die bittere Wahrheit dieser Beschreibung seiner Lage in Ephesus nicht auf; I 15, 30–32 bestätigt sie, und der zweite Brief beschäftigt sich eingehend mit der Menge seiner Leiden. Wie Paulus die

---

[1] Von der Handarbeit des Paulus in Ephesus spricht Apgsch. 20, 34.

Tragkraft, die aus ihm in allem Leiden den Überwinder machte, nicht dadurch gewann, daß er sich die bittere Not seiner Lage verhüllte, so ließ er es auch der Christenheit nicht zu, daß sie sich über die Schwere des Kampfes, in dem sie stand, täusche; vgl. I 7, 28. 29. Täte sie es, so öffnete sie die Türe zu sich so weit, daß ihr Bau schließlich aus Holz, Stroh und Heu bestände, I 3, 12. Darum nötigte er die Korinther durch diese starken Worte zur Besinnung, ob sie ganz auf reinem Weg zu ihrer christlichen Größe und Berühmtheit kommen. Darüber sich zu besinnen, haben sie Grund, wenn sie sich deshalb von Paulus abwenden, weil sie mit einem so verrufenen und mißhandelten Manne keine Gemeinschaft wünschen.

Die Einladung zur Gemeinschaft mit Paulus
4, 14–16

Seine Lage hat ihnen Paulus dazu geschildert, damit sie ihn nachahmen. Sie denken und handeln wie er, wenn sie frei von Leidensscheu und zu jeder Entsagung fähig durch kein Leiden von Jesus getrennt werden. Das ist ein hohes Ziel, das er ihnen nicht zeigen könnte, wenn er nicht innerlich mit dem Leiden zurechtkäme und in ihm nicht nur Not, sondern auch Kraft empfinge. Die Korinther könnte freilich glühende Scham fassen, wenn sie ihr bequemes Christentum neben das stellen, was Paulus trug. Aber er hat nicht deshalb von seinem Leiden gesprochen, um sie zu beschämen; denn geliebte Kinder beschämt man nicht. Was er sagt, ist nicht Bestrafung ihres Verhaltens durch Verletzung ihrer Ehre, sondern Zurechtweisung, die das Böse abwehrt und ihnen die Stelle zeigt, an der sich ihnen die Verirrung nahte; es ist somit ein heilsames und väterliches Wort.[1]

Paulus hat zwischen Worten unterschieden, die er zur Beschämung sagt, und Worten, die nicht beschämen, wohl aber warnen sollen. Wenn die Korinther die heidnischen Richter

---

[1] Herodes βραχέα μὲν ἠπείλησεν ὡς βασιλεύς, τὰ πολλὰ δὲ ἐνουθέτησεν ὡς πατήρ, Jos. b 1, 481. Gott λήψεσθαι τιμωρίαν οὐκ ἀξίαν μὲν τῶν ἁμαρτημάτων, οἵαν δὲ οἱ πατέρες ἐπὶ νουθεσίᾳ τοῖς τέκνοις ἐπιφέρουσι a 3, 311.

anrufen und aus Unkenntnis Gottes an der Auferstehung zweifeln, so hält er ihnen dies vor, damit sie sich schämen, I 6, 5; 15, 34. Aber der Unterschied zwischen seiner und ihrer Lage müßte sie nur dann beschämen, wenn er durch ihre Feigheit entstände, die sich fürchtet, sich zu Jesus zu bekennen. Diesen Vorwurf hat aber Paulus den Korinthern nicht gemacht. Aber Mahnung bedürfen sie, damit sie sich nicht mit ihrem Vorzug brüsten und den leidenden Paulus nicht mißachten.

Seine Gemeinschaft mit den Korinthern empfand Paulus als unzerstörbar und unersetzlich. Darum verstärkt er das, was er mit I 3, 2 über sein Verhältnis zu ihnen gesagt hat. Dort nannte er sich ihren Ernährer; hier heißt er sich ihren Vater, sie seine Kinder. Neben den Vater stellt er den Pädagogen, den Stellvertreter des Vaters, der mit väterlichen Funktionen beauftragt werden, aber nie den Vater ersetzen kann. Er ist in beliebiger Menge anstellbar, während der, der das Leben erzeugt, nur einer ist. Da er damit für sein Wirken eine besonders inhaltsvolle Formel prägt, gibt er sorgfältig an, was ihm das Vermögen gibt, Leben mitzuteilen: im Christus durch die heilsame Botschaft gab er den Korinthern das Leben. Darum stellt ihn seine väterliche Autorität nicht so über die Gemeinde, daß er aufhörte, ein Bruder zu sein. Auch er hat das Evangelium, wie die Korinther, empfangen, I 9, 23, und ist dadurch als Glied in die Gemeinde hineingesetzt und damit zu einem der Brüder gemacht. Weil sie aber das Evangelium mit seiner rettenden Kraft von ihm empfangen haben, ist er, der ihr Bruder ist, zugleich ihr Vater. Dabei macht er innerhalb der Gemeinde keinen Unterschied, sondern stellt auch die später in sie Eingetretenen, die von Apollos und von neuen Meistern Gewonnenen, zu sich in das Kindesverhältnis; denn sie wären nicht Christen geworden, wenn es nicht schon eine Gemeinde Jesu in Korinth gegeben hätte, und diese war das Werk des Paulus.

Indem er sich als den Vater der Gemeinde fühlt und so nennt, behält er einen Gedanken bei, der im palästinischen Lehrhaus Wichtigkeit erhalten hat. Dort hießen die Lehrer nicht selten Abba; denn ihr Unterricht verschafft ihren Jüngern das Leben. Sie sagen ihnen Gottes Gebot, das ihnen zeigt,

was Sünde und was Gerechtigkeit ist. Wer aber von der
Sünde wegführt, führt vom Tode weg, und wer zum richtigen
Werk anleitet, führt ins Leben. Was der Rabbi vom Gesetz
sagte, sagte Paulus vollends vom Evangelium. Dagegen stößt
die Sprechweise des Paulus mit Mat. 23, 9 zusammen, ähnlich
wie sein Gebrauch des Eids gegen Mat. 5, 34 verstößt. Aber
zum Titel, mit dem er prunken wollte, hat Paulus den Vater-
namen nicht gemacht. Er hat sich nicht Abba Paulus genannt. Dadurch hätte er verdunkelt, daß er selber nichts
war und Leben nur deshalb zu zeugen vermochte, weil er
„Gottes Gehilfe" war. Da er aber denen, denen er das Wort
gab, mit dem Wort das Leben gab, stand er in der von ihm
gesammelten Gemeinde als ihr Vater und sah in ihr seine
Kinderschar. Von sich unterschieden und in die Schar der
Pädagogen verwiesen hat er dagegen alle, die kein wirksames,
Leben schaffendes Wort besaßen, sondern ihren Hörern nur
Erkenntnisse anboten.

Aus der Lebensgemeinschaft entsteht durch die Angleichung der Kinder an den Vater die Willensgemeinschaft und
die Gemeinsamkeit der Tat. Dazu hat Paulus ihnen sein
Verhalten beschrieben, damit sie das ihre nach dem seinen
bilden. Durch diesen Anspruch bleibt die Freiheit, die Paulus
durch I 3, 22 der Gemeinde zugesprochen hat, unverletzt.
Daß Paulus ihr gehört, wird eben dadurch wirksam, daß sie
ihr Denken und Handeln dem seinen gleichartig macht. Dann
freilich würde daraus die Einübung einer ihnen fremd bleibenden Regel und die Übernahme einer nicht in ihnen selbst
begründeten Lehre werden, wenn er nicht ihr Vater wäre, der
ihnen das Leben gab. Nun aber ist das Wort, das er in sie
hineingelegt hat, die Kraft, die ihnen ihr Wollen und Handeln
gibt. Das ergab freilich einen wirksamen Widerspruch gegen
die autonome Ethik der Korinther, die mit dem Grundsatz,
daß ihnen alles erlaubt sei, die Selbstherrlichkeit des einzelnen
verkündete. Wenn ihnen die Erinnerung an Paulus das Gesetz
ihres Handelns gab, waren sie über sich selbst und über die
Allgewalt ihrer eigenen Begehrung emporgehoben, zumal da
die Nachahmung des Paulus sie an seinem Leidensweg beteiligte; vgl. I 11, 1.

11*

Paulus setzt den Verkehr mit der Gemeinde fort

4, 17–21

Unzerstörbar und unersetzlich ist die Gemeinschaft des Paulus mit den Korinthern, wie es die des Vaters mit seinen Kindern ist. Darum kann er seinen Verkehr mit ihnen nicht abbrechen. Im gegenwärtigen Augenblick stellt er ihn dadurch her, daß er Timotheus zu ihnen sandte. Durch I 16, 10. 11 erfahren wir freilich, daß Timotheus beauftragt war, zuerst zu den makedonischen Gemeinden zu gehen, vgl. Apgsch. 19, 22. Es müssen auch aus diesen Gemeinden Nachrichten zu Paulus gelangt sein, die sein Eingreifen unentbehrlich machten; wir wissen aber darüber nichts. Vermutlich war Timotheus schon abgesandt, als die Überbringer des korinthischen Briefs bei Paulus eintrafen und ihn über das, was in Korinth geschehen war, unterrichteten. Timotheus ist wirklich imstande, die Korinther mit Paulus zu verbinden; denn er ist „sein geliebtes und zuverlässiges Kind". Aber auch hier spricht Paulus nicht von Vaterschaft, ohne daß er auf das göttliche Wirken hinzeigt, durch das allein Leben, somit Vaterschaft und Kindschaft entsteht. Das Kind des Paulus ist Timotheus ἐν κυρίῳ. Zunächst ist κύριος der Name Gottes; für Paulus hatte aber ἐν κυρίῳ neben ἐν τῷ κυρίῳ = ἐν Χριστῷ nicht mehr einen deutlich empfundenen, besonderen Sinn. Für ihn gab es ein Sein in Gott nur deshalb, weil Gott im Christus wirksam ist, und ein Sein im Christus nur deshalb, weil Christus mit Gottes Kraft wirksam ist.

Timotheus soll den Korinthern nichts Neues bringen, sondern „sie erinnern". Was er in ihrer Erinnerung neu beleben soll, sind „die Wege des Paulus", die Weise, wie er handelt und dem Willen Gottes in jeder neuen Lage gehorcht. Immer wieder tritt es als die völlig feststehende Regel heraus, daß Paulus von einer Lehre, die sich nur an das Denkvermögen des Menschen wende, nichts weiß; sein Ziel ist die Gestaltung unseres Handelns durch Gott. Wieder wird der Gedanke abgewehrt, daß er eine eigenmächtige Herrschaft über die Gemeinde anstrebe. Seine Wege sind deshalb für die Gemeinde

das Vorbild, weil sie „im Christus" sind; er handelt durch
das, was Christus aus ihm macht.

Wer über „die Wege" des Menschen redet, „lehrt". Der
Unterschied zwischen „der Lehre" und „der heilsamen Botschaft" tritt klar heraus. Die Botschaft unterrichtet über
das Werk des Christus; die Lehre unterweist den Menschen
darüber, wie er zu handeln hat. Darum ist es wichtig, daß die
in Korinth gültige Lehre mit dem in Übereinstimmung bleibe,
was in allen Gemeinden gelehrt wird. Die, die die Gemeinde
vom Apostel freimachen wollten, hoben auch ihre Verbundenheit mit den anderen Gemeinden auf. Sie würde aber ihre
Freiheit mißbrauchen, wenn sie sich von diesen absonderte.
Weil sie die Leistung, die der Christenheit aufgegeben ist,
gemeinsam mit den anderen Gemeinden zu vollbringen hat,
ist die Rücksicht auf diese ein wichtiges Motiv bei ihren Ent-
schließungen, und dabei kann ihnen Timotheus in besonderem
Maß behilflich sein, weil er die paulinischen Gemeinden alle
kennt.

Aber die Nachricht über die Absendung des Timotheus
bedarf einer sie schützenden Bemerkung. Sie würde mißdeutet, wenn die Korinther aus ihr entnähmen, daß Paulus
selber nicht mehr komme. Die kurze Bemerkung zeigt, daß
sich die Gegner schon weit vorgewagt haben und sich bereits
einbildeten, sie hätten die Gemeinde fest an sich gebunden.
Daß sie ihr versprachen, Paulus erkenne ihre Selbständigkeit
an und werde sie nicht mehr besuchen, heißt Paulus auf-
geblasene Eitelkeit und überspanntes Selbstbewußtsein, das
er ihnen auch II 10, 12 mit einem starken Wort zugeschrieben
hat. Furcht war nicht das Merkmal seiner Gegner; er denkt sie
sich nicht als Asketen, die mit der Büßung ihrer Sünden beschäftigt sind, auch nicht als vom Widerstand ihres Volkes
und der Welt bedrückt. Ihr Bekenntnis zum Christus ließ
Verzagtheit und Kleinmut nicht zu. Im ersten Brief erläutert
I 7, 40 ihr Versprechen, daß Paulus nicht mehr kommen werde,
da Paulus dort von sich sagt: „Auch ich meine, Geist Gottes
zu haben", womit er auf die hinzeigt, die sagen, sie, nicht
Paulus, haben Gottes Geist, jedenfalls sie mehr als er. Im
zweiten Brief schreibt er ihnen den Wunsch, daß er auf Be-

suche in Korinth verzichte, II 10, 14 zu; ὡς μὴ ἐφικνούμενοι
εἰς ὑμᾶς ist eine Parallele zu I 4, 18, und dieser Wunsch ist
dort sehr verständlich, da Paulus ankündigt, er werde als
Kämpfer kommen und die von ihnen errichteten Wälle niederreißen, II 10, 5. Wenn sie den Geist Gottes ebenso wie er,
ja noch mehr als er hatten und mit dem Christus noch stärker
verbunden waren als er, war es in der Tat überflüssig, daß
auch er nach Korinth komme; dann konnte sein Besuch für
die Gemeinde nur eine Störung sein.

Paulus war entschlossen, bald nach Korinth zu gehen.[1]
Freilich zeigt I 16, 5–9, daß er damals seine Reise ebenso wie
die des Timotheus einrichten und zuerst die makedonischen
Gemeinden besuchen wollte, und daß er an eine Reise nach
Korinth erst für den Zeitpunkt dachte, an dem er seine Wirksamkeit in Ephesus beendigte. Sein „bald" sagt aber deutlich, daß er nicht mehr lange in Ephesus zu bleiben vorhatte.

Bei seiner Begegnung mit den Korinthern wird er von ihnen
mehr als Worte verlangen. Sie werden zu zeigen haben, was
sie können und bewirken. Wort und Kraft stehen hier in
derselben Weise als Gegensatz gegeneinander wie Weisheit
und Kraft, I 1, 17. 18. Auf diesen Maßstab, nach dem die
großen Worte wertlos sind und Kraft von ihnen verlangt wird,
kann Paulus nicht verzichten, weil er sich aus der Herrschaft
Gottes ergibt. Geschähe diese durch Worte, so wären die die
Führer der Kirche, die große Worte sagen. Nun geschieht sie aber
durch Kraft, weil sie Gottes königlich gebende und wirkende
Herrlichkeit offenbart. Hier erscheint „die Herrschaft Gottes"
als der Oberbegriff, unter den jede Aussage über den Christus
und die Christenheit gestellt wird. Das konnte nicht anders
sein, solange der Name „Christus" noch nicht zur leeren
Formel erstarrt war. War mit dem Namen „Christus" gesagt,
Jesus sei der zur Herrschaft Erhöhte, so war die Herrschaft
Gottes der Inhalt des christlichen Werks. Paulus war dessen
gewiß, daß Gottes Kraft mit ihrer übergroßen Stärke jederzeit mit ihm sei, II 4, 7, so daß sich bei ihm das Wort und das
Werk nicht trennen, II 10, 11.

---

[1] ἐὰν ὁ κύριος θελήσῃ vgl. Apgsch. 18, 21 in meinem Kommentar zu
Lukas.

Das Bild der korinthischen Gemeinde, das Paulus beim
Gedanken an seinen Besuch vorschwebte, war getrübt. Er
erwägt, daß das, was in Korinth geschah, ihn zum Gebrauch
seiner strafenden Macht nötigen könne. Daran, daß er seinen
Verkehr mit den Korinthern aufgäbe, kann er nicht denken.
Wenn sein Verkehr mit ihnen nicht friedlich und heilsam sein
kann, muß Züchtigung stattfinden. Die werden sie von ihm
empfangen, die er zur Gemeinde rechnet und mit seinem
ὑμεῖς umfaßt, nicht die, die er als die Verderber der Gemeinde
von ihr sondern wird. Ihnen hat er die Gemeinschaft aufgesagt, I 16, 22; II 10, 2. Noch ist es aber nicht gewiß, daß er
als der Strafende kommen müsse. Noch ist es möglich — und
dazu schrieb er ja seinen Brief —, daß ihn die Liebe zu seinen
geliebten Kindern führe und der Geist der Sanftmut seinen
Umgang mit ihnen ordne.

Der Gegensatz „Stock oder Liebe" sagt nicht, daß sein
strafendes Handeln einer anderen Absicht folge als der,
die die Liebe hat. Er straft nicht, weil sein Ehrgeiz verletzt
oder sein eigensinniger Machtwille gehindert worden ist.
Wenn er straft, so tut er es, damit der Widerspruch gegen
das Sündliche Kraft und Tat werde und nicht in leeren
Worten untergehe. Es ist aber ein deutlich verschiedenes
Motiv, ob ihn die Notwendigkeit zu strafen zu ihnen ruft
oder ob er deshalb kommen kann, weil die Liebe sie verbindet und es für beide Teile zum Gewinn macht, daß sie
einander sehen.

Die Formel „durch Geist der Sanftmut", ἐν πνεύματι
πραΰτητος, ist in Gal. 6, 1 mit der Mahnung verbunden, Gefallene aufzurichten. Von der Sanftmut wird der Zorn ausgeschlossen, der die Sündigenden entehrt, die Verachtung
abgewehrt, die die Gemeinschaft mit ihnen ablehnt, und die
Bestrafung vermieden, die sie aus der Gemeinde entfernt. Das
ist derselbe Gegensatz wie hier, wo der gelassen machende
Geist dem Stock entgegensteht. Vom Geist der Gelassenheit
sprach Paulus hier und dort, weil das Vermögen, Sündliches
zu vergeben und so zu tragen, daß es überwunden wird, nur
dann bei uns ist, wenn der Geist mit seiner schöpferischen
Kraft unser Inwendiges beherrscht und bewegt.

Damit beendet Paulus die mit 1, 10 begonnene Darlegung, durch die er eine schwierige Lage mit größtem Lehrgeschick beleuchtet hat. Was in Korinth geschah, brachte ihn deshalb in eine schwierige Lage, weil es ihn persönlich traf und seine eigensten Rechte verletzte, zugleich aber das Lehrziel fraglich machte, dem das in der Gemeinde zu sagende Wort zu dienen hat, und mit dem Lehrziel auch die Stellung verdunkelte, die dem Verkünder des Worts in der Gemeinde gebührt. Durch einen musterhaften Lehrgang, in dem jedes Glied seine wohlüberlegte Stelle und seine wirksame Beweiskraft hat, hat er alle drei miteinander verschlungenen Fragen geklärt. Er ließ sein persönliches Anliegen nicht hinter den grundsätzlichen Erwägungen verschwinden und verzichtete nicht auf die Verteidigung seines Amts. Dadurch hätte die Erörterung des Lehrziels und der Amtsmacht eine abstrakte Fassung bekommen. Er machte aber aus seiner Rede auch nicht nur eine Verteidigung seines eigenen Rechts; denn er ermaß die Wichtigkeit, die die Auflehnung gegen ihn für den Bestand der Kirche hatte. Noch größeres Gewicht, als der Erhaltung seiner Autorität zukam, hatte es, daß das Ziel, das durch die Geschichte Jesu der kirchlichen Verkündigung gegeben ist, nicht umgebogen werde und daß die Freiheit der Gemeinde zusammen mit der Geltung ihres Amts gesichert bleibe. Zu dieser Gestaltung seines Wortes machte ihn die Überzeugung tüchtig, daß die Gemeinde an seinem eigenen Verhalten wahrnehmen könne, wie sie das Wort und das Amt nach dem Willen Jesu zu verwalten hat.

Das Gericht über den Mann seiner Stiefmutter[1]
5, 1–8

Von dem, was in Korinth geschah, hielt Paulus vieles für sündlich. Er hat ja soeben erwogen, seine Gegenwart in Korinth könne deshalb notwendig werden, weil korinthische Christen bestraft werden müssen. Aus dem, woran er dachte, hob sich ihm aber ein Vorgang heraus, den er für schlimmer

---

[1] Der Unterricht über die Grenzen der christlichen Freiheit reicht von 5, 1 bis 11, 34.

und gefährlicher hielt als alles andere. Das andere forderte
nicht sofort sein Einschreiten. Diese Handlung mußte dagegen
ohne Aufschub bestraft werden. Hier wirkte Zaudern unheilvoll. Das Dasein der Gemeinde war gefährdet, wenn Paulus
nicht handelte.

„Jedenfalls hört man bei euch von Unzucht." Das an den
Anfang gestellte ὅλως bekräftigt die Aussage und zeigt ihre
Gewißheit an: „unter allen Umständen, jedenfalls, ganz gewiß." Damit ist der neue Satz an die vorangehende Aussage
angeschlossen, die nicht über eine schwankende Erwägung
hinausging und die eine Möglichkeit neben die andere stellte.
Es war Paulus noch ungewiß, was er zu tun habe, wenn er
nach Korinth komme. Vielleicht muß er strafen; vielleicht
hält sich aber die Gemeinde so, daß nur die Liebe seinen
Besuch bei ihr ausfüllt. Dieser Ungewißheit tritt ὅλως gegenüber; daß man bei ihnen von Unzucht spricht, ist ganz gewiß
und eine offenkundige Tatsache.

ἀκούεται ἐν ὑμῖν πορνεία bedeutet schwerlich: man erzählt
von euch, daß Unzucht vorkomme. Dafür wäre die glatte
Formel περὶ ὑμῶν, nicht ἐν ὑμῖν. Was Paulus schrieb, wird
bedeuten: Unzucht wird bei euch gehört, unter euch erzählt
und in der Gemeinde besprochen, und dies, daß in der Gemeinde Unzucht einen Gesprächsstoff bilde, ist ganz gewiß.
Dafür, daß er ohne Zögern handelt, ist die Voraussetzung,
daß die Tat, die er strafen wird, nicht geheim blieb, so daß
die Gemeinde sie erst durch ihn erführe. Es ist offenkundig,
daß die Sache in der Gemeinde nicht nur damals besprochen
wurde, als sie geschah, sondern immer noch besprochen wird.
Paulus zieht nicht etwas, was bereits vergessen war, nachträglich wieder ans Licht. Das hätte ihn nicht dazu genötigt,
jetzt schon aus der Ferne das Urteil zu fällen. Er urteilt
darüber, weil es die Gemeinde jetzt bewegt.

Vielleicht wollte Paulus mit ὅλως auch das Urteil sichern,
das mit πορνεία ausgesprochen ist, nicht einzig das ἀκούεται.
Zweifellos, unter allen Umständen ist das, wovon man in
Korinth redet, Unzucht, ein zügelloser, verwerflicher geschlechtlicher Verkehr, ein Mißbrauch des Weibes, der Sünde
ist. Auch von der Dirne wurde in Korinth gesprochen, nicht

so, daß sie geehrt und der Verkehr mit ihr gepriesen worden
wäre, doch so, daß der Umgang mit ihr für den, der um des
Herrn willen der Ehe entsagte, für unbedenklich galt. Davon
wollte Paulus aber erst später sprechen. Zuerst bespricht er
eine Ehe, die er nicht als eine Ehe anerkannte, sondern als
wilden geschlechtlichen Verkehr verwarf und darum πορνεία
hieß. Daß aber diese sogenannte Ehe Unzucht war und nicht
entschuldigt werden konnte, das hieß Paulus unter allen
Umständen, ὅλως, unbestreitbar und gewiß.

Daß das, was in Korinth geschah, Unzucht ist, die nicht
ertragen werden kann, sondern sofort bestraft werden muß,
wird dadurch begründet, daß nicht einmal bei den Heiden
von dergleichen die Rede ist. Aus dem Hauptsatz wirkt ἀκούεται auch in den Relativsatz hinein. Es wird von den Heiden
angenommen, daß sie oft über Dirnen und Ehebrüche reden.
Denn sie kommen bei ihnen oft vor und erwecken jedermanns
Interesse. Aber eine solche Geschichte wie die, die die Korinther beschäftigt, hört man nicht einmal bei Heiden. Die
Meinung kann sein: vollends sonst nirgends in der Christenheit. Vielleicht hat aber τὰ ἔθνη auch hier seinen ursprünglichen Gegensatz, Israel, neben sich. Nicht einmal bei den
Heiden geschieht solches, noch viel weniger in der Judenschaft.
Das konnte Paulus mit Zuversicht sagen, da das mosaische
Eherecht, das die Ehen mit den nächsten Verwandten verbot,
in der Judenschaft unverletzliche Geltung besaß. Da die
Juden die christliche Gemeinde sicher scharf beobachteten,
schuf der Vorgang, von dem Paulus spricht, einen heftigen
Anstoß.

„Jemand hat das Weib des Vaters", also seine Stiefmutter.
Er hat sie, das spricht nicht von gelegentlichem, vereinzeltem
geschlechtlichem Verkehr. „Ein Weib haben" ist die übliche
Formel für die Ehe. Ein Korinther lebte also mit seiner Stief-
mutter in bleibender geschlechtlicher Gemeinschaft. Das
leitet Paulus mit ὥστε daraus ab, daß über die Unzucht in
Korinth hin und her verhandelt wird. Es wäre nicht zu dieser
Ehe gekommen, wenn es nicht bei ihnen ein Gegenstand der
Erörterung wäre, ob die Unzucht überhaupt und diese be-
sondere Art von Unzucht sündlich sei.

Jetzt erst greift Paulus ein, jetzt aber, ohne zu warten,
bis er selber nach Korinth gekommen sei. Daraus darf entnommen werden, daß der Vorgang erst nach dem früheren
Brief, 5, 9, geschah. Auch jener Brief richtete sich gegen die
geschlechtlichen Verirrungen und nahm darauf Bezug, daß
„man bei euch von Unzucht hört". Aber von der Übertretung
der Eheverbote hatte Paulus damals noch nichts gehört. Es ist
nicht unwahrscheinlich, daß die Tat des Korinthers in ur-
sächlichem Zusammenhang mit dem früheren Brief geschehen
ist. Die Briefe des Paulus haben die Gegner aufgeregt und zu
verstärktem Widerstand gereizt. Sie erklärten nun erst recht,
daß für den Christen der ganze Bereich der geschlechtlichen
Vorgänge bedeutungslos sei, und einer der Korinther be-
kräftigte dies durch eine Ehe, die bisher allen als verboten
galt.

Der Jubel, mit dem die Gemeinde ihre Macht und Freiheit
feierte, I 4, 8, hat eine Stärke erreicht, die wir uns kaum
vorstellen können. Er hat den Teil der Gemeinde, der nicht
fest mit Paulus verbunden war, berauscht. Wie viel mußte
kraftlos geworden sein und völlig verschwinden, bis es zur
Heirat der Stiefmutter kam! Ihr widerstand die Scham, die
natürliche Wurzeln hat, die Achtung des öffentlichen Urteils,
das, wie Paulus hervorhebt, bei allen unangefochten war,
die Ehrfurcht vor der Schrift, die die Ehen zwischen den
Verwandten verbot und den, der sie wagte, mit dem Tod be-
strafte, die Erinnerung an das Kreuz Jesu, mit dem das
Fleisch dem Tode übergeben ist, der Wille des Geistes, der
von der Allgewalt der natürlichen Triebe befreit und das
Trachten zu dem hinwendet, was des Geistes ist, Röm. 8, 5.
All das war durch das bezaubernde Wort verdrängt: Alles
steht in meiner Macht.

Die Tat des Korinthers setzt die in 4, 6 formulierte Regel
voraus: „Hinauf über das, was geschrieben ist". Die mosaische Satzung, Lev. 18, 8; Deut. 22, 30; 27, 20, galt als vergangen. Die Christenheit ist frei vom Gesetz; sie ist durch
eine bei Mose stehende Satzung nicht verpflichtet. Und mit
dem Verbot fällt auch die auf seine Übertretung gesetzte
Strafe dahin. Auf den, der eine Ehe mit einer Verwandten

im verbotenen Grade vollzog, legte das Gesetz die Todes-
strafe. Die aber, die des Christus sind, fürchten sich nicht
mehr vor der Verurteilung, die das Gesetz aussprach. Es
kennzeichnet aber die Lage in Korinth, daß Paulus in dem,
was geschehen war, keinen Anlaß sah, über das Ende des
mosaischen Gesetzes zu sprechen. Die Gemeinde wußte, was
er selbst ihr gesagt hatte, daß sie nicht unter dem mosaischen
Recht stehe, und er hat dies nicht dadurch wieder schwankend
gemacht, daß er die mosaischen Eheverbote als verpflichtend
behandelte. Beim mosaischen Eherecht war es vollends unmöglich, es vom Satz, daß Christus das Ende des Gesetzes
sei, auszunehmen. Gerade hier mußte vom Ende des Gesetzes
beständig mit allen Juden, die in der Gemeinde waren, gesprochen werden. Denn die Ehe bekam die christliche Art
gerade dadurch, daß wichtige Sätze des mosaischen Eherechts beseitigt wurden. Ehescheidung gab es nun nicht mehr,
und ebensowenig Verunreinigung der Frau durch die Periode
und des Mannes durch den ehelichen Verkehr. Damit war ein
neues Eherecht geschaffen, das das Zusammenleben der
Gatten tief veränderte. Nun ließ sich aber auch dann die
mosaische Satzung nicht mehr anrufen, wenn es galt, die
Ehen im verbotenen Grade in der Kirche unmöglich zu machen.

Was machte die Tat sündig? Paulus sagt zur Begründung
seines Urteils nur das eine: das ist schlimmste Unzucht,
Schändung des Weibs, das völlige Gegenteil zur Ehe. Er berief
sich damit auf die natürliche Empfindung, die sich gegen die
Entehrung des Weibes sträubt. Daß der Geist dieses Empfinden verdränge, war ein Gedanke, der Paulus unmöglich
war. Das eigensüchtige Begehren kann es verdrängen, niemals aber Gottes Geist. Das würde bedeuten, daß der Geist
den Leib unberührt ließe und das Natürliche verachtete. Aber
das, was bei Paulus den Menschen über das Fleisch erhebt,
war der Geist Gottes, des Schöpfers, der dem Menschen seinen
Leib gegeben hat. Wie er deshalb alle leiblichen Funktionen
nach der Ordnung der Natur zu vollziehen hat, so hat er auch
der Weisung zu gehorchen, die die am geschlechtlichen Vorgang entstehende Scham ihm gibt. Erstickt er sie, so sündigt
er, und er sündigt vollends, wenn er sich dabei auf Gottes

Geist beruft. Darum verging für Paulus mit dem Ende des geschriebenen Gesetzes nicht auch das, was man „Naturrecht" heißen kann. Denn die Natur war dadurch nicht vergangen, daß der Christus in die Welt gekommen war. Ihre positive Begründung erhielt die Ehe des Korinthers durch den Grundsatz, mit dem in Korinth der Verkehr mit der Dirne begründet wurde: „ Alles ist mir erlaubt", I 6, 12. Dieser Satz schien sich mit fester Folgerichtigkeit aus dem Ende des Gesetzes zu ergeben. Denn das Gesetz hatte festgestellt, was verboten und was erlaubt sei; es hatte die dem Menschen zustehende Vollmacht durch seine Satzungen begrenzt. Nun war es verschwunden. Somit war für die, die nicht unter dem Gesetz standen, sondern das Eigentum des Christus waren und bei ihrem Handeln durch seinen Geist geleitet wurden, alles in den Bereich ihrer Freiheit gestellt. Sie konnten in jeder Lage ihr Handeln aus der Vollmacht heraus, die ihnen gegeben war, formen. Gab es nun noch ein „Naturrecht", das sie hindern konnte? Was für einen Raum behielten noch die Ehefragen innerhalb der sittlichen und christlichen Erwägungen? Nun konnte es gerade den, der sich im Besitz des Geistes wußte, reizen, seine Freiheit auch in einer Weise zu betätigen, die dem, was Sitte war, völlig widersprach und das, was als sündlich galt, wagte, um damit den Beweis zu führen, daß nichts, was durch den Leib geschah, die Gnade des Christus und die Gemeinschaft des Heiligen Geistes zu vertreiben imstande sei.

Wenn die Kommentare den Korinther einen „Blutschänder" heißen, bringen sie damit jene Empfindungen zum Ausdruck, die im Urteil des Paulus mitwirkten. Ob sie aber damit das benennen, was der Korinther tat, ist zweifelhaft. Wer ihn „Blutschänder" nennt, sucht das Motiv seines Handelns in der Allgewalt eines eigensüchtigen erotischen Verlangens, das vor der Entehrung der durch das Blut gegebenen Gemeinschaft nicht zurückscheut. Was immer der Christenstand des Korinthers gewesen sein mag, die öffentliche Meinung der Gemeinde hing vom Urteil ihrer Pneumatiker ab. Pflegten und bewunderten diese den erotischen Rausch, und dies sogar dann, wenn er sich an der Stiefmutter vergriff? Paulus läßt

sich gar nicht auf die Erwägung der Motive ein, aus denen die
Tat erwuchs. Gerichtet wird von ihm die Tat, für die er einzig
den Mann verantwortlich macht. Der Frau gönnt er kein
Wort. War sie nicht Glied der Gemeinde? War sie Heidin? Wir
wissen es nicht. Für die Deutung, die annimmt, Paulus schreite
hier gegen einen Ausbruch erotischen Wahnsinns ein, ist es
nicht günstig, daß der Anteil der Frau an dieser Ehe nicht
berührt wird. Dafür, daß nur der Mann gestraft wird, läßt sich
sagen, daß ja die Ehe immer die Tat des Mannes war. Wenn
aber diese Ehe nicht nur eine erotische, sondern auch eine
angeblich christliche Begründung hatte, dann ist vollends
deutlich, daß der Mann die mit ihr entstandene Schuld zu
tragen hatte. Er hatte sich zu besinnen, ob das, was er tat,
seinen Anteil an Christus und Gott zerstöre oder umgekehrt
aus der Freiheit erwachse, die die Gabe des Christus war.
Das waren Entscheidungen, die nicht die Frau zu fällen hatte,
sondern der Mann. Wenn aber die Tat aus den Voraussetzungen herauswuchs, die uns als in Korinth gelehrte Theologie
bezeugt sind, dann fand sich leicht auch ein natürlicher Anlaß,
der den Abschluß dieser Ehe empfahl. Da auch vom Vater
nicht gesprochen wird, dürfen wir zur Entlastung des Schuldigen annehmen, daß der Vater gestorben war. Das ergab
für seine Witwe die Schwierigkeit, die die Witwen in zahlreichen Fällen hart bedrängte. Was sollte nun aus der Witwe
werden? Hatte ein Christ nicht in Kraft seiner Freiheit die
Vollmacht, alle derartigen Schwierigkeiten dadurch zu beseitigen, daß die Witwe in seinem Hause blieb, nun als seine
Frau?

„Und ihr!" Es wird sichtbar, was sich Paulus unter einer
Gemeinde vorstellte. Die Korinther müssen nicht ermahnt
werden, erst eine Gemeinde zu werden; sie sind es, seit sie
Christen geworden sind, und sind es trotz ihrer Uneinigkeit
immer noch. Keiner lebt für sich selbst, jeder für alle. Was
jeder tut, erreicht mit seinen Wirkungen, den heilsamen und
den verderblichen, alle. Geht eine Ehe nicht einzig den an,
der sie schließt? Aber diese Ehe war Sünde, und Sünde, die
in der Gemeinde geschieht, berührt alle, stellt alle vor die Entscheidung und verlangt von allen die Gegenwehr. Allein die

Korinther ließen sich durch das, was geschehen war, in ihrer
stolzen Selbstbewunderung nicht stören, sondern waren gerade jetzt „Gesättigte, reich Gewordene, zum Herrschen
Gelangte", I 4, 8. Wie die Erinnerung an den leidenden Paulus
ihre Zuversicht nicht dämpfte, so wurde sie auch nicht durch
den Fall ihres Bruders erschüttert. Man konnte nicht die
unbeschränkte Freiheit zum Merkmal des christlichen Handelns machen, ohne daß der Anteil der Gemeinde am Verhalten ihrer Glieder ermattete, und daß die Lockerung der Gemeinschaft sich zuerst bei dem zeigte, was zur Ehe gehört,
bedarf keiner Erläuterung.

Den Zwiespalt zwischen dem Stolz, mit dem sie ihre christliche Größe bewunderten, und dem bei ihnen möglich gewordenen Verbrechen hieß Paulus unerträglich. Nicht das
sagt Paulus, daß sich ihre übermütige Eitelkeit nur darauf
stütze, daß bei ihnen auch Blutschande möglich sei. Sie erwuchs aus ihrem gesamten Besitz, aus dem Reichtum ihrer
Begabung, aus dem Glanz des bei ihnen verkündeten Worts,
aus der bewegten Fülle ihres Kultus, aus ihrem Vermögen
zu wachsen, aus der Sicherheit ihrer Hoffnung auf die in
Bälde beginnende Herrschaft des Herrn. Aber die erschütternde Wirkung des Geschehenen wäre nicht ausgeblieben, wenn
sie es als Sünde verurteilt hätten. Dies konnte aber nicht
mit dem erforderlichen Ernst geschehen, wenn führende
Männer den Satz vertraten, daß alles, was mit dem Fleisch
geschehe, ungefährlich sei, weil es den Geist nicht beflecke.

Wer sündigt, stirbt. Hätte die Gemeinde die Sündlichkeit
der Tat empfunden, so hätte sie getrauert, wie man um den
Toten trauert, vgl. II 12, 21. Wenn sie nicht die Kraft hatte,
den Sünder zu strafen, weil ihre Leitung versagte, so hätte
sie doch tun sollen, was die Liebe tut, wenn die Gemeinschaft
zerrissen und das Leben verloren wird. Aber stolze Selbstbewunderung verdrängt die Liebe. Hätte sie getrauert, so
hätte sie erreicht, daß der Schuldige von ihr geschieden würde.
Entweder hätte er selbst die Verbindung mit der Gemeinde
gelöst, weil er ihren Widerspruch gegen sein Verhalten nicht
ertragen hätte, oder das göttliche Urteil hätte der trauernden
Gemeinde beigestanden und den Schuldigen entfernt. Nun

muß sie den Verbrecher in ihrer Mitte haben, weil sie sich
durch sein Verbrechen in ihrer Eitelkeit nicht stören ließ.
Doch Paulus duldet dies nicht, sondern kommt der Gemeinde
zu Hilfe. Paulus hat die Selbständigkeit der Gemeinde dadurch geehrt, daß er die Verwaltung der Zucht ihr übergab. Zum
Gericht über die Brüder war die versammelte Gemeinde berufen. Wenn er jetzt aus der Entfernung durch seinen Brief
die Entscheidung herbeiführt und das Urteil über den Schuldigen spricht, begründet er dies damit, daß er nur dem Leibe
nach abwesend, dagegen durch den Geist gegenwärtig sei.
Auch hier ist das πνεῦμα schwerlich als ein dem Menschen
gehörendes Vermögen gedacht; es wird auch hier der Mittler
der göttlichen Wirksamkeit sein. Daß Paulus in einer Gemeinschaft mit den Korinthern steht, die durch seine Abwesenheit nicht abgebrochen wird, daß also die Sünde, die bei
ihnen geschieht, auch ihn belastet und ihn verpflichtet, ihr
zu widerstehen, und daß er diese Sünde nicht nur wehrlos
beklagen muß, sondern die Macht hat, die Gemeinde von ihr
zu befreien, all dies wird ihm vom Geist gewährt. Weil ihn
aber der Geist mit der Gemeinde zu einem Leib vereint, übergeht er bei der Fällung des Urteils die Korinther nicht, sondern richtet vereint mit ihnen in ihrer versammelten Gemeinde,
an der er durch den Geist teilnimmt. Das Urteil wird „im
Namen des Herrn Jesus" gesprochen, also im Gehorsam gegen
sein Gebot zum Vollzug seines Willens. Während ἐν τῷ ὀνό-
ματι τοῦ κυρίου ᾿Ιησοῦ zu κέκρικα gehört, ist σὺν τῇ δυνάμει
τοῦ κυρίου ἡμῶν ᾿Ιησοῦ an συναχθέντων angeschlossen. Ist die
Gemeinde zum Urteil über einen gefallenen Bruder versammelt, so ist auch der Christus gegenwärtig, und sein Anteil
an ihrem Urteil macht es wirksam; darum verfügt es über
Leben und Tod. Paulus nahm damit nicht eine besondere
richterliche Vollmacht für sich in Anspruch, sondern schrieb
sich jene Vollmacht zu, die nach Mat. 16, 18; 18, 18 den
ersten Aposteln gegeben war. An Stelle des häufigeren ἐν
τῷ Χριστῷ hat Paulus hier σὺν αὐτῷ „zusammen mit ihm,
in Gemeinschaft mit ihm", gesagt. Ein ähnliches σὺν αὐτῷ
steht II 13, 4: ζήσομεν σὺν αὐτῷ ἐκ δυνάμεως θεοῦ εἰς ὑμᾶς.

Den Gerichteten kennzeichnet Paulus nur als den, „der in
dieser Weise dies vollbracht hat", weil er den abscheulichen
Vorgang nicht noch einmal beschreiben will. Was diese Pronomina bedeuteten, war der Gemeinde bekannt. Sie beweisen
keineswegs, daß der Gerichtete Paulus unbekannt war.
Schwerlich hätte er aus der Ferne dieses Urteil gesprochen,
hätte er nicht durch persönliche Bekanntschaft genau gewußt, was von christlicher Erkenntnis und Kraft von ihm
verlangt werden mußte. τὸν τοιοῦτον braucht Paulus in derselben Weise auch II 2, 6. 7.
Das Urteil lautet auf Übergabe des Schuldigen an den
Satan. Dasselbe Urteil hat Paulus auch 1 Tim. 1, 20 gefällt,
und die Parallele zeigt, daß er mit diesem Urteil nicht
menschliche Rechte gegen einen Übeltäter schützte, sondern
es dann fällte, wenn das Verhältnis zum Christus verdorben
war und die Tat zur Gotteslästerung wurde. Dächte er nur
an die Entehrung des Vaters und die Mißachtung des Weibs,
so hätte er nicht dieses Urteil gesprochen. Über die, die den
Verkehr mit der Dirne empfahlen, hat er es nicht gefällt.
Durch die Übergabe an den Satan nahm er dem Schuldigen
den Anteil am Christus. Wer zur Gemeinde gehört, ist das
Eigentum des Christus und dadurch für den Satan unantastbar. Wer dagegen vom Christus getrennt wird, über den
herrscht der Verkläger, der die Schuld des Menschen vor Gott
geltend macht und an ihm das Todesurteil vollstreckt. Paulus
wertet sein Strafen in derselben Weise als wirksam wie sein
Helfen. Er spricht nicht nur, sondern er handelt. Denn er weiß
sich nicht allein, sondern immer als Vollstrecker des göttlichen Willens, weshalb er nicht nur zum Warnen, sondern
zum Strafen die Macht besitzt. Denn Gottes Herrschaft geschieht nicht durch Worte, sondern durch Kraft, I 4, 20.
Darum verheißt er nicht nur, sondern er rettet, und er droht
und schilt nicht, sondern er tötet. Das ist seine Verschiedenheit von „der Weisheit der Welt", die in keiner Verbindung
mit der göttlichen Kraft steht und darum nur reden kann.
Die Folge ist der Untergang des Fleisches. Denn Paulus
sagte mit den Jerusalemiten, der Satan sei „der Bote des
Tods". Er kann aber nur das Fleisch zerstören, nicht den

Geist. Das Ziel des Gerichts ist darum nicht der endgültige
Tod des Sünders, sondern er wird eben dadurch, daß er die
Strafe leidet, gerettet werden. Der Satz gleicht dem, der den
töricht Bauenden ankündigt, daß sie dafür zwar Strafe leiden
und dennoch gerettet werden, I 3, 15, und dem Urteil über
die Korinther, die sterben mußten, weil sie den Leib Jesu für
einen gewöhnlichen Leib hielten, von denen Paulus sagt:
„Wir werden gerichtet, damit wir nicht verurteilt werden",
I 11, 32. Auch damit bewahrt Paulus eine Überzeugung, die
in Jerusalem auf die Verwaltung des Rechts großen Einfluß
hatte: die Strafe hat sühnende Kraft; sie ist unentbehrlich,
weil die Verwerflichkeit des Sündlichen nicht verdunkelt werden darf. Duldung gibt es für das Böse in der Kirche nicht;
wenn aber die Strafe erlitten wird, befreit sie von der Schuld.
Nun rettet der Christus an seinem Tage, wenn er seine Gemeinde um sich versammelt, den Geist.

Denkt hier Paulus beim „Geist" an das, was die, die an
ihre Unsterblichkeit glaubten, ihre „Seele" nannten? Wahrscheinlich spricht aber Paulus auch hier deshalb vom Geist,
weil er an das denkt, was der Glaubende und Getaufte vom
Christus empfängt. Auch im Blick auf eine Versündigung,
die den Ausschluß aus der Gemeinde unvermeidlich macht,
glaubte Paulus an die Treue des Christus, der den, den er rief
und mit seinem Geist begnadete, nicht verleugnen wird, vgl.
2 Tim. 2, 13. Das war keine Vorwegnahme des göttlichen
Urteils, keine Seligpreisung des Gerichteten. Das aber hielt
Paulus sich selbst und der Gemeinde vor, daß sie auch jetzt
im Dienst des Christus handeln. Dadurch wird das Urteil
gegen jede Vermengung mit dem Haß geschützt. Immer ist
es der Beruf der Christenheit, zu retten, auch wenn sie straft;
immer ist Paulus der, der baut und nicht abreißt, II 13, 10.
Daß das Urteil im Dienst des Christus geschehe, war damit
allen deutlich gemacht.

Als Paulus dieses Urteil verkündete, nahm er an, daß ihm
die Korinther zustimmen. Weil die fremde Theologie ihre
Gemeinschaft schwächte, haben sie es bisher unterlassen, sich
gegen jene Ehe aufzulehnen; jetzt aber, da Paulus seine Autorität einsetzt, erwartet er, daß sie ihre Sündlichkeit erkennen

und verdammen. Es war noch nicht zum Dogma geworden,
daß die Befriedigung des geschlechtlichen Verlangens in jeder
Weise unbedenklich sei und den Christenstand nicht verletze.
Das wäre nur dann möglich gewesen, wenn es in Korinth keine
Männer mehr gegeben hätte, die sich zu Paulus bekannten.
Daß der Geist und das Fleisch widereinander seien und daß es
Sünde sei, wenn das Fleisch in uns die Gier erwecke, waren
Grundsätze, die in Geltung standen, solange die Erinnerung
an Paulus lebendig war.

Wenn die Stärke und Freiheit der Gemeinde ihre Angehörigen zur Unzucht führt, steht es nicht richtig mit ihrem
Ruhm. Dann hat er einen falschen Grund, ist Eigenlob und
Selbstverherrlichung, nicht aber der von Paulus gewollte
,,Ruhm im Herrn". Das gerichtete Verbrechen ist auch durch
diesen Spruch, wie durch Vers 2, mit der Haltung, in die die
Gemeinde hineingeraten ist, in Verbindung gebracht, nicht
nur so, daß sie unfähig gewesen sei, das Abscheuliche zu verhindern, sondern positiv so, daß die Art ihres Christentums
solche Verirrungen erzeuge. Wie aber bei der Beurteilung der
Weisheit nicht einzelne Lehrsätze besprochen werden, so
macht Paulus auch hier nicht die besonderen Formulierungen
verantwortlich, durch die die Korinther ihre christliche Größe
feierten. Wir hören darum nicht, was sie über Mannheit und
Weiblichkeit, Fleisch und Geist, Sünde und Gottesdienst sagten. In seinem ganzen Gespräch mit den Korinthern behandelt
Paulus das Denken und die von ihm geschaffenen Gebilde
als den abgeleiteten, dienenden Vorgang und legt das entscheidende Gewicht auf die Tat, in der sich der Wille vollendet und seinen Wert oder Unwert offenbart.

Auch das Gleichnis vom Sauerteig macht den Zusammenhang deutlich, in dem die gerichtete Sünde zur Haltung der
Gemeinde steht. Sie übersieht, was in den einzelnen geschieht
und ihnen zur Versuchung wird, weil sie mit den großen Anliegen und begeisternden Erlebnissen der Gemeinde beschäftigt ist. Mag ein einzelner fallen, das verdunkelt die Herrlichkeit der Gemeinde nicht. Aber die Wirksamkeit des kleinen
Sauerteigs dehnt sich auf den ganzen Teig aus. Derselbe Satz,
der am Sauerteig veranschaulicht, daß ein scheinbar gering-

fügiger Vorgang für die Gesamtheit Wichtigkeit bekommen könne, steht Gal. 5, 9. Er hatte sprichwörtliche Verbreitung; Jesus hat dasselbe Gleichnis gebraucht, die nächste Parallele ist Mat. 16, 6, und es findet sich auch beim Rabbinat. Das Gleichnis sagt nicht, daß Paulus fürchtete, die Ehe mit der Stiefmutter werde als Vorbild wirken und zur Nachahmung locken. Da er bei seinem Urteil auf die Zustimmung der Korinther rechnete, hat er den Korinthern nicht den Wunsch zugeschrieben, daß der enge, vertrauliche Verkehr der häuslichen Gemeinschaft durch Erotik gefährdet werde. Eine solche Tat kann aber in der Gemeinde nicht geschehen, ohne daß ihr ganzes religiöses Leben gehemmt wird. Dergleichen macht ihr den Glauben unmöglich, lähmt ihr Gebet und zerstört die Liebe. Aus der Befleckung des Gewissens entsteht Schwächung des inwendigen Lebens in jeder Richtung.

Die Vergleichung der geschehenen Sünde mit dem Sauerteig führt Paulus zu einem neuen Bild, zur Vergleichung der Reinigung, die die Gemeinde an sich vorzunehmen hat, mit der Entfernung des Sauerteigs aus dem jüdischen Haus am 14. Nisan. An der gottesdienstlichen Sitte Israels soll sich die Gemeinde ihre Christenpflicht deutlich machen. Sie kannte ja die Sitte nicht nur aus der Schrift, sondern durch lebendige Anschauung. Sie sah an den zu ihr gehörenden Juden, wie eifrig diese am Vortag des Pascha jeden Rest von Sauerteig beseitigten. In einer Tat wie der, von der Paulus hier spricht, tritt das wieder hervor, was im vorchristlichen Leben geschehen war. Das ist der alte menschliche Eigenwille, der an die Allgewalt des sinnlichen Begehrens verkauft ist. Juden und Griechen litten unter der Wildheit ihrer erotischen Sucht schwer, und wenn sie sich nun glaubend zu Jesus hielten, so war damit das, was sie von ihrem früheren Leben her in sich hatten, noch nicht verschwunden. Daher erscheint dieselbe Mahnung, die Paulus hier den Korinthern gibt, im zweiten Brief wieder, und dort mit verstärktem Ernst, II 6, 14; 12, 21. Seine Mahnung fordert die Zucht, die die Sünder aus der Gemeinschaft entfernt, aber nicht diese allein, und sie fordert die Buße, mit der jeder in sich selbst das falsche Begehren von sich stößt, aber nicht diese allein. In den Gemeinden, die

Paulus herstellte, war die Buße nicht nur das Anliegen des
einzelnen, der sich einsam und heimlich gegen seine Sünde
wehrt, und die Zucht war nicht nur die Sache des kirchlichen
Amts, das für die Geltung des Rechts in der Gemeinde Sorge
trägt. Durch die Zucht machte Paulus die Buße zum gemeinsamen Werk aller, damit die Tat der Gemeinde jeden einzelnen bei der Überwindung seines Begehrens unterstütze.

Mit dem Befehl „Fegt den alten Sauerteig völlig von euch
aus" wendet sich Paulus an die Tatkraft des Christen. Damit
macht er aber nicht diese zum Schöpfer des Lebens, sondern
er zeigt ihm durch sein Gebot, was aus dem ihm verliehenen
Leben entsteht. Das sagt er sofort dadurch, daß er die, die
er ermahnt, sich zu reinigen, gleichzeitig mit ungesäuerten
Broten vergleicht: „Ihr seid Ungesäuertes; darum reinigt
euch." Sie sind vom Bösen geschieden und rein gemacht;
darum sollen sie sich reinigen; sie sind neu geworden; darum
sollen sie das Veraltete von sich tun. Auf diese Verbindung
der Gedanken stoßen wir bei Paulus beständig. Gottes Wirken schafft in uns den Willen, und weil Paulus an Gottes
Wirken glaubte, fielen von seinen Geboten alle Zweifel und
Bedenken, ob sie auch möglich seien, ab. Die Glaubenden
sollen und können das, wozu Gott sie gemacht hat.

Wie können die Brote des Paschamahls, in denen kein
Sauerteig war, der Gemeinde zeigen, was sie ist und was sie
soll? Sie können es deshalb, weil „auch unser Pascha, Christus, geschlachtet wurde". Rein, von ihrer Schuld geschieden,
von der Not und dem Fluch ihres früheren Lebens befreit,
steht die Gemeinde vor Gott in Kraft des Todes Jesu. Durch
seinen Tod geschah der Freispruch, durch den ihre Sünden
ihr vergeben sind und Gottes Wohlgefallen ihr verliehen ist.
Deshalb vergleicht Paulus den gekreuzigten Jesus mit dem
für das Paschamahl geschlachteten Lamm, bei dem die Judenschaft Gott als ihren Erlöser feierte. Nicht das sagt Paulus,
daß nicht bloß die Juden, sondern auch wir ein für uns ge-
schlachtetes Pascha hätten, sondern er sagt: Nicht nur die
ungesäuerten Brote finden in uns ihr Gegenbild, sondern auch
das Lamm, zu dem die Brote die Folge und Beigabe sind, ist
für uns vorhanden, weil Christus getötet worden ist. Damit

bekommt das uns Heil verkündende Wort „Ihr seid rein"
die Begründung, und das uns verpflichtende Gebot „Reinigt
euch" erhält seine volle Kraft.

Das, was zum Fest notwendig ist, ein Pascha und unge-
säuerte Brote, ist der Gemeinde gegeben; „also laßt uns
feiern". Nun wird für den Christen aus dem Leben ein Fest.
Das bewirkt die Herrlichkeit der Gnade Gottes, die Christus
bringt. Damit, daß sie vom Gericht über ihr Sündigen befreit
sind und am Reichtum Jesu Anteil haben, geht den Glaubenden jene Freude auf, die ihnen Paulus als Gottes Gehilfe verschaffen darf, II 1, 24, weil Gottes Herrschaft sie ihnen durch
den Heiligen Geist gewährt, Röm. 14, 17. Da die gerichtliche
Verhandlung unmittelbar vorher stattgefunden hat, die mit
einem Todesurteil schloß, kann der Eindruck entstehen, Paulus schiebe mit einem plötzlichen Umschwung der Stimmung
das Gesagte auf die Seite. Er hatte ja von den Korinthern
verlangt, daß sie trauern, und ihnen ihre Unempfindlichkeit,
mit der sie das Sündliche bei sich duldeten, als Sünde angerechnet. Damit aber, daß er jeder sündlichen Tat die unbedingte Verurteilung entgegenstellte, hat er ihr nicht zugestanden, daß sie die Wirklichkeit der göttlichen Gnade
zweifelhaft zu machen vermöge. Er hat deshalb auch bei der
Fällung des Urteils den Blick der Gemeinde auf den Tag des
Christus gerichtet, für den sich die Gemeinde auch dadurch
rüstet, daß sie den Verschuldeten aus ihrer Gemeinschaft
entfernt. Das ist aber der Tag der großen Freude und der
ungetrübten Festfeier, von der aus auch auf die Gegenwart
ein heller Glanz fällt. Paulus hielt darum auch für den Gerichteten an der Hoffnung fest, daß sein Geist an jenem Tage
gerettet werde.

In 16, 8 teilt Paulus den Korinthern mit, daß er noch bis
zum Pfingsttag in Ephesus zu bleiben gedenke. Die Vermutung wird also nicht allzusehr fehlgreifen, daß zur Zeit, als
er schrieb, Ostern in der Nähe war. Jedenfalls war damals der
Schiffsverkehr zwischen Ephesus und Korinth wieder im
Gang, wie der Briefwechsel der Korinther mit Paulus zeigt.
Deutlich ist, daß die Christenheit mit dem jüdischen Fest-
kalender vertraut war; da die Brüder miteinander in fester

Gemeinschaft lebten, wußten alle, wann die jüdischen Brüder
ihr Ostern hielten, und das gab wohl Anlaß, daß dann auch
in der Gemeinde von ihrem Pascha, vom Gang Jesu in den
Tod, mit besonderem Nachdruck gesprochen wurde. Mehr als
dies läßt sich aber aus diesen Worten des Paulus nicht entnehmen. Sie sind kein Zeugnis dafür, daß es schon in den
paulinischen Gemeinden ein christliches Osterfest gegeben
habe. Paulus setzt nicht ein christliches Osterfest an die Stelle
des jüdischen, sondern stellt über das jüdische Ostern den
getöteten Christus und die von ihrer Schuld freigesprochene
Gemeinde. Er spricht somit nicht von dem, was die Gemeinde
in den nächsten Tagen zu tun habe, sondern von dem, was
sie immer ist. Sie sind nicht nur während einer Festzeit frei
vom Sauerteig und haben nicht nur dann ein für sie geschlach-
tetes Pascha. Ebenso gilt ihnen das Gebot, sich zu reinigen,
ohne Rücksicht auf den Tag, an dem Paulus es schrieb. Weil
die rein machende Kraft des Todes Jesu ihren Anteil an Gottes
Herrschaft für immer bestimmt, gibt das Kreuz Jesu der
Aufforderung: Laßt uns feiern! immerwährende Gültigkeit.

Auf diese Mahnung gingen die Korinther gern ein; sie entsprach ihrer Stimmung. Sie, die frei Gewordenen, die zu
königlicher Wirksamkeit gelangt sind, waren zur festlichen
Feier bereit. Der Nachdruck der Mahnung liegt aber auf der
Weise, wie die Feier begangen werden soll. Um zu ihr zu gelangen, muß die Gemeinde ausscheiden, was zum Erbe aus
ihrer früheren Zeit gehört. Der alte Sauerteig, den sie noch
von früher her bei sich hat, besteht in Schlechtigkeit und
Bosheit. Das aber, womit wir andere schädigen und verderben, verträgt sich mit der christlichen Freude und Feier nicht.
Die ungesäuerten Brote, mit denen gefeiert werden soll, bestehen in Lauterkeit und Wahrheit. Die Lauterkeit entsteht
durch die Ausscheidung des Alten, die kein Gemenge aus innerlich sich Widerstreitendem zuläßt. Freiheit, die Sündliches mit
umfaßt, wäre ein Synkretismus, Verbindung von Unverein-
barem, nicht Lauterkeit. Wahrheit entsteht durch den Verzicht auf Schein und Nachahmung; sie macht aus dem Christenstand nicht einen Schmuck, der nur von außen her um-
gelegt wird. Die Wahrheit ist preisgegeben, wenn die Sinnen-

lust unter christlichem Namen befriedigt und die Pflege des
Fleisches mit dem Anspruch verbunden wird, das sei Vollkommenheit. Es sind damit der Gemeinde nicht zwei voneinander trennbare Ziele vorgehalten. Behält sie das Alte und
versucht sie, den alten Willen mit dem neuen zu verschmelzen,
so entsteht Unwahrheit. Bleibt sie dagegen in der Wahrheit,
so gibt diese ihrem Denken und Wollen die Einheitlichkeit.
Paulus verlangt die ungeteilte Hingabe an Christus mit jenem
Glauben, der das ganze Denken und Handeln bestimmt und
den Willen Gottes tut.

Die Auslegung des früheren Briefs
5, 9–13

Falls die Ehe mit der Stiefmutter zeitlich und innerlich mit
dem Widerspruch der Korinther gegen den früheren Brief
des Paulus zusammenhing, ist die Wendung, die Paulus dem
Gespräch mit ihnen gab, völlig verständlich. Aber auch das,
was nicht in den Bereich der Vermutung fällt, sondern wahrnehmbar ist, erklärt den Gang des Briefs. Paulus hatte im
früheren Brief verboten, „sich unter Unzüchtige zu mischen".
Sein Verbot stieß aber auf Widerspruch; durch die Duldung
jener Ehe geschah gerade das, was sein Brief verboten hatte.
Er muß deshalb sein Gebot, Unzüchtigen den Verkehr in der
Gemeinde nicht zu gestatten, erneuern und erklären. Συναναμίγνυσθαι ist zum technischen Wort für den ungehemmten
Verkehr in der Gemeinde geworden, vgl. 2 Thess. 3, 14. Nicht
sicher bestimmbar ist, wie weit Paulus den Sinn von πόρνος
ausgedehnt hat. Jedenfalls gilt diese Benennung dem, der
die πόρνη, die Dirne, besucht. Paulus hat gesagt, daß mit dem
Verkehr in einem Bordell die Zugehörigkeit zur Kirche aufgegeben sei. Da er aber auch die Heirat der Stiefmutter
πορνεία hieß, galt sein Verbot vielleicht jeder Verletzung der
Keuschheit, z. B. auch dem geschlechtlichen Verkehr mit der
Sklavin. Wieder, wie Vers 1, spricht er nur vom Mann. Soweit die käufliche Dirne in Betracht kommt, brauchte er
nicht von ihr zu reden; sie war Heidin. Dagegen ist es bei der
umfassenderen Deutung des Verbots denkbar, daß die Neben-

frau und die Magd auch Christinnen waren. Bei der πορνεία,
die er dann kommen sieht, wenn ein Eheverbot in der Gemeinde Sitte würde, I 7, 2, würden vermutlich auch Christinnen mißbraucht. Er schrieb in der Überzeugung, daß die
Keuschheit der Frauen nicht durch sie, sondern durch die
Männer gefährdet werde. Sind die Männer der Gemeinde
keusch, so hört die Unzucht in ihr auf.

Nicht eindeutig läßt sich erkennen, warum sich die Korinther gegen das Verbot auflehnten und wie sie ihre Einrede
begründeten. Deutlich ist nur, daß sie es auf „die Unzüchtigen dieser Welt" bezogen. Entweder sagten sie: das Verbot
treffe nicht die Christen, sondern die in der Welt lebenden
Liederlichen; weil sie selber nicht mehr im Fleisch leben,
gebe es bei ihnen keine schädliche, sündliche Unzucht mehr;
in ihnen herrsche der Geist, durch den auch das, was mit dem
Fleisch geschieht, geheiligt werde. Dann kommen die Gedanken zur Sprache, die dazu führten, daß Blutschande nicht
mehr als Schande galt, die Paulus aus der Gemeinde austrei-
ben wollte, als er ihr eingehend die Sündlichkeit der Unzucht
bewies, 6, 12–20. Bei dieser Deutung fällt in οὐ πάντως der
Ton auf οὐ, das durch πάντως verstärkt wird; die Formel
bedeutet dann „ganz und gar nicht, unter keinen Umständen
sprach ich, wie ihr mir unterlegt, von den Unkeuschen dieser
Welt". Von denen, an die die Korinther dachten, hat Paulus
überhaupt nicht gesprochen, sondern gerade von denen und
einzig von denen, an die sie nicht denken wollten, von denen,
die den Namen „Bruder" tragen. Würde sein Verbot auf die
Welt übertragen, so forderte es etwas Unmögliches; den Verkehr mit den Liederlichen, die nicht zur Gemeinde gehören,
aufgeben würde bedeuten, daß sie aus der Welt hinaus müßten.

Oder die Einrede diente dem Bestreben der Korinther,
sich den Verkehr mit der Stadt freizuhalten. Deshalb hießen
sie das Verbot, mit den Unzüchtigen umzugehen, unausführbar und überstreng. Dann würde Paulus sagen, sie hätten
freilich recht, wenn sie an die Welt dächten, bei ihr gebe es
keine Keuschheit, weshalb die Vermeidung des Umgangs mit
Liederlichen in ungezählten Fällen den häuslichen, geschäftlichen und staatlichen Verkehr unmöglich machte; sie müßten

aus der Welt heraus, wenn sein Verbot diesen Sinn hätte; dies sei aber nicht das, was er ihnen geboten habe. In dieser Fassung entspricht die Einrede den Bemühungen der Korinther, den Verkehr mit ihrer Stadt zu pflegen, der Anrufung der staatlichen Gerichte und der Teilnahme am griechischen Kultus ohne Scheu vor dem, was den Göttern geopfert worden war. Bei dieser Deutung legt sich in οὐ πάντως der Ton auf πάντως, das durch οὐ verneint wird: „nicht in jeder Hinsicht, nicht unter allen Umständen", da sich in der Welt der Verkehr mit Unkeuschen nicht vermeiden läßt.

Die Lage in Korinth würde aber verkannt, wenn zwischen den beiden Deutungen ein Gegensatz hergestellt würde. Die beiden Interessen, daß der Verkehr mit der Stadt nicht verhindert werde und daß das geschlechtliche Verhalten von der christlichen Zucht befreit bleibe, standen nicht gegeneinander, waren vielmehr miteinander verwachsen. Sie waren beide Äußerungen derselben Zuversicht, die keine Beschränkung der königlichen Freiheit des Christen ertrug, weder im Gebrauch seines Leibs noch im Anteil an seinem Volk. Über beiden stand der Satz: Alles steht in meiner Macht, I 6, 12 = 10, 23.

Paulus erneuert sein Verbot für die, die zur Gemeinde gehören. Neben die Zulassung zum Verkehr, das συναναμίγνυσθαι, tritt steigernd μηδὲ συνεσθίειν, das Verbot der Tischgemeinschaft. Damit begegnet uns dieselbe Schätzung der Tischgemeinschaft wie in den Evangelien, Mat. 9, 11; Luk. 15, 2, und in Gal. 2, 12; Apgsch. 11, 3. Mit dem gemeinsamen Mahl wird jede Trennung beseitigt, Friede gestiftet und Vertrauen gewährt. In Korinth haben die jüdischen Christen nicht daran gedacht, den griechischen Christen die Tischgemeinschaft zu versagen. Die Verkündigung der unbegrenzten Freiheit ließ dies nicht zu. Aber gegen den sündigenden Bruder hat Paulus die Sitte der Judenschaft erneuert, die die Verweigerung der Tischgemeinschaft dazu benützte, um das eigene Volkstum gegen die Fremden abzugrenzen. Es war eine wirksame Verdeutlichung und Vertiefung des Gegensatzes, der den Juden vom Heiden schied, daß der Jude den Heiden nicht an seinem Mahl teilnehmen ließ und seinerseits nicht am Mahl des Heiden teilnahm. Vom Abendmahl ist hier nicht die Rede. Der Ausschluß vom Mahl des Herrn konnte längst nötig werden, ehe der Abbruch jedes Verkehrs, auch dessen, der im natürlichen Bereich geschah, vollzogen wurde. Mit μηδὲ συνεσθίειν wird die Verweigerung der Gemeinschaft zu ihrem Abschluß gebracht; damit ist aus ihr die letzte Konsequenz gezogen.

Paulus vermehrt die Zahl derer, die in der Gemeinde nicht geduldet werden dürfen; denn er stellte die unerlaubten Maßnahmen im Erwerbsleben unter dasselbe Urteil wie die geschlechtliche Ausschweifung. Redlichkeit im Erwerb des Eigentums gilt ihm ebensosehr als unantastbares Gebot wie die Keuschheit. Das wird davon, daß die Gemeinde nicht mehr unter dem Gesetz steht, nicht berührt. Aus dieser Überzeugung stellte er die Vorschrift, die die am Eigentum entstehenden Streitigkeiten ordnet, mitten unter die Sätze, die die Keuschheit gebieten. Mit πλεονέκτης trifft er die Habgier, die zu betrügerischen Geschäften und listiger Übervorteilung des anderen führt. Der ἅρπαξ nimmt gewaltsam an sich, was ihm nicht gehört. Mit εἰδωλολάτρης war nicht mehr jeder Grieche getroffen; denn der öffentliche Kultus machte nicht aus jedem einzelnen einen Verehrer der Bilder. Vielmehr hatte für viele Griechen das Bild jede religiöse Geltung verloren. Es gab aber auch noch solche, die mit Andacht und Aberglauben am Bild hingen und ihm eine zauberhafte Kraft zuschrieben. Ob auch die Weigerung, das Haus von Bildern zu räumen, die künstlerischen Wert hatten, als εἰδωλολατρεία verurteilt wurde, ist nicht zu erkennen. Wir wissen nicht, wie es bei der Reinigung der Häuser vom Bilderschmuck von denen gehalten wurde, die nach der Anleitung des Paulus handelten. Bei der zweiten Aufzählung derer, die nicht geduldet werden dürfen, kommen noch die Schmähsüchtigen, die sich gehässig an der Ehre der anderen vergreifen, und die an den Rausch Gebundenen hinzu.

Pflicht und Vollmacht zum Gericht ist die Sache der Gemeinde; aber nur über die, die zu ihr gehören, richtet sie, nicht über die Welt. Hier hat nicht sie zu richten, weil Gott der Weltrichter ist. Im eschatologischen Bild stellt Paulus diesen

Satz um, da er von der um den Christus versammelten Schar
sagt, sie nehme am Gericht über die Welt teil, I 6, 2. Zwischen
beiden Sätzen besteht keine Spannung. Eben deshalb soll die
Gemeinde nicht die Welt, wohl aber sich selber richten, damit
sie am Gericht des Christus über die Welt Anteil haben könne.
Mit Deut. 17, 7 schließt Paulus die Erklärung seines früheren
Briefs. Einst machte es das göttliche Gebot Israel zur Pflicht,
den Bösen nicht bei sich zu dulden; dieselbe Pflicht gilt unveränderlich für die Gott geheiligte Gemeinde. Durch das
Schriftwort wird festgestellt, daß die Gemeinde nicht über der
Schrift ihren Standort hat, sondern mit dem von ihr Gebotenen
einträchtig bleibt. Eine Überbietung der Schrift, die zur Duldung der Unzucht führt, ist Fall.

Die Übertragung der Rechtspflege an die Gemeinde
6, 1–11

Paulus verweilt bei der Mahnung: „Richtet die, die drinnen
sind"; denn die Verwaltung des Rechts entglitt nicht nur
bei jener Ehe, sondern auch bei den Zwistigkeiten, die wirt-
schaftliche Ursachen hatten, ihrer Hand. Bei diesen konnte
man aber nicht bloß mit Schweigen und Dulden auskommen;
denn diese Streitigkeiten verlangten irgendeine Regelung, und
da die Gemeinde sie ähnlich beurteilte wie die geschlechtlichen
Vorgänge und sie als zu geringfügig behandelte, als daß sie
sich um ihre Schlichtung bemühte, kam es zur Anrufung der
städtischen Gerichte. Indem Paulus dies ein dreistes Wagen
heißt, denkt er jüdisch. Für den Griechen war dies kein Wagnis, sondern einfach die Bewahrung der Sitte, nach der er
bisher gehandelt hatte. Er hieß es das Selbstverständliche,
daß man die vom Staat eingerichtete Rechtsverwaltung benütze, wenn ohne sie keine Verständigung erreichbar war, und
er stellte sich gern auf den Markt als Zuhörer bei den rechtlichen Verhandlungen, da er damit seine leeren Tage füllte
und sein stoffarmes Denken anregte. Für den Juden war es
dagegen ein Wagnis, wenn er die Entscheidung einer Rechts-
frage einem Heiden übergab. Denn für ihn war die Verwaltung
des Rechts, die dem Sündigen wehrt, ein gottesdienstlicher

Akt. Im Auftrag Gottes spricht der Richter Recht, an Gottes
Gesetz gebunden. Ein Jude konnte dieses Amt nicht einem
Heiden übertragen, ohne daß er damit die Verfassung seines
Volks bestritt. Dieses Urteil hatte für Paulus noch mehr
Gewicht als für den Rabbi, weil für ihn der Abstand zwischen
der Gemeinde Jesu und der Welt noch größer geworden war
als der, der zwischen den Juden und den Griechen bestand.
Nun stehen „die Ungerechten" und „die Heiligen" gegen-
einander. Die Anrufung der städtischen Richter ist eine Kühn-
heit; denn sie ist Mißachtung der Heiligen, und sie ist ein
Widersinn, weil sie das Recht bei den Ungerechten sucht.

Auf die Vorgänge, die eine richterliche Entscheidung nötig
machten, ging Paulus erst später ein. Irgendwie mußte ein
Unrecht geschehen sein, damit der Streit entstand und vor
den Richter gebracht werden mußte. Zuerst wendet sich
Paulus aber gegen den Gang zum Richter, weil damit verkannt ist, was eine Gemeinde Jesu ist. Hätten die Korinther
davon ein deutliches Bewußtsein, was ihnen damit gewährt
sei, daß die Gemeinde sie bei sich aufgenommen hatte, in
welchem Verhältnis sie als Glieder der Gemeinde. zu Gott
stehen und in welchem Gegensatz sie dadurch zu den anderen
gebracht seien, so wäre es nicht möglich, daß sie ein Urteil über
ihr Tun nicht bei der Gemeinde, sondern bei ihren Widersachern suchten.

„Ungerechte" nannte Paulus die Griechen mit Einschluß
ihrer rechtskundigen, die staatliche Gesetzgebung handhaben-
den Richter. Er hat damit gegen die Normen, die das System
des griechischen Rechts benützte, eine grundsätzliche Einrede erhoben. Dieses Recht kannte den Beruf des Menschen
nicht und wertete sein Eigentum mit einem falschen Maßstab.
Es war blind gegen die dem Menschen gegebenen göttlichen
Ordnungen und stand völlig im Dienst seiner Eigensucht.

Auch andere Motive konnten zu dem Verbot führen, das
Paulus hier ausspricht. Der Eindruck, den die um ihr Recht
miteinander streitenden Christen auf die Stadt machten, war
peinlich; sie schwächten dadurch die werbende Kraft ihrer
Botschaft und widerlegten durch ihr Sündigen die Verheißung,
daß mit dem Anschluß an Jesus das Ende des Sündigens ver-

bunden sei. Paulus hat aber nicht zuerst an das Ärgernis erinnert, das auf diese Weise entstand, sondern sich nur darum
bemüht, jedes Glied der Gemeinde fest in sie hineinzustellen.
Schwankte Paulus im Urteil über das Verhältnis der Kirche
zum Staat, wenn er hier die heidnischen Richter ablehnt,
dagegen Röm. 13, 1–7 den göttlichen Auftrag hervorhebt, den
er überall wahrnimmt, wo einem Menschen Macht anvertraut
ist? Auch der Prokonsul von Achaja empfing seine Macht von
Gott, ebenso die städtischen Behörden. Auch in Korinth waren
sie dazu da, damit sich fürchte, wer Böses tut, und Lob erhalte,
wer Gutes tut. Diese Würdigung des Staats war damit notwendig gegeben, daß Paulus in allem, was der Mensch erlebt
und seine Geschichte hervorbringt, die Hand des schaffenden
und regierenden Gottes sah. Aber mit diesem Urteil verband
sich nie die Preisgabe der Selbständigkeit der Gemeinde, nie
die Verwischung des Unterschieds, der zwischen dem besteht,
was der Mensch als Geschöpf ist, und dem, was ihm der Christus verleiht. Wer „im Christus" ist, fragt nicht mehr die
Machthaber, was das Gute sei, das er zu wirken habe. In
Korinth stritt Paulus nicht gegen die revolutionären Neigungen, die aus dem jüdischen Zelotismus in die Kirche
hinüberdrängten; hier kämpfte er gegen eine andere Front,
gegen die Auflösung der Grenze, die das Christentum vom
Griechentum schied.

Paulus ruft das von der Verheißung gezeichnete eschatolo-
gische Bild zu Hilfe. Dann richten die Heiligen die Welt. Als
Heilige, als die dem Christus Gehörenden, die durch ihn
Gottes Eigentum geworden sind, verkünden sie der Menschheit das göttliche Urteil. Wie weit dabei an eine handelnde
Mitwirkung bei seiner Fällung und Vollstreckung gedacht
war, muß offen bleiben. Nach Mat. 12, 41 richten die Nine-
viten, die Buße taten, die unbußfertigen Juden; nach Röm.
2, 27 richten die das Gesetz erfüllenden Heiden die das Gesetz
übertretenden Juden; nach Hebr. 11, 7 verurteilte Noah durch
sein Verhalten die Welt. Da die Gerichtshandlung in vollster
Öffentlichkeit geschieht, macht sie das Verhalten derer, die
Jesus glaubten und gehorchten, und das Verhalten derer, die
ihn verwarfen, offenbar, und jenes widerlegt und entrechtet

dieses. Wenn aber Paulus den Satz noch dahin steigert, daß „wir Engel richten werden", so scheint er noch an anderes gedacht zu haben als an die strafende Macht, die das Beispiel hat.

Das gegenwärtige Leben der Gemeinde verlangt von ihr, daß sie „geringfügige Entscheidungen" treffe. Sie sind geringwertig, weil sie κριτήρια βιωτικά sind, Entscheidungen über das, was zum βίος gehört. βίος benennt mit deutlicher Verschiedenheit von ζωή das Leben so weit, als es ein natürlicher Vorgang ist, weshalb τὰ βιωτικά das sind, was zur Ernährung und Erhaltung des natürlichen Lebens dient. βιωτικά sind die Lebensmittel, der zum Unterhalt des Lebens dienende Besitz. Um mehr als das kann es sich nicht handeln, wenn sich aus dem geschäftlichen Betrieb ein Streit ergibt. Somit betreffen die hier notwendigen Entscheidungen nur Kleinigkeiten, die nicht mit dem zu vergleichen sind, was im Weltgericht entschieden wird. Denn dann trifft das Urteil den Anteil an Gott und an seinem ewigen Reich. Damit erinnert Paulus die Korinther an ihr eigenes Urteil über das, was den Leib angeht. Auch sie legten auf die leiblichen Vorgänge kein Gewicht, sondern sahen in ihnen den Bereich ihrer Freiheit. Es ging ihnen aber beim Gelderwerb wie bei der Ehe. Wie sie nach der Ehelosigkeit strebten, sich aber auch noch die Dirne freihielten, so waren sie zwar über das erhaben, was zum leiblichen Leben gehört, hießen es aber doch untragbar, wenn ihnen mit Unrecht ein Verlust zugefügt wurde.

Der, dem ein Urteil anvertraut wird, ist dadurch geehrt, um so mehr, je Größeres durch seine Entscheidung geordnet wird. Wem dagegen nicht einmal über Geringfügiges ein Urteil zugestanden wird, der ist mißachtet. In der Frage „Seid ihr unwürdig?" wird wieder sichtbar, daß Paulus am Verhalten der Korinther zuerst ihre geringschätzige Beurteilung der Gemeinde als unerträglich abwehrt.

Die eschatologischen Erwartungen sind in Korinth nicht erloschen, beschäftigen aber nur die Phantasie der Gemeinde und bestimmen nicht mehr ihren Willen. Für ihr gegenwärtiges Verhalten ist die Eschatologie bedeutungslos. Sie würden die Verwaltung des Rechts mit größtem Ernst betreiben, wenn sie wirklich glaubten, daß sie die Menschheit richten werden. Paulus kämpft gegen eine Eschatologie, die nur Vorstellung bleibt, nicht aber wirklich Hoffnung wird und daher den Willen nicht mehr zu formen vermag.

Noch einmal folgt das aufrüttelnde „Wißt ihr nicht?", das fraglich macht, ob sie das wirklich wissen, was sie wissen. Sie wissen es nicht, wenn aus ihrem Wissen nicht Wille und Tat entsteht. Mit dem neuen Wort stellt Paulus noch Größeres als das Gericht über die Welt in ihr Sehfeld hinein: Engel werden sie richten. Wenn er von „der Welt" sprach, sah Paulus nicht über die Menschheit hinaus; so nannte er die zur Einheit verbundene Menschheit. Daher gehören die Engel nicht zur Welt. Es wäre vermutlich unrichtig, wenn wir die Aussage des Paulus so erläuterten: „Engel", nämlich die des Satans. Zwar hat auch Paulus mit dem Rabbinat von Engeln des Satans gesprochen, II 12, 7. Wenn aber ἄγγελος für sich steht, haftet am Wort die Vorstellung, daß der „Bote" Genannte von Gott gesandt sei und in seinem Dienst stehe. Sodann zeigt 4, 5, daß Paulus beim Gericht nicht nur an die Entrechtung und Beseitigung der Sünde gedacht hat. Dem Gericht ist der unterstellt, der die Dienstpflicht empfangen hat; es folgt aus der Beauftragung mit der Mitwirkung am göttlichen Werk. Über den συνεργός, den ὑπηρέτης, den οἰκονόμος Gottes wird, wenn seine Dienstzeit abgelaufen und sein Werk vollendet ist, das Urteil gesprochen. Da aber die Engel die mächtigsten Mittler des göttlichen Wirkens sind, ergeht dann, wenn mit der Erscheinung des Christus zum königlichen Werk ihr Dienst beendet ist, vor allem über sie das Gericht, das das göttliche Urteil über ihr Wirken offenbar macht. Von allen geistigen Mächten, die die Weltgeschichte leiten, hat Paulus gesagt: „sie werden abgetan", I 2, 6. 8; 15, 24.

Wenn über Erwerb und Eigentum gestritten wird, dann „hat die Gemeinde Entscheidungen über das, was zur Erhaltung des Lebens dient". Sie hat solche Entscheidungen, weil sie von ihr verlangt werden. Deshalb muß sie sich entschließen, wen sie „sitzen lasse". „Das Sitzen" ist das Kennzeichen des Richters, da die Streitenden und die ihnen Zu-

hörenden vor ihnen stehen.[1] Geben wir καθίζετε den fragenden
Ton, so sind „die, die in der Gemeinde nichts gelten", die
Griechen, „die Ungerechten", Vers 1. Während bei allen
anderen Anliegen ihr Urteil nichts gilt und ihre Religion als
Wahn, ihre Weisheit als Blindheit, ihre Tugend als Sünde und
ihr Ende als Untergang abgelehnt wird, wird jetzt plötzlich
von ihnen erwartet, daß sie Recht zu schaffen vermögen, womit ihnen eine Ehre erwiesen ist, die dem sonstigen Urteil
über sie widerspricht. Würde καθίζετε als Imperativ gelesen:
„Setzt, da es sich ja nur um die Kleinigkeiten handelt, die
zur Ernährung dienen, die, die nichts bei euch gelten, als
Richter ein", so entstände ein Gedanke, der sich in die paulinische Denkweise nicht einfügen läßt. Paulus teilte seine
Gemeinden nicht in viel Geltende und in nichts Geltende, in
Geehrte und Verachtete ein. Das Gericht steht der Gemeinde
zu, weil sie „Heilige" sind; die ἅγιοι sind keine ἐξουθενημένοι.
Wir müßten in dem so gefaßten Satz eine Anpassung an die
Denkweise der Korinther suchen, die Paulus weit von seiner
eigenen Überzeugung weggeführt hätte. Da sich die Gegner
des Paulus stolz über die Gemeinde erhoben, konnte es bei
ihnen vorkommen, daß sie neben sich „nichts geltende, nichts
bedeutende" Christen hatten, denen sie die Beschäftigung
mit den Kleinigkeiten des natürlichen Lebens überlassen
konnten, weil sie nicht vollauf mit ihrer Heiligung durch
Erkenntnis und Askese beschäftigt waren. Aber der fragende
Ton befreit den Satz von der Notwendigkeit, ihn in eine Paulus
fremde Denkweise hinüberzustellen, und führt auch glatt zum
nächsten Satz hinüber: „Dies sage ich, damit ihr euch schämt."
Dieser verlangt, daß Paulus von dem sprach, was sie tun.
Sie lassen in Korinth die, die sie gering schätzen, als Richter
sitzen, und dies ist ein Verhalten, über das man sich dort
schämen muß.

Paulus verlangte, daß die Gemeinde die jüdische Sitte fortsetze. Die jüdischen Gemeinden sahen in der Verwaltung des
Rechts eine ihnen gegebene Pflicht, die sie an niemand ab-

---

[1] Hannas καθίζει συνέδριον κριτῶν — οὐκ ἐξὸν ἦν Ἀνάνῳ — καθίσαι
συνέδριον, Jos. a 20, 200. 202. Gott sagt zu Mose הוֹשֵׁב אֶתְרָאשֵׁיהֶם דַּיָּנִים
עֲלֵיהֶם, κάθισον τοὺς πρώτους αὐτῶν κριτὰς ἐπ᾽ αὐτῶν, Jer. Sanh. 28 d.

treten konnten. Denn es muß nach Gottes Gesetz gerichtet werden. Deshalb ist der Weise zum Richteramt berufen, er, der das Recht seines Gottes kennt. Im Gegensatz zur jüdischen Sitte dachte Paulus aber nicht an eine amtliche Beauftragung, die einige der Brüder zu Richtern bestellte. Noch weniger dachte er daran, die Streitenden vor seinen eigenen Richterstuhl zu rufen. Nie sprach er von der Gemeinde anders als so, daß er sie als die freie beschrieb. „Ihr!" Damit wendet er sich an alle, und den Anteil, der jedem am gemeinsamen Handeln zufällt, macht er von der inneren Ausrüstung abhängig, die ihn zum Handeln fähig macht.

Zum schiedsrichterlichen Spruch, der Frieden stiftet, ist der Weise fähig. Da die Gemeinde keinen hat, der den Frieden herstellen kann, greift auch das Thema, das Paulus jetzt behandelt, in die von ihm zuerst besprochene Frage ein. Wieder wird sichtbar, daß der Ruhm der Weisheit, mit dem sich die Korinther über Paulus erheben, nichtig ist. Der weise Friedensstifter und der weise Baumeister, I 3, 10, sind Parallelen. Beide Aussagen zeigen, daß Paulus dann von Weisheit sprach, wenn er an jenen geistigen Besitz dachte, aus dem das richtige Handeln folgt.

Weil das διακρῖναι, der schiedsrichterliche Spruch, unerreichbar bleibt, kommt es zum κρίνεσθαι, zum Hader, bei dem der eine Bruder dem anderen Unrecht vorwirft. Nun kann freilich der Streit nur noch durch den Machtspruch eines Trägers der staatlichen Gewalt beendigt werden, der die Brüder zwingt, miteinander Frieden zu halten. Damit ist aber der Brudername verleugnet. Dieser war aber für Paulus kein leeres Wort. Wenn er darin eine Steigerung der Sünde sieht, daß sie vor Ungläubigen unbrüderlich handeln, so erinnert er an das Ärgernis, das aus solchen Ereignissen entsteht. Weil die Christenheit im Glauben den Vorgang sah, der über ihr Verhältnis zu Jesus und ihren Eingang in Gottes Gnade entschied, entstand jener Sprachgebrauch, der die zur Gemeinde Gehörenden die Glaubenden und die, die ihr fern blieben, die Ungläubigen nannte; und da sich mit dem Glauben das Bewußtsein verband, er sei das von Gott gewollte und gewirkte Verhalten, das den Menschen an den Ort stelle, der

ihm vor Gott zukommt, fiel auf die Geringschätzung Jesu und
die Ablehnung seiner Botschaft das Urteil, sie sei nicht nur
eine unter den vielen menschlichen Sünden, sondern die Sünde,
die dem Widerspruch des Menschen gegen Gott die Vollendung
gibt. Wenn aber die Brüder füreinander nicht mehr Brüder
sind, wird der Unglaube derer, die sie beobachten, unerschütterlich. Dieser Sprachgebrauch, der die Christen als die
Gläubigen von den Ungläubigen schied, war offenbar in
Korinth schon in vollem Gang, I 7, 12. 13. 14; 10, 27.

Nun erst spricht Paulus davon, daß nicht erst die Weise,
wie sie den Streit beenden, sondern der Streit selbst verwerflich
sei. ,,Urteile haben sie", weil Streit vorliegt, der durch ein
Urteil beendet werden soll. ἥττημα ist das Wort für das Erlebnis dessen, gegen den der richterliche Spruch erfolgt, so
daß er seinen Prozeß verliert. Jeder will, indem er den Richter
anruft, das ἥττημα, das Unterliegen, vermeiden. Aber es hat
sie schon unter allen Umständen, in jedem Fall, ὅλως, getroffen, einerlei ob sie den Prozeß gewinnen oder verlieren. Einen
Prozeß führen zu müssen, dies schon ist Verlust, weil sie ihn
deshalb führen, weil sie Unrecht nicht dulden und Nachteile
nicht ertragen wollen. Wieder erscheint, wie I 4, 12, die Verpflichtung zur unbedingten Geduld. Sie wird als ein wesentliches Stück des Christenstandes von keinem Zweifel berührt.
Aber der Schade, den sie sich antun, ist noch größer; denn
es gibt keinen, der Unrecht leiden muß, wenn niemand da ist,
der Unrecht tut, und keinen, dem sein Eigentum genommen
wird, wenn nicht jemand an ihm zum Räuber wird. Unrecht
tun ist aber der unheilvollste Verlust, die größte Gefahr.

Die schuldig machende Verwerflichkeit des Unrechts
wächst dadurch, daß es zwischen Brüdern geschieht. Der
Bruch des Rechts wird um so verwerflicher, je enger die Gemeinschaft ist, die gebrochen wird. Einen Bruder zu berauben
ist sündlicher als einen Fremden. Im Verhalten der Judenschaft bekam dieser Satz große Wichtigkeit, da sich daraus
der doppelte Maßstab ergab, mit dem der Jude sein Verhältnis
zum Volksgenossen und das zum Fremden maß.

Paulus sagt, was durch Unrecht Tun verloren geht: der
Anteil an der kommenden Herrschaft Gottes. Die Aufzählung

13*

der für die Christenheit unmöglichen Dinge ist im wesentlichen dieselbe wie I 5, 11. Die geschlechtlichen Verirrungen werden ausführlicher benannt, μοιχοί, μαλακοί, ἀρσενοκοῖται, und zu den Schädigungen des den anderen gehörenden Eigentums kommt noch der Diebstahl hinzu. Die Bilderverehrer hat Paulus wohl deshalb gleich nach den Unzüchtigen genannt, ehe er an die anderen geschlechtlichen Verirrungen erinnert, weil die Dirne und der griechische Kultus die beiden Gefahren waren, gegen die die Gemeinde vor allem geschützt werden mußte.

Aber nicht dazu erweckt Paulus durch seine Warnung die Furcht, damit sie den Glauben verdunkle. Darum zeigt er der Gemeinde eben jetzt, da er ihr nicht in entlegener Ferne, sondern im engsten Zusammenhang mit dem, was sie tun, mit dem endgültigen Verlust des Lebens gedroht hat, den Reichtum der Gabe Jesu mit einer Zuversicht, die nichts, was er aus Korinth erfährt, erschüttern kann. Sie sind rein, heilig- und gerecht gemacht, auch die, die während ihres vorchristlichen Lebens die Macht der Bosheit in der eben beschriebenen Weise erfahren haben.

Da es durch I 1, 13; 12, 13 gesichert ist, daß alle in Korinth die Taufe erhalten haben, läßt sich die Abwaschung, mit der sich die Korinther von ihren Sünden befreiten, von der Taufe nicht trennen. Sie nahm die Schuld weg, die aus ihrem Handeln entstanden war, da sie ihnen Jesu Vergebung zusprach, und sie löste sie auch von ihrem sündlichen Begehren ab, da sie ihnen das richtende und vergebende Urteil Gottes dazu vorhielt, damit sie es sich aneignen. Sie sind zu Gottes Eigentum gemacht und dadurch geheiligt worden, da das, was zwischen Gott und ihnen trennend stand, beseitigt ist, und die Verurteilung, die auf ihrem Handeln lag, ist durch den Freispruch aufgehoben, der ihnen die Gerechtigkeit zuerkannte.

Die Wirkung der göttlichen Gnade wurde ihnen durch den Namen Jesu und durch den Geist Gottes vermittelt. Die begründende Kraft dieses Satzteils trägt nicht nur das letzte Glied, sondern die ganze Aussage. Waschung, Heiligung, Rechtfertigung sind nicht drei voneinander trennbare Vor-

gänge, sondern sind dieselbe Gottestat, durch die ihr früherer
Zustand beseitigt worden ist. Daher gehen die Angaben, die
sagen, wie sie zustande gekommen ist, auf die ganze Aussage.
Der Name Jesu machte ihre Taufe zum rein waschenden
Bad, vgl. I 1, 13; er nennt ihnen den, der die Vergebung für
sie hat; und der Name Jesu tut ihnen kund, daß sie berufen
und zu Gott gebracht sind, wodurch sie geheiligt sind; und der
Name Jesu zeigt ihnen den, der ihre Schuld getilgt hat und
Gottes Gerechtigkeit für sie und in ihnen wirksam macht.

Ebenso ist ihre Taufe deshalb für sie die Wendung, durch die
ihr sündliches Begehren tot wird, weil sie ihnen den Geist
verschafft, und durch den Geist entsteht ihre Einigung mit
Gott, die sie heilig macht, und durch den Geist bekommt ihr
Zustand und ihr Verhalten die Übereinstimmung mit dem
göttlichen Willen, die aus ihnen Gerechte macht.

Der Satz zeigt, wie Paulus dem Gottesbewußtsein die
trinitarische Fassung gab. Machtvoll steht am Schluß des
Satzes: „unser Gott". Damit ist diejenige Beziehung Gottes
zum Menschen genannt, die das ganze Handeln Gottes an der
Menschheit trägt; er ist „ihr Gott". Offenbar und heilsam
macht er seine Beziehung zur Menschheit durch den Christus
und den Geist, die beiden Träger seiner Gaben, deren Wirken
in völliger Eintracht geschieht. Alles, was Christus im inwendigen Leben der Berufenen schafft, entsteht durch den Geist,
vgl. II 13, 13.

Die Sündlichkeit des Verkehrs mit der Dirne
6, 12–20

Der göttliche Wille, der es der Gemeinde gewährt, der
Sünde zu widerstehen, ist ihr gezeigt. Was noch übrigblieb
und jetzt von Paulus besprochen wird, hatte aber nicht geringeres Gewicht. Nun wendet er sich an das Gewissen eines
jeden und leitet ihn an, in eigener persönlicher Entschließung sein Verhalten so zu ordnen, daß es seinem Christenstand treu bleibt. Weiter über den Diebstahl und den Raub
zu reden, war nicht nötig; das Vers 9 Gesagte genügt. Daß
gewalttätige Übergriffe in fremdes Eigentum Unrecht und

unerträglich seien, stand auch denen, die sich unbeschränkte
Freiheit zuschrieben, fest. Sie vertraten nicht kommuni-
stische Ideen. Dagegen machten es die Vorgänge in Korinth
nötig, gegen den Verkehr mit der Dirne zu sprechen. Die
anderen erotischen Verirrungen kennzeichnete ihre Unnatur
als verwerflich. Fiel aber nicht der Verkehr mit der Dirne in
den Bereich der christlichen Freiheit? Es geschah ihr ja nur,
was sie selbst begehrte und was ihr die Lebensmittel gewährte.
Damit nähert sich Paulus der Beantwortung des Briefs,
den ihm die Korinther gesandt haben. Denn ihr Brief sprach
von ihrem Verlangen nach der Ehelosigkeit. Mit der Aufhebung der Ehe war aber die Frage gegeben, ob dem Mann
durch die Zulassung der Dirne verschafft werden könne, was
der natürliche Trieb verlangt. Die Regeln, die Paulus für die
Ehe gibt, machen es wahrscheinlich, daß es vor allem Christinnen waren, die von der ehelichen Pflicht befreit sein wollten.
War es nicht besser, daß der Mann seine Frau, die dem Herrn
geheiligt war, unberührt ließ und gelegentlich zur Dirne ging?
Aber auch für den Teil des korinthischen Briefs, der um
die Freigabe des heidnischen Opfers warb, bereitete sich Paulus hier die Antwort vor. Denn er stellte dem Gang zur Dirne
den exklusiven Sinn des Bekenntnisses „Ich bin des Christus"
entgegen. Exklusiv ist dieses Bekenntnis nicht deshalb, weil
es die selbstische Begehrung von jeder Beschränkung befreit,
sondern deshalb, weil es jede andere Herrschaft über den
Christen, sowohl die der Dirne als die der Geister, unmöglich
macht. Darum beginnt Paulus hier und bei den Vorschriften
für den Genuß des Geopferten, 10, 23, mit dem Satz, der
die christliche Freiheit verkündet. Aus ihm leiteten die Korinther in allen zweifelhaften Fällen die Rechtfertigung ihres
Handelns ab. Es steht über dem Christen kein Gesetz, das
ihm sein Verhalten vorschriebe. Jeder ordnet selbst seine Handlungen und ist bei ihnen an keine ihm fremde Regel gebunden.
Diese Beschreibung der Freiheit steht mit griechischen, etwa
stoischen Freiheitslehren in keiner Beziehung, sondern erwächst unmittelbar aus der palästinischen Gesetzeslehre.
Diese arbeitete mit dem Gegensatz, Pflicht, ὀφείλημα, חוב,
und Erlaubtes, ἐξουσία, רשׁוּת. Soweit als die Satzung reicht,

besteht Pflicht, ὀφείλημα; wo die Satzung endet, beginnt die
Vollmacht, die ἐξουσία. Die Frage, vor die der jüdische Fromme gestellt war, war beständig die, ob er in dieser Lage „gebunden" oder „gelöst" sei. Er ist gebunden, wenn eine Satzung
besteht, die für diesen Fall das Handeln ordnet; er ist gelöst
und hat „Vollmacht", wenn es für diesen Fall keine Satzung
gibt. Für die Christenheit war aber mit dem Ende des Gesetzes
der Unterschied zwischen der Pflicht und dem Erlaubten
gefallen. War nun nicht im strengsten, wörtlichen Sinn alles
erlaubt? Das gab dem Satz seine individualistische Fassung.
Es wird nicht gefragt: was steht in unserer Macht? Nicht
daran wird gedacht, was das gemeinsam zu vollbringende
Werk der Gemeinde sei, wie weit also ihre Vollmacht reiche.
Das Gesetz zeigte jedem einzelnen im göttlichen Gebot die
ihn persönlich bindende Macht: Du sollst und du darfst nicht.
Darum hatte nun auch die Verkündigung der Freiheit die
persönliche Form: Mir ist alles erlaubt.

Durch seinen Zutritt zu Jesus war der Jude aus seiner
völkischen Gemeinschaft ausgetreten. War er nun nicht „ein
einzelner", für den keine Bindung mehr Geltung hatte? Wurde
er dies, so hatte er nach dem Urteil des Paulus vergessen,
was ihn aus seiner völkischen Gemeinschaft herausgeführt
hatte. Dies war dadurch geschehen, daß er zum Christus gekommen war, und dieser machte aus ihm keinen „einzelnen".

Die Freiheit vom Gesetz hatte Paulus den Gemeinden gebracht. Wenn er aber jetzt sich die Formel „Ich habe zu
allem Macht" aneignet, so handelt er nach der Regel, daß er
allen alles werde, damit er sie gewinne. Er macht sich damit
denen, die ohne Gesetz sind, gleich, I 9, 21, obwohl er selbst
nicht ohne Gesetz ist. Als er sagte: πάντα ὑμῶν, I 3, 21, kam er
nahe an die Formel der Korinther heran. Aber die Gefahr, die
durch πάντα μοι ἔξεστιν entstand, war durch πάντα ὑμῶν abgewehrt. Als unbegrenzt war die Freiheit hier und dort beschrieben. Mit πάντα ὑμῶν war aber gesagt, jedes dem Christen
begegnende Erlebnis sei wertvoll, von der göttlichen Güte
geordnet und mit einer göttlichen Gabe gefüllt, so daß alles
zu seinem Heil mitwirkt. Mit πάντα μοι ἔξεστιν mißt dagegen
der Mensch sein eigenes Recht und berechnet den Umfang

der ihm möglichen Tätigkeit und anerkennt für diese keine Schranken. Unbestritten blieb dabei der Satz, daß „es keine Vollmacht gebe, außer von Gott", Röm. 13, 1. Keiner, der von sich sagte: „Ich bin des Christus", leugnete, daß er seine Vollmacht empfangen habe. Nun war aber er ihr Besitzer und Verwalter, und daraus entstand die Gefahr, daß die selbstische Begier durch die Beseitigung jedes Verbots gestärkt werde und mit dem Ende des Gesetzes auch der Gegensatz von Gut und Böse falle.

Durch die Befreiung vom Gesetz ist aber der Mensch nicht mit einer Herrschermacht ausgestattet, die das Geschehen einzig von seinem Willen abhängig machte. Denn damit, daß der Unterschied zwischen dem, was geboten, und dem, was erlaubt ist, verschwand, ist nicht auch der Unterschied, den die Natur in die Dinge hineinlegt, aufgehoben. Der Gegensatz zwischen dem, was heilsam ist und nützt, und dem, was schädlich ist, bleibt in Kraft. Die Vollmacht, die dem Glaubenden gegeben ist, umfaßt aber nicht auch das, was schädlich ist, sondern berechtigt ihn einzig zu dem, was sowohl für ihn als für die anderen heilsam ist. Er kann nicht mit Berufung auf seine unbeschränkte Freiheit sich und andere zerstören. Vor dem Entschluß zur Tat steht somit die sorgsame Erwägung, die ihre heilsame Wirkung mißt. An die Griechen stellte der Anspruch, bei allem Handeln auf das συμφέρον bedacht zu sein, keinen sie überraschenden Anspruch. Denn Paulus griff damit auf den Maßstab zurück, den die öffentliche Moral verwendete. Noch weniger konnte sich aber ein Christ der bindenden Kraft dieser Regel entziehen, da er seine Freiheit von der göttlichen Gnade empfing, die ihn für niemand zum Verderber macht.

Sodann ist alles, was die Freiheit aufhebt, von ihr ausgeschlossen. Es ergibt einen Selbstwiderspruch, wenn der Gebrauch der Macht zum Verlust der Macht führt, und einen Mißbrauch der Freiheit, wenn sich der Mensch in ihrem Namen einem ihn knechtenden Willen hingibt. Durch die Gefahr des ἐξουσιασθῆναι ist der Freiheit eine Grenze gesetzt. Bei beiden Bestimmungen, die die Vollmacht des Christen beschränken, hat Paulus bereits an den Verkehr mit der Dirne

gedacht. Dieser ist nicht heilsam, weder für die Dirne, noch
für den, der sie benützt. Jene wird entehrt, und dieser verliert seine Gemeinschaft mit Christus und vertauscht sie mit
einer ihn entehrenden Gemeinschaft. Ebenso erleidet er das
ἐξουσιασθῆναι, das Vergewaltigtwerden, durch eine über ihn
verfügende Macht, da er von der Dirne abhängig wird.
Der erste Anlaß, bei dem die Formel „Zu allem habe ich
Vollmacht" zur Verwendung kam, war das Speisegesetz.
Auf die Frage, welche Speisen verboten und welche erlaubt
seien, war die Antwort, die jedem Christen gegeben wurde:
Es gibt keine Speise, die du nicht essen darfst, und keine, die
du essen mußt; deine Freiheit ist unbegrenzt. Gottes Herrschaft geschieht nicht durch Essen und Trinken, Röm. 14, 17.
Dagegen entstand die Verbindung der Freigabe der Speisen
mit der Zulassung der Dirne nicht aus dem Judentum und
nicht aus dem Urchristentum. Hier hören wir deutlich einen
Satz der korinthischen Theologie; sie hat die Ernährung und
den geschlechtlichen Verkehr unter dasselbe Urteil gestellt.
Wie bei den Speisen alle religiösen Bedenken wegfallen, so
stellt sich auch die Befriedigung des geschlechtlichen Verlangens als religiös belanglos dar. Aus solchen Theorien entstand das Urteil: „Ihr Gott ist der Bauch", mit dem sich
Paulus von der Bewegung trennte, die sich gegen ihn in den
Gemeinden auflehnte, Phil. 3, 19; Röm. 16, 18.
Paulus setzt zwischen der Ernährung und der geschlecht-
lichen Handlung einen großen Unterschied an. Die Speise
füllt die κοιλία, die Dirne greift nach dem Leib. κοιλία ist der
Sammelname für alle Höhlungen des Leibs, in denen die Ver-
dauung geschieht. Diesen Teil des Leibes hieß Paulus ver-
gänglich; hier entsteht nicht ewiges Leben. Er schrieb das
Hungern, Essen und Verdauen nicht auch dem auferstandenen
Menschen zu; diese Vorgänge machen aus unserem Leib „den
Leib der Erniedrigung", Phil. 3, 21. Er begehrte nicht die
Verewigung unseres gegenwärtigen Zustands, vgl. I 15, 50;
II 5, 1. Auferweckung bedeutete für ihn „eine neue Schöp-
fung", und dieser geht die Beseitigung dessen voran, was die
erste Schöpfung schuf. Das Wort Jesu, das den auferstande-
nen Menschen von den Funktionen freisprach, an die unser

Leben jetzt gebunden ist, Mat. 22, 30, war Eigentum der gesamten Kirche geworden und hat auch die Hoffnung des Paulus geformt. Durch jenes Wort hatte Jesus den geschlechtlichen Vorgang, Mannheit und Weiblichkeit, Vaterschaft und Mutterschaft, vom ewigen Leben geschieden, und dies hat auch Paulus getan. Denn wenn die κοιλία entfernt wird, sind auch die Glieder verschwunden, die den Mann zum Mann, das Weib zum Weibe machen. Aber bei der Vereinigung des Manns mit dem Weibe dachte Paulus nicht nur an die Funktion ihrer geschlechtlichen Organe. Hier wird Leib mit Leib verbunden, und dadurch wird über das verfügt, was dem Menschen nicht genommen werden kann. Von einem Menschen, der keinen Leib hat, sprach Paulus nicht. Er begehrte für ihn einen völlig veränderten, ganz neu gemachten Leib, sah aber immer im Leibe das, was den Menschen zum Menschen macht. Darum wird durch das, was der Mensch mit seinem Leibe macht, sein Verhältnis zum Herrn bestimmt. Denn der Leib ist für den Herrn geschaffen und sein Eigentum, und der Herr nimmt sich des Leibes an, macht ihn sich untertan und verklärt ihn zu ewigem Leben. Er ist der Herr des Leibes, weil er der Herr des Menschen ist. Darum verfällt der Leib nicht der Vernichtung, sondern wird auferweckt, und dies geschieht deshalb, weil der Herr, dem unser Leib gehört, auferweckt worden ist. Das läßt sich freilich nicht durch die Betrachtung der Natur begründen. Wer Auferstehung hofft, erhebt sein Hoffen über den ganzen Bereich der Natur. Diese Hoffnung gründet sich auf Gottes Kraft.

Da die, die an Christus glauben, ihm gehören, sind die Glieder, aus denen ihr Leib besteht, die Glieder des Christus, die unter seiner Leitung stehen und von ihm dazu gebraucht werden, damit sein Wille geschehe. Der Satz enthüllt die Tiefe des Gegensatzes, der Paulus von denen trennte, die die Erkenntnis über alles stellten. Sein Christus griff nicht nur nach den Gedanken der Menschen, sondern nach ihrem Leib und bestimmte, da er aus ihrem Leib seine Glieder macht, ihre Tat. Niemals hätte Paulus den Leib eines jeden in diese Verbundenheit mit dem Christus gebracht, wenn er ihn nicht beständig als den in Gottes Weise Wirkenden und

Regierenden über sich sähe, der die, die ihm gehören, beständig bewegt und aus ihnen die Täter seines Willens macht. Ein Glied hängt nicht nur zeitweilig an dem es bewegenden Haupt. Paulus verwies die Gemeinde nicht auf gelegentlich eintretende Inspirationen, die ihr Sündigen für Augenblicke unterbrächen; für ihn bestand die Gnadengabe Gottes darin, daß jeder Christ in eine dauernde, immer wirksame Abhängigkeit vom Christus gebracht wird, durch die er sein ganzes Handeln sich dienstbar macht. Damit wird aber die Vereinigung mit der Dirne unmöglich, weil dadurch aus dem Leibe ihre Glieder werden, über die sie verfügt, die sie zur Erfüllung ihrer Lust benützt. Über ein Glied des Christus kann aber niemals eine Dirne die Gewalt bekommen.

Diese Beweisführung setzt voraus, daß die Korinther nicht die Dirne priesen, auch wenn sie das, was der Mann bei ihr tat, für unschädlich erklärten. Die Dirne selbst blieb ehrlos und das, was sie tat, sündlich. Paulus rechnet nur auf den Gedanken, der Gang zu ihr sei erlaubt, nicht aber auf den Gedanken, man werde vom Herrn zu ihr geführt; vielmehr erwartet er, die Gemeinde werde es als unmöglich ablehnen, daß eine Dirne den Christen beherrsche und seinen Leib zu ihren Gliedern mache.

Auf die Einrede, der Verkehr mit der Dirne ergebe nur eine flüchtige Berührung und nicht eine starke, bleibende Gemeinschaft, antwortet Paulus mit Genes. 2, 24, mit demselben Spruch, mit dem Jesus die Ehe unauflöslich gemacht hat, Mat. 19, 5. Auch dies spricht dafür, daß die Korinther die Dirne nicht neben der Ehe, sondern als Ersatz für die Ehe begehrten. Ebenso stellt Paulus den Verkehr mit der Dirne nicht neben den mit der Frau. Denn in der Umarmung verwachsen der Mann und das Weib zu einem Leib; sie stiften zwischen sich eine vollständige Gemeinschaft. Auch die Verbundenheit, die Christus den Seinen gewährt, ist vollständig. Hier berührt sich aber nicht Körper mit Körper, sondern Geist mit Geist. Seine Gemeinschaft mit den Glaubenden gewährt ihnen „die Einheit des Geistes", vgl. I 2, 16. An eine Auflösung der menschlichen Ichheit in den Geist Jesu hat Paulus deshalb nie gedacht, weil er den göttlichen Willen, von dem der Mensch zu Gott gerufen wird, als Gnade verstand. Daraus entstand nicht Auflösung oder Lähmung des Eigenlebens, sondern seine Begründung und Füllung. Durch die Einheit des Geistes mit Christus wird dem Glaubenden gegeben, daß er selbst denkt und will, nun aber das, was der Geist ihn denken und wollen macht. Zur Verwendung desselben Bildes, κολλᾶσθαι, „angeleimt werden", für die Vereinigung mit dem Weib und für die Hingabe an den Herrn gab der palästinische Sprachgebrauch Anlaß. Für die Ergebung an Gott hat Deut. 4, 4 dasselbe דָּבַק gebraucht, das Genes. 2, 24 die eheliche Gemeinschaft beschreibt.[1]

Da Paulus gegen die Entwürdigung und Mißachtung des Leibes kämpft, hebt er hervor, daß das Ergebnis, das aus dem unkeuschen Handeln entsteht, am eigenen Leib hafte und ihn verderbe. Aus der ἁμαρτία entsteht immer ein ἁμάρτημα; denn Paulus hat das Urteil „Sünde" auf das Handeln gelegt. Jeder Akt kommt aber zu einem Abschluß, mit dem das Gewollte hergestellt ist. Die Verwerflichkeit eines Aktes zeigt sich darin, daß er zerstörende Wirkungen hat. Sonst greift der böse Wille die anderen an. Ihre Gedanken verwirrt er, ihr Glück stört er, ihre Ehre verletzt er, ihr Eigentum schädigt er. Bruch des Rechts, ἀδικία, entsteht sonst durch das Sündigen. Unzucht ist dagegen Mißbrauch und Mißhandlung des eigenen Leibs. Hier trägt der Sündigende das Ergebnis seines Sündigens an seinem eigenen Leibe mit sich herum. Auch bei dieser Erwägung hat Paulus nicht an das Weib gedacht, an dem der Unkeusche Unrecht tut. Er hat nicht vermutet, es könnten auch Dirnen unter denen sein, an die er schreibt. Ebensowenig denkt er daran, daß durch den Gang zur Dirne der Ehefrau die Treue gebrochen werde und ihr Unrecht geschehe. Denn die Freigabe der Dirne wurde für die Ehelosen begehrt.

---

[1] Eliezer Ben Hyrkanos hat gesagt: „Wäre es nicht recht, daß, wenn auf dem, der an den Geist der Unreinheit angeleimt ist, der Geist der Unreinheit ruht, auf dem, der an die Schechina angeleimt ist, der Heilige Geist ruhe? Aber unsere Sünden scheiden uns von Gott", Sifre Deut. 173. Zu solchen Worten kam es im palästinischen Rabbinat, weil es die Kirche neben sich hatte, die von sich sagte ὁ κολλώμενος τῷ κυρίῳ ἓν πνεῦμά ἐστιν.

Die Gewißheit: „Der heilige Geist ist in euch" war für
Paulus völlig eins mit dem Satz: „Ihr seid des Christus",
I 3, 23. Der Geist ist aber, wie er I 2, 12 sagte, „Geist aus Gott",
den die Gemeinde „von Gott her hat". Dadurch erhält der
Leib die Unverletzlichkeit des Tempels; denn mit der Gegen-
wart des Geistes ist Gott gegenwärtig. Wieder wendet sich
Paulus, wie I 3, 16. 17, an die Scheu vor der Entweihung des
Tempels, zu der jeder Jude erzogen war. Die Verwandlung
des Dienstes in Herrschaft und die Aufhebung jeder der
Freiheit gesetzten Schranke bringen dasselbe unheilvolle
Ergebnis hervor, die Entweihung dessen, was durch Gottes
Gegenwart geheiligt ist. Was Paulus früher von der Gemeinde
gesagt hat, hat er damit auf ihre einzelnen Glieder hinübergelegt. Immer bewegte sich sein Gedankengang in dieser
Richtung, da er sich die Gemeinschaft, die in der Gemeinde
verwirklicht war, als echt und vollständig dachte. Es gab
daher keinen Besitz der Gemeinde, der nicht Besitz der einzelnen wäre, und ebensowenig eine Begabung der einzelnen,
die nicht für alle wirksam würde. Die gleichzeitige Geltung
der doppelten Beziehung, die den Zweck der Gemeinde in
die Einzelnen und das Ziel der Einzelnen in die Gemeinde
verlegt, ist das stets sichtbare Merkmal der paulinischen
Politik, auf dem alles beruhte, was er zum Aufbau der Gemeinde tat.

Wir könnten von Paulus erwarten, daß er mit der Gegenwart des Geistes die Verpflichtung begründe, dem Fleisch
zu widerstehen. Das Verlangen nach der Dirne war ein vom
Fleisch erzeugtes Begehren, „ein Geschäft des Leibes", Röm.
8, 13, Lebendigkeit der Glieder, die sich nicht darein finden
wollten, daß sie tot sein sollten, Kol. 3, 5. Paulus hat aber
hier jedes Wort vermieden, das zum Kampf gegen die Natur
und zur Eindämmung des leiblichen Lebens mahnte. Er sprach
hier nicht zu solchen, die das natürliche Leben feierten. Hier
war der Leib in Gefahr, der Mißachtung zu verfallen, und das
fleischliche Begehren war deshalb stark, weil es sich als geistlich erschien. Darum widerlegt Paulus hier durch die Gegenwart des Geistes den Anspruch, der selbstherrlich über den
Leib verfügen will.

In Sünde geriet die Gemeinde, wenn sie sich freudig ihrer
Freiheit bewußt wurde, die ihr gegebene Kraft maß und
mit Jubel feststellte, daß alle sie einengenden Verbote gefallen seien, dann, wenn sie vergaß, wie sie zu dieser Freiheit
kam. Sie hat sie deshalb, weil sie nicht sich selbst gehört. Gott
hat sie nicht sich selbst überlassen und nicht ihrem natürlichen Begehren preisgegeben. Das war bisher ihre Not, die
Not der Welt. Nun aber hat ihr Gott in Christus den Herrn gegeben, dem sie gehört. Die Herrschaft des Christus entsteht
aber nicht aus einem selbstischen Machtwillen, sondern ist
vollständige Abhängigkeit von Gott, ungebrochener Gehorsam
und vollkommener Dienst. Er ist deshalb zum Herrn gesetzt,
damit er alles Gott untertan mache, I 15, 28. Damit war jede
eigensüchtige Ausnützung der Freiheit, die auch die sündliche
Begier mit ihr rechtfertigen möchte, abgetan. Der Zug der Gedanken läuft hier wieder ebenso wie I 3, 21–23. Paulus legt noch
einmal aus, was das Bekenntnis „Ich bin des Christus" besagt.
    Gott hat Jesus zum Herrn der Gemeinde durch sein Kreuz
gemacht. Seine Gemeinschaft mit ihr, durch die ihr ihre Freiheit verliehen ist, schuf er dadurch, daß er für sie das Gericht
erlitt. Dadurch hat er sie zu seinem Eigentum erkauft. Nicht
durch einen Machtakt schuf er seine Gemeinschaft mit ihr
oder durch eine Willenserklärung, die ihr die Vergebung ihrer
Schuld nur verkündete, sondern durch seine Liebestat, die
sich mit der Tat eines Käufers vergleichen läßt, der sich das,
was er besitzen möchte, erwirbt, indem er dafür den Preis ent-
richtet. Hat er ihn bezahlt, so ist der Kauf gültig und das von
ihm Begehrte für immer sein. Mit τιμῆς stellt Paulus nicht die
Schwere des Opfers dar, das Christus brachte, sondern feiert
die unzerbrechliche Festigkeit, die sein Herrenrecht über die
Gemeinde hat, durch das sie für immer sein eigen ist. Würde
gefragt, ob Gott als der gedacht sei, der sie zu seinem Eigentum
durch die Hingabe seines Sohnes erwarb, oder ob Jesus der
sei, der sie durch seinen Tod für sich erwarb, so würde die
paulinische Denkweise verlassen. Er sah den Sohn Gottes
nie in Distanz von seinem Vater. Für ihn war, was Jesus tat,
Gottes Tat, und Gottes Tat war für ihn nirgends sichtbar und
wirksam als in dem, was Jesus tat.

Wem wurde der Preis gezahlt? Der Gemeinde, die die Teilhaberschaft am Leib und Blut Jesu erhält und dadurch dessen
inne wird, daß sie ihm gehört? Dem Gesetz, von dessen Herrschaft der Christus sie losgekauft hat, Gal. 4, 5? Die Späteren
dachten sich den Satan als den Empfänger des Preises, mit
dem seine Macht über die Christenheit ende. Aber alle diese
Ausdeutungen des Bildes fahren über das hinaus, was Paulus
gesagt hat. Er weist einzig auf die Handlung hin, durch die
der Übergang der Gemeinde in das Eigentum Gottes vollzogen
worden ist.

Ob eine Erinnerung an eine kultische Sitte vorliege, nach
der freigelassene Sklaven gegen jeden Angriff dadurch gesichert wurden, daß sie an einen Gott verkauft wurden, ist
höchst zweifelhaft. Denn die Verwendung des Kaufs zur Deutung der Wirkung des Todes Jesu liegt nicht nur bei Paulus
vor, und sie bot sich leicht der gesamten Kirche an, nachdem
Jesus seine Seele das Lösegeld genannt hatte, das er dem Vater
darbringe, damit er der Menschheit die Befreiung von Schuld
und Tod gewähre, Mat. 20, 28.[1]

Weil die Gemeinde für Gott erkauft ist, ist es zu ihrer
Pflicht geworden, daß sie Gottes Größe sichtbar mache und
seinen Ruhm verkünde. Dazu hat sie nun ihren Leib zu brauchen. Er kann nicht mehr von ihr verachtet und der Willkür
preisgegeben werden. Zur Verherrlichung Gottes ist der Leib
deshalb brauchbar, weil unser Handeln durch ihn geschieht.
Tut die Gemeinde den Willen Gottes, so macht sie durch ihren
Leib Gottes Gnade und Herrschaft wahrnehmbar. Vom Er-
kauftsein wendet sich der Gedanke zum Leib ohne Sprung,
da ja der Sklave dadurch zum Eigentum seines Herrn wurde,
daß sein Leib gekauft wurde, weshalb er nun mit seinem
Leibe seinem Herrn zu dienen hat. Das δή beim Imperativ
deutet an, daß diese Folgerung einleuchtende Richtigkeit hat.

---

[1] Wenn Paulus den Geist ,,das Angeld'' nennt, II 1, 22; 5, 5, so nimmt
er das Bild, mit dem er unseren Eintritt in das neue Verhältnis zu Gott
verdeutlicht, ebenfalls vom Kauf her. Gott macht den Menschen dadurch
zu seinem Eigentum, daß er ihm den Geist gibt, wobei der Gedanke mitwirkt, daß die Umgestaltung in das Bild des Christus noch nicht vollendet sei. Hier ist aber der Gedanke vollends unmöglich, daß das Er-
kauftsein für Gott irgendwelche Beziehung zum Mythus habe.

Die Beweisführung gegen die Unkeuschheit zeigt besonders anschaulich, wie Paulus seinen Gemeinden zum guten Wollen half. Mußten sie schwanken, weil es keine göttlichen Gebote mehr gab, die ihnen sagten, was sie zu tun haben? Waren sie ratlos, weil er sie über das Gesetz emporgestellt hatte? Wenn Paulus dies hätte zugeben müssen, wäre er, ohne zu zaudern, wieder Jude geworden. Was aber die Gemeinden von Jesus empfingen, war nicht eine inhaltsleere Freiheit, sondern ein bestimmter Wille, eben der des Christus, der des Geistes, der Gottes. Eine Ethik, die bloß Normen aufzählte, konnte er den Gemeinden nicht mehr geben. Dies wäre ein Rückfall in das gewesen, was er als wertlos erkannt hatte. Dafür konnte er ihnen beschreiben, wie die handeln, die Christus zu seinem Eigentum gemacht hat, und das stand nach seinem Urteil unvergleichlich über dem, was irgendeine Gesetzgebung dem Menschen zu geben vermag.

Die Verpflichtung zum ehelichen Verkehr[1]

7, 1–7

Nun beginnt Paulus die Beantwortung des Briefs, den die korinthische Gemeinde an ihn geschrieben hatte. Die drei Korinther, die zu ihm nach Ephesus gereist waren, sollten ihn nicht nur mündlich über das unterrichten, was die Gemeinde bewegte, sondern sie brachten auch ein Schriftstück mit sich, in dem die Fragen, deren Beantwortung sie von Paulus wünschte, formuliert waren. Jüdische Sitte setzt sich damit in der Kirche fort; denn aus dem ganzen Bereich der Judenschaft gingen solche Anfragen oft an die führenden Lehrer Jerusalems. Die Themata, die Paulus aus diesem Brief entnahm, leitet er mit derselben Formel ein. Neben περὶ δὲ ὧν ἐγράψατε· καλὸν ἀνθρώπῳ γυναικὸς μὴ ἅπτεσθαι steht 7, 25 περὶ δὲ τῶν παρθένων, sodann 8, 1 περὶ δὲ τῶν εἰδωλοθύτων, weiter 12, 1 περὶ δὲ τῶν πνευματικῶν; auch 16, 1 περὶ δὲ τῆς λογίας τῆς εἰς τοὺς ἁγίους und 16, 12 περὶ δὲ Ἀπολλῶ τοῦ ἀδελφοῦ ist mit den anderen Formeln parallel. Die Korinther

---

[1] Die Ausführung über die christliche Ehe füllt Kap. 7.

fragten, ob er dazu rate, daß sie den ehelichen Verkehr einstellen und ihre Mädchen unverheiratet lassen; sie fragten
weiter, ob er den Genuß dessen, was Göttern geopfert war,
erlaube, und wie er über die vom Geist gewirkten Vorgänge
urteile. Sie wollten auch eine Regel für die Durchführung der
Geldsammlung haben, die für die Christen Jerusalems bestimmt war, und hatten ihn gebeten, Apollos zur Rückkehr
nach Korinth zu bewegen. Es ist nicht unbegreiflich, daß die
Gemeinde in allen diesen Fragen über das Urteil des Paulus
unsicher war. Er selbst lebte nicht in der Ehe, löste aber die
Ehen der Getauften nicht auf; billigte er nun die Entsagung
oder billigte er sie nicht? Er war völlig frei, hatte aber die
Teilnahme am heidnischen Opfermahl nicht zugelassen;
war sie verboten oder erlaubt? Durch ihn war mit dem
Wort Jesu auch sein Geist zur Gemeinde gekommen; aber
die Rede mit der Zunge, wie sie jetzt in Korinth geübt
wurde, war, als er dort war, noch nicht üblich gewesen;
er selbst hatte in der Versammlung nie mit der Zunge ge-
betet; billigte Paulus diese Vorgänge oder hielt er sie nicht
für eine Wirkung des Geists? Er hieß die Gemeinde sein
Werk; war er damit einverstanden, daß Apollos ihre Leitung
übernahm?

Die Fragen der Korinther bezogen sich nicht auf die Geheimnisse der paulinischen Verkündigung. Sie fragten ihn
nicht nach der Heilsmacht des Todes Jesu oder nach seiner
Mitwirkung beim göttlichen Schaffen oder nach dem Zeitpunkt seiner neuen Offenbarung. Die Frage, ob die Toten
auferstehen, stand nicht im korinthischen Brief; 15, 1 unterscheidet sich deutlich von 7, 1; 8, 1; 12, 1. Ihre theologischen
Gebilde, ihre νοήματα, unterbreiteten die neuen Meister nicht
dem Urteil des Paulus. Aber die Weisen waren ja nicht nur
Denker. Weise ist, sagte man in Korinth, wer ehelos lebt; weise
ist, wer die griechischen Götter für nichts hält; weise ist, wer
zu allem die Vollmacht hat; weise ist, wer vom Geist so erfüllt ist, daß er nicht in der üblichen Rede, sondern mit der
neuen Zunge spricht. Die neue Weisheit formte die Ordnung
des Lebens um, und deshalb rief die Gemeinde das Urteil des
Paulus an. Man darf das nicht unpaulinisch heißen. Jeder

von Paulus Unterwiesene hatte von ihm gelernt, daß sein
Heil daran gebunden sei, daß er richtig handle.
Nicht einzelne Korinther stellten ihm diese Fragen, sondern
die Gemeinde. Ihre Zersplitterung war also nicht so groß,
daß sie nicht mehr gemeinsam zu handeln vermocht hätte.
Dem entsprach die Antwort des Paulus, da er sie beständig
an die vereinigte Gemeinde richtet, an „euch". Da die gesamte Gemeinde diesen Brief verfaßt und beschlossen hatte,
war er auch kein Angriff auf Paulus, sondern entstand aus
dem ernsthaften Wunsch, seine Meinung da zu erfahren, wo
sie ihnen ungewiß geblieben war. Doch machte auch der Brief
sichtbar, daß Männer in Korinth waren, die gegen Paulus
arbeiteten; er glich doch etwas einem „Verhör", I 4, 3; 9, 3.
Die Frage der Gemeinde, ob es richtig sei, den Verkehr mit
der Frau zu unterlassen, hat Paulus bejaht. Ein Verbot der
Ehelosigkeit auszusprechen, war für ihn völlig unmöglich,
nicht nur weil er selbst keine Frau hatte, auch nicht nur, weil
er sich damit von der palästinischen Kirche getrennt hätte, in
der es von Anfang an solche gab, die auf die Ehe verzichteten,
Mat. 19, 12, sondern weil er mit einem solchen Verbot die
Freiheit verleugnet hätte, die ihm die Einigung mit dem
Christus gab und die für ihn ein wesentlicher Teil des Christenstands war. Nur weil er keinem Gesetz unterworfen war, war
er der ganz und allein dem Christus Verpflichtete. Damit
war aber gegeben, daß er die an ihn gerichtete Frage nicht
einzig mit dem Satz beantworten konnte: „Es ist löblich,
nicht nach einem Weib zu greifen." Geltung hatte dieser Satz
nur dann, wenn er mit der den einzelnen gegebenen Lage
zusammentraf; diese verbot aber den Verzicht auf die Ehe
in zahlreichen Fällen. Es war darum unumgänglich, daß
Paulus auf diese Fälle einging und der Gemeinde zeigte, wann
ein Christ dem Wunsch nach Ehelosigkeit nicht gehorchen
dürfe.
Welche der Gruppen, in die sich die Korinther geteilt hatten, gab den Anlaß zu dieser Frage? Für die, die sich zu
Paulus bekannten, konnte seine Ehelosigkeit ein starker Antrieb sein, wie er alle Bindungen abzustreifen, die sie am Werk
des Herrn hinderten. Oder standen, da alle Führer der palä-

stinischen Kirche, Petrus und die anderen Apostel und die
Brüder Jesu, verheiratet waren, I 9, 5, die, die sich zu Petrus
bekannten, hinter dieser Frage? Sahen sie in der Ehelosigkeit
des Paulus ein Abweichen aus der Bahn der Apostel? Paulus
hat aber mit dem Unterricht über die Dirne und die Ehe den
über den Genuß von Geopfertem dadurch verbunden, daß er
über beide die Verkündigung der christlichen Freiheit stellt,
I 6, 12; 10, 23, und diese auffällige, nicht sofort durchsichtige
Verbindung von Dirne und Opferfleisch war älter als die
Bewegung in Korinth und hat sie überdauert, Apgsch. 15, 29;
Apok. 2, 14. 20. Waren also die, die von ihrer Erkenntnis
gesättigt und mit dem Geist erfüllt waren, die, die sich nicht
mehr mit der Ehe belasten wollten? Wenn die eine oder die
andere Gruppe der Frage ihr Gewicht gab, bekam der Brief
eine verschiedene Haltung. Im einen Fall begehrte er ein Wort
für, im anderen ein Wort gegen die Ehelosigkeit; im einen
Fall wünschten die, die die Frage vor Paulus brachten, daß
er die Abschaffung der Ehe billige; im anderen war ihnen
seine Ehelosigkeit ein Anstoß wie seine Handarbeit und seine
Verfolgungen.

Wäre es die Absicht der Korinther gewesen, von Paulus
ein Wort gegen die Ehelosigkeit zu bekommen, dann nähme
er bei den Satzungen, die er nun formt, auf die Einwände
Rücksicht, mit denen man in Korinth dem Preis der Ehelosigkeit widersprach; dieser führe zur Scheinehe, zur Scheidung
der Ehen, zur Härte gegen die Mädchen, denen nun die Ehe
versagt werde, zur Unmöglichkeit, daß verwitwete Frauen
eine neue Ehe schlössen. Damit der Gemeinde nicht unnatür-
liche und harte Zumutungen aufgelegt werden, sei eine Verfügung des Paulus, die sein Beispiel entkräfte, von ihm zu
verlangen. Aber die Einschränkungen, mit denen Paulus
seine Zustimmung zum Verzicht auf die Ehe umgibt, machen
doch wohl sichtbar, daß er in Korinth mit einem starken Verlangen nach der Befreiung von der Ehe rechnete. Er spricht
nicht nur von den Gefahren, die kommen würden, wenn die
Ehe mißachtet würde, sondern setzt die Neigung voraus, die
Ehe ohne ehelichen Verkehr zu führen, sich durch die Ehescheidung der Ehe zu entziehen, die Mädchen dadurch vor

Versündigung zu behüten, daß ihnen die Heirat versagt wird, und Witwen von einer zweiten Heirat zurückzuhalten. Es ist oft gesagt worden, wenn die Gemeinde die Beseitigung der Ehe begehrt habe, werde ihre Haltung unverständlich; die einzig mögliche Annahme sei nur noch, daß sie von entgegengesetzten Bestrebungen hin und her getrieben worden sei. Die Gemeinde war satt, reich und stark; wie vereint sich damit die Bußstimmung des Asketen? Man verkündete in ihr die von jeder Schranke befreite Vollmacht, die alles kann, und nun soll sie zugleich asketische Bindungen einzuführen versuchen. Eine Ehe im verbotenen Grad wird ertragen, das Gebot, Unzüchtige aus der Gemeinde auszuscheiden, als unausführbar abgelehnt und der Gang zur Dirne als ungefährlich freigegeben. Ist dies nicht ein entschlossener Widerspruch gegen die asketische Haltung? Von einer ängstlichen Behandlung der Fragen, die sich aus dem Erwerbsleben ergaben, oder derer, die am griechischen Kultus entstanden, zeigt sich keine Spur. Prozesse werden vor dem städtischen Gericht geführt und gelegentlich im Tempel die Teilnahme am Opferfest nicht vermieden. Die Entsagung des Paulus, der die Gaben der Gemeinde verschmäht und von seiner Arbeit lebt, wird zum unüberwindlichen Anstoß. Und diese Gemeinde soll sich ernsthaft mit dem Gedanken tragen, bei sich die Ehelosigkeit einzuführen! Es sei offenkundig, daß die Gemeinde unfähig gewesen sei, zu einer einheitlichen Ethik zu kommen, und dies sei deshalb nicht verwunderlich, weil sie aus Juden und Griechen bestanden habe. Weil die Juden judaistisch und die Griechen hellenistisch dachten, sei es unmöglich gewesen, daß die Gemeinde einen geeinten Willen gehabt habe.

Allein eine Kennzeichnung der verschiedenen Ziele nach der Formel „judaistisch" oder „hellenistisch" ist gänzlich undurchführbar. Das Verlangen nach der Ehelosigkeit bricht jeden Zusammenhang mit dem Judentum ab, ist aber deshalb nicht griechisch. Denkbar ist es nur unter dem Schutz des Satzes: „Alles ist mir gestattet", und dieser Satz hat mit den griechischen Überlieferungen nichts zu tun, sondern war die christliche Antwort an den jüdischen Gesetzesdienst.

Der Standort, auf dem Paulus das Gespräch mit den Korinthern führte, verändert sich nicht. Er ist ihm auch jetzt
durch den Satz der Korinther gegeben, der die unbeschränkte
Freiheit verkündet. Die Ehelosigkeit wird von ihnen ebenso
wie der Gang zur Dirne als Betätigung der christlichen Macht,
als Vollendung der im Christus gegründeten Freiheit gewertet.
Der Enthaltsame ist stark; er bewährt durch den Verzicht
auf die Frau seine christliche Kraft. Vom Bekenntnis „Wir
sind des Christus" sind wir damit nicht weggeführt. Stark ist
er, weil er im Christus ist; um seinetwillen beschränkt er
seine Freiheit nicht dadurch, daß er sich an eine Frau bindet,
und verletzt eine Frau ihre Heiligkeit nicht dadurch, daß sie
sich ihrem Mann hingibt.

Wird von Askese gesprochen, so mischt sich leicht der
Gedanke an den Büßer ein, der den Kampf gegen die Natur
deshalb aufnimmt, weil er den natürlichen Vorgang sündlich
heißt. Kein Wort berechtigt dazu, dieses Urteil Paulus oder
den Korinthern zuzuschreiben. Er hat sogar den Verkehr
mit der Dirne unter Genes. 2, 24 gestellt und als die Herstellung einer vollständigen Gemeinschaft gewertet. Verwerflich ist sie in diesem Fall deshalb, weil durch die Gemeinschaft mit einer Dirne die Absage an den Christus
vollzogen ist. Ebenso ist der Verkehr mit der Frau Begründung der vollständigen Gemeinschaft; daß aber damit
der Leib Christus entzogen sei, das wäre ein Gedanke, der
Paulus niemals berührt hat. Er sah in der Unterlassung
des ehelichen Verkehrs eine Gefahr, da man sich dadurch
dem Angriff des Satans aussetzt, Vers 5, und die Wieder-
verheiratung einer Witwe kann „im Herrn" geschehen,
Vers 39.

Was Paulus in den Korinthern sich gegenüber hatte, war ein
starkes Verlangen nach Vollkommenheit; auf ihrem Standort
bewegte sich das christliche Verhalten durch Stufen hindurch.
Die größte Leistung vollbrachte der Ehelose. Als Ausweg
für den Fall, daß er das geschlechtliche Verlangen nicht
zurückdrängen konnte, blieb ihm der Gang zu der Dirne frei.
War dies nicht immer noch besser als die regelrechte Ehe?
Das ist keine andere Haltung, als wenn der Vollkommene

furchtlos den griechischen Tempel betrat oder zur Durchführung eines Prozesses stark genug war.

Da Paulus den ungebundenen, wechselnden Geschlechts-
verkehr in der Gemeinde nicht zuläßt, ist das erste, was er
feststellt, daß in der Kirche nicht die Ehelosigkeit, sondern
die eheliche Gemeinschaft die Regel sei. Er hebt ausdrücklich
hervor, daß dies für beide Geschlechter gelte, und mit τὴν
ἑαυτοῦ γυναῖκα, τὸν ἴδιον ἄνδρα verlangt er die beständige und
monogame Ehe. Daran, daß die brüderliche Gemeinschaft
zum gemeinsamen Besitz der Frauen führen könnte, darf in
der Kirche nicht gedacht werden.[1] Wenn der Ruhm der Ehelosigkeit dazu führte, daß die Ehe nicht mehr die Regel wäre,
könnte die Gemeinde die ungebundene Erotik nicht verhindern. Darum hat er den Beweis, daß der Gebrauch der Dirne
Sünde sei, vor die Beantwortung der Frage gestellt, die der
Brief der Korinther ihm vorlegte. Hinter diesem rasch durch-
greifenden Satz, der den Asketen verbot, ihre Lebensweise
irgend jemand aufzudrängen, steht die entschlossene Absage
an den korinthischen Perfektionismus. Dem Heldentum der
Entsagenden hat Paulus nicht getraut und auf die Festigkeit
ihrer Gelübde nichts gegeben. Sie können den erotischen Antrieb, der von der Frau auf den Mann ausgeht, nicht ausschal-
ten. Mögen sie auch nach der höchsten Mannhaftigkeit streben, die Frage bleibt für sie immer wieder: Ehefrau oder
Dirne.

Für die Deutung der Vorgänge in Korinth ist es bedeutsam,
daß weder die, die die Ehe angriffen, noch Paulus, der sie
schützt, vom Kind gesprochen haben. Auch die, die zum Gebrauch der Dirne rieten, verzichteten auf das Kind. Niemand
dachte daran, durch die Zeugung von Kindern für die Erhaltung der Gemeinde zu sorgen. Die, die, ohne zu sterben,
in das Reich des Christus eingehen wollten, I 15, 50, konnten
nicht mehr nach Kindern verlangen. War aber nicht dadurch
die Ehe erledigt? Wozu diente noch die eheliche Gemeinschaft, wenn für das Kind kein Raum mehr war?

Wie nüchtern Paulus die natürlichen Vorgänge beurteilt
hat, zeigt sein Gegensatz zum griechischen Rabbinat. Auch

---

[1] Nikolaiten darf es in der Gemeinde nicht geben; siehe S. 37.

für dieses war die Ehe zum Problem geworden; denn es verwarf, soweit es platonisierte, die Lust als Verderbnis der
Seele. Aber zu einer Verurteilung der Ehe konnte kein jüdischer Theologe kommen, da er sein Volkstum nicht verleugnen konnte. Folgerichtig war, daß man die Ehe mit der Erzeugung des Kindes rechtfertigte. Dieser Gedankengang hat
auf die Beweisführung des Paulus keinen Einfluß gehabt; er
kann darum auch nicht den Führern der Korinther zugeschrieben werden. Ich kenne bei Paulus keine Stelle, die
andeutete, daß er mit der Ächtung der Lust und dem Preis
der Apathie Fühlung gehabt habe. Folgerichtig verlangte er
die Ehe nicht wegen des Kinds, sondern er begründete sie
durch den nach dem anderen Geschlecht verlangenden Trieb.
Nur Vers 14 erinnert an das Kind.

Oft wurde Paulus deshalb getadelt, weil er der Ehe keine
positive Begründung gebe; er habe von ihr eine niedrige Vorstellung, wenn er ihr nur die Aufgabe zuweise, die ungeregelte
Befriedigung des geschlechtlichen Verlangens zu verhüten;
damit verleugne er die unschätzbaren Werte, die die Ehe den
Gatten bis in das Innerste ihres Lebens hinein verschaffen
könne. Es ist eine wunderliche Meinung, daß Paulus eine
niedrige Vorstellung von der Ehe gehabt habe. Denn von der
Ehe kann nur der niedrig denken, der vom Menschen niedrig
denkt. Wer in ihm ein Tier sieht, sieht auch in der Ehe nur
einen tierischen Vorgang. Paulus zeigt aber dem Mann in
der Frau, der Frau im Mann die Heiligen Gottes, und wie
weit dies von hoher Rhetorik geschieden war, macht Vers 14
offenbar, wo Paulus die Ehe sogar dann, wenn der eine Gatte
ungläubig bleibt, auf die Heiligkeit des Glaubenden gründet.
Das gemeinsame Handeln der Gatten entsteht dadurch, daß
der Mann im Christus sein Haupt hat, dem er gehorcht, I 11, 3.
Das gibt der häuslichen Gemeinschaft die Fülle und Tiefe,
die es möglich machte, daß Paulus die Unterweisung der
Frau über den göttlichen Willen ihrem Manne zuwies, I 14, 35.
Wer von Paulus verlangt, er müsse vom Glück, das die Gatten
einander bereiten, reden, hebt ihn aus der Lage heraus, in der
er sprach. Die, die die Ehelosigkeit zur Regel für den Christen
machen wollten, waren dabei nicht von eudämonistischen

Erwägungen bewegt. Nicht das war ihre Frage, wer der Glücklichere sei, der Verheiratete oder der Ehelose. Ihr Ziel war ihr Anteil an der Herrschaft Gottes; deshalb fragten sie, welcher Raum im Christenleben dem Trieb gebühre, der die Gatten aneinander bindet. Beschreibungen des ehelichen Glücks gaben darauf keine Antwort. Der ehelichen Tat war nur dann im Christenleben das Recht gesichert, wenn aus ihrer Unterlassung die Sünde entstand. Auf diese hat Paulus mit jener Nüchternheit und Wahrhaftigkeit hingezeigt, die ihn von der schwärmenden Vollkommenheit der Korinther gänzlich schied, und die Geschichte hat sein Urteil immer bestätigt. Überall, wo die Ehe ihre Geltung verliert, gedeiht die wilde Erotik, was auch durch die Geschichte der Kirche, ihres Priester- und Mönchtums bestätigt worden ist.

Da Paulus den Satz, daß die Befruchtung der Frau eine sündliche Handlung sei, verworfen hat, verwirft er die Scheinehe. In Korinth war die Neigung vorhanden, die häusliche Gemeinschaft fortzusetzen, aber das Ehebett auszuschalten. Das läßt erkennen, daß das Verlangen nach der Ehelosigkeit vor allem die Frauen bewegte; ihnen wurde das Ehebett zur Pein. Durch die Scheinehe wollten sich die Gatten die wirtschaftlichen und geistigen Werte der Ehe erhalten, aber ihre natürliche Begründung beseitigen. Diese Neigung erhielt bei den Frauen der nächsten Geschlechter nicht nur in gnostischen Kreisen, sondern auch in der Kirche eine auffallend weite Verbreitung. Paulus hat ihr auch mit 1 Tim. 2, 15 widersprochen, wo er die Ehe damit verteidigt hat, daß sie zur Entstehung des Kindes führe. Hier hält er sich an den Satz der Schrift, daß im ehelichen Verkehr aus beiden Körpern ein Körper werde, und folgert daraus, daß in der Ehe jeder Teil dem anderen seinen Leib schuldig sei. Kein Teil hat noch die Vollmacht, eigenwillig über seinen Leib zu verfügen. Er enthüllt damit den Gedanken, der die asketische Bewegung in Korinth begründete. Sie sträubte sich gegen die Ehe, weil sie vom Willen des Gatten abhängig macht. Der unbegrenzten Vollmacht, die man das Merkmal des Christen hieß, setzte sie eine Schranke. Dieses Verlangen ver-

wandelt aber die Freiheit des Christen in die selbstische
Sucht.

Eine Unterbrechung des ehelichen Verkehrs setzt die Zustimmung beider Teile und die Begrenzung auf eine bestimmte
Dauer voraus. Als Grund, der das Recht zu ihr gibt, läßt
Paulus das Gebet, nur dieses, zu. Er bleibt mit dieser Satzung
nahe bei der jüdischen Regel, die für die Fasttage, die Gebetszeiten waren, die eheliche Vereinigung verbot. Ob solche
Gebetszeiten von den einzelnen nach ihrem eigenen Ermessen
festgesetzt wurden oder durch einen Beschluß der Gemeinde
zustande kamen und mit dem gemeinsamen Gebet der Gemeinde gefüllt waren, sagt der Satz nicht. Er steht mit jener
Bewegung in Zusammenhang, die auch im Brief der Korinther
zum Wort kam und uns durch die Antwort, die Paulus ihnen
gab, Kap. 12–14, in voller Deutlichkeit sichtbar wird; dort
hören wir, wie mächtig das Verlangen, Gott durch Anbetung
zu ehren, das Leben der Gemeinde formte und ihre Gottesdienste füllte. Ihr oberstes Ziel ist die Verkündigung der
göttlichen Größe, und in der Ausübung dieser Pflicht läßt
sie den ganzen Bereich des natürlichen Lebens unter sich.
Für solche Zeiten gestattet Paulus dem Mann und der Frau,
zu vergessen, daß sie Mann und Frau sind. Nun dürfen sie,
wie jede andere Arbeit und Pflicht, auch das stärkste Band,
das sie vereint, zeitweilig lösen.

Aber auf die Zeiten des Gebets folgt die Wiederaufnahme
des natürlichen Verkehrs. Sie dürfen mit der Erhebung über
die Natur nicht ihre Zerstörung anstreben. Die, die den Versuch wagen würden, bleibend ihrem natürlichen Beruf zu
entsagen, hielt Paulus für gefährdet. Sie haben sich dem Angriff des Satans preisgegeben, der ihre Vollkommenheit, für
die ihre natürliche Art nichts mehr bedeuten soll, auf die
Probe stellen wird. Auch mit diesem Wort ist der natürliche
Trieb in keiner Weise entehrt. Paulus sagt nicht, daß das
geschlechtliche Verlangen eine Wirkung des Satans sei; er
sagt im Gegenteil, daß der Anspruch, dem natürlichen Trieb
überlegen zu sein, unter die Gewalt des Satans bringe. Er
spricht hier von der Versuchung und vom Anteil des Verklägers an ihr genau so, wie es Jesus getan hat, Mat. 4, 1; 6, 13;

Luk. 22, 31. Der sonderlich Begnadigte hat diesen seinen Vorzug dadurch zu bewähren, daß er die vom Satan über ihn gebrachte Erprobung besteht. Der Satz steht mit dem ersten Vers in keiner Spannung; eben deshalb, „weil es löblich ist, kein Weib anzufassen", muß der, der dies unternimmt, der Versuchung gewärtig sein. Vor dem Angriff des Satans sollen sie sich fürchten „wegen ihrer Unfähigkeit, sich zu beherrschen". Wieder werden die Tadler des Paulus munter; sie finden, er schätze das ethische Vermögen, das uns ein ernster Christenstand gibt, unerhört tief ein; wie könne er das Unvermögen, einen erotischen Reiz abzuwehren, denen zuschreiben, die er Heilige heiße, weil sie im Christus leben und mit ihm Ein Geist geworden sind? Der nüchterne Paulus ist aber weiser als alle, die sich gegen das empörten, was er über das Fleisch gesagt hat. Er hat nie von einer Verwandlung unseres seelisch-leiblichen Lebens gesprochen, die unser Ich von seiner natürlichen Wurzel trennte. Darum kannte er keinen Menschen, für den die Möglichkeit vergangen wäre, daß ihn ein erotischer Vorgang überwältigte. Auch seinen Timotheus hat er gemahnt, die Keuschheit zu bewahren, 1 Tim. 4, 12; 5, 2. Damit hat er nichts von dem weggenommen, was er über die Gabe des Christus sagt. Eben die Menschen, die in schwierigen Lagen imstande sind, einem erotischen Eindruck zu erliegen, umfaßt Christus mit seiner Gegenwart und macht sie durch seinen Geist dem göttlichen Willen gehorsam.

Nach diesen Sätzen, die den Eifer derer, die nach der Ehelosigkeit strebten, mächtig begrenzten, stellt Paulus die Verbindung mit dem ersten Satz wieder her. Er tut es dadurch, daß er seine Satzungen „Zugeständnisse", nicht „Befehle" heißt. Sie sind dem Vermögen des Menschen angepaßt, obwohl Paulus noch Größeres kennt als das, was er hier angeordnet hat. Bei „der Einwilligung, dem Zugeständnis" fällt dem Angeredeten das erste Wort zu; dem, was er kann und bedarf, stimmt der Führer zu. Beim „Befehl" ordnet dieser von sich aus die Handlung an.

Wenn Paulus von sich aus die Ordnung der Gemeinde festsetzte, schriebe er ihr die Ehelosigkeit vor; denn er selbst

lebt ehelos. Ob er es auch schon als Rabbi war, wissen wir
nicht; als Apostel hatte er, wie jedermann wußte, keine Frau
bei sich, I 9, 5. Er sieht in seinem Stand nicht eine Last, nicht
ein Opfer, sondern eine gnädige Gabe, die er allen gönnte.
Aber eben deshalb, weil der ehelose Stand in der göttlichen
Gnadengabe seine Voraussetzung hat, kann er ihn nicht gebieten. Gesetz und Gnade lassen sich nicht vermengen; die
Gnade handelt frei. Damit bleibt Paulus in genauer Übereinstimmung mit dem Wort Jesu, Mat. 19, 11. Darum spricht er
hier nur von sich selbst: „Ich will"; ein „wir", das auch
Sosthenes einschlösse, hat hier nicht Platz.
    Damit hat Paulus dem καλόν Vers 1 seinen tiefen, reinen
Sinn gegeben. Nun ist es allem Eigenwillen eines die eigene
Stärke ausstellenden Heldentums völlig entzogen. Im Verzicht auf die Ehe wird göttliche Gnade erlebt. Den, dem sie
sich gewährt, bindet sie mit heiliger Pflicht; sie bindet
aber niemand als den, der sie empfängt. Damit hat Paulus
gesagt, warum er sein Gebot vom Gleichheitsideal gänzlich
getrennt hat und den Gedanken, daß uns eine Norm nur
dann binde, wenn sie für alle Gültigkeit habe, von sich
warf. Aus dem göttlichen Reichtum entsteht die Fülle der
Gaben, die nicht durch uns bestimmbar sind; sie werden
nicht gefordert und nicht von uns bewirkt, eben weil die
gebende Güte sie gewährt. Aus ihnen entsteht unsere
Pflicht. Weil der die Gemeinde formende Gotteswille die
freie Gnade ist, gibt es in ihr keine für alle gültige Gesetzgebung jenseits derjenigen Normen, nach denen die Verwaltung der natürlichen Kräfte, die allen gegeben sind, zu
geschehen hat.
    Den, dem die Gabe der Ehelosigkeit versagt ist, heißt Pau-
lus deshalb nicht benachteiligt. Er wäre es nur dann, wenn
dies die einzige Gabe wäre. Er hat aber nicht eine Gabe der
Ehelosigkeit und eine Gabe zur Ehe nebeneinander gestellt.
Denn das geschlechtliche Vermögen empfangen wir durch
die Natur. Er hat aber den in der Ehe Lebenden verheißen, daß auch sie für die ihnen zugeteilten Dienste am
Reichtum der göttlichen Gaben den für sie bestimmten Anteil erhalten.

Die drei Gruppen der Gemeinde
7, 8–16

Da die Gemeinde nach ihren ehelichen Verhältnissen aus
drei Gruppen besteht, sagt Paulus jeder, was sich für sie aus
seinen Vorschriften ergibt. Die erste Gruppe sind die Unverheirateten und die Witwen. Sie standen vor der Frage, ob sie
heiraten sollen. Die zweite Gruppe sind die Verheirateten; sie
können nur dadurch zur Ehelosigkeit kommen, daß sie die
bestehende Ehe lösen. Die dritte Gruppe nennt er „die, die
noch übrig sind", τοῖς δὲ λοιποῖς Vers 12. Wer noch übrig
ist, ergibt sich aus dem, was Paulus ihnen sagt, unzweideutig.
Das sind die, die in gemischter Ehe leben. Für sie besaß die
Frage, ob sie die Ehe lösen sollen, besondere Dringlichkeit.
Als er von den Verheirateten sprach, dachte er an die, die ihre
Ehe in der Gemeinde führen. Auch „die anderen" sind verheiratet, sind aber „andere", weil ihre Ehe über die Gemeinde
hinausragt. Von ihnen ist in der Versammlung der Gemeinde
nur der Mann oder die Frau anwesend.

Denen, die nicht in die Ehe traten oder Witwen sind, ist
mit dem Vorangehenden gesagt, daß sie ihren Stand als göttliches Geschenk schätzen und nicht aufgeben sollen. So verhalten sie sich wie Paulus, der nicht in der Ehe lebt und nicht
nach ihr begehrt. Da über der Gemeinde kein Gesetz stand,
hatte Paulus für die Befestigung der christlichen Sitte kein
wirksameres Mittel als sein eigenes Beispiel; er hat dieses
nicht nur zur Erweckung des Glaubens, sondern auch zur
Ordnung aller Verhältnisse beständig mit großer Zuversicht
benützt. Da aber der Mensch die Befreiung von der Ehe nur
von der göttlichen Gnade empfangen kann, hat der Rat:
„Macht es wie ich" nur für die Gültigkeit, die ihre Triebe zu
beherrschen vermögen. Wenn das geschlechtliche Verlangen
die Kraft hat, die Seele heiß zu machen und zum Glühen zu
bringen, haben sowohl der Mann als die Frau darin das Zeichen, daß sie nicht nach der Ehelosigkeit verlangen dürfen.
Ihre christliche Brauchbarkeit wäre noch mehr geschwächt,
wenn sie mit ihrem Geschlechtstrieb ringen müssen, als wenn
sie sich an einen Gatten binden. Auch in diesem Wort spricht

nichts anderes als die Erfahrung, die mit dem inneren Leben
vieler vertraut war und darum wußte, wie oft das Ringen
mit erotischer Aufregung den Menschen lähmt.

Den Verheirateten bot sich als Weg, um zur Ehelosigkeit
zu gelangen, die Ehescheidung an. Diese ist ihnen aber durch
ein Verbot Jesu untersagt. Zum Abschluß der Ehe kann Paulus seine συγγνώμη geben, nicht aber zu ihrer Auflösung. Denn
es gibt da, wo der Herr gesprochen hat, für die Christenheit
keinen Raum zu Erwägungen; damit ist ihr gesagt, was sie
zu tun hat. Die evangelische Überlieferung erklärt die Aussage des Paulus vollständig. Sowohl Paulus als die Korinther
kannten Mat. 19, 9–12. Ein Gebot Jesu, das die Ehe verlangte,
gab es nicht; es gab vielmehr Worte, die die Ehelosigkeit als
göttliches Geschenk priesen; aber es gab Worte Jesu, die die
bestehende Ehe unauflöslich machten und den Abschluß einer
zweiten Ehe, bevor der Tod die bestehende löste, als Schändung der Frau verwarfen. Da „das, was geschrieben ist",
die Gegner des Paulus nicht mehr band, war es folgerichtig,
daß auch das, was Jesus seinen Jüngern gesagt hatte, sie
nicht mehr verpflichtete. Sie sagten dem Christus den Gehorsam auf um ihrer νοήματα willen, II 10, 5.

Auch dies, daß Paulus das Verbot der Scheidung zuerst
auf die Frau legt, macht sichtbar, daß das asketische Verlangen vor allem die Frauen bewegte. Nachdem der Ruf
Jesu sie für Gott geheiligt hatte, empfanden sie die Verpflichtung, sich dem Mann hinzugeben, als eine Last, die sie ab-
zulegen wünschten. Dies ist ihnen aber deshalb verboten,
weil die Ehe nicht entehrt werden darf.

Dem Spruch Jesu gibt Paulus eine Auslegung bei, da er
erwägt, was dann zu geschehen habe, wenn die Gemeinsamkeit des Lebens nicht durchführbar sei. Darüber hatte Jesus
nicht gesprochen, sondern nur das eine gesagt, daß der Wille
des Mannes die Ehe nicht zu zerbrechen vermöge. Paulus
bleibt völlig mit dem Gebot Jesu eins, da er der Frau, wenn
ihr die Gemeinschaft mit dem Manne unerträglich wird, den
Abschluß einer neuen Ehe nicht gestattet. Bleibt sie der Ehe
bedürftig, so muß sie die Aussöhnung mit dem verlassenen
Mann bewirken.

Nun erst wird auch dem Mann, an den der Spruch Jesu allein gerichtet war, das Scheidungsrecht entzogen. Bei der Frau sagte Paulus „sich trennen", weil keine rechtliche Handlung in Frage kam, wenn sie das Haus ihres Mannes verließ; beim Mann sagte er mit der palästinischen Formel „das Weib entlassen", weil die Erinnerung an den rechtlichen Akt, durch den die Entlassung der Frau geschah, in der Nähe steht.

Für die gemischten Ehen hatte die Verkündung der Unauflöslichkeit der Ehe besonderes Gewicht. Daß Paulus hier selbständig die Entscheidung treffen mußte, ohne darüber einen Spruch Jesu zu haben, steht wieder mit unserer evangelischen Überlieferung in Übereinstimmung. Diese beschreibt Jesus nicht als den Gesetzgeber, der für künftige Fälle Vorschriften gibt, sondern stellt anschaulich dar, wie sein Wort aus der Lage herauswuchs, die ihn jetzt mit den Jüngern oder dem Volk verband. Sowie aber die Sammlung der Gemeinde durch die Apostel begann, standen sie vor der Frage, ob die Ehe gesprengt sei, wenn der eine Gatte die Taufe empfange, der andere sie dagegen ablehne, also „ungläubig" sei. Wir wissen durch 1 Pet. 3, 1, daß überall in der Kirche nach der Regel gehandelt wurde, daß die Ehe auch dann in Kraft bleibe, wenn der eine Gatte die Botschaft Jesu mißachte. Dazu, eine gemischte Ehe einzugehen, hat Paulus nicht geraten; ihre Aufhebung ließ er aber so lange nicht zu, als der nichtchristliche Teil sie fortsetzen wollte. Er rechnet damit, daß dieser sich oft gegen den Eintritt des Gatten in die Gemeinde auflehnen und ihm die Gemeinschaft aufkünden werde. Gegen seinen Willen soll aber der Christ den Nichtchristen nicht verlassen.

Denen, die mit einem Ungläubigen in der ehelichen Gemeinschaft leben, sagt Paulus noch ein sie beruhigendes Wort. Er nimmt ihnen die Sorge, daß ihnen ihre Gemeinschaft mit dem Ungläubigen die Heiligkeit nehme oder doch mindere. Nicht der gläubige Gatte wird durch seine Verbundenheit mit dem ungläubigen befleckt, sondern der ungläubige durch den gläubigen geheiligt. Die folgenden Sätze gestatten die völlig gesicherte Deutung dieses Urteils. Heiligkeit entsteht

durch den Ruf Gottes, der den zum Glauben Erkorenen samt
allen seinen Verhältnissen kennt. Er wird in seiner konkreten
Lage als der Mann dieser Frau, als die Frau dieses Mannes
vom Wort Jesu erfaßt. Daher ist die ihm selbst gewährte
Gnade auch dem mit ihm verbundenen Gatten gegeben, und
er hat wie für sich selbst auch für diesen Gott Glauben dar-
zubringen, da der Mann und die Frau im Herrn nicht geschieden sind, I 11, 11.

Das Urteil, Paulus denke sich hier die Heiligung „magisch",
wäre töricht. Er faßt sie hier nicht anders, als wenn er die
Gemeinde „im Christus Geheiligte" nennt. Weder hier noch
dort schreibt er dem Menschen das Vermögen zu, sich selbst
in die Gemeinschaft mit Gott hineinzustellen. Diese wird
durch Gottes Tat empfangen, wird aber nicht einer Seele,
nicht einem abstrakten „Ich", sondern dem Menschen samt
allem, was seinem Leben die Füllung gibt, zuteil. Freilich
entstand aus dem Verhalten des Ungläubigen eine Frage, die
in die Zukunft hinausschaute und darum offen bleiben mußte:
wann und wie wird das Widerstreben des Ungläubigen gegen
Jesus überwunden werden, so daß ihm die Heiligkeit nicht
nur durch die göttliche Absicht, sondern auch in wirksamer
Macht durch seine Bekehrung verliehen wird? Darauf konnte
nur die göttliche Regierung die Antwort geben, auf die der
Glaubende so lange warten und hoffen darf, als sich der Ungläubige der Gemeinschaft mit ihm nicht entzieht. Auf Erwägungen, die Zukünftiges zu erspähen suchen, hat aber
Paulus nie einen Entschluß gestellt. Was der Glaubende, der
sich entscheiden muß, ob er seine Ehe behalten oder preisgeben wolle, wissen muß, war einzig dies, ob seine Ehe seinen
eigenen Anteil an Gott gefährde, und diese Sorge hat Paulus
mit einem glaubensstarken Nein verscheucht.

Dieses Nein hat Paulus dadurch verstärkt, daß er die Gemeinschaft mit den Kindern unter dasselbe Urteil stellt wie
die Gemeinschaft mit dem Gatten. Würde der religiöse Gegensatz die Ehe aufheben, so zerbräche er auch die Gemeinschaft
mit den Kindern. Sie sind aber, weil sie ihre Kinder, die Kinder Glaubender sind, nicht unrein, sondern heilig, nach derselben Regel, nach der der Mann oder die Frau des glaubenden

Gatten geheiligt ist, deshalb nämlich, weil der Ruf Jesu den
Mann als den Vater seiner Kinder und die Frau als die
Mutter ihrer Kinder zum Empfänger der göttlichen Gnade
macht.

Die Vermutung, Paulus rede hier nur von solchen Kindern, die aus gemischten Ehen stammen, verstieß grob gegen
seinen Sprachgebrauch. Er hat von den einzelnen Gruppen
in der Gemeinde in der dritten Person gesprochen; sein ὑμεῖς
wendet sich immer an die Gemeinde als Ganzes. Die Frage,
ob das verschiedene religiöse Verhalten der Eltern und der
Kinder ihre Gemeinschaft zerreiße, entstand nicht nur dann,
wenn sich auch die Eltern trennten, sondern konnte sich auch
dann mit hartem Druck auf die Eltern legen, wenn beide
vereint in die Gemeinde traten; vgl. Mat. 10, 35. Daß der
Mann mit seinem ganzen Hause zur Taufe ging, war nicht der
einzige mögliche Fall.

Über das Verfahren, das Paulus bei der Taufe beobachtete,
hören wir durch diesen Satz nichts. Der Sohn und die Tochter
sind ihr Leben lang die Kinder, τέκνα, ihrer Eltern. Über ihr
Alter sagt das Wort nichts, sondern nur, daß sie von jetzt
christlichen Eltern stammen. Dieser Verbundenheit schrieb
Paulus dieselbe Festigkeit vor Gott zu wie der Ehe, und er
konnte Elternschaft und Kindschaft nicht entwerten, nachdem er sich zum Wort Jesu bekannt hat, daß Gott den Mann
und die Frau zusammenbinde. Wie sich der Satz: ,,eure Kinder
sind, weil ihr heilig seid, heilig``, nicht zur Begründung der
Kindertaufe benützen läßt, so ist er auch nicht zu ihrer
Widerlegung brauchbar; es läßt sich nicht schließen, Paulus
könne Kinder nicht getauft haben, weil er sie für heilig erklärt. Paulus hat von der Taufe nicht erwartet, daß sie etwas
bewirke, was nicht im göttlichen Willen gesetzt sei, als hätte
sie jenseits der göttlichen Gnade wirksame Macht, durch die
die Gnade erst entstände. Er hat deshalb mit der Taufe die
ganze Gnadengabe Gottes verbunden, weil die Taufe auf der
göttlichen Gnade beruht und aus dem Werk des Christus
entsteht. Dieses ist aber für jeden Empfänger der Taufe vor
seiner Taufe vorhanden, und dies gibt der Taufhandlung
ihren Inhalt und ihre Wirkung. Wie immer es sich mit dem

verhalte, der zur Taufe kam, Paulus hat ihn deshalb getauft,
weil er überzeugt war, daß er geheiligt sei und Gott ihm seine
Gnade gewährt habe.

Wenn aber der Nichtchrist erklärt, daß er das Bekenntnis
des Gatten nicht dulde, untersagt Paulus dem Christen den
Versuch, die Ehe dennoch fortzusetzen. Daran wird nicht
gedacht, daß das Bekenntnis preisgegeben werden könnte,
um die Ehe zu retten; denn Paulus redet zu Glaubenden.
Sie sind aber nicht verpflichtet, die Ehe auch dann noch zu
ehren, wenn sie der Nichtchrist in einen unstillbaren Streit
verwandelt. Ob er auch auf solche Fälle die Regel Vers 11:
die Frau soll ehelos leben, falls sie die Versöhnung mit dem
Mann nicht erreichen kann, angewendet hat oder ob er solche
Ehen für endgültig zerstört erklärte, ist mit dem, was er gesagt hat, nicht zu entscheiden.

ἐν τοῖς τοιούτοις kann neutrisch gedacht sein: „in solchen
Fällen" ist der Christ nicht geknechtet. Sollte Paulus das
Pronomen maskulin gedacht haben, hätte es einen abweisen-
den Ton: solche Leute, die aus Widerwillen gegen die Bot-
schaft Jesu sogar ihre Ehe zerreißen, haben kein Recht, von
Christen Untertänigkeit zu verlangen.

Der an den Christen ergangene Ruf ordnet sein ganzes
Handeln; gerufen hat ihn Gott aber „durch Frieden", dadurch,
daß er zwischen sich und uns den Frieden hergestellt hat.
Wollten sie aber versuchen, gegen den Willen des Nichtchristen die Ehe zu behalten, so machten sie aus ihr einen
beständigen Kampf. Das wäre nicht das richtige Mittel, um
den anderen zu zeigen, was Christus der Menschheit erworben
hat. Seit den Tagen der Propheten war der Friede das Kennzeichen des Christus; wir können aber nicht den Bringer des
Friedens dadurch bezeugen, daß das Christenleben in einen
beständigen Streit verwandelt wird. Bei den Verben der
Bewegung tritt gelegentlich ἐν an die Stelle von εἰς, um zu
sagen, wohin die Bewegung führe, wo sie ende. Das ergäbe
den Satz: „In den Frieden hat euch Gott gerufen; dazu rief
er euch, damit ihr Frieden haltet." Aber die Parallele Kol. 3, 15
ἡ εἰρήνη τοῦ Χριστοῦ βραβευέτω ἐν ταῖς καρδίαις ὑμῶν εἰς ἣν
καὶ ἐκλήθητε ἐν ἑνὶ σώματι ist dieser Deutung nur scheinbar

günstig, da dort dem Frieden, den Christus für die Gemeinde geschaffen hat, die Macht zugeschrieben wird, in den Herzen das gültige Wort zu sprechen, das dem Christen sein Handeln vorschreibt. Ebenso wird Paulus auch hier beim Frieden nicht nur an unser friedliches Verhalten gegen die anderen, sondern an die im Christus wirksame Macht gedacht haben, die über unser Handeln verfügt und uns unsere Pflicht zumißt.

Einen Grund gäbe es, der den Christen trotz aller Bitterkeit einer solchen Ehe zur ausharrenden Geduld bewegen müßte: die Gewißheit, daß er den anderen dadurch , daß er mit ihm zusammenlebt, retten werde. Damit ist das tiefste Verlangen genannt, das es dem christlichen Gatten schwer machen muß, den nichtchristlichen zu verlassen. Diese Gewißheit hat aber keiner. Über den Gang, den das Leben des anderen geht, entscheidet allein der göttliche Wille. Kann diese Gewißheit nicht durch eine Anspannung des Glaubens erreicht werden? Das war für Paulus ein unmöglicher Gedanke, weil hier ein Verhalten Glaube genannt wird, das er niemals Glauben hieß. Vermutungen und Postulate hieß er nie Glauben; denn bei ihm entsteht der Glaube durch das dem Menschen gesagte Wort. Wir haben wieder die Nüchternheit des Paulus vor uns, die es ihm verbietet, einen das Leben ordnenden Entschluß durch eine ungewisse Hoffnung zu begründen. Die Lage, die jetzt durch die Weigerung des anderen, die Ehe fortzusetzen, geschaffen ist, hat dem christlichen Gatten zu zeigen, welchen Weg er jetzt zu gehen hat.

Der alles ordnende göttliche Ruf

7, 17–24

Nicht eigenmächtige, selbstherrliche Gestaltung des Lebens kennzeichnet den Christen, sondern die Bewahrung dessen, was ihm der Herr zugeteilt hat. Das ist die Schranke für den Jubel: alles steht mir frei! Die Voraussetzung dieser Macht ist für jeden das, was der Herr ihm zugemessen hat. Paulus stellt sich wieder auf den Stand-

punkt, auf den er mit I 4, 7 trat: „Was hast du, das du
nicht empfingst?"[1]

Erkannt wird das, was der Herr dem Menschen zuweist, an
dem, was er dann war, als der Herr ihn rief. Ein mit starkem
Stoß in die Gemeinde hineindrängender Gedanke ist damit
abgewehrt. Endeten mit dem Anschluß an den Christus nicht
alle alten Verhältnisse? Muß sich nicht alles wandeln, wenn
die Beziehung zu Gott neu wird? Das wehrt Paulus dadurch
ab, daß er die göttliche Gnade auf denjenigen Menschen bezieht, den sie mit dem rufenden Wort beschenkt. Er nahm
damit alle bestehenden Verhältnisse in die Kirche hinein und
verschloß dem Bestreben, die Einheit der Gemeinde durch
Gleichmachung herzustellen, die Tür. Durch diese Regel erhält die korinthische Gemeinde dieselbe Verfassung wie jede
andere Gemeinde, und dies ist ein gewichtiger Grund; denn
es bedeutet viel, daß sich in allen Gemeinden ohne Verletzung
ihrer Selbständigkeit eine einheitliche Sitte ausbilde, die die
gegebenen Zustände unter ein einheitliches Urteil stellt; vgl.
I 4, 17; 11, 16; 14, 33. 36.

Der Mann und die Frau, der Jude und der Grieche, der
Freie und der Knecht sind in der Gemeinde vereint. Da
jeder dieser Gegensätze das ganze Verhalten des Menschen
bestimmt, schafft jeder eine tiefe Trennung, und an jedem
entsteht die Versuchung, ihn durch Gleichmachung zu beseitigen. Dann entsagen der Mann und die Frau ihrer Mannheit und Weiblichkeit, und der Jude entsagt seinem Judentum, und der Grieche macht aus sich einen Juden, und
der Sklave verlangt die Freilassung, und der Freie nimmt
den Sklaven nur dann in die brüderliche Gemeinschaft
auf, wenn er sich die Freiheit zu verschaffen vermag.
Allen diesen Versuchen, der Gemeinde die Einheit durch
Gleichmachung zu geben, hat Paulus widersprochen. Er
sah darin eine willkürliche Verfügung des Menschen über

---

[1] Paulus bewahrt damit eine Überzeugung, für die das Rabbinat
mit Eifer eintrat. Alles, was der Mensch erlebt, wird ihm zugemessen,
Mi. Berak. 9, 7. „Ich gebe Danksagung für mein Teil Gott, der mir die
Erkenntnis und das gute Werk zugeteilt hat", חָלַק לִי דֵּיעָה וּמַעֲשֶׂה טוֹב,
Jer. Berak. 7 d.

sich, wodurch er seine Wünsche zum Gesetz seines Lebens macht und das mißachtet, was er durch die göttliche Regierung geworden ist.

Seit der Jude in die griechische Welt hineingestellt war, kam es vor, daß Juden das Zeichen an ihrem Leibe, das sie kenntlich machte, peinlich wurde. Dann verdeckten sie mit ärztlicher Hilfe das Fehlen der Vorhaut, vgl. 1 Mak. 1, 15. Damit war die Absage an das jüdische Gesetz und die Trennung vom jüdischen Volkstum endgültig und vollständig vollzogen. Auf der anderen Seite haben sich viele Griechen, die die Kraft des Judentums spürten, dadurch unter das Gesetz gestellt und sich dem jüdischen Volkstum eingegliedert, daß sie die Beschneidung annahmen. Zu beiden Vorgängen gab es auch in den christlichen Gemeinden Parallelen, Juden, die jetzt, nachdem sie sich an Jesus angeschlossen hatten, auf die jüdischen Satzungen verzichteten, und Griechen, die ihren Anteil an Gottes Herrschaft dadurch verstärken wollten, daß sie mit dem Bekenntnis zu Jesus auch die Verpflichtung auf das Gesetz übernahmen. Beiden Bewegungen widerstand Paulus.

Der Beschaffenheit des körperlichen Gliedes schreibt Paulus keine Wirkung zu. Wer sich auf seine Beschneidung verläßt, stützt sich auf Fleisch, Phil. 3, 3. Dieses Urteil wird auch dann nicht erschüttert, wenn an den großen Zusammenhang gedacht wird, in den der Besitz oder das Fehlen der Beschneidung hineinstellt. Der Beschnittene ist Glied des heiligen Volks; der Unbeschnittene ist dagegen von ihm getrennt, Röm. 3, 1; Eph. 2, 12. Denn jetzt hat Gott der Welt seine Gnade im Christus gegeben. Darum nennt Gal. 6, 15 neben dem Satz, der der Beschneidung und der Vorhaut die Geltung nimmt, „die neue Schöpfung" als das, was Bestand und Kraft besitzt. Nicht weniger wuchtig und nicht weniger paulinisch ist die Antwort, die er hier denen gibt, die der Beschneidung und der Vorhaut Wichtigkeit zuschreiben. Wirksam ist einzig die Bewahrung der Gebote Gottes. In besonders kraftvoller Weise wird hier sichtbar, wie Paulus den Willen wertet. Wille ist Gottes größtes Geschenk an den Menschen; er ist zum Handeln berufen. Darum bestimmt das,

was er will und tut, sein Verhältnis zu Gott. Handeln kann er
aber nur mit dem, was er empfangen hat, und an der göttlichen Gabe haftet das Gebot, das ihn zur Treue verpflichtet,
die das Empfangene bewahrt. Nicht eigenes Wünschen macht
sein Handeln wertvoll; es bleibt müßig und wirkt verderblich,
wenn der Mensch nicht dem ihm erteilten Gebot gehorcht.
Der Jude soll sein Judentum nicht verleugnen; denn daß er
beschnitten wurde, geschah nach Gottes Gebot. Der Grieche
darf sich nicht beschneiden; denn dies ist ihm nicht geboten,
da ihn der Herr als Griechen berufen hat. Wenn der eine im
anderen den Übertreter der Gebote sieht, ist die Gemeinde
zerrissen; wenn dagegen jeder im anderen den Täter der göttlichen Gebote ehrt, ist die Einheit der Gemeinde hergestellt.
Wenn sie sich, sei es so oder so, einander gleichmachen wollten, weigerten sie sich, zu sein, was sie sind, verachteten, was
der Herr ihnen zugeteilt hat, und verfügten willkürlich über
ihr Leben.

Auch mit diesem Satz ordnet Paulus nur das, was eben
jetzt zu ordnen war; er nimmt nicht vorweg, was der Zukunft vorbehalten ist. Daher erwägt er nicht, was der christliche Jude mit seinem Knaben tun soll. Soll er, weil er selbst
beschnitten ist, auch ihn beschneiden und ihn damit unter
das Gesetz und in das jüdische Volkstum stellen? Wie er bei
der Ehe nicht von den Kindern sprach, so hat er auch
hier nur das gesagt, was der Gemeinde jetzt zur Eintracht
half. Dagegen hat Lukas gesagt, daß Paulus die christlichen Juden angewiesen habe, ihre Knaben zu beschneiden,
Apgsch. 21, 21. Sein Bericht zeigt aber, daß schon damals
viele jüdische Christen bereit waren, die Einheit der Gemeinde dadurch herzustellen, daß sie auf den jüdischen
Ritus verzichteten. Auch in den von Paulus gesammelten
Gemeinden hörte die Beobachtung der jüdischen Sitten in
dem Maße auf, als sich eine christliche Sitte durchsetzte.
Dazu half auch die Bewegung mit, der Paulus in Korinth
widerstanden hat.

Ebenso groß als die Einigung der Juden und der Griechen
war das Unternehmen, den Gegensatz zu beseitigen, den der
Aufbau der bürgerlichen Gesellschaft dadurch in die Gemeinde

hineintrug, daß sie die rechtliche Lage ihrer Glieder völlig verschieden bemaß. Die Gemeinde einigte den rechtlosen Sklaven mit dem Freien. „Lege darauf kein Gewicht, daß du ein Sklave bist." Mächtig erklingen auch in diesem Satz der Jubel des Glaubens und die Freude an der Verheißung Jesu; vor ihnen verschwanden die Nachteile und Schädigungen, die den Sklaven minderwertig machten, ganz. Die bürgerlichen Rechte und den Anteil an der Verwaltung des Staats hat Paulus nicht hoch geschätzt. Dies alles gehört zur „Gestalt dieser Welt, die vergeht", Vers 31. Die Tadler des Paulus können ihm mit demselben Recht, mit dem sie seine angebliche Mißachtung der Ehe schelten, vorwerfen, er habe keine Ahnung von dem Wert gehabt, den der Anteil am völkischen Leben und die Mitarbeit am Aufbau des Staats für den Christen habe. Nur dürfen sie nicht vergessen, daß Paulus, der Widersacher aller Gleichmachung, der war, der für jede völkische Eigenart, Griechen und Barbaren, das Recht erkämpft hat, sich in der Kirche zur Geltung zu bringen. Das Ziel der Gemeinde liegt aber nicht in der Erhaltung dieses oder jenes Volkstums. Denn der, der für Gott geheiligt ist, ist in jeder ihm bereiteten Lage der Freie und imstande, in allen Verhältnissen seinen Beruf zu erfüllen; sind sie drückend, „er hält alles aus", I 13, 7. Für den Freien bedeutete dies, daß er den Sklaven nicht unter sich erniedrigte, und für den Sklaven, daß er sich nicht um die Freilassung bemühte. Es gab für seinen christlichen Herrn keine Verpflichtung, ihn freizulassen, und ebensowenig für die Gemeinde eine solche, ihn loszukaufen. Seine rechtliche Ohnmacht schädigte seinen Anteil an der Gemeinde nicht.

Aber das Los der Sklaven war nicht unveränderlich. Denn das Institut der Freilassung bestand, und Paulus dachte an dieses, wie der folgende Satz zeigt, da er die Sklaven die Freigelassenen des Christus nennt. War dem Sklaven, wenn es ihn nicht bedrücken soll, daß er Sklave ist, der Weg in die Freiheit versperrt? Die Haltung der Korinther verlangte darüber eine Äußerung. Sie hielten Schmach und Plagen nicht für einen Gewinn, priesen die Freiheit, die sie zu allem ermächtigte, waren im Christus reich und stark, und weil sie an

Gottes königlichem Wirken beteiligt waren, bereit, sogar die Fessel der Ehe zu sprengen. Damit vertrug sich keine Verherrlichung der Sklaverei. Aber nicht nur die Verkehrung des Christenstandes in religiösen Stolz, sondern auch der vom Christus empfangene Wille trieb zur Beseitigung der Sklaverei. Denn sie wurde für den Christen in besonderer Weise zur Not, um deren Beseitigung sich die Liebe bemüht. Die folgenden Sätze sagen unzweideutig, woran Paulus dachte, wenn er den Sklaven durch eine Kluft vom Freien trennte, die so tief war wie die, die das jüdische vom griechischen Volkstum schied. „Ein Knecht eines Menschen sein", das ist die Not des Sklaven. In seiner ganzen Ausführung über die Ehe hat er sich einzig an die Freien gewandt. Er setzt mit jedem Wort voraus, daß sie mit eigener Vollmacht über ihre Ehe entscheiden, sich verheiraten oder ehelos bleiben, ihre Ehe fortsetzen oder auflösen, ihre Mädchen verheiraten oder unverheiratet lassen, kaufen und besitzen. Daß dies alles der Sklave nicht kann, sondern tun muß, was ihm befohlen wird, bleibt verhüllt. Genau dasselbe gilt von der Unterweisung über die städtischen Gerichte und über den Genuß von Geopfertem. Auch hier spricht Paulus einzig zu den Freien. Bei allem, was er sagt, ist vorausgesetzt, daß sie Herr über ihr Verhalten sind. Eben deshalb, weil die Lage des Sklaven, verglichen mit der des Freien, eine Notlage ist, sagt ihm Paulus: Das soll dich nicht bedrücken. Einem Freien zu sagen: Mache dir nichts daraus, daß du ein Freier bist, fiel Paulus nicht ein.

Denen, die frei werden können, gab Paulus die Weisung nur in einem kurzen Sätzchen; er hat es so kurz gefaßt, daß es seine Meinung nicht unzweideutig erkennbar macht. Das ist ein deutliches Zeichen dafür, daß es in Korinth keine starke Bewegung gab, die die Freilassung der Sklaven angestrebt hätte. Nach dem Los der Sklaven hat die Gemeinde nicht gefragt, nur nach dem der Frauen.

„Aber wenn du auch frei werden kannst, benütze es lieber"; was soll er benützen, das Freiwerden oder das Sklavesein? Gegenwärtig wird die Deutung bevorzugt, nach der Paulus den Sklaven anweist, auch dann Sklave zu bleiben, wenn ihm sein Herr die Freilassung anbiete. Paulus hat aber wahrscheinlich bei μᾶλλον χρῆσαι an das dabeistehende ἐλεύθερος γενέσθαι gedacht. Die andere Deutung meint, die Absicht, die die ganze Satzreihe bestimme, fordere, daß δοῦλος εἶναι zu μᾶλλον χρῆσαι ergänzt werde. „Jeder bleibe in dem, worin er berufen wurde"; damit sei dem Christen jede Änderung seiner Lage verboten; der Sklave müsse Sklave bleiben, wie der Jude Jude, der Grieche Grieche, der Ehemann Ehemann, der Unverheiratete unverheiratet bleiben soll. Damit sind aber die Vorschriften, die Paulus über die Ehe gegeben hat, umgestoßen. Offenkundig ist, daß Paulus keinen Umsturz der Verhältnisse will, und er hat unzweideutig gesagt, was ihn dabei bewegt. Das Ziel der Gemeinde liegt über allem, was ihr die Natur und die Geschichte darboten. Aber daß die gegebenen Verhältnisse für jeden unwandelbar seien, mögen sie noch so drückend sein, hat Paulus verneint. Der Ehelose soll bleiben, was er ist; er kann aber in die Lage kommen, daß er heiraten soll; die Verheirateten sollen die Ehe nicht aufheben; es gibt aber Lagen, in denen Paulus zur Aufhebung der Ehe mahnt; den Mädchen soll die Ehe erspart bleiben; aber vom Satz, daß jedes Mädchen ein Mädchen und jede Witwe eine Witwe bleiben soll, ist Paulus ganz geschieden. Genau so formt er die Regel für den Knecht. Der Ruf Jesu nimmt ihm die Knechtschaft nicht ab, wie er den Verheirateten die Ehe nicht abnimmt; der Knecht soll sich aber nicht eigenmächtig mit der Pein der Sklaverei belasten, wenn sie ihm abgenommen wird, wie der Verheiratete sich nicht mit einer Ehe plagen soll, die deshalb zur Pein wird, weil der Gatte seinen Christenstand nicht erträgt. Auch die Satzung: Wer ein Jude ist, bleibe Jude, hatte nicht den Sinn, daß er unwandelbar an die jüdische Sitte gebunden sei. Paulus war sowohl zur Beobachtung als zur Übertretung der Satzungen frei und imstande, im Verkehr mit den Griechen ein Grieche zu sein.

Wenn der Satz: Bleibt, was ihr seid, jede Veränderung verbieten wollte, würde aus ihm eine Satzung, die jedem ohne Rücksicht auf seine Lage von außen her aufgelegt wäre. Die Wirkungen dieser Gesetzgebung wären nicht weniger schäd-

lich als die der rabbinischen Satzungen; sie gäbe dem Verlangen nach Gleichheit recht, das sich dagegen auflehnt, daß
der eine Sklave die Freiheit bekommt, während der andere
Sklave bleiben muß. Aber aller Gleichmachung hat Paulus
die Verkündigung der Freiheit entgegengestellt. Welchen
Sinn hat sie noch, wenn die von der Natur und Geschichte
geschaffenen Zustände unbeweglich sind? Er hat es mit Abscheu verworfen, wenn einer, der dem Christus gehört, eine
Dirne zur Herrin über sich macht; soll er nun verlangen, daß
ein Christ einen Heiden zu seinem Herrn mache? Er verwarf jenen Gebrauch der Freiheit, die den Freien unter die
Gewalt eines anderen bringt; macht sich der Sklave, der seine
Freiheit zum Verzicht auf die Freiheit benützt, nicht zum
ἐξουσιασθείς?

Kann diese Deutung mit Grund sagen, für den Sklaven
sei die Mahnung: bleibe Sklave! ein gütiger Unterricht, denn
der Trost, den ihm Paulus gebe, bekomme dadurch die Vollendung, daß er die Freiheit als so wertlos darstelle, daß der
Sklave sie auch dann nicht begehren soll, wenn sie ihm erreichbar ist? Bei der Deutung: „Benütze die Gelegenheit,
frei zu werden!" bleibe auf dem Sklaven ein Druck liegen, da
das Los des Freien doch als das bessere gewertet sei. Paulus
könne auch leicht erwogen haben, daß für den Freigelassenen
der Erwerb des Unterhalts schwerer werden konnte und er als
Sklave im Hause seines Herrn das ruhigere und gesichertere
Dasein hatte. Allein so hat Paulus nie getröstet, daß er das,
was er als Zwang und Druck, ἀνάγκη und θλίψις, empfand,
als Glück und Gewinn beschrieb. Er empfand immer den
Schmerz als Schmerz und die Schwächung als Schwächung
mit unverfälschter Wahrhaftigkeit. „Alles hält er aus, alles
trägt er", πάντα στέγει, πάντα ὑπομένει; das sagt aber ausdrücklich, daß das, was getragen wird, Pein und Hemmung
sei. Daß er alles trägt, wird ihm dadurch zuteil, daß er einen
neuen, größeren und stärkeren Willen besitzt als den, den
das Fleisch in ihm erweckt, den, den er vom Christus empfängt. In seinem Verhältnis zum Herrn ist der Freie nicht
bevorzugt und der Sklave nicht geschädigt. Das hat Paulus
aber niemals in den Satz umgewandelt, die Sklaverei sei vor-

teilhafter und begehrenswerter als die Freiheit. Vollends im
Zusammenhang dieses Kapitels, in dem er sich bemüht, den
auf die Gemeinde fallenden Druck für sie möglichst erträglich
zu machen, hat eine solche Verherrlichung der Entbehrung
keinen Raum. Aus ihr entstände die Weisung an den Freien:
Verkaufe dich und werde Sklave! und an den Reichen: Gib
her, was du hast, und werde arm! Nie hat Paulus dergleichen
verlangt.

Bei dieser Auslegung wirken Ideen mit, die Paulus fremd
gewesen sind. Er habe wegen der Nähe der Offenbarung Jesu
jede Regelung der irdischen Dinge für unnötig gehalten; sie
seien ihm alle zu völliger Nichtigkeit versunken. Das trifft
aber nicht zu; denn er hat soeben das Eherecht mit großer
Sorgfalt ausgebaut und würdigt jeden Vorgang, der auf das
Leben der Gemeinden oder der einzelnen einwirkt, mit gespannter Aufmerksamkeit. Der vom Glanz der Parusie ge-
blendete Paulus ist jedenfalls nicht der, den Lukas kannte,
Apgsch. 27. Er habe den freiwilligen Verzicht des Sklaven
auf die Freiheit als asketische Leistung geschätzt. Aber Askese, die nichts anderes begehrt als Verkürzung des Rechts,
Schädigung der Kraft, Verwundung des Leibs, Entehrung
des Menschen, gibt es bei Paulus nicht. Das wäre die Askese
des Büßers und Verzweifelnden, die von der Lebensvermin-
derung die Heiligung erwartet, weil sie das nicht kennt, was
Paulus Glauben hieß. Die Entsagung, die Paulus hoch gepriesen und als die Quelle seiner Kraft gewürdigt hat, hat ein
positives Ziel, Steigerung der Kraft, nicht ihre Minderung,
Erhöhung der Wirksamkeit im Dienst des Christus, nicht
ihre Lähmung. Eine Ethik, die die Abtötung des Willens
anstrebt und den Menschen zur Flucht vor sich selbst und
der Welt anleitet, streicht aus, was Paulus den Ruf der göttlichen Gnade hieß. Auch das stoische Adiaphoron darf hier
nicht eingemengt werden. Apathie, Atarachie und dergl. hat
nur da Raum, wo der Blick auf den Schöpfer fehlt oder matt
geworden ist. Paulus nahm die Verhältnisse, die unser Leben
formen, immer ernst; denn er glaubte an die alles ordnende
göttliche Hand. Diese Verhältnisse sind aber beweglich, und
Paulus folgte ihrer Bewegung mit wachem Blick.

Die Deutung, die in dem Sätzchen die Ermahnung liest, die
angebotene Freiheit auszuschlagen, übersetzt ἀλλ' εἰ καὶ δύνασαι ἐλεύθερος γενέσθαι „aber obschon du frei werden kannst;
aber auch dann, wenn du frei werden kannst". So wäre zu
übersetzen, wenn Paulus geschrieben hätte ἀλλὰ καὶ εἰ δύνασαι
ἐλεύθερος γενέσθαι. An der Stelle, an die Paulus das καί gesetzt
hat, hat es seinen Beziehungspunkt in μή σοι μελέτω. Der
Sklave soll in seiner rechtlosen Lage kein ihn schädigendes
Los sehen. Es gibt aber noch anderes, was ihm zuteil werden
kann; das meint καί an diesem Platz. Wenn ihm die Gnade
Jesu, die sein Leben regiert, nicht nur den Sklavenstand verklärt, sondern auch — καί — das gewährt, daß er frei werden
kann, dann hat er darin einen Gewinn zu sehen, den er nicht
ausschlagen soll.

Wir kennen durch den Brief an Philemon einen Vorgang,
bei dem Paulus die Verhältnisse eines Sklaven ordnete, und
sein damaliges Verhalten steht völlig mit den hier formulierten Weisungen in Übereinstimmung. Das Recht des Philemon an seinen Sklaven bleibt unangefochten. Aber der Gedanke, daß keine Änderung in der Lage des Onesimus möglich sei und es für ihn nichts anderes geben könne als die Be-
dienung Philemons, wird durch den Brief unzweideutig widerlegt. Paulus hat ernsthaft erwogen, Onesimus bei sich zu
behalten, ein unmöglicher Gedanke, wenn ein Sklave Sklave
bleiben muß, wie immer sich seine Lage änderte, der jedoch
völlig mit I 7 in Übereinstimmung steht, mit der Weisung,
jede Bindung zu vermeiden, um für den Herrn brauchbar zu
sein.

Daß es in der Gemeinde keinen Unterschied zwischen
Knechten und Freien gibt, ist das Werk des Christus. Er
macht aus den Sklaven seine Freigelassenen, die ihm mit ihrem
eigenen freien Willen dienen, den er in ihnen wirkt. Denn er
hat auch den Knecht dazu berufen, an seinem Werk teilzu-
haben. Und der Freie ist nicht mehr sein eigener Herr und
hat die eigenmächtige Verfügung über sein Leben verloren;
denn er ist das Eigentum des Christus geworden und seinem
Willen im Gehorsam untertan. Dieser Satz streitet gegen die
Deutung, nach der Paulus den Sklaven ermahnt, die Freiheit

auszuschlagen; denn er beschreibt die Abhängigkeit, in der
der Sklave steht, als die Not, von der ihn Christus befreit.
Warum soll er, nachdem er von Christus die Freiheit erhalten
hat, seine Gebundenheit an den Menschen, der ihn knechtet,
nicht lösen dürfen? In seinem Verhältnis zu Christus ändert
sich dadurch nichts. Wird er vom Menschen frei, so bleibt er
ein Knecht des Christus; denn er ist deshalb frei, weil er
dem Christus gehört und gehorcht. Paulus konnte genau
dasselbe auch von den Gatten sagen: Die an ihren Gatten
Gebundenen sind Freigelassene des Herrn, und die von der Ehe
Freien sind Knechte des Herrn. Damit aber, daß sich das
Verhältnis des Ehelosen zum Herrn durch eine Heirat nicht
änderte, war ihm diese nicht untersagt, sondern möglich gemacht.

Mit derselben Formel, die schon 6, 20 steht, erinnert Paulus daran, daß Jesus sich durch seinen Tod sein Herrscherrecht an die Menschheit für immer erworben hat. Wer bedenkt, daß er Jesus deshalb gehört, weil er das Kreuz erwählt hat, lehnt jeden Anspruch eines Menschen, daß er ihm
gehöre und seinen Willen tue, ab. Er ist auch dann, wenn
er Knecht ist, nicht mehr Knecht, sondern frei. Der Satz
greift über die Fragen hinaus, die aus der rechtlichen Lage
der Sklaven entstanden; denn er macht die Christen auch
im Verhältnis zu den staatlichen Regenten und zu den geistlichen Führern zu Freien. Dadurch verliert er aber die Beziehung auf die hilflose Abhängigkeit der Knechte von ihren
Herren nicht, und er macht es vollends unwahrscheinlich,
daß im Vorangehenden eine Empfehlung der Sklaverei enthalten sei.

Die ganze neue Ordnung des Lebens, die die Gemeinde bei
sich durchgeführt hatte, war darin begründet, daß sie durch
den Ruf Jesu göttliches Wirken empfangen hatte. Sie war
durch ihn zu Gott geführt, vor Gott gestellt, „bei Gott".
Daß sie auf diesem Standort bleibe und ihre Beziehung zu
Gott nicht löse, war ihr Ziel, das ihre gesammelte Kraft von
ihr forderte. Das hob über alle gegebenen Verhältnisse empor.
In diesen lag ihr Ziel nicht mehr, weder in ihrer Umbildung
noch in ihrer Erhaltung.

Die Ermahnung zur Ehelosigkeit
7, 25–34

Der schwierigste Teil der Frage, ob die Ehelosigkeit oder die Ehe zu wählen sei, entstand aus dem Blick auf die weibliche Jugend der Gemeinde. Da das vorangestellte περὶ δὲ τῶν παρθένων an Vers 1 erinnert, werden wir annehmen müssen, daß Paulus sich damit auf den Brief der Korinther bezog. Wenn die Gemeinde die Ehelosigkeit bei sich einführte, so war damit über das Los ihrer Mädchen entschieden, und es ist sofort deutlich, daß dies in der Gemeinde ernste Überlegungen hervorrief. Mit der Regel, die Ordnung des Lebens von dem Tag abhängig zu machen, an dem die Berufung dem Menschen zuteil wird, war die Frage, was aus den Mädchen werden solle, noch nicht eindeutig entschieden. Denn im strengen persönlichen Sinn war bei ihnen wohl selten von einem Ruf zu reden. Sie waren deshalb in der Gemeinde, weil ihre Eltern Christen wurden; vgl. Vers 14. Was für ein Los war damit ihren Mädchen zugeteilt? Daß Paulus nicht von der Verheiratung der Söhne, sondern nur vom Schicksal der weiblichen Jugend spricht, läßt wieder erkennen, daß die Ehelosigkeit vor allem von den Frauen und für die Frauen begehrt wurde. Mitbestimmend war dabei vermutlich, daß der herangewachsene Sohn seinen Entschluß, ehelos zu bleiben oder in die Ehe zu treten, selbständig faßt, während die Verheiratung der Tochter durch den Entschluß des Vaters geschieht.

In keinem dieser Sätze steht bei παρθένος ein Attribut, das diesen Namen auf eine besondere Gruppe von Mädchen beschränkte. Mit παρθένος ist nur gesagt, daß das Mädchen den geschlechtlichen Verkehr mit einem Manne nicht kennt. Nach der überlieferten Denkweise ist es aber dadurch berechtigt und befähigt, mit Ehren einem Bräutigam übergeben zu werden. Es läßt sich auch nicht sagen, daß schon mit Vers 8 das Los der weiblichen Jugend bestimmt sei. Freilich gehörten die παρθένοι zu den ἄγαμοι; aber nicht jede ἄγαμος ist auch παρθένος. Zu den ἄγαμοι gehören auch die, die ohne Ehe geschlechtlichen Verkehr erfahren hatten, z. B. Sklavinnen, oder ihn

durch eine frühere Ehe kannten, Geschiedene. Es ist völlig
durchsichtig, warum Paulus denen, die nach dem Schicksal
ihrer behüteten und für die Ehe erzogenen Töchter fragten,
nicht nur Vers 8 zur Antwort gab. Eine besondere Gruppe
von Mädchen fanden die in den παρθένοι, die bei diesem Namen an ein irgendwie abgelegtes Gelübde bleibender Jung-
fräulichkeit dachten. Das bleibt aber freie Dichtung; denn
auf den Namen παρθένος hat jedes unbefleckte Mädchen Anspruch gehabt. Die Einteilung des weiblichen Teils der Gemeinde bleibt bei Paulus mit dem palästinischen Sprachgebrauch völlig parallel: παρθένος = בְּתוּלָה, ἄγαμος = פְּנוּיָה, γυνὴ
ὕπανδρος = אֵשֶׁת אִישׁ, χήρα = אַלְמָנָה.
Was mit der weiblichen Jugend zu geschehen habe, konnte
Paulus nicht durch „einen Befehl des Herrn" feststellen. Der
Spruch Jesu, Mat. 19, 12, sprach nur von Männern, die Gottes
Herrschaft so in ihren Dienst nimmt, daß sie von ihnen den
Verzicht auf die Ehe verlangt.[1] Paulus muß also die Entschließung der Korinther durch sein eigenes Urteil leiten,
und er ist dazu willig und fähig, weil ihn der Herr mit Zuverlässigkeit begnadet hat. Dies nennt er eine Tat des göttlichen
Erbarmens. Dieselbe Begründung seiner apostolischen Autorität gibt II 4, 1 und 1 Tim. 1, 12. 13. Indem er seine Vollmacht,
die Gemeinde zu führen, aus dem göttlichen Erbarmen ab-
leitet, begründet er sie nicht durch sein Verdienst, sondern
durch seine Verschuldung, nicht durch seine Tauglichkeit,
sondern durch sein Unvermögen. Damit er Vergebung für
seine Sünde und Heilung für seinen Fall empfange, gab ihm
Gott das Apostelamt und die ihn dazu befähigende Glaub-
würdigkeit. Darin machte Gott offenbar, wie barmherzig er
den Verschuldeten und Sterbenden hilft. Diese Begründung
seiner Autorität war ein starker Stoß gegen die korinthische
Vollkommenheit; denn sie schied alle Selbstbespiegelung von
ihr ab. Aber eben dadurch machte er ihre Begründung stark.
Weil sie die Gabe des Erbarmers war, war sie deutlich und
unbestreitbar Gottes Werk. Das war seine Antwort an die,

---

[1] Von Kindern, die die Jünger während ihrer Jüngerschaft erzeugten,
ist nur Mat. 24, 19 die Rede.

die ihn dadurch herabsetzen wollten, daß sie ihm seine Verschuldung vorhielten, I 15, 8. 9.

„Ich bin also der Ansicht, dies sei löblich; denn es ist für
einen Menschen löblich, so zu sein." Die Pronomina mögen
zum Brief der Korinther in Beziehung stehen; sie deuten an,
daß der Gegenstand im Sehfeld aller steht. Mitwirken mag
auch, daß Paulus nicht wieder wie Vers 1 den geschlechtlichen
Vorgang mit einer deutlichen Formel benennen wollte. Wenn
über die Verheiratung der Mädchen entschieden wird, wendet
sich der Blick der Zukunft zu. Was aber von ihr zu erwarten
ist, zeigt die gegenwärtige Lage klar. Der auf die Christenheit
gelegte Druck geht nicht vorüber. Die für das Los der Mädchen Verantwortlichen müssen darauf bedacht sein, sie zum
Ertragen dieser Not zu rüsten. ἐνεστῶσα zeigt, daß Paulus
nicht an jene Beschwerden denkt, die immer mit der Ehe
verbunden sind, die die Untertänigkeit unter den Mann und
die Geburt und Pflege der Kinder den Frauen bringen. Die
Zwangslage ist jetzt eingetreten und unter den gegenwärtigen
Verhältnissen vorhanden. Sie entsteht also durch den Widerstand der Welt gegen den Christus. Paulus erinnert auch die
korinthische Gemeinde, die Sicherheit genoß, daran, daß die
Christenheit eine gefährdete, bekämpfte Schar ist. Sie können
sich in Korinth auf die Dauer vom allgemeinen Los der Christenheit nicht sondern.

Der Mahnung zur Ehelosigkeit gibt Paulus die allgemeine
Fassung. ἀνθρώπῳ hat Beziehung zur ἀνάγκη. Die Not gefährdet nicht einzig die Mädchen, sondern „den Menschen".
Seine Versuchlichkeit und Gebrechlichkeit, die dem Leiden
preisgegeben ist, macht die Lage ernst. Wie der Mensch den
Druck der Welt aushalte und den Kampf mit ihr, ohne zu
fallen, bestehe, das ist die Erwägung, die Paulus bei der Ordnung des Lebens an die erste Stelle setzt. Davon, daß sich die
παρθένοι bereits zur Ehelosigkeit verpflichtet hätten, ist
nichts zu sehen. Denn Paulus ermahnt zu ihr, setzt sie also
nicht voraus.

Neue Regeln gibt Paulus nicht. Er untersagt die Ehescheidung wie 7, 10, mahnt zur Ehelosigkeit wie 7, 8, wehrt aber
ein Verbot der Ehe ab wie 7, 2. Daß er ausdrücklich sagt,

der Eintritt in die Ehe sei weder für den Mann noch für das
Mädchen Sünde, folgt daraus, daß er die Ehe für die normale
Verfassung der Gemeinde erklärt hat. Vom Drang nach Vollkommenheit hat Paulus seine Aufforderung zum Verzicht auf
die Ehe durch dieses Wort gänzlich abgelöst. Er beschreibt
ihn nicht als einen Beweis der Stärke, die keinen Kampf
scheut und zu jedem Opfer bereit ist. Er mahnt zur Ehelosigkeit, weil er barmherzig ist. Indem er ihre Gedanken von der
Ehe ablenkt, „schont er die Gemeinde". Zu ὑμῶν φείδομαι
vgl. φειδόμενος ὑμῶν II 1, 23; 13, 2. Er mäßigt die Ansprüche,
die er an sie stellt, da er fürchtet, manche werden dem nicht
gewachsen sein, was die Ehe von ihnen fordern wird, und werden sich ihretwegen dazu bewegen lassen, ihren Christenstand
aufzugeben. Die θλίψις, die die Verheirateten aushalten müssen, die „ihr Fleisch", ihr natürliches Leben, angreifen wird,
ist von der ἐνεστῶσα ἀνάγκη nicht zu trennen, die von vielen
das Opfer des Lebens verlangen wird, II 7, 3; I 10, 13; 2 Thess.
2, 8. Paulus hielt die Gefahr des Abfalls bei den Verheirateten
für größer als bei den Unverheirateten und wollte verhüten, daß
die Verluste, die die Gemeinde durch erzwungene Austritte
erleidet, zahlreich werden. Auch wenn es nicht zum Schlimm-
sten kommt, wird die Not für die Verheirateten größer sein
als für die anderen. Wenn den Christen die Gelegenheit zur
Arbeit genommen wird und die Lebensbedingungen versagt
werden, wird es leichter sein, daß sich der einzelne durch-
schlage, als daß sich eine Familie erhalte. Reichliche Erfahrung im Verkehr mit der armen Christenheit des Orients
und Makedoniens wird hinter diesem Rat stehen, auch seine
eigene Erfahrung. Wenn er auf seinem Leidensweg auch für
eine Frau zu sorgen hätte, würde er um vieles schwerer. Nun
traf jede Gefahr und Entbehrung nur ihn selbst. Darum hieß
er seine geschlechtliche Bedürfnislosigkeit ein Geschenk der
göttlichen Gnade, Vers 7.

Die Deutung, die in den παρθένοι die Asketinnen der Gemeinde vermutete, mußte es seltsam finden, daß Paulus nicht
nur von ihnen, sondern auch vom Manne spreche. Sie nahm
deshalb an, die Asketin habe sich mit einem Asketen zusam-
mengetan und in seinem Hause unter seinem Schutz gelebt,

wie es später gelegentlich geschah; das habe die Schwierigkeiten geschaffen, aus denen die Anfrage der Gemeinde erwachsen sei. Aus dieser Gemeinschaft seien Heiraten entstanden, und es sei in Korinth erörtert worden, ob solche
Heiraten nicht sündlich seien. Diese Geschichte paßt aber
weder zu Paulus noch zu den Korinthern. Über Schwankungen, bei denen ein früherer Vorsatz widerrufen wurde, hat
Paulus nicht einfach gesagt: du sündigst nicht. Wenn später
Witwen die Erklärung, die sie der Gemeinde gegeben hatten,
widerriefen, hat er ganz anders geurteilt, 1 Tim. 5, 12. Und
die Korinther, die sich nicht aufregten, als einer der Ihrigen
seine Stiefmutter heiratete, sollen es nun anstößig finden,
wenn ein Asket eine Asketin heiratet. Ebenso bleibt unerfindlich, warum Asketen unter größerem Druck leben sollen,
wenn sie verheiratet sind, als wenn sie ohne Ehe beisammen
leben.

Da sich alle bereitzuhalten haben für den kommenden
Kampf, zeigt Paulus allen, wie sie für ihn gerüstet sind. Die
Freiheit, die sie der Welt gegenüber haben, macht sie zum
Überwinden stark.

„Die Zeit ist verkürzt" und „die Lage ist beengt"; nicht
eine dieser Übersetzungen, sondern erst beide vereint geben
wieder, was ὁ καιρὸς συνεσταλμένος ἐστίν sagt. Die Christenheit hat sich darauf einzurichten, daß die gegenwärtige Periode rasch enden wird, und sie hat damit zu rechnen, daß
sie hart bedrängt werden wird. Sie würdigt ihre Lage dann,
wenn sie bei allem, was sie von der Welt her erfaßt, ihre Unabhängigkeit behält. Wer die Frau so hat, als ob er sie nicht
habe, lebt in echter Ehe; Vers 3 ist damit nicht zurück-
genommen; aber unentbehrlich wird ihm die Ehe nicht. Er ist,
indem er sie besitzt, gleichzeitig zum Verzicht auf sie bereit.
Auch dieser Satz fügt sich schlecht zum Gedanken, daß Paulus zu Asketen spreche, die ein unüberwindlicher Drang zur
Preisgabe ihrer Lebensweise nötige. Denn eine solche Ehe
bände den Mann zwangsweise an die Frau. Wenn er sich seine
Freiheit erhalten könnte, wäre er nicht zum Bruch seines
Gelübdes gezwungen. Ebenso berühren Leid und Freude den
Christen nicht so, daß er sich ihnen ganz hingäbe. Er bleibt

über dem Leid und der Freude der Herr seines Willens und zu jenem Handeln fähig, das der Christenstand von ihm verlangt. Er kauft, aber nicht in der Meinung, was er erwarb, sei ein unverlierbarer Besitz. Er braucht die Welt, ist aber nicht überrascht und erschüttert, wenn er die Vorteile, die ihm der Verkehr mit der Welt gewährt, nicht vollständig verwerten kann.

An οἱ χρώμενοι τὸν κόσμον ist oft der Eindruck entstanden, daß Paulus hier die Summe der aus der Natur zu gewinnenden Güter die Welt heiße. Er spricht aber gleich vom σχῆμα τοῦ κόσμου τούτου, und ein σχῆμα haben nicht Dinge; das σχῆμα ist die Weise, wie die Welt lebt, die Art, wie sie sich verhält. Paulus wird auch bei οἱ χρώμενοι τὸν κόσμον das Wort im selben Sinn brauchen, wie wenn er von den Unzüchtigen dieser Welt I 5, 10 und von der Weisheit der Welt I 1, 20 und vom Geist der Welt I 2, 12 gesprochen hat. Er hat an die vorteilhaften, hilfreichen Verbindungen gedacht, die zwischen der Christenheit und ihrer Umgebung durch gemeinsame Arbeit, Freundschaft und Herkunft bestehen. Paulus mißachtet sie nicht, verlangt aber, daß keine solche Verbindung für den Christen einen Wert gewinne, der sie ihm unentbehrlich macht. Die Haltung der Satzreihe verbietet es, bei καταχρώμενοι an Mißbrauch zu denken; das κατά dehnt das χρῆσθαι aus bis zum möglichst großen Gewinn. Auf die Weisheit, die in dieser Zeit weise sein will, I 3, 18, ist damit freilich verzichtet. Denn diese besteht darin, daß sie die Beziehungen zur Welt möglichst ausbaut und ausnützt. Wer „die Welt nicht aufbraucht", ist nach dem Urteil der Welt „ein Tor", aber nach Gottes Urteil der Weise.

Nicht Trennung von der Welt ist Christenpflicht; I 3, 22; „Die Welt gehört euch" und I 5, 11: „Ihr könnt nicht aus der Welt herausgehen" bleiben in Kraft. Die Gemeinde soll aber im Gebrauch der Welt ihren inneren Besitz wahren, und dieser verlegt ihr Ziel über diese rasch vergehende Welt. Ihr σχῆμα sind Ehe und Nahrung und Eigentum. Das ist die Art, wie sie lebt, die Regel, nach der sie sich benimmt, und diese Art des Daseins geht vorbei. Das kommende Leben zeigt nicht diese Figur; der neue Mensch steht nicht mehr unter dem

Zwang, sich durch Ehe, Nahrung und Eigentum das Dasein zu erhalten und zu füllen. μορφή und σχῆμα hat Paulus unterschieden. μορφή ist die am Menschen haftende Gestalt, das, was an ihm sichtbar ist; σχῆμα ist die sein Verhalten bestimmende Regel. Die Beweisführung gewinnt zunehmend an Kraft, da sie immer deutlicher macht, wie tief die Ehe das Innerste im Menschen bestimmt. Die Ehe macht es unmöglich, ἀμερίμνους εἶναι. Da damit das μεριμνᾶν ganz ausgeschaltet wird, ist es unter ein negatives Urteil gestellt. Dieses Urteil wird aber gleich dadurch begrenzt, daß auch das, was der Herr gibt und verlangt, das μεριμνᾶν hervorruft, wie auch für Paulus aus seinem Verkehr mit den Gemeinden die μέριμνα entsteht, II 11, 28. Das μεριμνᾶν kann also nicht verschwinden; der Ehelose und der Ehemann üben es und müssen es üben, weil das menschliche Leben ohne μεριμνᾶν nicht denkbar ist. Das Wort bezieht sich also nicht zuerst auf den Kummer, sondern auf das Planen und Streben, das sich um irgendein Ziel und Gut bemüht. ἀμέριμνος zeigt freilich, daß dabei auch der Gedanke in der Nähe ist, daß diese Geschäftigkeit mit Ermüdung und Kummer verbunden ist. Dieses Planen und Wagen, das die Zukunft zu gestalten versucht, leidet unter der Ungewißheit, die am Blick in die Zukunft haftet, und es stößt nicht nur auf die Hemmungen, die uns die Natur bereitet, sondern auch auf die, die aus dem Widerstand der Welt entstehen.

Dem Ehelosen steht kein Mensch so nahe, daß er für ihn leben müßte, und daran, daß er für sich selbst lebe und seiner Regsamkeit das Ziel in der Pflege seines Wohlseins gebe, kann er nicht mehr denken. „Keiner von uns lebt für sich selbst", Röm. 14, 7; er ist „erkauft", I 7, 23. Er braucht darum seine ganze Kraft für das Gebot seines Herrn; sein Wohlgefallen ist sein Ziel. Für den Ehemann ist das, was die Welt hat und braucht, unentbehrlich; er muß die Zustimmung seiner Frau gewinnen. Das ist kein gegen den Ehemann gerichtetes Scheltwort und nimmt das Urteil: „Du sündigest nicht" nicht zurück; das ist die mit der Ehe von ihm übernommene Pflicht. Er hat der Frau mit der Ehe versprochen, daß er für sie sorge; würde er sich nicht darum bemühen, daß sie mit ihm einverstanden sei und ihn lobe, so machte er aus der Ehe einen ununterbrochenen Streit und wäre noch vollständig ein Knecht seiner Eigensucht.

Im folgenden wechselt ἡ ἄγαμος in den Texten seinen Platz. Es wird geschrieben ἡ γυνὴ ἡ ἄγαμος καὶ ἡ παρθένος und ἡ γυνὴ καὶ ἡ παρθένος ἡ ἄγαμος. Die zweite Fassung gab vermutlich zur Verwirrung den Anlaß. Wenn ἡ παρθένος ἡ ἄγαμος ohne Trennung gelesen wurde, mußte es als eine unerträgliche Tautologie empfunden werden. Erträglicher schien die Formel ἡ γυνὴ ἡ ἄγαμος, obwohl sie auffällig blieb. Warum genügte nicht ἡ ἄγαμος? Bei γυνή dachte sonst Paulus an die Verheiratete. Die Schreibung καὶ ἡ γυνὴ ἡ ἄγαμος hat zur Folge, daß καὶ μεμέρισται zum Vorangehenden gedrängt wird: „der Verheiratete bewirbt sich um das, was der Welt gehört, wie er der Frau gefalle, und er ist geteilt". Die Meinung scheint zu sein: dem Verheirateten soll nicht vorgeworfen werden, daß er einzig für das arbeite, was seine Frau nötig habe, und nur nach ihrem Willen frage; auch er habe noch Zeit und Kraft für das, was der Herr verlange; dies sei aber nur ein Teil seines Lebens; diese Doppelheit der Ziele und der Tätigkeit sei die Not des Ehemanns; er sei an die Frau und an den Herrn „verteilt". Gegen diese Deutung spricht, daß der Satz über die Frau, die heiratete, mit dem Satz über den Ehemann genau parallel gebaut ist. Dort steht aber kein mit diesem καὶ μεμέρισται paralleles Wort. Wird dagegen ἡ ἄγαμος an die dritte Stelle gesetzt, dann gehören καὶ μεμέρισται καὶ ἡ γυνὴ καὶ ἡ παρθένος zusammen: „Geteilt, zu einem μέρος, zu einer besonderen Klasse gemacht ist die Frau und das Mädchen." Auch bei dieser Fassung bleibt μεμέρισται hart. Es ist daher nicht ausgeschlossen, daß die Beschädigung der Stelle tiefer sitzt.

Paulus gibt an, wie eine Unverheiratete, die der eheliche Pflichtenkreis nicht beschäftigt, am Willen und Werk des Herrn teilnehmen kann. Es wird ihr nicht eine besondere Gabe, etwa die Prophetie, verheißen; sie wird auch nicht an der Arbeit der Gemeinde beteiligt, sondern hat ihr Ziel darin, „daß sie nach dem Leib und nach dem Geiste heilig sei." Da sie dem Herrn gehört, betreibt sie das, was des Herrn ist, dadurch, daß sie sich selbst mit Leib und Geist in der Gemeinschaft mit dem Herrn erhält. Da „der Leib für den Herrn und der Herr für den Leib ist", I 6, 13, umfaßt die Heiligkeit auch den Leib. Daß ihm Paulus nicht die Seele, sondern „den Geist" gegenüberstellt, wird darauf beruhen, daß er an das aktive Verhalten denkt, mit dem die Unverheiratete ihre Gedanken und Begehrungen zum Herrn wendet. Die Kraft, die produktiv das Denken und Wollen erzeugt, ist der Geist.

Die Erlaubnis zur Verheiratung der Mädchen
7, 35–38

Der Preis der Ehelosigkeit stieg hoch empor. Die, die nicht in der Ehe leben müssen, sind die sonderlich Begnadigten. Da aber dadurch der Satz: „Wer heiratet, sündigt nicht" nicht angefochten wird, muß der vorangehenden Mahnung eine Einschränkung folgen, und Paulus hat diese mit großer Sorgfalt formuliert.

Er sucht, wenn er die Gemeinde zur Ehelosigkeit ermuntert, nichts für sich. Er will sie nicht seiner Meinung unterjochen, hat nicht die Absicht, sie seiner geistlichen Macht untertänig zu machen. Ihn bewegt jetzt wie immer die Liebe, die das begehrt, was für sie heilsam ist. Dazu rechnet er an erster Stelle den Anstand, τὸ εὔσχημον. Nach der bisher allein gültigen Denkweise fiel auf jedes Mädchen, das nicht zur Ehe kommen konnte, Schande. Es hatte seinen Beruf verfehlt, war auch vielfach, um sich die Lebensmittel zu verschaffen, zu Diensten genötigt, die es erniedrigten, und war vom Verkehr mit der Welt noch mehr ausgeschlossen als die unter dem Schutz ihres Mannes stehende Frau. Paulus schützt die Unverheirateten vor jeder Entehrung, womit er eine die gesellschaftlichen Zustände tief verändernde Reform durchsetzte. In der Christenheit war nun für Frauen die Möglichkeit geschaffen, mit Ehren und Freuden ehelos zu bleiben im Bewußtsein, daß sie auch auf diesem Wege ein durch die göttliche Gnade reich gemachtes Leben erreichen.

Was für die Gemeinde heilsam ist und von Paulus durch seine Unterweisung angestrebt wird, ist τὸ εὐπάρεδρον τῷ χυρίῳ, die Eignung für den Dienst des Herrn, daß der Mann und die Frau für alles, was er sie tun heißt, bereit seien. Mit ἀπερισπάστως wird gesagt, daß keine anderen Bindungen sie am christlichen Werk hindern. Im ehelosen Teil der Gemeinde sah Paulus ihre immer bereite, zu allem brauchbare Streiterschar.

Paulus gesteht aber dem, der über ein heiratsfähiges Mädchen zu verfügen hat, zu, daß er über das, was anständig und ehrenhaft sei, nicht so denken müsse wie Paulus. Wenn er die Maßstäbe verwendet, die die Überlieferung ihm darreicht, muß er die Verhinderung der Heirat als eine Verletzung der Sitte empfinden, durch die er das Mädchen, wenn es über das für die Heirat geeignete Alter hinauswächst, entehrt. Denkt er so, dann ist die Verheiratung das Richtige. Nicht dem Mädchen wird die Vollmacht zugeschrieben, nach eigener Wahl sich zu verheiraten, sondern es hat hier ein „jemand" zu handeln. Man könnte erwarten, Paulus rede vom „Vater", der „seine Tochter", τὴν θυγατέρα αὐτοῦ statt τὴν παρθένον αὐτοῦ, verheirate. Er hat aber die verschiedenen Fälle nicht unterschieden, die hier vorkommen konnten. Der Nächste, der bei der Verheiratung das entscheidende Wort sprach, war der Vater; war er gestorben, so handelte der Bruder an seiner Stelle, oder es war ein Vormund, ἐπίτροπος, bestellt. Über die Heirat der Mädchen, deren Väter Sklaven waren, entschied ihr Herr. Es wird nicht selten geschehen sein, daß Mädchen in anderen Häusern aufwuchsen als in den elterlichen. Die Aufnahme hilfsbedürftiger Kinder war der Christenheit von Anfang an vom Herrn selbst zur Pflicht gemacht. Wäre die παρθένος eine Asketin, so müßte der jemand, dem sie gehört, der Asket sein, der sie zu sich genommen habe, um gemeinsam mit ihr die Enthaltsamkeit zu üben. Es bliebe aber unerfindlich, wie er zu der Vollmacht kommen könnte, über sie zu verfügen. Von einer „geistlichen Vaterschaft", die dem geistlichen Führer eines Mädchens die Vollmacht verschafft habe, über sie zu entscheiden, zeigt sich in keinem der Worte irgendeine Spur.

Neben der Rücksicht auf die Sitte können noch besondere Umstände in Betracht kommen, die eine Verheiratung zur Pflicht machen: καὶ οὕτως ὀφείλει γίνεσθαι. Im folgenden Satz ist von „Zwang" die Rede, der dem, bei dem die Entscheidung steht, die Möglichkeit des eigenen Willens nimmt. Es gab

neben dem, wovon Vers 9 die Rede war, noch vielerlei Umstände, die zu einer Heirat treiben konnten.
„Sie sollen heiraten!" Wer? Der „jemand" und seine παρθένος? Nein. Denn Paulus sagt, der „jemand", den er unterweist, sei ὁ γαμίζων. Er ist der, der verheiratet, nicht aber der
selbst Heiratende. Heiraten sollen das Mädchen und der, dem
der „jemand" sie verlobt.
Der entgegengesetzte Fall ist der: „er steht in seinem Herzen fest". ἐν τῇ καρδίᾳ αὐτοῦ ist schwerlich lokal gedacht,
als wäre das Herz der Ort, an dem er steht. Vielmehr wird
ἐν auch hier kausale Kraft haben. Durch sein Herz erhält er
den festen Stand; sein Herz könnte ihm unentschlossenes
Schwanken bereiten. Das geschieht aber nicht, sondern er
empfängt ,wenn er auf sein Herz hört, einen auf festem Grund
ruhenden, unbeweglichen Entschluß. Der Satz schließt jedes
leichtsinnige, von wechselnder Stimmung abhängige Verfahren in der Ehefrage aus. Die ins Innere einkehrende Besinnung, die das klare Bewußtsein herstellt, ist bei einer
solchen Entscheidung unentbehrlich. Sie setzt weiter voraus,
daß die Möglichkeit zu einer freien Wahl gegeben sei. Nur
dann nennt Paulus den Entschluß, das Mädchen unverheiratet zu lassen, richtig. Somit stehen die beiden einander entgegengesetzten Entschlüsse als „gut" und „besser" nebeneinander. Warum der Verzicht auf die Verheiratung das
Bessere sei, hat das zum Preis der Ehelosigkeit Gesagte gezeigt.
    Für Paulus gab es im menschlichen Handeln nicht nur
Recht und Unrecht, Pflicht und Sünde, Gebotenes und Verbotenes. Aus dem Reichtum der göttlichen Gaben entsteht
für den Menschen die Wahl. Nun gab es ein Gutes und darüber noch ein Besseres, ein Mehr und Minder von Kraft,
einen kleineren oder größeren Beruf. Das war damit gesetzt,
daß die Christenheit ihre Pflicht durch das empfing, was
Christus schuf. Da nun über der alten Schöpfung die neue
und über der Natur die dem Christus gehörende kommende
Welt stand, waren die natürlichen Funktionen und Güter
nicht mehr das einzige, was dem Menschen gegeben war;
sie wurden zum Bereich der Freiheit, in dem jeder nach der
ihm gegebenen Kraft zu handeln hat.

Die neue Heirat der Witwe
7, 39. 40

Der Tod löst die Ehe, nur er, er aber so, daß die Witwe zu
einer neuen Ehe frei geworden ist, und in der Wahl ihres neuen
Gatten ist ihr keine Beschränkung auferlegt. Sie ist nicht etwa
an die Familie ihres Mannes gebunden. Paulus hob die Le-
viratsehe innerhalb der Christenheit auf. Vorbehalten bleibt
nur jene Beschränkung des eigenen Willens, die für jedes
Handeln gilt: μόνον ἐν κυρίῳ. Die Verbundenheit mit dem
Herrn, die das eigene Handeln an seine Leitung bindet, stellt
die Basis für jede eigene Entschließung her. Daß aber eine
zweite Heirat der Frau ihr Verhältnis zum Herrn nicht lok-
kert, war mit den Sätzen, die im gegebenen Fall die Verheiratung der Mädchen anordnen, gesagt. Die Formeln, mit
denen Paulus das neue Eherecht definiert, sind dieselben wie
Röm. 7, 1–3: γυνὴ δέδεται, dann ἐφ’ ὅσον χρόνον ζῇ ὁ ἀνὴρ
αὐτῆς, sodann ἐὰν δὲ (κοιμηθῇ) und ἐλευθέρα ἐστίν. Daß Paulus
nicht auch vom Witwer, sondern einzig von der Witwe sprach,
hängt daran, daß nur die Frau in der Ehe die Gebundene war;
bei ihr mußte ausdrücklich gesagt werden, daß mit dem Tode
diese Bindung ende. Auch war der Zwang zu einer neuen
Ehe für die Frau in vielen Fällen weit stärker als beim Mann.
Aber die, die Witwe bleibt, ist seliger, weil es seliger ist,
nur auf das bedacht sein zu dürfen, was den Namen Jesu
verherrlicht, als für einen Mann leben zu müssen. Nochmals
unterscheidet Paulus seine Unterweisung vom Gebot des
Herrn. Was er sagte, ist seine γνώμη, sein Urteil, das das Handeln der Gemeinde deshalb zu leiten vermag, weil er Gottes
Geist hat.

Offenkundig rechnet er auf Widerspruch. Richtete sich
dieser dagegen, daß er die Witwe zur zweiten Heirat ermächtigte, oder dagegen, daß er sie seliger nannte, wenn sie
Witwe blieb? Wenn asketische Neigungen in der Gemeinde
wirksam waren, genügte auch der zweite Satz ihren Führern
nicht. Sie verlangten in diesem Fall ein kräftiges Wort gegen
eine neue Heirat der Witwen. 1 Tim. 5, 3–16 zeigt, daß das
Urteil, der Witwe gebühre, wenn sie Witwe bleibe, ein ehren-

voller Platz in der Gemeinde, weit verbreitet war und an
Stärke wuchs.

„Ich glaube aber, daß auch ich Gottes Geist habe." κἀγώ
deutet auf andere, die von sich versichern, sie haben Gottes
Geist, und dies gerade dann, wenn sie ihren Gegensatz gegen
Paulus hervorkehren, von dem sie sagten, er wandle nach
dem Fleisch, II 10, 2. Wer es zweifelhaft machte, ob auch
Paulus „dem Christus eigen sei", II 10, 7, machte es auch
fraglich, ob er den Geist Gottes habe. Denn „im Christus
sein" und „den Geist haben" war für alle in der Kirche untrennbar beisammen. Dadurch, daß sich der Mensch an den
Christus anheftet, wird sein Geist mit dem des Christus eins,
I 6, 17.

Das der Gemeinde gegebene Wissen[1]

8, 1–6

Da Paulus die Beantwortung des korinthischen Briefes
fortsetzt, genügt die Angabe des neuen Themas: „Über das
Göttern Geopferte." Ein enger Anschluß an das Folgende:
„Wir wissen, daß wir alle Erkenntnis haben", machte den
Satz künstlich. Die Anzeige des neuen Gegenstands steht
für sich. Zur Frage, was in Korinth zu der neuen Theologie
geführt habe, gibt das neue Thema in seiner Verbindung mit
dem Unterricht über die Ehe einen gewichtigen Aufschluß.
Das Bestreben, den Genuß des Geopferten der Christenheit
freizugeben, stammte aus dem Orient. Schon in jener Versammlung in Jerusalem, die die Vereinigung der jüdischen
mit den griechischen Gemeinden vollzog, wurde das Verlangen,
das Verbot des Geopferten in der Kirche aufzuheben, abgewiesen, Apgsch. 15, 29. Dieser Beschluß war aber noch nicht
durch das veranlaßt, was in den im engeren Sinn paulinischen
Gemeinden geschah. Im Sehfeld jener Versammlung standen
vor allem die Gemeinden der syrischen Städte. In diesen
hatte sich also eine Bewegung ausgebreitet, die für die vom
Gesetz frei Gewordenen die Freigabe des Geopferten forderte.

---

[1] Der Unterricht über den Genuß von Geopfertem reicht von 8, 1 bis
11, 1.

Für die Ziele dieser Bewegung ist es bedeutsam, daß sie mit der Freigabe des Geopferten die der Dirne verband, also für die Beseitigung der Ehe eintrat. Noch beträchtlich später sind beide Forderungen zusammen von christlichen Gruppen in den Städten der Asia vertreten worden, Apok. 2, 14. 20, deren christliche Haltung als gnostisch bezeichnet werden muß, da sie sich auf ihre prophetische Erkenntnis beriefen, die ihnen auch die verborgensten Geheimnisse enthülle. So war es aber auch schon in Korinth; auch dort haben sie verlangt, daß ihnen der ungehinderte Verkehr mit den Griechen ohne Scheu vor dem Geopferten gestattet werde, weil „sie Erkenntnis haben". Darum hat Paulus hier, wo er die Trennung vom griechischen Kultus verlangt, zuerst von der Erkenntnis gesprochen und der Gemeinde gesagt, was die Erkenntnis nicht zu leisten imstande sei.

Die Freigabe des Geopferten schied die Gemeinde gänzlich vom Judentum. Wir haben wieder jenen Ruhm der Freiheit vor uns, der die Formel schuf: „Alles steht in meiner Macht", I 10, 23. Das Verbot, Geopfertes zu genießen, war seit langer Zeit ein wesentliches Merkmal des Judentums geworden. Es war älter als das Rabbinat, wie Daniel Kap. 1 zeigt, wurde dann aber vom Rabbinat mit größtem Eifer verteidigt und mit einem dichten Geflecht von Satzungen umgeben. Der Schriftgrund für sie lag in den Worten des Gesetzes, die über alles, was einem fremden Gott gehörte, den Bann sprachen, Deut. 13, 18; wer aber Gebanntes in seinen Besitz bringt, verfällt selbst dem Bann. Neben dem Fleisch der Tiere, die als Opfer geschlachtet wurden, fürchtete das Rabbinat auch den Wein, da den Göttern mit dem Wein gespendet wurde. Aber nicht nur für den Juden, sondern auch für die Griechen hing viel an der Frage, ob das Verbot des Geopferten für die Christenheit die Geltung behalte oder verliere. Blieb es in Kraft, dann war den Christen der Verkehr mit dem nichtchristlichen Teil ihrer Sippe und ihrer Stadt erschwert.

Die Abschaffung des Verbots wurde im Namen der Erkenntnis verlangt. „Wir wissen, daß wir alle Erkenntnis haben"; das ist der Vordersatz, aus dem die Freigabe des Geopferten gefolgert wurde. Für die, die die Christenheit für

fähig hielten, ohne Schaden Opfer zu genießen, stand es fest,
daß für alle Christen die Götter die Realität verloren haben;
niemand fürchtet sie noch und niemand schreibt dem, was
ihnen geopfert wurde, geheimnisvolle, schädliche Eigenschaften zu. Dies stand vermutlich im Briefe der Korinther.
Vers 7 zeigt, daß Paulus diese Einschätzung der Christenheit
selber nicht teilt; zunächst aber stellt er sich an denselben
Ort wie die, die nach der Freiheit verlangten, und setzt voraus,
daß ihr Urteil den Besitz der Christenheit richtig werte. Denn
zuerst wollte er sagen, daß mit der Erkenntnis allein das richtige Handeln noch nicht gesichert sei, daß sie vielmehr den
richtigen Entscheid in der Opferfrage unmöglich mache. Denn
die Erkenntnis macht stolz, steigert das Selbstbewußtsein,
stärkt den Eigenwillen und gibt dem, der sie zu haben meint,
eine Selbsteinschätzung, die ihm das, was die anderen sind
und bedürfen, verbirgt. Wieder weist Paulus den Perfektionismus ab. Jesu Ziel ist nicht die Füllung unseres Bewußtseins
mit Erkenntnissen und nicht die Erhebung des Ichs zum
Genuß seiner Überlegenheit über die anderen. Das Werk des
Herrn ist die Gemeinde, weshalb der seinen Willen tut, der
sie aufbaut. Diese Bauarbeit leistet aber nicht die Erkenntnis,
nicht der, der seinem Wissen den absoluten Wert zuschreibt.
Gesteigertes Selbstgefühl und Bauen sind vielmehr Gegensätze, weil das Bauen in der Herstellung der Gemeinschaft
besteht und diese durch die Liebe geschieht, das heißt durch
jenen Willen, der das Ziel des Handelns im Ruhm Gottes und
im Heil des Menschen hat.

Wer sagt, er habe die Erkenntnis, sagt von seinem Erkennen, es sei zum Ziel gekommen und zur Gewißheit vollendet,
die ihm nun wie eine unveränderliche Eigenschaft für immer
gegeben sei und die Macht habe, sein Verhalten richtig zu
machen. Für ihn ist das Erkennen nicht mehr ein Ziel, sondern ein Besitz, nicht mehr eine Tätigkeit, sondern ein Zustand; er ist, weil er erkennt, kein Sehender und Hörender
und Wahrnehmender mehr, sondern ist fertig und satt geworden. Diese Schätzung der Erkenntnis beweist ihre Unechtheit. An der echten Erkenntnis haftet das Bewußtsein
ihrer Unfertigkeit, I 13, 11. 12. Paulus fürchtete die Ver-

wandlung des Christenstands in eine Erkenntnis, weil sie den
Lauf in Ruhe, die Anspannung des Suchens in befriedigten
Besitz verwandelte. So entstanden „die verhärteten Gedanken", auf die er beim Rabbinat stieß, II 3, 14. Völlig leer war
freilich dieser Ruhm „Wir haben die Erkenntnis" nicht.
Dieses Erkennen konnte aber nicht auf dem normalen Weg
entstanden sein. Es war errafft, von anderen entlehnt, irgendeinem Meister nachgesprochen, ein Wunschbild der Phantasie.
Wäre diese Gewißheit als die Gabe des Geistes aus der Bewegung des eigenen Lebens herausgewachsen, so wüßte sie,
daß es für das Erkennen keinen Ruhepunkt gibt und es niemals jene Sattheit hervorbringt, die von Unwissenheit und
Ungewißheit nichts mehr weiß, sondern nur noch Gewißheit
hat.

Da Paulus die Liebe der Erkenntnis entgegengestellt hat,
beschreibt er noch mit einem kurzen Spruch ihre Herrlichkeit.
Sie hält Gott wert, verlangt nach Gott, weil sie seine Einzigkeit und Herrlichkeit sieht, und gibt ihm den eigenen Willen
hin. Als er die Liebe als die Bauende beschrieb, wandte er
ihren Blick zum Menschen hin. Ihn suchte sie, ihm half sie,
mit ihm einte sie sich. Paulus hat aber nicht eine Gott hin-
gegebene Liebe und eine den Menschen geschenkte Liebe
nebeneinander gehabt. Die Befreiung von der Begehrlichkeit,
die das Fleisch in uns erweckt, geschieht dadurch, daß sich
der Mensch Gott im Glauben an Christus ergibt und dadurch
der für andere Vorhandene und für sie Lebende wird. „Keiner
von uns lebt für sich selbst", weil wir für den Herrn leben,
der Gottes Werk dadurch wirkt, daß er die Gemeinde aufbaut.
Aus der Liebe zu Gott entsteht jenes Erkennen, das so erkennt, wie man erkennen soll, das nicht fertig werden kann
und nie satt macht, weil Gott größer als alle unsere Erlebnisse
und Gedanken ist. Die Einheit, die zwischen der Liebe und
der Erkenntnis besteht, hat Paulus aber nicht zu dem Satz
bewogen: Wer Gott liebt, hat Gott erkannt. Um jener Erkenntnis, die der Mensch als den von ihm erworbenen Besitz
preist, den Weg völlig zu versperren, nennt er die Voraussetzung und Bedingung aller Erkenntnis Gottes: „Er ist von
Gott erkannt", vgl. Gal. 4, 9. Der Gedanke bleibt abgewehrt,

daß der Mensch mittelst seines Auges und Urteils zu Gott
vordringen könnte. Gewißheit und liebende Ehrung Gottes
gibt es für den Menschen deshalb, weil Gott ihn in die lebendige Beziehung zu sich versetzt. Damit der Mensch an Gott
denke und für ihn handle, wird ihm der göttliche Blick geschenkt, der den, dem er sich gibt, zu Gottes Eigentum macht.
Nicht der stolze Ruhm „Wir haben die Erkenntnis" ist ihm
damit bereitet, wohl aber der nie endende Dank, der das
Wunder der göttlichen Gnade preist.

Weiteres zur Frage, wie die Erkenntnis und die Liebe zu
werten seien, schob Paulus noch auf; er hat auch über die
verschiedenen Gaben des Geistes zu sprechen, und bei diesem
Anlaß muß er wieder vom einzigartigen Wert der Liebe und
ihrer Überlegenheit über die Erkenntnis reden, I 13. Jetzt
spricht er von jener Erkenntnis, die der Gemeinde zum Urteil
über das heidnische Opfer verhilft. Der Lehrsatz, auf den
sich hier alle Erwägungen gründen, lautet: οὐδὲν εἴδωλον ἐν
κόσμῳ. Wäre hier εἴδωλον der Name des Kultbildes, so müßte
οὐδέν von εἴδωλον getrennt werden; denn verehrte Statuen
gab es in Menge. οὐδέν müßte Prädikat sein: „Nichts ist eine
Statue in der Welt"; sie hat keine Macht, ist ein totes Bild,
von dem keine Wirkungen ausgehen. Aber οὐδὲν εἴδωλον
dürfte zusammengehören. Dann nennt Paulus das, was von
der Statue dargestellt wird, ein εἴδωλον. Dies war der Name für
das, was vom Menschen nach dem Tode übrigbleibt, für das
Schattenbild, das im Bereich der Toten existiert. Dann vertritt
Paulus den jüdischen Satz, daß die Götterfiguren des Mythus
ursprünglich Menschen, Könige und Helden der Vorzeit, gewesen seien. Solche Schatten Toter gibt es in der Welt nicht;
sie hat für Gespenster keinen Raum. Bei κόσμος läßt sich hier
zur Not an den Weltenraum denken. Aber auch hier liegt die
sonst gesicherte Fassung von κόσμος ebenso nahe. Innerhalb
der Menschheit, im menschlichen Zusammenleben haben solche Gespenster keinen Platz; existieren sie, so ist die Totenwelt, nicht die Menschenwelt ihr Ort; „denn die Erde ist des
Herrn", I 10, 26.

„Und keiner ist Gott außer einer." Der Mythus schrieb
den Schatten nicht nur Dasein und Macht zu, sondern über

trug den Namen „Gott" auf sie. Aber für die Kirche ist die alte Formel, mit der der jüdische Monotheismus die vielgestaltige Menge der Götter abwies, zum feststehenden Dogma geworden; sie weiß, daß Einzigkeit das Merkmal Gottes ist.

Aber auch an dieser für jeden Juden und Christen völlig gesicherten Erkenntnis hebt Paulus die Begrenztheit unseres Wissens hervor. Er heißt es zuerst möglich, dann aber sogar auch wirklich, daß es viele Götter gebe. Zuerst denkt er daran, daß sie den Namen „Gott" führen, und dafür sind die Cäsaren, die sich göttliche Titel beilegen, ein „auf Erden" vorhandener Beleg. Es gibt aber auch „im Himmel" Herrscher, z. B. die Sonne und die anderen Planeten, die von den Völkern als „Götter" geehrt werden. Der zweite Satz geht aber noch über das, was die Völker sagen, hinaus. Es gibt in der Tat über die Menschheit regierende Mächte in großer Zahl. Die Zusammenstellung θεοί und κύριοι lehnt sich an Deut. 10, 17 an θεὸς τῶν θεῶν καὶ κύριος τῶν κυρίων, הוּא אֱלֹהֵי הָאֱלֹהִים וַאֲדֹנֵי הָאֲדֹנִים. Das Thema, über das Paulus zu sprechen hatte, legte es ihm nahe, nicht nur an astrologische Theorien, sondern auch an den Kaiserkult zu denken. Für den Verkehr mit den Volksgenossen und den Anteil am Staat hatte das dem Kaiser gebrachte Opfer größere Wichtigkeit als die den mythischen Göttern erwiesene Ehrung. Nichts machte die Trennung der Christenheit von der Welt so sichtbar wie die Ablehnung der dem Kaiser erwiesenen Verehrung. Aber auch die Erinnerung an die Macht, die „dem Gott dieser Zeit", II 4, 4, und den mit ihm zusammenwirkenden Geistern verliehen ist, hatte für das Urteil über das griechische Opfer größtes Gewicht.

Von allem, was in der Menschheit gesagt wird und im Jenseits verborgen sein mag, wird der Blick der Gemeinde weggewandt und einzig an das gebunden, was ihr als gewisse Wirklichkeit gezeigt worden ist. Sie ist von allen diesen vielen Göttern und Herren befreit. Für sie gibt es keine Anbetung der Kaiser oder der Gestirne und keine Unterwerfung unter himmlische Mächte irgendwelcher Art. Sie weiß, wer ihr Gott ist, nicht der Kaiser, nicht Gestirne, nicht Engelmächte,

sondern Gott der Vater, und sie weiß, wer ihr Herr ist, Jesus
Christus. Wahrscheinlich ist εἷς θεός zusammenzufügen und
ebenso εἷς κύριος. „Wir haben einen Gott den Vater und einen
Herrn Jesus Christus." Die Aussage steckt dann in ἡμῖν.
Die andere Deutung macht εἷς zum Subjekt und θεός zum
Prädikat: „für uns ist einer Gott, der Vater, und einer Herr,
Jesus Christus."

Der Verbindung der beiden Worte „Gott" und „der Vater"
im Namen Gottes entsprechen die beiden parallel gebauten
Sätze, durch die der göttliche Name erläutert wird. „Gott"
deutet auf das schöpferische Wirken; „der Vater" kennzeichnet das Verhältnis des Schöpfers zu Jesus und zu der mit ihm
verbundenen Gemeinde; vgl. II 11, 31. Daß die Christenheit
beständig beide Worte im Namen, mit dem sie Gott nannte,
verbunden hat, hatte für ihr gesamtes Verhalten durchgreifende Wichtigkeit. Daher sagt der deutende Satz zuerst, was
Gott für alles, und dann, was er für „uns", für die Christenheit, ist. Für alles ist er der Urheber des Daseins, für uns auch
das Ziel, zu dem er uns bringt. Im Rückblick auf das Werden
der Dinge ist die Aussage universal; im Vorblick auf das
Ziel wird sie zur Aussage über das, was der Christenheit gegeben ist. Der der Welt zugewandte Blick, der alles zur Einheit zusammenfaßt, und der nach innen gewandte Blick,
der die Bewegung des eigenen Lebens erfaßt, geben vereint
dem Namen Gottes die Füllung.

Das kann aber nicht das ganze Bekenntnis der Gemeinde
sein. Wie erreicht uns das göttliche Wirken? Durch wen
geschieht es an uns? Gäbe es für diese Frage keine Antwort,
so wiche die Aussage über Gott in das Dunkel zurück. Die
Frage nach dem Mittler des göttlichen Wirkens, der uns das
aus Gott Sein und das zu Gott Sein verleiht, ist die Frage nach
unserem Herrn, und diese Frage ist für die Christenheit dadurch beantwortet, daß Jesus Christus ihr Herr geworden
ist. Mit ἐκ und εἰς, die den Ursprung und das Ziel angeben, wird das, was Gott ist, beschrieben; Gottsein ist
schaffen, und weil das Geschaffene vom Schöpfer sein Dasein empfängt, hat es auch in ihm sein Ziel. Was dagegen Herr-
sein bedeutet, wird mit διά gesagt; der Herr ist der das gött-

liche Wirken Vermittelnde, durch den Gott seinen Willen vollbringt.[1] Was das All in sich hat und was die Christenheit als ihren neuen, besonderen Besitz empfangen hat, beides ist durch den Christus bewirkt. Der zweite Satz „und wir durch ihn" ist nicht nur eine Wiederholung des ersten: „durch den alles ist." Denn die Christenheit hat ein Leben, das sie von allem unterscheidet, was durch die Schöpfung entsteht. Hinter dieser Unterscheidung „das All" und „wir" steht der Gegensatz zwischen der alten und der neuen Schöpfung, zwischen dieser Zeit und der kommenden Zeit, zwischen dem veralteten Menschen und dem neuen Menschen. Für beide Schöpfungen, die alte und die neue, ist der Schöpfer derselbe und darum ist auch der, durch den das göttliche Wirken geschieht, derselbe. „Zu Gott durch Christus": das Ziel und der Weg sind der Gemeinde durch ihr Bekenntnis klar bestimmt. Ihr Ziel liegt nicht in der Ausbreitung der Gemeinde oder in der Vervollkommnung der einzelnen. Die Bewegung, die Gott der Welt gegeben hat, führt sie zu ihm empor, I 15, 28. Der aber, der sie mit Gott einigt, ist Jesus. Das nächste, worauf die Gemeinde hofft, ist darum Jesu königliche Wirksamkeit; sie hofft deshalb auf ihn, weil er der Offenbarer Gottes sein wird.

Zu Gott dem Vater und zu Christus bekennt sich die Gemeinde, zu niemand sonst. Der Apostel steht nicht in ihrem Bekenntnis. Wir sind durch Paulus: das hat Paulus nicht gesagt; durch den, der aller Dinge mächtig ist, sind wir. Die Aussage über den Gott der Christenheit konnte noch durch einen dritten Satz ergänzt werden. Wie der Satz über den Herrn angab, wie Gottes Wirken zu uns komme, so konnte mit einem dritten Satz gesagt werden, wie das Wirken des Christus an uns geschehe. Das ergab das Bekenntnis zur „Gemeinschaft des heiligen Geistes", II 13, 13. Zur Frage, warum Paulus die Aussage über den Gott der Christen nicht trinitarisch faßte, ist zu sagen, daß der Satz die Basis für das Urteil über den heidnischen Gott und das ihm geweihte Opfer herstellt. Gegenüber dem Griechentum war mit diesem Bekenntnis die Abgrenzung vollständig vollzogen. Wenn da-

---

[1] Dieses διά hat seinen exegetischen Grund in בְּ Genes. 1, 26 בְּצַלְמֵנוּ.

gegen gesagt werden mußte, wie sich das christliche Verhältnis zu Gott vom jüdischen unterscheide, bekam das Bekenntnis zum Geiste Gewicht. Denn durch den Anteil am Geiste
schied sich die christliche Frömmigkeit von der, die am Gesetz entstand; vgl. I 12, 3.

Es wird nicht sichtbar, daß das Bekenntnis, das Jesus die
Einheit mit Gott zuschrieb und in ihm das Bild Gottes in
ewiger Wahrheit sah, II 4, 4, umstritten gewesen sei. Paulus
nennt es die Basis, die das Glauben und Handeln aller trage.
Dabei fehlt jedes Zeichen, daß man zu dieser Aussage nur
durch eine künstliche Reflexion mittelst eines Geflechts von
Syllogismen gelange. Dieser Satz spricht nach der Meinung
des Paulus lediglich aus, was der Name ,,Christus'' sagt.
Wie könnte dieser Name Sinn und Inhalt haben, wenn er
nicht seinen Träger als den beschriebe, der die Allmacht Gottes
hat? Er wird sie haben, weil die Herrschaft Gottes durch ihn
offenbart werden wird; er wird sie aber nicht erst einst haben;
er ist und war der Christus, war es in seinem irdischen Leben,
in seinem Tod und in seinem Auferstehen. Durch seine Sendung, die ihn zum Herrn der Gemeinde macht, hat Gott
bezeugt, daß durch ihn alles geworden ist und werden wird.
Hervorgehoben hat dies Paulus an dieser Stelle deshalb, weil
er hier die Freiheit der Christenheit von jeder anderen himmlischen oder irdischen Macht verkündet; enthalten war dies
aber in jeder Bewegung seines Glaubens zu Jesus hin; denn
er hat, indem er ihm glaubte, immer Gott geglaubt.

Die Schonung der noch an die Götter Gebundenen
8, 7–13

Die Frage nach dem Geopferten scheint entschieden zu
sein; denn von den vielen Göttern ist die Gemeinde ganz
geschieden. Ist nicht damit gesagt, daß die ihnen gebrachten
Opfer für sie alle Bedeutung verloren haben? So wäre es aber
nur, wenn in allen die Erkenntnis wäre. Darauf verlassen sich
aber nur die, die meinen, ihre Erkenntnis sei ihr fertiger Besitz,
der nun wie von selbst mechanisch ihr ganzes Urteilen und
Handeln forme. Aber zwischen dem Wissen, das sie haben,

und dem Urteil, mit dem sie ihr Handeln ordnen, besteht oft ein Widerspruch. Freilich bekennt sich jeder in der Gemeinde zu ihrem einen Gott und Vater und zu ihrem einen Herrn; ohne dieses Wissen empfing keiner die Taufe. Die Lehre hat aber nicht in allen die Kraft, ihrem ganzen Denken die Einheit zu geben. Sie messen ihr Handeln nach einem anderen Maßstab als nach dem, den ihnen die Lehre gibt. Nach dieser war das Fleisch eines geopferten Tiers nichts als Fleisch; sie aber essen es „als den Schatten Geopfertes". Der Vorgang, auf den Paulus hier hinzeigt, wiederholt sich beständig in jeder Gemeinschaft, die durch ein starkes Dogma geeinigt ist. Sie verfallen alle oft der Täuschung, ihr gemeinsamer Besitz sei auch das Eigentum aller ihrer Glieder, während diese neben der übernommenen Lehre noch ein eigenes Denken besitzen, nach dem sie handeln. Das ergibt die Unwahrhaftigkeit, mit der jede Gemeinschaft beständig ringen muß. Daher gab es in der Gemeinde, die mit Stolz von sich sagte: „Wir alle haben Erkenntnis", solche, die nicht imstande sind, Gott zu erkennen, I 15, 34, und solche, die die Erkenntnis Gottes verhindern, II 10, 5.

Paulus kannte die ganze Kirche und wußte, mit welchem Eifer die jüdische Christenheit das Verbot des Geopferten vertrat. Er wird auch an sie gedacht haben, als er der Freiheit der Korinther Schranken setzte. Es hat aber tiefe und leicht erkennbare Begründung, daß er nicht von dem, was anderswo geschah, spricht, sondern den Blick des Freien einzig auf seinen Nebenmann richtet, mit dem er zusammenlebt. Weil nicht die Erkenntnis ihn mit ihm verbindet, gibt nicht schon sie dem Handeln die Richtigkeit. Über den Gegensatz in der Erkenntnis stellt nur die Liebe die Gemeinschaft her; einzig sie „baut".

Einige essen das Fleisch als Opfer „infolge der bis jetzt noch vorhandenen Gewöhnung an das Schattenbild". Mit συνηθείᾳ wechselt συνειδήσει „wegen des bis jetzt noch an das Schattenbild gebundenen Gewissens". Der Genetiv gibt an, wessen sich der Betreffende bewußt ist, und dies so, daß dieses Wissen einen Anspruch an sein Verhalten stellt, an den er sich gebunden weiß. Mit συνειδήσει εἰδώλου ist der Ent-

haltung vom Geopferten eine tiefere Begründung gegeben
als mit συνηθείᾳ. Doch kann συνειδήσει an das folgende ἡ συνείδησις αὐτῶν angeglichen sein. Über die Juden und über die
Griechen hatte die von Jugend an eingeübte Gewöhnung, die
συνήθεια, große Macht. Besonders dem Juden wurde tief
eingeprägt, daß er sich in nichts von der Sitte entfernen dürfe
und streng bei dem bleiben müsse, was die Väter des Volkes
angeordnet hatten. Davor, etwas Ungewohntes zu tun, er-
schrak der Jude; das war schon deshalb, weil es neu war,
Sünde. Paulus hat aber absichtlich die Brüder, denen die
Erkenntnis noch fehlte, nicht nach ihrer Herkunft gekennzeichnet.

Was sie früher waren, ob ihnen ihre jüdische Erziehung
den Genuß von Geopfertem unmöglich machte oder ob sie
aus Abscheu gegen ihren früheren heidnischen Kult jede Berührung mit Geopfertem vermeiden wollten, kommt jetzt
nicht in Frage. Paulus verlangt die Bewahrung des Verbots
weder um der Juden noch um der Griechen willen. Parteisüchtige Erwägungen haben hier keinen Raum. Verhütet
muß in allen die Befleckung werden, die ihr Gewissen entstellt.
Der Kampf für oder wider den Genuß von Geopfertem
hat zunächst in der jüdischen Christenheit seinen Ort. Die
Aufhebung des Verbots betrieben diejenigen christlichen Juden, die sich die Befreiung vom Gesetz in ihrem ganzen Umfang aneigneten. Aber dieses Verlangen teilten keineswegs
alle getauften Juden, wie der Beschluß der Apostel in Jerusalem zeigt. Das war so wenig ein allgemein judenchristliches
Ziel als die Beseitigung der Eheverbote und die allgemeine
Ehelosigkeit. Nur für den Juden gab es εἴδωλα und εἰδωλό-
θυτα. Der Grieche nannte seine Götter und das ihnen Geweihte nicht mit diesem verächtlichen Namen. Wenn auch
er so sprach, lernte er es erst in der Christenheit. Der Jude
besaß dagegen in strengem Sinn von früher Kindheit an eine
συνήθεια εἰδώλου und eine συνείδησις εἰδώλου. Er war dazu
erzogen, den fremden Gott einen Toten zu heißen und nichts,
was ihm geweiht war, in seinen Mund zu nehmen, und das
Bewußtsein, der fremde Gott sei ein Toter und das Gebot,
alles, was ihm gehörte, zu meiden, sei heilige Pflicht, war in

17*

ihm lebendig. Trat er in die Gemeinde, so lag ihm der Gedanke
völlig fern, daß er dadurch seine Trennung vom Heidentum
schwäche und in Berührung mit den Toten komme. Das
brauchte mit Pharisäismus und jüdischer Mißachtung der
gesetzesfreien Christen gar nicht vermengt zu sein. An derartiges hat Paulus bei seiner Begründung des Verbots gar
nicht gedacht. Die, die in der Gemeinde das große Wort und
den alle beugenden Einfluß hatten, waren die völlig Freien.
Paulus spricht zum Schutz der Schwachen, die sich vor dem
Urteil der Freien untertänig beugen, weil sie nicht als schwach
erscheinen wollen. Doch sind die Worte nicht so gefaßt, daß
sie einzig für jüdische Christen passen. Der jüdische Sprachgebrauch εἴδωλον, εἰδωλόθυτον kann auch einem getauften
Griechen in den Mund gelegt werden, da diese Redeweise
auch christlich geworden war, und es kann von ihm gesagt
sein, daß seine Gewöhnung an den Götzen immer noch an-
daure. Bekehrte Griechen konnten leicht an ihren früheren
Kultus mit heftigem Widerwillen denken und sich darum
für die strenge Durchführung des Verbots einsetzen, und
falls Paulus συνήθεια die Bedeutung „Vertrautheit", „freund-
schaftliche Gemeinschaft" gab, die das Wort bei einem persönlichen Objekt oft hat, dann hätte er an einstige Griechen
gedacht. Er braucht aber I 11, 16 συνήθεια in der Bedeutung
„Gewohnheit"; es bezeichnet dort das als richtig geltende
und stets geübte Verhalten.

Schwach ist das Gewissen nicht dann, wenn es die Götzen
fürchtet und ihr Opfer vermeidet; so hätte Paulus die ersten
Apostel und die Christenheit Jerusalems schwach genannt.
Das Gewissen ist dann kraftlos, wenn es ein Verhalten, das
es als verwerflich oder mindestens als gefährlich verurteilt,
nicht zu verhüten vermag. Wenn das Gewissen den Willen
des Menschen ordnet und ihn zum Gehorsam bewegt, ist es
stark. Paulus spricht jetzt nicht mehr vom Mangel der Erkenntnis, nicht vom Unvermögen, aus der empfangenen Lehre
die richtigen Folgerungen zu ziehen, sondern vom Urteil, das
sich im Bewußtsein des Menschen bildet und ihm sein Verhalten vorschreibt. Da ihm an der Richtigkeit des Denkens
deshalb liegt, weil er die Richtigkeit des Wollens und Handelns

begehrt, wendet er demjenigen Vorgang die ganze Sorgfalt zu, der dem Menschen die Richtigkeit oder die Verwerflichkeit seines Verhaltens zeigt. Vom Bewußtsein dessen, der tut, was jenes verwirft, sagt Paulus, es werde beschmiert, weil sich die Erinnerung an das, was geschehen ist, wie ein Fleck im Bewußtsein festsetzt und es durch Anklagen, Furcht, Scham, Gram und Heimlichkeit entstellt. Zunächst legte man den Fleck auf die Hände, die mordeten und raubten;[1] die Tat, die Paulus beschreibt, läßt zwar keine sichtbaren Spuren zurück; aber im Bewußtsein des Täters bewirkt sie eine nicht mehr zu tilgende Störung.

Der Gegensatz zum beschmutzten Bewußtsein ist „das reine Bewußtsein" 1 Tim. 3, 9; 2 Tim. 1, 3; vgl. μεμίανται ἡ συνείδησις Tit. 1, 15. Die Bewahrung des Gewissens vor Verunreinigung ist höchstes Anliegen, heilige Pflicht, und da die Glaubenden miteinander zur Gemeinde verbunden sind, ist damit nicht nur gesagt, daß jeder für die Reinheit seines eigenen Gewissens sorgen soll; die Gemeinschaft verlangt von jedem mehr, nämlich die Sorge, daß keiner sein Gewissen beflecke, sondern alle mit reinem Gewissen handeln.

Aber nicht an die Schwachen wendet sich jetzt Paulus, um sie zum starken Denken und starken Wollen anzuleiten. Ihm bereiten jetzt die Freien Sorge, weil sie geneigt sind, aus ihrer Freiheit ein Gesetz zu machen, das von allen befolgt werden soll. Er gibt damit seinem Wort dieselbe Richtung, die es in Kap. 7 hatte, wo er denen, die die Ehelosigkeit priesen, verwehrte, sie in der Kirche zur Regel zu machen. Ebenso will er es hier verhüten, daß es christliche Sitte werde, Geopfertes zu essen. Das darf nicht die Regel werden, weil es sich dabei bloß um das handelt, was gegessen wird. So müssen die Freien urteilen, die die Erkenntnis haben; für sie ist das Opfer „Speise", nichts mehr. Eben deshalb untersteht es ihrer eigenen Verfügung, ihrer ἐξουσία. Darum ist aber auch der Verzicht auf den Genuß von Geopfertem eine Kleinigkeit, und sie können sich nicht gegen ihn sträuben, sowie eine so ernste Gefahr wie die Verwirrung der Gewissen in der Nähe ist.

---

[1] μὴ ἁρπαγῇ μολύνειν τὰς χεῖρας Jos. vi. 244.

Dem, der sich der Erkenntnis rühmt, hatte Paulus den gegenübergestellt, „der Gott liebt". Dessen Ziel ist bei allem, daß das, was er tut, ihn vor Gott stelle, ihm seine Gegenwart und sein Wohlgefallen bringe. Diesen Erfolg hat keine Speise, ob sie gegessen oder nicht gegessen wird. Dasselbe παραστή-σειν τῷ θεῷ erscheint II 4, 14 und 11, 2 wieder und beschreibt dort das, was der auferweckten und verklärten Gemeinde durch den offenbar gewordenen Christus zuteil werden wird. An dieses „vor Gott gestellt werden" dachten die Freien nicht, wenn sie die Freiheit, mit der sie sich unter den Griechen bewegten, als einen großen Gewinn priesen und den bevorzugt nannten, der sie habe, und den benachteiligt hießen, dem sie fehle. Für Paulus haben aber diese kleinen Gewinne keinen Wert. Er maß das Handeln an seinem Verhältnis zu Gottes großer Verheißung. Darum sind die Vorgänge, die im Gewissen geschehen, die, die den Menschen stärken oder schädigen. Der natürliche Akt, der Genuß des Fleisches, hilft ihm nichts, und der Verzicht auf den Genuß gefährdet ihn nicht.

Wer die Regelung seines Handelns nur durch die Erwägung herstellte, was im Bereich seines eigenen Vermögens liege, hätte dem eigensüchtigen Willen die Herrschaft eingeräumt und die Gemeinschaft verleugnet. Je enger diese ist, um so kräftiger werden die, die mit uns zusammen leben, durch unser Verhalten berührt. Dieses kann für sie ein πρόσκομμα, ein Stoß werden, der ihnen einen Sturz bringt. Auch hier bringt Paulus seine Weisung in Verbindung mit der Schrift, Exod. 23, 33 οὗτοι (οἱ θεοὶ αὐτῶν) ἔσονταί σοι πρόσκομμα, פֶּן־יִהְיֶה לְמוֹקֵשׁ בְּקִרְבֶּךָ. Die Gefährdeten sind Schwache; aber auch ihnen gehört unverkürzt das Recht, in der Gemeinde zu leben, deren Zweck gänzlich verkehrt wird, wenn sie ihnen das Sündigen bereitet. „Die Unmündigen im Christus", I 3, 1, die Paulus taufte, erstarkten nicht alle zu reifer Mannhaftigkeit. Deshalb machte er es aber nicht fraglich, daß auch sie im Christus und des Geistes teilhaft seien. Verlangt hat er von ihnen, daß sie nach dem Maß des Glaubens handeln, der ihnen gegeben war. Blieben sie ihrem Gewissen treu, so gehörten sie nicht zu denen, die den Tempel Gottes entstellten,

I 3, 12. Der Widerspruch des Paulus gegen den jüdischen
Perfektionismus kam dadurch in voller Klarheit zur Geltung.
Für die, die mit der gesetzlichen Frömmigkeit verwachsen
blieben, blieb immer Gleichheit das Ziel, zu dem sie die Ge-
meinde führen wollten. Dann machte sich der Starke zu ihrem
Herrn, dem sich jeder angleichen soll. Paulus brachte ihr
dagegen mit der Botschaft von ihrer Befreiung das Ende aller
Gleichmachung.

Praktische Wichtigkeit bekam das Verbot des Geopferten
zunächst im privaten Verkehr, vgl. 10, 25–28. Wenn es aber
grundsätzlich beseitigt war, war auch die Teilnahme an einem
kultischen Mahl in einem Tempel nicht mehr unmöglich. Für
die frei Gewordenen war der Tempel leer und der dort verehrte Gott ein Nichts. Übrig blieb vom Kultus nur noch das
Fest mit dem Wert, den die Gemeinschaft mit der Sippe und
der Stadt ihm gab. Schwerlich ist das, was Paulus sagt, nur
ein gedachter Fall, der beleuchten soll, was als letztes Ergebnis aus der verkündeten Freiheit entstehen werde. Er wird
berichten, was in Korinth geschehen ist. Die, die ungescheut
in den Tempel zum Opfermahl gingen, waren wohl ausschließlich Griechen, und für sie war, wenn sie rationalistisch erzogen waren, der Schritt klein. Sie taten damit dasselbe, was
zahlreiche Griechen taten, für die der Mythus nichts mehr
bedeutete und die Götter versunken waren, die aber doch
die Teilnahme am Kultus nicht aufgaben. Sie konnten sich
die Botschaft, die ihnen die jüdischen Verkündiger der Freiheit brachten, ohne Mühe aneignen und es als einen großen
Gewinn werten, daß ihnen die bitteren Risse erspart wurden,
die die vollständige Absage an den alten Kultus in den Familien und in der Stadt unvermeidlich schuf. Paulus zweifelt
die Festigkeit der Überzeugung, die sie zu diesem Verhalten
berechtigt, nicht an. Für die Schwachen sind sie aber eine
Gefahr. Wenn sie in dieser öffentlichen Weise die unbeschränkte Aufhebung des Verbots bekunden, „wird das Gewissen
dessen, der sie beobachtet, da er schwach ist, dazu erbaut
werden, daß er die Opfer ißt".

An die Gefahr, die durch das Beispiel entsteht, hat Paulus
gerade deshalb mit diesem Ernst erinnert, weil er beständig

das Vorbild benützte, um den Willen der Gemeinde zu erwecken und zu formen. Er konnte ihr nicht ein System von Satzungen geben, an denen sie ihren Willen bildete; christlich handeln lernte sie an denen, die christlich handelten, vor allem an seinem eigenen Beispiel. Aber er war sich bewußt, daß das Beispiel auch unheilvoll wirken kann. Es zeigt nur die vollendete Tat, nicht das, was sie innerlich begründet und richtig macht. Ahmt der Schwache sie nach, so wird er von seinem eigenen Standort weggezogen und verleitet, zu tun, was er nicht kann. Diese ihn überwältigende Macht hat das Beispiel eben deshalb, weil er kraftlos ist. Hätte er einen starken Glauben und eine feste Erkenntnis, so bliebe er seinem eigenen Gewissen gehorsam. Weil er aber seine eigene Unfertigkeit und Unsicherheit fühlt, macht er aus dem Verhalten des anderen die auch für ihn gültige Norm. Dadurch entstand aber wieder dieselbe Unwahrhaftigkeit, die die unter dem Gesetz Lebenden verdarb.

Das vom Bau hergenommene Bild benennt zunächst die für die Gemeinde getane Arbeit, durch die ihr Wachstum und ihre Einigung gefördert werden. Da Paulus sagt: ἡ συνείδησις αὐτοῦ οἰκοδομηθήσεται, überträgt er das Bauen auch auf die Bewegung, die im Innenleben der einzelnen geschieht, vgl. I 14, 4. Vom Gewissen werden die Hemmungen weggenommen und die die Tat verhindernden Bedenken beseitigt. Beim Schwachen wird aber nur die συνείδησις, nicht die γνῶσις, durch das Beispiel verstärkt. Das εἴδωλον bleibt auch jetzt für ihn ein εἴδωλον, und das Geopferte bleibt das Eigentum der Götter. Er ißt nicht Fleisch, sondern Geopfertes, und sündigt.

Es wird völlig deutlich, wie sich Paulus zum Verbot des Geopferten verhalten hat. Solange das εἰδωλόθυτον εἰδωλόθυτον ist, ist sein Genuß Sünde. Hinfällig ist das Verbot nur für den, für den es befestigte Gewißheit ist, daß das Schattenbild keine Wirklichkeit und Wirksamkeit besitzt. Auf diese Weise widerspricht er, wenn er Opfer ißt, der Satzung des Gesetzes nicht, sondern bleibt bei der Regel, daß er nicht über das hinausgehen kann, was geschrieben ist, I 4, 6. Damit ist es ihm aber verwehrt, aus seiner Überzeu-

gung das Gesetz zu machen, das für alle Geltung habe, wozu
er freilich geneigt ist, wenn er der Erkenntnis die Macht zuschreibt, die Kirche zu einigen. Verboten ist ihm dies nicht
nur deshalb, weil seine Überzeugung nicht die der ganzen
Christenheit ist, sondern schon deshalb, weil ihr die Juden
und die Heiden widersprechen, für die die Kirche, soweit sie
kann, nicht zum Anstoß werden darf, I 10, 32.

Jeder Genuß des Opfers, bei dem es als Opfer gewertet wird,
bringt dem, der ihn wagt, die Verurteilung, durch die ihm das
Leben genommen wird. Paulus spricht aus seiner völligen Zustimmung zum Gesetz heraus, die ihn an der tötenden Macht
des Gesetzes nicht zweifeln läßt, II 3, 6. Sie macht ihn zum
radikalen Ethiker, der für das, was verwerflich ist, einzig
die radikale Absage hat. Er spricht hier noch nicht aus, warum der Anteil am Opfer Tod wirkende Schuld sei; denn er
setzt voraus, daß das Verbot des fremden Gottes im Gewissen
jedes Christen lebendig sei. Jeder weiß, daß er mit dem Bekenntnis zum einen Gott und Vater und zum einen Herrn
die Absage an jeden anderen Gott vollzogen hat. Wenn er
sich dem Herrn nicht ganz ergibt, sondern zwischen ihm und
dem fremden Gott schwankt, hat er ihn gegen sich. Dem vorbehaltlosen Anschluß an Jesus entspricht die unbedingte
Absage an den fremden Gott, sei es durch die Erkenntnis,
die seiner Nichtigkeit gewiß ist, sei es durch die Enthaltung,
die nichts von dem, was ihm gehört, zu sich nimmt. Mit dem
Sündigen hat Paulus den Verlust des Lebens als sofort eintretende Gegenwart verbunden, vgl. Röm. 7, 10, wie er
auch von der Rettung, die uns das Leben zuteilt, nicht nur
gesagt hat, sie werde uns zuteil werden, sondern auch, sie
sei uns geschenkt.

Das Schreckliche an dem Vorgang ist, daß der Verlust des
Lebens durch die Erkenntnis des anderen verursacht wird.
Dazu war ihm die Erkenntnis nicht gegeben. Es ist damit
enthüllt, wie tief der Gegensatz werden kann, in den die
Erkenntnis gegen die Liebe geraten kann, Vers 1. Voll-
ends deutlich wird die Größe dieser Verschuldung, wenn der
Freie sein Verhalten mit dem des Christus vergleicht. Paulus
hat die Hingabe des Lebens, die der Christus am Kreuze voll-

zog, ebenso unmittelbar auf jeden einzelnen, auch den Schwachen, wie auf sich selbst bezogen, Gal. 2, 20. Was immer der Anteil des Schwachen an den Wirkungen des Geistes sein mag, er wäre nicht ein für Gott Geheiligter, wenn ihn nicht Jesus durch seinen Tod von der Schuld befreit hätte. Jede selbstische Ausnützung der Erkenntnis und jeder Gebrauch der Freiheit, der den eigenen Vorteil sucht, endet, wenn am sterbenden Christus die Liebe erkannt ist, die er jedem gibt, den sein Ruf zu ihm führt.

Aber nicht nur die Unterdrückten, sondern auch ihre Unterdrücker geraten in Schuld. Denn der an jenen geübte Zwang widersteht dem Christus, der durch sein Sterben ihnen das Leben erwarb, während sie es ihm dadurch nehmen, daß sie ihn zur Nachahmung ihrer Freiheit verführen. Paulus heißt das „das Gewissen prügeln". Wie der Widerstrebende durch Schläge fügsam und untertänig gemacht wird, so brechen sie durch die stolze Ausstellung ihrer Freiheit den Widerstand des Unselbständigen und erzwingen von seinem Gewissen seine Zustimmung.

Wer in der Gemeinschaft des Christus bleiben will, kann nicht so handeln, daß er den anderen zum Sündigen verleitet. Die palästinische Formel σκανδαλίζειν behandelt Paulus als den Korinthern vertraut.[1] Neben dem Unheil, das aus dem Antrieb zum Sündigen entsteht, verschwindet das, was der Freie, der das Verbot des Geopferten beseitigt, für sich gewinnt, ganz. Er verschafft sich ja nur die Möglichkeit, unbedenklich Fleisch zu essen. Dafür, wie in dieser Lage gehandelt werden muß, macht Paulus sich selbst zum Vorbild, und er gibt seinem Verzicht die unbeschränkte Vollständigkeit. Nicht bloß auf geopfertes Fleisch, auf alles Fleisch würde er nicht zeitweilig, sondern vollständig verzichten, falls er durch den Genuß von Fleisch dem anderen einen Antrieb gäbe zu sündigen. Mit οὐ μὴ εἰς τὸν αἰῶνα benützt er eine palästinische Formel, אל–לעולם. Er dachte dabei an jene jüdischen Priester und Lehrer, die, um sich gegen jede Berührung mit

---

[1] Auch Johannes urteilte, die Freigabe der Dirne und des Opfers sei für die Christen ein σκάνδαλον, Apok. 2, 14.

Geopfertem zu schützen, gar kein Fleisch genossen.[1] Sie taten
es, um sich selbst zu schützen; Paulus täte es nach dem Gebot
der Liebe, die die anderen schützt. Daß er an dieser Stelle
nur vom Fleisch, nicht auch vom Wein spricht, zeigt, daß die
Korinther nicht mit der Pünktlichkeit der Pharisäer belastet
waren. Hätten sie an dieser Teil gehabt, so wäre über den
Wein mit demselben Eifer gesprochen worden wie über das
Fleisch; vgl. Röm. 14, 21; 1 Tim. 5, 23.

Die Berechtigung des Paulus zum Empfang von Gaben[2]
9, 1–14

Das letzte Wort über den Genuß von Geopfertem ist noch
nicht gesprochen. Warum es eine Verderben bringende Versündigung ist, Opfer zu essen, darüber wollte Paulus noch
reden. Zunächst verweilt er aber bei der Bereitschaft, um
der anderen willen den eigenen Machtbereich zu beschränken.
Er hat sich selbst zum völligen Verzicht auf Fleisch bereit
erklärt und denkt damit so, wie die Liebe denkt. Dies lag
aber nicht in der Richtung der korinthischen Theologie.
Das kam ans Licht, wenn sich die Korinther über Paulus
und seine Wirksamkeit unterhielten. Dann zeigte sich, daß
ihnen seine Weigerung, Gaben anzunehmen, gänzlich mißfiel.
Ihr Lob galt nicht denen, die zum Verzicht bereit waren,
sondern denen, die ihr Recht ohne Rücksicht auf die anderen
ausnützten. Einen Anlaß, sich darüber zu ereifern, gab ihr
Beschluß, eine Abordnung mit einem Brief an Paulus zu
senden; es lag nahe, ihr auch eine Geldsumme für ihn mitzugeben. Doch dies war unmöglich, da er sie nicht angenommen hätte. Weil er sich dies zur Regel gemacht hatte, mußte
er sich durch die Handarbeit die Lebensmittel erwerben, und
damit erniedrigte er nach dem griechischen Urteil sein Apostelamt. Da aber nur der Grieche, nicht auch der Jude an der
Handarbeit Anstoß nahm, hat Paulus mit den Korinthern
nicht darüber gesprochen, ob die Handarbeit ehrenhaft oder
schimpflich sei. Ihr Anstoß an seinem Verhalten entstand

---

[1] Vgl. Jos. vi. 14.
[2] Die Deutung der Entsagung, die Paulus selber übt, füllt Kap. 9.

aus jener Vorstellung von Gottes königlicher Herrschaft, die es für sie zum Rätsel machte, daß er in Schwachheit und Leiden seinen Dienst ausführen mußte.

Er spricht zuerst ausführlich über sein Recht, von den Gemeinden zu verlangen, daß sie ihn besolden. Das hatte er ja auch bei der Besprechung des Opferverbots zum Hauptpunkt gemacht, daß der Verzicht auf das Opfer nicht nur von denen verlangt sei, die zu seinem Genuß unfähig seien, sondern auch die Pflicht derer sei, die mit Wahrheit von sich sagen konnten: Ich bin vom Götzen völlig frei.

Den Nachweis seines Rechts führte er deshalb mit großer Gründlichkeit, weil ihm die Apostel vorgehalten wurden, die nicht nach seiner Regel, sondern von den Gaben der Gemeinden lebten. Es wurde uns schon durch I 1, 12 gesagt, daß sein Wort und sein Handeln mit dem verglichen wurde, was die nach Korinth Gekommenen von den Aposteln zu sagen wußten, und die Angaben des Paulus über das Verhalten der Apostel zeigen, daß man in Korinth ausführliche Nachrichten über sie besaß.[1] Wollte er dadurch, daß er sich nicht an das Beispiel der Apostel band, diese herabsetzen und alle, die in der Kirche gegen Besoldung arbeiteten, schelten? Von ihrer Gewöhnung an das Gesetz her hatten seine Gegner die Neigung, ihm zu verbieten, anders zu handeln als sie. Weil sie von der Gemeinde Besoldung verlangten, fühlten sie sich dadurch gekränkt, daß er es nicht tat. Sie wollten ihm gleich sein, weshalb er ihnen gleich sein soll, II 11, 12, und zu diesem Anspruch hielten sie sich für berechtigt, weil die Apostel es machten wie sie. Darum schickt Paulus, ehe er erklärt, wie er zu seinem Verzicht auf die Besoldung kam, den ausführlichen Nachweis voraus, daß er auf ein völlig gesichertes Recht verzichte, wenn er jede Gabe ablehne. Er schilt niemand deshalb, weil er Besoldung nimmt, läßt es aber nicht zu, wenn ihm die Unentgeltlichkeit seiner Arbeit verboten werden soll.

Das erste, was er geltend macht, ist: er ist frei, Herr über seinen Willen, im Besitz der Vollmacht, sein Handeln nach dem ihm gegebenen Glauben und der ihm verliehenen Liebe

---

[1] Siehe S. 27.

zu ordnen. Ein Recht der Gemeinde, ihm vorzuschreiben, wie er sich zu verhalten habe, und ihm die Handarbeit zu verbieten, gibt es nicht. Er hat aber, wenn er sich auf seine Freiheit beruft, schwerlich nur Übergriffe der Gemeinden abgewehrt, sondern sich auch sein Verhältnis zum Herrn verdeutlicht. Er ist sein Knecht, ganz sein eigen, ganz an seinen Willen hingegeben; aber eben deshalb ist er auch „ein Freigelassener des Herrn", mit einem ihm eigenen Willen begnadet, damit er mit eigenem Glauben und eigener Liebe handle. Für ihn bekam sein Verzicht nur dadurch Wert, daß er die Tat eines Freien war, Vers 16–18.

An ihm haben die Korinther gesehen, was Freiheit ist. Sie können sein Verhalten nicht damit erklären, daß er noch an alte Gewöhnung gefesselt und zum apostolischen Handeln zu kraftlos sei. Von wem bekamen die Korinther ihre Freiheit? Von ihm.

Seine Freiheit hat er gemeinsam mit allen, die der Herr berufen hat. Darum nennt er nun das, was ihn vor allen auszeichnete. Er ist Bote; denn „er hat Jesus, unseren Herrn, gesehen". Daran ist nicht zu zweifeln, daß er mit dem zweiten Satz den ersten begründet und nicht von einer Begegnung mit Jesus spricht, die der Kreuzigung Jesu vorangegangen wäre. Es hat freilich Gewicht, daß er den, den er sah, mit seinem menschlichen Namen nennt; denn die Botschaft, die er in die Welt zu tragen hat, verkündet, daß der Mensch Jesus der zu unserem Herrn gemachte Sohn Gottes sei. Aber der Anblick Jesu, von dem er hier spricht, ist der, der seine Feindschaft gegen Jesus und seine Gemeinde überwand; vgl. I 15, 8. Nur das sagt er von jener Stunde, die ihn zum Apostel machte, was für ihn völlige Gewißheit besaß, daß er Jesus sah. Wie dies geschah, bleibt das unergründliche Wunder, das er schweigend ehrt.

Für die Korinther ist es unmöglich, gegen sein Apostolat Widerspruch zu erheben. Mögen andere sagen, daß seine Berufung zum Apostolat sie nicht berühre, die Korinther können dies nicht. Denn sie empfingen ihren Anteil am Christus aus seiner Hand. Sie sind das, was seine Sendung bestätigt, wie ein Siegel ein Dokument gegen jede Bezweiflung

schützt. Es gab in Korinth freilich Männer, die es sich ver-
baten, daß er sich gegen sie auf sein Apostolat berufe, II 10, 8.
Paulus sondert sie aber von der Gemeinde ab; für diese genügen seine kurzen Fragen, um die Voraussetzungen sichtbar
zu machen, auf denen sein Verzicht auf alle Gaben steht. Die
Kürze der Fragen zeigt zugleich, daß die Korinther die Geschichte seiner Bekehrung kannten; vgl. I 15, 7–10. Da diese
Sätze in der Tat die widerlegen, die ihn verhören, kann αὕτη
rückwärts weisende Bedeutung haben. Wiese es auf die folgende Erläuterung seines Verhaltens in der Besoldungsfrage
hin, so wäre mit τοῖς ἀνακρίνουσιν ἐμέ gesagt, daß er es ihnen
deshalb erkläre, weil er seinetwegen angegriffen werde. Eine
Apologie ist die folgende Satzreihe offenkundig; doch ist sie
weit mehr als eine Apologie, da er an seinem Verhalten die
Grundregel des christlichen Handelns verdeutlicht. Daß dagegen die Korinther selbst die Bestätigung seines Apostolats
sind, das ist die endgültige Abwehr aller gegen ihn gerichteten
Angriffe. Sie verneinten ja ihren eigenen Christenstand, wenn
sie sein Apostolat anzweifelten. Aber nur für die, die Paulus
zu Jesus geführt hatte, hatte dieser Beweis überzeugende
Kraft, nicht auch für seine Gegner. Diese blieben bei ihrem
Widerspruch gegen seine apostolische Sendung, weshalb Paulus den Beweis, mit dem er sie hier stützt, in II 3, 2. 3 wiederholt. Seine Gegner maßen den Christenstand nach der Größe
der Erkenntnis und gaben deshalb nicht zu, daß durch das
Werk des Paulus sein Apostolat bewiesen sei.

Nun stellt er, um zum Gegenstand zu kommen, über den
er sprechen wollte, fest, daß ihm das, wodurch wir unser
Leben erhalten, nicht verweigert werden kann. Er hat die
Vollmacht, sich zu ernähren und zu heiraten. Freilich müßte
seine Frau „eine Schwester" sein. Wäre sie nicht wie er im
Glauben dem Herrn untertan, so würde sie ihm zur Hemmung
und zur Not. Das Beispiel der anderen Apostel würde ihn
gegen jede Einrede schützen, wenn auch er sich verheiratete.
Wir erfahren, daß man in Korinth die Freiheit der Apostel
im Gebrauch der natürlichen Dinge mit der Entsagung verglich, die Paulus sich auferlegte. Von den Männern, die die
Kirche leiteten, wußte man, sie wirken nicht vereinzelt, son-

dern als verbundene Gemeinschaft. Sie sind „die Apostel".
Neben ihnen stehen als Träger einer Autorität, unter die sich
die ganze Kirche stellte, die Brüder Jesu. Über beiden Gruppen steht Petrus, dem Paulus wieder den syrischen Namen
gibt, mit dem ihm Jesus seinen Beruf beschrieben hat. Sie
alle, denen die Leitung der Kirche zusteht, sind Wandernde.
Sie tragen das Wort Jesu von Ort zu Ort und stärken die Gemeinden hin und her durch ihren Besuch. Daß sie dabei ihre
Frauen mitnehmen, ist gegenüber der Zeit, während der sie
die Begleiter Jesu waren, eine Neuerung. Damals „hatten sie
alles verlassen, um Jesus nachzufolgen". Daraus wurde aber
nicht ein Gesetz, das die Apostel bleibend zur Ehelosigkeit
verpflichtet hätte. Die Handarbeit haben sie dagegen bleibend eingestellt. Sie leben von dem, was die Gemeinden besaßen. Dagegen hat Barnabas, wie Paulus, nicht von dem,
was ihm geschenkt wurde, sondern von seiner eigenen Arbeit
gelebt. Die Gemeinschaft des Paulus mit Barnabas war dadurch wirksam verstärkt, daß sie in der Gehaltsfrage einträchtig handelten. Offenbar waren die Korinther nicht nur
über seine Bekehrung, sondern auch über den Verlauf seiner
Missionsarbeit unterrichtet; sie wußten, daß sie in der ersten
Zeit von Barnabas und Paulus gemeinsam geschah. Somit
besaß die Gemeinde etwas, was unserer Apostelgeschichte
glich, einen Bericht über die Ereignisse, die zum Aufbau der
Kirche geführt hatten. Dasselbe ergibt sich für die galatische
Kirche aus Gal. 1, 18. 19; 2, 1. 12. 13. Der Verzicht auf die
Gaben der Gemeinden war also nicht dadurch begründet, daß
Paulus nicht befugt war, sie von ihr anzunehmen. Die Frei-
heit seines Entschlusses, mit dem er alle Gaben ablehnt, ist
schon dadurch erwiesen, daß einzig er und Barnabas sich
selbst ernährten. Er beruft sich aber nicht nur auf das Bei-
spiel der Apostel, sondern zeigt durch einen ausführlichen
Beweis, wie unbestritten das Recht sei, dem er entsagt hat.
Zuerst spricht er, wie der Mensch spricht; er läßt das natürliche Gefühl für das, was recht und billig sei, reden. Wer eine
Arbeit leistet, hat irgendwie auch an dem teil, was seine
Arbeit schuf. Der Krieger wird besoldet; dem, der einen Wein-
berg angelegt hat, kann nicht verwehrt werden, daß er von

seiner Frucht genieße, und der Hirt hat das Recht, sich mit der Milch der Herde, die er hütet, zu ernähren. Daß das nicht nur dem menschlichen Gefühl für Recht entspricht, sondern vor Gott Recht ist, zeigt die Satzung des Gesetzes, das dem dreschenden Ochsen das Recht zusichert, vom Getreide, das er dreschen muß, zu fressen. Paulus fragt nach der Absicht Gottes bei dieser Satzung und lehnt es ab, daß sie aus der Fürsorge Gottes für die Ochsen zu erklären sei. Der Ochse ist sowohl der Pflügende als der Dreschende. Dadurch daß verordnet ist, er dürfe beim Dreschen keinen Maulkorb bekommen, ist geschrieben, daß der Pflügende auf Hoffnung pflügen und der Dreschende auf Hoffnung dreschen soll, in der Gewißheit, daß er an der Ernte einen Anteil habe. Dies ist aber „unseretwegen geschrieben", derer wegen, die Gott mit dem höchsten Dienst beauftragt und als die Träger seines rettenden Wortes zu den Völkern sendet. Zu einer Allegorie wird dadurch die Satzung nicht. Der Ochse, sein Pflügen, sein Dreschen, sein Maulkorb, sein Fressen, alles behält den eigentlichen Sinn; aber von dem durch die Satzung formulierten Recht hat Paulus gesagt, daß es über den Ochsen übergreife und zu allererst für „uns" gelte, die wir die wichtigste Arbeit tun und die höchsten Erträge schaffen.

Was aber der Entschluß des Paulus bedeutet, bliebe verhüllt, wenn nicht auch die besondere Art seiner Wirksamkeit erwogen würde. Was er für die Gemeinde leistete und was sie für ihn leisten würde, ist nicht vergleichbar. Das eine hat die Art des Geistes und das andere die Art des Fleisches. Geld und Gaben erhalten das Fleisch; das Wort, das Paulus der Gemeinde bringt, stammt, weil es der Ruf des Christus und die heilsame Botschaft Gottes ist, aus dem Geist und bringt ihr den Geist. Die Gemeinde, die nicht nach dem Fleisch, sondern nach dem Geist wandelt, weiß, wie unschätzbar das ist, was sie von Paulus empfangen hat, und wie gering das ist, womit sie ihn zu belohnen vermag. Diese geringen Leistungen gewährt sie anderen willig. Die seither nach Korinth Gekommenen waren in der Annahme von Gaben nicht ängstlich, II 11, 20. Paulus macht ihnen daraus keinen Vorwurf; nur das macht er geltend, daß das, was den anderen gewährt

wird, ihm nicht versagt werden dürfte, ihm, ihrem Vater,
dessen Werk die Gemeinde ist.

Vollmacht hat er, der Gemeinde zu sagen, was er nötig hat;
aber er nützte sie nicht aus. Daß er sich damit Hartes zumutet
und Entbehrungen auf sich nimmt, ist offenkundig, Vers 27.
Er wählt diesen Weg wegen der heilsamen Botschaft des
Christus, damit für sie kein Hindernis entstehe.

Hier hat Paulus nicht gesagt, warum er erwartete, er sei
gerade als Handarbeiter in wirksamer Weise Evangelist, und
eine Schwächung seiner Kraft fürchtete, wenn er von der
Gemeinde Gaben nähme. Er hat aber so oft über diesen seinen
Entschluß gesprochen, daß wir die ihn bewegenden Motive
kennen. Würde er bezahlt, so könnte dies sein Wirken sowohl
bei denen hindern, denen er die Botschaft anbot, als bei denen,
die sie angenommen hatten. Im Verkehr mit denen, denen er
den Ruf des Christus brachte, lag ihm alles daran, daß seine
Selbstlosigkeit unangreifbar sei; nun konnte ihm niemand
mit dem Verdacht begegnen, daß er eigennützige Ziele habe
und deshalb Wanderprediger geworden sei, weil er sich dadurch auf eine ihm genehme Weise ernähre. Das Verschachern
des göttlichen Worts, καπηλεύειν τὸν λόγον τοῦ θεοῦ, II 2, 17,
konnte ihm niemand nachsagen. Auch für die, die in der
Gemeinde die Führung erhielten, sah er darin eine Gefahr,
wenn sie sich durch ihr Amt ihren Unterhalt verschafften. Mit
dem unentgeltlichen Dienst wehrte er im Gehorsam gegen
das Gebot Jesu jede Vermengung der natürlichen Begehrung
mit der Verkündigung der göttlichen Herrschaft ab. Innerhalb
der Gemeinde erreichte er durch seine Handarbeit, daß die
Arbeit von jeder Mißachtung frei blieb, und verhütete, daß
der mächtige Antrieb, den die Verkündigung des Christus
allen gab, sie nicht aus den natürlichen Verhältnissen heraus-
riß. Neben diesem Gewinn hielt er es für das kleinere, leichter
zu überwindende Übel, wenn es solche gab, die seine Handarbeit als ihn erniedrigend mißbilligten und es als eine Kränkung empfanden, daß er ihre Gaben ablehnte.

Ehe er aber ausführlicher erläuterte, wie er zu seinem Verzicht gekommen ist, beruft er sich noch auf die beiden, die
Gottes Recht verkündeten, auf das Gesetz und auf Jesus.

Denn beide machen es unbestreitbar, daß er dem entsagt hat, was ihm gebührt. Das Gesetz macht aus dem, was in den Tempel kommt, die Nahrung für die, die den priesterlichen Dienst vollziehen. Die Gott dargebrachte Gabe kommt nicht ganz auf den Altar, sondern wird zwischen dem Altar und denen, die ihr priesterliches Amt verpflichtet, beständig beim Altar zu verweilen, geteilt. Dem entspricht, daß Jesus bei der Aussendung der ersten Jünger anordnete, daß die Botschaft, deren Verkündigung er ihnen übergab, sie ernähre. Wie Paulus von der Gemeinde sagte, daß sie der wahre Tempel sei, so sagte er von seinem Wirken, durch das er die Gemeinde sammelte, es sei das erneuerte und wahr gemachte Priestertum. Er vollbringt es aber nicht als der erste und einzige Bote Jesu, sondern im Anschluß an die ersten Jünger, die Jesus selbst ausgesendet hatte. Das ihnen übergebene Wort nennt er mit demselben Namen „das Evangelium", mit dem er sein eigenes Wort kennzeichnete, vgl. Gal. 2, 7. Er besaß also über einen wichtigen Vorgang aus der Geschichte Jesu, über die Aussendung der Jünger, einen eingehenden Bericht, der mit unseren Evangelien darin übereinstimmt, daß mit der Aussendung eine Rede Jesu verbunden war, die ihnen für ihr Verhalten während ihrer Wanderung seine Gebote gab, Luk. 10, 7. Auch II 11, 7 δωρεὰν τὸ τοῦ θεοῦ εὐαγγέλιον εὐηγγελισάμην ὑμῖν wächst aus der evangelischen Überlieferung über die Aussendung heraus. Denn δωρεάν des Paulus ist nicht unabhängig von δωρεὰν δότε, Mat. 10, 8. Die Vorschrift, daß die Verkündiger der Botschaft von ihr leben sollen, läßt sich aber nicht vom Gebot Jesu trennen, das den Jüngern die vollständige Armut befahl. Nur deshalb, weil ihnen die Annahme von Lohn und Geschenken untersagt war, bedurften sie einer ausdrücklichen Ermächtigung, „vom Evangelium zu leben". Dem Gebot des Herrn, das die Jünger arm machte, hat Paulus durch den Verzicht auf die Gaben der Gemeinden gehorcht und die Absonderung des göttlichen Worts von der eigensüchtigen, nach Geld verlangenden Begehrlichkeit mit eindrücklicher Deutlichkeit vollzogen. Das aber, wie er nun für seinen Unterhalt sorge, rechnete er zu dem, was seiner Freiheit übergeben sei.

Der Grund seines freiwilligen Verzichts
9, 15–18

Die Satzreihe konnte den Eindruck machen, sie wolle einen
Anspruch an die Leistungen der Gemeinde begründen. Das
lehnt nun Paulus eifrig ab, und da sein Verhalten von dem
der Apostel abweicht und er auf das verzichtet, was nach der
Anordnung Jesu in der Kirche üblich war, spricht er nicht
weiter von dem, was sein Verzicht für den Erfolg seines Wirkens bedeutet, sondern nur von dem, was er ihm selbst ein-
bringt. Für ihn selbst ist seine Handarbeit das καύχημα;
sie macht ihn froh und kühn. Sie war freilich nicht das einzige,
was ihn erfreute und ermutigte; zuerst wurde ihm das Entstehen und Gedeihen seiner Gemeinden zum Grunde seiner
frohen Zuversicht, II 1, 14; Phil. 2, 16. Diese sind aber das
Werk des Herrn, das ihm deshalb Ruhm verschafft, weil er
ihm treu gehorcht, I 4, 2. Davon unterschied er die Stärkung,
die ihm seine Entsagung bereitete, weil sie sein eigener, immer
neu festgehaltener Entschluß war, durch den er offenbar
machte, wie er sich selbst zu seinem Dienst verhielt. Es kennzeichnet ihn, daß er in keiner der inwendigen Funktionen,
etwa in der Stärke seines Denkens, der Tiefe seiner Medita-
tion oder der Spannkraft seines Gebets, den Anlaß zu seinem
Ruhme fand, sondern diesen durch seine Handarbeit gewann.
Er war völlig vom Bewußtsein bestimmt, daß der Herr seine
Werke richte, II 5, 10.

Auf diesen Ruhm wird er unter keinen Umständen verzichten. Eher läßt er das Leben fahren als seine Ablehnung
jeder Unterstützung durch die Gemeinden. Die Erwägung,
was ihm wertvoller sei, das Leben oder die Durchführung
seines Verzichts, lag deshalb nahe, weil er mit dem Verzicht
über die Weise entschied, wie er sich die Lebensmittel verschaffe. Es war immer wieder fraglich, ob er sich durch seine
Arbeit das Leben erhalten könne. Aber auch wenn er sterben
müßte, seinen Entschluß widerruft er nicht. Durch das starke
Empfinden, mit dem er spricht, verlor der Satz den ursprünglich beabsichtigten Bau: ,,Löblicher wäre es für mich zu sterben, als daß mir jemand meinen Ruhm entleere‘‘. Nun setzte

18*

er hinter das „als" eine Pause und machte aus dem hypo-
thetisch gedachten Satz eine positive Aussage: „Keiner wird
mir meinen Ruhm entleeren".

Diese Unentbehrlichkeit hat sein Verzicht für ihn wegen
der besonderen Weise, wie er Apostel geworden ist. Sie macht,
daß er sich nicht an das Beispiel der Apostel hält und sein
Recht nicht benützen kann. Wer ihm sagt: Mache es wie alle
anderen, bedenkt nicht, daß er nicht wie die anderen mit dem
apostolischen Dienst begnadet worden ist. Er wurde nicht
durch seinen eigenen Entschluß zum Apostel. „Zwang ist
mir auferlegt"; es lag nicht in seinem Vermögen, sich der
Verkündigung der Botschaft zu entziehen; er mußte Apostel
sein. Er begehrt aber nach einer Leistung, die er mit freiem
Entschluß vollbringt. Wäre ihm dies unmöglich gemacht,
so wäre er auch dann der, der den apostolischen Dienst mit
dem Einsatz seiner ganzen Kraft verrichtete. Denn er ist,
wie er auch I 4, 1 sagte, zum Verwalter gemacht, dessen Pflicht
ist, treu zu sein, und der seine Treue dadurch beweist, daß er
alle Gebote seines Herrn pünktlich erfüllt. So wunderbar groß
dieser Beruf ist, er genügt Paulus noch nicht. Denn es fehlt
ihm noch die Freiwilligkeit, die erst dem Handeln Wert verleiht. Er will nicht nur ἄκων arbeiten; ἄκων heißt nicht widerwillig: denn er setzt bei der Evangelisation seine ganze Kraft
ein. ἄκων heißt ohne eigene Wahl, ohne die Möglichkeit, seinen
eigenen Willen sichtbar zu machen. Ist sein Wirken nur Erfüllung der ihm erteilten Pflicht, so bringt es ihm keinen
Lohn. Nur die freiwillige Leistung wird gelohnt, und er begehrt Lohn und rühmt sich, daß er so handelt, daß ihn der
Herr belohnen wird. Was er freiwillig tun kann, ist, daß er
die Botschaft „unentgeltlich macht", da er mit Verzicht auf
sein klares Recht von denen, denen er sie gibt, keine Gegen-
leistung verlangt.

Auch diese Worte, durch die er den Korinthern sein Innerstes aufschließt, setzen den Unterricht über die Opferfrage
fort. Offenkundig versucht Paulus hier, den Mißmut zu beseitigen, den sein Handwerk den Korinthern bereitete. Zugleich verdeutlicht er aber den Freien das, was er von ihnen
verlangt hat. Sie würden nicht begreifen, was er ihnen zu-

gemutet hat, wenn sie ihren Verzicht nur widerwillig leisteten
und in der Rücksicht auf die Schwachen nur die peinliche
Beschränkung ihrer Freiheit sähen. Freiwilligkeit ist von
ihnen verlangt, und diese legt in den Verzicht einen unvergleichlichen Wert hinein. Darum sagte er ihnen, daß er deshalb seine Handarbeit nicht als Last trug, sondern ihr einen
Wert zumaß, der alles, was sein apostolisches Wirken ihm
sonst zutrug, überragte, weil sie seine freiwillige Leistung
war.

Dieses Selbstbekenntnis des Paulus überrascht, weil es
seiner Heilslehre und der in ihr begründeten Formung des
Willens zu widersprechen scheint. Hier begehrt er ein überpflichtiges Handeln, ein Verdienst, das ihm Lohn einträgt und
dessen er sich rühmen kann. Aber es ist ja die heilsame und
notwendige Wirkung des Evangeliums, daß es jedes Rühmen
ausschließt, weil es uns den Ruhm im Herrn, aber auch einzig
diesen, verschafft, Röm. 3, 27; 1 Kor. 1, 29. 31. Denn das
Verhältnis, in das uns Christus zu Gott bringt, wird von
seiner Gnade geschaffen und gibt uns kein Recht, das uns
einen Anspruch auf Lohn zusicherte. Konnte Paulus wirklich
noch etwas Höheres begehren als das, was er mit 4, 1 von sich
ausgesagt hat? Wollte er nicht doch mit diesem Verhalten
der Allgemeingültigkeit des Satzes entrinnen: „Was hast du,
das du nicht empfangen hast?" Er hat aber gerade in diesen
Worten an der entscheidenden Stelle für sein Verhältnis zu
Christus, für seinen Glauben, für sein Apostolat, für sein Vermögen, die Botschaft Jesu zu sagen, jeden Synergismus, jeden
Ruhm des Verdiensts und jeden Anspruch an Lohn völlig
abgewiesen. Christ und Apostel ist er, weil er es sein muß.
Hier hat sein eigener Entschluß und die von diesem hergestellte
Leistung keinen Raum; hier ist er völlig der Empfangende,
Kreatur Gottes, die das ist, wozu er sie macht. Warum er
aber hier nicht dabei stehen bleibt, sondern dazu übergeht,
sich zu rühmen, zeigt der zweite Brief. Wer den ersten vom
zweiten trennt, muß diese Stelle unverständlich finden und
unpaulinisch heißen. Paulus sprach aber nicht erst in II 10–13,
sondern schon hier zu denen, die die verehrten, die sich
rühmten. Ihnen zeigt er, wessen man sich rühmen kann,

wenn gerühmt sein muß, nicht der Gnadengaben Gottes,
nicht der ihnen gewährten Erkenntnis oder Zungen. Echten
Ruhm kann nur die frei gewählte Tat der Entsagung begründen. Ruhm und Lohn gewinnt nur die Liebe, die sich
frei hingebende. Dieses Selbstbekenntnis hat in der paulinischen Glaubenspredigt denselben Ort wie I 13. Diesen Ruhm,
den die Liebe sich erwirbt, hat aber einzig Paulus, während
er den Korinthern fehlt. Sie suchten ihren Ruhm nicht im
Vermögen, für die anderen zu leiden und um ihretwillen zu
entsagen, sondern gewannen aus ihrer Erkenntnis den Stolz,
der sie hoch über alle erhob, II 10, 12.

Durch die Regel, die den Korinthern anstößig war, ordnete
Paulus den natürlichen Bereich seines Lebens, von dem sie
in Korinth eifrig versicherten, er sei der Bereich ihrer unbeschränkten Freiheit. Paulus sagt auch, ihm sei zur Ordnung
dieser Verhältnisse Vollmacht gegeben. Nun zeigt er ihnen
aber, wie man in diesem Gebiet die Freiheit richtig braucht,
nicht, wenn sie dazu dienen muß, unseren Besitz und Genuß
zu vermehren, sondern dann, wenn um der anderen willen
auf das eigene Recht mit freiem Entschluß verzichtet wird.
Bei Paulus war aber seine freie Leistung unvergleichlich größer
als bei denen, die mit der Überzeugung von der Nichtigkeit
der Götter die Enthaltung vom Opferfleisch verbanden. Davon konnte Paulus sagen: Ihr gewinnt nichts, wenn ihr eßt,
und verliert nichts, wenn ihr nicht eßt, 8, 8. Die Ablehnung
des Gehalts griff dagegen tief in den Gang der Evangelisation
ein, wie er mit Vers 12 andeutete und mit Vers 19–22 eingehend belegt, und sie legte ihm eine Entbehrung auf, die
seine Tragkraft fortwährend empfindlich anspannte, Vers 27.
Weil er mit der Preisgabe dieses Rechts kein kleines Opfer
brachte, empfing er von ihm auch die Freude, die aus der
Gewißheit entsteht, daß kein Opfer umsonst gebracht wird
und jede Entsagung, die um des Herrn und seines Wortes
willen geschieht, die göttliche Gegengabe empfängt. Er eignet
sich damit die Verheißung des Lohns genau so an, wie Jesus
sie seinen Jüngern gegeben hat, Mat. 6, 1. Nicht von den
Menschen begehrte er Lohn, und weil er ihn nicht bei den
Menschen suchte, erwartete er ihn von Gott.

Die Untertänigkeit unter alle
9, 19–22

Der von Paulus verteidigte Entschluß steht nicht vereinzelt neben seinem gesamten Handeln, sondern wächst aus
der Grundregel seines Apostolats heraus. Was er meinte, als
er sagte, er wolle der Botschaft kein Hindernis bereiten, drückt
er jetzt positiv aus; gewinnen will er die Menschen, und er
würde sie nicht gewinnen, wenn er, der Freie, der keinem
etwas schuldig und von niemand abhängig ist, mit den anderen auf Grund seiner Freiheit verkehrte und von seinem Recht
nicht weichen wollte. Damit macht er sein Beispiel für die
Korinther noch fruchtbarer. Denn auch für diese ist der von
ihnen verlangte Verzicht nicht ein entbehrlicher Zusatz zu
ihrem Christenstand, sondern untrennbar mit ihrer Berufung
verbunden, da sie ja, wenn sie nichts als ihre Freiheit kennten,
die Ursache würden, daß der Bruder sein Leben verliert.

„Die Menschen gewinnen" — schwerlich ist dieser Sprachgebrauch zweimal unabhängig voneinander entstanden, zuerst im Verkehr Jesu mit seinen Jüngern, Mat. 18, 15; 16,
26, und dann wieder bei Paulus; dieser wird so sprechen, wie
die ersten Jünger sprachen, denen Jesus ihre Sendung dadurch
gab, daß er sie zu „Fischern von Menschen" machte.

Wie macht er es, daß er die Menschen gewinnt? Den Korinthern blieb sein Erfolg ein Geheimnis; Paulus deutet es
ihnen. Er gewinnt die Menschen nicht dadurch, daß er sich
von ihnen sondert, wie er es in Kraft seiner Freiheit könnte,
sondern dadurch, daß er sich unter sie stellt, ihnen gehört
und ihnen dient. Von ihrer Not bekommt er die Weisung,
was er tun soll, und ihr Heil ist das, was er begehrt. Damit
sie auf ihn hören, hört er auf sie, und weil sie tun sollen, was
er von ihnen verlangt, tut er, was sie von ihm erbitten. Mit
demselben Wort, mit dem er hier den Korinthern seinen Erfolg erklärt, beschreibt er auch II 4, 5 sein Wirken. Neben
πᾶσιν ἐμαυτὸν ἐδούλωσα steht κηρύσσομεν ἑαυτοὺς δούλους ὑμῶν.

τοὺς πλείονας, „die Mehrheit", ist schwerlich so gedacht, daß
er die Mehrheit derer, denen er die Botschaft sagt, gewinne;
nur der kleinere Teil derer, mit denen er verkehrt, wende sich

ungläubig ab und empfange das Wort umsonst. Die Gemeinden, die er sammelte, waren nie die Mehrheit ihrer Städte,
sondern immer, auch dann, wenn sie „ein großes Volk" wurden, neben der gesamten Bevölkerung eine kleine Minderheit. Paulus wird das miteinander vergleichen, was geschähe,
wenn er in seiner Freiheit vor die anderen träte, und was jetzt
geschieht, da er sich zu ihrem Knecht macht und nicht aus
seiner, sondern aus ihren Überzeugungen die Regel für sein
Handeln schöpft. Einige würde er immer gewinnen, weil das
Wort immer mit dem Geist und der Kraft verbunden ist;
wenn er seinen Hörern aber den Zugang zum Wort dadurch
erschwerte, daß er ihnen die Entfernung zeigte, die ihn von
ihnen trennt, so wäre die Zahl derer, die er zu gewinnen ver-
möchte, kleiner, als sie es jetzt ist, da er sich allen untertänig macht.

Die Größe dieses Verzichts wird dadurch erkennbar, daß
er ihn im Verkehr mit allen übt. Denn Bevorrechtete oder
Benachteiligte gibt es unter denen, zu denen ihn seine Sendung führt, nicht. Da er auf keinen verzichten kann, bekommt
die Entsagung, mit der er sich jedem nähert, großen Umfang
und mannigfache Gestalt.

Es entsprach der Lage, daß Paulus dann, wenn er von der
Untertänigkeit sprach, in die er sich mit freiem Entschluß
hineinstellte, zuerst an die Juden dachte. Sie begründeten ihre
Ansprüche an ihn mit dem Namen Gottes und vertraten
gegen ihn das göttliche Gesetz. Ihren Forderungen hat Paulus
immer gehorcht und mit ihnen als Jude verkehrt, nicht weil
auch er noch Jude war, sondern weil sie es waren und er um
ihr Vertrauen warb. Darum pries auch er den unschätzbaren
Wert der Beschneidung, hieß die Kinder Abrahams die Erben
der Verheißung, verehrte Jesus als den Sohn und Erben Davids und zeigte ihnen im Gesetz der Schrift den Willen Gottes,
der jeden verpflichtet und jeden richtet. Er ist freilich nicht
mehr bloß ein Jude; er besitzt noch ein neues göttliches Wort,
das erst er den Juden bringt, und steht unter einem anderen
Herrn, nicht mehr unter dem Gesetz, und zu ihm will er den
Juden führen. Das tut er aber dadurch, daß er den ganzen
Besitz des Juden bewahrt und mit furchtloser Wahrhaftigkeit

zur Geltung bringt. Täte er es nicht, wäre er der Bekämpfer
des Judentums, so schüfe er zwischen sich und den Juden eine
Trennung, die ihnen den Zugang zu Jesus verschlösse.

Er ist aber nicht nur zu den Juden gesandt, sondern stellt
auch mit den Griechen die Gemeinschaft ebenso vollständig
her wie mit den Juden. Freilich: „Ich wurde den Griechen
ein Grieche" hat er nicht gesagt. Denn zum Griechentum
gehörten Dinge, die Paulus von sich fernhielt, weil sie vor
Gott verwerflich sind. Die profane Weltlichkeit und den Polytheismus des Griechen machte er nicht mit. Mit dem Juden
verhielt es sich deshalb anders, weil das, was an ihm verwerflich war, auch nicht jüdisch war, sondern von seinem eigenen
Gesetz gerichtet wurde. Er bedurfte die Rettung wegen der
Zwiespältigkeit, die ihn verdarb. Um zu zeigen, wie er sich auch
zum Griechen zu gesellen vermochte und auch im Verkehr
mit ihm jede Trennung beseitigen konnte, formt er noch den
zweiten Satz, der auf das hinzeigt, was die Griechen von den
Juden trennt. Ohne Gesetz sein, unter dem Gesetz sein, das
ist der sie trennende Gegensatz. Ein drittes Verhältnis zum
Gesetz gab es weder für den Juden noch für den Griechen.
Entweder wird der Mensch vom Gesetz erreicht, dann ist
er ihm unterworfen, oder er wird von ihm nicht erfaßt, sei es,
daß es ihm nicht verkündigt ist, sei es, daß er sich ihm widersetzt, dann anerkennt er kein ihn verpflichtendes göttliches
Gesetz. Es gibt aber über diesem Gegensatz, der die Juden
und die Griechen trennt, noch ein drittes, höheres Verhältnis
zum Gesetz: „im Gesetz sein"; dann ist es die den Menschen
bewegende und seinen Willen formende Macht. Weil Paulus
mit dem göttlichen Gesetz eins geworden ist, hat er das Vermögen, sich mit beiden zu verbünden, mit denen, die unter
dem Gesetz sind, und mit denen, die ohne Gesetz sind. Im
Gesetz leben ist nicht Feindschaft gegen das Gesetz und macht
ihn mit denen eins, die dem Gesetz dienen, und im Gesetz
leben ist nicht Knechtung durch das Gesetz, sondern Erweckung seines freien Wollens und Handelns durch das Gesetz
und macht ihn mit denen eins, die vom Gesetz nichts wissen.
Im Gesetz lebt er als ἔννομος Χριστοῦ, und als solcher ist er
nicht ἄνομος θεοῦ. Das heißt schwerlich: nicht ein Gott ge-

hörender ἄνομος, vielmehr ein dem Christus gehörender ἔννομος. Jenes wäre eine Paradoxie, die Undenkbares ausspräche,
damit es als widersinnig sofort zerfalle. Gott eigen wird man
nicht durch Widerspruch gegen sein Gesetz, und dieser Widersinn trifft Paulus nicht, weil er durch Christus im Gesetz
Gottes lebt. Wahrscheinlich hat aber Paulus beide Genetive
auf νόμος bezogen. Los vom Gesetz Gottes ist er nicht; was
ihn bindet und verpflichtet, ist Gottes Gesetz, und dieses
ist die ihn gestaltende Kraft, weil es das Gesetz des Christus
ist. Weil er im Christus lebt, lebt er im Gesetz, vgl. Gal. 6, 2;
Röm. 8, 2.

Daher kann er auch mit den Griechen verkehren, ohne daß
vom Gesetz die Rede ist. Vom Christus sprach er mit ihnen,
nicht vom Gesetz. Sie lehnen den Eintritt in die Synagoge ab;
er mutet ihnen diesen nicht zu. Sie wollen sich nicht an Satzungen binden lassen; er legt ihnen keine auf. Sie ordnen
ihren Umgang mit der Natur und miteinander durch das
gesunde Denken, die σωφροσύνη; er handelt wie sie. Was er
ihnen nehmen will, ist nur das, was ihr Denken und Wollen
verdirbt.

Da er nach dieser Regel handelte, war es unvermeidlich,
daß ihn beide Parteien schalten. Die Juden hießen ihn einen
Zerstörer des Judentums; die Griechen hießen ihn jüdisch.
Verständlich wurde er nur für die, die begriffen, was ihn über
beide erhob und darum mit beiden einigte.

Ein anderes, weites Gebiet, auf dem Paulus seine Freiheit
nicht hervorstellte, war sein Verkehr mit den Schwachen.
Wieder spricht er im Bewußtsein seiner Kraft. Soll er, der
Starke, sich auch derer annehmen, die durch die Beschränktheit ihres Denkens, Wollens und Vermögens zu keiner großen
Leistung fähig sind? Daß er auf sie verzichtet, leidet der
Universalismus seiner Sendung nicht. Er muß die Gemeinde
zur Heimat auch für die Schwachen machen. Nun muß er
sich aber auch in der Gestaltung seines Worts und in der ihr
Verhalten ordnenden Führung selbst wie ein Schwacher benehmen. Damit aber, daß er nicht nur starke Menschen warb,
sondern auch den Schwachen die Botschaft und die Taufe
gab, legte er auf die Gemeinde bleibend die Pflicht, ihre Ge-

meinschaft auch für sie fruchtbar zu machen. Damit war auf
jene Aufgabe hingezeigt, deren Größe er bei der Besprechung
der Opferfrage ans Licht gestellt hat.

Gewinnt er den Menschen, so ist er gerettet. Damit hat er
ausgesprochen, was ihn zu allen zieht und für jeden offen
macht und ihn verpflichtet, sich allen anzugleichen, jeden
zu verstehen und jeden Anspruch zu erfüllen. Er kann aber
nicht fortfahren: „um alle zu retten". Da er von der Rettung
spricht, hat er an die Scheidung der Menschen in Sterbende
und Gerettete erinnert, und diese Scheidung wird immer offenbar. Sein Ziel kann nur sein, πάντως, ganz gewiß, unter allen
Umständen, einige zu retten. Mit τοῖς πᾶσιν und πάντα begründet er, daß er jedenfalls und in allen Lagen, πάντως, einigen zum Retter werden wird.

Das Ringen um die Rettung
9, 23–27

Zum Retter wird Paulus für die Menschen durch die Botschaft Jesu; sein Ziel ist, daß sie Teilhaber der Botschaft
werden, was dann geschieht, wenn sie erhalten, was die Botschaft sagt. Sie verkündet den Christus als den Bringer der
göttlichen Gnade. Der, dem er sich in dieser seiner Sendung
offenbart, ist gerettet. Das Ziel, auf das Paulus bei seiner
Bemühung um die anderen sieht, ist aber auch ihm selbst gegeben. Er ist nicht aus der Reihe derer herausgenommen, die bei
Jesus die Rettung zu suchen haben und sie dann empfangen,
wenn er in seiner königlichen Macht gegenwärtig ist, und er
denkt nicht nur im Verkehr mit den anderen, sondern auch
für sich selbst an die Gefahr, vor der ihn nur Jesus schützen kann und schützen wird. Dann wird er zum „Mitteil-
haber an der Botschaft", der mit denen an ihr teil hat, denen
er sie gab. Indem er sich allen gleich macht, wird er für sie
alle zu dem, der sie begabt. Über alle ist er emporgestellt
und zu allen beugt er sich aus seiner Höhe herab und gibt
ihnen an seinem Reichtum teil. Aber stolze Sicherheit, die
die eigene Überlegenheit genießt, kann sich mit dem Verzicht
auf die Freiheit ebensowenig verbinden als mit ihrem Ge-

brauch. Denn daß das Wirken nicht eigensüchtigen Zielen
diene, sondern der Regel der Liebe gehorche, ist ihm nicht
nur der anderen wegen geboten, sondern ist für ihn selbst
die Bedingung seines Heils. Auch damit macht sich Paulus
für die Korinther zum Vorbild. Auch sie müssen bedenken,
daß sie durch ihr Verhalten gegen die Brüder ihr eigenes
Heil verscherzen oder gewinnen.

Die Botschaft Jesu macht seine zukünftige Gabe zum Ziel
der Gemeinde, unter das sie ihr ganzes Handeln stellt. Das
macht das, was auf dem Sportplatz geschieht, zu ihrem Bild.
Reichte die Freiheit der Korinther so weit, daß auch sie noch
am sportlichen Wettkampf teilnahmen? „Jene", sagt Paulus,
handeln so, und „jenen" stellt er „uns" gegenüber, und es
scheint, er grenze beide Scharen vollständig gegeneinander
ab. Wer am einen Lauf teilhat, läuft nicht mehr mit den anderen mit. Aber das Wissen um das, was auf dem Sportplatz
geschieht, hat jeder Korinther, und damit ist jedem die Regel
gegeben, an die er sich halten muß. Dem, der sich unter die
Schar der Laufenden gestellt hat, ist nicht schon damit, daß
er läuft, der Kampfpreis verbürgt. Aus den vielen, die laufen,
geht der Eine hervor, der den Preis empfängt. Ihr Anschluß
an Jesus durch den Eintritt in die Gemeinde ist der Anfang,
noch nicht das Ende; er gleicht dem Beginn des Laufs,
der erfolglos bleibt, wenn er nicht zum Ziele kommt. Nicht
das genügt schon, daß sie jetzt Christen geworden sind; wie
sie es sind, das entscheidet über den Wert ihres Christenstands.

Noch einen anderen Zug aus dem Verhalten derer, die zum
Sport entschlossen sind, macht Paulus zum Bild der Gemeinde.
Jene wissen, daß ihr Erfolg im Lauf oder Faustkampf von
der Weise abhängt, wie sie ihren Leib behandeln. Ihre Rü-
stung besteht darum in streng durchgeführter Enthaltsamkeit. Wenn der Gemeinde die Zukunft verblaßt und sie ihr
Ziel darin findet, sich in den gegenwärtigen Verhältnissen
einzurichten, dann bekommt das, was uns die Natur durch
den Leib darreicht, die große Wichtigkeit. Dann gilt die Entsagung für unvernünftig und die unbegrenzte Ausnützung
der Freiheit für Gewinn.

In der Entsagung gleicht der Christ dem Sportsmann, aber nicht in dem, was beide gewinnen. Der Kranz, der auf dem Sportplatz den Sieger ehrt, ist vergänglich. Denn der, der ihn empfängt, ist vergänglich; sein Leib verwelkt, und die Ehre, die er sich durch seine Kraft erwarb, vergeht. Das dagegen, was der ringenden Gemeinde als Kampfpreis zuteil wird, ist unzerstörbar; es liegt jenseits des Todes. Ihr Kranz ist der Freispruch durch den ewigen Herrn, das von Gott geschenkte Lob, I 4, 5.

Der ganze Gedankengang, die Vergleichung des Christenstands mit dem Lauf, die Richtung des Handelns auf den einst zu empfangenden Kampfpreis, die Warnung vor der Pflege des Leibs, hat eine genaue, nur noch verstärkte Parallele in Phil. 3, 12–21. Das verbietet, die Bewegung in Korinth nur als einen lokalen Vorgang aufzufassen; sie läßt sich nicht von dem absondern, was später in Rom und in Makedonien, überhaupt in der gesamten Kirche geschah.

Paulus macht sich selbst zum Vorbild für die Beschränkung der leiblichen Bedürfnisse, die er dem nach dem Kampfpreis Begehrenden zur Pflicht machte. Damit ergänzt er den Gedanken, mit dem er diese Satzreihe begann. Er hat seinen Entschluß, von seiner eigenen Arbeit zu leben, der Gemeinde nicht zum Gesetz, aber zu einem Vorbild gemacht, das ihr zeigt, wie sie in allen Verhältnissen christlich handelt. Sein Entschluß trug ihm aber mancherlei Entbehrungen ein. Er konnte sich seiner nicht rühmen und ihn der Gemeinde nicht als Vorbild vorhalten, wenn er nicht in der Beschränkung der leiblichen Bedürfnisse einen Wert sah, der ihm zur Erreichung seines Ziels verhalf. Die Vorbildlichkeit seines unentgeltlichen Wirkens wird dadurch verstärkt, daß es eine schlaffe Haltung, die begehrlich nach den leiblichen Gütern greift, völlig ausschloß.

Er läuft nach dem Siegespreis ὡς οὐκ ἀδήλως. Das parallele ὡς οὐκ ἀέρα δέρων zeigt, daß Paulus τρέχων zu ὡς οὐκ ἀδήλως hinzugedacht hat. ἀδήλως heißt „ohne daß man es merkt, in versteckter, für andere nicht erkennbarer Weise".[1] Er läuft nicht so, daß es undeutlich und zweifelhaft bleibt, daß

---

[1] Βρεττανικὸν ἀδήλως τοῖς πολλοῖς ἀναιρεῖ διὰ φαρμάκων, Jos. a 20, 153.

er nach dem Siegespreis strebt und daß er ihn gewinnen wird.
„Die Luft prügelt" ein Faustkämpfer, wenn sein Gegner seinem Schlag auszuweichen versteht. Den Ansprüchen seines Leibs, die dieser immer wieder anmeldet, versagt Paulus jedes Gehör. Wie entschlossen und
tatkräftig er dabei verfährt, deutet er mit der Formel an:
„Ich schlage meinen Leib ins Gesicht". Er gibt ihm das, wodurch man ein freches Begehren zum Schweigen bringt. Zum
Sklaven macht er seinen Leib und zwingt ihn, ihm zu gehorchen. Gäbe er seinem Leibe, was er fordert, ließe er ihn herrschen, statt daß er gehorchen muß, so würde Paulus unecht,
unwahr, unbrauchbar, er, der als der Verkündiger der Botschaft Jesu andere aufforderte, in die Rennbahn zu treten
und um den Sieg zu ringen.[1] Weil Paulus eine solche Zwiespältigkeit zwischen seiner Botschaft und seinem Verhalten
nicht erträgt, da sie ihm ja die Verurteilung brächte, muß sich
sein Leib jedem Anspruch fügen, den er seines Dienstes wegen
an ihn stellt, und sich mit dem begnügen, was er ihm durch
seine Handarbeit verschaffen kann.

Die Vergleichung der Gemeinde
mit dem durch die Wüste wandernden Israel
10, 1–13

Neben das aus dem völkischen Leben genommene Bild,
das das Stadion bot, stellt Paulus die von der Schrift erzählte
Geschichte und verdeutlicht der Gemeinde durch sie die
Lage, in die Gott sie durch Christus hineingestellt hat. Er
handelt damit nach der 4, 6 formulierten Regel: „Nicht über
das hinaus, was geschrieben ist!" Die Geschichte Israels,
durch die es zum Volk Gottes wurde, seine Begnadigung und
seine Versündigung, zeigen der Gemeinde, was Gott in Gnade
und Gericht auch an ihr tun wird. Auch Israel ist durch Christus zum heiligen Volke geworden, weshalb die Gemeinde an
ihm zu lernen hat, was es bedeutet, daß sie „des Christus ist".

---

[1] Dieselbe Sorge war dem Rabbinat nicht fremd: „Damit nicht seine
Jünger die kommende Welt erben und er selbst in den Hades hinuntergehe", Tos. Joma 5, 10.

Was Israel gegeben wurde, beschreibt Paulus mit Worten, die sogleich an das erinnern, was die Gemeinde als die ihr gegebenen Gnadenmittel schätzt. Neben dem, was die Briefe des Paulus sonst geben, ist auffallend, daß hier die beiden Sakramente als das erscheinen, was den Gnadenstand der Gemeinde begründet. Von den Sakramenten muß hier gesprochen werden, weil die Taufe und das Mahl Jesu nebeneinander gestellt und von allem, was sonst in der Gemeinde geschieht, unterschieden sind als diejenigen Handlungen, durch die die Gemeinde ihre Heiligkeit erhält. Darum hat Paulus für sie in dem, was Israel erhielt, Parallelen gesucht. Es ist aber nicht sicher erkennbar, wie er sich damit an die Gedanken der Korinther anschloß. Wir wissen durch II 3, 7, daß sie die Mose gegebene Herrlichkeit hoch priesen. Machten sie auch aus dem Durchzug durch das Meer und der Ernährung des Volks in der Wüste einen Maßstab für die Herrlichkeit, auf die die Gemeinde des Christus rechnen dürfe? Oder stützten sie ihre stolze Sicherheit durch die beiden christlichen Sakramente? Fanden sie in ihnen das, was ein für allemal die Heiligkeit der Gemeinde hergestellt und ihr die zu allem fähige Freiheit gegeben habe? Eine solche Wertung der Taufe läßt sich mit dem verbinden, was wir über die Korinther hören, während das, was Paulus über ihr Abendmahl sagt, nicht vermuten läßt, daß sie ihm für die Begründung des Glaubens Gewicht zuschrieben.

Eine Taufe hat auch Israel erhalten, und auch Israel wurde vom Christus gespeist und getränkt. Dabei legt Paulus einen starken Ton auf „alle". Alle empfingen diese göttlichen Gaben; das hat aber nicht bewirkt, daß alle das göttliche Wohlgefallen besaßen; vielmehr verfiel von denen, die getauft und vom Christus gespeist wurden, die Mehrzahl dem göttlichen Gericht. Dadurch verstärkt er die Mahnung, die er mit dem verdeutlichte, was im Stadion geschah; alle laufen, aber nicht alle erhalten den Kranz. Daher läßt sich mit dem Besitz der Sakramente kein Gebrauch der Freiheit begründen, der die Grenze, die das Sündigen ausschließt, überspringt.

Eine Taufe wurde Israel beim Auszug aus Ägypten dadurch zuteil, daß alle von der Wolke und vom Wasser umringt

waren. Auf das Bad mußte hier Paulus verzichten; es war
ihm aber genug, daß alle für einige Zeit in dem sie umgebenden Wasser und unter der sie bedeckenden Wolke verschwanden, wie der, der sich zum Christus bekennt, für einen Moment
im Wasser des Taufbads verschwindet.[1] Dasselbe Merkmal
der Taufhandlung hob Paulus hervor, als er sie ein Begraben-
werden mit dem Christus hieß, Röm. 6, 4. Sie wurden dadurch
auf Mose getauft. Wir entstellten diesen Satz, wenn wir sagten: „Nur auf Mose." Mose war für Paulus ohne Einschränkung der von Gott Gesandte, der dem Volk den Ruf Gottes
brachte. Darum beschreibt er den Durchzug Israels durch
das Meer mit einer Formel, die deutlich mit εἰς Χριστὸν βαπ-
τισθῆναι gleichgebildet ist.

Auch bei der Taufe Israels fehlte der nicht, mit dem sie
durch die wunderbare Weise des Auszugs verbunden wurden,
damit er ihr Führer sei, wie durch die christliche Taufe der
Täufling mit Jesus verbunden wird und nun in ihm seinen
Herrn hat. Ob Paulus ἐβαπτίσαντο, neben dem auch ἐβαπτίσ-
θησαν erscheint, medial gedacht hat, ist nicht gesichert, da
solche Aoriste auch mit passiver Bedeutung vorkommen.
Wollte er hier ein Medium setzen, so wirkte als Nebengedan-
ke die Erinnerung mit, daß Israel mit eigner Entschließung
dem Ruf Moses folgte, sein altes Leben willig aufgab und sich
durch den Zug durch das Meer selber der Führung Moses
übergab, und dennoch fielen sie.

Vom Manna und von dem aus dem Felsen strömenden
Wasser sagte Paulus, daß sie die Art des Geistes hatten. Dabei hat er jedenfalls auch daran gedacht, daß sie auf wunderbare Weise entstanden. Gottes Wunder tuendes Wirken geschieht, wie alles göttliche Wirken, durch den Geist. Ob er
dem Manna und dem Wasser auch Kräfte, die in besonderem
Maße belebten, zuschrieb, wird nicht sichtbar. Doch hatten
sie schon dadurch, daß sie als wunderbare Werke Gottes dem

---

[1] Damit Israel von den Wolken umringt sei, wurden beim Rabbinat
aus der Wolke sieben Wolken, die das Volk auf allen Seiten einhüllten,
Tanch. במדבר 2. 2. Paulus, der den wandernden Fels hat, hat die sieben
Wolken noch nicht. Er legt Gewicht darauf, daß Israel in das Wasser
hineingezogen sei.

Volke seine allmächtige Gnade verbürgten, auch eine Beziehung zum inwendigen Leben, die diese Speise und diesen Trank weit über die Lebensmittel erhob, die Paulus τὰ σαρκικά nennt, I 9, 11. Daß das Manna, das aus dem Himmel herabkommende Brot, ein βρῶμα πνευματικόν gewesen sei, wird nicht weiter erläutert. Dagegen wird die geistliche Art des Wassers dadurch begründet, daß der Fels, der ihnen nachfolgte und aus dem sie das Wasser tranken, geistliche Art gehabt habe. πνευματικός war das einzige Adjektiv, das Paulus zur Verfügung stand, um das zu benennen, was von Gott herkommt und ihn offenbart. θεῖος gebrauchte er nicht, und von Χριστός bildete er kein Adjektiv. Weil der Fels dem Volk die göttliche Gnadengabe vermittelte und zur Offenbarung Gottes diente, nennt er ihn geistlich, wie er den weissagenden und den mit der Zunge redenden Menschen geistlich nennt, weil Gott sich durch ihn offenbart. Daß der Fels das wandernde Volk begleitet habe, gibt den Bericht über die Versorgung Israels in der Wüste in der Form wieder, die er durch das Rabbinat erhalten hat. Die Tränkung des Volks mit Wasser wurde an die Speisung mit Manna angeglichen. Wie diese jeden Tag geschah und während der ganzen Zeit der Wanderung anhielt, so geschah auch die Spendung des Wassers täglich und an jedem Ort, was zu dem Satz führte, daß der zur Spendung des Wassers bereitete Fels den Wandernden nachgezogen sei.[1] Nun versieht aber Paulus diese vom Rabbinat geschaffene Vorstellung mit einem deutenden Satz, der erklärt, wieso der Fels und sein Wasser geistlich waren: „Der Fels war aber der Christus." Das wird nicht heißen, daß Christus in der Gestalt eines Felsen durch die Wüste gezogen sei, sondern wird die Absicht haben, den Satz vom mitwandernden Felsen über das sinnenfällige Geschehen hinaufzuheben. Der das wandernde Israel Geleitende war der Christus, und er schuf durch sein wunderbares Wirken dem Volke den Trank, der ihm das Leben erhielt. Der Fels war also geistlich, nicht weil Christus die Gestalt eines Steins

---

[1] Wie sich das Rabbinat die Wanderung des Felsen dachte, zeigt anschaulich Tanch. במדבר 2. 3.

angenommen hatte, sondern weil Christus aus dem Stein durch seine allmächtige Gnade das Wasser herauskommen ließ. Das macht die Weise, wie Israel ernährt wurde, mit dem vergleichbar, was die Gemeinde besitzt, da auch sie eine Speise ißt und einen Trank trinkt, die der Christus ihr darreicht, durch die sein Geist in ihr wirksam wird und ihr das Leben verleiht, I 12, 13.

Paulus sah also in den Vorgängen, die der alttestamentlichen Gemeinde Gott offenbarten, das Werk des Christus. Das ist nicht überraschend, nachdem das Bekenntnis der Gemeinde vom Christus gesagt hat: „Durch ihn ist alles", I 8, 6. Da das ganze schöpferische Wirken Gottes durch den Christus vermittelt ist, gilt dies auch von der Geschichte, durch die Israel zum Volk Gottes geworden ist. Merkwürdig ist dagegen, daß diese Deutung des Alten Testaments, die sein Wort als Wort des Christus hört und in seinen Geschichten die Taten des Christus sieht, vereinzelt bleibt. Es könnte nicht überraschen, wenn Paulus diesen Gedanken oft verwendet hätte, um die alttestamentlichen Worte und Geschichten mit der Botschaft Jesu zusammenzuschmelzen. Soweit aber die Briefe ein Urteil erlauben, hat Paulus diese Deutung des Alten Testaments, weil sie die ausdrückliche Aussage des Textes überstieg, nicht gepflegt. Den alttestamentlichen Worten und Geschichten war schon dadurch ihre Geltung für die Christenheit gegeben, daß sie diese mit Gottes Wort und Werk bekannt machten. Was Gottes Wort ist, hat unmittelbar zu jeder Zeit für alle, die nach Gottes Willen fragen, Wichtigkeit und Wirklichkeit.

Nun folgt auf das immer wieder betonte „alle" wuchtig der Gegensatz: Gottes Wohlgefallen empfing die Mehrzahl von ihnen nicht. Kein Zeichen der göttlichen Gnade, keine Taufe und kein heiliges Mahl sind für sich schon ein Schutz gegen das göttliche Gericht. Ihre Sakramente sind der Gemeinde nicht dazu gegeben, damit sie gesichert und zum Sündigen ermächtigt sei. κατεστρώθησαν erinnert an Num. 14, 16, daran, daß nach Gottes Urteil das Volk in der Wüste starb.

Dadurch, daß die Israeliten, die Empfänger so deutlicher Gnadenzeichen, dennoch dem Tode verfielen, wurden sie

τύποι ἡμῶν, Regel für uns, die uns unsere Lage zeigen und
unser Verhalten ordnen. Deshalb erinnert nun Paulus an
die Reihe der Geschichten, die Israels Sünden während seiner
Wanderzeit erzählen, an ihr begehrliches Verlangen nach
Speise an dem Ort, der von nun an „Lustgräber" hieß, an ihr
Fest vor dem goldenen Kalb, an ihren unzüchtigen Verkehr
mit den Moabitinnen mit der großen Zahl der Getöteten,
wobei 23000 neben 24000 Num. 25, 19 einer Schwankung
des Textes, sei es des griechischen Pentateuchs, sei es des
paulinischen Briefes gleicht, an ihre unzufriedene Auflehnung
gegen Gott, die ihn auf die Probe stellt, mit der Heimsuchung
durch die Schlangen, und an ihr Murren, als die Kundschafter
das Land verleumdeten, mit dem Untergang derselben. Dabei
bleibt der Blick beständig auf das gerichtet, was in Korinth
geschieht. Die Wurzel aller Störungen, die Begier, durch die
das Fleisch sich gegen den Geist auflehnt, geht voran. Die
Feier vor dem Stierbild warnt die, die Lust haben, am griechischen Kultus teilzunehmen. Der Verkehr mit den Dirnen
und seine Folgen hatte für Korinth unmittelbare Bedeutung,
ebenso die Warnung vor der Versuchung Gottes, da sie, wenn
sie die Teilnahme am heidnischen Opfer mit dem Anteil am
Tisch Jesu verbinden wollen, den Herrn auf die Probe stellen,
I 10, 22, und unzufriedenes Murren war in dem, was man in
Korinth über Paulus und sein Leiden und sein unzulängliches
Evangelium sagte, vielfach zu hören. Aber auch das Todesurteil, das Israel in der Wüste traf, hatte in dem, was in
Korinth geschehen war, Parallelen, I 11, 30. Von den Geschichten des vierten Buchs Mose sind der Bericht über den Aufruhr des Korah gegen Aaron und Mose und der über den Aussatz der Miriam, die Mose schalt, nicht angeführt. Paulus
rief nicht Gottes Gericht gegen die an, die sich gegen ihn selbst
versündigten. Davor, daß sie den Herrn versuchen, warnte er
sie; wenn sie ihm darin gehorchen, unterbleibt auch alles,
was sie gegen ihn planen.

Dies geschah ihnen τυπικῶς, so daß daraus eine Regel entstand, weil an ihnen zu sehen ist, was Gott richtet. Diese
fortwirkende Bedeutung hätten aber diese Ereignisse nicht
gehabt, wenn sie nicht geschrieben worden wären. Sogar hier

hat Paulus nach seinem festen Sprachgebrauch das Passiv ἐγράφη gesetzt und nicht gesagt, daß Mose es war, der diese Vorgänge erzählt und aufgeschrieben habe. Es wird hier besonders deutlich, wie wenig ihn die Frage, wie die Schrift entstanden sei, beschäftigt hat. Gewicht hatte für ihn nur die Tatsache, daß die Schrift vorhanden war und diese Erzählungen enthielt, durch die sie die jetzt Lebenden warnt. An diese richtet sich aber die Schrift mit besonderem Ernst, weil „auf sie die Enden der Zeiten gekommen sind". Kein Geschlecht bedarf die Warnung der Schrift so sehr wie das, das in der Zeit der großen Entscheidung lebt. An dieses hat der Geist vor allem gedacht, als er die Schrift herstellte und die vor der Sünde warnenden Geschichten ihr einfügte. Daß die Schrift eine besonders enge Beziehung zur Christenheit habe und für ihr Heil sorge, erinnert an das, was Paulus über den Sinn der Satzung, die dem dreschenden Ochsen den Lohn verbürgte, gesagt hat, 9, 9. Beim Plural τὰ τέλη τῶν αἰώνων dachte er vermutlich an die lange Reihe von Zeiträumen, die die vergangene Geschichte gefüllt hat und die nun vor ihrem Abschluß stehen.

In diese Übergangszeit, in der die gegenwärtige böse Zeit endet und die kommende, die mit der Herrschaft des Christus gefüllt ist, beginnt, fällt die große Erprobung, und darum bedürfen die jetzt Lebenden mehr als alle Früheren die Warnung, die ihnen zeigt, was vor Gott Sünde ist und den Tod zur Folge hat. Diese Warnung gilt auch dem, der von sich urteilt, er stehe. ὁ δοκῶν sagt nicht, daß dieses Urteil Einbildung sei; doch erinnert es wieder, vgl. 8, 2, an die Beschränktheit unseres Selbstbewußtseins, die uns nicht zuläßt, daß wir jemals die Möglichkeit des Fallens vergessen.

Bisher war es für die Korinther leicht, den Fall zu vermeiden. Kampf war freilich auch ihr Christenstand, versucht wurden auch sie; aber die Versuchungen, in denen sie sich zu bewähren hatten, wurden ihnen bisher nur von Menschen bereitet. Menschen schmähten sie, Menschen wollten sie bereden, sich von Jesus zu trennen, Menschen hielten ihnen die Torheit ihres Glaubens vor. Damit ist angedeutet, daß noch eine andere Versuchung kommen werde, die nicht mehr

menschlich ist, weil sie satanisch ist. Paulus setzt bei den
Korinthern jenes Zukunftsbild voraus, das er 2 Thess. 2 zeichnete. Unter dem Druck der satanischen Versuchung wird es
ungleich schwerer sein, nicht zu fallen, als jetzt. Paulus geht
aber nicht zur Beschreibung der kommenden Versuchung
über. Es war nicht seine Weise, die Angst zu wecken, um mit
ihrer Hilfe die Sünde abzuwehren. Daß sich die Christenheit
zu entscheiden habe, ob sie sich das Leben oder den Tod
wähle, hat er soeben durch die Erinnerung an Israels Schicksal nachdrücklich gesagt. Er hat aber nicht von der Furcht
erwartet, daß sie das sündliche Begehren überwinde, sondern
er sah im Glauben dasjenige Verhalten, das das Denken und
Wollen des Menschen richtig macht. Daher zeigt er der Gemeinde sofort, was ihr im Blick auf die kommende Gefahr
die Zuversicht gibt. Das ist die Treue Gottes, durch dessen
Willen auch die ihr vom Satan bereitete Versuchung kommt.
Nicht dadurch wird Gottes Treue wirksam, daß die Versuchung nicht kommen kann oder daß der Gemeinde ein Weg
gezeigt würde, sich ihr zu entziehen, sondern dadurch erfährt
sie Gottes Treue, daß die Versuchung ertragen werden kann.
Zusammen mit der Versuchung schafft Gott das Herauskommen, den Ausweg. Dieser wird, wenn die satanische Versuchung sie bedrückt, der Gemeinde dadurch gewährt werden,
daß sich der Christus offenbaren wird.

Das Verbot des heidnischen Opfers
10, 14–22

„Verleitet den Bruder nicht zum Sündigen", hatte Paulus
den Freien gesagt. Aber die Wendung, die er dem Gespräch
dadurch gegeben hat, daß er das in der Wüste sterbende
Israel zum Typus für die Korinther machte, hat bereits den
anderen Gedanken in die Nähe gebracht: Hütet euch, daß
ihr nicht selber sündigt. Das Götterbild ist freilich nichts, und
der, den es darstellt, ist nichts. Das beweist aber nicht, daß
der Bilderdienst unschädlich sei und nicht gefürchtet und
gemieden werden müsse. Gibt es denn ein unwirksames Opfer,
einen Gottesdienst, der keine Folgen hätte, sei es heilsame,

sei es unheilvolle? Aber nicht in Kraft seiner Autorität spricht Paulus das Verbot des heidnischen Opfers aus, noch weniger beruft er sich auf das in Jerusalem beschlossene Gesetz. Ihm lag es am eigenen Urteil der Korinther; er wirbt um ihre Zustimmung, zu der sie ihre Verständigkeit fähig macht. Im griechischen Gebiet war die Geringschätzung des Kultus auch in der Judenschaft weit verbreitet. Sie gründete zwar ihre Absonderung von den Völkern und ihre sie auszeichnende Verbindung mit Gott auch darauf, daß in der heiligen Stadt der Tempel stand und Gott das Opfer pünktlich nach dem Gesetz und der Sitte dargebracht wurde. Das geschah aber in der Ferne; für ihr eigenes Leben hatte neben dem Sabbat noch derjenige Teil des Gesetzes Wichtigkeit, der den Juden die feste Gemeinschaft miteinander gab. Nun brachte ihnen Paulus mit dem Ruf Jesu die persönliche Verbundenheit mit Gott, und dadurch wurde wieder der Kultus in die Mitte ihres Lebens gestellt, nicht nur durch das Gebet der Gemeinde und der einzelnen, sondern auch durch das christliche Mahl. Drang aber die frühere Entwöhnung vom Kultus auch in die Gemeinde ein, so führte sie nicht nur zur sorglosen Behandlung des griechischen Opfers, sondern sie lähmte auch den Anteil am Mahl Jesu und machte es undeutlich, ob und wie es die Gemeinschaft mit Jesus herstelle. Darum verband Paulus die Frage nach dem griechischen Opfer mit der, die nach dem Sinn des Mahles Jesu fragt.

Jede gottesdienstliche Handlung stellt Gemeinschaft her. Eine solche entsteht durch das Abendmahl, aber auch durch das jüdische Opfermahl und auch durch das heidnische Opfer. Aber die sind verschieden, in deren Gemeinschaft man aufgenommen wird, und das macht es unmöglich, die Kulte zu vermengen. Paulus macht es zur Verfassung der Kirche, daß der Empfang des Abendmahls jede Beteiligung am heidnischen Kultus ausschließe, so daß der, der noch am Opfer teilnimmt, aus der Abendmahlsgemeinschaft ausgetreten ist. Damit war ein Rechtssatz gewonnen, der für die Verfassung der Kirche grundlegende Wichtigkeit hatte.

Die Verbindung des Bechers mit dem Brot und die Aussage über das, was beide sind, machen es unzweifelhaft, daß Pau-

lus vom Abendmahl spricht. „Wir segnen den Becher" und
„wir zerteilen das Brot"; es ist nicht von einem häuslichen
Mahl die Rede, sondern von dem, was die Gemeinde tut, und
die beiden gleichgeformten Aussagen, die angeben, was der
Becher und was das Brot sei, stellen fest, daß die beiden Akte
als eine einzige Handlung empfunden werden, von der eine
einheitliche Wirkung erwartet wird. Der Beobachtung entzieht sich, was Paulus bewog, zuerst vom Becher zu sprechen.
Im Bericht über die Handlung Jesu, 11, 25, sagt Paulus, Jesus
habe den Jüngern den Becher nach dem Mahl gegeben. Es
hat darum kaum Wahrscheinlichkeit, daß die Korinther die
Feier mit dem Becher der Segnung begannen. Vielleicht hat
es Sinn, wenn wir uns daran erinnern, daß Paulus mit diesen
Sätzen die Entscheidung der Opferfrage gibt. Dazu gehörten
aber auch die Regeln, wie der Opferwein zu vermeiden sei.
Welchen Becher darf ich trinken? mit welchem Wein darf
ich ihn füllen? Das waren in jüdischen Kreisen eifrig verhandelte Fragen, während neben der Austeilung des Brots an
die Gemeinde in den anderen Kulten nichts Paralleles stand.
Am Becher, den die Gemeinde trinkt, soll sie ermessen, was
eine kultische Handlung ist.

Die Kennzeichnung des Bechers durch den Genetiv τῆς
εὐλογίας verpflanzt eine jüdische Formel in die christliche
Sprache. Man sprach in der Synagoge nicht vom „Wein der
Segnung", sondern vom „Becher der Segnung", weil der Gott
preisende Spruch dann gesprochen wurde, wenn der Becher
vor den Leiter des Mahls gestellt war, ehe aus ihm getrunken
wurde. Die εὐλογία pries den, der dem Volke das Fest, Sabbat
oder Pascha, bereitet hatte, zu dessen Feier der Becher gehörte. Indem die Gemeinde auch aus ihrem Mahl den Preis
der göttlichen Herrlichkeit und Gnade macht, gehorcht sie
dem ihr gegebenen Beruf, Gottes Tempel zu sein. Der Tempel
ist der Ort der εὐλογία, der Gott verherrlichenden Danksagung.

Während τὸ ποτήριον τῆς εὐλογίας eine übernommene Formel ist, weicht der Relativsatz ὃ εὐλογοῦμεν vom Sprachgebrauch und vom Sinn der jüdischen Feier ab. Er dient zur
Unterscheidung des Bechers, von dem Paulus spricht, von
jedem anderen Becher, mit dem der Preis Gottes verbunden

war. Da „wir den Becher segnen", ist er selbst als die Gabe der
göttlichen Gnade gewertet. Er erinnert nicht nur an einst
Geschehenes und drückt nicht nur die Dankbarkeit der Feiern-
den aus. Ihm selbst gilt die Danksagung, weil durch ihn die
Gemeinde begnadet wird. Warum er gepriesen und als Gabe
der Gnade gewertet werden kann, sagt die Frage: „Ist er
nicht Teilhaberschaft am Blute des Christus"?

Die Frage rechnet nicht mit Einreden, sondern beruft sich
auf das in der Gemeinde befestigte Wissen. Wie sie dazu
gekommen ist, vom Becher den Anteil am Blute Jesu und vom
Brot den Anteil an seinem Leib zu erwarten, sagt der Bericht
der Evangelien und des Paulus über die Handlung Jesu bei
seinem letzten Mahl, I 11, 23–25.

Teilhaberschaft am Blut des Christus ist der Becher, weil
er sie herstellt und gibt. Das ist der Grund, weshalb „wir den
Becher segnen" und durch ihn Gott preisen. Überliefert war
die Formel „Anteil am Blut jemandes haben" mit der Bedeutung „an seinem Tode schuldig sein", Mat. 23, 30; 27,
25. Auch diese Bedeutung der Formel war Paulus nicht fremd.
Denn „Christus starb für unsere Sünden", I 15, 3, und „wurde
wegen unserer Übertretungen in den Tod gegeben", Röm. 4, 25.
Als er starb, „hat Gott die Sünde im Fleische verurteilt",
Röm. 8, 3. Die Gemeinde bekennt sich, indem sie diesen
Becher trinkt, zu ihrer Schuld. Aber die Segnung, mit der
sie den Becher empfängt, hebt die Feier über das Geständnis
der Sünde empor. Weil im Tode des Christus der gnädige
Wille Gottes geschieht, hat sein Blut die rettende Kraft.
„Wir sind durch sein Blut gerechtfertigt worden", Röm. 5,
9. Der Anteil am Blut des Christus besteht darum in der
Teilhaberschaft an dem, was sein Blut wirkt; sie ist der Empfang der Versöhnung mit Gott, die Aufnahme in sein Wohlgefallen, durch das wir gerechtfertigt sind. Durch den Becher
erhält man den Anteil an Gottes neuem Bund, I 11, 25. Da
das Blut des Christus durch seinen Geist wirksam wird, „wurden wir", da wir den Becher tranken, „den einen Geist trinken
gemacht", I 12, 13.

Die Zerlegung des Brots in die Stücke, die nachher ausgeteilt werden, nennt Paulus mit der palästinischen Formel

τὸν ἄρτον κλᾶν. Der das Mahl Leitende zerbricht die Brotscheibe in die Stücke, κλάσματα, von denen jeder eines erhält.
Wie die Teilhaberschaft am Leibe des Christus verstanden
ist, ist durch die Aussage über den Becher gesichert, da dieser
am Blute Jesu Anteil gibt. Paulus spricht vom getöteten Leibe
Jesu, wie es die Handlung Jesu während seiner letzten Nacht
verlangt. Durch den Leib des Christus geschah die Befreiung
von der Schuld und dem Gesetz, Röm. 7, 4. Die Tötung seines
Leibes war der Preis, mit dem sich Jesus die Herrschaft über
die Gemeinde erworben hat, I 6, 20.
Durch den Anteil an dem, was Jesus durch seinen Tod
geschaffen hat, entsteht die Gemeinde. Darin wird offenbar,
wie wirksam und mit Kraft gefüllt dieses Essen ist. Paulus
legt Gewicht darauf, daß beim Mahl nur eine einzige Brotscheibe verwendet wurde. Das setzt voraus, daß das Mahl
völlig vom natürlichen Zweck der Sättigung abgelöst war, da
sonst nur kleine Gruppen das Mahl Jesu feiern könnten. Dem
natürlichen Bedürfnisse war durch dasjenige Mahl gedient,
das dem Mahl Jesu voranging. Das machte es möglich, daß
die Austeilung des einen Brotes an die Vielen ein bedeutsamer
Teil der Handlung werden konnte. ὅτι εἷς ἄρτος wird als Vordersatz gedacht sein. Weil ein einziges Brot vorhanden ist,
wird aus den Vielen, die an ihm teilhaben, Ein Leib.[1] Warum
aus der Einzigkeit des Brotes die Verbundenheit der Vielen
entsteht, hat der vorangehende Satz gesagt. Das bewirkt
das Brot deshalb, weil es die Teilhaberschaft am Leib des
Christus gibt. Der Schöpfer und Herr der Gemeinde ist Jesus
durch seinen Tod, und da er seinen Tod in der Gemeinde
durch seinen Geist wirksam macht, macht sein Mahl aus der
ihm gehörenden, von ihm regierten und durch ihn wirkenden
Gemeinde den einen Leib. Aus der Einheit des Geistes erhält
die Gemeinschaft der Glaubenden miteinander jene Festigkeit und Ganzheit, die sie dem Leibe ähnlich macht. Indem
der Einzelne durch das Mahl zum Glied dieses Leibes wird,
bringt ihm das Mahl das Ende seiner Vereinzelung, die Absage
an sein selbstisches Begehren, die völlige Übergabe seines

---

[1] Die römische Disziplin bewirkt, ὡς ἐπὶ παρατάξεως εἶναι ἐν σῶμα τὴν ὅλην
στρατιάν, Jos. b 3, 104.

Willens an den Willen des Christus, die Einordnung seines Handelns in das Leben der mit ihm Verbundenen. Es entsteht die christliche Bruderschaft.

Aber auch das jüdische Opfermahl war nicht kraftlos und durfte keiner Geringschätzung verfallen. Neben der Christenheit war die alte Gemeinde noch „das Israel nach der Ordnung des Fleisches", da die Zugehörigkeit zu ihr durch die Abstammung, durch den natürlichen Vorgang, entstand. Darum ist sie nun durch ein anderes Israel, das nach der Regel des Geistes entsteht und lebt, ersetzt. Auch bei diesem Opfermahl entstand durch das Essen eine Teilhaberschaft; dort war der, mit dem das Opfer geteilt wurde, der Altar; vgl. I 9, 13. Warum diese Teilhaberschaft wirksam war und den Empfang der göttlichen Gnade vermittelte, führt Paulus nicht aus. Den jüdischen Gliedern der Gemeinde war es geläufig, den Altar als den Mittler der göttlichen Vergebung zu preisen. Darum ergab das jüdische Opfermahl eine Parallele zum Mahl der Gemeinde, wie das Kreuz Jesu eine solche zum Altar herstellt.

Auch dieses Mahl hat die Wirkung, daß es den, der es ißt, in die Gemeinde hineinstellt und mit ihr eint. Nicht der Einzelne wird für sich allein ein Genosse des Altars, sondern die Vielen werden miteinander die Anteilhaber am Einen Altar. Dagegen führt auch hier, wie beim Mahl Jesu, nichts auf den Gedanken, daß „eine geistleibliche Gemeinschaft" mit dem Altar oder mit Gott, dem das Opfer dargebracht wird, entstehe. Die Vergebung und das göttliche Wohlgefallen wird vom Altar den Opfernden dadurch verliehen, daß ihnen von dem, was durch den Altar geheiligt ist, ein Teil zum festlichen Mahl übergeben wird.

Nun muß aber Paulus den Eindruck abwehren, daß er mit sich selbst in Widerspruch gerate und gegen die Erkenntnis verstoße, die doch allen gegeben war, I 8, 4. Sein Beweis verlief so: das Mahl Jesu ist mit Kraft und Gnade gefüllt; auch das jüdische Opfermahl hat reichen Inhalt und heilsame Folgen; ebenso ist das heidnische Opfermahl nicht leer. In allen drei Fällen stand ihm vor dem Kultus ein weltgeschichtliches Ereignis, aus dem die Handlung des Opfernden erwuchs.

Weil Christus gestorben war, hielt die Gemeinde ihr Mahl,
und weil Israel der Altar gegeben war, gab es für den Juden
ein Opfermahl, und weil dämonische Mächte die Menschheit
verführten, gab es den heidnischen Opferdienst. Paulus hatte
aber den Freien zugestimmt, wenn sie sagten, weder das
Opfer noch das Bild sei etwas. Dieser Satz bleibt bestehen,
wird aber durch den aus Deut. 32, 17 stammenden Satz ergänzt: „Dämonen und nicht Gott opfern sie". Damit hat das
Gesetz den Grund enthüllt, weshalb es den Bann auf alles
legte, was einem fremden Gott übergeben ist, und für diesen
das Verbot tragenden Grund verlangt Paulus die Zustimmung.
Bleibt die Absage an die Dämonen in Kraft, dann ist, auch
wenn alle rabbinischen Satzungen fallen, die Regel, die keine
Überhebung über die Schrift zuläßt, I 4, 6, gewahrt.

Es entsteht also auch durch das heidnische Opfer eine Teilhaberschaft; aber hier ist es nicht Gott, der ihnen seine Gemeinschaft gibt; hier ziehen Verderben wirkende Geister sie
in ihre Gemeinschaft hinein. Schwerlich war es die Meinung
des Paulus, daß den Figuren des griechischen Mythus Dämonen entsprechen, deren Abbild die Statuen seien. Die
Warnung vor den Geistern schließt nicht aus, daß er bei den
εἴδωλα an tote Menschen dachte. οὐδὲν εἴδωλον ἐν κόσμῳ,
I 8, 4, hätte er schwerlich gesagt, wenn εἴδωλον und δαιμό-
νιον für ihn dasselbe bedeuteten. Denn den Geistern schrieb
er Macht innerhalb der Menschheit zu. Er sah aber im heidnischen Kultus, gerade weil der Mythus nichtig und phantastisch war, einen von den Geistern gewollten Vorgang, durch
den sie die Menschheit sich unterwerfen. Diese Geister sind
nicht die, die die Vollmacht und Herrschaft, ἐξουσία und
ἀρχή, über die Kräfte der Natur und über die Völker haben.
Diese Mächte hat Paulus nicht Dämonen genannt. Das tat
auch das Rabbinat nicht; es hieß die שׂרים, die ἄρχοντες, nicht
שׁדים, δαιμόνια. Eher ist es möglich, daß Paulus die εἴδωλα
mit den δαιμόνια in der Weise identifizierte, wie es Josefus
tat, als er die Dämonen die Geister Verstorbener hieß.

Das Urteil, daß die Dämonen das Opfer verlangten, entnahm Paulus nicht nur dem Lied Moses und dem Rabbinat;
es entsprach zugleich einer starken Tradition im Kreise derer,

die für den griechischen Kultus eintraten. Wenn Griechen
in irgendeinem Maß an philosophischen Gedanken teilhatten
und doch die Teilnahme am Kultus fortsetzen wollten, rechtfertigten sie ihr Verhalten oft so, daß nicht nur der eine Gott,
sondern unter ihm viele Geister die Herrschaft über die Menschen hätten und daß die Opfer zur Verehrung, vielleicht
sogar zur Ernährung dieser Geister dienten. Das wird auch
in Korinth die Meinung manches griechischen und jüdischen
Christen gewesen sein, solange er die συνήθεια τοῦ εἰδώλου
hatte und noch nicht zu Jesus übergegangen war. Der griechische Christ sah einst in ihnen verehrungswürdige Mächte,
der jüdische Christ dagegen gefährliche Zerstörer des Lebens.
Jetzt, da beide die Erkenntnis Gottes im Christus empfangen
haben, ist allen die widergöttliche Wirksamkeit der Geister
offenbar, und die, die sich wie Könige fühlten, spotteten über
die toten Schatten und trotzten den Dämonen; war nicht
Christus ihr Schutz?

Wie der Jude genießt, was dem Altar, und der Christ, was
dem Herrn gehört, so genießt der, der am griechischen Opfermahl teilnimmt, was den Geistern gehört. Tischgemeinschaft
verbindet; wer sich etwas vom Mahl, das für die Geister bereitet ist, geben läßt, wird ihr Teilhaber. An „geistleibliche"
Gemeinschaft hat Paulus auch hier nicht gedacht; er hat niemals alle Korinther ihres Kultus wegen für besessen gehalten.
Es gibt freilich unter den Völkern δαιμονιζόμενοι; dies sind
aber einzelne. Alle aber sind mit den boshaften Geistern in
eine große Gemeinschaft zusammengeschlossen und darum
ihren verderbenden Wirkungen ausgesetzt.

Da zum Opfermahl Wein und Fleisch gehören, stehen also
nebeneinander der Becher des Herrn, den der Herr ihnen zu
trinken gibt, und der Becher der Geister, durch den sie das
empfangen, womit die Geister sie tränken, und der Tisch des
Herrn, an dem er sie mit dem speist, was sein ist, und sie in
seine Gemeinschaft aufnimmt, und der Tisch der Geister,
an dem sie empfangen, was ihnen die Geister geben. Sie können nicht beide Becher trinken und von beiden Tischen essen,
sondern sind vor eine Wahl gestellt, die keinen Ausgleich
zuläßt. Das Abendmahl einigt so mit dem Christus, daß man

ihm ganz gehört, somit auch ganz zur Gemeinde gehört. Im
Gegensatz zu den polytheistischen Kulten ist es das Merkmal des christlichen wie des jüdischen Gottesdienstes, daß er
jeden anderen Kultus ausschließt.

Dadurch gab Paulus dem Verbot des griechischen Opfers
dieselbe Begründung wie dem Verbot der Dirne. „Wir sind
des Christus", sagten die Gegner und bahnten sich damit den
Weg zur Dirne und zum Opfer. Darum wehrt Paulus beide
dadurch ab, daß er das Bekenntnis „Wir sind des Christus!"
zur Geltung bringt. Der Glaubende gehört dem Christus ganz.
Wie er seinen Leib nicht der Dirne übergeben kann, weil
er Christus gehört, I 6, 15, so kann er auch nicht von den
Geistern Speise und Trank annehmen, weil er sie vom Christus
empfängt.

Die Formel „Tisch des Herrn" entstand in Israel als Benennung des Altars, Mal. 1, 7. 12. Die vorangehenden Aussagen über das Brot und den Becher schließen aber den Gedanken aus, daß beim Abendmahl Gott beschenkt und Christus gespeist und getränkt werde. Der Herr ist nicht als der
gedacht, für den der Tisch bereitet wird, sondern als der,
der ihn bereitet. Der Tisch ist der seine, weil er denen, die
von ihm essen, das Brot darreicht. Ebenso hat Paulus, wenn
er den zur Opfermahlzeit dienenden Tisch den Tisch der
Geister nennt, diese nicht von den Opfernden abhängig gemacht, sondern sie als die Mächte gedacht, die den Menschen
sich unterwerfen. Die Geister stellen die Gemeinschaft, κοινωνία, her, und das Mittel, mit dem sie die Menschen an sich
binden, ist der Opferkult.

Der Versuch, beide Kulte zu pflegen und sich gleichzeitig
mit dem Herrn und mit den Geistern zu verbünden, würde
den Herrn herausfordern und seinen Eifer, der seinen Anspruch an den Menschen mit niemand teilt, auf die Probe
stellen. Paulus denkt noch einmal an das Lied Moses, Deut.
32, 21. Den Eifer des Herrn hat er der Gemeinde II 11, 2. 3
bezeugt; diesen verkennen die, die sich im Bewußtsein ihrer
Stärke auch noch am Dienst der Geister beteiligen. Sie vergessen, daß er „ihr ganzes Herz und ihre ganze Seele und ihr
ganzes Vermögen" für sich begehrt. Vor den Geistern fürch-

ten sie sich nicht; fürchten sie auch den Herrn nicht? Meinen
sie, sie können ihm vorschreiben, was er an ihnen ertragen
müsse, und seine Gemeinschaft mit ihnen nach ihrem Willen
regeln? Wenn sie seinen Eifer dadurch entzünden, daß sie
sich ihm nicht ganz ergeben, werden sie es leiden müssen,
daß er sie verwirft.

Die Behandlung des Opferfleisches im täglichen Leben
10, 23–11, 1

Man kam mit geopfertem Fleisch nicht nur dann in Berührung, wenn kultische Handlungen vollzogen wurden. Seit
alter Zeit hatten die Griechen ihre Opfer auch im Handel
und für den alltäglichen Gebrauch verwendet, und dies war
der Grund gewesen, der das Rabbinat zu seiner verwickelten,
ängstlichen Gesetzgebung geführt hatte. Paulus hätte nicht
genügend gesagt, wieweit das Verbot des Geopferten Geltung
habe und wieweit nicht, wenn er nicht auch Weisung gegeben hätte, wie mit dem Opferfleisch im alltäglichen Gebrauch zu verfahren sei.

Nochmals bestätigt er, wie 6, 12, die Vollständigkeit der
christlichen Freiheit, und wieder gibt er ihr ihr Ziel darin,
daß sie das Heilsame will und schafft. Ihre Grenze bekommt
sie dadurch, daß der Christ nicht das tun kann, was schädigt
und verdirbt. Während er aber 6, 12, als er vom Umgang
mit der Dirne sprach, daran erinnerte, daß ein Gebrauch
der Freiheit, bei dem sie uns verlorengeht, unmöglich sei,
setzt er hier die vorangehende Unterweisung dadurch fort,
daß er von der Vollmacht des Christen das abscheidet, was
nicht aufbaut. Seine Vollmacht gibt ihm am Werk des Herrn
teil, der seine Gemeinde baut. Was aber nicht heilsam ist,
sondern schädigt, reißt ein. Weil aber die Liebe baut, I 8, 1,
verknüpft Paulus mit der Bestätigung der Freiheit die Liebesregel, die Absage an das eigensüchtige Begehren, die Richtung des Handelns auf das, was den anderen stärkt und begabt.

Durch die Verbindung der beiden Sprüche zeichnet Paulus
den Grundriß einer Gemeinde mit klarem Strich. Sie verleiht

mit der unbegrenzten Freiheit jedem die Selbständigkeit, wirft jeden Zwang ab, läßt nichts zu, was den Christen knickt, ihm die Wahrhaftigkeit nimmt und ihn hindert zu sein, was er ist, und zu tun, was er kann, und sie stellt jeden mit seinem ganzen Vermögen in die Gemeinschaft hinein, macht alles, was er ist, für die anderen fruchtbar und ist das Ende jedes Perfektionismus, der die anderen zur Stärkung des eigenen Lebens mißbraucht. Für Paulus war die Spannung zwischen dem Eigenleben und der Gemeinschaft überwunden; denn seine Freiheit und seine Einordnung in die Gemeinschaft sind ihm vom Herrn gegeben.

Für zwei Fälle gibt Paulus die Weisung: es wird auf dem Markt Fleisch gekauft, und es wird beim Gastmahl eines Griechen Fleisch aufgetragen. In beiden Fällen untersagt er die Nachfrage nach der Herkunft des Fleisches; es soll überhaupt nicht erörtert werden, ob bei der Schlachtung des Tiers eine kultische Handlung vorgenommen worden sei. Unterlassen wird die Nachfrage „wegen des Gewissens", und zwar, wie ausdrücklich gesagt wird, wegen des Gewissens der anderen. Paulus spricht zu den Freien, deren eigenes Gewissen nicht mehr von der Frage berührt wird, ob das Fleisch von einem Opfer stamme. Wären sie noch mit ihrem Gewissen an diese Frage verhaftet, dann dürften sie ihr nicht ausweichen. Da nun der Christ überhaupt nicht mehr nach dem Opfer fragt, wird auch der andere nicht zur Erwägung genötigt, ob auch er Geopfertes essen dürfe. Die Gefahr einer Schädigung seines Gewissens tritt nicht ein, wenn der Freie seine Freiheit zwar übt, aber nicht ausstellt. Auf dem Markt und beim Gastmahl gibt es also kein Verbot des Geopferten nach Ps. 24, 1, nach dem Spruch, der alles, was sich auf der Erde findet, zum Eigentum Gottes macht. Eigentum der Dämonen oder der Schatten gibt es im Bereich der Erde nicht. Die Dämonen sind eingedrungene Feinde und Räuber, und die Schatten sind im Totenreich. Paulus zitiert damit einen Vers, der schon damals, als er noch Rabbi war, Gewicht für ihn besaß. Denn die mischnische Überlieferung hat mit demselben Vers begründet, daß der Mensch nichts genießen soll, bevor er die Segnung gesprochen hat, weil alles, was die Erde

umfaßt, dem Herrn gehört.[1] Bei der Teilnahme an einem
Gastmahl, das ein Ungläubiger, der nicht zur Gemeinde gehört, gibt, verlangt Paulus die ernsthafte Überlegung, ob der
Christ der Einladung folgen wolle. Denn hier können schwierige Lagen entstehen, denen der Christ ausweichen soll, wenn
er ihnen nicht gewachsen ist. Aber an die Aufhebung der
Tischgemeinschaft zwischen den Griechen und den Christen
hat Paulus nicht gedacht.
Beim Mahl am fremden Tisch kann es aber vorkommen,
daß jemand absichtlich feststellt: „Dies ist Geopfertes". Den
verächtlichen Namen εἰδωλόθυτον wird er am Tisch eines
Griechen freilich vermeiden; hier spricht man vom ἱερόθυτον,
von dem im Tempel Geschlachteten. Der Warner kann ein
Grieche sein, der die jüdische Regel kennt und annimmt, daß
sie auch für den Christen gelte, oder ein anwesender Jude,
der den Christen auf die Probe stellt, ob er die jüdische Regel
übertrete. Aber auch das war nicht unmöglich, daß ein anderer
Christ der Warner war, der sich selbst und allen Christen den
Genuß des Geopferten untersagte. Wer der Warner sei, ist
gleichgültig; sowie ausdrücklich darauf geachtet wird, ob
der Christ Geopfertes esse, verlangt Paulus von ihm den
Verzicht „wegen dessen, der die Anzeige machte, und wegen
des Gewissens", nämlich wegen des Gewissens des anderen,
nicht wegen des eigenen. Nun bekommt das Verhalten des
Christen religiöses Gewicht, und die Gefahr ist in der Nähe,
daß er das Gewissen eines anderen verwirre. Dies fürchtete
Paulus nicht von der Entsagung, sondern nur von der zur
Schau gestellten Freiheit. Würde er auch jetzt dennoch essen,
so geschähe, was unbedingt vermieden werden muß. Nun
würde das Gewissen des Freien, der zu essen imstande ist,
von einem anderen Gewissen gerichtet. Dies aber ist ein
verwerfliches Verhalten, weil kein fremdes Gewissen das
Recht hat, über das des anderen zu richten, und da der
Richtende den Essenden verurteilen wird, wird er um
dessentwillen gelästert und als Sünder gescholten werden,
wofür er dankt.

---

[1] Tos. Berak. 4, 1.

Damit hat Paulus noch einmal den Grund hervorgehoben,
der den Freien sowohl zum Genuß als zum Verzicht berechtigt. Handelte er nach seinem eigenen Gewissen, so könnte
er essen und auch diese Speise als die Gabe Gottes ehren, für
die er ihm die Danksagung darbringt. Was uns aber zum
Anlaß zur Danksagung wird, ist nichts Sündliches, vgl. Röm.
14, 6. Der Satz des Paulus zeigt, daß er die jüdische Gebets-
sitte beim Mahl in die christliche Sitte hinübergenommen hat.
Da ausdrücklich vom Fleisch gesagt wird, daß es mit Danksagung genossen werde, ist es wahrscheinlich, daß nicht nur
vor und nach dem Essen, sondern bei jeder Speise die Doxologie gesprochen wurde. Daß diese am Tisch eines Ungläubigen unterlassen werden dürfte, lag nicht im Gedankengang
des Paulus.

Nur diese beiden Sätzchen erinnern daran, daß die Frage
nach dem Geopferten nicht nur zwischen Starken und bieg-
samen, leicht bestimmbaren Schwachen verhandelt wurde,
sondern daß es auch entschlossene Verteidiger des Verbots
gab, die jeden Genuß von Geopfertem, auch den, der von
den kultischen Handlungen völlig abgeschieden war, als
Sünde richteten. Einen Anlaß zum Erstaunen gibt dies nicht,
da jedermann wußte, wie die Judenschaft über das Geopferte
urteilte; und da man in Korinth über die palästinische Kirche
gut unterrichtet war, vgl. 9, 5. 6; 15, 5—7, wußte man auch,
wie sich die Kirche Jerusalems in dieser Frage verhielt. Nach
dem Willen des Paulus sollte es nicht dazu kommen, daß der
eine Teil der Kirche tat, was der andere eine Sünde hieß. Die
in Korinth führenden Männer haben aber nicht zu denen
gehört, die für das Verbot des Geopferten kämpften. Denn
auch diese Worte beschreiben die Freiheit als den gesicherten
Besitz der Gemeinde, gerade auch dadurch, daß sie die Schwachen gegen die Übermacht der Starken schützen.

Nicht die Ausbildung der Kasuistik hat Paulus gelockt;
ihm lag es an der Formung des Willens, die dem ganzen Handeln die Richtung gibt. Die erste der nun folgenden Normen,
die das ganze Wollen erfassen, verlangt, daß das gesamte
Handeln, auch die von der Natur uns gegebenen Funktionen,
ihr Ziel in der Versichtbarung der göttlichen Macht und Herr-

lichkeit habe. Aus dem beständig wiederholten Opfer war in der Judenschaft das beständige Gebet entstanden, und dieses wurde zur immer wiederholten Doxologie. Kein Akt wurde vollzogen ohne die εὐλογία, die Gottes Größe verkündete. Das nahm Paulus in den Christenstand hinüber, nicht nur so, daß er an Gott lobende Worte dachte, sondern so, daß er aus jeder Handlung das machte, wodurch Gottes Ruhm und Reichtum erscheint.[1] So kräftig war ihm das schöpferische Wirken Gottes in allem gegenwärtig.

Die zweite, das ganze Handeln bestimmende Norm verlangt die Vermeidung des Anstoßens. Aus dem christlichen Handeln darf kein Antrieb zum Sündigen entstehen. Ihre Größe bekommt diese Pflicht dadurch, daß die Christen mit den drei voneinander verschiedenen und gegeneinander kämpfenden Kreisen verkehren, mit den Juden, den Griechen und der Gemeinde Gottes. Jeder dieser Kreise stellt an sie andere Ansprüche, und die Gefahr des Anstoßens entsteht bei jedem an anderen Stellen. Was den Griechen anzieht, stößt den Juden ab, und was den Beifall des Juden hat, verletzt den Griechen, und was zur Gemeinschaft mit Griechen und Juden führt, entfernt von der Gemeinde Gottes, hemmt ihre Wirksamkeit, verdunkelt ihr Zeugnis und schwächt ihre brüderliche Verbundenheit. Paulus hielt aber den Beruf, den er mit dieser Norm den Christen gab, nicht für unausführbar. Er hieß es möglich, mit allen so zu verkehren, daß sie sich nicht von Gott wegwandten, sondern zu ihm hingeführt und für den Ruf des Christus nicht verschlossen, sondern empfänglich wurden.

In dem, was Paulus bisher über das Opfer gesagt hatte, wenn er die Schwachen gegen die Übermacht der Starken schützte und die Starken vor der Gemeinschaft mit den Dämonen warnte, bemühte er sich einzig um die unverletzte Erhaltung des Christenstands. Mit diesem Wort erinnert er dagegen die Gemeinde auch an ihren Missionsberuf. Das Verhalten jedes Christen wirkt über die eigene Gemeinschaft hinaus und berührt auch ihre Umgebung. Juden und Griechen

---

[1] Parallelen zu diesem Satz stehen auch beim Rabbinat.

beobachten sie, und je nach dem Urteil, das sie sich über das Verhalten des Christen bilden, wird dieses für sie heilsam oder unheilvoll.

Wie weit reicht die Formel „die Gemeinde Gottes"? Paulus gab auch der in Korinth bestehenden Gemeinde diesen Namen, 1, 2; 11, 22; er konnte aber bei ihm auch an die gesamte Christenheit denken, und in dieser stand die Kirche Jerusalems am wichtigsten Platz. Daß sie nicht geärgert und in ihrem besonderen Beruf nicht gehindert werde, war ein Anliegen, an dem Paulus jeden Christen beteiligte.

Deutlicher als alle Worte zeigte das eigene Verhalten des Paulus, wie es möglich sei, niemand zu schaden, sondern allen zu dienen. Er konnte so ein Jude sein, daß er die Griechen nicht von sich stieß, und so mit den Griechen sich einigen, daß er auch Juden gewann, und beides geschah, ohne daß die gerade Haltung und feste Gemeinschaft der Christenheit gefährdet war. Das erreichte Paulus dadurch, daß er immer nach dem begehrte, was für die Vielen heilsam war, weil er im Verkehr mit allen auf das letzte Ziel sah, darauf, daß „sie gerettet werden". Ihm ist der Auftrag gegeben, die, mit denen er verkehrt, dahin zu bringen, daß sie im Gericht des kommenden Christus das Leben empfangen. Das verbietet ihm, an seinen eigenen Vorteil zu denken, und macht ihm alles unmöglich, was die anderen zum Sündigen verleitete. Sichere Führung ist sein Vorbild für die Gemeinde deshalb, weil er selbst in Jesus sein Vorbild hat. Was er von Jesus wußte, war dies, daß er sich „in allem um die Billigung aller bewarb" und in der Liebesregel das ihn leitende Gebot besaß. Nicht Machtentfaltung zur eigenen Befriedigung, nicht Verteidigung des eigenen Rechts war Jesu Weg, sondern der Wille zu retten, der für die anderen lebte, schuf sein Handeln. Dieses Christusbild war schon dadurch gesichert, daß Paulus von Jesu Tod sagte, er sei „für unsere Sünden" geschehen. Damit, daß ihm Jesus zum Vorbild wird, tritt er aber nicht auf den gesetzlichen Standort zurück, weil Jesus selber ihn in sein Bild umformt, II 3, 18. Als „ein Freigelassener des Herrn" handelt er, wenn er sich nach seinem Vorbild richtet, mit dem, was er von ihm empfangen hat.

20*

Gegen das entblößte Haar der Frauen
11, 2–16

Das ganze Leben der Gemeinde war noch durch die Erinnerung an Paulus geleitet, und die Überlieferungen, die er
ihr gebracht hatte, standen in Geltung. Paulus prägte es
jeder Gemeinde ein, daß das, was sie von ihm erhielt, nicht
ihr Sondereigentum, sondern Gemeingut der Kirche sei, und
die lange Wirksamkeit in der syrischen Kirche machte es
Paulus möglich, einer neu gesammelten Gemeinde all das zu
übermitteln, was die östliche Kirche an Lehre, Erfahrung
und Ordnungen besaß. Wir dürfen darum das, was uns an
der korinthischen Gemeinde sichtbar wird, mit Zuversicht
dazu benützen, um uns ein Bild von der gesamten Kirche
der ersten Zeit zu machen. Paulus zählt aber nicht weiter auf,
was er am Verhalten der Gemeinde billigte, weil es mit der
von ihm begründeten Sitte übereinstimmte. Er spricht nur
von dem, was ihr widersprach.

Der eine Vorstoß, der im Namen der Freiheit gegen die
Sitte gewagt wurde, ging von den Frauen aus. Schon die Sätze
des Paulus über die Ehe zeigten, daß die Frauen vom Ver-
langen, alle natürlichen Bindungen abzustreifen, stark bewegt waren, da jene Sätze voraussetzen, daß die Frauen die
Befreiung von der Ehe begehrten. Hier hören wir, daß sich
Frauen dann, wenn die Gemeinde zum Gebet und zum Empfang einer Weissagung versammelt war, an der Anrufung
Gottes und an der prophetischen Unterweisung der Gemeinde
beteiligten. Aber nicht dies war es, was Paulus untersagte.
Er konnte dem Geiste nicht wehren, auch Frauen mit dem
Gebet und dem prophetischen Spruch zu begnaden. In Sorge
war er dagegen deshalb, weil die Frauen, um zu beten und
zu weissagen, ihre Haare entblößten. Jetzt legten sie das zur
weiblichen Tracht gehörende Kopftuch weg. Nicht vom
Schleier, nicht von der Verhüllung des Gesichts ist die Rede,
sondern, wie die Vergleichung mit der Haartracht des Manns
deutlich zeigt, von dem das Haar bedeckenden Tuch. Daher
ist nicht vom πρόσωπον, sondern immer von der κεφαλή die
Rede, und bei κεφαλή dachte der Sprachgebrauch zunächst

an den behaarten Teil des Kopfs. Die palästinische Judenschaft hatte das Kopftuch zum unentbehrlichen Merkmal
der keuschen Frau gemacht.[1] Ob diese Sitte bei den korinthischen Jüdinnen ebenso wie bei denen Palästinas befestigt
war oder ob Paulus sie in die Gemeinde gebracht hatte, wissen
wir nicht. Lange hat sie sich in der griechischen Kirche nicht
erhalten, da von 1 Tim. 2, 9 und 1 Petr. 3, 3 den Christinnen
auffallende Haartrachten untersagt werden.

Weissagende Frauen fanden sich zuerst unter denen, die
mit Eifer auf die Heirat verzichteten. Es wäre darum nicht
seltsam, wenn Paulus die Vorschrift für die Haartracht mit
der Unterweisung über die παρθένοι verbunden hätte. Aber
die Nachrichten über die Bewegung, deren Kennzeichen die
Freigabe der Dirne und des Opfers war, zeigen, daß die Verbindung dieser beiden Forderungen eine über Korinth zurück-
reichende Tradition besaß. Wahrscheinlich bezog sich auch
der Brief der Korinther auf sie. Daher begründet Paulus,
nachdem er das Verlangen nach der Ehelosigkeit geordnet
hatte, zuerst das Verbot des Geopferten und regelt erst dann
den weiteren Punkt, dem er für das Verhalten der Frauen
in der Gemeinde Wichtigkeit zumaß.

Der erste Satz macht sofort deutlich, warum Paulus der
Beseitigung des Kopftuchs widerstand. Im Jubel, der ihnen
das Offenbarwerden des Geistes brachte, empfanden es die
Frauen als ein großes Geschenk, daß der Geist sie von ihrer
Weiblichkeit befreite und sie den betenden und weissagenden Männern gleichstellte. Sie machten darum durch die Entblößung des Kopfs sichtbar, daß sie vor Gott am selben Ort
wie die Männer stehen und derselben Gnade gewürdigt seien.
Paulus läßt nicht zu, daß sich die Frau dem Mann gleich-
mache. Sie soll anerkennen, daß sie vom Mann verschieden
sei. Für jeden gibt es ein Haupt, sowohl für den Mann als für
die Frau; jeder hat über sich den, der ihn regiert, für den er
leben darf. Das Haupt des Mannes ist der Christus; ihm darf
er dienen und von ihm empfängt er seine Pflicht. Von jedem
Mann gilt dies; denn der Christus braucht jeden Mann, damit

---

[1] Mi. Ketub. 7, 6. Sifre Numeri 11. Die Frau des Hohenpriesters
Kamchi Jer. Horajot 47 d.

sein Wort gesagt und sein Werk getan werde. Dagegen ist das Haupt der Frau ihr Mann; für ihn zu leben, ihm zu dienen, ihm zu gehorchen ist ihr Beruf. Dadurch ist auch sie mit dem Christus verbunden und seinem Willen gehorsam, da ja der Mann in der gehorsamen, dienstbereiten Gemeinschaft mit dem Christus steht. Auch der Christus hat ein Haupt; auch er hat den, der ihn führt und bewegt, dem er gehorcht. Das ist hier ebensowenig ein überflüssiger Zusatz als der Satz, daß der Christus Gott eigen sei, I 3, 23. Der eigensüchtige Wille des Menschen heißt jede Abhängigkeit Schande und Pein; so urteilt er aber, weil er gottlos ist. Da aber jede Vollmacht, die uns befähigt, andere zu regieren, Gottes Gabe ist, ist unsere Abhängigkeit und unser Gehorsam von Erniedrigung und Peinlichkeit völlig befreit. Wie der Christus dadurch der Herr ist, daß er gehorcht, so wird der Mann dadurch, daß er dem Christus gehorcht, zum Diener Gottes, und dasselbe gewinnt die Frau dadurch, daß sie sich dem Mann unterwirft und für ihn lebt. Ihr Gehorsam gegen ihren Mann ist ihre Ehre und ihre Kraft, die sie preisgibt, wenn sie sich neben ihm und gegen ihn eine Wirksamkeit in der Gemeinde verschaffen will.

Weil weder der Mann noch die Frau in einsamer Unabhängigkeit lebt und selbstherrlich über sich verfügen kann, sondern jeder an sein Haupt gebunden ist, bekommt es Wichtigkeit, ob sie sich Ehre oder Schande bereiten. Es gehört zu ihrem Dienst, daß sie ehrwürdig bleiben. Paulus vertreibt darum aus den Gottesdiensten alles, was unanständig ist und die Ehre verletzt. Er legt dabei Gewicht auf die Weise, wie sie den Kopf zeigen, weil am Kopf des Menschen besonders deutlich sichtbar wird, was er ist und was für ein Wert ihm zuerkannt werden muß. Wenn der Mann, um zu beten oder zu weissagen, seinen Kopf bedeckte, würde er seinen Kopf entehren; und dasselbe würde die Frau tun, wenn sie dazu den Kopf entblößte.[1] Nicht von der Tracht, die im Hause, auf der Gasse oder in der Gemeinde getragen wird,

---

[1] σποδῷ τὴν κεφαλὴν καταισχύνας vom Fastenden, Jos. a 20, 89. Auch hier geschah die Beschämung des Kopfs durch die Verunstaltung des Haars.

spricht Paulus, sondern von dem, was sie dann tun, wenn sie
sich betend und weissagend vor Gott und die Gemeinde stellen. Warum sich eine Frau schämen muß, wenn sie jetzt ihr
Haar aufdeckt, sagt der Satz, das sei dasselbe, wie wenn sie
rasiert wäre. Wäre sie dies, dann hätte sie sich dem Mann
völlig gleichgestellt und auf ihre Weiblichkeit gänzlich verzichtet. Einen rasierten Schädel heißt aber bei einer Frau
jedermann häßlich. Das empfänden alle als Unnatur. Damit
ist auch gesagt, warum ein Mann seinen Kopf entehrte, wenn
er ein Kopftuch anlegte. Er kleidete ihn damit in die weibliche Tracht, und das ist für einen Mann nicht ehrenhaft. Entweder soll sich die Frau als Frau fühlen und kleiden, was sie
tut, wenn sie das Kopftuch behält, oder dann benehme sie
sich ganz wie ein Mann und schneide das Haar kurz oder
rasiere es ganz. Was hier würdig und was hier häßlich sei, hieß
Paulus offenkundig.

Warum gilt aber nicht dieselbe Regel für den Mann und
für die Frau? Warum muß ihre Sitte verschieden sein? Das
ist durch die Weise, wie Gott sie schuf, gesetzt. Paulus denkt
an Genes. 1 und 2. „Der Mann ist Gottes Bild und Ruhm.‟
Am Mann macht Gott wahrnehmbar, was er ist; durch ihn
offenbart und verherrlicht sich Gott. Ihm ist aufgetragen,
im Gehorsam gegen den göttlichen Willen zu zeigen, wie
mächtig und gnädig Gott sei. Wie für den Mann der Grund
und der Zweck seines Lebens in Gott liegen, so liegen sie für
die Frau im Mann. „Sie ist der Ruhm des Manns‟, das große
Geschenk und die kräftige Hilfe, die Gott dem Mann gegeben
hat. An ihr wird sichtbar, was der Mann ist und hat, und sie
verschafft dem Mann die Möglichkeit zu seinem väterlichen
und zu seinem christlichen Werk. Das ist für beide durch die
Weise geordnet, wie sie geschaffen wurden. Aus dem Mann
und wegen des Mannes ist die Frau geschaffen. Bedeutsam
ist, daß hier Paulus im Unterschied von 1 Tim. 2, 14 nur an
Genes. 2 und nicht an Genes. 3 erinnert. Nicht erst die Sünde
der Frau stellt sie unter den Mann, und sie trägt ihr Kopftuch nicht als Zeichen ihrer Verschuldung.[1] Jetzt, da sie als

---

[1] Beim Rabbinat kommt dieser Gedanke vor, R. Genes. 17, 13.

Beterin und Prophetin vor Gott steht, wird nicht an ihre
Sünde gedacht. Im Christus ist diese aufgehoben. Aber die
durch die Schöpfung gegebene Ordnung wird durch den Christus nicht beseitigt, sondern geheiligt, weshalb die Frau ihre
Berufung mißversteht, wenn sie sich ihrer Weiblichkeit
schämt und sie verleugnen möchte. Weil sie Frau ist, „ist
sie verpflichtet, auf dem Kopf eine Vollmacht zu haben um
der Engel willen". Eine Ermächtigung, eine ἐξουσία, braucht
die Frau, da von dem geredet wird, was sie unternimmt. Als
Beterin und Prophetin nimmt sie für sich Macht in Anspruch
und greift wirksam in das Leben der Gemeinde ein. Diese
Macht bekommt sie nicht dadurch, daß sie ihre Weiblichkeit
abzustreifen sucht, sondern sie hat sie nur dann, wenn sie
ihrer weiblichen Pflicht genügt und ihr Verhältnis zu ihrem
Mann bewahrt, und das Zeichen, daß sie die ihm gehörende
und gehorchende Frau ist, trägt sie „auf dem Kopf", indem
sie das Kopftuch trägt.

Bei dieser Deutung ist die ἐξουσία der Frau zugeschrieben,
da diese einer Vollmacht bedarf, damit ihr Handeln richtig
sei. Eine andere Färbung erhält das Sätzchen, wenn sich
Paulus den Mann als den Besitzer dieser ἐξουσία dachte. Die
Macht des Manns über seine Frau trage diese mit dem Kopftuch auf ihrem Kopf, da dieses das Zeichen sei, daß sie ihrem
Manne gehöre.[1]

Wegen der Engel ist dieser Nachweis ihrer Berechtigung
ihr unentbehrlich. Wenn Paulus mißhandelt wird und leiden
muß, schauen Engel ihm zu, I 4, 9, und wenn die Gemeinde zur
Anbetung versammelt ist, sind Engel bei ihr. Ihren Dienst
bedarf die Frau, wenn der Geist sie zur Beterin oder zur
Sprecherin eines göttlichen Wortes macht, da die Engel sowohl das Gebet vor Gott als das göttliche Wort zum Menschen bringen. Wenig wahrscheinlich ist, daß Paulus daran
erinnere, daß den Engeln die Macht zu strafen übergeben sei,
weshalb sich die Frau vor ihnen fürchten soll, wenn sie die
Scham ablegt und sich in hoffärtiger Überhebung dem Mann
gleichstellen will. Den Anteil der Engel am Gottesdienst der

---

[1] רְשׁוּת בַּעֲלָהּ עָלֶיהָ, ἡ ἐξουσία τοῦ ἀνδρὸς αὐτῆς ἐστιν ἐπ' αὐτῆς, der Frau,
Tos. Kiddusch 1, 11.

Gemeinde dachte sich Paulus wie Johannes, bei dem die
Engel der Gemeinden diesen den Befehl des Christus bringen
und die Engel das Gebet der Kirche vor Gott tragen, Apok. 8,
3. 4; 5, 8. Die Vermutung, daß sich Paulus gefallene Engel
in der Versammlung gegenwärtig denke, die das entblößte
Haar anreize, sich in die Frauen zu vergaffen und sie zu mißbrauchen, war eine häßliche Phantasterei. Von Dämonen
hier zu reden, war ebenfalls textwidrig; denn Paulus hat die
Dämonen nicht Engel genannt.

Damit aber, daß die Unterordnung der Frau unter den
Mann geheiligt ist, ist ihr Verhältnis zueinander noch nicht
ganz beschrieben. Gott hat die beiden verschieden gemacht,
aber nicht voneinander getrennt.[1] Weder im Bereich der Natur
noch in seinem Reich werden der Mann und die Frau für sich
allein von seinem Wirken erfaßt. Im natürlichen Verkehr
bedarf der Mann der Frau und die Frau des Mannes, und
wenn der Christus den Mann ruft, gilt sein Ruf auch der Frau,
und wenn er die Frau heiligt, ist auch der Mann geheiligt,
I 7, 14. Auch dies, daß Gott beiden das gleiche Recht gewährt,
ist durch die Weise, wie der Mann entsteht, festgelegt. Der
erste Anfang machte seine Überlegenheit offenbar; denn dort
wurde die Frau aus ihm geschaffen. Aber in der Fortpflanzung
des Lebens wird der Mann durch die Frau; er verdankt sein
Leben seiner Mutter. Daß Paulus den Schöpferakt, der Adam
aus Eva schuf, und die mütterliche Leistung, die den Knaben
gebiert, nebeneinander stellte, zeigt, wie deutlich und stark
er im natürlichen Vorgang das göttliche Wirken empfand.
Als vom Weibe geboren ist ihm der Mensch κτίσις. Alles,
Mannheit und Weiblichkeit, der Ursprung der Menschheit
aus dem Mann und die Fortpflanzung der Menschheit durch
die Frau, ist Gottes Werk. Damit hat Paulus beiden gesagt,
was ihnen Unzufriedenheit mit ihrem Los verbietet und
Eifersucht und Zwietracht aus ihrer Gemeinschaft verscheucht.
Aus Gott ist ihre Verschiedenheit; darum ist sie unantastbar

---

[1] Der Satz οὔτε γυνὴ χωρὶς ἀνδρὸς οὔτε ἀνὴρ χωρὶς γυναικὸς ἐν κυρίῳ war
wohl als Sprichwort üblich; denn derselbe Satz steht R. Genes. 8, 8.
לֹא אִישׁ בְּלֹא אִשָּׁה וְלֹא אִשָּׁה בְּלֹא אִישׁ וְלֹא שְׁנֵיהֶם בְּלֹא שְׁכִינָה, οὔτε ἀνὴρ χωρὶς
γυναικὸς οὔτε γυνὴ χωρὶς ἀνδρὸς οὔτε οἱ δύο χωρὶς τοῦ θεοῦ.

und unzerstörbar; und aus Gott ist ihre Verbundenheit; darum ist sie Liebe und Eintracht. Während Paulus soeben ἐν κυρίῳ sagte, sagt er hier ἐκ τοῦ θεοῦ. Denkt er an das durch die Natur vermittelte göttliche Wirken, so stellen sich als Präposition ἐκ und als Gottesname ὁ θεός ein; denkt er daran, daß uns Gott die persönliche Gemeinschaft mit ihm gewährt, so braucht er als Präposition ἐν und als Gottesnamen κύριος.

Damit die Frau ihren Platz, den die Natur ihr gab, nicht verlasse, hat ihr Paulus letzte Wahrheiten vorgehalten. Als Frau ist sie Gottes Werk und in die Über- und Unterordnung hineingestellt, die Gottes Regierung überall herstellt und die vom Christus aus durch den Mann auch die Frau erfaßt. Daneben ist die Frage, wie die Frau ihr Haar behandle, zunächst zurückgetreten. Deshalb kommt Paulus noch einmal darauf zurück. Wie er sich bei dem großen Anliegen, bei der Feststellung der Grenze, die die Gemeinde vom griechischen Kultus trennte, auf das eigene Urteil der Korinther berief, I 10, 15, so wollte er auch jetzt die Tracht der Frauen nicht durch einen Machtspruch ordnen. Er wendet sich an ihr eigenes Empfinden, das es unanständig heißen müsse, wenn eine Frau, um zu beten, ihr Kopftuch ablege. Der Unterricht der Natur macht, daß sie so empfinden. Dem großen Erwerb der Griechen, der ihnen durch die Formung des Begriffs φύσις = Natur gelungen war, hat Paulus nicht große Bedeutung zugemessen. Er sprach mit κτίσις, Schöpfung, aus, was die Dinge für ihn waren, und daneben blieb sein Gebrauch von φύσις spärlich. Fremd blieb ihm aber auch das Wort „Natur" nicht, und zwar sah er in ihr nicht nur die wirkende Macht, die dem Menschen das Leben und das, was sein Leben erhält, darreicht, sondern auch die Spenderin der Lehre, die uns unser Denken verschafft. Gegen das, was „die Natur selber lehrt", gibt es aber keine Einrede; sie hat die Kraft, alle im selben Urteil zu einigen. Durch den natürlichen Vorgang und die von ihm geschaffene Empfindung wird aber langes Haar beim Mann und bei der Frau verschieden gewertet. Dort ist es schimpflich, häßliche Entstellung der Männlichkeit; hier ist es Ruhm, Schmuck und mehr noch als Schmuck, Decke. Da-

durch, daß die Natur der Frau die langen Haare gibt, weist
sie sie an, sich zu verhüllen. Paulus hat sich bemüht, aus der alles tragenden Erkenntnis
Gottes heraus den Zwist, der wegen des Kopftuchs entstan-
den war, zu schlichten. Vielleicht war aber sein Bemühen umsonst. Über das, was sich schicke oder nicht schicke, kann
man streiten, falls man Lust zum Streiten hat. Darum bricht
Paulus das Gespräch über diese Sache ab. Über die Weise,
wie wir uns kleiden, entscheidet die Gewohnheit; darüber
gibt es eine Sitte, die uns die Gemeinsamkeit des Lebens dadurch erleichtert, daß sie launische Absonderlichkeiten verwirft und uns anhält, uns so zu benehmen wie alle. „Wir haben
solche Gewohnheit nicht." Schwerlich heißt das: wir haben
nicht die Gewohnheit, über solche Dinge lange zu disputieren
und eigensinnig auf unserer Laune zu beharren. Ungewohnt
wird Paulus das heißen, daß die Frauen das Kopftuch ablegen. Für die Sitte, nach der die Korintherinnen ihre Tracht
ordnen, hat aber „unser" Urteil das entscheidende Gewicht,
das des Paulus, des Sosthenes und aller, die mit ihnen das
Wort in den Gemeinden verwalten. Aber nicht ihr Urteil
allein regelt die korinthische Sitte. Denn die Korinther sind
nicht die einzige Gemeinde, und es ist ein wichtiges Anliegen,
daß sie sich den anderen Gemeinden gleichförmig machen,
ihren Frauen die Stellung anweisen, die sie überall haben, und
nicht bei sich besondere kultische Sitten ausbilden. Indem
die vielen Gemeinden bei sich eine einheitliche Sitte herstellen,
machen sie die Einheit, die sie zu einer Gemeinschaft verbindet, offenbar. Verpflichtende Kraft hat die Rücksicht auf
die anderen Gemeinden deshalb, weil sie „die Gemeinden
Gottes" sind.

Der Zerfall des Gemeindemahls
11, 17–34

Im gottesdienstlichen Verhalten der Korinther gibt es noch
einen anderen Vorgang, dem Paulus sein Lob versagt. Wenn
die Korinther so zusammenkommen, daß eine ἐκκλησία, eine
zu gemeinsamem Handeln bereite Versammlung, beisammen

ist, wäre es der normale Zustand, daß sie dadurch jedesmal
gestärkt und bereichert würden. Nun aber werden sie durch
ihre Versammlungen geschwächt, nicht gestärkt, geschädigt,
nicht gefördert. Das erste, woran Paulus dabei denkt, ist, daß
bei den Versammlungen der Gemeinde ihr Zerfall in gegeneinander kämpfende Gruppen sichtbar wird. Wir haben wohl
an 1, 11. 12 zu denken. Daß die, die von den verschiedenen
Aposteln unterwiesen waren, untereinander zusammenhielten,
kam bei den Verhandlungen der Gemeinde zur Geltung. Das
machte ein einheitliches Urteil über die zu entscheidenden
Fragen schwierig, und da sie ihre Entschlüsse nicht durch
Gewalt, etwa durch das Übergewicht einer Majorität, entscheiden konnten, wurde die Verständigung oft unmöglich.
Die Nachrichten, die Paulus über die Debatten in Korinth
erhalten hatte, hielt er zum Teil für glaubhaft. Schwerlich
will er sagen, seine Berichterstatter hätten in ihren Erzählungen die Zerrissenheit der Gemeinde vermutlich übertrieben.
„Ich glaube es", sagt Paulus, wenn ihm eine Wahrnehmung
zur Gewißheit wurde, weil ihm der Vorgang im göttlichen
Gesetz und Regiment begründet schien. Im Verhalten der
Gemeinde, in der Umwandlung der Botschaft Jesu in eine
Wissenschaft, im Bemühen, die Herrschaft über die Gemeinde
zu gewinnen, in der selbstsüchtig ausgenützten Freiheit, sah
er Kräfte wirksam, die die Einheit der Gemeinde notwendig
zerstörten, und das, was mit Notwendigkeit aus dem folgt,
was ist, ist glaubhaft. Er wollte aber nicht von allem, was
in Korinth geschah, sagen, es sei unvermeidlich und ein Los,
das die Gemeinde, nachdem sie ist, was sie ist, tragen müsse.
Denn im folgenden spricht er gleich von einem Vorgang, der
die Zusammenkünfte der Gemeinde schwer schädigte, den er
aber nicht für unabwendbar hielt.

Zunächst begründet er aber, warum die Gemeinde nicht
einträchtig sein kann, warum er also an die bei ihnen vorhandenen Spaltungen glaubt. In gegeneinander arbeitende
Gruppen zerfällt die Versammlung, „weil es bei euch Parteien
geben muß". Aus dem Vorhandensein der Parteien entstehen
die Spaltungen, die die Verhandlungen unfruchtbar machen.
Bei der αἵρεσις ist daran gedacht, daß jede Gruppe durch be-

sondere Lehrsätze und Arbeitsmethoden zusammengeschlossen
ist.[1] Solche gegen die Gemeinde arbeitenden Gebilde muß es
deshalb geben, weil damit Erschütterung und Kampf in die
Gemeinde hineinkommt und diese das Mittel sind, durch das
die Echten und Brauchbaren ihre Bewährung erhalten. Daß
Echte und Unechte, für den Dienst des Christus Brauchbare
und Unbrauchbare voneinander geschieden werden, ist eine
göttliche Notwendigkeit, und den Anlaß, bei dem diese Scheidung in Kraft tritt, geben die von eigensüchtigen Zielen zu-
sammengehaltenen Sonderverbände. Wer sich von diesen
nicht fangen läßt und an ihrem Streit nicht teilnimmt, sondern die Einheit der Gemeinde zu schützen vermag, ist bewährt.

Die Not, die Paulus sofort beseitigt, war, daß es der Gemeinde unmöglich geworden war, das Mahl des Herrn zu
halten. Sie machte es sich dadurch unmöglich, daß „jeder
das eigene Mahl vorwegnimmt beim Essen"; dann, wenn man
in der Versammlung ißt, hält jeder das eigene Mahl. Dieses
ist aber nicht mehr das Mahl des Herrn. Früher machten die
Korinther ihre Versammlungen dadurch festlich, daß sie
Tischgemeinschaft übten und in der Versammlung ein gemeinsames Mahl für alle herstellten. Daraus konnte das Mahl
des Herrn entstehen, wenn nun das eine Brot verteilt und der
Becher der Danksagung gereicht wurde. Denn damals war
das Mahl nicht wie jetzt das dieses oder jenes Korinthers. In
der letzten Zeit hatte aber die Gemeinde die Tischgemeinschaft aufgegeben. Auch jetzt noch wurde zwar in den Versammlungen gegessen, aber so, daß jeder für sich selber sorgte.
Es ist leicht begreiflich, daß die Versammlung, wenn religiöser Streit und Parteikampf vorangegangen war, nicht mehr
in der Stimmung war, ein gemeinsames Essen anzuschließen.
Für Tischgemeinschaft, dieses stärkste Zeichen völliger und
fester Gemeinschaft, gab es nicht mehr Raum.

---

[1] Zur Unterscheidung zwischen den σχίσματα und den αἱρέσεις vgl. den
Unterschied zwischen מַחֲלֹקֶת und מִין. Zwischen dem Hause Hillels und
dem Hause Schammais bestand ein σχίσμα, מַחֲלֹקֶת; dagegen sind die
Saddukäer αἵρεσις, מִין.

Anstoß nahm Paulus an diesem Verfahren deshalb, weil es die Unterschiede im Anteil an den Lebensmitteln ausstellte. Ein Ausgleich fand nicht statt. Der eine hatte zuwenig, der andere zuviel. Neben dem Hungernden sitzt der Trunkene. Und doch begehrte die Gemeinde nach der Ehelosigkeit! Das ist freilich unbegreiflich, wenn man ihr die Askese der Büßenden zutraut, verbindet sich aber fest mit jener Kennzeichnung der Gemeinde, die sie als die Gesättigten, reich Gewordenen und zum Herrschen Gelangten beschreibt, I 4, 8. Damit war alles, was die Natur uns darreicht, der Leib mit allen seinen Funktionen, sei es die Ernährung oder die Ehe, der freien Verfügung der einzelnen übergeben. In diesem Bereich näherte sich keine Gefahr und entstand keine bindende Pflicht. Reich zu sein, den Reichtum vor der Gemeinde beim heiligen Mahl auszustellen und dabei den Becher so oft zu füllen, daß er betrunken machte, war ebensowenig sündlich als die Entlassung der Frau oder die Einreichung einer Klage vor dem städtischen Gericht. Bei der Verwaltung der natürlichen Dinge dachte jeder nur an sich selbst. Darum betätigte er auch beim gemeinsamen Mahl seine Freiheit dadurch, daß er sich selbst ein festliches Mahl bereitete. Wieder wird uns der Jubel hörbar, der die Versammlungen füllte und auch dadurch nicht gedämpft wurde, daß das Mahl Jesu der Gemeinde seinen Tod vergegenwärtigte. Auch jetzt machte der reichliche Wein aus dem Mahl die jubelnde Feier. Die Korinther blieben auch damit bei der jüdischen Weise. Denn die Becher des Paschamahls brachten nicht selten lärmenden Jubel hervor.

Wenn das Essen nur der eigenen Sättigung dient, gehört es in das eigene Haus. Wird es dagegen in die Versammlung verlegt, so führt dies zur Mißachtung der Gemeinde Gottes. Wenn jeder nur sich selber sättigt und sich nicht darum kümmert, ob auch die anderen das Nötige haben, ist dies dieselbe Geringschätzung der Brüder, wie wenn sie ihnen die Schlichtung ihrer Streitigkeiten nicht anvertrauen oder am heidnischen Opfermahl teilnehmen, ohne zu erwägen, wie ihr Verhalten auf die anderen wirken wird. Liegt es ihnen nur an ihrem eigenen Genuß, so gelten ihnen die Brüder, die

doch mit ihnen zusammen die Gemeinde Gottes bilden,
nichts.

Paulus hat von den Reichen nicht verlangt, daß sie auf
ihren Besitz verzichten. Die Gemeinde vereint Reiche und
Arme. Dies legt aber auf sie die Pflicht, die Armen vor Mißachtung zu schützen, und diese wird verletzt, wenn sich der
Überfluß neben den Mangel stellt, als wäre dieser das unab-
wendbare Los der Armen. Die Unterschiede im Besitz, die
in der Gemeinde vorhanden waren, gaben Paulus sonst zu
keiner Mahnung Anlaß. Er urteilte, dieser Gegensatz sei
leichter zu überwinden als der zwischen den Freien und den
Knechten und der zwischen den Juden und den Griechen.
Überwinden ließ sich aber dieser Gegensatz nur dann, wenn
an der Armut keine Entehrung haftete. Wurde der Arme als
minderwertig behandelt, so ergab sich aus dem Unterschied
im Besitz ein Riß, der die Gemeinde zersprengte, und der
Arme war geringschätzig behandelt, wenn der Reiche seinen
Überfluß vor seinen Augen ausstellte. Paulus hat damit
an die Christen denselben Anspruch gestellt, den Jakobus,
2, 1 f., an sie gerichtet hat.[1]

Darüber, wie die Gemeinde ihre Mahlzeit einrichten will,
entscheidet sie in Freiheit, ohne daß sie dabei ein anderes
Gebot bindet als das, das für den Nächsten dieselbe Schätzung verlangt wie für uns selbst. Über das Mahl des Herrn
verfügt dagegen nicht die Gemeinde. Hier ist er selbst der
Handelnde, der Gebende, der Speisende, und sie muß, wenn
sie an seinem Mahl teilhaben will, das tun, was der Herr
getan hat, und das begehren, was er den Jüngern gegeben hat.
Über das Mahl Jesu hat auch Paulus keine Macht; es ist nicht
seine Schöpfung; vielmehr hat er der Gemeinde überliefert,
was er empfangen hatte. Wenn sie sich am Abendmahl vergreift, lehnt sie sich gegen das ganze Apostolat auf, nicht nur
gegen Paulus. Die Beseitigung des Herrenmahls trennte sie
ebenso sehr von allen Aposteln wie der Verzicht auf die Osterbotschaft, I 15, 3.

---

[1] καταισχύνετε τοὺς μὴ ἔχοντας berührt sich wörtlich mit Mi. Taan. 4, 11:
beim festlichen Tanz in Jerusalem trugen alle geliehene weiße Gewänder
שֶׁלֹּא לְבַיֵּישׁ אֶת־מִי שֶׁאֵין לוֹ, εἰς τὸ μὴ καταισχύνειν τὸν μὴ ἔχοντα.

Was Paulus empfing, kam vom Herrn. Die beiden Worte
„übernehmen" und „übergeben" mit ihrer genauen Korre-
spondenz sind die Formel, mit der das Rabbinat sein Wirken
beschrieb und seine Autorität begründete.[1] Mit ihr hat auch
Paulus beschrieben, was er dann tat, wenn er die Gemeinde
an der Geschichte Jesu beteiligte. Mit derselben Formel begründet er die unanfechtbare Geltung der von ihm erzählten
Passions- und Ostergeschichte, I 15, 3. Nicht παρά, sondern
ἀπὸ τοῦ κυρίου sagte Paulus, weil zwischen Jesus und ihm die
standen, die ihn über das unterrichteten, was Jesus in seiner
letzten Nacht getan hatte. Die Gewährsmänner, denen er das
Abendmahl verdankt, nennt er nicht, weil sie über das Abendmahl ebensowenig Macht hatten als er selbst. Gewicht hat
einzig, daß das, was überliefert wird, vom Herrn herkommt.
Weder hier noch 15, 3 lassen sich die Worte auf etwas anderes
beziehen als auf das, wofür sie ein völlig fester Sprachgebrauch
verwendet hat, auf die von Mund zu Mund weitergegebene
Überlieferung. Dagegen kann Gal. 1, 1 nicht angerufen werden; denn als Paulus sagte, er sei durch Jesus Christus und
Gott den Vater zum Apostel geworden, sprach er nicht von
einer durch einen Mythus geschaffenen Figur, sondern von
Jesus und dem, was an ihm und durch ihn geschehen war,
und mit dem Geschehenen verbindet uns nicht Vision,
sondern Zeugenschaft, die von Mund zu Mund weiter-
gegeben wird.

Damit hat Paulus gesagt, daß der Bericht über das, was
Jesus in der letzten Nacht getan hat, die gültige Norm für
alle Gedanken, Begehrungen und Handlungen der Kirche sei,
wenn sie das Mahl des Herrn hält. Nur dadurch ist es sein
Mahl, daß das gesagt und getan wird, was er selbst gesagt und
getan hat. Damit ist festgestellt, daß Paulus keine Abend-
mahlslehren zugeschrieben werden können, die der Handlung
Jesu widersprechen. Jesus sprach von seinem Leib und seinem
Blut, durch die er sein menschliches Leben lebte. Von ihnen

---

[1] παραλαμβάνειν und παραδιδόναι wurden vom militärischen σημεῖον gesagt. ὁπότε μὲν παραλαμβάνοι τὸ σημεῖον, ὁπότε παραδιδοίη Jos. a 19, 31.
כְּשֵׁם שֶׁקִּיבַּלְתִּי — כָּךְ מָסַרְתִּי לָךְ, καθὼς παρέλαβον — οὕτως παρέδωκά σοι,
Tanch. בראשית 10. 6.

spricht auch Paulus, nicht von einer himmlischen Substanz. Er beschreibt mit dem, was er der Gemeinde erzählt, nicht eine Tat des erhöhten Christus, sondern die Tat dessen, der zum Sterben bereit war und eben deshalb aus seinem Leib und Blut die Gabe machte, die er seinen Jüngern übergab. Zu diesen Worten Jesu hat sich Paulus ausdrücklich bekannt.

Der Zeitpunkt, in dem Jesus das Mahl hielt, ist für den Sinn des Abendmahls bedeutsam; es war die Nacht, in der er seinen Richtern überantwortet wurde. Er nahm also mit dem Mahl von den Jüngern Abschied. Wichtige Züge der Passionsgeschichte sind damit in Übereinstimmung mit den Evangelien festgestellt. Da das festliche Mahl der Verhaftung vorausging, ist der Gang in den Tod als Jesu freie Tat gekennzeichnet, und da die Verhaftung in der Nacht geschah, hat auch Paulus erzählt, daß sie die Tat der jüdischen Machthaber, nicht die der Römer, war. Dagegen ist nicht gesichert, daß er bei παρεδίδοτο an die Mitwirkung des Judas bei der Verhaftung Jesu dachte. παρεδίδοτο steht neben παρεδόθη Röm. 4, 25; der, der Jesus der Gewalt seiner Richter übergab, war Gott.

Zum Abendmahl gehören das Brot und der Becher. Als bedeutsam empfand Paulus, daß Jesus für das Brot, das er nahm, die Danksagung sprach. Darin, daß er den Jüngern dieses Brot geben konnte, erlebte er die göttliche Gnade. Was Jesus tat, war nicht Klage, die das Kreuz beweinte, nicht ein Totenmahl, mit dem der Tote noch einmal geehrt werden soll, sondern die Übermittlung der göttlichen Gabe an die Seinen. Daher ist der Becher τὸ ποτήριον τῆς εὐλογίας 10, 16. Bedeutsam ist weiter, daß Jesus die Brotscheibe in Stücke zerlegte. Nachdem gesagt war, daß er sie „zerbrach", muß nicht noch besonders gesagt werden, daß er sie den Jüngern reichte; denn das Brechen der Brotscheibe leitet die Austeilung der Stücke an die Jünger ein. Auf die, denen er sie gab, hat Paulus den Blick gar nicht gerichtet. Vorausgesetzt ist, daß man in Korinth wußte, daß Jesus sein Mahl mit den Zwölfen hielt; vgl. I 15, 5. Aber die Handlung bekommt ihren Inhalt nicht durch das, was die Jünger dachten und taten, weshalb der Blick ein-

zig auf das gerichtet wird, was Jesus tat. Dadurch bekommt
die Handlung sofort die Beziehung zur ganzen Kirche. In dieses ὑμεῖς sind auch die Korinther eingeschlossen. Denn durch
den Becher wird die Einsetzung in den neuen Bund empfangen,
und dieser wird nicht nur mit den Zwölfen geschlossen. Gottes
Verfügung ordnet das Verhältnis, in dem von nun an die
Menschheit zu ihm steht. Was Jesus damals der Kirche gab, sagte er durch das die
Handlung deutende Wort. Er hieß das Brot seinen Leib, den
er damit, daß er den Jüngern die Brotstücke reichte, ihnen
übergab. Das dem Leibe gegebene Attribut τὸ ὑπὲρ ὑμῶν ist
gerade dadurch beredt, daß das, was es sagt, nicht völlig ausgesprochen wird: der für euch! nämlich getötete. Nur das
heilsame Wort „für euch!" wird gesagt; das schwere „getötet!" bleibt unausgesprochen. Paulus könnte τὸ ὑπὲρ ὑμῶν
zwar auch mit dem Ewigkeitsbewußtsein Jesu verbunden
haben. In seiner ewigen Einheit mit dem Vater bedurfte er
des Leibes nicht. Zur Ausrüstung seiner Sendung empfing er
ihn um der Menschen willen, damit er mit ihnen und für sie
lebe und sterbe, und wie er seinen Leib um ihretwillen empfangen hat, so macht er jetzt, da er seine Sendung vollendet
hat, aus seinem Leib für sie die heilsame Gabe. Aber der
Spruch über den Leib läßt sich von dem über das Blut nicht
trennen, und durch diesen ist gesichert, daß Jesus durch das,
was er tat, die Heilsmacht seines Todes verkündete. In ihr
wird auch die Heilsmacht seiner Menschwerdung wirksam;
aber diese hat Paulus nicht isoliert für sich gedeutet. Was in
jener Nacht der Deutung bedurfte, war das, was mit der Übergabe seines Leibes in den Tod geschah. Das bestätigt die
Fassung des Wortes bei Lukas τὸ ὑπὲρ ὑμῶν διδόμενον, Luk.
22, 19; damit ist gesagt, wie im paulinischen Kreis τὸ ὑπὲρ
ὑμῶν verstanden worden ist. Seinen für sie getöteten Leib hat
Jesus zum Eigentum seiner Gemeinde gemacht.

Darauf folgt das Gebot Jesu, das aus seiner Handlung die
der Jünger macht. „Dies tut"; das Pronomen bezieht sich
nicht nur darauf, daß Jesus ein Brot nahm, zerteilte und den
Jüngern gab, sondern umfaßt auch die Worte, durch die erst
erkennbar wird, was durch die Handlung Jesu geschah. Sie

werden dadurch zur heiligen Formel, die in der Kirche immer
wiederholt werden soll. Die Wiederholung dessen, was Jesus
tat, soll dazu geschehen, daß die Jünger seiner gedenken. Wie
er dadurch, daß er ihnen seinen Leib übergibt, seine Gemeinschaft mit ihnen unvergänglich macht, so soll auch in ihnen
die Erinnerung an ihn nicht erlöschen, durch die sein Wort
bei ihnen gegenwärtig bleibt. Der Satz gehört nicht zum Bericht des Matthäus und Markus, erscheint dagegen in der
lukanischen Überlieferung. Irgendeine literarische Beziehung
zwischen Luk. 22, 19. 20 und 1 Kor. 11, 24. 25 ist wahrscheinlich; aber es läßt sich nicht beobachten, welcher Art diese
Beziehung war. Weil dieser Satz mit der Handlung Jesu verbunden war, ist aus der Handlung Jesu die der Kirche geworden. Die Wirkung dieses Worts zeigen die Evangelien
darin, daß sie sämtlich Passionsgeschichte sind. Der natürliche Trieb, über das furchtbare Ende Jesu hinwegzusehen, ist
in den Evangelien gänzlich überwunden. Der Blick der Jünger
war beständig auf das Kreuz Jesu gerichtet, und dies so, wie
das Abendmahlswort es verlangt, so, daß sein Tod nicht als
finsteres Rätsel, nicht nur als Anklage gegen Israel, nicht
nur als Vollzug des göttlichen Gerichts, sondern als die
Offenbarung des Christus in der königlichen Macht seiner
Gnade gewürdigt wird. Dieselbe Wertung des Todes Jesu
formte die Botschaft des Paulus; auch sie war die beständige
Erinnerung an den Christus, der seinen Leib für die Menschheit gab.

Daß nun die Jünger das Brot aßen, von dem Jesus gesagt
hatte, daß er ihnen mit ihm seinen Leib gebe, müssen wir uns
hinzudenken. Paulus hat es nicht erzählt, weil er einzig auf
das sieht, was Jesus tat. Daß aber das Essen der Jünger zur
Handlung gehört, ist dadurch gesichert, daß Paulus erzählt
hat, Jesus habe das Brot in Stücke zerlegt. Brot wird dazu
gegeben, damit es gegessen werde, wie der Becher dazu gegeben wird, damit man aus ihm trinke. Aber bedeutungslos
ist es nicht, daß Paulus nicht vom Essen und Trinken der
ersten Abendmahlsempfänger sprach. Jesu Tat in der Herrlichkeit ihrer Gnade und Macht füllt in diesem Moment sein
Sehfeld völlig aus. „Die Liebe Jesu hält mich gefangen",

21*

II 5, 14; das bestimmt auch die Weise, wie er den Abschied
Jesu erzählt.

„Ebenso auch den Becher nach dem Essen." Das ὡσαύτως
umfaßt außer ἔλαβεν auch εὐχαριστήσας und das auf ἔκλασεν
folgende ἔδωκεν. Hier erst erfahren wir, daß die Austeilung
des Brots während eines Mahles geschah, das Jesus mit den
Jüngern hielt. Paulus setzte bei den Korinthern einen Bericht
über die letzte Nacht Jesu voraus, der ihnen sagte, daß er vor
seiner Verhaftung ein Mahl mit ihnen hielt. Ob es Paulus für
das Paschamahl hielt, ist nicht erkennbar; δειπνῆσαι spricht
eher dafür, daß er dem Mahl keinen kultischen Charakter zuschrieb.

Dieser Becher ist der neue Bund; er stellt den, der ihn trinkt,
in die neue Ordnung hinein, die nun Gottes Verhalten zur
Menschheit bestimmt. Diese Wirkung hat der Becher durch
das Blut Jesu; er verleiht dem Menschen Gottes neues Handeln wegen des von Jesus gelittenen Tods. Die Teilhaberschaft
am Blut des Christus, 10, 16, ist also Anteil am neuen Bund.
In Luk. 22, 20 gehört ἡ καινὴ διαθήκη ἐν τῷ αἵματί μου zusammen. Damit ist gesagt, der neue Bund habe im Blute Jesu
seinen Grund, die neue Verfügung Gottes bestehe in Kraft des
Todes Jesu. Im Satz des Paulus wird ἐν τῷ ἐμῷ αἵματι an ἐστί
angeschlossen sein. Daß der Becher den Anteil an Gottes neuer
Gnade gibt, hat Jesus durch sein Blut bewirkt; die Heilsmacht des Bechers ist die Folge und Frucht seines Tods.
„Dies tut"; auch dieses τοῦτο umfaßt sowohl die Darbietung
des Bechers als das Wort, das den Tod Jesu als die Begründung des neuen Bundes feiert und aus dem Trinken des Bechers die Einsetzung in die Gnade der neuen Gemeinschaft
mit Gott macht.

„Jedesmal, wenn ihr trinkt"; gemeint ist deutlich: wenn ihr
in der versammelten Gemeinde den mit Wein gefüllten Becher
trinkt, dann soll das Trinken so geschehen, daß die Erinnerung
an Jesus in der beschriebenen Weise erneuert wird. Ein Gebot,
bei jedem Mahl der Gemeinde den Becher zu trinken, hat
Paulus nicht ausgesprochen. Er setzt voraus, daß nicht immer,
wenn für die Versammlung das Mahl gerüstet wird, auch
Wein vorhanden sei. Wenn sie aber einen Weinbecher haben,

dann soll er in der Erinnerung an Jesus so getrunken werden,
daß damit der durch das Blut Jesu geschaffene Bund empfangen wird.

„Jedesmal, wenn ihr dieses Brot eßt und den Becher trinkt",
dieses Brot, das durch das, was Jesus von ihm gesagt hat, von
jedem anderen Brot unterschieden ist. Beim Becher war das
Pronomen entbehrlich; denn die Verschiedenheit dieses Bechers von jedem anderen festlichen Trunk war dadurch gegeben, daß er zusammen mit dem Essen dieses Brotes getrunken wird. Jedesmal, wenn ihr dies tut, „verkündigt ihr den
Tod des Herrn". καταγγέλλετε wird Indikativ sein und feststellen, was die Gemeinde durch diese Handlung tut. Damit
ist ihr gesagt, welches die würdige Weise sei, das Mahl zu
halten. Würdig, seinem Sinn und Zweck entsprechend, wird
es dann gehalten, wenn es die Verkündigung des Todes Jesu
ist. Daß dieser immer wieder verkündigt werden muß, ergibt
sich daraus, daß der Tod Jesu der Beginn des neuen Bundes
ist. Die alles andere Geschehen überragende Herrlichkeit
dessen, was Jesus durch seinen Tod geschaffen hat, macht es
zum Beruf der Gemeinde, seinen Tod zu verkündigen. Nie
kann aber der Preis des Kreuzes das einzige Wort der Gemeinde sein. Die Kreuzesgestalt des Christus ist nicht seine einzige
Gestalt. Seine Sendung gab ihm den königlichen Beruf, den
er dann erfüllen wird, wenn er kommt. Bis er aber kommt,
besteht das, was die Gemeinde zu tun hat, darin, daß sie die
Verkündigerin seines Todes sei. Was Paulus sagt, zeigt nicht
deutlich, daß er in ihrem Mahl die Vorausdarstellung des kommenden Mahles sah, das der verherrlichte Christus mit den
wieder um ihn versammelten Jüngern halten werde. In der
palästinischen Christenheit mag der Jubel der Hoffnung beim
Abendmahl stärker hörbar gewesen sein als in den Gemeinden
des Paulus, denen er „Christus als den Gekreuzigten vor die
Augen gemalt hatte", Gal. 3, 1. Aber ein Loblied auf den Gekreuzigten, das nicht auch den Kommenden pries, gab es damals noch nie.

Nun werden die Folgerungen für das Verhalten der am
Mahl Teilnehmenden gezogen. „Wer das Brot ißt und den
Becher des Herrn trinkt"; τοῦ κυρίου greift vom Becher auch

hinüber auf das Brot. Des Herrn Brot und des Herrn Becher
ist es, weil die Gemeinde bei ihrem Mahl das tut, was der Herr
getan hat. Seine Gabe sind das Brot, das ihr die Teilhaberschaft an seinem Leibe verleiht, und der Becher, der ihr den
Anteil an seinem Blut verschafft. In würdiger Weise ißt und
trinkt sie, wenn sie das Brot als sein Brot ißt und den Becher
als seinen Becher trinkt, die das für sie wirksam machen, was
er mit seinem Leib und Blut für sie erwarb. Nicht die Teilnehmer am Mahl werden in Würdige oder Unwürdige eingeteilt; wohl aber sollen sich alle prüfen, wie sie sich verhalten,
da man auch in einer Weise am Mahle teilnehmen kann, die
dem widerspricht, was Jesus mit diesem Brot und diesem
Becher der Gemeinde gegeben hat. Wer dies verkennt und
mißachtet, trägt die Schuld, die der getötete Leib und das
vergossene Blut des Herrn auf den Menschen legen.

Jedem Juden war es unmittelbar verständlich, wenn ihm
gesagt wurde: Du bist mitschuldig, ἔνοχος, am Tode Jesu.[1]
Eben dazu, damit er vom Anteil an der Schuld seines Volks
befreit sei, wurde ihm das Brot und der Becher Jesu gegeben.
Er ist aber von seiner Schuld nicht befreit, im Gegenteil persönlich an ihr beteiligt und an sie verhaftet, wenn er dem
Mahl Jesu seinen Sinn nimmt. Es entstand aber beim Mahl
Jesu für Paulus kein Unterschied zwischen den Juden und
den Griechen; denn Jesus war nicht nur für die Sünden der
Juden, sondern für die der Welt gestorben. Auch der Grieche
machte sich seines Todes schuldig, wenn er seinen Leib und
sein Blut mißachtete.

Das ist dieselbe Vergegenwärtigung des Todes Jesu wie die,
die Paulus dann vollzieht, wenn er die Wirkung des Kreuzes
auf jeden einzelnen überträgt. Von einer Versündigung gegen
das Brot oder gegen den Wein wußte er nichts; denn er suchte
den gekreuzigten Leib Jesu nicht im Brot und sein vergossenes
Blut nicht im Wein. Wer sich aber der Gnade des neuen Bundes rühmt, weil der Ruf des Christus zu ihm kam, ist mit seinem Leib und seinem Blut in Verbindung gebracht; denn das,

---

[1] Mit ἔνοχος ἔσται τοῦ σώματος καὶ τοῦ αἵματος vgl. Jefta und Pinehas
שְׁנֵיהֶם נִתְחַיְּבוּ בְּדָמֶיהָ, οἱ δύο ἐγένοντο ἔνοχοι ἐν τοῖς αἵμασιν αὐτῆς, der Tochter
Jeftas, Tanch. בחקתי 7. 113.

was er empfangen hat, ist die Wirkung seines Leibes und seines Bluts. Wenn er aber alles, was den Leib angeht, für belanglos hält, wird er den Leib und das Blut Jesu gering achten
und sein Kreuz entleeren und sich dadurch zu denen gesellen,
die seinen Tod verschuldeten. Die Umdeutung des Leibes in
einen himmlischen Leib und des Blutes in ein verklärtes Blut
wird durch dieses Wort verboten. Paulus hat nicht gesagt, daß
ein so Essender für die verklärte Leiblichkeit Jesu verantwortlich werde; wohl aber kann die Schuld an der Tötung seines
Leibes und der Verschüttung seines Blutes auf ihn fallen.
Entweder ehrt er dankbar den Leib und das Blut des Christus
als das Mittel, durch das Gott ihm seine Gnade gab, und „segnet den Becher", weil er die versöhnende Kraft des Blutes
Jesu erkennt, dann gehört er zu denen, für die der Leib getötet
und das Blut verschüttet wurde; oder er verleugnet die Heilsmacht des getöteten Leibes und verkennt die sühnende Kraft
des verschütteten Blutes, weil er sich in eigener Kraft um den
Tod des Christus herum der Gnade Gottes bemächtigen will,
dann gehört er zu denen, die den Leib Jesu dem Tod übergaben und sein Blut verschütteten.

Redlich, tüchtig, geprüft und erprobt muß der Mensch sein,
der das Brot des Herrn essen will. Dazu kann und soll sich
aber jeder machen. δοκιμαζέτω ἑαυτόν heißt mehr als „er prüfe
sich"; das Wort umfaßt auch das Ergebnis der Prüfung und
sagt, daß sie zur Feststellung der Echtheit und Brauchbarkeit
geführt habe, II 13, 5. Der sich Prüfende ist dessen gewiß geworden, daß er sich dem Kreuz Jesu nicht widersetzt, sondern
durch sein Kreuz sein Eigentum geworden ist. Nun soll er
essen; denn nun ist er willig und fähig, den Tod des Christus
zu verkünden.

Denn „wer ißt und trinkt, ißt und trinkt sich selbst ein
Urteil". Es ist leicht begreiflich, daß ein beträchtlicher Teil
der Überlieferung hier ἀναξίως eingeschoben hat, da die Meinung des Paulus nicht sein kann, daß jeder am Mahl Teil-
nehmende ein Gericht in sich hineinnehme. κρίμα läßt sich
nicht neutral fassen, so daß nur gesagt wäre, mit seinem Essen
sei ein Urteil verbunden, das ihm seinen Anteil an Gott zu-
messe, sei es Rechtfertigung oder Verurteilung. Wenn das

Mahl nicht Anteil an der Gnade des Christus gibt, sondern ihn
zum Richter des Menschen macht, ist dieses Urteil Verurteilung. Dennoch ist es möglich, daß Paulus das Essen und Trinken ohne Bestimmung ließ und dem Satz erst mit dem ihn
schließenden Wort seinen Sinn gab: „dann, wenn er den Leib
nicht unterscheidet". Er löscht den Unterschied aus, der den
Leib Jesu von unserem Leib und sein Sterben von unserem
Sterben trennt. Jesu Leib gilt ihm nicht mehr als irgendein
Leib und sein Tod bedeutet nicht mehr als unser Sterben. Was
am Kreuz geschehen ist, erhebt sich nicht über andere Kreuze;
es ist eine Geschichte wie tausend andere, ohne daß seine Wirkung die jetzt Lebenden erreicht. Auf den, der seinen Tod mißachtet, fällt das Urteil des Christus, und dies gerade dann,
wenn er sich zu seinem Tisch begibt, also von sich sagt, er sei
des Christus, durch ihn geheiligt und von ihm befreit. Das
traf vermutlich wuchtig die korinthischen Meister. Wer „den
Pfahl des Christus leer machte", 1, 17, der machte aus seinem
Ende eine vergangene Geschichte und aus seinem Leib einen
Leib wie alle anderen.

Unverkennbar sagt hier Paulus vom Mahl, es sei mit göttlicher Wirkung gefüllt. Von Symbolik, von einem himmlischen
Zeichen, das eine Lehre anschaulich mache, läßt sich hier
nicht reden, auch nicht nur von der göttlichen Verheißung,
die sich der Essende aneignen dürfe. In sich hinein ißt und
trinkt er Gnade oder Gericht. Das Brot und der Becher sind
des Herrn Brot und Becher; er ist der Gegenwärtige und Wirkende. Aber auch hier sagt Paulus von dem, den Jesus richtet,
nicht, er habe seinen Leib gegessen und sein Blut getrunken.
Was er ißt und trinkt, ist der Spruch des Christus, der ihm
seine Versündigung anrechnet und ihn für sie bestraft.

Das, was die Korinther erlebten, machte ihnen das strafende Handeln des Christus wahrnehmbar. „Es gibt bei euch
viele Schwächliche und Sieche, und manche schlafen", nämlich als Gestorbene, I 7, 39; 15, 6. 18. Das geschieht ihnen
deshalb, weil man nicht das Mahl Jesu halten und gleichzeitig
seinen Leib mißachten kann. An seinem Leibe wird gestraft,
wer den Leib Jesu mißachtet. ἀσθενεῖς kann weitere Bedeutung haben als ἄρρωστοι, das vom Sprachgebrauch bestimmter

auf körperliche Gebrechen bezogen wird. Zu den „Kraftlosen"
gehören vielleicht auch die, „deren Bewußtsein kraftlos ist",
8, 7—10. Die Gnade gibt Kraft und Leben, das Gericht verhängt Krankheit und Tod. Von einer zauberhaften Wirkung
des Brotes und Weins läßt sich nicht sprechen. Nicht Gift ißt
und trinkt der, der den Leib nicht unterscheidet, sondern
κρίμα. Von Stoffen spricht Paulus nicht, auch nicht von einer
geistlichen Materie, sondern vom Christus, dessen Wille in
Gericht und Gnade den Zustand des Menschen bestimmt. Der
Satz gehört zu denen, die den Einfluß der Widersacher des
Paulus hoch einschätzen und über einen längeren Zeitraum
ausdehnen. Ohne dies spräche er nicht von manchen Todes-
fällen.

Das Gericht des Christus ist aber nicht ein unabwendbares
Schicksal, dem der Mensch wehrlos preisgegeben wäre. Wenn
der Mensch sich selbst untersucht und bei sich scheidet, was
wahr und unwahr, geistlich und fleischlich, göttlich und verwerflich ist, wird er nicht gerichtet. Auch dieser Satz, der der
Gemeinde zeigt, wie sie das Gericht des Christus vermeiden
kann, macht deutlich, daß Paulus an ganz anderes als an ma-
gische Wirkungen dachte. Durch das διακρίνειν ἑαυτόν geschieht das δοκιμάζειν ἑαυτόν, Vers 28; denn damit scheidet
der Mensch, was unwahr und gottlos ist, aus seinem inwendigen Leben aus. διακρίνειν ἑαυτόν, κρίνεσθαι, κατακριθῆναι sind
die drei Stufen, in denen sich das gerichtliche Verfahren vollzieht. Auch jetzt, da Paulus von solchen spricht, die der
Christus richtet, gibt er die Unbedingtheit des Glaubens nicht
auf. Er urteilt über die krank gewordenen und vorzeitig gestorbenen Korinther ähnlich wie über den Unzüchtigen, dessen
Geist dadurch gerettet werden soll, daß er dem Tode übergeben wird, 5, 5. Verurteilt sind die mit Krankheit und Tod
bestraften Korinther noch nicht; was sie leiden, ist eine Züchtigung, die ihnen gerade dazu widerfährt, damit sie nicht der
Welt zugerechnet und mit ihr verurteilt werden. Sie haben ja
die Botschaft des Christus empfangen und sind sein Eigentum
geworden. Dadurch sind sie von der Welt geschieden und
bleiben es auch dann, wenn der Herr sie bestraft. Von der
κατάκρισις unterscheidet sich die παιδεία dadurch, daß sie

nicht die Verweigerung der Vergebung in sich hat und nicht
die Aufhebung der Gemeinschaft will, sondern die Überwindung der Sünde und die Erhaltung der Gemeinschaft anstrebt.
Nachdem der Ernst sichtbar geworden ist, der den Tisch
Jesu gegen alles schützt, was ihn entweiht, hält Paulus nur
noch wenige Worte für nötig, um den Zerfall des gemeinsamen Mahls abzustellen. Sie dürfen nicht so zum Essen zusammenkommen, daß sie zum Gericht zusammenkommen. Sie
dürfen also aus dem gemeinsamen Mahl nicht eine Demon-
stration ihrer Zwietracht und die Entehrung ihrer Armen
machen. Gegen den festlichen Ton des Mahls hat er dagegen
auch jetzt nichts eingewandt; er erneuert ihn vielmehr dadurch, daß er die Gemeinsamkeit der Mahlzeit wiederherstellt.
Mit ἀλλήλους ἐκδέχεσθε verlangt er zunächst, daß sie auf-
einander warten. Aber die Mahnung greift vermutlich darüber
hinaus und denkt auch daran, daß sie ihre Nahrungsmittel
ausgleichen, wodurch die Bloßstellung der Armen verhütet
wird. Das entscheidende Gewicht legte er aber nicht auf die
gemeinsame Mahlzeit; weit größere Wichtigkeit hat der Tisch
und Becher Jesu für das Leben der Gemeinde. Wenn einer,
weil er hungert, nicht auf den Zeitpunkt warten will, auf den
das gemeinsame Mahl gelegt ist, so macht ihm Paulus die Teilnahme an diesem nicht zur Pflicht. Nur esse er dann nicht
in der Versammlung, sondern zu Hause. Damit hat er die
Trennung des Abendmahls von der gemeinsamen Mahlzeit
zwar nicht angeordnet, aber eingeleitet. Im Zusammenhang
mit der von der Gemeinde geübten Tischgemeinschaft gab es
noch andere Fragen, die geordnet werden mußten. Wenn er
z. B. von solchen redet, die beim gemeinsamen Mahl trunken
sind, und daneben von anderen, die überhaupt nichts haben,
Vers 21. 22, so kann man vermuten, daß er darüber Verfügungen für nötig hielt. Aber keines der anderen Anliegen schien
ihm so dringlich, daß er es aus der Ferne regeln wollte. Nur
dies, daß das Mahl Jesu für die Gemeinde nicht zum Unheil
werde, war ihm so wichtig, daß er in seinem Brief darüber
sprach.[1]

---

[1] τὰ δὲ λοιπὰ ὡς ἂν ἔλθω διατάξομαι. Das ist mit Autorität gesagt. Vgl.
Pompejus ἐλθὼν εἰς τὴν χώραν αὐτῶν ἔλεγεν διατάξειν ἕκαστα, Jos. a 14, 46.

Die Merkmale der Wirksamkeit des Geistes[1]

12, 1—11

περὶ δὲ τῶν πνευματικῶν zeigt an, daß Paulus auch hier, wie 7, 1 und 8, 1, eine Anfrage der Korinther beantwortet hat. Es ist aber auch hier, wie 2, 13, nicht deutlich, ob wir πνευματικῶν maskulin oder neutrisch zu fassen haben: „Über die, die die Art des Geistes haben" oder „Über das, was die Art des Geistes hat und vom Geiste gewirkt wird". Den Anlaß, in dieser eingehenden Weise über die Wirksamkeit des Geistes zu sprechen, gab Paulus offenkundig die starke Übung des Gebets mit der Zunge in Korinth. Da dadurch der Wert der Versammlung für viele stark herabgesetzt wurde, entstand daraus der Wunsch nach einer die Mißstände abwehrenden Äußerung des Paulus. Ehe er aber durch konkrete Vorschriften die Verständlichkeit und Fruchtbarkeit der Gottesdienste sicherte, hat er zuerst in einem großzügigen Unterricht beschrieben, wodurch und wozu sich der Geist offenbare. Denkt man an die Abschätzung dessen, was die Propheten und die Beter mit der Zunge für die Gemeinde leisten, liegt es nahe, bei τῶν πνευματικῶν an die Männer zu denken, durch die sich der Geist offenbart. Denkt man dagegen an die vorangehende Beschreibung, wie der Geist durch die Mannigfaltigkeit seiner Gaben die Einheit der Gemeinde schaffe, wird man geneigt sein, bei der Überschrift an die πνευματικά, an das vom Geist Gewirkte, zu denken.

Zuerst grenzt Paulus den Bereich ab, in dem der Geist wirksam wird. Das ist einzig die Christenheit, weder das Heidentum noch das Judentum. Beim Heiden stehen alle Merkmale seines religiösen Verhaltens im völligen Gegensatz zu dem, was der Geist hervorbringt. „Als ihr zu den Völkern gehörtet, wurdet ihr zu den sprachlosen Bildern mit allen Mitteln gewaltsam hingeführt." Getrieben wurden sie; sie wußten nicht, was sie taten, und übten ihren Kultus nicht mit eigener Gewißheit und persönlichem Entschluß. Sie sagten, was die Überlieferung sagte, und taten, was das Gesetz forderte und die Sitte vor-

---

[1] Ueber die Offenbarung des Geistes in der Gemeinde spricht Paulus von 12, 1–14, 40.

schrieb. Die Herkunft dieser Überlieferungen kannten sie
nicht, und ihren Wert vermochten sie nicht zu messen. Das
ist das Gegenteil zum Geist, durch den Gott das Denken und
Wollen des Menschen von innen her so bewegt, daß sie sich
ihm mit eigenem Glauben ergeben und mit eigener Liebe gehorchen. ἤγεσθε wird durch ἀπαγόμενοι noch verstärkt, wozu
ἀπάγεσθαι geeignet war, weil es das übliche Wort für die Ab-
führung in das Gefängnis und zur Hinrichtung war. ὡς ἄν
steht für sich und bedarf kein Verbum: „wie immer es kam,
mit welchen Mitteln es sei, auf jede Weise", ohne daß dabei
der Frage nach der Wahrheit und Heilsamkeit des Kultus
irgendwelche Wichtigkeit zukam; vgl. II 10, 9 δόξω ὡς ἄν
ἐκφοβεῖν ὑμᾶς. Hingetrieben wurden sie zu den εἴδωλα, wobei
nicht deutlich zu beobachten ist, ob hier Paulus überwiegend
an die Statue oder an das von ihr dargestellte Schattenbild
gedacht hat. Jedenfalls sind εἴδωλα der volle Gegensatz zum
wahrhaftigen und lebendigen Gott, von dem der Geist kommt
und zu dem er führt. Die Bilder und die, die sie darstellen,
können nicht reden; von ihnen empfängt der Beter keine Antwort und keine Weisung. Dagegen tritt durch den Geist das
Wort Gottes in den Menschen hinein, da durch den Geist der
Ruf Jesu in ihm wirksam wird und Glauben schafft und da
er den Propheten mit dem göttlichen Spruch und den Beter
mit der Zungenrede beschenkt. Nicht als Mantik, Enthusiasmus und mystische Auflösung in die Gottheit hat hier Paulus
die frühere Religiosität der Korinther beschrieben, sondern
als gedankenlosen Traditionalismus, als willenlose Fügsamkeit
gegenüber einer Sitte, deren Recht niemand begriff. Es wäre
höchst seltsam, wenn Paulus gesagt hätte, Korinths Bevölkerung werde durch Enthusiasmus zu den Götterbildern geführt; denn Korinth hatte an der griechischen Aufklärung
reichlich teil.

Weil die Korinther, ehe sie Paulus begegnet waren, vom
Geist noch nichts gesehen hatten, prägt ihnen Paulus das Merkmal ein, an dem sie die Gegenwart des Geistes zu erkennen
haben. Ob ein Mensch nicht im Geiste oder im Geiste rede,
wird in seinem Urteil über Jesus offenbar. Die Urteile über
ihn streiten mit einem völligen Gegensatz gegeneinander.

„Anathema ist Jesus, er ist im Bann", sagt der eine; „Herr
ist Jesus", sagt der andere. Jenes Urteil ist nach seiner Form
und nach seiner Absicht ausschließlich jüdisch;[1] so sprach
kein Grieche von Jesus. ἀνάθεμα ist der Ersatz für חֵרֶם; bevor
ein Grieche unter jüdischen Einfluß kam, wußte er nicht, was
es bedeutet, wenn ein Mensch ἀνάθεμα sei. Ohne ihren Gegensatz war die Formel unverständlich; ihr Gegensatz ist aber
die Zugehörigkeit zum heiligen Volk. Wie das Wort, so ist
auch der Wille, der sich des Wortes bedient, einzig jüdisch.
Wenn ein Grieche Paulus stehen ließ, so tat er es nicht, weil
er Jesus verfluchte; er glaubte ihm nicht, hieß seine Botschaft
Unsinn, spottete vielleicht über den gekreuzigten Retter und
wurde wegen der Unruhe, die Paulus in die Stadt hineintrug,
ärgerlich. Dagegen spricht der Fluch ein religiöses Urteil aus.
Er nennt Jesus den von Gott Gerichteten, den vom heiligen
Volk Verworfenen, den aus seiner Gemeinschaft Ausgestoße-
nen. So urteilte der Jude, und er mußte gerade dann so urteilen, wenn er zwar fromm und dem Gesetz Gottes ergeben,
aber für die Botschaft Jesu verschlossen war. Auch die Korinther hörten dieses Urteil über Jesus beständig. Lukas erzählt, daß Paulus die Gläubigen von der Synagoge abgesondert habe, weil die Juden lästerten, Apgsch. 18, 6. Damals
wurde in der korinthischen Synagoge laut gerufen: ἀνάθεμα
Ἰησοῦς. Das war das Wort aller Juden, sowie sie entschlossen
waren, den Anspruch Jesu, er sei der Herr, abzulehnen. Wer
aber so spricht, spricht nicht im Geiste Gottes.

Im ersten Vers beschrieb Paulus die griechische Religiosität
als das Gegenteil von dem, was Gottes Geist den Menschen
gibt. Nun gibt er dem Juden das Wort, und nun wird dadurch,
daß der Jude imstande ist, Jesus zu verfluchen, offenbar, daß
auch er vom Geiste Gottes nichts weiß. Sein Bekenntnis zum
einen Gott zog viele Griechen an, und seine Gebundenheit an
sein Gesetz erhob ihn über die griechische Denkweise. Aber
mochte der Jude noch so vieles besitzen, was ihn stolz machte,
den Geist Gottes fand man bei ihm nicht.

Der Geist wird dadurch wirksam, daß er uns das Zeugnis
Jesu, durch das er sich unseren Herrn nennt, gewiß macht.

---

[1] Deut. 7, 26. Mi. Nedar. 5, 4.

Das Wirken des Christus und das Wirken des Geistes sind bei Paulus eins. Der Geist macht das Wort Jesu zum wirksamen Ruf, indem er dem Menschen die Erkenntnis der Sendung Jesu gibt. Wie im jüdischen Urteil über Jesus, gibt Paulus auch im christlichen Bekenntnis Jesus absichtlich seinen menschlichen Namen. Um die menschliche Gestalt Jesu geht der Kampf; gegen sie richtet sich der Widerstand, und zu ihr bekennen sich die an ihn Glaubenden. Eben deshalb, weil hier einem Menschen, und zwar diesem Menschen, einem gekreuzigten Juden, die Herrschaft zugeschrieben und von ihm die Gnade und das Gericht in gottheitlicher Macht erwartet wird, überragt das Bekenntnis, das ihn den Herrn nennt, das menschliche Vermögen; darum ist es das Merkmal des Geistes, der allein von innen her das menschliche Denken und Wollen so formen kann, daß sich der Mensch Jesus als seinem Herrn ergibt.

Die einleitende Formel γνωρίζω ὑμῖν sagt aus, daß Paulus über die Grenze, die die, die den Geist haben, von denen trennt, die ihn nicht haben, als der Wissende spricht, vgl. II 8, 1. Er formuliert damit das Ergebnis seiner eigenen Erfahrung. Er hat beide Urteile über Jesus abgegeben; solange er aber sagte: Gebannt ist Jesus, fehlte ihm Gottes Geist; jetzt ist sein Bekenntnis: Herr ist Jesus; jetzt hat er den Geist.

Einen Versuch, dem Satz einen konkreten Anlaß in dem, was in Korinth geschehen war, zu geben, machte jene Deutung, die den Ruf „Jesus ist der Gebannte!" korinthischen Ekstatikern zuschrieb; ihr Enthusiasmus habe ihr waches Bewußtsein so stark gehemmt, daß aus ihrem Unterbewußtsein unwillkürlich der alte jüdische Fluch wieder hervorgekommen sei. Auch beim Bekenntnis „Herr ist Jesus" denke Paulus an die Rufe von Ekstatikern; es sei nicht denkbar, daß er jedes Bekenntnis zur Herrschaft Jesu „ein Reden im Geist" genannt habe; er gebe mit diesem Satz der Gemeinde den Maßstab, mit dem sie ihre Mantiker zu messen habe.

Ein Anlaß lag für diese Sätze in den korinthischen Vorgängen zweifellos; er ist aber für den zweiten Satz ebensowenig mit einer phantastischen Erzählung zu konstruieren wie für den ersten. Daß Anlaß vorlag, über die geistlose Art des grie-

chischen Kultus mit den Korinthern zu reden, ist offenkundig;
aber noch dringender war Anlaß dazu vorhanden, an den un-
versöhnlichen Gegensatz zu erinnern, der das Judentum vom
Christentum schied. Denn die Männer, die jetzt in Korinth
nach der Führung strebten, kamen aus der Judenschaft. Immer war die Gefahr ernst, daß das Judentum in die Kirche
eindringe, und das war Anlaß genug, um daran zu erinnern,
daß die Rückwendung zum Judentum und die Nachahmung
des Rabbinats mit dem Besitz des Geistes unvereinbar sei.
Die neue Theologie entfernte sich zwar von der Geschichte
Jesu und scheute auch den Widerspruch gegen seine Worte
nicht, wie wir dies am Spruch Jesu, der die Ehe unauflöslich
machte, beobachten können, I 7, 10. Daß aber die Gegner des
Paulus ihrer Entfremdung von Jesus dadurch Ausdruck gaben,
daß sie ihn verfluchten, bleibt unglaublich; dann hätte ihr
Bekenntnis „Wir sind des Christus" bereits die völlige Trennung des Christus von Jesus bedeutet. Paulus nahm an, es
gebe in Korinth solche, die Jesus nicht lieb haben, nicht aber
solche, die ihn verfluchen, I 16, 22. Er hätte eine Ekstase, die
ebenso gut Verfluchung als Anbetung Jesu hervorbringen
konnte, mit scharfem Urteil aus der Gemeinde ausgestoßen,
während er jetzt nur feststellte, daß sich das jüdische Urteil
über Jesus bei keinem finde, der im Geiste rede. Die Beschreibung der Pneumatiker in Kap. 14 weiß von solchen Ekstasen
nichts; denn sie schreibt weder dem Propheten noch dem
Zungenredner Bewußtlosigkeit zu, die ihn unfähig machte zu
wissen, ob er fluche oder bete.

Wenn es je dazu kam, daß das Urteil „Anathema ist Jesus!"
mit dem Anspruch auftrat, eine φωνή Gottes und Rede des
Geistes zu sein, dann geschah dies nicht in christlichen, sondern jüdischen Versammlungen. Wir haben aber dafür, daß
mantische Vorgänge in den griechischen Synagogen Raum
hatten, keine Zeugnisse. Die Ekstatiker, die Kelsus in den
phönizischen Städten auf öffentlichen Plätzen und in den
Kasernen betteln sah, deren Rede schließlich in sinnlose Laute
überging, waren sicher nicht Juden, noch weniger freilich
christliche Zungenredner. Daß Kelsus sie die Weissagung Jesu
nachahmen ließ, war handgreifliche Polemik. Aus der Mystik

der platonisierenden Lehrer ergab sich zwar, daß sie neu
einleuchtende Gedanken als ihnen eingegeben werteten, vgl.
Philo, und bei der leidenschaftlichen Hitze des Kampfes konnte der Anspruch des Paulus, er rede im Geist, seine Gegner zu
der Erklärung treiben, nicht er, sondern sie sprächen im Geist,
wenn sie Jesus verfluchten. Doch dies reicht nicht hin, um
den Satz zu sichern, daß Paulus in den Synagogen auf Mantiker gestoßen sei, die in der Ekstase den Fluch über Jesus
sprachen.

Daran, daß das Bekenntnis zu Jesus auch ohne eigenes Erlebnis von anderen übernommen und aus eigensüchtigen Gründen nachgesprochen werden konnte, brauchen nicht wir Paulus zu erinnern. Das aber ist gewiß, daß Paulus seine ganze
Wirksamkeit auf die Überzeugung stellte, daß er als Mitarbeiter Gottes und Diener des Christus die Gemeinde sammle, daß
diese nicht sein Werk, sondern das des Christus sei, daß sein
Wort dann zum wirksamen Ruf des Christus werde, wenn der
Geist dem Menschen den Glauben gebe. Damit war aber dem
Satz unangreifbare Festigkeit gegeben, daß der Bereich des
die Herrschaft Jesu verkündenden Bekenntnisses der Bereich
der Wirksamkeit des heiligen Geistes sei.

Ebenso laut wie ἀνάθεμα 'Ιησοῦς sagte die Judenschaft
ἀνάθεμα Παῦλος. Paulus maß aber den Besitz des Geistes nicht
am Verhalten des Menschen gegen ihn selbst. Der gegen ihn
kämpfende Haß wird vergeben. Dagegen entsteht aus der
Verwerfung Jesu der Fall. So mußte er urteilen, weil er dem
Glauben einzig die Richtung auf Jesus gab.

Die Erkenntnis Jesu, die seine Herrschaft verkündet, ist
das, was der Geist jedem gibt, zu dem er kommt; dadurch
schafft er die eine Christenheit. Das aber, wozu der Geist sie
fähig macht, ist nicht in allen dasselbe; denn er begabt die
Christenheit mit einem reichen Leben, da es „Austeilungen"
von Gaben und von Diensten und von Wirkungen gibt. Auch
diese Fortsetzung von Vers 3 verbietet es, dort an den Gegensatz von kranker und von zulässiger Mantik zu denken. Denn
bei der Vielheit von Gaben, Diensten und Wirkungen hat
Paulus nicht an enthusiastische Mantik gedacht. Der Fortschritt des Gedankens geschieht deutlich so, daß von dem

immer vorhandenen Merkmal des Geistes zur Verschiedenheit
der vom Geist gewirkten Vorgänge übergegangen wird. Weil
hier Paulus das beschreibt, wodurch der Geist wahrnehmbar
wird, gibt er dem Gottesgedanken die trinitarische Fassung.
Auch das dient dem in Vers 3 formulierten Ziel. Es gibt nicht
ein Wirken des Geistes neben dem des Christus, ebensowenig
ein Wirken des Christus neben dem Gottes. Der Geist verteilt
seine Gaben an die, die sich zur Herrschaft Jesu bekennen.
Er ist der Geist des Christus, durch den dieser sein Werk im
inneren Leben der Menschen wirkt, und der Christus ist Jesus
deshalb, weil Gott durch ihn sein Werk wirkt. Darum sind
der Geist, der Christus und Gott eins.

Weil Gottes Werk im Christus die Offenbarung seiner Gnade
ist, darum besteht die Offenbarung des Geistes in „Geschenken", Charismen. Nicht das ist das Kennzeichen des Geistes,
daß er das menschliche Elend enthüllt, uns wegen unserer
Schuld und unserer Ohnmacht verzweifeln läßt und die Angst
vor dem Richter hervorruft. „Gnade", χάρις, ist der zum
Geben bereite Wille, und deshalb sind „Charismen" das, woran
der Geist wahrgenommen wird. Zum Empfänger dieser Ge-
schenke wird aber der Mensch dazu gemacht, damit er diene.
Nicht die Bereicherung und Vollendung des eigenen Ichs empfängt er durch die Gaben des Geistes; sie sind seine Ausrüstung
zum Dienst, und weil es viele Gaben gibt, gibt es auch viele
Dienste. Sie dienen aber alle dem einen Herrn. Weil der Geist
den Menschen sagen lehrt: „Herr ist Jesus!", macht er aus
jedem, den er begabt, einen Diener des Christus, wodurch er
zum Werkzeug Gottes, zum Träger der göttlichen Wirkung
wird. Der Dienst bedarf, um fruchtbar zu sein, den Erfolg,
und dieser entsteht durch die Kraft. Diese aber ist Gottes,
„der alles in allen wirkt". Auch hier geht bei ἐν die lokale Vorstellung in die instrumentale über, wie es bei Paulus häufig
geschieht: durch jeden wirkt Gott alles, was er kann und
leistet. Daher wirkt er durch alle alles, was geschieht; vgl.
Pred. 11, 5. Dem, was Paulus beim Gottesnamen dachte, gibt
diese Formel eben jetzt, da er unser inwendiges Leben dem
Geist und unser ganzes Handeln dem Christus unterstellt,
einen mächtigen Ausdruck. Darauf, daß Gott Gott sei, das

heißt jeden in allem, was er tut, zu seinem Werkzeug macht,
beruht seine Zuversicht zur Macht des Geistes, das inwendige
Leben zu formen, und zur Macht des Christus, das menschliche Handeln Gott untertan zu machen. Denn Gottes Wirken
hat die extensive und die intensive Totalität; es ist extensiv
ganz, da es alle erfaßt, und ist intensiv ganz, weil es alles wirkt.
Aus seiner Gabe entsteht das ganze Leben und Wirken des
Menschen, weil dieser nichts hat, was er nicht empfangen hat.
Weil dies aber von allen gilt, ist der Kirche die Einheit gegeben. Ihr Grund ist derselbe Geist, derselbe Herr, derselbe Gott,
von denen sie den ganzen Reichtum ihres Besitzes, Dienens
und Schaffens empfängt.

Durch alle wirkt Gott; darum erhält jeder an den Gaben
des Geistes teil; und in jedem dient das, was der Geist aus ihm
macht, derselben Absicht. Alles, wodurch der Geist wahrnehmbar gemacht wird, ist heilsam; alle seine Gaben stärken, heilen
und beleben. Nie dient der Geist der Eigensucht oder dem
Machtwillen, der die anderen um des eignen Vorteils willen
schädigt. Daß alle Gaben derselben Regel, dem Gebot der
Liebe, gehorchen, entspricht ihrer Herkunft vom einen Geist
und einem Herrn und einem Gott. ἡ φανέρωσις τοῦ πνεύματος
wird ebenso gedacht sein wie ἡ φανέρωσις τῆς ἀληθείας II 4, 2.
Der Geist, der für sich selbst nicht sichtbar ist, wird durch
seine Wirkungen sichtbar gemacht, und der, der ihn sichtbar
macht, ist der Christus und ist Gott, da die Gaben dazu gegeben werden, damit die Dienste geschehen, und die Dienste
zur Verwirklichung der göttlichen Ziele dienen, und nun zählt
Paulus auf, was alles der Geist in der Gemeinde hervorbringe.
Denn die Gemeinde soll nicht nur einige oder gar nur eine
einzige Gabe, die Zunge, schätzen. Paulus will ihr den Blick
für den Reichtum dessen geben, was ihr verliehen wird, damit
keine Gabe um der anderen willen mißachtet und verdrängt
werde.

Nach seinem Urteil entstehen die Hemmungen, die die Gemeinde überwinden muß, um sich zu einigen, nicht durch die
Verschiedenheit ihrer Ansichten, ihrer νοήματα; wenn die Korinther um dieser willen die Gemeinde spalteten, wären ihre
Gedanken nicht mehr dem Christus gehorsam, II 10, 5. Pau-

lus spricht aber hier nicht von den Nöten, die die Korinther
sich selbst bereiten, sondern von derjenigen Leistung, die
Christus der Gemeinde durch den Reichtum ihrer Begabung
zumutet. Sie ist ihr dadurch aufgegeben, daß die Gemeinde
ein Leib ist, der sich aus vielen Gliedern aufbaut, von denen
jedes seine eigene Kraft und eigene Tätigkeit hat.
Obenan stellt Paulus das, was der Geist im Denkvermögen
schafft. Er gibt den beiden voneinander verschiedenen Bewegungen unseres Denkens das Gelingen; denn er schenkt
Weisheit und Erkenntnis. In der Judenschaft ist dieser Unterschied von jeher als bedeutsam empfunden worden, und Paulus empfand ihn so lebhaft, daß er auch bei Gott seine Weisheit und seine Erkenntnis unterschied, Röm. 11, 33. Von der
Bewegung seines Willens getrieben formt der Mensch einen
Gedanken, der ihm das von ihm zu Wollende zeigt; gelingt
ihm dies, so ist er weise. Aber ebenso unentbehrlich ist ihm
zum Handeln, daß ihm die Wirklichkeit, in die er denkend und
wollend hineingestellt ist, wahrnehmbar werde. Wird ihm gegeben, das, was um ihn her ist, zu erfassen, so hat er „Erkenntnis" empfangen. Aber nicht schon die Weisheit für sich und
die Erkenntnis für sich nennt Paulus ein Charisma; denn für
ihn sind Charismen erst dann vorhanden, wenn sie zum Dienst
befähigen und für andere heilsam werden. Dies wird unserem
intellektuellen Besitz durch das Wort zuteil. Daß uns ein aus
der Weisheit erwachsenes Wort und ein von der Erkenntnis
geformtes Wort verliehen wird, das ist die wichtigste und
fruchtbarste Begabung und die deutlichste Versichtbarung
des Geistes. Die Wandlung im Empfinden, die den Wechsel
der Präpositionen schuf, zuerst διὰ τοῦ πνεύματος, dann κατὰ
τὸ αὐτὸ πνεῦμα, läßt sich nachempfinden. Die Weisheit ist unmittelbar das Werk des Geistes; der inwendige Vorgang, durch
den sie entsteht, geschieht „durch ihn". Bei der Wahrnehmung und Deutung der Welt fallen die Vorgänge, die sie uns
ermöglichen, nicht nur in unser inneres Leben; eine von außen
hervorgerufene Bewegung führt zur „Erkenntnis"; sie geschieht aber unter dem Antrieb und der Leitung des Geistes
im Gehorsam gegen die von ihm gegebene Weisung. Obwohl
die beiden Leistungen unseres Denkens einander beständig

22*

bedürfen und ergänzen, hat Paulus sie doch verschiedenen Männern zugeschrieben. Da die Weisheit in die Zukunft sieht und der Gemeinde die Ziele ihres Handelns zeigt, die Erkenntnis dagegen in die Gegenwart blickt und ihr ihre Lage deutet, erwartet Paulus nicht vom selben Mann beide Leistungen. Die ganze Haltung des Manns wird durch die verschiedene Richtung seines Denkens verschieden. Beide sind aber darauf angewiesen, zusammenzuwirken, und die Gemeinsamkeit, die ihnen dies ermöglicht, wird ihnen durch ihren Anteil an der Gemeinde und durch den ihre Einheit wirkenden Geist gewährt. Damit hat Paulus denen, die nach Weisheit begehrten, das zugesagt, wonach sie verlangten. Das Weisheit vermittelnde Wort wird der Gemeinde nicht fehlen, da der Geist sie führt.

Neben den Weisen und neben den Wissenden stellt Paulus den Glaubenden. Er sah im Glauben nicht eine Formation des Denkens, etwa eine vorläufige, noch unfertige Denkleistung; denn er empfand die Bewegung des Willens deutlich, die dann geschieht, wenn wir uns dem ergeben, dessen Wort zu uns gekommen ist. Er hielt den Glauben aber auch nicht für das einzige Werk des Geistes und schied ihn von den anderen Vorgängen nicht ab, die unser Leben füllen, als würde nur er durch das göttliche Wirken erzeugt und geformt. Paulus zerriß die Einheit des menschlichen Ichs nicht, sondern betätigte sein Glauben im Zusammenhang mit seinen anderen Leistungen durch sein Denken und Wollen, da er das göttliche Wirken auf die Einheit und Gesamtheit aller menschlichen Funktionen bezog. Da Paulus im Bekenntnis zur Herrschaft Jesu das Werk des Geistes sah, war der Glaube die allen gegebene Gabe. Da aber die Lage eines jeden in besonderer Weise das Glauben von ihm verlangt, wird auch der Glaube zur besonderen Gabe, die einzelnen verliehen wird. Neben denen, die sich fürchten, steht der, der glaubt, neben den Zweifelnden der, der Gewißheit empfangen hat, und der, der so in besonderem Maß zum Glauben ermächtigt ist, erhält seinen Vorzug nicht nur für sich, sondern für alle.

„Im selben Geist wird ihm Glaube gegeben." An die Stelle von διά und κατά setzte hier Paulus ἐν, womit er den kausalen

Vorgang dann bezeichnet, wenn sich der Geber der Wirkung
mit ihrem Empfänger völlig und innerlich eint. Das Glauben
entsteht an der innersten Stelle, da, wo unser Wollen und Denken entspringt; daher wird der, dem der Geist Glauben gibt,
von ihm so berührt, daß er im Geiste ist.
Eine Übersicht über die Gaben, die den Korinthern verliehen sind, die mit dieser Aufzählung nahe verwandt ist, gibt
II 8, 7. Auch dort nennt Paulus den Glauben und dort an der
ersten Stelle, so daß dort die Vermutung nicht entstehen kann,
er spreche vom Glauben in einem anderen Sinn als sonst, etwa
so, daß er an eine besondere Abart des Glaubens denke, an
den Glauben, der das Wunder empfange, an die fides mirifica.
Hat er etwa an eine besondere Abart der Weisheit und der
Erkenntnis, an eine Wunder tuende Weisheit und Wunder
tuende Erkenntnis gedacht? Immer erwartet der Glaube das
göttliche Wirken, immer gründet er sich auf die allem, was
geschieht, überlegene Regierung Gottes; weil er dies immer
tut, ist es unmöglich, daß Paulus neben den gewöhnlichen
Glauben eine besondere Abart des Glaubens setzte, dessen
Merkmal sei, daß er das Wunder bewirke. Diese Konstruktion
schien den Exegeten nur deshalb unentbehrlich, weil sie den
Glauben als den Besitz der reinen Lehre deuteten. Nun war
er das beständig vorhandene Merkmal aller Christen, die nie
fehlende Bedingung für den Anteil an der Kirche; er fiel also
nicht mehr unter den Satz, daß Gott dem einen Glauben gebe
im Unterschied von anderen, und doch drängen sich die Unterschiede im glaubenden Verhalten jedem auf, der wahrnimmt,
was in der Christenheit geschieht.
    „Im selben Geist werden in Heilungen bestehende Gnaden-
gaben gegeben." Jede Heilung ist für sich ein Charisma genannt; an ein bleibendes, in allen Verhältnissen verwendbares
Vermögen zu heilen ist nicht gedacht; doch ist die Vorstellung
die, daß der, dem es gegeben wurde, einen Kranken zu heilen,
diese Begnadigung nicht nur einmal, sondern wiederholt empfangen könne. Auf die Weise, wie er die Heilung bewirke, wird
kein Gewicht gelegt; eine Vorschrift, die Hände aufzulegen
oder die Salbung mit Öl vorzunehmen, wird nicht sichtbar.
Da im Heilen sich die besondere Begabung mit Glauben wirk-

sam macht, beschreibt Paulus die Wirksamkeit des Geistes auch hier mit ἐν τῷ ἑνὶ πνεύματι. Auf die Heilungen folgen „die von Kräften hervorgebrachten Wirkungen". Auch jene sind Erweisungen göttlicher Macht; Paulus erweitert aber die Ausrüstung mit göttlicher Macht über jene Hilfen hinaus, die die Kranken bedürfen. Auch eine Wirkung wie die, die er sich 5, 5 zuschrieb, war eine Gabe des Geists. δυνάμεις als Wiedergabe des palästinischen גְּבוּרוֹת war ihm nicht ungewohnt, vgl. I 12, 28. 29; Gal. 3, 5. Nun erst folgen die Gaben, über die Paulus noch besonders sprechen wollte, die Weissagung und die Zunge. Sie haben eine besondere Bedeutung, weil hier der Geist nicht nur in seinen Wirkungen, sondern innerhalb des Bewußtseins durch Vorgänge sichtbar wird, die sich vom seelischen Geschehen unterscheiden. Vom „Wort der Weisheit" und „vom Wort der Erkenntnis" und „vom Bekenntnis des Glaubens" ist die Weissagung dadurch unterschieden, daß der Prophet das, was er zu sagen hat, als in ihn hineingesprochen empfindet. Er bildet das Wort nicht selbsttätig, sondern es wird ihm „eingegeben". Es ist leicht verständlich, daß die Eingebung als die deutlichste Offenbarung des Geistes geschätzt wurde. Hier sprach der Geist nicht nur durch den Menschen; hier sprach er selbst, αὐτὸ τὸ πνεῦμα, Röm. 8, 16. Darum erhält die Gemeinde neben der Weissagung noch eine andere Gabe, die sie gegen den Propheten schützt. Der Spruch des Propheten verlangt Unterwerfung, da er im Namen Gottes ergeht. Diese Unterwerfung kann aber nur dann frei und im Glauben geleistet werden, wenn die Gemeinde die Gewißheit hat, daß wirklich hier Gottes Geist rede. Daher stellt der Geist neben den Propheten den, dem er „Unterscheidungen der Geister" gibt. Es gibt nicht nur aus dem heiligen Geist entstehende „Geister", sondern auch solche, die aus dem Geist der Welt stammen oder vom Satan verliehen werden. Schwerlich hat aber nur diese Erwägung Paulus bewogen, von „Geistern" zu reden und sie unter ein Urteil zu stellen, das ihre Herkunft und Geltung mißt. Er wird von Geistern in der Mehrzahl reden, vgl. 14, 12. 32, weil der Geist, indem er sich mit dem Propheten so vereinigt, daß er in ihm spricht, zum Geist des Propheten

wird und die Besonderheit und Begrenztheit seines Trägers
bekommt. Für die beiden letzten Gaben „Arten von Zungen" und
„Deutung von Zungen" läßt sich die Auslegung nur unvollständig geben, weil Paulus zwar ausführlich über die „Zungen" gesprochen, aber nur darauf geachtet hat, was sie für
die Gemeinden leisten. Dagegen hat er das, was im Zungenredner selber geschah, nicht beschrieben. Der Name γλῶσσα
sagt, daß das, was so genannt wurde, irgendwie einer Sprache
glich. Sie war aber nicht die Sprache aller, da sie als eine besondere Gabe des Geistes gewertet wird, und da sie einer Deutung bedürftig, aber auch fähig war, ist deutlich, daß sie nicht
für sich allein verstanden werden konnte. Undeutlich bleibt,
warum Paulus von „Arten von Zungen" sprach. Er meinte
nicht, daß dem einen diese, dem anderen jene Art von Zungen
zuteil werde; denn der eine, den der Geist begnadete, erhielt
„Arten von Zungen". Nicht richtig wäre es vermutlich, wenn
wir daran dächten, daß er bald in der natürlichen, bald in einer
übernatürlichen Sprache redete, sondern die Äußerungen, die
man Zunge hieß, hatten nicht alle denselben Klang und Sinn.
Da das, was der Geist gibt, dem Wohle aller dient, stellt er
neben den Zungenredner seinen Deuter, ohne den die Gemeinde zwar wahrnimmt, daß der Geist spricht, aber nicht
erfährt, was er spricht. Indem der Übersetzer die Zunge verständlich macht, leistet er der Gemeinde einen ähnlichen
Dienst wie der, der die Geister zu prüfen vermag. Was unverständlich bleibt, ist der Beurteilung entzogen; wird aber das
vom Zungenredner Gesagte von seinem Übersetzer wiederholt, so ist auch die Zunge unter die Regel 1 Thess. 5, 18—21
gebracht. Doch nur der hat den Einblick in das, was im Zungenredner geschieht, den der Geist dazu fähig macht. Dadurch
aber, daß es auch für die Zunge Deuter gibt, erlebt die Gemeinde, daß sich keiner dem alles erforschenden Blick des
Geistes entziehen kann, I 2, 15.

In der zweiten Aufzählung der in Korinth vorhandenen
Gaben, II 8, 7, nennt Paulus auch die Liebe. Er konnte sie
im selben Sinn ein Charisma heißen wie die Weisheit, die Erkenntnis und den Glauben. An dieser Stelle hat er aber noch

nicht von der Liebe gesprochen, sondern der Gemeinde zuerst
am Leibe gezeigt, wie der Reichtum ihrer Kräfte zu einem
einheitlichen und heilsamen Leben ineinandergreife. Dann
erst zeigt er ihr in der Liebe die Kraft, die alles, was in ihr
geschieht, in die Übereinstimmung mit Gottes Willen bringt
und dadurch ihrer ganzen reichen Ausrüstung zur heilsamen
Wirkung verhilft.
Durch denselben Wirker, eben durch den Geist, entstehen
alle diese Vermögen. Paulus hat sich ihn nicht als einen Stoff,
etwa als Licht oder Äther, auch nicht nur als Kraft vorgestellt.
Der Geist ἐνεργεῖ, wie Gott ἐνεργεῖ Vers 6; er ist der Urheber
des ἐνέργημα, der Besitzer von Kraft, und dies deshalb, weil
er der Besitzer eines Willens ist. Aus dem Willen des Geistes
entstehen seine Wirkungen, und sein Wille verfügt über den
Menschen mit der göttlichen Herrschermacht. Daher kann
man seine Gaben nicht fordern und nicht mit menschlichen
Mitteln herbeiziehen. ἰδίᾳ, nicht nach einer alle gleich behan-
delnden Regel, sondern mit Besonderung und Auszeichnung
der einzelnen verteilt der Geist, was er gibt, wie er will. Nur
diese persönliche Fassung des Geistes machte es Paulus möglich, im Geist, im Herrn und in Gott nicht mehrere Urheber
gesonderter Wirkungen, sondern den eins seienden Wirker
alles dessen zu sehen, was die Christenheit besaß.

Die Einigung der vielen Glieder zum einen Leib
12, 12—31

Nicht Gleichheit, sondern Einheit, nicht Verdrängung der
anderen Gaben zugunsten der einen und Bevorzugung der
einen Leistung zum Schaden der Gemeinschaft, sondern Unterordnung aller Kräfte unter das Ziel der Gemeinde ergibt die
Richtung, in die Paulus die Korinther bringen will. Daß dies
Gottes Wille sei, zeigt er ihnen an ihrem Leib, durch den sie
das Leben haben. Denn im Leib ist die Menge der Glieder zur
Einheit verbunden. Indem er sie so handeln heißt, wie der
Leib sich betätigt, bestätigt und verdeutlicht er alles, was er
bisher von den Korinthern verlangt hat. Er hat sich der Neigung der nacheinander entstandenen Schichten der Gemeinde

widersetzt, sich gegeneinander zu verselbständigen und Sondergruppen zu bilden; er verbot ihr die eigensüchtige Ausnützung ihrer Freiheit, ließ nicht zu, daß aus der Ehelosigkeit
eine alle bindende Regel werde und daß die Opferfrage nur
nach dem Stand der eigenen Erkenntnis beurteilt werde; er
verwehrte den Frauen, sich gegen die Abhängigkeit vom Mann
zu sträuben, und hieß es unmöglich, aus dem gemeinsamen
Mahl Mahlzeiten einzelner zu machen. Dies alles wies die Korinther an, sich zu verhalten wie Glieder, die für den Leib
leben.

„So auch der Christus". Paulus übersprang den Gedanken,
der sich zunächst einstellt: „so ist auch die Gemeinde". Denn
was die Gemeinde ist, ist sie nicht durch sich selbst. Sie ist
nicht in der Lage, sich in ihrem eigenen Namen ihre Verfassung zu geben und selbst ihre Glieder zu verpflichten. Aus
dem, was die Gemeinde ist, entsteht deshalb Pflicht, weil sie
das Werk und Eigentum des Christus ist. Er aber macht aus
ihr den einen Leib, in dem jeder sein Eigenleben und seine
besondere Begabung hat und mit dieser für alle lebt.

Was Christus will, wird durch das Wirken des Geistes sichtbar, der den Willen des Christus vollbringt. Er stellt aber
durch Einen Geist Einen Leib her. Paulus meinte, er forme,
indem er auf den Leib hinzeigte, nicht nur ein Gleichnis, das
als ein Schmuckstück seine Mahnung belebe und in gewissem
Maß verdeutliche; nach seinem Urteil besteht zwischen der
Gemeinde und dem Leibe deshalb eine sehr reale Ähnlichkeit,
weil schon das natürliche Gebilde, an das unser Leben gebunden ist, nicht erst das vom Geist Gewirkte, durch Gott geworden ist. Derselbe Wille Gottes, der den Leib schuf, gibt
auch dem Lebenszusammenhang, der die Gemeinde eint, die
höchste Realität, da der eine Herr durch den einen Geist alle
in sich und dadurch auch miteinander verbindet. Derselbe
Wille geschieht von allen, da dieselbe Kraft alle bewegt. Der
Name „Leib" beschreibt daher der Gemeinde nicht nur, wie
die zu ihr Gehörenden aneinander gebunden sind, sondern benennt auch das Verhältnis, in dem sie zu Christus stehen. Als
die, die der Geist des Christus und Gottes bewegt, sind sie
seine Versichtbarung, nicht nur die Empfänger seiner Gaben,

sondern auch die Träger seines Wirkens in der Welt, wie der
Geist in den Gliedern des Leibes die Werkzeuge hat, durch die
er seinen Willen vollbringt.

Die Gemeinde entsteht durch die Taufe; denn sie offenbart
ihr den Willen Jesu, da sie in seinem Namen geschieht und
ihr seine Gnade vermittelt. Weil Christus durch den Geist
wirksam ist, ist das, was die Taufe aus der Gemeinde macht,
die Wirkung des Geistes: „Wir alle wurden in Einem Geist zu
Einem Leib getauft", und wie mächtig der Eine Geist Einheit
schafft, wird dadurch offenbar, daß er aus denen, die zu den
alten, gegeneinander abgeschlossenen und miteinander verfeindeten Verbänden gehörten, eine neue, geeinte Gemeinde
macht. Die Verschiedenheiten, die die Gemeinde umfaßt, entstehen nicht erst infolge des Christenstands durch die über
den Menschen frei verfügende Macht des Geistes. Verschiedenheiten, die zur völligen Trennung und zur Feindschaft führten,
bestanden schon vorher; diese wird nun aber vom Geiste beseitigt und in Gemeinschaft verwandelt. Paulus dachte dabei
nicht nur an den gegen die Griechen abgeschlossenen jüdischen
Verband und an die zwischen ihnen bestehende Feindschaft,
sondern auch an den politischen Verband, der die Freien zwar
einigte, aber neben sie die völlig entrechteten Unfreien stellte.

Die Gemeinde wird aber nicht nur durch die Taufe, sondern
auch durch das Mahl Jesu hergestellt. Der eine Becher einigt
sie. Dies vermag er, weil „wir Einen Geist trinken gemacht
wurden". Wieder wie in I 10, 1—4 sind die beiden Handlungen, die die Gemeinde von Jesus empfangen hat, nebeneinander gestellt, da sie in gleicher Weise zur Herstellung der Gemeinschaft wirksam sind. Paulus hat das Mahl der Gemeinde
damit begründet, daß Jesus den Jüngern seinen Leib und sein
Blut gegeben habe, weshalb er vom Mahle sagt, es gebe Anteil
am Leib und Blut des Herrn. Damit steht in keiner Spannung,
wenn er hier sagt, der Becher tränke uns mit dem Geist. Freilich, wenn er gesagt hätte, man esse den Leib Jesu und trinke
sein Blut, dann wäre der neue Satz befremdlich. Weil er aber
vom Anteil an dem spricht, was Jesus durch sein Kreuz mit
seinem Leib und Blut schuf, ist es sofort verständlich, daß er
mit dem Mahl den Empfang des Geistes verbindet; denn der

Anteil am Werk des Christus geschieht durch die Wirksamkeit des Geists. Durch den Becher ist der, der ihn trinkt, in den neuen Bund gestellt; dieser ist aber „der Bund des Geistes", I 11, 25 = II 3, 6. Das Fehlen des Brots macht die Beziehung des Satzes auf das Abendmahl nicht undeutlich. Vom Essen des Geistes sprach Paulus nicht. Dagegen war der Geist schon längst nicht nur mit dem Hauch und Wind, sondern auch mit dem Regen verglichen; er wird ausgegossen und strömt in das Innere hinein. Daran schloß sich das neue Bild leicht an: „Wir wurden mit ihm getränkt".

Die Einheit der Gemeinde will Paulus, aber ebenso ernsthaft die Verschiedenheit der in ihr Verbundenen. Für die Sicherung und Stärkung des Eigenlebens eines jeden kämpft er nun mit dem Einsatz seiner ganzen intellektuellen und ethischen Kraft. Das kann nicht überraschen, da er sich veranlaßt sah, sich gleich im ersten Teil des Briefs, Kap. 3, gegen die herrischen Neigungen derer zu wenden, die sich damals um die Führung der Gemeinde bewarben. Wenn der Führer in der Gemeinde seinen Machtbereich sieht, über den er verfügen will, ist die Einheit immer in Gefahr, zur Einerleiheit entstellt zu werden, und diese Verderbnis wirkt um so schädlicher, je fester die Gemeinde geeinigt ist. Dann werden Verschiedenheiten als Störung der Gemeinschaft empfunden, weil sie der Allherrschaft des Eigenwillens widerstehen, und der Anteil an der Gemeinschaft wird davon abhängig gemacht, daß jeder dasselbe wie der Führer denke und nach seiner Regel handle. Damit zieht das Gesetz wieder in die Gemeinde ein, und sein Zwang vertreibt die Wahrheit. Paulus hat mit einer Klarheit, die ihn für immer unter die großen Denker und Politiker stellt, erkannt, daß die Gemeinde ihre Einheit nicht dadurch sichern kann, daß sie sich vor dem Eigenleben ihrer Glieder fürchtet, daß sie vielmehr ihre Einheit nur dann echt und wirksam macht, wenn sie ihnen zu einem ihnen eignenden Leben verhilft und sie in der Betätigung ihres besonderen Vermögens unterstützt. Zu dieser Erkenntnis half ihm der Blick auf den Leib, dessen Leben darauf beruht, daß jedes Glied eine eigene Gestalt und Leistung hat und nicht durch die Hemmung, sondern durch die Ausübung seiner besonderen

Funktion den Leib herstellt. Wird die Einheit in Gleichheit
verkehrt, so vergleicht sich jedes Glied mit dem anderen und
macht, weil es seine Besonderheit wahrnimmt, seine Zugehörigkeit zum Leibe fraglich. Der eine hat das Wort der Weisheit oder das Wort der Erkenntnis, der andere kommt in der
Versammlung nicht zum Wort. Der eine ist Prophet oder
Beter mit der Zunge, dem anderen bleiben solche Erlebnisse
fremd. Nun legt sich auf die, denen fehlt, was andere haben,
ein Druck; machten solche Unterschiede nicht den Anteil an
der Gemeinde zweifelhaft? Die Unzufriedenheit mit der eigenen Begabung und Leistung und die Mißachtung anderer wegen der ihnen versagten Begabung schafft Paulus dadurch
weg, daß er die verschiedene, eigenartige Gestaltung der Glieder Gottes Ordnung nennt, die in seinem, vom Menschen
schlechthin zu ehrenden Willen begründet ist. „Gott hat die
Glieder, ein jedes von ihnen, am Leibe angebracht, wie er
wollte." Weil Gottes Wille jedem sein Kraftmaß und seinen
Beruf zuteilt, verstummt jede Einrede. Wieder wird deutlich,
warum Paulus mit einem Satz begann, der allen in der Gemeinde, allen, die Jesus den Herrn hießen, die Wirksamkeit
des heiligen Geistes zusprach. Nun kann er von allen verlangen, daß sie sich mit dem göttlichen Willen, der ihnen ihren
Ort und ihr Maß zuwies, freudig, dankbar, gläubig einigen.

Eine andere Störung der Gemeinschaft entsteht aus dem ge-
steigerten Selbstgefühl, mit dem sich der Begabte an seinem
Besitz und seiner Leistung freut. Er ist sich selbst genug und
trennt sich von den anderen, die er angeblich nicht bedarf.
Aber kein Glied ist unentbehrlich. Stärkere und schwächere,
mehr oder minder wertvolle, mehr oder minder wertlose, wohl-
geformte und mißgeformte, anständige und unanständige
Glieder gibt es; Paulus hebt aber hervor, daß diese Wert-
urteile nur beschränkte, nur menschliche Geltung haben. Wir
halten sie für schwächer oder für besonders wertlos. Gerade
das, was nicht durch eine starke Wirkung heraustritt, ist notwendig, und zwischen dem mehr und weniger Wertvollen findet Ausgleichung statt. Was nicht durch sich selbst unser
Schmuck ist, schmücken wir. Paulus wird an die Weise denken, wie wir die Brust und den Unterleib bekleiden. Auch

darin sah Paulus eine göttliche Ordnung, da er die Kleidung
auf ein göttliches Gebot zurückführte. Verhütet wird dadurch,
daß im Leibe eine Spaltung entstehe. Nun erhält die Bemühung aller Glieder dasselbe Ziel und geschieht nicht gegen-,
sondern füreinander. Wieder spricht Paulus, wie in Kap. 7
und 8, als der Anwalt der Schwachen, der für ihr unverkürztes
Bürgerrecht in der Kirche sorgt. Aus der Eintracht der Glieder entsteht die Gemeinsamkeit ihres Erlebens. Das Leid des
einen ergreift alle;[1] aber ebenso nehmen alle an der Erhebung
des einen zu Ruhm und Macht teil, da daraus die gemeinsame
Freude entsteht. Da die Vereinsamung und Vereinzelung
überwunden ist, verschafft die Gemeinde ihren Gliedern einen
Reichtum an Leid und Freude, der das weit überragt, was
ihnen die selbstische Führung des Lebens bereitete.

Vom Leibe sprach Paulus; aber eben damit sprach er von
den Korinthern. Denn sie sind der Leib des Christus, was aus
jedem von ihnen ein Glied seines Leibes macht. Darum zeigt
ihnen der Leib, was sie als Gemeinde und in ihr jeder einzelne
sind und sollen. Darum zählt ihnen Paulus nochmals die vielen
verschiedenen Leistungen auf, durch deren Vollzug die Kirche
lebt. Wieder fällt das Gewicht darauf, daß diese Gaben und
Dienste aus der göttlichen Anordnung entstehen. Das gilt
nicht nur von dem einen oder anderen dieser Berufe, sondern
von allen und auch von der Abstufung, die ihre Bedeutung
und Wirksamkeit verschieden bemißt. Darum ist es nicht nur
bedeutsam, daß diese Kräfte vorhanden sind und diese Dienste geschehen, sondern auch, daß sie nicht allen aufgetragen,
vielmehr an bestimmte Empfänger der göttlichen Gaben gebunden sind.

„Die einen bestellte Gott ἐν τῇ ἐκκλησίᾳ zuerst zu Aposteln."
Hier sieht ἐκκλησία über die korinthische Gemeinde hinaus.
Jede Gemeinde wird ihrerseits wieder Glied in dem sie alle umfassenden Verband; sie lebt nicht nur durch das, was in ihrer
eigenen Mitte geschieht, sondern auch von dem, was die anderen Gemeinden empfangen und leisten.

---

[1] καθάπερ ἐν σώματι τοῦ κυριωτάτου φλεγμαίνοντος πάντα τὰ μέλη
συνενόσει, Jos. b 4, 406.

Die erste Reihe sind die, die in der Kirche das Wort verwalten. Für sie braucht Paulus die Amtsnamen. Denn diese Dienste beschäftigen die, denen sie übergeben sind, beständig und füllen ihr Leben ganz. Bei den praktischen Leistungen der Kirche hat er dagegen Amtsnamen vermieden und nur die Funktionen genannt; denn ihr Vollzug geht vom einen zum anderen über und wird nicht in derselben Weise wie die Verwaltung des Worts zum Kennzeichen des Manns. Das Wort wird der Kirche in dreifacher Gestalt gesagt, vom Apostel, vom Propheten und vom Lehrer. Den ersten Platz hat der Apostel; auch er steht nicht über der Kirche, sondern gehört zu ihr, hat aber in ihr die erste Stelle, da die Kirche durch ihn entsteht. Von ihm hört sie die Botschaft Jesu. Während der Apostel die Gemeinde mit Jesus in Verbindung bringt, zeigt ihr der Prophet die Gegenwart des Geistes. Er spricht auf Grund einer Eingebung, sagt ihr also, was der Geist ihr sagt. Paulus hat aber das Handeln der Gemeinde nicht nur auf Inspirationen gegründet. Das göttliche Wort, das sie besitzt, ermöglicht es ihr, ihren Willen nach dem, was ihr die Lage zeigt, in selbsttätiger Denkarbeit zu formen. Sie überläßt aber dabei die einzelnen nicht nur ihrem eigenen Vermögen, sondern stellt ihnen als Helfer die Lehrer zur Seite, wodurch erreicht wird, daß sich in der Gemeinde ein einheitliches Urteil bildet und sich eine Sitte befestigt, die die einzelnen in ihren Entschlüssen leiten kann. Im Gespräch mit den Korinthern ist Paulus in großem Maß zum Lehrer geworden, da er das eigene Urteil der Korinther begehrt und es nicht durch einen apostolischen Befehl ersetzt. Da er aber noch über die Verheißung der Auferstehung sprechen muß, entsteht auch in diesem Brief eine Lage, in der Paulus auf Grund seiner apostolischen Sendung sprach.

In der Reihe derer, von denen die Gemeinde das Wort empfängt, fehlt noch der Evangelist. Denn die Ausrichtung der Botschaft Jesu geschieht noch durch die Apostel. Zu einem Amt der Evangelisten kam es in dem Maß, als das, was die Apostel getan haben, von der Kirche übernommen werden mußte, weshalb sie solche brauchte, deren Beruf es wurde, Verkünder der Botschaft Jesu zu sein.

Auf die Darbietung des Worts folgt das Wunder, auch hier
wie Vers 9. 10, in der doppelten Form, als Machterweis und
als Hilfe für Kranke. Dann folgen die beiden Leistungen, die
für das Leben der Gemeinde immer unentbehrlich sind, wobei
doch wohl absichtlich die für diese Dienste geprägten Amtsnamen vermieden sind. ἀντιλήμψεις, „Leistung von Hilfen"
trifft mit dem zusammen, was das Diakonat tat. κυβερνήσεις,
„Anweisung für die Steuerung", berührt sich mit der Aufgabe
der Bischöfe.[1] Es scheint, Paulus wolle betonen, daß die
Lebendigkeit der Gemeinde nicht an Ämtern und Titeln hänge,
wohl aber daran, daß die für sie notwendige Arbeit getan
werde, und darin, daß es Männer gibt, die hilfsbereit für die
natürlichen Lebensbedingungen der Brüder sorgen, und solche,
die ihnen zu zeigen wissen, wohin ihr Weg führt, sieht Paulus
die Hand dessen, der durch seinen Geist aus der Gemeinde
seinen Leib macht und in diesem die Glieder herstellt, durch
die der Leib zu handeln vermag. Auch „die Arten von Zungen"
nahm Paulus, wie Vers 10, noch in diese Reihe auf; er gibt
ihnen aber den letzten Platz, und er hatte vor, den Korinthern
zu erklären, warum er die Zunge nicht zwischen oder gar über
die zuerst genannten Dienste stellte.

Eine mit dieser Aufzählung nahe verwandte Reihe gibt
Röm. 12, 6—8. Auch dort spricht Paulus nicht von Ämtern,
sondern von den Funktionen, die die Gemeinde vollziehen
muß, und auch dort heißt er das Vermögen zu diesen Arbeiten
ein Charisma, ein Geschenk der Gnade. Voran steht auch dort
die Prophetie; sie ist aber auch dort nicht das einzige Mittel,
durch das das Wort zur Gemeinde kommt; neben dem Propheten steht der Lehrende, und auch er tut eine Arbeit, die
die Gemeinde nicht entbehren kann. Zwischen den Propheten
und den Lehrenden hat aber Paulus dort die διακονία hineingestellt, womit die Gemeinde kräftig daran erinnert ist, daß

---

[1] Jos. b 4, 165 παρ' οἷς ἀπόλωλεν ἡ τῶν ἐν χερσὶ παθῶν ἀντίληψις. a 18, 4
τῆς ἐλευθερίας ἐπ' ἀντιλήψει παρακαλοῦντες τὸ ἔθνος. Zu κυβερνήσεις vgl.
Susanna 5 ἐκ πρεσβυτέρων κριτῶν οἳ ἐδόκουν κυβερνᾶν τὸν λαόν. Vgl. den Ge-
brauch von מַנְהִיג für die Führer der jüdischen Gemeinde, siehe meinen
Kommentar zu Mat. 23, 10. הִנְהִיג wurde vom Lenker des Schiffs, des
Wagens und des Lasttiers gebraucht.

die Fürsorge für die natürlichen Bedürfnisse ein wichtiger und heiliger Teil ihrer Arbeit sei. Der Bischof erscheint dort als προιστάμενος, was an die κυβερνήσεις unserer Stelle erinnert. Vom Gebet mit der Zunge spricht Paulus im Römerbrief nicht. Göttliche Verfügung bestimmt jedem seinen Anteil an dem, was die Gemeinde empfängt und tut. Nicht jeder kann und soll jedes. Das hebt nicht auf, daß das, was sie empfangen und leisten, gemehrt werden kann. Gottes Wille ist nicht ein Schicksal, nicht eine unpersönliche Macht, nicht ein von Ewigkeit her fixiertes Gesetz. Sein Wille ist Gnade, die ihn bei der menschlichen Geschichte gegenwärtig macht und dem menschlichen Willen Wert und Kraft zuerkennt. Daraus ergibt sich die Mahnung: „Eifert nach den größeren Gaben". Sie sind Gaben der Gnade, also nicht vom Menschen herstellbar. Aber dieser kann und soll sie schätzen, ihren Wert dankbar ermessen und sich um ihren Empfang bemühen. Paulus hat die Reihe der Gaben nach ihrem Wert abgestuft und die eine für größer als die andere erklärt. Das gibt dem Eifer der Gemeinde die Regel. Von seiten der Gemeinde betätigt er sich in der Weise, wie sie die bei ihr vorhandenen Gaben schätzt und benützt, von seiten der einzelnen in der Weise, wie sie sich für den Empfang der Gaben rüsten. Warum er mahnt, nicht auf die kleineren, sondern auf die größeren Gaben bedacht zu sein, zeigt sich sofort, wenn er nun über das Gebet mit der Zunge spricht; er zieht die Korinther von der übergroßen Schätzung dieser Art, den Geist sichtbar zu machen, weg. Aber auch die Gabe, die er an der zweitletzten Stelle nennt, die führende Stellung, genoß in Korinth eine übertriebene Verehrung; sonst wäre es nicht nötig geworden, die Freiheit der Gemeinde zu schützen. Zuerst gibt ihnen aber Paulus noch einen Unterricht, der alles, was er bisher sagte, überragt. Mit dieser Deutung ist καθ' ὑπερβολήν nicht als Attribut zu ὁδόν, sondern als adverbiale Bestimmung zu ὁδόν δείκνυμι gefaßt. Eine ὑπερβολή ist ein Wurf, der über den der anderen hinausfliegt. Was καθ' ὑπερβολήν geschieht, wird mit einem Schwung und einer Kraft getan, die anderes übertrifft. Mit der Vorstellung „Weg" verbindet sich die Formel nicht leicht; wollte Paulus von einem Weg reden, der weiter als die bisher gezeigten Wege führe, auf dem sie rascher voran kommen? Aber ohne die Liebe ist alles, was sie tun, nichts. Dagegen konnte er wohl von dem, was er jetzt sagen wollte, urteilen, das sei sein tiefster, kräftigster Unterricht, der alles übertreffe, was er bisher den Korinthern gesagt hatte. Auch in II 1, 8 und 4, 17 steht καθ' ὑπερβολήν beim Verbum. Immer hatte er in der Liebe gesprochen. Als er die Gemeinde zur Eintracht mahnte, vor der Gnosis warnte und ihre Freiheit schützte, als er sie zur Reinheit verpflichtete, von den Richtplätzen wegscheuchte und ihr Eherecht heilsam machte, als er sie beim Opfermahl an den Bruder denken ließ und ihr deutete, warum er auf sein Recht verzichtete, und vollends als er ihr den Leib beschrieb, dessen Glieder alle füreinander leben, immer sprach er in der Liebe, immer so, daß die Liebe sein Urteil formte. Aber er hat bisher nicht absichtlich und eingehend über die Liebe gesprochen. Nun zeigt er den Korinthern in der Liebe das Verhalten, das alles, was sie vermögen und leisten, richtig und heilsam macht. Das ist sein alles andere übertreffender Unterricht, mit dem er sich vollends als ihr Führer bewährt.

Die Wertlosigkeit jeder Begabung ohne die Liebe
13, 1—3

Wem die Liebe gegeben werde, sagt Paulus nicht. Es konnte nach seiner Meinung in der Christenheit niemand geben, der nicht wußte, daß der Mensch nur dann von sich frei wird, wenn Gottes Gnade in sein Leben eingreift und ihn zu Gott wendet. Nur dann, wenn er es mit Gott zu tun bekam, löst sich sein Denken und Begehren vom eigenen Ich, und dann ist die Frage, wem er seine Liebe gebe, entschieden. Ist aber Gott für ihn die Wirklichkeit geworden, die sein Leben bestimmt, so ist er auch mit den Menschen verbunden. Lebt er für Gott, so lebt er auch für die Menschen. Darum konnte man Paulus nicht fragen, von welcher Liebe er rede, von der Liebe zu Gott oder von der zu den Menschen; es gab für ihn nur eine Liebe, nur eine Möglichkeit, das Ziel des Lebens aus dem Ich hinauszulegen, die dem Menschen dadurch zuteil wird, daß Gott ihn zu sich ruft und damit zu den Menschen bringt.

Bleibt das Denken und Wollen des Menschen an seine Eigensucht gebunden, fehlt ihm also die Liebe, so wird alles, was er von Begabung empfangen hat, unfruchtbar. Das zeigt Paulus an drei Funktionen, die uns reich und groß machen, an der Rede, am Wissen und Glauben und an der Entsagung, die auf die Habe und das Leben verzichtet. In jeder Richtung nimmt er von unserer Leistung jede Beschränkung weg und nimmt an, sie sei zur letzten Vollkommenheit gelangt, noch weit über das hinaus, was die Korinther bewunderten. Die Rede, die Weissagung, die Erkenntnis, der Glaube, der Opfermut wurden von ihnen begehrt und verehrt. Eine positive Leistung, ein Werk, das den anderen Hilfe und Stärkung vermittelte, nennt Paulus nicht. Mit allem, was er nennt, wird dem Ich seine eigene Vollendung verschafft.

„Wenn ich mit der Sprache der Menschen und der Engel rede"; daraus entstände die vollendete Gemeinde, die Beseitigung der Risse, die jetzt durch die vielen Sprachen die Menschheit zertrennen, und nicht nur die geeinte Menschheit wäre dann entstanden, sondern auch die Kluft aufgehoben, die die Menschen von den Engeln trennt. Wenn Paulus sich vorstellt, das jetzt der Gemeinde Gegebene sei zur höchsten Vollkommenheit gebracht, schaut er auf ihr letztes Ziel hinaus; er nimmt seine Ideale aus der Eschatologie. Er hat dabei an die Verehrung der Korinther für die mit der Zunge Redenden gedacht und auf die Gründe, aus denen diese Verehrung entstand, hingedeutet. Sie erwuchs aus der Eschatologie, aus dem Vorblick auf die vollendete Gemeinde, die nicht mehr an die Sprache gebunden ist, durch die der eine für den anderen zum Fremden wird, sondern mit der neuen Sprache zu reden vermag. Ebenso hat vermutlich der Wunsch, Gott so anzubeten, wie die Engel ihn anbeten, und ihn mit den Worten der Engel zu preisen, wesentlich dazu mitgewirkt, daß das Gebet unverständlich wurde und wegen seiner Unverständlichkeit Bewunderung erhielt.

„Und wenn ich Weissagung habe und alle Geheimnisse weiß." Das wäre die vollkommene Prophetie, die Vorwegnahme dessen, was am Ende der Zeiten sein wird, wenn der ganze Rat Gottes vollendet und alles zur offenbaren Wirk-

lichkeit geworden sein wird, was für die Menschheit bestimmt
ist. Auch jetzt dachte Paulus an die doppelte Bewegung unseres Denkens, durch die der Unterschied zwischen der Weisheit und der Erkenntnis, σοφία und γνῶσις, entsteht. Wer alle
Geheimnisse weiß, besitzt die Weisheit, und zwar die Weisheit
Gottes in lückenloser Ganzheit, vgl. I 2, 7. Dazu fügt Paulus
als einen davon unterschiedenen Besitz „wenn ich die ganze
Erkenntnis weiß". Weil bei γνῶσις nicht nur an den Denkakt,
sondern auch an das von ihm geschaffene Ergebnis gedacht
wird, kann Paulus sagen, man „wisse die Erkenntnis", und
wenn nun alles, was im Bereich unseres Forschens liegt, erfaßt wäre, so wäre der vollendete Kenner des göttlichen Rats
zugleich der vollendete Erforscher der Welt.

Eng verbunden mit dem Wissen ist das Glauben; aber vermengt hat Paulus die beiden Vorgänge nie. Die Annahme,
daß alles gewußt sei, alles, was Gottes Rat enthält, und alles,
was die Welt uns zeigt, macht den neuen Satz nicht überflüssig, der nun den Menschen als den Glaubenden beschreibt.
Wenn er nicht auch glaubte, wäre sein Wissen wertlos. Dann
verschlösse er sein Innerstes dem, was er erkennt; er stimmte
zwar denkend dem, was ihm gezeigt wird, zu, da er weiß,
vollzöge aber in sich den Riß, der die Bewegung seines Willens
der Herrschaft der Erkenntnis entzieht. Aber diesen unheilvollen Riß denkt Paulus völlig weg; der Wissende sei auch
der Glaubende, und weil er die ganze Erkenntnis habe, habe
er auch den ganzen Glauben. Sein Glaube werde von keiner
Anfechtung und Hemmung bedrängt, sondern bringe Gott
alles dar, was ihm ein Mensch an zuversichtlichem Verlangen
nach seiner Offenbarung und Hilfe darbringen kann. Auch
dieser Satz zeigt, daß man in Korinth nicht daran dachte, den
Glauben zu entwerten. Man begehrt dort, den Glauben zu
haben, den ganzen, den, den Gott wunderbar erhört.

Zur höchsten Leistung, die der ganze Glaube vollbringen
kann, macht Paulus, daß der Glaubende „Berge versetze".
Das hat Paulus im Anschluß an das Wort Jesu Mat. 17, 20
gesagt, dessen Kenntnis er auch den Korinthern zuschreibt.
Es ist nicht denkbar, daß unabhängig voneinander zweimal
das, was der Glaube kann, mit dieser Formel beschrieben

23*

wurde. Für sich allein kann freilich „Berge versetzen" in verschiedenem Zusammenhang zur Beschreibung der Allmacht
Gottes dienen. Hier wird aber nicht von Gottes Macht über
die Welt abstrakt gesprochen, sondern es wird dem Glaubenden beschrieben, was ihm als die göttliche Antwort auf sein
Glauben zuteil werde, und dieser Satz, daß die Berge dem
Gebot des Glaubenden gehorchen und ihren Platz verlassen,
daß also dem Glaubenden nichts widerstehen könne und nichts
für ihn unüberwindlich sei, daß er im Verhältnis zur Welt der
völlig Freie und Mächtige sei und dies deshalb, weil er glaube,
dieser Satz wurde nicht an verschiedenen Stellen zweimal geformt. Die Umbildung, die Paulus am Wort Jesu vornahm,
rührt daher, daß er richtig empfand, Jesus habe damit absichtlich die Verheißung ins Unmögliche gesteigert. Damit
war nicht verkannt, daß Jesus mit seinem Wort das beschrieben hat, was geschieht, das, was dem Glauben immer zuteil
wird, sowie er vorhanden ist, ganz abgesehen von seiner Größe,
mag er so klein wie ein Senfkorn sein. Paulus benützt aber das
Unmögliche, von dem Jesus sprach, um ein Idealbild des ganzen
Glaubens zu formen als Parallele zur Erforschung aller Geheimnisse und zur Vollendung des Wissens zur Vollkommenheit.
Läßt sich noch eine größere Vollkommenheit denken? Größer als Reden, Wissen und Glauben ist die Tat, jene Tat, die
tut, was die Liebe tut. Die Liebe macht den Menschen frei
von der Bindung an sein Eigentum und an sein Leben; sie
gibt und entsagt. Darum läßt Paulus den Menschen nun auch
noch allem entsagen, seiner ganzen Habe, da er mit ihr die
Armen speist, und seinem Leib, da er sich nicht weigert, den
schmerzhaftesten Zeugentod, das Feuermartyrium, zu leiden.
Ob Paulus auch schon christliche Feuermartyrien kannte, ist
nicht gewiß. Jüdische kannte er, und es gab solche, die sehr ein-
drucksvoll waren, z. B. das der beiden Rabbinen Jerusalems,
die kurz vor dem Tod des Herodes den goldenen Adler im
Tempel herabgeschlagen hatten.[1] Das θέατρον γενηθῆναι, von
dem Paulus I 4, 9 spricht, konnte auch so geschehen, daß der
Verurteilte auf der Bühne verbrannt wurde. Der Schreiber,
der ἵνα καυθήσομαι durch ἵνα καυχήσωμαι ersetzte, hat sich

---

[1] Jos. b 1, 655 = a 17, 167. Vgl. Daniel 3, 28.

überlegt, wie ein so herrliches Martyrium nutzlos werden
könne; dann verliere es allen Wert, wenn der Märtyrer bei der
gerichtlichen Verhandlung und auf dem Scheiterhaufen seine
heldenhafte Größe bekunden wolle. Einen Anspruch, in den
Text gestellt zu werden, hat diese Glosse nicht.

Neben alle diese Reichtümer und Ruhmestaten setzt Paulus mit erschütterndem Gleichklang „aber Liebe habe ich
nicht". Dann sucht der Mensch, wenn er spricht, sich selbst
und freut sich an der alle übertreffenden Macht seiner Rede,
weil sie ihn groß macht, und begehrt mit seinem Wissen und
seinem Glauben die Verherrlichung und Vollendung seines
eigenen Lebens und beweist mit seinem Opfer und seiner Pein,
wie Großes er kann. Dann wird aus der Rede nur ein laut
schallender Ton, der ebenso sinn- und nutzlos ist wie das Ge-
lärm der Zymbel, und die Vollendung des Wissens und Glaubens hebt nicht auf, daß der Mensch nichts ist, und das Opfer
bleibt, auch wenn alles dahingegeben wird, ohne Wirkung
und Frucht. Mit dieser Beschreibung einer Vollkommenheit,
die alles weit übertrifft, was wir erreichen, und dennoch wertlos bleibt, traf Paulus die Korinther hart. Damit war ihnen
gesagt, was ihr Perfektionismus aus ihnen machte. Lärmendes
Geräusch machten sie; nichts waren sie; nichts gewannen sie.
Das verdanken sie dem, daß sie das Kreuz Jesu leer machten.
Dieses wird nur für den leer, der die Liebe Jesu nicht erkennt
und sich von ihr nicht erfassen läßt, II 5, 11. Hat er aber die
Liebe nicht, so hat er nichts.

Bleiben aber diese Bilder, denen Paulus kolossale Maße
gab, noch im Bereich der Möglichkeit? Ist ein Wissen möglich,
das alle Geheimnisse geschaut und alles erforscht hat, ohne
daß jene Voraussetzung des Wissens vorhanden ist, die I 8, 3
nennt, ohne das Erkanntsein von Gott, mit dem der Mensch
die Liebe Gottes empfängt? Gibt es denn ein Wissen, das sich
der göttlichen Dinge bemächtigen könnte, während der zum
Wissen treibende Wille eigensüchtig ist? Und ist ein Glauben,
nicht ein verkümmertes, vom Zweifel geschädigtes, sondern
ein ganzes Glauben, denkbar, während dem Glaubenden die
Liebe fehlt? Hat Paulus nicht deshalb die Ermahnung zur
Liebe unterlassen und uns nicht belehrt, wie man aus der

Selbstsucht zur Liebe komme, weil durch den Ruf des Christus die Liebe ebenso gewiß entsteht wie der Glaube, nicht durch eine nachträgliche Reflexion, sondern unmittelbar, so gewiß Gott für den Menschen sein Gott und Christus sein Herr geworden ist? Und widerruft Paulus nicht doch die dem Glauben gegebene Verheißung, wenn er einem Glaubenden, der den ganzen Glauben hat und Größtes leistet und Berge versetzt, erklärt, er selbst sei nichts? Ist nicht der Glaube gerade durch seinen Gegensatz gegen die Werke, weil er keine Leistung des Menschen, sondern Gottes Werk ist und nicht Gott mit dem, was wir schaffen, verehrt, sondern seine Gnade empfängt, unsere Gerechtigkeit und unser Heil? Abnorm ist freilich alles, wovon hier Paulus spricht; abnorm ist ein Reden, bei dem der Redende vergißt, daß er als Redender ein Gebender ist, der dem Hörer das zu sagen hat, was ihm hilft, abnorm ein Wissen, mit dem der Mensch sich selbst verherrlichen will, abnorm ein Glauben, das nur das eigene Heil begehrt, abnorm ein Opfer, das nicht ernsthaft Gabe ist, sondern im Grunde nur die Sicherung und Vollendung des eigenen Ichs begehrt. Abnorm ist hier alles; aber unmöglich ist hier nichts. Die Erfahrung der Kirche hat das, was Paulus über den Ausgang des Perfektionismus gesagt hat, beständig bestätigt, und nicht erst die spätere Christenheit erfuhr dies; schon das, was in Korinth geschah, erwies die Möglichkeit dieser Entartungen. Der Glaube entsteht durch das wirksam werdende Wort und ist darum die Lösung unserer persönlichen Gottesfrage und der Empfang des Heils, und dann, wenn er wirklich für die Gottesfrage die Antwort gibt und wirklich das Verlangen nach dem Heil und sein Empfangen ist, dann ist die Liebe da. Aber die Möglichkeit besteht, daß der Mensch auch vor Gott, auch in seinem Predigen, Wissen, Glauben und Opfern, sich selbst die erste Stelle vorbehalten und eigensüchtig bleiben kann. Paulus sprach hier in engem Anschluß an jene Worte Jesu, die von solchen Jüngern reden, die empfangen haben, was er ihnen gab, und sein Königtum machtvoll bezeugen und doch verwerflich bleiben. „Liebe haben sie nicht"; darum salzt das Salz nicht, und die Lampe leuchtet nicht, und das Talent bleibt vergraben.

Das von der Liebe geformte Verhalten
13, 4—7

Neben das Unheil, das entsteht, wenn die Liebe fehlt, stellt
Paulus, was sie wirkt. Personifiziert er sie? Diese Formel
würde den Vorgang, der sich damals in ihm vollzog, nicht
richtig benennen. Liebe ist Wille und deshalb das Subjekt von
Handlungen, weil jeder Wille handelt. Dadurch wird aus der
Liebe nicht ein mythologisches Gebilde, dem ein eigenes Dasein angedichtet würde, nicht ein Vorgang, der kein Subjekt
hätte; es wird in keiner Weise verdunkelt, daß der Mensch der
ist, der liebt. Wenn aber das unheilvolle „Liebe habe ich
nicht" nicht mehr von ihm gilt, sondern er sagen kann: „ich
habe Liebe", dann bekommt das, was er ist und tut, in seinem
Lieben seinen Grund. Voran stehen zwei positive Wirkungen
der Liebe. Sie erhält die Gemeinschaft auch über Störungen
hinweg, weil sie nicht nach Vergeltung verlangt, sondern zu
warten, zu tragen und zu vergeben vermag, und sie verschafft
dem Menschen die hilfreiche, freundliche Gütigkeit. Dann folgen sieben kräftige „nein", die aufzählen, wovon die Liebe
den Menschen befreit. Sie stößt die Eifersucht aus; denn diese
ist ein selbstischer Wille, mit dem wir den anderen an uns
ketten und für uns ausnützen. Sie macht dem prahlenden
Übermut ein Ende, weil sie es dem Menschen verbietet, sich
selbst hervorzudrängen. Sie vertreibt die Eitelkeit und kann
sich nicht mit dem brüsten, was sie gibt oder empfängt. Sie
kann nicht unanständig werden und das feine Empfinden
nicht verletzen. Sie beendet die Berechnung des eigenen Vorteils; denn eben dies ist ihr Wesen, daß sie selbstlos ist. Sie
verschließt der Leidenschaft die Türe, mag sie gegen oder für
den anderen aufflammen. Sie macht es unmöglich, Böses anzurechnen,[1] weil sie nach der Gemeinschaft mit dem anderen
verlangt und sein Wohl, nicht sein Verderben, begehrt, und
sie macht unfähig, sich am Unrecht zu freuen. Das, daß sie
nicht selbst Unrecht tut, muß nicht erst gesagt werden; wo
das Recht gebrochen wird, ist kein Raum für die Liebe. Das

---

[1] οὐ λογίζεται τὸ κακόν, vgl. Sach. 2, 17.

war für Paulus damit gegeben, daß er die Liebe zusammen
mit der Bejahung Gottes empfing, womit das Recht geheiligt
ist. Aber daran erinnert er, daß auch die feinere Beteiligung
am Unrecht, die dadurch geschieht, daß wir ihm zustimmen,
von der Liebe abgewehrt wird. Mag die Gemeinschaft noch so
eng geworden sein, Beifall zu ungerechtem Handeln entsteht
aus der Liebe nie. Ihr bringt Unrecht immer Not und Schmerz.
Dazu, daß sie sich am Unrecht nicht freuen kann, gehört un-
löslich als das positive Korrelat: sie hat Mitfreude mit der
Wahrheit. Paulus setzt voraus, daß die Wahrheit den, der sie
sagt und tut, froh mache. Paulus wertet Lüge und Heimlichkeit immer als Last, und den Übergang aus Wahn und Schein
in die Wahrheit immer als Glück, und an der aus der Wahrheit strömenden Freude nimmt die Liebe teil; zur Wahrheit
beglückwünscht sie sich und den anderen. Zu συγχαίρειν vgl.
Phil. 2, 17. 18. Da die Liebe über die Wahrheit die Aufsicht
führt, ist es ausgeschlossen, daß aus der Verwaltung der Wahrheit Schade und Pein entstehe.

Nun folgen die vier gewaltigen πάντα. Die Liebe läßt sich
nicht überwinden; keine Gewalt kann sie niederzwingen. Denn
sie kann leiden und zwar alles; nichts ist ihr zu schwer und keiner
Plage weicht sie aus. Wiche sie aus, so gehorchte der Mensch
seinem selbstischen Trieb. Daß sie glaubt und hofft, ist nicht
seltsam, da es zwischen uns Menschen keinen Verkehr gibt,
ohne daß wir glauben und hoffen. Dies aber ist das Merkmal
der Liebe, daß sie „alles glaubt, alles hofft". Es gibt keine
Lage, die imstande wäre, ihr Vertrauen zu vernichten und
ihre Hoffnung zu zerstören. Gelänge ihr dies, so wäre auch die
Liebe tot. Solange sie lebt, muß sie glauben und hoffen. Das
könnte Paulus freilich nicht sagen, wenn er den Menschen von
Gott losgelöst betrachtete; er sieht in ihm aber immer Gottes
Werk, das zum Eigentum des Christus geworden ist. Der
Glaube und die Hoffnung, die sich auf das beziehen, was aus
einem Menschen wird, sind daher zuerst auf Gott gerichtete
Zuversicht und nach seiner Hilfe verlangende Erwartung, und
dies macht sie ganz, keiner Erschütterung zugänglich und
jeder Lage gewachsen; denn Gottes Verheißung ist absolut.
Begrenzt bleiben das Glauben und das Hoffen nur dadurch,

daß Gottes Wille frei über uns steht und unser Glauben und
Hoffen an sein Wirken gebunden ist. Von στέγειν wird sich
ὑπομένειν dadurch unterscheiden, daß es stärker aktiv gedacht ist als jenes. Die Liebe nimmt jede Pflicht auf sich,
belädt sich mit jeder Last und ist zu allem Schweren bereit.

Die Überlegenheit der Liebe über die Erkenntnis
13, 8—13

Als den Weg zur Vollkommenheit schätzen die Korinther
die Erkenntnis. Damit ziehen sie aber das Vergängliche dem
Bleibenden vor. Nicht die Erkenntnis bleibt, sondern „die
Liebe fällt nicht". Sie wird dem Menschen für immer gegeben
und ist sein unvergängliches Eigentum. Freilich kann die Liebe
in jedem erlöschen; dies liegt aber nicht an der Liebe, sondern
an dem, der das, was er empfangen hat, verdarb und wieder
verlor. Das wäre ein unmöglicher Satz, wenn die Liebe nicht
Gottes Wille wäre. Wer sagt: die Liebe wird nicht widerlegt
und durch keine Widerstände bezwungen, sondern ist immer
sieghaft und unzerstörbar, der sagt damit, was in dieser For-
mulierung erst Johannes sagte: Gott ist Liebe. Dagegen sind
alle Erkenntnisse nur eine zeitweilige Gabe, nicht für immer
gültig, sondern dazu bestimmt, entkräftet zu werden und zu
vergehen. Das sagt Paulus nicht vom Irrtum, von Mythen
und Phantasien, auch nicht nur von jenem Wissen, das die
Geister, die die Geschichte der Menschheit regieren, in sie
hineinlegen, sondern von jenen Erkenntnissen, die er als
Charismen und Wirkungen des Geistes hochschätzt, von der
Weissagung, von der Zunge und von den Leistungen unseres
Denkvermögens, die er hier, wie in der Aufzählung 12, 8—10,
nicht weniger als Wirkung des Geistes schätzt als die ekstati-
schen Vorgänge. Sie werden alle beseitigt, weil sie alle nichts
Ganzes geben. „Wir weissagen und erkennen stückweise."[1]
Es ist aber gewiß, daß das Endgültige kommen wird, und
wenn es kommt, verliert das Anfängliche und Unfertige seine
Wichtigkeit. Paulus erinnert an die Umbildung unseres gei-

---

[1] Die Propheten רָאוּ מִקְצָת, εἶδον ἐκ μέρους, R. zu Pred. 1, 8.

stigen Besitzes, die uns das natürliche Wachstum bringt. Die Rede, die Wünsche und Ziele, das φρονεῖν, und die Pläne und Berechnungen, die das Verfahren bestimmen, das λογίζεσθαι, sind beim Kind kindlich. φρονεῖν ist der Name für dasjenige Denken, durch das wir uns unsere Ziele setzen; diese nimmt das Kind aus seinem kindlichen Sehfeld. λογίζεσθαι ist der Name für die Überlegungen, durch die wir die Ausführung unseres Plans und die Herstellung unseres Zieles bestimmen; auch diese bleiben notwendig an das Maß des kindlichen Lebens gebunden. Das alles ist vergangen, nachdem aus dem Kind der Mann geworden ist. Dann fallen die alte Rede und die alten Wünsche und die alten Methoden des Handelns ab.

Paulus gewann damit ein völlig neues Verhältnis zu unserem Erkennen. Das Versagen der jüdischen Theologie, die sich mit unbedingter Zuversicht auf das inspirierte Prophetenwort berief, und die Erfahrung von der begrenzten Geltung der Weissagungen, die in der Christenheit verkündet wurden, 2 Thess. 2, 2, machten ihn nicht zum Skeptiker. Er entwertete den Denkvorgang nicht, klammerte sich auch nicht an ihn, als wäre er ein unveränderlicher Besitz, und sprach nicht wie die Griechen von „ewigen Wahrheiten". Er erfaßte das ihm gegebene Wissen mit jener entschlossenen Bejahung, die es im Handeln zur ganzen Geltung bringt; denn er ehrte es als Gottes Gabe, und das ergibt den vorbehaltlosen Zusammenschluß mit der empfangenen Erkenntnis. Weil es aber Gabe ist, nicht die ganze, sondern ein Teil derselben, noch nicht die vollkommene, sondern die, die Gott in diese Welt hineingelegt hat, erhebt er sich über seinen ganzen inneren Besitz und bleibt beweglich, dessen gewärtig, was Gott der Menschheit einst noch zeigen wird. Wenn die korinthischen Meister sich wegen ihrer Erkenntnis bewundern und durch sie satt und reich geworden sind, kann dies nur daher kommen, daß sie nicht mehr nach dem Kommenden verlangen, sondern mit dem zufrieden sind, was ihnen die Gegenwart verschafft. Sie wollten weise sein „in dieser Zeit", I 3, 18.

Wahrnehmung ist jetzt der Gemeinde geschenkt; ohne sie könnte sie nur träumen und dichten; sehen kann sie, was ihr gezeigt wird. Die Wahrnehmung wird ihr aber durch einen

Spiegel zugeleitet und geschieht mittelst eines Rätsels. Hinter diesem Wort steht Num. 12, 8, die Beschreibung des Umgangs, den Mose mit Gott hatte und der ihn über alle Propheten erhob, ein Wort, das auch vom Rabbinat eifrig erwogen wurde; einzig mit Mose, nicht auch mit den Propheten, sprach Gott von Mund zu Mund durch Gesicht und nicht durch Rätsel. Was hier von Mose gesagt war, ist das, was der Gemeinde verheißen ist, ist aber noch nicht ihre Gegenwart. In dieser Zeit ist ihr noch nicht mehr gewährt als Prophetie, und diese schaut nicht Gottes Gestalt, sondern sieht ihn im Spiegel und hört von ihm nur ein rätselhaftes Wort. Rabbinen ließen sich durch מראָה Num. 12, 8 an ein σπεκουλάριον erinnern, an die Füllung eines Fensters mit einem Glas, das nur einen trüben Durchblick gestattet.[1] ἔσοπτρον ist aber der Name des Spiegels, in den man sieht, nicht der Scheibe, durch die man sieht.[2] Wäre an eine trübe Scheibe gedacht, so hätte διά räumliche Bedeutung: „durch eine Scheibe hindurch sehen wir." Das trennte διά von ἐν; aber die beiden Präpositionen, die den kausalen Vorgang benennen, stehen hier wieder absichtlich beisammen, wobei ihre verschiedene Färbung deutlich empfunden wird.[3] Dächte Paulus an eine Scheibe, so würde er nur das Vorangehende nochmals wiederholen; damit wäre nur gesagt, daß unser Sehen unfertig und mit Dunkelheiten belastet sei. Aber der Gegensatz zum βλέπειν δι' ἐσόπτρου, das βλέπειν πρόσωπον πρὸς πρόσωπον, zeigt, daß Paulus den Gedanken weiterführt, weil er erklären will, warum uns ein letztes, endgültiges Wissen nicht gegeben ist und auch durch den Propheten nicht verschafft werden kann. Dies ist deshalb so, weil unser Sehen durch eine Vermittelung entsteht. Es gibt keine Wahrnehmung Gottes, die ihn uns unmittelbar sichtbar macht, und keine Erkenntnis des Christus, die uns seine „Gestalt", II 5, 7, enthüllte. Nur in seinen Wirkungen wird uns der Wirkende offenbar, und durch den Geist macht Christus sich uns gegenwärtig, und durch sein Wort entsteht

---

[1] R. Lev. 1, 14.
[2] ἔσοπτρον Spiegel Jos. a 12, 81; Philo Wanderung Abrahams 98.
[3] Siehe I 1, 21.

unsere Verbundenheit mit ihm. Darauf, daß die Kenntnis Jesu durch sein Wort entsteht, wird sich ἐν αἰνίγματι beziehen Ein Rätsel ist ein Wort, das seinen Sinn nicht unmittelbar preisgibt, sondern nur andeutet und in Bildlichkeit einhüllt, so daß sich der Hörer erst noch um ihn bemühen muß. Rätselhaft bleibt des Wort des Christus, weil die Wirklichkeit, von der es spricht, nicht neben ihm steht. Nur sein Wort spricht von seiner königlichen Sendung, und nur sein Wort verkündet der Welt den gnädigen Willen Gottes, die Vergebung ihrer Sünden und die Erlösung vom Tod. Nicht Wahrnehmung, die uns unmittelbar faßte, hebt zu ihm empor, sondern die von ihm redende Botschaft ruft zu ihm, und diese verkündet den im Fleisch Gekommenen und Gekreuzigten als unseren Herrn. So wird es zur Frage an den Hörer, ob er seiner Wahrheit inne und gewiß zu werden vermag. Der Spiegel und das Rätsel sind aber nicht das Bleibende; sie entsprechen jenem Zustand, den Paulus mit dem kindlichen Denken verglich. Daß das, was kommt, anders und größer ist, ist schon an dem erkennbar, was Mose empfangen hat. „Mund zu Mund" sprach Gott zu ihm, „Gesicht zu Gesicht", wie Deut. 34, 10 sagt. Das ist Gegenwart ohne Vermittelung, Rede ohne Übersetzung und Auslegung. Die Gewißheit, daß er so erkennen werde, gewinnt Paulus, wie I 8, 3, daraus, daß er erkannt ist. Damit ist ihm die vollkommene Erkenntnis und unmittelbare Wahrnehmung verheißen. Das Erkennen wird so werden wie das Erkanntsein; denn Gott läßt seine Gemeinschaft mit den Menschen nicht unvollendet, sondern macht sie ganz. Das Erkanntsein hat keine Schranken; sie fallen daher auch vom Erkennen ab.

Die Frage, wie die Erkenntnis des Christus entstehe und wie weit sie reiche, wurde auch später noch in Korinth besprochen. Darum hat Paulus das, was der Erkenntnis gegeben wird und was ihr versagt bleibt, noch einmal am Spiegel verdeutlicht, II 3, 18. Dort sagt er, wie Großes der Gemeinde im Unterschied von der Judenschaft verliehen sei. Da ihr die Decke vom Gesicht genommen ist, wird sie zum Spiegel für die Herrlichkeit des Herrn. Damit ist aber auch die Grenze bestimmt, die die Erkenntnis in dieser Zeit nicht überschreiten

kann. κατοπτρίζεσθαι II 3, 18 spricht auch dafür, daß Paulus
bei ἔσοπτρον an den Spiegel dachte.

Dem τότε δέ steht gegenüber νυνὶ δέ. Paulus wendet den Blick
wieder zur Gegenwart, jedoch nicht mehr zu dem, was vergänglich ist und abgetan werden wird, sondern zum Bleibenden, zu dem, was uns für immer gegeben ist. Das Sehen, das
uns die vollkommene Erkenntnis bringen wird, ist uns jetzt
noch nicht gewährt; aber wir haben auch nicht nur Vergäng-
liches, weil wir noch anderes und Größeres als die Erkenntnis
haben. Wir haben Bleibendes. Denselben Gegensatz zwischen
μένειν und καταργεῖσθαι gibt II 3, 11, und auch I 3, 14 ist nahe
verwandt, da dort μένειν den Gegensatz zu κατακαῆναι herstellt. Nicht alles, was der Gemeinde eigen ist, hat nur vorläufige Bedeutung, die vom Kommenden beseitigt wird. Denn
die Liebe hat unvergänglichen Bestand und Wert, aber nicht
sie allein, sondern der Glaube und die Hoffnung und die Liebe,
wenn auch sie von diesen das Größte ist. Über die Gedanken
der Kirche, die vergehen, stellt Paulus ihren Willen, der seinen
Grund im Wirken Gottes hat, in dem, was geschehen ist,
woraus das Glauben entsteht, und in dem, was geschehen
wird, was ihr die Hoffnung gibt, und weil Gottes Werk seine
Gnade offenbart und den Menschen mit einem ihm eignenden
Leben beschenkt, erwächst aus seinem Empfangen sein Geben
und aus seinem gläubig zu Gott gewendeten Denken die Tat;
damit ist ihm die Liebe gegeben. Sie kann ohne den Glauben und
die Hoffnung nicht bestehen; sie glaubt und sie hofft, Vers 7.
Würde sie nicht glauben und hoffen, so löste sie sich von ihrer
Wurzel, vom göttlichen Werk. Sie ist aber Gottes größtes Geschenk, größer als das Glauben und das Hoffen. Denn sie ist
das Ziel der Gnade, die Frucht des wirksam gewordenen Worts,
die Vollendung dessen, was der Christus durch den Geist
gegenwärtig in der Menschheit schafft; sie ist Aktivität, Produktivität, Einsetzung des Menschen in die Mitarbeiterschaft
mit Gott. Nur das Glauben und Hoffen hat Paulus aus Vers 7
in den letzten Satz hinübergenommen, nicht auch das Leiden
und das Tragen, στέγειν und ὑπομένειν. Das wird nur von
außen, von der Welt her zum Merkmal der Christenheit gemacht. Weil die Welt ihr widersteht, wird es zu ihrer Pflicht,

daß sie nicht weiche, sondern sich im Dulden stark erweise. Das hieß Paulus nicht das Bleibende. Bleibend ist dagegen das, was Gottes Werk aus ihr macht. Die Zusammenordnung der drei Bewegungen des Willens entstand bei Paulus nicht aus einer theoretischen Erwägung, nicht aus dem Bestreben, über die Fülle des inwendigen Geschehens eine Übersicht zu gewinnen und sie dadurch zu beherrschen, daß sie geordnet und klassifiziert werde. Für ihn war diese dreifache Bewegung des Willens das Erzeugnis der Geschichte; sie erwuchs aus dem, was Gott für den Menschen getan hat, das macht ihn zum Glaubenden, und aus dem, was Gott für ihn tun wird, das macht ihn zum Hoffenden, und aus dem, was der Mensch für Gott tun darf, das macht ihn zum Liebenden. Wie weit reicht das mit starkem Ton versehene μένει? Dachte sich Paulus den Menschen auch im Reiche des Christus als Glaubenden, Hoffenden und Liebenden? Oder genügen wir seiner Aussage, wenn wir ihn sagen lassen, den von der Gnade geschaffenen Willen widerrufe Gott nicht; ihn begabe er mit unvergänglicher Wirkung, so daß er die Vorbereitung unseres ewigen Lebens sei? Von der Liebe läßt sich leicht denken, daß Paulus sie auch den Auferstandenen zuschrieb; er sah den Menschen immer in Gemeinschaft, nicht nur als den Empfangenden, sondern immer auch als den Wirkenden. Bei der Heiligkeit, die für ihn die Verpflichtung zum Wirken hatte, und bei der Freudigkeit, mit der er es übte, hat der Gedanke keine Schwierigkeit, daß er sich auch das ewige Leben nicht als ein Ruhen, sondern als ein Wirken, somit als Liebe ohne Ende dachte. Hat er sich aber den Menschen nicht auch als ohne Ende empfangend gedacht, immer als den, der den Grund seines Lebens nicht in sich hat und nicht in sich suchen kann, sondern sich vertrauend und bittend Gott ergibt? Und hat er sich das göttliche Geben nicht als unerschöpflich vorgestellt, so daß die eine Gabe immer wieder die andere herbeiführt und jedes Empfangen über sich wieder ein Hoffen hat? Wir sind, sagte Paulus, im Christus nicht einzig in diesem Leben zu Hoffenden gemacht, I 15, 19.

Gewiß ist, daß für Paulus am Ende der gegenwärtigen Welt die Offenbarung des Christus stand, die der Gemeinde seinen Anblick, das Schauen, gewährt. Sind nicht Sehen und Glauben ein Gegensatz? Endet nicht das Glauben, wenn die Wahrnehmung beginnt? Das ist die Deutung des Glaubens, die in der Kirche üblich geworden ist; sie begründet den Glauben durch den Mangel, der unser Bewußtsein unaufhebbar beschränkt. Aber so verstand Paulus sein Glauben nicht. Wie war er gläubig geworden? Dadurch, daß er den Herrn gesehen hat. Durch den Anblick Jesu wurde er aber nicht über den Glauben emporgehoben und von ihm dispensiert, vielmehr zum Glauben berufen und verpflichtet. Er wußte, daß man „gegen den Stachel ausschlagen kann", Apgsch. 26, 14. Man spürt den Stachel, wenn man sieht und erkennt, und man schlägt gegen den Stachel aus, wenn man sich dem Erkannten widersetzt und ihm nicht glaubt. Wie mit seinem Glauben, verhielt es sich aber mit dem Glauben aller Apostel; sie glaubten an den Auferstandenen, weil sie ihn sahen, I 15, 5. Geschieht mit der Offenbarung des Christus nicht in ungleich herrlicherer Weise dasselbe wie durch die Ostergeschichte? Wird nicht auch sie die Ermöglichung und Verleihung des Glaubens sein? Sind nicht die, in denen sie nur die bebende Angst schaffen wird, die Gerichteten? Den offenbar gewordenen Christus beschreibt Paulus als den Kämpfer, der alle Feinde Gottes bezwingt, I 15, 24—26. Sind nicht dann die um ihn gescharten Auferstandenen Glaubende, die seines Sieges gewiß sind? Über dem königlichen Wirken des Christus sah Paulus noch ein höheres Ziel, dies, daß Gottes unmittelbare Gegenwart allen gegeben werde. Sind daher die, die an seinem Reiche teilhaben, nicht auch noch Hoffende? Wie dem sei, der nächste Sinn der Aussage des Paulus ist deutlich; der Christ soll in der Bewegung seines Willens, die er von Jesus empfängt, das sehen, was er mit entschlossenem Ernst und ungebrochener Bejahung bewahren und betätigen soll, weil sie ewige Geltung und unvergängliche Wirkung hat.

Die Schätzung des Liebens, die es höher als das Glauben und Hoffen wertet, hat die Kirche oft mit verlegenem Erstaunen gelesen. Dieses Unbehagen gleicht dem, mit dem der Eingang

zum Römerbrief, 2, 6—10, die Verheißung für den, der das
Gute vollbringt, gelesen zu werden pflegt. An beiden Stellen
entsteht das Staunen aus der Erwartung, Paulus denke wie
ein rationalistischer Grieche, der die Produktion von Gedanken für seine höchste Leistung hält und sich deshalb sorgsam
gegen die Gemeinschaft durch Vereinzelung schützt. Dann
wird sein Widerspruch gegen das Gesetz und seine Werke als
Rückzug auf die Gesinnung und seine Verherrlichung des
Glaubens aus seiner Abneigung gegen das Wirken erklärt.
Aber gerade in den vorangehenden Worten hat er mit dem
größten Nachdruck gesagt, daß er nicht in der Bildung von
Gedanken, mögen sie noch so wahr und heilig sein, das Ziel
des Menschen sehe, weil alles, was er in diesem Bereich erwerben könne, vergänglich bleibe und der Beruf, den der
Mensch durch die Gegenwart des Christus empfangen habe,
dies alles überrage. Daß der Christus der Wirker der göttlichen
Werke war, durch den Gottes königliches Wirken geschieht,
das machte aus Paulus den Glaubenden; aber dies machte aus
ihm auch den Wirkenden, Gebenden, Liebenden.

Die Überlegenheit der Weissagung über die Zunge
14, 1—25

Kein Wort, kein Wissen, keine Heldentat hilft dem Menschen ohne die Liebe; aber er hat sie nicht in sich selbst, sondern er muß sie immer wieder suchen. Dafür braucht Paulus
das Wort, das von dem gesagt wird, der eilig einem anderen
nachläuft und sich auf jede Weise bemüht, ihn zu finden. Daß
Paulus die Liebe dem Menschen nicht als seinen Besitz zuschreibt, den er beständig in sich hat, folgt daraus, daß seine
Aussage: „Wir, die wir nach dem Geist wandeln" stets die
Verneinung bei sich hat: „Wir, die wir nicht nach dem Fleisch
wandeln". Das Begehren des Fleisches, der von der Natur uns
gegebene Wille, ist eigensüchtig, und darum ist die Liebe immer das, was wir erst zu suchen haben. Aber die Mahnung
„Bemüht euch um sie" hat die Verheißung in sich, daß sie
gefunden werden kann. Denn für die, die den Ruf des Christus empfingen, steht über dem Satz: „Wir sind Fleisch" der

andere: „Wir sind im Christus", womit gesagt ist, daß der Christus durch seinen Geist ihr inneres Leben forme. Darum kann ihnen auch gesagt werden: „Eifert nach dem, was die Art des Geistes an sich hat". Die Liebe hat Paulus hier neben die πνευματικά gestellt. Denn sie ist der eigenste Besitz des Menschen, sein eigener Wille und Gedanke, und steht nicht neben seinem inwendigen Leben als ein ihm fremd bleibender Vorgang. Vom Geist mit seiner Art gezeichnet nennt hier Paulus das, was der Geist von außen in den Menschen hineinlegt und dadurch zu seiner Offenbarung macht. Er spricht deshalb nicht mehr von der ganzen Reihe der Gaben, die der Geist verleiht, sondern macht einzig das Verhältnis deutlich, in dem die Weissagung zur Zunge steht. Damit geht er auf das ein, was die Korinther bewegte und ihr Brief ihm als Frage vorlegte.

„Verlangt darnach, daß ihr weissagt"; wenn es unter euch Propheten gibt, weissagt „ihr". Wieder zeigt sich, wie wenig es für Paulus nur Bild und Gleichnis war, wenn er die Gemeinde einen Leib nannte, wie real er sich die Gemeinsamkeit ihres Lebens dachte, die aus ihr eine Einheit macht. An Berufspropheten hat Paulus nicht gedacht. Damit wäre die Gemeinde in den vorchristlichen Zustand zurückversetzt. Die Gemeinde des Christus hat darin ihr Merkmal, daß in ihr nicht einige im Gegensatz zu den anderen, sondern alle den Geist haben. Er hat aber auch nicht erwartet, daß alle weissagen, und aus der Gemeinde nicht eine Versammlung von Propheten gemacht. Denn der Geist teilt seine Gaben an jeden aus, wie er will. Der Prophet wird aber zum Empfänger eines göttlichen Wortes deshalb, weil die Gemeinde besteht und er Glied derselben ist und ihr das ihm gesagte Wort zu sagen hat. Deshalb sagt Paulus den Korinthern: „Ihr weissagt", wie der Leib sieht, weil das Auge sieht, und der Leib geht, weil die Füße schreiten.

Zur Prophetie hin wendet Paulus den Eifer der Korinther und gibt ihm damit eine neue Richtung; denn jetzt steht das Reden mit der Zunge bei ihnen in hohen Ehren. Zur Bewunderung für diese Art, den inwendigen Vorgang hörbar zu machen, führte alles, was es nötig machte, daß Paulus der Ge-

meinde die Liebe anpries. Der Maßstab, mit dem er die Leistung des Zungenredners maß, war der der Liebe; durch das,
was wir über die Korinther erfuhren, wissen wir aber, daß es
ihnen daran lag, sich in die Vollkommenheit zu erheben und
diese darzustellen. Ihnen konnte es zu einem eifrig gepflegten
Anliegen werden, durch die Menge der Zungenredner festzustellen, daß der Geist mit wunderbarer Kraft in ihnen wirke.
Alles andere, was Paulus die Versichtbarung des Geistes hieß,
stellte an den Christen ungleich größere Ansprüche als die
Zunge. Nur wenigen war es vergönnt, sich durch das Wort
der Weisheit oder auch die Gabe der Heilung als Pneumatiker
zu erweisen. Ungleich leichter war es für viele, ihren Anteil
am Geiste dadurch kundzutun, daß sie mit der Zunge redeten. Der Wettbewerb der verschiedenen Gruppen und das
Bemühen einzelner, sich eine führende Autorität zu verschaffen, mochte zur Häufung der Zungenreden beitragen. Daß
die Nutzlosigkeit dieser Art von Rede sie nicht hinderte, paßt
zur geringschätzigen Behandlung des Leibes und der Ehe und
zur unbeschränkten Fassung der dem einzelnen verliehenen
Macht. Was der Hörer durch die Rede empfing, kam neben
der Steigerung des Empfindens, die sie dem Redner selber
eintrug, nicht in Betracht. Läßt sich aber die Verehrung für
die Zungenrede auch damit vereinen, daß die Korinther die Erkenntnis mehr als alles schätzten und es peinlich empfanden,
daß bei Paulus die Rede mit Verzicht auf fesselnden Reichtum einzig zur Formierung des Willens durch die Begründung
des Glaubens diente? Wie konnten sie, wenn sie nach einem
reichen Unterricht verlangten, an der Zunge ihr Wohlgefallen haben? Auch der rationale Zug im korinthischen Denken, der zum Verzicht auf die Auferstehung der Toten führte,
scheint sich nicht leicht mit einem Kultus zu vereinigen, bei
dem es zur ekstatischen Aufregung kam. Sicher ist aber, daß
in Korinth das rationale Denken nicht die Herrschaft hatte.
Es lag den Korinthern nicht an der wachen Wahrnehmung
des Geschehenen; sonst hätten sie sich das, was mit dem Ende
Jesu geschehen war, nicht verhüllt. Wenn sie Reden, die durch
ihren Gehalt und Glanz die Hörer fesselten, höher schätzten
als den Unterricht des Paulus und diesen dürftig hießen, so

ist damit wohl vereinbar, daß es für sie eine Rede gab, die
auch den größten Lehrer noch überragte, deren besonderer
Wert darin bestand, daß sie dem Hörer, ohne an ihn einen
Anspruch zu richten, den erhebenden Eindruck gab, daß der
Geist mit mächtigem Brausen durch die Gemeinde rausche.

Das, wovon Paulus spricht, war ein Reden; an ein stummes
Versinken des Beters in sich selbst kann man nicht denken.
Der, der den Menschen zum Reden bringt, ist der Geist.
Damit hat Paulus sich und den Korinthern verboten, den mit
der Zunge Redenden zu schelten. Für krank und nutzlos hat
Paulus diese Art des Redens nicht gehalten; denn der Geist
macht den Menschen nicht krank, sondern was er ihm gibt,
sind χαρίσματα. Daraus, daß auch diese Rede Rede, und zwar
vom Geist dem Menschen gegebene Rede ist, entsteht ihre
Vergleichbarkeit mit der Weissagung. Mit der Zunge wird aber
für Gott geredet, und daraus entsteht ihr zweites Merkmal,
ihre Unverständlichkeit; vgl. II 5, 13. „Keiner hört" heißt
nicht: keiner vernimmt einen Laut, sondern: keiner versteht,
was gesagt wird. Das folgt aus dem Inhalt der Rede, „Geheimnisse redet er", und deshalb redet er nicht für Menschen,
sondern für Gott. Denn die Geheimnisse sind Gottes Eigentum und müssen es bleiben. Es ist darum hohe Begnadigung,
wenn ein Mensch über sie reden kann, auch wenn er nicht so
von ihnen reden kann, daß er sie verkünden könnte. Paulus
hat aber angenommen, daß es vielleicht möglich sei, diese Geheimnisse auch der Gemeinde zu verkünden. In diesen Fällen
wird der Geist jemand beauftragen und befähigen, das Ge-
redete zu deuten. Zunächst wollte aber die Zungenrede der
Gemeinde den Eindruck vermitteln, daß Gottes Rat Geheimnisse umfasse, die ihr noch völlig verschlossen sind, die erst
dann verkündet werden können, wenn sie mit einer neuen
Sprache reden kann. Darin gleicht die Zungenrede der Korinther der der ersten Apostel; λαλεῖν μυστήρια deckt sich mit
λαλεῖν τὰ μεγαλεῖα τοῦ θεοῦ, Apgsch. 2, 11. Auch in Jerusalem
wurde die Zunge als Weissagung der kommenden Vollendung
der Gemeinde geschätzt.

Paulus nennt die Zungenrede einen Vorgang, der ausschließlich zwischen dem einzelnen Menschen und Gott vor

sich gehe; er ordnet diese Art von Rede durch die Formel „für Gott reden" dem Oberbegriff „Gebet" unter. Darum nennt sie Paulus προσεύχεσθαι, ψάλλειν, εὐλογεῖν, εὐχαριστεῖν, εὐχαριστία, Vers 14—17. Es waren aber nicht die menschlichen Anliegen, die der einzelnen oder der Gemeinde, die hier durch Bitte und Dank dem Gebet den Inhalt gaben; hier löste sich das Gebet mit seinem Danken und Bitten von den menschlichen Zuständen und Zielen ab, damit sich der Beter mit dem noch verborgenen Willen Gottes einige, von dem die kommende Offenbarung seiner Herrlichkeit geordnet ist. Zur psychologischen Beschreibung des Vorgangs gehört noch der Satz, daß im Gebet mit der Zunge nur der Geist wirksam sei, das Denken dagegen, der νοῦς, unfruchtbar bleibe, Vers 14. Da das Denkvermögen von der begabenden und bewegenden Wirkung des Geistes nicht erreicht wird, bricht der Verkehr des Redenden mit den Versammelten ab. Aber mit dem eigenen Erleben des Zungenredners beschäftigt sich Paulus nicht weiter; ihm liegt es einzig an dem, was jener leistet und der Gemeinde zu geben vermag. Darum bleibt das Bild des Vorgangs undeutlich, weshalb auch kein sicheres Urteil über das, was die Führer der Gemeinde zur Bevorzugung der Zungenrede bewogen habe, möglich ist.

Ekstatische Zustände mit ganzer oder halber Bewußtlosigkeit, die von unverständlichen Tönen begleitet werden, kommen in den Religionen an vielen Orten vor, wobei die Methoden, durch die die Betäubung erreicht wird, verschieden sind. Gefeiert werden diese Zustände, wenn sich mit ihnen die Idee verbindet, das Erlöschen des Bewußtseins und die Unfähigkeit zum deutlichen Reden zeige an, daß ein Gott vom Menschen Besitz ergriffen habe und aus ihm spreche. Da das, was in Korinth geschah, diesen Vorgängen gleicht, liegt die Vermutung nahe, es sei der griechischen Mantik gelungen, in die Gemeinde einzudringen. Dagegen spricht aber, daß die Zungenrede aus Jerusalem stammt und dort von Anfang an als Beweis dafür gewertet wurde, daß Christus seine Gemeinde mit dem heiligen Geiste erfülle, Apgsch. 2, 4; 10, 46. Jedenfalls hat Paulus nicht daran gedacht, die Vorgänge mit der griechischen Mantik zu verbinden. Sie waren auch nach

seinem Urteil, nicht nur nach dem der Korinther, ein Beweis
für die völlige Verschiedenheit der Gemeinde von den Griechen, vgl. 12, 2. Die Annahme, der so Redende spreche Geheimnisse aus, und die Versuche, für diese eine Übersetzung
herzustellen, müssen von dieser Erklärung der Unverständlichkeit als nachträgliche Theorie gewertet werden, die die Absicht habe, das Sinnlose und Krankhafte am Verhalten der
Ekstatiker zu verhüllen.

Ein zweiter Versuch, sich den Vorgang vorzustellen, geht
davon aus, daß sich γλῶσσα in der Formel λαλεῖν γλώσσᾳ ganz
vom körperlichen Organ löst und die Bedeutung „Sprache"
hat, wie der Plural γλώσσαις λαλεῖν deutlich zeigt, 12, 30; 13, 1;
14, 6. Sie leitet darum die Unverständlichkeit aus dem Gebrauch fremdsprachiger Worte ab. Im Bereich der griechischen Kirche waren dies zunächst hebräische, dann auch syri-
sche Worte, „die heilige Zunge", לְשׁוֹן הַקֹּדֶשׁ, die auch die
Engel sprechen. Aber die Erinnerung an die Weise, wie in
Jerusalem die neue Zunge auftrat, die Lukas, Apgsch. 2,
wiedergibt, legt die Erwägung nahe, daß auch anderes Fremd-
sprachiges zur Verwendung kommen konnte, zum Zeugnis
dafür, daß Gottes Botschaft an alle Völker ergehe, alle zur
Buße rufe und alle zum Reiche lade. In der durcheinander
gerüttelten Bevölkerung der Mittelmeerländer waren allerlei
Sprachen zusammengehäuft, und die Gemeinde einer Hafen-
und Handelsstadt wie Korinth war in besonderem Maß am
Gemenge der Sprachen beteiligt. Schwerlich kam es dabei oft
zu längeren Reden in fremder Sprache; vermutlich blieb es
bei der häufigen Wiederholung einzelner heiliger Worte und
Rufe. Ihr Ziel war, aus der Versammlung die Vorausdarstellung der kommenden Gemeinde zu machen, in der „alle Zungen" vereinigt sind, Apok. 7, 9. So erinnerte die Zungenrede
an jenen Tag, an dem die Herrschaft Jesu „von jeder Zunge"
bezeugt werden wird, Phil. 2, 11.

Eine dritte Vermutung geht davon aus, daß Paulus auch
vom ψάλλειν τῷ πνεύματι spricht, Vers 15, daß also die Zungenrede auch vom Spiel auf einem Saiteninstrument begleitet sein
konnte. Wenn ein starkes Empfinden den Beter so beherrschte,
daß er nur noch Töne, nicht mehr Worte besaß, um sein Er-

lebnis auszudrücken, wurde aus der Zungenrede wortlose Musik. Da hier nicht Schmerz oder Verzweiflung den Tönen die Färbung gab, kann man sie nicht als Geschrei und Gestöhn denken. Was hier vor sich ging, war Anbetung und Danksagung, die wesentlich nach dem Wohllaut verlangen. Paulus hieß es selbstverständlich, daß auch die Zungenrede immer εὐσχημόνως geschehe, immer anmutig und sittsam bleibe, Vers 40. Zu dieser Mahnung war auch dann der Anlaß gegeben, wenn die Freude am Herrn mit schallendem Jubel den Christus feierte.

Da Paulus von „Arten von Zungen" spricht, ist es wahrscheinlich, daß sich die einzelnen Akte in ihren Äußerungen beträchtlich voneinander unterschieden und nur deshalb als gleichartig zusammengefaßt wurden, weil alle unverständlich blieben.

Im Gegensatz zum Zungenredner redet der Weissagende „für Menschen", was ihn verständlich macht, und im Gegensatz zu den Geheimnissen Gottes redet er „Aufbau und Mahnung und Tröstung", was er seinen Hörern nur dann vermitteln kann, wenn sie ihn verstehen. οἰκοδομή ist den beiden anderen Worten nicht koordiniert, sondern übergeordnet und wird durch die beiden folgenden Worte näher bestimmt. Die Förderung der einzelnen und der Gemeinde geschieht durch παράκλησις, durch das die Lähmungen und Verwicklungen im Willen bekämpfende Wort, und durch παραμυθία, durch das den Druck des Leidens lösende Wort. Von jeher war dies der Inhalt der Prophetie, da sie immer die Gemeinde dadurch aufbaute, daß sie das Bußwort und die Verheißung vereinte. Mit dem, was die Korinther an der Prophetie groß fanden, stimmte dies schwerlich zusammen. Die, die von einem Apostel verlangten, daß er ὀπτασίας καὶ ἀποκαλύψεις erhalte, II 12, 1, beschrieben den Beruf des Propheten nicht bloß so, daß er der Gemeinde Mahnung und Tröstung zu bringen habe. Beim Zungenredner hat Paulus gesagt: πνεύματι λαλεῖ. Das wiederholt er beim Weissagenden nicht, obwohl auch ihm sein Wort vom Geist gegeben wird. Paulus wird aber daran gedacht haben, daß es nur vom Zungenredner gelte, daß er nur durch den Geist spreche, während der Prophet durch den

Geist und durch den Verstand zu sprechen vermag. Daß dies
nicht ein Mangel, vielmehr der Vorzug des Propheten sei, wird
Paulus später sagen. Den Gedanken, daß Paulus die Zungenrede für nutzlos halte,
wehrt er sofort ab. Sich selbst fördert der, der mit der
Zunge redet. Mag ihm der Inhalt dessen, was er sagt, unfaß-
lich bleiben, sein Erlebnis ist schon deshalb für ihn Stärkung,
weil es ihm aufs neue bestätigt, daß der Geist in ihm wirksam
sei. Aber über der Stärkung des eigenen Lebens steht die Förderung, die der Gemeinde vermittelt wird. Niemand soll Paulus die Absicht zuschreiben, daß er die Zungenrede unter-
drücken wolle. Worin man „eine Gabe der Gnade" erkennt,
das gönnt und wünscht man allen. Nur dafür tritt er ein, daß
die Weissagung über die Zungenrede gestellt werde, wobei er
nicht an das denkt, was beide durch ihr Erlebnis für sich selbst
empfangen, sondern nur geltend macht, daß nur der eine von
ihnen im Dienst der Gemeinde spricht. Darum stellt er den
Zungenredner sofort neben den Weissagenden, falls er sein
Wort auslegen kann. Daß er aber dies nicht immer kann,
stellt den Propheten über ihn.

Nun folgt ein eingehender Nachweis, daß Verständlichkeit
die Eigenschaft jedes wirksamen Wortes sein muß. Das erste,
was Paulus geltend machte, mußte auf die Korinther einen
starken Eindruck machen. Er selbst langt in Korinth an,
spricht aber nur als Zungenredner, so daß sie nichts Verständliches von ihm hören. Das machte seine Reise und seinen Aufenthalt völlig nutzlos; und wie verkehrt er handelte,
wird dann recht deutlich, wenn an den Reichtum von Rede
gedacht wird, den er verwenden könnte, aber unbenützt ließe.
Er könnte zur Gemeinde reden „mit Offenbarung oder mit
Erkenntnis oder mit Weissagung oder mit Lehre". Hier entsprechen sich Offenbarung und Weissagung, Erkenntnis und
Lehre. Die Quellen seiner Rede sind entweder Offenbarung
oder Erkenntnis; dem, was ihn zum Reden bewegt, entspricht
dann die Form seines Worts. Empfängt er eine Offenbarung,
so wird er zum Weissagenden; verschafft ihm die Erkenntnis
sein Wort, so wird es Lehre. Einen Wertunterschied hat Paulus zwischen den beiden Quellen und Formen des Worts nicht

angesetzt. Er ist auch, wenn er der Gemeinde das erkennbar macht, was sie ist und tut, nicht vom Geist verlassen, sondern der Mittler der vom Geist ihm gegebenen Gaben, da die Lehre ihr ebenso unentbehrlich ist wie die Weissagung. Sie soll nicht nur auf Eingebung hin, sondern mit eigenem Denken und eigenem Entschluß handeln, wofür ihr die Lehre die Anleitung gibt.

Dann beruft sich Paulus „auf das Unbeseelte, was Stimme gibt", auf die Musikinstrumente. Ohne Unterscheidung der Töne entsteht durch sie keine auffaßbare Musik. Wenn die beim Heer verwendete Trompete kein erkennbares Signal gibt, hat das Blasen keinen Erfolg. Das gilt auch von der an die Gemeinde gerichteten Rede; nicht irgendein Schall, sondern nur ein εὔσημος λόγος, ein deutlich geformtes Wort, kann aufgefaßt werden. Dasselbe zeigen die vielen menschlichen Sprachen. Jede hat eine φωνή; aus Lauten bestehen alle Sprachen; man muß aber die Bedeutung der Laute kennen; sonst schaffen die Sprachen keine Gemeinschaft, sondern stellen nur die Unmöglichkeit derselben fest. Das zeigt den ζηλωταὶ πνευμάτων, um was sie sich zu bemühen haben; alles muß ihnen daran liegen, ihrem Wort die Verständlichkeit zu geben. Von „Geistern" spricht hier Paulus im selben Sinn wie 12, 10; aus dem einen heiligen Geiste werden dadurch Geister, daß er sich mit den einzelnen so verbindet, daß er durch sie spricht. Verständlich muß das, was sie sagen, sein, weil es nicht nur ihrer eigenen Stärkung, sondern der Kräftigung der Gemeinschaft zu dienen hat. Darum soll der, der ein Wort empfangen hat, das er nicht aussprechen kann, darum bitten, daß er es deuten könne. Paulus nimmt an, solche Bitten werden erhört. Mit dieser Regel hat er die Zungenrede aus der Versammlung der Gemeinde hinausgewiesen; denn wenn der Zungenredner die Deutung seines Erlebnisses empfängt, wird er der Gemeinde diese geben, womit er ihr „eine Offenbarung" mitteilt.

Unvollendet bleibt die Zungenrede sowohl in dem, der sie empfängt, als für den, zu dem sie spricht. Ein Gebet oder ein Lied kommt zustande, aber nur durch den Geist, nicht auch durch den Verstand, der die der üblichen Sprache entnommenen Worte braucht. Da Paulus darin einen Mangel und

nicht verstärkte Geistlichkeit und Göttlichkeit sieht, hat er
dem griechischen Enthusiasmus grundsätzlich abgesagt. Er
konnte nicht mehr so denken, wie der mit Gott nicht versöhnte Mensch denken muß. Dieser kann nur da eine göttliche Wirksamkeit vermuten, wo der Mensch beseitigt ist. Für
ihn wird darum Bewußtlosigkeit das Merkmal des Propheten;
ist auch sein eigenes Denken an seiner Rede beteiligt, so ist
es nicht mehr glaubhaft, daß sie Gottes Rede sei; nur durch
den passiv gemachten Menschen kann Gott wirken. Das ist
die grundsätzliche Verneinung der Gnade, der den Menschen
wollenden Liebe Gottes, die Gottes Gabe zum Eigentum des
Menschen macht. Es läßt sich aber nicht wahrnehmen, daß
Paulus durch die Haltung der Korinther an den griechischen
Enthusiasmus erinnert wurde, da er ohne weitere Begründung
und Mahnung erwartet, daß die Korinther seinem Begehren,
mit dem Geist und dem Verstand zu beten und zu singen,
zustimmen. Er kämpft nicht gegen das Verlangen, vom eignen
Ich erlöst zu werden und in der Gottheit zu versinken, sondern gegen die Überordnung der eigenen Erbauung über das,
was für die anderen geleistet wird. Religiöser Egoismus, nicht
religiöser Pessimismus, der sich um die Vernichtung des Ichs
bemüht, ist der Gegner, gegen den er sich wehrt.

Darum geht er gleich dazu über, daß durch die Zungenrede
keine Einigung mit dem Hörer entstehe. Vorausgesetzt wird
die jüdische Sitte, nach der jeder Hörer sich an einer vor ihm
gesprochenen Doxologie mit Amen beteiligt. Das kann aber
nur dann geschehen, wenn der Hörer das Gebet, das er mit
Amen bekräftigen soll, ganz verstanden hat. Sonst könnte er
sich ja durch die Zustimmung zu einem Wort, das sich an
Gottes Ehre vergriffe, versündigen.[1] Wer also die Danksagung
mit der Zunge spricht, macht das Amen der Hörenden unmöglich. Den, vor dem die Danksagung gesprochen wird,
heißt Paulus ἰδιώτης. Das ist der Name für den, der kein ihn
auszeichnendes Amt besitzt und keine ihm besonders aufgetragene Funktion verwaltet. Der Sprachgebrauch verwandte
ἰδιώτης als Gegensatz zu jeder amtlichen Bevorzugung. So

---

[1] Vgl. Tos. Berak. 3, 26. Mi. Berak. 8, 9.

hieß z. B. Josefus auch die mächtigsten Beamten ἰδιῶται im Gegensatz zum König, und die mischnische Überlieferung nennt die Priester, die nur Priester waren, ἰδιώτης im Gegensatz zu den Hohenpriestern. „Er füllt den Platz des gewöhnlichen Mannes aus" sagte Paulus, weil er nicht an einen Stand der ἰδιῶται dachte. Bald füllt der, bald jener diesen Platz aus, je nachdem er die Danksagung selber spricht oder sie nur hört. Daß die Gemeinde in beamtete Kleriker und Privatleute zerfalle, war kein für Paulus möglicher Gedanke. Die Teilung der Gemeinde in κλῆρος und λαός kommt erst in den späteren Geschlechtern zustand; freilich hat die Bewegung, die die neuen Führer in Korinth hervorriefen, die Gemeinde bereits in diese Richtung gedrängt. Mit raschem Wechsel im Pronomen spricht Paulus hier den, der mit der Zunge danksagt, an: „Du sagst vortrefflich Dank." Denn er rechnet auf seinen Widerstand und nimmt an, er lasse sich seine Bewunderung für die Zunge nicht gern nehmen. Darum beschreibt er ihm persönlich sein Verfahren mit der Absicht, daß er die Zwecklosigkeit desselben empfinden solle.

Den Verdacht wehrt Paulus eifrig ab, daß er die Zunge deshalb aus den Versammlungen entferne, weil er sie geringschätze, er mißachte sie nur deshalb, weil er selber nicht mit ihr begnadet sei, auch er würde sie preisen, wenn sie ihm geschenkt wäre. Auch er preist sie und dankt ihretwegen Gott. „Mehr als ihr alle rede ich mit Zungen." Der Fortgang der Briefe zeigt, in welchem Maß die korinthischen Führer die Gewohnheit hatten, sich mit Paulus zu vergleichen und ihre Autorität dadurch zu stützen, daß Paulus weniger begnadet sei als andere Apostel und als sie selbst. Sie haben ihm vermutlich auch dies als Mangel angerechnet, der ihn unter sie herabsetze, daß ihm die Zungenrede fehle. Sie verstanden ihn immer deshalb falsch, weil ihnen die Kraft, mit der er zu entsagen vermochte, unglaublich schien. Da Paulus die Zungenrede selber eifrig übte, wird sie schon durch ihn nach Korinth gekommen sein. Aber nur, wer vertrauten Umgang mit ihm hatte, konnte beobachten, daß er diese Form des Gebets als besondere Begnadigung hochschätzte. In den Versammlungen hatte man ihn schwerlich so reden gehört und jedenfalls nicht,

ohne daß er die Rede deutete. Die, die später in die Gemeinde
kamen, konnten daher aus der Ordnung des Gottesdiensts,
die sie vorfanden, und aus dem, was man ihnen von Paulus
erzählte, schließen, er sei nicht imstande, mit der Zunge zu
beten. Wie sollte denn jemand die wunderbare Gabe Gottes
besitzen, ohne sie zu zeigen und sie zur Verstärkung seiner
Macht zu benützen? Dieser Anstoß glich dem, den sie an der
Handarbeit des Paulus nahmen, und dem, den ihnen der beständige Kampfesmut des Paulus deshalb bereitete, weil er
ihm das endlose Leiden brachte. Ob er μᾶλλον mehr quanti-
tativ oder mehr qualitativ gedacht hat, ob er sagen wollte,
häufiger als die anderen bete er so, oder sein Gebet bewege
sein Innerstes noch mächtiger und entferne ihn noch weiter
von seinem natürlichen Bewußtsein, ist nicht zu bestimmen.
Aber alle seine Zungen, mögen sie für ihn selber noch so wertvoll sein, schließt er von seinem Verkehr mit der Gemeinde
vollständig aus. Sie beleben, erheben und erquicken ihn selbst,
helfen aber den anderen nicht. Was die anderen bedürfen und
was er ihnen zu geben vermag, nennt er hier κατηχεῖν. Er hat
das Wort nicht deshalb gewählt, weil er dabei an den ersten
Unterricht noch Unwissender dachte; denn er stellt sich vor,
er rede in der versammelten Gemeinde. Κατηχεῖν gibt somit der
Rede nicht einen anderen Inhalt als διδάσκειν, vgl. Luk. 1, 4.
Auch daß er den Fall setzt, daß ihm nur fünf Worte möglich
wären, spricht nicht dafür, daß er an Anfänger in der christlichen Erkenntnis denke. Ihnen hätte er mit fünf Worten
schwerlich schon ernsthaft geholfen. Um aber andere zu unterrichten, ist ihm sein Denkvermögen unentbehrlich, da er nur
mit diesem seine Rede so formt, daß sie verständlich wird.
Das entgegengesetzte Verfahren erscheint ihm als kindisch.
Ein Kind macht alles, was es empfindet, sichtbar und kümmert sich nicht darum, wie seine Kundgebungen die anderen
berühren. Zur Zucht über sich selbst und seine Rede reichen
seine φρένες, die das Handeln zweckmäßig ordnenden Überlegungen, noch nicht aus. Die Christenheit ist freilich zur
Kindlichkeit berufen. Es wird sichtbar, daß Worte Jesu, wie
Mat. 18, 3; 19, 14, ihr ihr Ziel beschreiben. Aber die Kindlichkeit, die ihr geschenkt wird, scheidet die Schlechtigkeit aus

ihrem Denken und Handeln aus, nicht die Verständigkeit.
Da hier Paulus mit dem Denken das Handeln formt, verlangt
er mit einem lehrreichen Kontrast zu 13, 10. 11 vom Denken
die zur vollen Reife entfaltete Kraft. Dort sah er vom gegenwärtigen Lebensmaß zum kommenden hinaus, und damit verlor der ganze Erkenntnisbesitz die bleibende Geltung und hörte
auf, das τέλειον zu sein. Hier sieht er vom Christenstand auf
jenen Zustand herab, bei dem der Mensch die Liebe nicht hat,
dem Dienst sich entzieht und sich eitel an seinen eigenen Erlebnissen ergötzt. Von solchen Kindereien ruft Paulus die Gemeinde weg zum Vollkommenen. Die Warnung vor der Vollkommenheit und die Mahnung zur Vollkommenheit stehen
ganz wie hier auch Phil. 3, 12. 15 beisammen.

Noch einmal zeigt er ihnen in einem mächtigen Bild, wie
die Unverständlichkeit der Rede aus ihrem Gottesdienst ein
kindisches Treiben macht. Er verstärkt das Gewicht seines
Arguments durch ein Zitat aus dem Gesetz. Er dachte dabei
an Jes. 28, 11. 12 und folgte darin, daß er auch die Schrift
des Propheten zum „Gesetz" rechnete, dem Urteil und dem
Sprachgebrauch des Rabbinats.[1] Die Fassung des Spruchs
steht dem hebräischen Text näher als dem griechischen, weil
bei Paulus wie bei Jesaja Gott der ist, der durch Fremd-
sprachige und durch die Lippen Fremder zu diesem Volk
reden wird. Aus כִּי בְלַעֲגֵי שָׂפָה וּבְלָשׁוֹן אַחֶרֶת יְדַבֵּר אֶל־הָעָם הַזֶּה wurde
διὰ φαυλισμὸν χειλέων διὰ γλώσσης ἑτέρας ὅτι λαλήσουσιν τῷ
λαῷ τούτῳ. Der Nachsatz καὶ οὐδ᾽ οὕτως εἰσακούσονταί μου,
λέγει κύριος, ist frei geformt. Hier entsprach Sept. καὶ οὐκ
ἠθέλησαν ἀκούειν dem Hebräischen וְלֹא אָבוּא שְׁמוֹעַ. Wieder
stellt Paulus das prophetische Wort restlos in die Gegenwart
hinein. An die fremdsprachigen assyrischen Beherrscher Jerusalems hat er nicht mehr gedacht. Der Spruch bezeugt es ihm
als heilige, auch für die Gegenwart gültige Ordnung Gottes,
daß er in fremder Sprache zu denen reden wird, die ihn nicht
hören. Daran läßt sich der Zweck der Zungenrede und seine
Verschiedenheit von dem der Weissagung erkennen. Die un-
verständliche Rede gibt Gott für die Ungläubigen, nicht

---

[1] Vgl. meinen Kommentar zu Joh. 10, 34.

für die Glaubenden; die Weissagung gibt er dagegen für die
Glaubenden, nicht für die Ungläubigen. Auch mit diesem
Spruch ist die Zungenrede als Wirkung Gottes gewertet; sonst
wäre sie kein Zeichen; sie verschließt aber den Zugang zu
Gottes Geheimnissen, verweigert die Erkenntnis, schreckt
also ab und offenbart den Ungläubigen, daß sie Gott wider
sich haben. Die Weissagung deutet dagegen den Rat Gottes,
macht seinen Willen offenbar und ruft den Menschen in Gottes Reich. Sie gibt denen, die zu glauben vermögen, zum
Glauben den Grund und die Kraft, während sie für die, die
zum Glauben nicht bereit sind, jeden Sinn und Wert verliert.

Daß die Zunge Unglauben erzeugt, würde deutlich sichtbar, wenn sämtliche in der Gemeinde Versammelten nur mit
Zungen sprächen. Niemand würde daran den Geist Gottes
wahrnehmen, niemand erkennen, daß die Gemeinde das Werk
Gottes sei; alle sie Besuchenden würden urteilen, sie sei wahn-
sinnig. Schlüsse auf die Weise, wie sich das Zungenreden
äußerte, ergeben sich aus dieser Zeichnung nicht. Das Urteil
„Ihr seid verrückt" entstand nicht nur dann, wenn die Redenden lallten, schrien und rasten, sondern schon dann, wenn
von niemand ein verständliches Wort zu hören war. Die Verwendung der beiden Worte ἰδιῶται ἢ ἄπιστοι, durch die Paulus
die Besucher der Gemeinde kennzeichnet, hat wohlerwogenen
Sinn. ἰδιώτης steht nicht anders als V. 16, nur daß sich der
Gegensatz, auf den es bezogen ist, etwas verändert hat. Hier
gibt ὑμεῖς die Antithese zu ἰδιώτης; dieses ist also der Name
dessen, der nicht zur Gemeinde gehört. An eine Klasse von
ἰδιῶται, etwa Katechumenen, ist ebensowenig zu denken als an
eine Klasse von ἄπιστοι. Der Besuchende kann zum erstenmal
mit der Gemeinde in Berührung kommen; dann ist er noch
unbefangen und bereit, die Eindrücke zu empfangen, die ihm
die Gemeinde verschafft. Er wird aber nur abgestoßen, wenn
ihm die Gemeinde nichts als Zungenrede zeigen kann. Oder
dem Besuchenden wurde die Botschaft Jesu schon früher gesagt; aber er hat sie abgelehnt, ist also „ungläubig". Dann
wird er es, falls er bei der Gemeinde nur die Zungenrede findet,
bleiben; von ihr wird der, der sich gegen die Botschaft wehrt,
nicht überwunden werden. Auch zu der weissagenden Ge-

meinde führt Paulus beide Arten von Besuchern, nun aber mit geänderter Stellung ἄπιστος ἢ ἰδιώτης. Er hat den Ton in jenem und diesem Fall verschieden verteilt. Nicht einmal der, der ohne feindliche Absicht kam, um sich zu unterrichten, wird gewonnen, und sogar der, der schon entschlossen war, das Wort Jesu zu verwerfen, wird überwunden. Von jeher war das Merkmal des Propheten, daß er das, was der Mensch in sich trägt, aber heimlich hält, erkenne. Das geschieht nun dem Besuchenden durch Überführung und Erforschung seines Denkens und Handelns von allen. Dadurch ist der Kontrast zwischen der Zungenrede und der Prophetie vollendet. Bei der Zunge bleibt jeder dem anderen verschlossen; durch die Prophetie wird in das Innerste Licht gebracht und sogar das, was der Mensch verheimlichen möchte, enthüllt. Das Bild, das Paulus hier zeichnet, läßt vermuten, daß er oft die Evangelisation mit der Enthüllung des Schuldbewußtseins begann. Die Begegnung mit Gott, die dem Menschen zur Erkenntnis bringt, daß er sich in der Gewalt Gottes befindet, wirkt erschütternd; da ihm aber Gottes Gegenwart in der Gemeinde gezeigt wird, ist ihm mit der Erschütterung zugleich die Berufung zum Glauben gegeben. Es ist schwerlich Zufall, daß sich der Satz wörtlich mit 1 Kön. 18, 39 berührt: καὶ ἔπεσεν πᾶς ὁ λαὸς ἐπὶ πρόσωπον αὐτῶν καὶ εἶπεν· ἀληθῶς κύριος ὁ θεός. Nach dem Urteil des Paulus wiederholte sich in den Gemeinden das, was den alten Propheten gegeben war.

Die Ordnung in der Versammlung der Gemeinde
14, 26—33

Es kann der Gemeinde nicht schwer fallen, ihre Versammlungen so zu füllen, daß die Bauarbeit geschieht, die das gemeinsame Leben der Gemeinde und in ihm auch das aller ihrer Glieder stärkt. Dazu bringt jeder seinen Beitrag. An eine Verpflichtung aller zum Reden hat Paulus nicht gedacht, da dies dem Grundsatz widerspräche, daß der Geist die Gaben austeile, wie er will, und eine Rückbildung in den Zustand der jüdischen Gemeinde ergäbe, die sie statt dem Geiste einem

Gesetz unterwürfe. Aber ebensowenig ließ er eine Abstufung
im Anteil an der Versammlung zu, die nur einen bevorzugten
Kreis zur Rede zuließe. Keinen schloß er von der tätigen
Teilnahme an dem aus, was in der Gemeinde gesprochen
wurde. Zuerst nennt er den Psalm, das Lied mit musikalischer
Begleitung, vgl. Vers 15. Da die Lesung der Schrift an dieser
Stelle nicht genannt ist, obwohl sie sicher von Anfang an in
den Versammlungen geübt worden ist, ist es nicht wahrscheinlich, daß hier an den Gesang eines alttestamentlichen Psalms
gedacht sei. Der Psalm gehört dem an, der „ihn hat". Sein
Rhythmus und seine Vertonung hatte aber vermutlich engen
Anschluß an den im Tempel gepflegten Psalm. Ein Beispiel
gibt die Spruchdichtung, die Jakobus der Kirche übergeben
hat. Auch in Kol. 3, 16 = Eph. 5, 19 steht der ψαλμός an der
ersten Stelle; dort sind aber auch noch ὕμνοι und ᾠδαί erwähnt.
Paulus wird sich nicht vorstellen, der, der einen Psalm „hat",
dichte ihn eben jetzt; er bringt ihn als eine Frucht seines
inneren Lebens in die Versammlung mit und kann ihn daher
auch je und je in den Versammlungen wiederholen. Darin,
daß das Lied zuerst genannt ist, zeigt sich vielleicht die Sitte
an, die Versammlungen mit einem Lied zu beginnen. Dasselbe
ἔχει steht wie beim Psalm bei der Lehre, bei der Offenbarung,
bei der Zunge, bei der Auslegung. Bei allen diesen stellte sich
Paulus nicht vor, daß er dies jetzt erst empfange, sondern daß
er dies habe. Er wird sich dies alles zuerst als einen Erwerb der
einzelnen gedacht haben, den sie aber dazu empfingen, damit
er Gemeingut aller werde. Am schwierigsten vorstellbar ist
dies bei der „Auslegung"; sie ist aber diejenige Funktion der
Gemeinde, die für uns besonders dunkel bleibt. Wer „eine
Lehre" hat, bespricht irgendein Anliegen, über das die Gemeinde zu einem einheitlichen Urteil und einträchtigen Handeln kommen muß. Wer eine Offenbarung hat, spricht als
Prophet. Alles steht aber unter dem einen Ziel: Arbeit an
Gottes Bau. Wäre in Korinth ein kräftiger griechischer Einfluß wirksam, so würde in dieser Aufzählung die durchgebil-
dete Rede schwerlich fehlen. Aber der vom Rhetor unterwiesene Prediger erscheint in der Reihe derer, die den Gottesdienst fruchtbar machen, nicht.

Die Zahl der Zungenredner beschränkt Paulus auf höchstens drei. Das zeigt, wie weit verbreitet diese eigenartigen seelischen Zustände waren. Da Verständnis doch nicht möglich war, lag es nahe, daß mehrere Zungenredner gleichzeitig sprachen, besonders dann, wenn sich in der Zunge auch ihre musikalische Begabung äußerte. Warum soll nicht ein Ruf wie Maranatha dadurch verstärkt werden, daß ihn mehrere gleichzeitig jubelnd wiederholten? Da aber durch das gleichzeitige Sprechen der Zusammenhang zwischen den Redenden und der Gemeinde vollends verloren ging, untersagt es Paulus und macht es zur Bedingung für die Zungenrede, daß ein Deuter vorhanden sei. Auffallend ist, daß er anordnet, daß derselbe mehrere Zungenreden deute. Er schreibt also dem Deutenden die Fähigkeit zu, sich in das innere Leben mehrerer Beter zu versetzen. Kommt der Zungenredner in der Gemeinde nicht zum Wort, so ist sein Erlebnis dem Zweck zurückgegeben, dem es allein wirklich dienen kann; es stärkt nun seinen eigenen Christenstand und verherrlicht Gott. Propheten sind nach der Annahme des Paulus mehr als drei in der Versammlung anwesend und es nehmen, obwohl nur zwei oder drei reden sollen, alle tätig an der Weissagung teil. Denn die, die nicht reden, üben an der Weissagung das Richteramt, vgl. 12, 10, durch das die Gemeinde gegen jeden unwahren Gebrauch der prophetischen Autorität geschützt werden soll. Auch bei den Propheten verhindert Paulus das gleichzeitige Sprechen zweier. Dazu ist deshalb eine Regel nötig, weil Paulus mit der Möglichkeit rechnet, daß während der prophetischen Rede des einen ein anderer zum Reden berufen werde; dann schweige der zuerst Redende. Auch diese Regel zeigt, wie ungehemmt, ohne daß ein zum voraus festgesetztes Programm hinderte, jeder sein persönliches Erlebnis in die Gemeinde hinübertrug. Im Unterschied von den Zungenrednern gewährt Paulus allen Weissagenden für ihr Wort in den Versammlungen Raum. Er erwartet davon, daß „alle lernen und alle gemahnt werden". Die prophetische Rede wandte sich, wie Vers 24 zeigt, nicht selten an die einzelnen, brachte ihnen ein ihnen geltendes göttliches Wort und ein ihren Willen bindendes göttliches Gebot. Je mehr es prophetische Stimmen

gab, um so leichter konnte die Individualisierung des Worts
so vollkommen werden, daß sie alle erreichte.
Ein Gegeneinanderreden und -wirken der Propheten kann
es nicht geben. Denn „Geister von Propheten unterwerfen
sich Propheten". Der Spruch eines Propheten hat für den
Geist eines anderen Propheten ihn bindende Autorität; dieser
hört nicht nur auf die in ihm selbst redende Stimme, sondern
ehrt die Rede des Geistes auch dann, wenn er durch einen
anderen weissagt. Wollte er nur auf sich selber hören, so ver-
fiele er damit dem Gericht, das keine unwahre Berufung auf
empfangene Eingebung zuläßt. Von „Geistern der Propheten"
spricht hier Paulus im selben Sinn wie 12, 10; 14, 12. Absichtlich sagt er vom Geist, daß er sich unterordne. Er läßt die
Berufung auf den Geist nicht zu, der angeblich zum Reden
verpflichte und kein Zurückweichen zulasse.
Es ist also nicht möglich, daß ein Prophet mit dem Propheten zankt. Unmöglich ist dies aber nicht durch ein Gesetz,
nicht durch einen Zwang, der die freie Bewegung aller unterdrückt. Auch hier legt Paulus das Wesen der Gemeinde in die
freie Betätigung aller ihrer Glieder. Es ist deshalb reichlich
begründet, daß er sich darauf besinnt, was der Gemeinde die
feste Haltung verschaffe und ihr Unordnung und Zerfall,
ἀκαταστασία, erspare; vgl. II 12, 20. Dieser wäre sofort da,
wenn der eine im Namen Gottes gegen den anderen sprechen
könnte. Paulus denkt auch in dieser Lage wie immer unter
der Leitung des Glaubens. Der Schirmer und Wirker des Friedens ist Gott. Sein Kennzeichen sind niemals Widerspruch
und Zerfall, sondern Friede. Damit nennt Paulus sofort das
Ziel, dem alle Ordnungen und Sicherungen dienen, und spricht
damit dasjenige Wort aus, mit dem von jeher beschrieben
wurde, was Gottes Herrschaft durch den, den er sendet, der
Menschheit bringt. Paulus hätte den Glauben an die Herrschaft Gottes und an das königliche Wirken Jesu preisgegeben,
wenn er nicht überzeugt gewesen wäre, daß Gottes Wirken in
der Gemeinde der Freien den Frieden schaffe.
Alle diese Regeln zeigen, daß Paulus den Pneumatikern niemals zugab, daß ihr Erlebnis sie mit naturhaftem Zwang
willenlos mache und sie der Herrschaft über sich beraube.

Wäre die Untätigkeit des Denkvermögens, von der er spricht, Bewußtlosigkeit gewesen, so wären alle diese Regeln sinnlos gewesen. Er selbst blieb auch als Zungenredner Herr über sich und unterlag nie einer Nötigung, auch in der Gemeinde so zu reden. Es gab nach seinem Urteil auch für die anderen Zungenredner niemals einen Zwang, der sie in der Versammlung ohne ihren bewußten Entschluß zum Reden trieb. Darum konnte er ihre Zahl begrenzen und ihnen zur Pflicht machen, daß sie schweigen. Aber dieselbe Vollmacht schrieb er auch den Propheten zu; auch sie sind in jedem Augenblick imstande, ihre Rede abzubrechen, wenn von anderer Seite her eine göttliche Stimme ertönt. Das folgte mit unabweisbarer Konsequenz aus der Absage, die Paulus dem mantischen Enthusiasmus gab. Hätte er ihn irgendwo in die Gemeinde hineingelassen und „Inspirierte" anerkannt, die dessen, was sie taten, nicht mehr bewußt und dafür nicht mehr verantwortlich waren, hätte die ἀκαταστασία den Frieden aus der Gemeinde verscheucht.

Der Anteil der Frauen am Gottesdienst
14, 34—40

Noch ein wichtiger Punkt war der Regelung bedürftig, welcher Platz den Frauen im Gottesdienst der Gemeinde zugeteilt werden soll. Ihre Anwesenheit ist selbstverständlich; umstritten ist aber, wie weit sie sich tätig am Kultus zu beteiligen haben. Von der betenden und weissagenden Frau sprach Paulus bereits 11, 5; dort redete er aber einzig vom Verhältnis, in das die Natur die beiden Geschlechter zueinander gestellt hat. Er sprach dort gegen die Mißachtung der Weiblichkeit, die zur Veränderung der Haartracht führte, ohne daß er dort die Teilnahme der Frau am kultischen Handeln der Gemeinde regelte. Diese Regel bekam einleuchtende Kraft erst dann, wenn der Gemeinde das Grundgesetz ihres ganzen Handelns vorgehalten war, wie es nun durch Kap. 12—14 geschehen ist.

Die Worte ὡς ἐν πάσαις ταῖς ἐκκλησίαις τῶν ἁγίων lassen sich mit dem Vorangehenden und dem Folgenden verbinden. Gott ist bei den Korinthern der Gott des Friedens; denn er ist dies in allen Gemeinden. Nirgends kommt es vor, daß Propheten durch einen vom Geist ausgehenden Antrieb gegeneinander wirken, und bei euch wird dies ebensowenig geschehen als bei den anderen; denn die Gemeinden bestehen aus den Heiligen, für die Gott sorgt, daß sie nicht fallen. Wahrscheinlicher ist aber, daß Paulus bei diesen Worten schon an das Gebot dachte, das er den Frauen geben wollte. Mit diesem schafft er Sitte, und für die Bildung der Sitte hatte es Bedeutung, daß sich jede Gemeinde gleichartig wie die anderen verhalte. Auch in diesem Zusammenhang hat es Gewicht, daß Paulus daran erinnert, daß es überall Heilige sind, die zu den Gemeinden verbunden sind. Damit ist gesagt, warum der Vorgang der anderen Gemeinden die Korinther zum Anschluß verpflichte. Für diese Beziehung der Worte entscheidet, daß Vers 36 geltend macht, daß die Korinther das Wort Gottes nur in der Gemeinschaft mit den anderen Gemeinden besitzen.

In den Versammlungen entzieht Paulus den Frauen das Wort; „denn ihnen wird nicht das Reden, sondern das Gehorchen aufgetragen". Gesprochen wird in der Gemeinde in göttlichem Auftrag, und dieser Auftrag ist den Männern gegeben. Gesprochen wird aber in der Gemeinde einzig dazu, damit jedermann dem Gebot des Herrn gehorche, und dieser Auftrag, zu gehorchen, umfaßt auch die Frauen. Damit, daß sie nicht an der Verkündigung des Gebots beteiligt sind, sind sie von seiner Ausführung nicht ausgeschlossen. Auch sie sind wie die Männer gewürdigt, den Willen Gottes zu tun. Die Haltung der Gehorchenden ist das Schweigen, und die Frauen erklären sich zum Gehorsam dadurch bereit, daß sie schweigen. Als hart hat Paulus diese Weisung nicht empfunden; denn ihm galt die Unterordnung des eigenen Willens unter den des Führenden nicht als Schande und Verkürzung des Lebens. Jeder hat über sich ein Haupt, auch der Mann; jeder handelt nur dann richtig, wenn er gehorcht, 11, 3. Den Frauen ist damit der volle christliche Beruf gegeben, daß sie das willige, freie Untertansein üben. Freilich ist Macht Gottes Gabe, doch nur für den, dem sie gegeben wird, nicht für den, der sie mit eigensüchtigem Begehren an sich reißt. Gegen das korinthische

25*

Evangelium „alles steht in meiner Macht" verstieß diese
Vorschrift des Paulus aber hart, und die Berufung auf das
Gesetz, durch die sie Paulus begründet, zeigt, daß in Korinth
die aktive Beteiligung der Frauen am Gottesdienst von denen
begünstigt wurde, die das christliche Ziel mit der Formel
„Hinauf über das, was geschrieben ist", beschrieben, 4, 6.
Sie war, wie die Beseitigung des Kopftuchs, ein bewußter
Bruch mit dem, was die jüdische Sitte den Frauen vorschrieb.
Paulus wird ähnlich wie 1 Petr. 3, 6 vor allem an die Frauen
der Patriarchen denken, die nicht als die Empfängerinnen
oder Verkündigerinnen des göttlichen Worts beschrieben sind.
Ihr Anteil an der heiligen Geschichte reicht nicht über ihren
mütterlichen Beruf hinaus. Auch die Erzählung von der Bestrafung der Mirjam, die gegen Mose zu reden wagte, kann in
der Nähe stehen, da sie vielleicht auch 15, 8 zum Vorschein
kommt.

Blinder Gehorsam wird aber den Frauen nicht zugemutet.
Das höbe ihre Gleichstellung mit den Männern auf, die ihnen
Christus verliehen hat. Sie sollen mit eigenem Glauben, darum
auch mit eigenem Urteil dem, was in der Gemeinde verkündet
wird, gehorchen. Damit ist ihnen das Recht gegeben zu fragen. Zur Erkenntnis kommt man nur durch Lernen, und wer
lernen soll, muß fragen dürfen. Ihre Fragen soll aber die Frau
nicht in der Versammlung vorbringen; Paulus verweist jede
an ihren Mann, der ihr Auskunft über das zu geben hat, was
christliches Denken und Handeln sei. Kann er ihr die Antwort
nicht geben, dann gelangt die Frage an die Gemeinde, nun
aber durch den Mann.

Der Satz erweitert das Bild, das wir von der Versammlung
erhielten, noch beträchtlich; denn er zeigt, daß sie Raum für
Gespräche hatte. Fragen werden in der Gemeinde gestellt
und von den Lehrenden beantwortet. Auch damit war eine
jüdische Sitte in die christliche Versammlung hinübergenommen, da es in der Synagoge üblich war, daß an den Rabbi
Fragen, die sich auf die korrekte Handhabung der Satzung
bezogen, gerichtet und von ihm beantwortet wurden. Die
erste Form, in der sich die Frauen zum Worte meldeten, war
nicht Predigt und Unterricht, sondern die Frage, die im Zu-

sammenhang mit der eigenen Lage nach einer ihrem Bedürf-
nis angepaßten Belehrung begehrte. Aber schon damit wagte
sich nach dem Urteil des Paulus die Frau zu weit vor.
Da sie nicht fragen kann, ohne einen Teil ihrer eigenen
Geschichte ans Licht zu stellen und allen einen Einblick in ihr
Innerstes zu gestatten, beruft sich Paulus auf ihr Schamgefühl.
Daß sie in der Versammlung rede, heißt er schimpflich. Sie
benimmt sich anständig, wenn sie sich den Blicken der Männer
entzieht. Über die Befähigung der Frauen zum Denken und
Reden spricht er gar nicht; er verwendet wieder einzig denjenigen Maßstab, mit dem er schon 11, 5f. sein Urteil geformt
hat. Was er von der Frau verlangt, ist einzig unbefleckte,
keusche Weiblichkeit.

Er sprach wieder, wie 11, 16, unter dem Eindruck, daß sich
über die Sitte streiten lasse, weil sich das Empfinden in ihr
Ausdruck gibt. Er gesteht aber den Korinthern das Recht
nicht zu, eigenmächtig die Sitte zu gestalten und in der
Frauenfrage eigene Wege zu gehen. Sie sind nicht die einzige
Gemeinde, weder die erste — es gibt ältere Gemeinden als
sie —, noch die letzte, die entstehen wird. Aus dieser Geschichte,
die jenseits von ihnen begonnen hat und über sie hinauswach-
sen wird, können sie sich nicht durch eigenwillige Satzungen
lösen. Die Weise, wie sie ihre Frauen an der Gemeinde beteiligten, hatte für das Bestehen und Wachstum der Kirche
Wichtigkeit, weil die Welt um sie eifrig darauf achtete, was
in den christlichen Gemeinden aus den Frauen werde. Sie
verlangte von der Christenheit, daß ihre Frauen Frauen bleiben, und diesem Anspruch stimmte Paulus zu; auch er wollte
nichts anderes, als daß die Frauen das bewahren, was ihnen
die Natur gegeben hat.

Entsteht durch diese Vorschrift ein Widerspruch gegen 11, 5,
vielleicht mit solcher Schroffheit, daß hier an eine fremde
Hand gedacht werden muß, die späteres Kirchenrecht, das
1 Tim. 2, 12 formulierte, zu den den Kultus ordnenden Regeln
hinzugefügt habe? Paulus verteidigt aber hier und dort genau denselben Grundsatz gegen die Korinther. Die Regel,
daß die Frau beim religiösen Akt ihre weibliche Tracht nicht
verändern soll, und die Regel, daß sie in der versammelten

Gemeinde ihre Stimme nicht hören lasse, verfolgen dasselbe Ziel und erwachsen aus demselben Empfinden. Mit 14, 34 hat Paulus der Frau das Beten und Weissagen ebensowenig verboten als mit 11, 5; wie sollte er auch zu einem solchen Verbot kommen, da nicht Paulus, sondern der Geist selbst über seine Gaben verfügt? Daß aber der Geist eine Frau dazu treibe, in der Versammlung der Männer zu reden, hat Paulus nicht erwartet, da er nicht annahm, daß eine vom Geist bewegte Frau vergessen könne, daß sie Frau sei. Nur fanatischer Enthusiasmus ließ die Frauen dies vergessen, nicht der Geist, von dem Paulus sprach. Wie er selbst mit der Zungenrede nicht vor die Versammlung trat, so gab es auch für eine zur Prophetin gemachte Frau Wege genug, ihre Weissagung wirksam zu machen, auch wenn sie sich nicht als Rednerin vor die Versammlung stellte. Wenn Lukas von den vier Töchtern des Philippus in Cäsarea sagt, sie hätten geweissagt, Apgsch. 21, 9, so sagt er damit noch lange nicht, sie hätten dies in der Öffentlichkeit vor der versammelten Gemeinde getan.

Der abschließende Satz gleicht 7, 40, jenem Satz, mit dem Paulus die Satzungen für die christliche Ehe abschloß; denn er rechnet wieder auf Widerspruch, der von denen ausgehen wird, die als die Organe des Geistes reden. Vom Propheten unterscheidet er hier noch den Pneumatiker, den, dem der Geist seine Art verlieh, weil die Autorität, die die Zungenredner in Korinth begehrten und besaßen, nicht kleiner als die der Propheten war. Sie haben sich jetzt als vom Geist regiert dadurch zu erweisen, daß sie in dem, was ihnen Paulus befahl, das Gebot des Herrn erkennen. Der Grund, aus dem alle seine Vorschriften entstanden, war die Liebe, und daß diese das von Gott Gebotene ist, muß jeder, den der Geist erleuchtet, wissen.

Nun schwankt die Überlieferung. Wenn jemand nicht erkennt, also nicht begreift, daß Paulus der Gemeinde mit dem Gesagten Gottes Gebot verkündete, ἀγνοεῖται oder ἀγνοείτω. ἀγνοεῖται scheint, falls es nicht einfach eine Nachlässigkeit eines Schreibers ist, den Gedanken zu verwenden, den I 8, 3 gibt. Das Erkennen des Propheten beruht darauf, daß er erkannt ist. Ist er unfähig, Gottes Gebot als solches zu erkennen, so ist er auch nicht erkannt. Dann hat ihn Gott nicht wert gehalten, auf ihn zu achten, so daß er von ihm erkannt wäre. Aber die Weissagung dessen, den Gott nicht kennt, ist leer und sein Urteil gilt nichts. Einen beträchtlich einfacheren Gedanken gibt ἀγνοείτω. Kann er nicht einsehen, daß ihm hier Gottes Wille gesagt wird, so sei er eben der Unwissende. Damit überläßt Paulus den, der ihm widersprechen will, sich selbst. Er kann nicht weiter mit ihm verhandeln. Er hat seine Unfähigkeit zu erkennen an einer Stelle bewiesen, an der er der Wissende sein müßte, wenn ihn der Geist erleuchtete. Auf seine Einrede hat die Gemeinde nicht weiter zu achten. Mit denen, die sich gegen Paulus auf Christus beriefen, hielt er keine Verständigung für möglich. Sie hatten für ihn kein Ohr und machten keine Versuche, ihn zu verstehen, οὐ συνιᾶσι, II 10, 12.

Das Ergebnis der ganzen Unterweisung ist somit: eifrige Bemühung um die Prophetie, damit das Handeln der Gemeinde durch die Eingebung des Geistes geleitet sei, Unterordnung der Zungenrede unter die Weissagung, ohne daß sie unterdrückt wird, Anstand und Ordnung in allem. Unter die Forderung, daß der Gottesdienst in allem anständig bleiben müsse, fiel auch die Zurückhaltung, die Paulus den Frauen geboten hat.

Die Zeugen für die Auferstehung Jesu[1]
15, 1–11

Noch eine Nachricht aus Korinth bewog Paulus zu einer ausführlichen Belehrung. Dort wurde nicht mehr mit übereinstimmender Sicherheit gesagt, daß die kommende Offenbarung des Christus den Toten die Auferweckung bringe. Die Erwartung des Christus war unerschüttert, und mit seiner Offenbarung war der Anfang des ewigen Lebens für die verbunden, die sie erlebten. Es gab aber in Korinth solche, die auf die Wiederbelebung der Verstorbenen verzichteten. Ist ein Zusammenhang zwischen dieser Beschränkung der Hoff-

---

[1] Was Paulus über den Anteil der Toten am Reich des Christus sagt, füllt Kap. 15.

nung und dem, was wir sonst über die korinthische Frömmigkeit erfahren, wahrnehmbar? Von woher kam diese Absage
an das pharisäische Zukunftsbild in die Gemeinde hinein,
durch die sie ihr Hoffen in seinem Kern jüdisch machte, weil
sie einzig ihre eigene Verherrlichung begehrte?
Der erste Gedanke wird immer die Erinnerung an die griechische Herkunft der Korinther sein. Die Vorstellung, daß die
Gräber wieder geöffnet und die Leichname neu belebt werden,
war dem griechischen Denken in besonderem Maß widerwärtig, nicht nur, weil sie alle natürlichen Möglichkeiten völlig
überschritt, sondern auch, weil damit dem Körper eine Wertung zuteil wurde, gegen die sich die mit philosophischen Gedanken gewonnene Frömmigkeit heftig empörte. Befreiung
vom Körper, nicht seine Wiederherstellung war das, was die
nach griechischer Weise Frommen begehrten. Diese Einrede
hatte aber mit der Verschiedenheit der Rasse und Religion
nichts zu tun. Es gab Juden genug, die mit demselben Abscheu den Gedanken an eine Auferstehung verwarfen, wie es
die philosophisch gebildeten Griechen taten. In Palästina
wußte jedermann, daß die Verkündigung der Auferstehung
ein Kennzeichen des pharisäischen Rabbinats war, dagegen
von den den Tempel verwaltenden Priestern bekämpft wurde.
Paulus hat nicht gesagt, wie sich die, die ihn in Korinth über-
bieten wollten, zu dieser Fassung der Hoffnung verhielten,
ob sie den Satz, der die Toten vom Reiche Gottes ausschloß,
selbst vertraten oder ob sie nur nicht die geistige Kraft
hatten, ihn zu beseitigen. Auch für diesen Angriff auf seine
Botschaft machte Paulus nicht einzelne, sondern alle verantwortlich, da sie durch ihre Berufung zum einträchtigen, gemeinsamen Hoffen verbunden sind.
Die Verwerfung der Auferstehungslehre ist aber mit dem,
was wir bisher über die Korinther erfuhren, mit der Mißachtung der verbotenen Ehegrade und der von der Gemeinde
geübten Gerichtsbarkeit, mit der Begeisterung für die Ehelosigkeit, bei der man sich mit der Dirne behilft, mit dem un-
bekümmerten Genuß des Geopferten, dem Mißfallen am
Kopftuch und der Verkündigung einer Freiheit, die alles
kann, dadurch gleichartig, daß auch sie den Widerspruch gegen

die Apostel und die Absage an das Rabbinat vollzog. An einer
besonders hervorragenden Stelle war damit festgestellt, daß
die Gemeinde nicht dazu von Paulus frei gemacht werden
sollte, damit sie zum ursprünglichen palästinischen Evangelium oder gar zum Judentum zurückkehre. Erstrebt wurde
vielmehr die Anpassung des Zukunftsbildes an den gegenwärtigen Weltbestand. Durch den Verzicht auf die Toten
war der Verheißung der Universalismus genommen und der
absolute Gegensatz zwischen dem Verheißenen und dem
Gegenwärtigen verhüllt. Diese verkürzte Eschatologie hat
aber Paulus schon in den vorangehenden Teilen des Briefs
beständig bekämpft, als er die in dieser Zeit Weisen warnte
und die Weisheit Gottes von ihrer Weisheit schied, I 2, 6;
3, 18, als er das Urteil der Korinther über sein Wirken und
ihren Anstoß an seinem Leiden abwies, I 4, 5. 8, als er der
Anpassung an den Staat widersprach, I 6, 2. 3, und die geringschätzige Wertung des Leibes verwarf, I 6, 14, und als
er sich der Verherrlichung der Erkenntnis widersetzte, bei
der nicht bedacht wird, daß sie vergeht, I 13, 3. Der stolze
Genuß der empfangenen Gnade und das Machtbewußtsein,
das sich zutraut, die natürlichen Dinge zu meistern, trieben
dazu, den Gegensatz zwischen dem Verheißenen und dem
Gegenwärtigen zu verkürzen und sich ein Zukunftsbild aus-
zudenken, das sich an das jetzt schon Erreichte anschloß.
Manchem Juden und Griechen war dadurch der Eintritt in
die Gemeinde wesentlich erleichtert, daß ihm nicht zugemutet
wurde, auf die Auferstehung der Toten zu hoffen. Dieser Verzicht zwang nicht zu einer schweren Entsagung, da die Nähe
der Offenbarung des Christus der Gemeinde verbürgt war.
Die Skepsis traf also nur eine kleine Minderheit, die es irgendwie verschuldete, daß sie die Ankunft des Christus nicht
erleben durfte. Die Mehrzahl der Gemeinde hielt es für gewiß, daß sie in die Herrschaft Gottes eingehen werde. Daher
stellt sich auch diese Schwankung neben das uns sonst bekannte Wollen der Gemeinde nicht als ein fremder Vorgang,
der nur von außen in sie hineingetragen worden sei.

Über die Auferstehung der Toten spricht Paulus als Evangelist. Darüber gibt nicht „die Erkenntnis" Auskunft. Man kann

sich die Antwort auf diese Frage nicht beim Lehrer holen, nicht bei dem, der mit forschendem Blick die gegenwärtige Lage zu deuten weiß. Hier wird nach Gottes Werk gefragt, und darüber gibt niemand Auskunft als die Botschaft, die Jesus der Welt gebracht hat. Somit bringt Paulus den Korinthern das Evangelium zur Kenntnis, vgl. Gal. 1, 11, wobei er sie an das erinnert, was sie mit dem Evangelium erlebten. Er hat es verkündigt, und sie haben es angenommen. Das brachte ihnen den aufrechten, unerschütterlichen Stand und bringt ihnen dann, wenn der richtende Christus über Leben und Tod verfügt, die Rettung. Eine Wiederholung des Evangeliums wäre freilich zwecklos, wenn sie das ihnen früher Gesagte nicht festhielten. Preisgeben könnten sie es aber nur dann, wenn sie ohne Grund geglaubt hätten, und diese Annahme lehnt Paulus so lange ab, bis die Korinther ihn durch ihr Verhalten zu ihr nötigen. Vorerst erwartet er von ihnen die Zustimmung, wenn er annimmt, sie hätten gewußt, was sie taten, als sie glaubten, und nicht Leichtsinn getrieben, sondern damit bejaht, was Gottes Wort ihnen sagte, und getan, was Gottes Wirken in ihnen schuf.

Die Botschaft ist nicht die Erfindung des Paulus, sondern von ihm so übernommen, wie er sie den Korinthern gab, vgl. 11, 23, und ihre Übermittlung erfolgt nach einer bestimmten Ordnung. ἐν πρώτοις verkündet sie das Ende Jesu. Sie berichtet hernach auch noch anderes, z. B. die Eheordnung Jesu, I 7, 10, und die Stiftung des Apostolats durch ihn, I 9, 14. Aber das Hauptstück der Botschaft ist die Passions- und Ostergeschichte; denn an ihr entscheidet sich das Verhältnis, in das sich der Mensch zu Jesus stellt. Da auch in den Evangelien die Passionsgeschichte das Hauptstück ihres Berichtes ist, bewährt das Evangelium, das Paulus bekommen hat, seine Übereinstimmung mit ihnen auch an dieser Stelle, der für die Haltung der Kirche durchgreifende Wichtigkeit zukommt. Wenn der Mensch mit Christus bekannt werden soll, muß ihm vor allem gesagt werden, daß er starb. Hier stellt Paulus die Weise, wie er getötet wurde, zurück, und noch weniger spricht er von denen, die ihn töteten. Der Vorgang, der mit seiner ganzen Wucht die Aufmerksamkeit der Hörer

erwecken soll, ist der, daß der von Gott Gesandte und zum
Herrn Gemachte den Tod erlitten hat. Weil dies die vollständige Verneinung aller messianischen Erwartungen ist,
weckt dies sofort die Frage: warum? und für sie gibt es nur
eine Antwort: Christus starb für unsere Sünden. Damit ist
das Urteil Gottes über den Menschen und zugleich sein ihn
suchender und mit sich versöhnender Wille verkündet. Dadurch bekommt aber die Frage Gewicht, ob durch dieses un-
glaubliche, alle erschütternde Ereignis wirklich Gottes Wille
geschehen sei. Darauf antwortet Paulus: dies geschah ge-
mäß den in der Schrift aufgezeichneten Worten. Daß schon
die Schrift den Christus verkündet und ihm das Leiden zu
seinem Beruf gemacht hat, gibt Paulus und seinen Hörern
die Gewißheit, daß der Tod Jesu das Werk der göttlichen
Gnade war. Diese Fassung des Evangeliums macht sichtbar,
daß es aus der Judenschaft hervorgegangen ist; ihr wurde es
dadurch glaubhaft gemacht, daß ihr seine Übereinstimmung
mit den Worten der Schrift gezeigt wurde. Ueber die Weise,
wie Paulus den göttlichen Willen im Tode Jesu durch Schriftworte nachwies, wissen wir wenig. Gal. 3, 10 verbindet den
Tod Jesu mit dem Fluch, den das Gesetz auf jeden Übertreter
legt, und die Benützung von Ps. 143, 2 in Röm. 3, 20; Gal.
2, 16 begründet den Tod Jesu durch die auf jedem Menschen
liegende Schuld. Daß Ps. 69, 10 in Röm. 15, 3 erscheint, macht
sichtbar, daß Paulus die den Leidenden beschreibenden Psal-
men als Weissagung las, und die Vergleichung Jesu mit dem
Pascha I, 5, 7, ebenso ἱλαστήριον, Röm. 3, 25, lassen erkennen,
wo er in der Schrift die versöhnende Macht des Todes Jesu
bezeugt fand. Unsere Aussage stellt aber fest, daß Paulus
die Verbindung der Passionsgeschichte mit alttestamentlichen
Worten immer zu einem wesentlichen Teil des Evangeliums
gemacht hat, vgl. Röm. 1, 2; 3, 21.

Auf die Verkündigung seines Todes folgt die seines Begräb-
nisses. Die Botschaft des Paulus glich also der Passionsgeschichte unserer Evangelien. Die Aussage, Jesus sei begraben
worden, hatte wegen der nun folgenden Ostergeschichte Wichtigkeit. Bei einem Gekreuzigten war es nicht selbstverständlich, daß sein Leichnam in ein Grab gelegt wurde und nicht

am Pfahl hängen blieb. Jesus wurde aber das Begräbnis zuteil, weil er auferweckt werden sollte.

Dies geschah am dritten Tag. Die Chronologie der Ostergeschichte, die Paulus überliefert wurde, war dieselbe wie die unserer Evangelien. Jesus starb noch am selben Tage, an dem er gekreuzigt wurde; darauf folgte der Sabbat, und am dritten Tag begann die Ostergeschichte. Auch sie geschieht nach der Weissagung der Schrift. Über die Weise, wie Paulus diesen Schriftbeweis führte, wissen wir noch weniger als über die Weise, wie er den Tod Jesu aus dem Alten Testament deutete. Nach dem Bericht des Lukas Apgsch. 13, 33—37 benützte er dieselben Psalmverse, Ps. 2, 7; 16, 10, die schon in Jerusalem von Anfang an zur Begründung der Osterbotschaft verwendet wurden.

Offenbar wurde die Auferweckung Jesu dadurch, daß er gesehen wurde. Wie der Tod Jesu deshalb zum Inhalt der Botschaft Gottes wird, weil der Christus den Tod für unsere Sünden litt, so wird die Auferweckung Jesu deshalb zum Gegenstand der Verkündigung, weil der Christus auch als Auferstandener seine Jünger mit sich verbunden hat. Der gewichtige Vorgang in der Ostergeschichte war für Paulus die Selbstbezeugung Jesu. Mit seinem ὤφϑη sagt er nicht, daß die Jünger eine stumme Erscheinung sahen und der Verkehr des Auferstandenen mit ihnen nicht durch Worte geschah. Seine Meinung war, daß die Jünger und er selbst wußten, wen sie sahen. Aber für den wesentlichen Ertrag der Ostergeschichte hielt Paulus nicht die Worte Jesu, so daß ein neues, vom Auferstandenen gelehrtes Evangelium an die Stelle dessen träte, das den für die Menschen Lebenden und von ihnen Gekreuzigten beschrieb. Die Tat des Auferstandenen war, daß er seine Jünger seines Lebens gewiß machte. Gottes Botschaft verkündet Gottes Werk; diese hat Jesus aber allen seinen Aposteln in derselben Weise übergeben. Wer sie angreift, wendet sich nicht nur gegen Paulus, sondern gegen alle, denen das Botenamt und damit die Sammlung und Leitung der Kirche übergeben ist.

Der, dem sich Jesus zuerst zeigte, war Kephas, vgl. Luk. 24, 34. Bei dem, dem Jesus den Namen „Fels" gegeben hatte,

fing die neue Begründung der Jüngerschaft an. Dadurch war
Petrus zum Anfänger der Kirche gemacht. Wann diese Begegnung des Auferstandenen mit seinem ersten Jünger geschehen sei, sagt das Datum „am dritten Tag", das sich nicht
von ὤφϑη trennen läßt. Nachdem es Paulus als einen wesentlichen Bestandteil der Botschaft gewertet hat, daß die Auferweckung Jesu von seinem Tode durch einen Tag getrennt gewesen sei, ist es nicht wahrscheinlich, daß er die Erscheinung
Jesu ohne Datum ließ. Auch im Folgenden ordnet er die Ereignisse nach ihrer Zeit. Anders urteilen die, die die ersten Erscheinungen Jesu nach Galiläa legen. Hätte Paulus eine so geformte Ostergeschichte erhalten, dann hätte er die Begegnung
Jesu mit Petrus frühestens auf den siebten Tag nach seinem
Tode verlegt. Das Bild, das uns Paulus über den Ausgang Jesu
gibt, ist aber mit dem, was unsere Evangelien sagen, in seiner
ganzen Formation so verwandt, daß es nicht glaublich ist,
daß „der dritte Tag" in der Ostergeschichte des Paulus eine
ganz andere Bedeutung gehabt habe als in den Evangelien.

Das zweite Ereignis, das für den Aufbau der Kirche unvergängliche Wichtigkeit hatte, war, daß Jesus „den Zwölfen" erschien. Petrus wurde nicht allein der Führer der Kirche,
sondern war in den von Jesus erwählten Kreis hineingestellt,
der mit ihm die Erinnerungen an Jesus bewahrte und seinen
Ruf in die Menschheit hineintrug.

Während bisher der Bericht des Paulus mit den Evangelien
parallel ging, wird er nun um vieles reicher. Es kam zu einer
Versammlung von mehr als fünfhundert Männern, die schon
vorher mit Jesus und miteinander verbunden waren und denen
sich Jesus zeigte. Paulus betont, daß dies gleichzeitig geschah,
womit er den Gedanken abwehrt, der Anblick Jesu sei durch
Visionen entstanden. Da die Vielen ihn gleichzeitig sahen, bekommt die Wahrnehmung Jesu dieselbe Unabhängigkeit vom
eigenen inwendigen Zustand wie jede andere Wahrnehmung.
Zugleich gab die Vielheit der Zeugen der Osterbotschaft Festigkeit, da viele diesen Teil der Ostergeschichte miterlebt hatten.
Paulus deutet an, daß er über das spätere Leben dieser Männer
Nachrichten habe. Er weiß, daß jetzt nicht mehr alle von
ihnen am Leben sind, daß aber noch mehrere hundert Männer

in der Kirche vorhanden sind, die bezeugen, daß sie Jesus
sahen. Gegen diesen Gedankengang — und dies war ein bedeutsamer Vorgang — hat sich die von den palästinischen
Aposteln geformte Ostergeschichte verschlossen. Sie legte
nicht auf die Vielheit der Zeugen Wert und wurde nicht eine
Aufzählung der vielen Begegnungen Jesu mit den Jüngern;
vgl. Apgsch. 1, 3. Was die Ostergeschichte der Evangelien
erreichen wollte, ist einzig die Begründung der Überzeugung,
daß die Apostel in der Tat den Herrn gesehen und vom Auferstandenen ihre Sendung empfangen haben. Mehr als das
apostolische Zeugnis bedurfte nach dem Urteil der Apostel
die Kirche nicht, und die apologetische Absicht, die den Zweifel
an der Verkündigung der Auferstehung als einen ernsthaften
Gegner wertet und ihn zu vertreiben sucht, blieb ihnen fern.
Dies stellt sich freilich jenen Deutern der urchristlichen Geschichte anders dar, die die von Paulus wiedergegebene Überlieferung und den lukanischen Bericht über den Pfingsttag
auf dasselbe Ereignis zurückführten; mit der Versammlung
der fünfhundert Brüder, denen der Herr sichtbar geworden
sei, habe die Kirche von Jerusalem begonnen. Beide Erzählungen sind aber in ihrer entscheidenden Aussage gänzlich
verschieden. Daß die Zahlen nicht stimmen — Lukas spricht
von 120 Versammelten, Apgsch. 1, 15 —, mag als nebensäch-
lich gelten. Dagegen ist es für den Bericht des Lukas wesentlich, daß die Begründung der Kirche nicht während der Osterzeit, nicht durch die Wahrnehmung des Auferstandenen, sondern nach seiner Himmelfahrt, nachdem er unsichtbar geworden war, durch den Empfang des Geistes geschah. Das
läßt sich nicht dadurch ausgleichen, daß Paulus den Herrn
den Geist nennt, II 3, 17, weshalb die Gegenwart des Herrn
immer auch den Empfang des heiligen Geistes mit sich gebracht habe, vgl. Joh. 20, 22. Denn es ist ein für die ganze Haltung der Kirche wesentlicher Satz, daß der Herr sie nicht
durch Erscheinungen, die ihn allen zeigen, sondern durch
seinen Geist schaffe und leite. Wer solche die Substanz der
Ereignisse umformende Wandlungen in der Überlieferung für
möglich hält, sieht in den beiden Erzählungen besser selbständige mythische Gebilde, von denen jedes aus einer eigenen

Tendenz stamme, die paulinische Erzählung aus der Absicht, die Verkündigung der Auferstehung möglichst sicher zu begründen, die lukanische aus der Tendenz, die Gemeinde Jesu von der Judenschaft dadurch zu unterscheiden, daß sie die mit dem Geist begnadete Gemeinde sei, und ihre Bestimmung, alle Völker zu umfassen, festzustellen. Wird aber die Versammlung der Fünfhundert von der Begründung der Pfingstgemeinde unterschieden, dann ist es nicht mehr wahrscheinlich, daß auch diese Offenbarung Jesu noch in Jerusalem geschehen sei. Es ist kaum denkbar, daß eine so große und so bewegte Versammlung im räumlich und geistig eng verbundenen Jerusalem verborgen geblieben sei. Die Evangelien sagen aber, daß die Ostergeschichte zum Teil in Galiläa geschehen sei. In das galiläische Bergland legt Matthäus die Vereinigung Jesu mit den Jüngern, und Johannes sprach vom Verkehr Jesu mit seinen Jüngern in ihrer Heimat am galiläischen See.

Ein neues, für die Geschichte der Kirche wichtiges Ereignis war, daß auch Jakobus Jesus sah. Eine nähere Kennzeichnung des Mannes hielt Paulus nicht für nötig; er spricht offenkundig vom Bruder Jesu, den jedermann in Korinth nicht weniger als Petrus kennt; vgl. I 9, 5. Damit trat neben die Apostel der Mann, der bald neben Petrus und Johannes für die ganze Kirche zum Führer wurde, Gal. 2, 9, und seinen besonderen Beruf darin sah, Jerusalem den Christus zu bezeugen. Sein später Anteil an der Ostergeschichte läßt an die Angabe der Evangelien denken, daß sich die Brüder Jesu an der zum Leiden bereiten Haltung Jesu stießen.

Noch von einer anderen Zusammenkunft Jesu mit den Jüngern hatte Paulus Nachricht, bei der er sich allen „Aposteln" zeigte, allen, denen er den Auftrag gab, seinen Ruf zu den Menschen zu bringen. Mit dem, was die fünfhundert Brüder erlebten, war diese Sendung nicht verbunden; Jesus gab sie aber noch einem größeren Kreis als den Zwölf. Er kann dadurch größer geworden sein, daß nun auch Jakobus und die anderen Brüder Jesu zu den elf Jüngern hinzukamen. Doch hat Paulus, als er den Brüdern Jesu eine Autorität zuschrieb, die er mit der der Apostel verglich, sie nicht Apostel

genannt, I 9, 5. Lukas nennt neben den Aposteln noch andere
Männer, die an der Ostergeschichte teil hatten; er spricht von
120 und nennt mit Namen Josef Barsabbas Justus und Mat-
thias, Apgsch. 1, 23. Wahrscheinlich hat auch Barnabas zu
ihnen gehört.

Ein Zeuge der Auferstehung Jesu ist auch Paulus, und er
ist in dieser Reihe der letzte. Nach seinem Urteil war die
Ostergeschichte mit dem, was er erlebt hat, zu Ende; keinem
hat sich Christus je wieder gezeigt. Gesichte — das hat Paulus
nie verneint — gab es je und je, durch die Jesus dem Menschen
seine Gegenwart erkennbar machte und sein Wort gab. Aber
das, was die Jünger während der Osterzeit und er selbst bei
der Wende seines Lebens erlebt haben, hat er nicht „ein Gesicht" genannt. Das geschah nach seinem Urteil nicht innerhalb seiner Seele. Denn die Auferstehung bringt nicht nur ein
geistiges Dasein hervor, sondern erzeugt einen mit neuem Leben begabten Leib. Darum hat Paulus die Wahrnehmung des
Auferstandenen nicht jenen Vorgängen gleichgestellt, die
nicht in der ihn umgebenden Welt, sondern in ihm selbst geschahen. Ein Psychologe mag sagen, es sei unmöglich, die
von Paulus festgehaltene Unterscheidung zwischen der Schau
des Auferstandenen und dem visionären Verkehr mit Christus
mit einer deutlichen Formel zu erfassen. Daß aber Paulus diese
Unterscheidung gemacht und weder die Vorgänge während der
Osterzeit noch sein eigenes Erlebnis eine Vision genannt hat,
ist eine völlig gesicherte Beobachtung. Seine Ostergeschichte
blieb auch dadurch mit der der ersten Jünger gleichförmig;
denn die Evangelien reden nicht von visionären Vorgängen.

„Er wurde von mir, gleichsam einer Fehlgeburt, gesehen."
Da der Anblick des Christus die Verbundenheit mit ihm gewährt, ist er der Beginn des Lebens. Aber diesen Anfang seines
Lebens empfand Paulus als völlig abnorm, als ein den Tod
überwindendes Wunder der rettenden Gnade. Einem ἔκτρωμα
vergleicht er sich, weil dieses nicht lebensfähig ist. Er war es
auch nicht; denn er war in jenem Moment, da ihm Christus
erschien, ein Sünder, ein Gerichteter, ein dem Tode Verfallener.
Seine Bekehrung war Zeugung des Lebens im Toten. Darin,
daß er jene mit der Erhaltung einer Fehlgeburt vergleicht,

wird das absolute Urteil hörbar, mit dem Paulus seinen Kampf
gegen Jesus verdammt hat.

Vielleicht gab ihm Aarons Gebet für Mirjam, als sie mit
dem Aussatz bestraft wurde, diese Vergleichung, Num. 12, 12.
μὴ γένηται ὡσεὶ ἴσον θανάτῳ ὡσεὶ ἔκτρωμα ἐκπορευόμενον ἐκ
μήτρας μητρὸς καὶ κατεσθίει τὸ ἥμισυ τῶν σαρκῶν αὐτῆς, neben
אַל־נָא תְהִי כַמֵּת אֲשֶׁר בְּצֵאתוֹ מֵרֶחֶם אִמּוֹ וַיֵּאָכֵל חֲצִי בְשָׂרוֹ; bliebe das Gericht der Aussatzes auf Mirjam liegen, so gliche sie einer
halb zerfressenen Fehlgeburt. Ihr hätte auch Paulus geglichen,
wenn ihm Jesus nicht erschienen wäre.

Da Christus ihn aus dem Tode heraus rettete, ist seine
Christusschau nicht nur zeitlich von der der ersten Jünger
getrennt und an das Ende der Ostergeschichte gesetzt, sondern die Weise seiner Bekehrung gibt ihm für immer unter den
Aposteln den letzten Platz. Wir erfahren durch II 11, 1–12, 12,
daß es in Korinth Männer gab, die die ersten Apostel weit
über Paulus erhoben. Da gleichzeitig die apostolische Lehre
und Ordnung bestritten wurde, wäre dies schwer verständlich, wenn uns Paulus nicht gesagt hätte, daß neben denen,
die sich auf Christus beriefen, auch Männer standen, die die
Führung der Kirche Petrus zuteilten. Wenn diese Paulus
seiner Versündigung wegen unter die ersten Apostel erniedrigten, stimmt Paulus ihnen zu. Wir wissen ja, daß er in seinem
Apostolat den Erweis des göttlichen Erbarmens sah, I 7, 25;
II 4, 1. Die Eigenschaften, die zum Apostolat tüchtig machen,
besaßen nur die ersten Jünger, nicht er. Die Tüchtigkeit des
Petrus und seiner Gefährten, als die von Jesus Gesendeten
vor die Menschen zu treten, besteht darin, daß sie dem Ruf
Jesu gehorcht hatten und seine Begleiter geworden waren.
Dazu ist die Vorgeschichte seines Apostolats der schroffste
Gegensatz. Die von Gott gesammelte und zu seinem Eigentum
gemachte Gemeinde hat er vertrieben. Er denkt daran, daß
er die Christen Jerusalems genötigt hatte, die Stadt zu verlassen und ihre Gemeinde aufzulösen, Apgsch. 8, 1. Schwerer
als den Zwang und die Pein, die er den einzelnen antat,
empfindet er dies als Schuld, daß er das Bestehen der Gemeinde unmöglich machte. Damit hat er Gottes Werk, den
Tempel Gottes, zerstört, I 3, 17; vgl. Gal. 1, 13; Phil. 3, 6.

Schlatter, Paulus 26

Das war der denkbar schärfste Widerspruch zu dem, was der Beruf eines Apostels ist, der gerade dazu bestimmt ist, die Gemeinde Gottes zu sammeln. So bereit er aber ist, jederzeit über sich die Verurteilung auszusprechen, seine Verpflichtung zum Zeugnis für die Auferweckung Jesu wird davon nicht berührt. Denn es war die Tat der göttlichen Gnade, daß er Jesus sah, und weil niemand Gottes Gnade verwerfen oder verhüllen darf, kann er sein Apostolat nicht verleugnen. Die zu ihm hin gewandte Gnade, die ihn erwählte und ihn begabte, wurde nicht „leer", verlor ihre Kraft nicht und wurde ihres Erfolges nicht beraubt. Sie machte aus ihm den, der sich am meisten angestrengt, am meisten gemüht, am meisten Arbeit getan und die meisten Leiden gelitten hat. Er, der durch seine Verschuldung der letzte von allen ist, ist durch seine Arbeit der erste von allen geworden. Er verteidigt hier sein Apostolat mit demselben Satz, den er wieder II 11, 23 verwendet und mit dem er schon I 3, 8 den verschiedenen Anteil der Lehrenden am Lohn gemessen hat. Er vergleicht nicht seinen Erfolg mit dem der anderen; denn Gott ist es, der das Wachstum gibt, I 3, 7. 8. Was ihn vor den anderen auszeichnet, ist der Einsatz seiner Kraft, seine Entschlossenheit, jede Last zu tragen und jeden Kampf zu bestehen. Er dachte dabei nicht an einzelne Apostel und hob nicht Jakobus oder Petrus oder Johannes heraus, um das von ihm verlangte Maß von Arbeit mit dem seinen zu vergleichen; αὐτοὶ πάντες — er sah auf die ganze Kirche und auf alle, die in ihr die Führung hatten, und urteilte von allen, die ihnen zugeteilte Leistung sei leichter als das, was von ihm gefordert wurde; ihr Dienst verlange weniger Entsagung und werde weniger zum beständigen Kampf als der seine, der von ihm fortwährend die Anspannung der letzten Kraft fordere. Die gewaltige Auslegung zu περισσότερον αὐτῶν πάντων ἐκοπίασα gab er II, 11, 21—33, wo er περισσότερον mit ὑπὲρ ἐγώ wiederholt und wo er mit ἐν ᾧ δ' ἄν τις τολμᾷ in derselben Weise wie mit αὐτῶν πάντων nicht die Leistung eines einzelnen Apostels zur Vergleichung heranzieht, sondern die ganze Kirche überblickt. Das war seine Antwort an die, die die Überlegenheit der ersten Apostel über ihn durch die

Größe ihres Werks bewiesen, an das er, der nicht normal
Geborene und zu spät Berufene, nicht heranreiche. Sie verglichen den Menschen mit dem Menschen, die Arbeit jener
mit seiner Arbeit. Wenn überhaupt diese Vergleichung ange-
stellt werden soll — im zweiten Brief nennt Paulus sie törichtes Gerede —, antwortet er, er, der rastlos Wandernde, der
immer wieder nach neuen Orten die Botschaft Jesu trage,
übertreffe alle anderen, die von einem festen Wohnsitz aus
die Kirche leiteten, durch seine Anstrengung.[1] Aber auch dieser Vorzug, der ihn ganz persönlich auszeichnet, gibt ihm keinen Anlaß zum Ruhm. Hier spricht er noch nicht, wie im
zweiten Brief, als der, der den Verstand verloren hat, II 11, 23.
Wie die Gnade von seinem Fall die Schande und Not der
Schuld weggenommen hat, so nimmt sie auch von seiner Bereitschaft zu jeder Leistung und jedem Kampf alle Eitelkeit
und Überhebung weg. Nicht Paulus ist das Subjekt seiner
Anstrengung und Hingabe; er ist nicht durch sich selbst der
Wollende und Laufende und bildet sich nicht ein, er schöpfe
die Kraft, die er wirksam macht, aus sich selbst. Was er von
seinem Erfolg sagt, sagt er auch von seiner Anstrengung;
ihr Urheber ist Gottes ihn begabender Wille. Damit ist jeder
Ruhm ausgelöscht und keine Berufung auf sein Verdienst zugelassen. Mit ihm zusammen hat Gottes Gnade die Arbeit
getan. Da die Lesung ἀλλὰ ἡ χάρις τοῦ θεοῦ σὺν ἐμοί im Vorsprung ist vor ἡ σὺν ἐμοί, wird Paulus σὺν ἐμοί an das zu
ergänzende Verbum ἐκοπίασεν angeschlossen haben. Er hat
damit absichtlich eine synergistisch klingende Formel gebildet. Denn er ist der, der sich müht, er der zur angestrengten
Arbeit Aufgerufene, und er gehorcht diesem Anspruch ganz;
aber er ist dabei nicht allein, nicht auf sich selbst angewiesen,

---

[1] Es ist schwerlich ein Fehlgriff, wenn wir bei diesem περισσότερον
ἐκοπίασα daran denken, daß seine Mitarbeiter ihre Arbeitsgemeinschaft
mit ihm mehrmals lösten, Markus Apgsch. 13, 13, Barnabas Apgsch. 15, 39,
Silas Apgsch. 20, 4, Demas 2 Tim. 4, 10, die meisten der jüdischen Christen
Kol. 4, 11, die Führer der ephesinischen Gemeinde, 2 Tim. 1, 15, die
Führer der römischen Gemeinde, Phil. 1, 14; 2 Tim. 4, 16. Der Anspruch,
den die Arbeitsgemeinschaft mit Paulus stellte, ging über das hinaus,
was die anderen für notwendig hielten.

sondern Gottes Gnade tut die Arbeit, trägt die Last und geht in den Kampf vereint mit ihm.

Da die ersten Apostel und Paulus die Auferstehung Jesu einstimmig bezeugen, macht es für die christliche Botschaft und für den Glauben derer, die sie annehmen, keinen Unterschied, ob Paulus oder die ersten Apostel ihr Zeugnis ablegen. „So", auf Grund dieser Voraussetzung mit dieser Begründung in dieser Lage rufen wir die Botschaft aus, und „so", mit dieser Begründung, „seid ihr gläubig geworden". Weil sie „so" geglaubt haben, haben sie nicht εἰκῇ, nicht grundlos und leichtfertig geglaubt, Vers 2. Ganz wird der Gedanke nicht getroffen, wenn gesagt wird, οὕτως besage hier so viel wie ταῦτα. Unbestritten ist, daß Paulus auch einen mit ὅτι geformten Satz zum Objekt von πιστεῦσαι machen konnte: „glauben, daß Christus auferweckt wurde", Röm. 10, 9. Aber nicht weniger deutlich ist, warum er in der Regel πιστεύειν, wie auch hier, nicht mit einem Akkusativ verband. Für ihn erschöpfte sich das Verhalten, das er „glauben" nannte, nicht in der Bejahung einer Mitteilung. Dem Christus glaubt man, weil er auferstanden ist; das schließt die Gewißheit seiner Auferstehung ein, geschieht aber dadurch, daß der Mensch seinen Willen ihm hingibt.

Der Zerfall des Christenstands ohne die Auferstehung Jesu
15, 12—19

Nun wird der Anlaß sichtbar, der Paulus bewogen hat, die Unangreifbarkeit der Osterbotschaft darzutun. Man hört in Korinth den Satz: „Auferstehung Toter gibt es nicht", womit nicht Jesu eigene Auferstehung verneint, sondern die Auferstehung, die die Gemeinde für ihre Toten erwartete, als eine trügende Verheißung abgelehnt war. Damit war aber nach dem Urteil des Paulus auch die Auferstehung Jesu verneint, nicht nur, weil er die logische Regel handhabt, daß von einer allgemein gültigen Verneinung jeder besondere Fall getroffen wird, sondern weil für ihn die Auferstehung Jesu und die der Toten durch einen unlöslichen kausalen Zusammenhang miteinander verbunden sind. Wird die Auferstehung

einzig Jesus zugeschrieben, so wird sie zu seinem individuellen
Erlebnis, das keine Wirkung für uns hat. Das stritt gegen das
„für uns", das für Paulus das Merkmal jeder Tat Jesu war,
weil es unmittelbar aus seinem Christusnamen, aus seiner
Sendung im Dienst der alles vollendenden Gnade folgt. Um
ihretwillen bestimmt alles, was Jesus ist und tut, die Lage
der Menschheit mit universaler Macht. Machten die Korinther
aus der Auferstehung Jesu das Ereignis, das zwar seine Geschichte beendete, sich aber nicht wiederholen kann, so urteilten sie ähnlich, wie wenn sie „das Kreuz Jesu entleerten"
und seine alle erfassende Wirkung verleugneten. Wie der Tod
Jesu deshalb als Heilstat Gottes verkündet wird, weil er „für
unsere Sünden starb", so ist auch seine Auferstehung ein Bestandteil der Botschaft Gottes, weil sie für uns geschehen ist.

Nun zeigt Paulus denen, die ihren Christenstand hoch werteten und sich seinetwegen wie Könige fühlten, was aus ihrem
Erlebnis würde, wenn das Ende Jesu nicht die Auferstehung
wäre, wenn also seine Geschichte mit seinem Tod geendet
hätte. Damit verlöre die Botschaft ihren Inhalt; sie würde
„leer". Geschieht sie im Auftrag eines Toten, so verliert sie
ihren Sinn und ihre Kraft. Ein Ruf des Christus, der zu Gott
ruft, ist sie nur dann, wenn sie den Willen des Lebendigen
verkündet. Vom Wert der Botschaft hängt der des Glaubens
vollständig ab. Denn der Glaube entsteht durch das den
Christus verkündende Wort. Geht das Wort in uns ein und
wird es in uns wirksam, so werden wir gläubig. Wer der Botschaft ihren Inhalt nimmt, nimmt ihn auch dem Glauben. An
einen Toten kann sich der Mensch nicht ergeben, von einem
Toten kann er nichts erwarten und nichts empfangen. Der
Glaube erwartet aber von Jesus unermeßlich Großes, das,
was uns nur die allmächtige Gnade geben kann.

Wäre die Ostererzählung eine Einbildung, die irgendwie
von den Aposteln herrührte, und hätte Paulus sich die Offenbarung Jesu, von der er sprach, irgendwie selber zurecht-
gemacht, so hieße er sich einen Verbrecher. Er spricht als
Zeuge, steht also unter der unbedingt gültigen Wahrheits-
pflicht, und diese wird dadurch vollends fest, daß er als Zeuge
Gottes spricht. Denn seine Aussage stellt fest, was Gott getan

hat. Er beschreibt, was geschehen ist, als Gottes Werk, und nur, wenn es dies wirklich ist, kann, was er erzählt, geschehen sein. Wäre aber Christus nicht auferstanden, so wäre er ein Zeuge, der über Gott Falsches aussagt. Ein ψευδομάρτυρ ist der, der als Zeuge spricht, aber eine falsche, von ihm erfundene Aussage macht, somit in Wahrheit kein Zeuge ist. Von עֵד שֶׁקֶר läßt sich ψευδομάρτυρ nicht trennen. Bindet aber die Wahrheitsregel den Menschen schon dann, wenn er über andere Menschen Aussagen abgibt, so verstärkt sich diese Verpflichtung, wenn er als ein von Gott bestellter Zeuge Dinge aussagt, die Gott getan haben soll. Wenn sich also die Korinther auf den Gedanken einlassen, daß Tote nicht auferstehen und Christus nicht auferstanden sei, so verurteilen sie die ganze Wirksamkeit des Paulus und geben ihm eine vollständige Absage. Dadurch machen sie aus seiner Botschaft einen Mythus, menschliche Dichtung, die aus dem menschlichen Wünschen aufsteigt, während er sie für Gottes Wort ausgibt; vgl. I 2, 1.

Eine zweite Satzreihe erwägt, was unter dieser Voraussetzung mit dem Glauben gewonnen sei. Nun nennt er ihn ματαία, nichtig, kraftlos, unfähig, das Leben des Menschen zu wandeln. Hieß er ihn leer, so nahm er ihm den Inhalt und Grund. Ist er aber ein Wahn, so kann er auch nichts leisten. Mit der Berufung zum Glauben ist die Verheißung verbunden, daß der Glaubende nicht mehr „in seinen Sünden sei". Er glaubt, daß Christus ihn von seiner Schuld befreie, so daß nicht mehr seine Sünden sein Verhältnis zu Gott und damit sein ganzes Schicksal bestimmen. Aber Jesus ist ja tot und nicht imstande, ihm zu vergeben und ihm zur Gerechtigkeit zu helfen. An dem, was er sich durch sein Sündigen bereitet hat, hat sich also nichts geändert. Mit der Befreiung von der Schuld empfängt der Glaubende zugleich die Aufhebung des Urteils, durch das ihm das Leben genommen wird. Er „kommt nicht um"; sein Leben wird nicht durch das göttliche Gericht vernichtet. Er hat aber sein Leben nicht in sich selbst, sondern empfängt es vom Christus, und dies kann nur dann geschehen, wenn er der zum Leben Erweckte ist. Ist er selbst ein Toter, dann war der Tod der an ihn Glaubenden ihr Untergang.

Dann gibt es auch für die Glaubenden nur „dieses Leben",
und was sie von Jesus empfingen, ist dann bloß eine Hoffnung, die unerfüllt bleiben wird. Das nennt Paulus nicht Hilfe,
nicht Beseligung, nicht das Ende des menschlichen Jammers,
sondern verstärktes Elend, das noch mehr des Mitleids wert
ist, als es schon der von der Natur geschaffene Zustand des
Menschen ist. Mit einer Hoffnung, die nur Einbildung ist
und sich nicht erfüllen kann, wird der Jammer des Menschen
nur größer gemacht. Wahrscheinlich hat Paulus hier auch
daran gedacht, daß der Christenstand zur Entsagung verpflichtet. Weil im Christus die Hoffnung entsteht, löst sie
das Ziel des Lebens vom Gegenwärtigen ab. Darum wurde
aus dem Wirken des Paulus ein beständiges Sterben. Des
Mitleids wert sind auch die, die sagen: „Laßt uns essen und
trinken; denn morgen sind wir tot" Vers 32. Sie sind es aber
weniger als die, die wegen eines Kommenden, das nicht kommen wird, dem Gegenwärtigen entsagen.

ἐν Χριστῷ ἠλπικότες ἐσμέν heißt mehr als: wir hoffen auf
Christus, wie auch ἡ ἐν Χριστῷ πίστις nicht nur heißt: wir glauben an ihn. „Im Christus" denkt und will der Mensch, weil
Christus ihn mit seiner gottheitlichen Macht mit sich verbindet und sein inwendiges Leben formt. Wenn aber aus der
Gemeinschaft mit Christus bloß Hoffnung entstände, die
nicht „bliebe", I 13, 13, die wir vielmehr nur in diesem Leben
hätten, so wäre das vertiefte Unseligkeit.

Mit dieser Beweisführung hat Paulus den Korinthern den
Christenstand zugeschrieben. Daran, daß hinter ihrer Lehre
rationale Gedanken und philosophische Skepsis stehen könnten, hat er nicht gedacht. Er setzt den Glauben mit seinen Er-
trägen, mit dem Freispruch von der Schuld und der Gewißheit des ewigen Lebens, bei ihnen voraus. Man kann nur dem,
der glaubt, sagen: du kannst deinen Glauben nicht leer und
nichtig heißen und die Vergebung deiner Sünden nicht für
einen Wahn halten und deine Erwartung des ewigen Lebens
nicht für eine Einbildung erklären.

Mit dem Christen hat Paulus nicht Mitleid gehabt; be-
mitleiden würde er ihn nur dann, wenn ihm der Christus ver-
sänke. Von dem Leid dagegen, das uns die Natur bereitet,

wandte er sich nicht hart ab; hier war er, wie unser Satz zeigt, zum Mitleiden bereit. Aber seine Aussage wird entstellt, wenn sie beweisen soll, daß Paulus zu den Verzweifelten gehört habe; er habe in der Verzweiflung den Antrieb zum Glauben gesucht und darum aus der Enthüllung des menschlichen Jammers das Mittel der Evangelisation gemacht. Warum Paulus nach anderem begehrt als nach dem, was uns schon die Natur darreicht, hat er auch in diesen Sätzen unzweideutig gesagt. Der Mensch ist in Sünden und der Verurteilung verfallen, die ihn zum Tode führt. Diese seine Lage, die ihn mit Schmerzen belädt, läßt sich nicht durch Einbildungen heilen. Mit Mythen ist dem Menschen nicht geholfen. Sein Zustand wird nur trauriger, wenn er meint, er sei gerettet, und es doch nicht ist. Aber Gottes Urteil, das den Menschen der Verwerflichkeit seines Begehrens übergibt und ihn in seine jämmerliche Kraftlosigkeit versenkt, hat Paulus nie dazu geführt, die Kreatürlichkeit des Menschen zu verleugnen. Eben als Geschöpf Gottes ist er, so rätselhaft dies klingt, nichtig und vergänglich, Röm. 8, 20, und der Satz, daß die Erde und was sie füllt — dazu gehört auch der Mensch — Gottes sei, I 10, 26, bleibt unerschüttert. Auch in diesem Moment, in dem er sich vorstellt, daß auch Jesus zu den Toten gehöre, wird kein Murren gegen Gott hörbar. Sich selbst, den getäuschten und darum täuschenden „Zeugen" Gottes, würde Paulus in diesem Fall beschuldigen; daß er aber gegen Gott Klage erhöbe, war für Paulus immer eine vollendete Unmöglichkeit.

Unterschätzt er aber nicht durch diese Beweisführung, was er durch seine Predigt geschaffen hatte? „Ihr seid noch in den Sünden", sagt er und doch konnte er seinen Korinthern sagen: „dergleichen wart ihr einst" und seid es nicht mehr, I 6, 11. Er konnte ihnen sagen: „Ihr habt Erkenntnis", I 8, 1. War das nicht neben ihrem früheren Polytheismus und Atheismus ein unschätzbarer Gewinn? Er hatte sie zum Gehorsam gegen die Gebote Jesu gebracht und damit hoch über das erhoben, was sie früher taten, und sie miteinander in eine Gemeinschaft gebracht, die aus ihnen den einen Leib machte, womit er den Jammer ihrer eigensüchtigen Vereinzelung von ihnen nahm. Waren dies nicht reale Wandlungen, die auch

dann bestehen blieben, wenn sich seine Botschaft vom Auferstandenen als ein Mythus erwies und deshalb zerfiel? Es
kommt durch diese Sätze ans Licht, wie vollständig für Paulus
der Christenstand Glaube war. Jene Wandlungen sind freilich
wirklich geschehen; gerade deshalb beruft er sich auf sie,
weil er damit den Korinthern zeigt, daß sich ihr Denken an
dem vergreift, was sie selbst erlebt haben und sind. Aber
das Bleibende und Vollkommene ist alles, was die Korinther
erlebt haben, nur dann, wenn es die Wirkung des zum Leben
erweckten Christus ist. Wäre es die Wirkung des Paulus oder
der Erfolg der religiösen Anstrengung der Korinther, so wäre
es niemals das, für was sie es jetzt halten. Nur weil das, was
in der Gemeinde erlebt wird, im Christus geschieht, ist es
Gerechtigkeit und ewiges Leben; nur dann ist es die Offenbarung der göttlichen Gnade. Darum war für Paulus alles,
was er war und anderen zu geben vermochte, an den Glauben
gebunden. Der Glaube ist aber durch sich selbst nichts, sondern ist alles, was er ist, durch den, dem geglaubt wird. Darum
zerfiel für Paulus mit dem Urteil, das Jesus zu den Toten
stellte, das ganze Christentum.

Die Aufhebung des Tods durch die Auferweckung Jesu
15, 20—28

Da die Annahme, Jesus sei tot, unwahr ist, wie Paulus
durch die Aussagen derer, die ihn gesehen haben, festgestellt
hat, kann er das Urteil, mit dem er den Christenstand entwertet hat, durch eine Betrachtung ersetzen, die das, was die
Auferstehung Jesu schuf, bis zum letzten Ziele Gottes hinaus
begleitet. Das νυνὶ δέ, mit dem er den Gedanken wendet,
gleicht dem, das im Römerbrief, 3, 21, die Umkehr des Ge-
dankengangs anzeigt. Wie er dort zuerst die Lage beschrieb,
in die der Mensch durch das Gesetz gebracht ist, ohne daß er
schon erwog, was durch den Christus entstanden ist, dann
aber mit νυνὶ δέ den Christus und sein Werk in die Betrachtung hineinstellt, so hat er hier zuerst das Christentum unter
der Voraussetzung betrachtet, daß Jesus tot sei, worauf er
mit νυνὶ δέ zeigt, was durch die Auferweckung Jesu geschehen ist.

Was die Auferstehung Jesu für die Menschheit bedeutet, spricht Paulus mit der Formel „Erstling der Entschlafenen" aus. Die Abgeschiedenen sind durch den Tod nicht aus dem Machtbereich Gottes herausgesetzt; auch sie sind ein Teil des Ackers, auf dem für Gott die Ernte reifen wird. Reif wird sie dadurch, daß der Tod aufgehoben und das ewige Leben empfangen wird. Dies geschah zuerst an Jesus. Der Erstling zeigt aber die Nähe der Ernte und macht das Ziel, zu dem Gott den Menschen führen wird, offenbar. Indem Paulus Jesus den Erstling heißt, macht er aus seiner Auferstehung die Verheißung, die allen das Leben verspricht, und diese ist für ihn mehr als ein bloßes Wort; denn zwischen der Auferstehung Jesu und der Belebung aller besteht ein kausaler Zusammenhang. Dafür könnte Paulus nicht auf Verständnis rechnen und das mit ἀπαρχή vom Christus Ausgesagte nicht ohne Begründung lassen, wenn sich der Zweifel der Korinther auch gegen Jesus gerichtet hätte. Die Weise, wie Paulus die Auferstehung positiv begründet, beweist, daß die Gegner die Gemeinde nur von Paulus und nicht auch von Jesus trennen wollten. Jesu gottheitliches Wirken wurde nicht fraglich gemacht.

Diese Bedeutung hat die Auferstehung Jesu aber deshalb, weil sie die Geschichte eines Menschen ist. Indem von Jesus gesagt wird, daß er den Tod erlitten und darauf wieder das Leben empfangen habe, ist er als Mensch beschrieben. Es ist das Los des Menschen, daß er sterben muß und das Leben nur dadurch empfangen kann, daß er von den Toten auferweckt wird. Daß aber ein Mensch zum Empfänger und Mittler des den Tod aufhebenden Lebens geworden ist, ist im Anfang der Menschheit begründet; dadurch wird das, was durch die Schöpfung begonnen ist, weitergeführt. Nun wird ihr nach derselben Ordnung Gottes, durch die ihr das Sterben beschieden war, das Leben bereitet. Beides wird ihr durch einen Menschen zuteil. Der erste, dem das ewige Leben genommen und der Tod auferlegt wurde, war Adam. „In ihm", in Kraft der Gemeinschaft, in der alle mit ihm stehen und durch die sie mit ihm desselben Wesens sind, sterben sie. Ebenso ist nun der Menschheit ein Lebendiger gegeben, der ihr dadurch das Leben verschafft, daß er sie in seine Gemeinschaft aufnimmt. Wieder setzt Paulus die beiden kausalen Präpositionen διά und ἐν nebeneinander. Durch die Tat Adams kam der Tod, und in Kraft der Verbundenheit mit ihm wird der Tod das Schicksal aller, und durch die Tat Jesu, dadurch, daß er das Kreuz getragen hat, kam die Auferstehung, und weil er durch seine gottheitlich wirksame Herrschermacht mit allen verbunden ist, kommt nun das Leben zu allen. Paulus verweilt aber nicht bei der Tat Adams, seinem Fall und Ungehorsam, und bei der Tat Jesu, seinem Gehorsam; denn er lenkt den Gedanken nicht aus der Bahn heraus, die ihm der neue Lehrsatz der Korinther gab. Das Thema, das sie ihm vorlegten: Christus der Herr auch der Toten, Christus der, der den Tod von uns nimmt, Christus der Heiland aller, der Toten und der Lebenden! war so groß, daß es ihre ganze Aufmerksamkeit verlangt. Über Sünde und Gerechtigkeit, Verurteilung und Erlösung hat die Gemeinde den Unterricht empfangen. Was ihr Paulus aufs neue sagt, ist, daß die Botschaft Jesu die Verkündigung des Lebens für die, die sterben, ist. Wenn er für ἀνάστασις ζωοποιηθῆναι sagt, macht er sichtbar, daß ihm die Wiederherstellung des Lebens der wesentliche Vorgang bei der Auferweckung war. Erneuertes Leben bedeutete für ihn aber einen erneuerten Leib; denn es gab für ihn kein ζῶον, das nicht einen Leib hätte. Da er sagt, Gottes Wirken erreiche sowohl dann, wenn er zum Tode verurteile, als dann, wenn er Leben schaffe, alle, erweckt er die Frage, ob er damit die Verkündigung des Gerichts preisgebe, in der er doch einen wesentlichen Teil seiner Sendung sah. Daß er sie auch jetzt festhielt, zeigt sich aber sofort darin, daß er das königliche Wirken des Christus als die Entrechtung und Unterwerfung aller seiner Feinde beschreibt. Mit dem Satz „Alle werden lebendig gemacht werden" ist gesagt, daß keiner deshalb dem Tod verfällt, weil er nicht unter der Macht des Christus stände. Nur der wird verderben, den der Christus selbst dem Tode übergibt. Darum nannte Paulus sie ἀπολλύμενοι, Umkommende und Umgebrachte, solche, denen das Leben, das auch für sie vorhanden ist, genommen wird. Das Gericht des Christus wird nicht verneint, sondern bleibt vorbehalten. Indem er es ist, der über den Tod und das Leben aller entscheidet, erweist er sich als den, der nicht nur für einen Teil der Menschheit, sondern für alle das Leben hat. ἕκαστος setzt das πάντες des vorangehenden Satzes fort. Für alle kommt das Leben, aber nicht für alle zur selben Zeit. Die Menschen sind für die Auferstehung in τάγματα, in zusammengehörende Scharen, eingeteilt, und jeder hat an der Auferstehung in seiner eigenen Abteilung teil. Jesus hat dabei seinen besonderen Platz, da er als der Erstling allen vorangegangen ist. Ihm folgen die, die sein eigen sind, dann, wenn er wieder offenbar geworden ist. Es ist unmöglich, daß damit die Aufzählung zu Ende sei. Jesus ist nicht auch ein τάγμα; ein einzelner ist kein τάγμα. Ein solches ist seine Gemeinde; aber sie ist nur ein einziges τάγμα, und Paulus sprach von mehreren. Demgemäß hat er die Aufzählung fortgesetzt: „Darnach das Ende", und damit ist nicht nur der Zeitpunkt, sondern das Ereignis genannt, durch das eine neue Abteilung von Menschen zum Leben gelangen wird. Paulus erwartete zuerst die Auferstehung der Christenheit, dann die der Menschheit. Jene geschieht am Anfang des königlichen Wirkens Jesu, diese dann, wenn er sein königliches Werk vollendet hat, womit das Ende gekommen ist. Dieses ist noch nicht mit der Verherrlichung Jesu und seiner Gemeinde gegeben. Denn das Letzte ist nicht das, was der Mensch empfängt, auch nicht das, was Jesus erhält, sondern das, wodurch Gottes Offenbarung geschieht. Um Gottes willen wirkt Jesus Gottes Werk.

Das Ende geschieht dadurch, daß er seine Herrschaft Gott und dem Vater übergibt. Die beiden verbundenen Gottesnamen sprechen die unvergleichliche Einzigkeit Gottes aus und begründen, warum es keine Gewalt geben kann, die für immer neben ihm bestände. Jede von ihm erteilte Vollmacht, auch die, die den Christus zum Herrscher über alles macht, ist begrenzt, weil jede dem Willen Gottes dient und mit der Erfüllung ihres Auftrags zum Ende kommt. Auch bei seiner Wiederkunft denkt sich Paulus den Christus als den Gesendeten, der das ihm aufgetragene Werk auszuführen hat, und darum, weil sein Herrschen ein Ziel hat, hat es auch einen Schluß. Was dieses Ziel sei, hat die Botschaft Jesu verkündet;

denn sie sagt Gottes Herrschaft an. Um die Allherrschaft Gottes herzustellen, kommt Jesus wieder in königlicher Macht. Darum geschieht seine Übergabe der eigenen Herrschaft an Gott dann, wenn er jede Herrschaft, Vollmacht und Gewalt entkräftet hat. Im gegenwärtigen Bestand der Welt ist Gottes Herrschaft dadurch begrenzt, daß zwischen Gott und der Menschheit Mächte stehen, die sie regieren. Eine Kennzeichnung dieser Mächte und der zwischen ihnen bestehenden Verschiedenheiten nach dem ihnen übergebenen Machtbereich hat Paulus nirgends gegeben. Er hat nicht konkret von den Geistern gesprochen, die die natürlichen Vorgänge leiten, und von ihnen die unterschieden, nach deren Befehl die Wendungen der Weltgeschichte geschehen, oder die, die über die Toten, oder die, die über die Engel gesetzt sind. Es gibt auch kein Wort des Paulus, das vom Christus sagte, er werde die Natur verwandeln und die Erde und die Himmel umgestalten, womit nicht gesagt ist, daß er das jesajanische Wort vom neuen Himmel und der neuen Erde nicht auch in seiner Weissagung erneuerte. Aber die Festigkeit der gegenwärtigen Welt und ihre Not leitete er nicht aus der Natur ab, sondern aus den geistigen Mächten, die zwischen Gott und die sichtbare Welt gestellt sind. In ihrer Beseitigung sah er das Werk des königlich wirkenden Christus.

Paulus sagte von jeder Macht, sie sei von Gott empfangen, mochten sich diese Machthaber auf Erden oder im Geisterreich befinden. Aber auch dann, wenn diese Mächte ihre Vollmacht von Gott empfingen und nach seinem Gebot gebrauchten, hemmten sie die Verbundenheit des Menschen mit Gott. Jede Vermittlung der Gemeinschaft begründet sie nicht nur, sondern begrenzt sie auch. Gottes Ziel geht über diese Weltordnung hinaus; er gibt allem die unmittelbare, darum vollendete Gemeinschaft mit ihm. Damit Gottes Allherrschaft komme und alle jetzt bestehenden Hemmungen beseitigt werden, empfängt Christus die königliche Macht. Vor Gott ist diesen Herrschern ihre Würde und Macht schon genommen; denn im himmlischen Bereich ist der Christus jetzt schon offenbar, Kol. 2, 15. Noch ist ihnen aber die Schöpfung untertan, und über sie wird ihnen die Macht dann genommen werden, wenn der Christus in der Welt offenbar geworden sein wird. Nur von der Macht, nicht vom Machthaber, sagt Paulus, sie werde beseitigt. Was mit den Verwaltern der Macht geschehen wird, gehört zu den Geheimnissen, die die Weissagung nicht anrührt. Wenn aber die zwischen Gott und der Menschheit stehenden Mächte beseitigt sind, dann besteht auch für den Christus die Notwendigkeit zu seiner Mittlerschaft nicht mehr. Herrschen muß er nur, solange es noch andere Herrscher gibt als Gott. Ist er der, der alle unterworfen hat, so gibt er seine Herrschaft dem zurück, der sie ihm gab. Die kirchliche Deutung hat die Aussage des Paulus abgelehnt. Sie bezieht das königliche Wirken des Christus auf die Gegenwart; Paulus habe nicht erst im Blick auf das Kommende vom Königtum Jesu gesprochen; jetzt sei die Gemeinde in das Reich des Christus versetzt, Kol. 1, 13; darum nenne er ihn beständig den Herrn, weil die Gemeinde seine Herrschaft in allem erlebe, was sie vollbringe; weil Jesus königlich wirke, sage Paulus von allem, was die Gemeinde tue, es geschehe „im Herrn", womit er als der beschrieben sei, der das gesamte Denken und Wollen der Gemeinde forme; folgerichtig sei für ihn die Herrschaft Gottes nicht nur Zukunft, sondern das gewesen, was durch das Wirken des Christus Gegenwart geworden sei. Das sind unbestreitbare Beobachtungen; aber sie heben nicht auf, daß ihm die Herrschaft Gottes und damit auch die des Christus die Verheißung bleibt, die dem Glaubenden zeigt, was er „ererben wird". Wie lebhaft er am Glauben auch die ihm wesentliche Schranke empfand, zeigen II 5, 6. 7; Röm. 8, 23—25. Auch I 4, 8 macht deutlich, daß er die Formel βασιλεύειν nicht für geeignet hielt, den gegenwärtigen Besitz der Christenheit zu beschreiben. Das war das Wort, mit dem er das kommende Werk des Christus beschrieb.

Die Motive, die zum Widerspruch gegen Paulus führten, waren die Abneigung gegen den sogenannten Chiliasmus und gegen eine über die Kirche übergreifende Verheißung. Die Unterscheidung einer ersten Auferweckung von der Auferstehung aller Toten mache das Zukunftsbild phantastisch; es werde zu einem Gemenge von Übernatürlichem und Natürlichem,

von Ewigem und Zeitlichem; der Christus trete in gottheitlicher Herrlichkeit in die von der Natur gegebenen Verhältnisse hinein und sein Wirken werde dem Zeitschema unterworfen, wodurch es einen Anfang und ein Ende erhalte, und
auferstandene Menschen würden mitten unter die gesetzt,
die an die gegebenen Lebensbedingungen gebunden seien.
Dem werde dann vorgebeugt, wenn Paulus die Parusie nicht
vom Ende unterschieden, sondern das Ende mit der neuen
Offenbarung des Christus verbunden habe. Daß wir aber das
Zukunftsbild des Paulus unvorstellbar heißen, gibt uns kein
Recht, das ἔπειτα–εἶτα und die Mehrzahl der τάγματα auszu-
streichen. Jedenfalls war eine eng mit dieser Erwartung verbundene Eschatologie einige Jahre später in den paulinischen
Gemeinden verbreitet, wie Offenb. 20 zeigt. Die zweite Einrede fürchtet, der Ernst der paulinischen Evangelisation werde
erweicht, wenn der Satz nicht unbedingt gelte: „Außerhalb
der Kirche gibt es kein Heil.‟ Dieser Satz komme aber ins
Wanken, wenn nach der Auferstehung der Christen nochmals
von einem Empfang des ewigen Lebens gesprochen werde;
bei Paulus sei die Rettung an den Glauben an Jesus und dieser
an das Hören und an die das Hören herstellende Verkündigung gebunden. Sei der Christus wieder in sichtbarer Gegenwart vorhanden, so sei dies nicht mehr Heilszeit, sondern das
allgemeine Gericht. Aber die Vorstellung, das Werk des
Christus beschränke sich auf die jetzt von den Aposteln gesammelte Gemeinde und jenseits derselben gebe es nur noch
Untergang, wird nicht nur hier, sondern auch Röm. 8, 19–22
von Paulus ausdrücklich abgelehnt. Dort hat er dem Menschen, weil er Kreatur ist, die Hoffnung zugesprochen und
die, die durch die Schöpfung zu dem gemacht sind, was sie
sind, und die Kinder Gottes in derselben Weise nebeneinander gestellt, wie hier die, die dem Christus gehören, von
den anderen Toten unterschieden sind. Denen, die von Gott
nichts anderes empfangen haben, als was ihnen die Schöpfung
gab, die die Nichtigkeit und Vergänglichkeit zu ihrem Merkmal machte, wird dort verheißen, daß sie „aus der Knechtschaft des Vergehens zur Freiheit der Herrlichkeit der Kinder
Gottes befreit werden‟. Das ist ebenso deutlich „chiliastisch‟

gedacht wie das ἔπειτα und εἶτα, zwischen denen das königliche Wirken Jesu liegt. Daß Paulus damit dem Hörer der Botschaft eine Möglichkeit verschaffe, sich den Glauben zu ersparen, da er sich nun nicht mehr vor dem ewigen Tod fürchten müsse, kann nur der sagen, der sich den Glauben nach dem gesetzlichen Schema als eine lästige Pflicht vorstellt, der man sich sofort entzöge, wenn die Todesangst dies nicht verböte. Das Motiv, mit dem Paulus den Glauben begründete, war nicht die Angst; was sie zum Glauben berief, machte er seinen Hörern gerade dadurch deutlich, daß er ihnen die Heilandsmacht des königlich wirkenden Christus beschrieb. Gerade dadurch wird es gewiß, daß die ihm Glaubenden gerettet sind.

Daß Jesus die königliche Macht ausübe, heißt Paulus eine göttliche Notwendigkeit; sie entsteht schon aus der Verheißung der Schrift, Ps. 110, 1, die ihm den Sieg über alle seine Feinde versprach, dann aber aus der Sendung, die ihn in die Welt und an das Kreuz geführt hat. Denn dadurch hat ihn Gott zum Herrn der Menschheit gemacht, und diese Herrschaft kann nicht bleibend durch andere Herrscher beschränkt werden. Der vorangehende Satz wird durch die Benützung von Ps. 110, 1, der von den Feinden spricht, weitergeführt und gesteigert. Darum beweist er nicht, daß Paulus bei denen, die Herrschaft, Vollmacht und Gewalt besitzen, einzig an teuflische, Gott widerstrebende Geister gedacht habe. Auch die Feinde werden von ihm unterworfen; noch viel mehr gilt dies von denen, die ihre Macht, in die sie von Gott eingesetzt waren, so verwalteten, wie es der von Gott gesetzten Ordnung dieser Welt entsprach. Vom Psalmvers, mit dem schon Jesus das beschrieb, was er durch seinen Gang in den Tod erlange, ist der Christus als der Wartende beschrieben, der den Sieg über alle Feinde dadurch erhält, daß Gott sie ihm unterwirft. Weil Paulus nicht an den zu Gott Erhöhten, sondern an den zu neuem Wirken Ausgesendeten denkt, bildet er den Satz um. Nun legt Christus selbst seine Feinde vor sich auf die Erde; denn er selbst ist der Siegende. Solange Jesus „zur Rechten Gottes sitzt", ist er über alle mit Herrschaft begabten Mächte erhöht, aber noch nicht der, der ihre Herr-

schaft beendet und an ihre Stelle tritt, Eph. 1, 20; vgl. Kol.
3, 1; Röm. 8, 34. Zum alleinigen Herrscher wird er dann, wenn
Gott ihn offenbart.

Einen dieser Feinde nennt Paulus: den Tod; man könnte
erwarten, er nenne den Verkläger, an den er, da er von den
entrechteten Feinden des Christus spricht, sicher gedacht
hat. Aber er wendet jetzt die Aufmerksamkeit nicht zu jener
Not, die uns die Schuld bereitet, sondern hält sie bei der
Frage fest, ob die Toten auferstehen, was die Auferweckung
Jesu für die Menschheit bedeute. Der Tod ist ein Widersacher
des Christus, der sein Werk hemmt, weil das Amt des Christus
darin besteht, uns das Leben zu bringen. Solange darum der
Mensch dem Tode unterworfen ist, ist das Werk des Christus
noch nicht vollendet und Gottes Allherrschaft noch zukünftig.
Damit ist dem Satz, daß Gottes Urteil dem Menschen das
Sterben aufgelegt habe, Röm. 5, 18, nichts von seinem Ernst
genommen. Dem Menschen bleibt jedes Murren gegen seine
Sterblichkeit verboten; hoffen soll er freilich, daß seine Knechtung an die Vergänglichkeit ende, Röm. 8, 19 f.; aber Auflehnung gegen Gott, die sein Schicksal tragisch heißt, steht
ihm nicht zu. Nicht der Mensch hat das Recht, den Tod seinen
Feind zu heißen; er ist es um des Christus willen, darum, weil
Christus der Geber des Lebens und deshalb auferstanden ist.

Er ist der letzte der Feinde, die der Christus wehrlos machen
wird. Vorher ist durch die Herrlichkeit seines königlichen
Wirkens in der Menschheit jeder Widerspruch gegen Gott beseitigt, und alle geistigen Mächte, die jetzt die Geschichte der
Menschheit formen, sind zur Erkenntnis der göttlichen Gnade
gebracht, und der Verkläger, der das Recht Gottes gegen den
Menschen anruft, ist entrechtet worden. Nun erfolgt auch die
Tilgung des göttlichen Urteils, das die Menschheit dem Tod
übergab. Spielt irgendeine mythische Vorstellung mit, die
aus dem Tode ein persönliches Wesen machte, etwa im Anschluß an das palästinische Rabbinat, das von ,,dem Boten
des Todes" sprach, der durch seine Klage gegen den Menschen
die Todesurteile erwirke? Sichtbar wird aber im Satz des
Paulus nichts von dem. Damit, daß er den Tod als einen mächtigen Vorgang beschreibt, sagt er nur, was uns die Erfahrung

beständig zeigt, und ebenso durchsichtig ist, warum Paulus das Ende unseres Lebens einen Widerspruch gegen die Absicht Jesu und eine Beschränkung der uns gewährten Gnade nennt, die dadurch aufgehoben werden wird, daß wir auferweckt werden.

Wieder entsteht, wie Vers 22, die Frage, wie sich die unbegrenzte Verheißung des Lebens zur Ankündigung des Gerichts verhalte. Hat Paulus, obwohl er den Tod beseitigt werden läßt, an eine ewig fortbestehende „Hölle" gedacht? Es ist aber nicht ratsam, Schlüsse aus dem zu ziehen, was nicht gesagt ist. Deutlich ist, daß es in der vom Christus beherrschten Menschheit kein Sterben mehr geben wird, während er über den Ausgang derer, die Gottes Herrschaft nicht ererben und von der dem Christus gehörenden Menschheit abgeschieden bleiben, nicht spricht. Es läßt sich immer beobachten, daß Paulus dann, wenn er weissagt, sein Urteil über das begrenzte Sehvermögen des Propheten, 13, 8, nie vergessen hat. Weissagt er, so bemüht er sich nur darum, das, was geschehen ist, in seiner mit ewiger Wirkung gefüllten Tiefe zu erfassen; systematische Vollständigkeit hat er dabei für sein Zukunftsbild nicht erstrebt.

Daß Jesus auch über den Tod Macht hat, bestätigt Paulus dadurch, daß er von Ps. 110, 1 zu Ps. 8, 7 übergeht. „Alles ist ihm untertan gemacht"; somit ist es nicht möglich, daß die Toten seiner Herrschaft entnommen bleiben. Und nun gewinnt Paulus vom Passiv aus „Es wurde ihm untertan gemacht" einen letzten Blick auf Gottes Ziel. Alles, was der Sohn hat, ist Eigentum und Gabe des Vaters; dieser steht über dem ganzen vom Christus mit Leben erfüllten Reich. Das macht der Christus durch seine letzte Tat offenbar, mit der er sein königliches Amt vollendet. Da er der Herr über alles geworden ist, ist seine Sendung erfüllt, sein Werk geschehen. Immer hat er dabei die Herrschaft Gottes verkündet; alles, was er schuf, schuf er in Gottes Kraft im Gehorsam gegen seinen Willen. Er kann sein königliches Werk nicht mit einer Siegesfeier schließen, die ihn selber preist; er beschließt es dadurch, daß er sich dem Herrn über alles, seinem Gott und Vater, unterwirft.

Die Stelle zeigt anschaulich, wie völlig Paulus den Gedanken „sich unterwerfen" von jeder Widerrede freihielt, die die Hingabe des eigenen Willens an Gottes Willen als Verkürzung des eigenen Rechts und eigenen Lebens beklagt. Sich Gott unterwerfen ist der höchste Ruhm des Christus, der um so herrlicher wird, je größer durch sein sieghaftes Wirken sein Machtbereich geworden ist, wie es der Ruhm des Mannes ist, dem Christus als seinem Haupt unterworfen zu sein, und der Ruhm der Frau ist, daß sie dem Mann als ihrem Haupt untertänig ist, I 11, 3.

Nun gibt es keine Vermittelung mehr zwischen Gott und dem Menschen, nicht mehr die Wahrnehmung Gottes durch den Spiegel, bei der der Wirker nur in seinem Werk geschaut wird. Jetzt geschieht die Einigung aller mit Gottes Wollen und Wirken unmittelbar, und diese Einigung ist unbeschränkt und macht alles, was das Geschöpf tut, zu Gottes Werk. Das ist nicht Weltende, nicht Absorption des mit Ichheit begabten Lebens in der Gottessubstanz. „Alle", in denen er alles ist, leben durch ihn und für ihn. Auch an ein Aufgehen des Sohns im Vater hat Paulus nicht gedacht. Was er als das letzte, höchste Ziel Jesu verkündet, ist, daß er uns in sein Bild umforme und dadurch so ganz zu Gottes Eigentum mache, wie er selber es ist. Es wird wieder sichtbar, was Paulus meinte, wenn er von „der Liebe" sprach, wie ernsthaft er sie als den gebenden Willen, als die völlige Befreiung vom selbstischen Begehren verstand. Als die alte Kirche den paulinischen Chiliasmus aus ihrem Dogma ausschied, weil er „Judaismus" sei, verbarg sie sich, daß Paulus durch seine Eschatologie den ganzen jüdischen Messianismus vollständig überwunden hat. Hier wird nicht mehr von der Verherrlichung der Judenschaft gesprochen, auch nicht von der der Christenheit oder der Menschheit. Paulus war von einem einzigen Verlangen ganz bewegt; er verlangte nach Gott, nach Gottes Wirksamkeit und Sichtbarkeit. „Eins ist not", nur eins. Die Not der Kreatur ist ihre Selbständigkeit, ihre Ausrüstung mit eigener Macht. Solange das eine Geschöpf über das andere gestellt und zum Herrn des anderen gemacht ist, ist sowohl die Schöpfung als die Versöhnung noch unvollendet. Dadurch

27*

stellt Gott die Kreatur von sich weg in die Entfernung von sich. Fertig werden die Schöpfung und die Versöhnung dadurch, daß Gott die, die er geschaffen hat, ganz mit sich vereint.

Ohne Auferstehung keine Bereitschaft zum Leiden
15, 29—34

Paulus hieß den Christen bedenken, was aus ihm würde, falls Christus nicht auferstanden wäre, Vers 14—19. Er soll aber auch das bedenken, was es für ihn bedeutete, wenn er nicht seine eigene Auferweckung erwarten dürfte. Wir leben nicht dasselbe Leben, wenn der Tod sein Ende ist oder wenn auf den Tod die Auferweckung folgt.

Zuerst spricht Paulus von denen, ,,die für die Toten getauft werden"; mit ihnen vereint er sodann sich selbst und seine Genossen, die in beständiger Gefahr sind, so daß er von sich sagen muß, er sterbe Tag um Tag. Weder jenes noch dieses hat Sinn, wenn die Toten nicht auferweckt werden, also am Reich des Christus keinen Anteil haben. Nicht erst Paulus hat ,,das Getauftwerden" und das Sterben als gleichbedeutende Worte gebraucht; dies hat zuerst Jesus getan, als er den Jüngern, die sich die Throne neben ihm erbaten, sagte, er selbst werde mit einer Taufe getauft werden und auch sie werden mit derselben Taufe, mit der er getauft werde, getauft werden, Mark. 10, 39, und als er sagte, er sehne sich darnach, daß die Taufe geschehe, mit der er getauft werden müsse, Luk. 12, 50. Er hat den Tod, der um Gottes willen erlitten wird, eine Taufe genannt. Da dieser Sprachgebrauch durch die Worte Jesu entstanden ist, kann er ohne Bedenken auch Paulus und den christlichen Gemeinden zugeschrieben werden. Der Satz des Paulus enthält aber noch eine Aussage, die über das hinausgeht, was die Worte Jesu enthalten; er sagt, die, die getauft wurden, wurden zugunsten der Toten getauft; er schreibt ihnen die Absicht zu, dadurch etwas zu bewirken, was für die Toten heilsam sei, und fragt, was sie, wenn die Toten nicht auferstehen, ausrichten werden, in der Meinung, sie könnten nichts erreichen, da es ja für die Toten keine Rück-

kehr in das Leben und keine Mitgliedschaft in der vollendeten
Gemeinde des Christus gebe. Das zeigt, daß die Gemeinde
beim Tod der Boten Jesu fragte, weshalb der Herr ihnen, statt
sie für sein Reich zu erhalten, den Tod auflege, und sie hat
geantwortet, er handle auch hier als der, der für alle, nicht nur
für die Lebenden, sondern auch für die Toten, der Heiland
sei. Die, die er um seinetwillen sterben heißt, sind damit nicht
von ihrem Dienst entbunden, sondern werden als seine Zeugen
von ihm zu den Toten gesandt. Sie sterben nicht nur ihnen
selbst zum Heil, um ihren Gehorsam zu vollenden, auch nicht
nur um der Lebenden willen, vor denen sie ihr Zeugnis vollständig machen; sie opfern ihr Leben auch für das Heil derer,
zu denen sie nun gehen, da sie auch am Ort der Toten die sind,
„die des Christus sind".

Die ersten Apostel, die man in Korinth hoch verehrte, konnte
keine Gruppe der Gemeinde vom Reich des Christus aus-
schließen. Nun lebten damals die drei Säulen der Kirche noch,
und man konnte von ihnen annehmen, daß sie den Herrn
lebend sehen werden, Mat. 16, 28; Joh. 21, 23. Allein der
Kreis der Zwölf war nicht mehr vollständig, Apgsch. 12, 2,
und Jakobus, der Zebedaide, war nicht der einzige unter den
Führern der ersten Gemeinde, dem sein Bekenntnis zu Jesus
den Tod eintrug. Konnte denn ein Apostel sterben? Der Tod
und die apostolische Sendung widersprachen einander hart.
Konnte ein Glaubender sterben, ohne daß dies die Widerlegung seines Glaubens war? Gab es keine Antwort, die dieses
Rätsel löste? Die Antwort war: ihr Sterben dient dem Heil
der Toten; sie werden für die Toten getauft. Die Frage, die
am Sterben der zu Jesus sich Bekennenden entstand, hatte
für Paulus ein ihn persönlich bedrückendes Gewicht, nicht nur,
weil ihm täglich der Tod nahe war, sondern auch, weil er sich
aktiv an der Tötung der ersten Christen beteiligt hatte,
Apgsch. 7, 58; 26, 10. Er sagt uns hier, was die urchristliche
Prophetie zum Sterben derer sagte, die um Jesu willen starben; sie hat mit dem, was Jesus selbst durch seinen Tod geschaffen hat, auch den Tod seiner Boten gedeutet. Paulus
hat gesagt, Jesus sei gestorben, damit er auch über die Toten
Herr sei, wie er dazu auferweckt wurde, damit er der Herr

der Lebenden sei, Röm. 14, 9, und Petrus hat gesagt, in Kraft
seines Todes sei Jesus im Geist als der Verkündiger des göttlichen Worts zu den Toten gegangen, 1 Petr. 3, 19. Nach beiden
„wurde Jesus für die Toten getauft". Aber Frucht kann das
Opfer derer, die für Jesus starben, nur dann schaffen, wenn
das göttliche Urteil, das den Toten den Tod auflegte, nicht
unwiderruflich auf ihnen liegt, sondern ihnen das Auferstehen
gewährt werden wird.

Dies ist aber nicht die übliche Deutung dieses Worts. Schon
aus der Gemeinde des Markion, der sich, freilich mit großer
Selbsttäuschung, für den treuesten Vertreter der paulinischen
Botschaft hielt, ist die Erzählung erhalten, daß dort die Taufe,
wenn jemand, ohne sie empfangen zu haben, verstorben war,
nachträglich noch an einem Lebenden als seinem Stellvertreter vollzogen wurde. Das war offenbar die Weise, wie die
Markioniten diesem Wort des Paulus gehorsam sein wollten.
Ebenso wird heute in diesem Satz oft gefunden, daß die
Korinther, um auch Verstorbenen noch das Heil zu verschaffen, Lebende an ihrer Statt getauft haben, wobei es in der
Regel unentschieden bleiben soll, ob Paulus diesem Verfahren
zugestimmt habe oder ob er, ohne ein Urteil auszusprechen,
von diesem Gebrauch nur deshalb rede, weil er der Bestreitung
der Auferstehung grell widersprach.

Aber die Worte sträuben sich gegen diese Deutung. Eine
stellvertretende Taufe geschah nie „für die Toten", sondern
immer nur für einen bestimmten Toten, von dem man die
Hoffnung hatte, er sei im Herzen Christ gewesen und ent-
behre die Taufe nur, weil der Tod ihn überrascht habe. Und
auch dann, wenn wir dächten, die Taufe sei auch für solche
Tote vollzogen worden, die schon gestorben waren, bevor das
rettende Wort nach Korinth kam, wurde sie immer zugunsten
einzelner bestimmter Toter, niemals ὑπὲρ τῶν νεκρῶν, „für
die Toten", vollzogen. Um Taufen, die für die Toten geschahen, zu bekommen, müßten wir schon an die Weise denken, wie die Kirche später ihr für die Toten geübtes Gebet
und Opfer begründete. Sie dachte dabei an die, sie sich im
Strafort des Jenseits befinden. Schon das Rabbinat hatte die
Verurteilung in das Gehinnom nur bei den besonders Ver-

schuldeten für endgültig erklärt, von anderen dagegen angenommen, daß sie nach der Abbüßung einer zeitlich begrenzten
Strafe wieder aus dem Gehinnom befreit werden. Sollen etwa
die „für die Toten" vollstreckten Taufen das Los der am
Strafort Befindlichen lindern und sie aus dem „Fegfeuer" befreien? Niemand konnte sich aber zu solchen Kultakten entschließen als „Judaisten", und wo sind diese in Korinth?
Weder Paulus noch die Korinther haben ihr Verhältnis zu
Gott unter die Regel eines vergeltenden Rechts gestellt, das
die Abbüßung der Schulden fordern soll.

Ebenso unverständlich wie das allgemeine οἱ νεκροί bleibt
τί ποιήσουσιν; Die, die eine solche Taufe empfangen hatten,
konnten nichts weiter tun; sie konnten nur einst, wenn die
Toten tot blieben, wahrnehmen, daß ihr Getauftwerden
zwecklos war. Paulus nimmt aber an, der Empfang dieser
Taufe sei der Anfang eines Tuns, es beginne mit ihr ein heilsames Wirken für die Toten, das aber unmöglich sei, wenn die
Toten Tote bleiben. Wir müßten schon annehmen, daß sich
Paulus vorstelle, bei der Auferstehung würden die stellver-
tretend Getauften die, die sie retten wollten, zu sich holen
und mit sich in das Reich des Christus führen, was ihnen aber,
wenn sie nicht auferstehen, unmöglich sei. Damit gelangen wir
aber zu wilden Phantasien, die sich mit der beständigen Be-
sonnenheit der paulinischen Weissagung nicht vertragen.
Auch καὶ ἡμεῖς widersteht dieser Deutung. Ein Getauftwerden
für andere und der tägliche Kampf, bei dem sich Paulus fortwährend in Todesgefahr begibt, sind recht verschiedene Vorgänge. Es bleibt unerfindlich, warum Paulus deshalb auch sich
selbst zu diesen Getauften rechnen soll. Man muß die Vergleichung beider nun darauf beziehen, daß die Taten beider
aus der Zuversicht erwachsen, daß der Tod nicht der Verlust
des Lebens sei. Wenn sich diese Deutung dadurch zu stärken
sucht, daß sie annimmt, Paulus rede nicht von dem, was er
selber tue und selber in Korinth eingeführt habe, wird sie
dem καὶ ἡμεῖς nicht gerecht. Paulus hielt es nicht für eine
geringfügige Sache, wenn der Kampfesmut, der zum Sterben
bereit ist, zusammenbricht und die Vers 32 beschriebene
Führung des Lebens um sich greift; er hielt es ebensowenig

für unwichtig, wenn „das Getauftwerden für die Toten" aufhörte, weil die Hoffnung auf die Auferstehung erlosch. Wie
die Korinther ihre stellvertretenden Taufen begründet haben
sollen, läßt sich nicht sagen. Diese Deutung muß in die Gemeinde einander gänzlich widerstreitende religiöse Meinungen
legen. Wie sie aus ihrer religiösen Haltung zum Verzicht auf
die Toten kam, ist durchsichtig; wie sie aber gleichzeitig zu
einer Fürsorge für die Toten kam, die ihnen mit Taufen zu
Hilfe kommen wollte, bleibt völlig dunkel. Am einfachsten
wäre der Vorgang erklärt, wenn Paulus selbst diese Taufe
nach Korinth gebracht hätte, wie er ja auch für ihre Beibehaltung kämpft. Wie sollen wir sie aber mit den für Paulus
fundamentalen Überzeugungen vereinen? Für ihn war die
rettende Macht das Evangelium; „durch dieses" wird man
gerettet, Vers 2, weil aus der gehörten Botschaft der Glaube
entsteht. Dies alles wird übersprungen, wenn Tote, und erst
noch „die Toten", durch in Korinth vollzogene Taufen gerettet werden. Von der ungläubig bleibenden Frau hat er
gesagt, sie sei damit geheiligt, daß ihr Mann geheiligt sei, und
von den Kindern hat er gesagt, sie seien heilig, weil sie die
Kinder Heiliger sind, 7, 14. Hier umfaßt aber der göttliche
Ruf die zur Gemeinschaft des Lebens Verbundenen; deshalb
ist von da noch ein weiter Schritt zur Übertragung der Heilsmacht der Taufe von den Lebenden auf „die Toten", und
auch bei der Gemeinschaft, die durch die natürlichen Ordnungen Gottes entsteht, ließ Paulus den Gedanken nicht zu,
durch sie sei die Rettung des Ungläubigen gewiß, I 7, 16.
   Die Gleichung Tod = Taufe kann bei Paulus nicht auf-
fallen, weil die entsprechende Gleichung Taufe = Tod ihn
beständig bestimmte. Er nannte das Getauftwerden das Be-
grabenwerden des Menschen, da er durch die Taufe stirbt,
nämlich für die Sünde, Röm. 6, 4; Kol. 2, 11. Die Taufe verleiht ihm dasjenige Verhältnis zu Gott, durch das er nicht im
Fleisch ist, weil er im Christus ist, so daß ihm durch die
Taufe der aus Fleisch bestehende Leib ausgezogen ist, Kol.
2, 11. Wer aber nicht im Fleisch ist und nicht nach dem
Fleisch wandelt, ist ein Gestorbener. Wie er die Taufe ein
Sterben hieß, so konnte er auch das Sterben ein Getauft-

werden nennen, freilich nicht das, das die Natur dem Menschen bereitet, sondern das, das „im Christus" begehrt und
vollbracht wird.

Paulus tut dasselbe wie die, die den Zeugentod erlitten, und
das ist ihm, wie jenen, nur dann möglich, wenn die Toten auferstehen. Er ist nicht nur dann und wann, sondern in jeder
Lage in Gefahr. Wo er sei und wer sich ihm nähere, überall
und immer muß er mit Angriffen rechnen, die gegen sein Leben gerichtet sind. Da Paulus überhaupt nicht mehr arbeiten
könnte, wenn er der Todesgefahr ausweichen wollte, muß er
Tag um Tag den Verzicht auf das Leben vollziehen. Das berechtigt ihn zu der Versicherung: „Ich sterbe Tag um Tag",
womit er dartut, daß er, obwohl er den Zeugentod noch nicht
erlitten hat, vollständig berechtigt sei, sich zu denen zu
gesellen, „die für die Toten getauft wurden". Diese ihn immer
bedrohende Todesgefahr konnte in Ephesus nur dadurch entstehen, daß die Judenschaft oder zum mindesten ein Teil derselben seine Beseitigung beschlossen hatte. Weil sie mit ihrer
amtlichen Rechtspflege nichts ausrichtete, da sie nur die vom
Gesetz verordneten vierzig Schläge zur Verfügung hatte, mit
denen sie Paulus nicht zum Schweigen brachte, wurde es die
Sache der geheimen Justiz, ihn stumm zu machen. Nun
konnte Paulus nicht mehr beurteilen, auf welchem Wege ihm
der Tod nahe.

Wie erbittert die Juden von Ephesus gegen Paulus waren,
zeigt das Verhalten der ephesinischen Juden, die ihn im Tempel Jerusalems trafen, Apgsch. 21, 27. Sie waren entschlossen,
Paulus zu vernichten, wo immer sie ihn fanden.

„Tag um Tag sterbe ich"; das war eine starke Formel für
die Gefahr, die ihn umgab. War sie übertrieben? Konnte die
Gefahr wirklich für einen Apostel so groß werden, dem doch
der besondere Schutz des Herrn verheißen war? Quälte er
sich nicht doch mit unbegründeten Befürchtungen? Solche
Gedanken wehrt Paulus mit einer Beteuerung ab, die sich
an den üblichen Sprachgebrauch anlehnt, nur daß er dazu
selbstverständlich keinen Gottesnamen benützt. Er rühmt
sich, wenn er ihnen den Mut beschreibt, mit dem er von einer
Gefahr in die andere geht. Dieser Ruhm ist aber ebenso wahr

und von Übertreibung rein wie der, mit dem er sich der
Korinther rühmt. Jener und dieser Ruhm haben beide denselben Grund. Er wäre nicht imstande gewesen, bis nach
Korinth zu kommen und aus den Korinthern eine so reich
begnadete Gemeinde zu machen, wenn er vor der Todesgefahr
flöhe. Eindeutig ist aber mit τὴν ὑμετέραν καύχησιν nicht gesagt, daß Paulus der sei, der sich rühme, und die Korinther
die, wegen deren er sich rühme; die Formel kann für sich allein
ohne Schwierigkeit bedeuten „euer Rühmen, mit dem ihr euch
rühmt". Dann wäre der Ruhm des Paulus mit dem der Korinther verglichen. Es bliebe aber bei dieser Deutung undeutlich, weshalb sich die Korinther rühmen. Was macht sie
froh und stolz? ihre Leistungen? Aber mit diesem Ruhm
hätte Paulus den seinen nicht verglichen. Der seine war echt
und von Eitelkeit rein; der der Korinther war es nicht, wenn
sie ihre Leistungen priesen. Wir müßten daran denken, daß
sich die Korinther des Paulus wegen rühmten und dies als
große Gnade Gottes priesen, daß er ihr Apostel sei. Taten
dies aber die Korinther wirklich? Der Relativsatz „Ich habe
diesen Ruhm im Christus" müßte dafür die Erklärung geben.
Weil Christus es nicht zulassen wird, daß sich die Gemeinde
von ihm trenne und zerfalle, ist es gewiß, daß sich die Korinther des Paulus rühmen werden. Allein ἣν ἔχω fügt sich
nicht glatt in diese Deutung ein. Die Formel, das Rühmen der
Korinther sei das Eigentum des Paulus, bleibt hart, während
es ein einfacher Gedanke ist, daß er den Ruhm, den die
korinthische Gemeinde ihm verschafft, als seinen hochzu-
schätzenden Besitz wertet. Da er von seiner stolzen Freude
spricht, fehlt der Relativsatz nicht, der sie gegen alle selbstische Eitelkeit abgrenzt. Er hat sein Rühmen „im Christus
Jesus, unserem Herrn"; Jesu Wirken, das in ihm und durch
ihn geschieht, verschafft es ihm. Der volle Name des Christus
steht auch an diesem Ort nicht zufällig. Je mehr die Macht und
Gnade Jesu erwogen wird, um so volleren Gehalt bekommt
das ἐν in ἐν Χριστῷ. Wie hier, beschirmt Paulus auch die
Aufzählung seiner Mühen, II 11, 23—33, durch eine Beteuerung, die den Zweifel an seinen Aussagen abwehrt, Vers 31.
Da er aber dort seinen Ruhm mächtig ansteigen läßt, beruft

er sich dort nicht auf seine Gemeinschaft mit den Korinthern, sondern auf Gott.

Wie wahr seine Versicherung sei, daß er sein Leben dahingebe, macht Paulus mit dem Satz deutlich: „Ich habe in Ephesus einen Kampf mit wilden Tieren bestanden." Das tat er nicht, wie Menschen es tun, nicht κατ᾽ ἄνθρωπον. Menschen lassen sich für die Arena anwerben, obwohl sie im Blick auf den Tod keine Hoffnung haben; sie tun es, weil sie dafür bezahlt werden und ihre Stärke und Tapferkeit zeigen wollen. Ein Gladiator weiß freilich nichts von der Auferstehung und schöpft seine Todesverachtung nicht aus der Hoffnung auf das ewige Leben; Paulus begehrt aber das, was den Gladiator lockt, nicht. Hätte er nicht das, was der Gladiator nicht hat, die Gewißheit der Auferstehung, so wäre das, was er tut, völlig nutzlos. Ein Geschäft ist sein Ringen mit der Todesgefahr nicht; weil es ihm nichts einträgt, ist es nur deshalb verständig und sinnvoll, weil er, falls er stirbt, auferweckt werden wird. Würde sich Paulus nicht nur mit dem Tun eines Gladiators vergleichen, sondern das θηριομαχεῖν in seiner eigentlichen Bedeutung von sich aussagen, so hätte er gesagt, der Prokonsul der Asia habe ihn zum Tod in der Arena verurteilt; es sei ihm aber irgendwie gelungen, den gegen ihn gehetzten Raubtieren zu entgehen und vom Prokonsul begnadigt zu werden, wobei man daran denken kann, daß die Zuschauer für einen geschickt kämpfenden Gladiator die Begnadigung erbitten konnten. Aber κατ᾽ ἄνθρωπον, die Vergleichung mit dem, der aus dem Tierkampf sein Gewerbe macht, spricht dagegen. Paulus dachte jetzt nicht an solche, die zum Tode in der Arena verurteilt wurden; denn er erwägt, warum er imstande sei, mit eigenem Entschluß und freier Aufopferung dem Tode zu trotzen. Die Gefahr, von der er spricht, ist nicht ein ihm aufgelegtes Schicksal, sondern das, was er sich selber wählt. Das wird dadurch bestätigt, daß er in II 11, 24. 25 eine Aufzählung der gegen ihn gefällten Urteile gibt, die offenbar Vollständigkeit anstrebt, aber nicht von seiner Verurteilung in die Arena spricht. Das läßt sich nicht dadurch glätten, daß Paulus im zweiten Brief von den ihm angetanen, hier dagegen von den freiwillig von ihm übernommenen Leiden spreche. Denn einem Tierkampf im eigentlichen Sinn ging eine gerichtliche Verurteilung voran. Nur daran lag es ihm, daß der Gemeinde die Größe des Anspruchs, dem er gewachsen sein muß, deutlich sei, nicht aber daran, daß sie den Vorgang in seinen Einzelheiten und die an ihm Beteiligten kenne; darum beschrieb er sein Erlebnis nur durch eine Vergleichung. Dieselbe Absicht, keine Täuschung über die Heftigkeit des gegen ihn gerichteten Widerstands zuzulassen, und denselben Willen, die Gemeinde nicht bei den ihn bedrängenden Erlebnissen festzuhalten, zeigen die Worte, die von jener Gefahr reden, die er vor seiner Abreise aus der Asia überstand, II 1, 8—11. Er wird aber, als er sein Verhalten mit einem Tierkampf verglich, schwerlich an seine ganze kampfreiche Arbeit in Ephesus gedacht haben, sondern die Korinther an einen bestimmten, ihnen bekannten Vorgang erinnern. Auf ein Ereignis, das ihm die größte Gefahr brachte und das nach Ephesus zu stellen ist, bezieht er sich Röm. 16, 4, wo er sagt, daß Aquila und Priska ihren Hals für sein Leben hingehalten haben. Er sagt dort, daß dieser Vorgang bei allen Gemeinden bekannt geworden sei, so daß alle Gemeinden Aquila und Priska für ihre Aufopferung, durch die sie Paulus das Leben retteten, danken. Darüber war man auch in Korinth unterrichtet. Er kann aber auch an einem anderen Tag so von Angreifern umringt gewesen sein, daß seine Lage der eines Gladiators glich.

Ist die Verheißung der Auferstehung nichtig, dann ist es mit dem Todesmut und Lebensopfer vorbei. Dann treibt die Gewißheit des jederzeit nahen Todes einzig dazu, das natürliche Leben zu erhalten. Für diese Lebensführung gab ihm Jes. 22, 13 eine kräftige Formel. Der Denkweise der Korinther widersprach diese Regelung des Lebens schroff; sie waren weit davon entfernt, Essen und Trinken für das Beste, ja für das Einzige zu halten, was ihnen gegeben sei. Sie meinten, für sie sei der Tod vergangen; denn sie gaben die Auferstehung deshalb preis, weil sie ihren Anteil am Reich des Christus für gesichert hielten. Paulus verlangt aber von ihnen, daß sie ernsthaft mit dem Sterben rechnen. Sagen sie: wir sind die Lebenden und feiern den Vorabend des Festes, das sofort

kommen wird, was liegt an den Toten ?, so nennt Paulus das
,,schlechtes Gerede'', das auf die Haltung des Willens verderblich einwirkt und der Fassung richtiger Entschlüsse
widersteht. Ursprünglich war bei der Verderbnis der gütigen,
zum Wohltun bereiten Denkweise durch boshafte Gespräche
daran gedacht, daß Einflüsterungen und Zuträgereien auch
in einem wohlgesinnten Menschen mit gütigem Charakter
Verdacht, Neid und Haß erzeugen. Paulus denkt an die Ver-
armung und Verweichlichung des ganzen Denkens und Wollens, die unvermeidlich entsteht, wenn sie den Tod an das
Ende des Lebens setzen. Mögen sie sich jetzt die Zerbrechlichkeit ihres Lebens verbergen, sie werden, wenn Sterben ihre
Pflicht wird, ungerüstet sein. In der griechischen Judenschaft
war es schon lange üblich, aus den Dichtern Verse heraus-
zuheben, die einen religiös oder ethisch brauchbaren Gedanken
enthielten. Diese für die Apologetik benützten Stoffe gingen
von Mund zu Mund. Da die Überlieferung χρηστὰ ὁμιλίαι, nicht
χρησθ᾽ ὁμιλίαι, gibt, ist es nicht gewiß, ob Paulus den jambi-
schen Rhythmus empfand, und noch weniger, ob er wußte,
daß der Vers aus einer Komödie Menanders stammte. Als
es dann in der Kirche auch Literaten gab, haben sie die Herkunft des Verses notiert, vgl. Klemens Alex. Strom. 1, 14, 59.
    Wenn sich die Korinther stellen, der Tod könne sie nicht
treffen, so leben sie in einem Rausch, mit dem sie sich ihre
Lage verdecken. Der Ruf, der sie zum Christus brachte, hob
sie nicht aus der Natur heraus und machte sie für die Welt
nicht unangreifbar. Es gibt keine Lage, die ihnen den Besitz
des Lebens verbürgte. Erwachen sie aus ihrem Träumen und
Schwärmen, dann weichen sie der Erinnerung an den Tod
nicht aus, sondern gewinnen, wie Paulus, jene Haltung, die
zu sterben vermag, weil sie des Lebens gewiß ist.
    Ob δικαίως nur einen formalen Sinn haben soll, ,,in rich-
tiger Weise und zweckmäßigem Maß'', und ein richtiges Erwachen von einer schwächenden, übertriebenen Ernüch-
terung unterscheiden soll, ist nicht gewiß. Vielleicht verband
Paulus mit δικαίως den Gedanken ,,Recht'' in seinem vollen
Sinn. Es ist gerecht, daß der zu Gott berufene Mensch nicht
schwärme und nicht mit Gedanken spiele, die sein Wollen

verderben, sondern sich mit redlicher Wahrnehmung in die
Lage stelle, in die ihn Gott gestellt hat, und diese Lage ist die
des Menschen, der zu jeder Stunde sterblich ist und darum
imstande sein muß, unerschrocken auch in Not und Tod den
Willen seines Herrn zu tun.

Da Paulus von Berauschung und Schwärmerei spricht und
deshalb vor dem Irregehen, dem πλανᾶσθαι, warnt, kann die
Warnung „Sündigt nicht" nicht überraschen. Die zur
Schwärmerei entstellte Hoffnung macht zunächst die ὁμιλίαι
schlecht, zerrüttet aber durch diese auch die ἤθη. Die Notwendigkeit dieser Warnung entsteht daraus, daß „einige
Unfähigkeit, Gott zu erkennen, ἀγνωσίαν θεοῦ, haben", und
dies ist ein Vorwurf, den sie nicht leicht nehmen dürfen; die,
die er trifft, sollen sich schämen. An abstrakte Formeln, die
Gottes Wesen zu beschreiben versuchen, ist bei ἀγνωσία θεοῦ
nicht gedacht. Paulus spricht davon, ob der Mensch Gottes
Wirken so wahrzunehmen vermöge, daß er es als Gottes
Werk erkennt. Erklären „einige" in Korinth die Auferwek-
kung Toter für unmöglich, so ist das ἀγνωσία Gottes, die die
Herrlichkeit des göttlichen Wirkens in der Natur nicht zu
sehen vermag, und es ist ἀγνωσία Gottes, Unfähigkeit, das
göttliche Wirken zu erfassen, weil sie die Auferweckung Jesu
für folgenlos halten und nicht sehen, daß sie die Lage der
Menschheit gewandelt und denen, die sterben mußten, das
Leben gebracht hat.

Boussets Übersetzung „Einige haben keine Ahnung von
Gott" nannte Barth „unheimlich genau"; ich halte sie aber
für falsch. Männer, die samt ihrem Leibe nächstens in Gottes
Reich einzugehen gedenken, die, um dem Herrn zu leben, auf
die Bindung durch die Ehe verzichten und sich vor Göttern
und Geistern nicht mehr fürchten, weil sie des Christus sind,
haben viel mehr als eine Ahnung von Gott, nämlich eine gewisse Überzeugung, die ihnen ihren Anteil an Gott verbürgt,
ein befestigtes Dogma, das sie zu solchen macht, die Gott
kennen, und gerade deshalb vermögen sie nicht wahrzunehmen, was Gott tut. Darum sagt ihnen die Entwicklung des
Gewächses aus dem Saatkorn nichts und die Mannigfaltigkeit der Bildungen, die ihnen die Leiber der Tiere zeigen, bleibt

für sie bedeutungslos, und die Osterbotschaft hören sie, ohne zu merken, was damit geschehen ist. Ebensowenig begreifen sie, was damit geschieht, daß Paulus sein Amt in Todesgefahr ausüben muß. Denn sie nehmen nirgends das Wirken Gottes wahr, nicht, weil sie keine Ahnung von ihm haben, sondern weil sie die zu sein glauben, die ihn kennen, I 8, 2. Sie machen aus ihren Erkenntnissen den Wall, der die Erkenntnis Gottes verhindern soll, II 10, 5.

Der neue Leib
15, 35—49

Wenn Griechen über die Auferstehung sprachen, drängten sich leicht rationale Erwägungen hervor. Diesen hat Paulus dadurch widerstanden, daß er der Gemeinde in der Auferstehung Jesu den Vorgang zeigte, an dem sie ihr Urteil über den Tod und das Leben zu bilden hat. Zu diesem Zweck zeigte er ihr, was als Folge aus der Auferstehung Jesu entstanden ist und entstehen wird. Entstanden ist aus ihr der Christenstand, der völlig an sie gebunden ist, und entstehen wird aus ihr die völlige Aufhebung des Tods. Entstanden ist auch das christliche Vermögen, das eigene Leben nicht zu schonen, sondern furchtlos den in der Weltlage begründeten Kampf zu führen. Jetzt läßt Paulus aber auch die Frage nach der Vorstellbarkeit und Begreiflichkeit der Auferweckung zu. Wer auf seine Auferstehung hofft, baut auf Gottes Wundermacht, da er ja den Abbruch seines Leibes, der durch das Sterben geschieht, vor Augen hat. Das Wunder erweckt aber das Staunen und das Staunen das Fragen. Paulus hat die Frage ,,Mit was für einem Leib werden die Auferstandenen kommen?" im zweiten Briefe noch einmal gestellt, II 5, 1, und dort geantwortet: ,,Mit einem nicht mit Händen gemachten, ewigen Leib, der in den Himmeln für sie bereitet ist." Er stellt dort die Frage wieder und gibt ihr diese Antwort, weil er sich den Zerfall seines Leibes, der kommen wird, weil er sterben muß, nicht verhüllen kann und darf. Darum zeigt er im Fortgang des Gesprächs den Korinthern, wie er sein Bangen vor dem Tod durch die Gewißheit überwindet,

daß weder Tod noch Leben ihn vom Christus scheiden wird.
Es ist aber nicht glaublich, daß Paulus das, was er II
5, 1 den Korinthern sagt, nicht auch beim ersten Brief in sich
trug. Er spricht dort eine Gewißheit aus, die sein ganzes Verhalten bestimmt hat, ohne die er zum täglichen Sterben nicht
fähig war. Hier hielt er aber den Korinthern nicht nur seine
starke Hoffnung vor, mit der er sich selbst über sein Sterben
erhebt; hier spricht er ausführlich über das Verhältnis des
sterblichen zum unsterblichen Leib. Denn die Frage der
Korinther hatte einen anderen Grund als die seine. Er stellte
sie, weil er mit der Not des Sterbens rang; die Korinther dagegen sind ihres Lebens gewiß, und ihr Fragen geschieht in der
Meinung, daß es die Verheißung der Auferstehung entkräfte
oder doch zum mindesten ungewiß mache. An solchen Fragen
kann in der Tat die Hoffnung sterben. Das geschieht dann,
wenn der Fragende an sein Denkvermögen glaubt und bereit
ist, jeden Vorgang für unmöglich zu erklären, den er sich
weder vorstellen noch erklären kann. Darum weil in Korinth
diese Fragen in der Meinung gestellt werden, sie machten die
Verheißung der Auferstehung unmöglich, weil sich nicht denken lasse, wie ein Toter auferweckt werde und was für einen
Leib er habe, nennt Paulus den, der sie stellt, ἄφρων, unwillig
zum Denken und träg zum Begreifen. Die Übersetzung „Narr“
bringt einen falschen Ton in das Gespräch des Paulus mit
den Korinthern hinein. Denn mit Narr wären ihre Fragen als
verwerflich gescholten. Dies sind sie nur dann, wenn sie den
Anspruch erheben, daß sie die Verheißung der Auferstehung
widerlegen, nicht aber dann, wenn sie, wie bei Paulus, die
Fragen dessen sind, der unter der Not des Todes leidet. Entkräften können sie aber die Verheißung nur für den, der weder
das ihm Gezeigte wahrnimmt noch die Grenzen seines Sehfelds kennt. Darum hält Paulus dem, der seinen Fragen dieses
Gewicht zumißt, mit ἄφρων vor, er lasse unbeachtet, was ihm
gezeigt ist, und übersehe, was er weiß oder doch wissen muß,
wenn er das göttliche Wirken mit wachem Blick betrachtet.
An den Vorwurf, daß die Korinther in einem Rausch leben,
aus dem sie erwachen müssen, schließt sich ἄφρων glatt an;
denn im Rausch nehmen wir nicht wahr, was sich uns

zeigt. Mit demselben ἄφρων kennzeichnet Paulus seine Gegner II 11, 19. Das, was bei diesen Einreden unbeachtet und unverstanden bleibt, ist das, was der Fragende selber tut. Das ist das Merkmal des ἄφρων, daß er gedankenlos tut, was er tut, und unbeachtet läßt, was er selbst hervorbringt. Er macht sich durch seine Gedankenlosigkeit die Natur stumm. Für Paulus ist sie dagegen die Versichtbarung des göttlichen Wirkens; Gott offenbart durch sie die Unerschöpflichkeit seiner Leben erzeugenden Macht. Zuerst zeigt er auf den Vorgang hin, der den Samen in das Gewächs verwandelt. Der Same zerfällt; er „stirbt", und dies ist die Bedingung für die Entstehung des neuen Lebens. Solange der Same seine Gestalt behält, kann das Gewächs nicht werden. Damit ist der Gedanke abgewehrt, daß es, wenn einmal das Sterben eingetreten sei, kein Leben mehr geben könne. Es gibt ein Sterben, das die Voraussetzung des Lebens ist. Das Bekenntnis zur Auferstehung schloß für Paulus das Verständnis des Todes als der uns gesetzten göttlichen Ordnung ein. Die Verkündigung des Todes Jesu war für ihn ebensosehr ein Teil der Heilsbotschaft wie die seiner Auferstehung, und das Mitgekreuzigtsein mit Christus gehört nicht weniger zur Beschreibung der göttlichen Gnadengabe als das Mitauferwecktsein mit ihm. An der Auferstehung Jesu endete für Paulus jede Widerrede gegen das menschliche Todeslos.

Sodann hebt er hervor, daß zwischen dem Samen und dem aus ihm entstehenden Gewächs keine Vergleichbarkeit bestehe. Das Neue ist nicht die Wiederkehr des Alten; es entsteht aus dem Alten, stellt aber nicht den alten Leib wieder her. Das Gewächs bekommt seine Gestalt von einem neuen, vom göttlichen Willen bestimmten Schöpfungsakt. Damit hat Paulus die Auferstehungslehre des Rabbinats abgewiesen, die die Auferstehung als den Wiedereintritt in den vom Tode zerstörten Zustand beschrieb, und der Gemeinde das vermittelt, was Jesus gegen die pharisäische Auferstehungslehre gesagt hatte, Mat. 22, 30.

Weiter hebt Paulus den unerschöpflichen Reichtum der von der Natur hergestellten Bildungen hervor. Jedes Samenkorn erhält seinen eigenen neuen Leib, der von dem der anderen verschieden ist. Der Fülle des göttlichen Schaffens kann der Mensch nicht Grenzen setzen. Das zeigt Paulus an der Mannigfaltigkeit des Fleisches auf. Fleisch haben alle, Menschen, Vierfüßler, Vögel, Fische. Aber die Formation ihres Fleisches ist bei allen neu und hat überraschende Mannigfaltigkeit. Die Stelle widerlegt den Satz, daß Paulus mit der Formel ,,Fleisch`` einen verächtlichen Sinn verbinde; er erkannte am Fleisch und seiner mannigfachen Gestaltung die göttliche Schöpfermacht. Denselben Reichtum des göttlichen Schaffens wie die Leiber derer, die die Natur hervorbringt, zeigen die Körper derer, die die Erde, und derer, die den Himmel bewohnen, und die, die sich am Himmel befinden, haben wieder alle ihre Eigenart, die sie von einander verschieden macht. An die Stelle von σάρξ tritt hier σῶμα, weil Paulus bei denen, die im Himmel wohnen, an die Engel denkt und wohl auch an die, die durch den Tod zum Herrn gegangen sind, II 5, 1. 8; Phil. 1, 23. Ihnen schreibt er nicht σάρξ zu; denn ein wesentliches Merkmal der σάρξ ist ihre Vergänglichkeit. Dagegen kann ein σῶμα unvergänglich sein.

Jeder Körper, die irdischen und die himmlischen, hat eine δόξα, jeder aber eine andere. Da Paulus auch den irdischen Körpern eine δόξα zuschreibt, trifft die Gleichung δόξα = Lichtstärke seinen Sinn nicht ganz. Bei den auf der Erde vorhandenen und für die Erde eingerichteten Leibern wird er an die der Menschen denken, die er nicht als leuchtend beschrieben hat. Er umfaßt mit δόξα alles, was die Kraft und den Wert eines Leibes ausmacht. Bei den Gestirnen ist dagegen ihre Leuchtkraft der wichtigste Teil ihrer δόξα. Ob und wie Paulus in ihnen geistige Wesen gesehen hat, läßt sich nicht erkennen. Er bleibt nüchtern, wie immer, bei dem sinnlich vermittelten Eindruck stehen, nach dem jedes der Gestirne seine eigene Lichtstärke hat. Dadurch offenbart alles, was auf Erden und am Himmel ist, die unbegrenzte, unausdenkbare Größe der Schöpfermacht.

Nun wird, was die Natur zeigt, auf die Auferstehung übertragen. Das Gesäte und das Erweckte sind einander nicht gleich, und es ist unmöglich, das Auferweckte mit dem zu be-

schreiben, was das Gesäte hat, wie in der Natur der Same und
das Gewächs völlig verschieden sind und wie die Gestalt des
Leibes sich nicht wiederholt, sondern ungezählte neue Bildungen aufweist. In der Folge der Gestalten entspricht der
jetzt lebende Mensch dem Samen, der auferstandene dem
neuen Gewächs. An dem, was jenem fehlt, ist zu erkennen,
was dieser sein wird. Der Leib, der mit dem Samenkorn zu
vergleichen ist, hat Zerfall, Schande und Schwäche; der, der
dem Gewächs gleicht, das mit dem neuen Leib bekleidet ist,
hat Unzerstörlichkeit, Herrlichkeit, Kraft. Nicht erst am
Leichnam, am zerstörten und verwesenden Leib, treten jene
Merkmale hervor; sie sind vielmehr das Kennzeichen des lebenden Menschen. Daß ihm Paulus Sterblichkeit und Schwachheit, die zur Krankheit werden kann, zuschreibt, bedarf
keiner Erklärung; aber auch dies, daß für seinen Blick
Schande am Leib des lebenden Menschen haftet, kann nicht
überraschen, nicht nur wegen I 12, 23, wo er von den ἀτιμότερα
τοῦ σώματος, von den uns entstellenden Gliedern, spricht, sondern vor allem deshalb, weil der uns gegebene Leib „der Leib
der Sünde" ist, Röm. 6, 6, und Sünde der Herrlichkeit Gottes
verlustig macht, Röm. 3, 23.

Der jetzt vorhandene Leib hat seine Art von der Seele;
der neue Leib erhält seine Art vom Geist. Paulus nennt den
Leib ψυχικόν, wie er den Menschen ψυχικός hieß, I 2, 14, weil
dem Leibe seine Art dadurch gegeben ist, daß er der Leib
einer Seele ist. Damit ist erklärt, warum der Leib sterblich,
häßlich und schwächlich ist. Nicht die Seele, sondern der
Geist macht lebendig; ein seelischer Leib ist darum der Zerstörung unterworfen; und weil die Seele mit dem Fleisch
verbunden ist, hat sie in sich die Begehrlichkeit, die sich gegen
das Gesetz Gottes auflehnt, und dies ist die Schande des Menschen; dagegen macht der Geist vom Gesetz der Sünde und
des Todes frei, Röm. 8, 2; und der Geist ist eins mit der Kraft
Gottes; darum bleibt ein mit der Seele verwachsener Leib
schwach.

Aus dem Dasein des seelischen Leibes ergibt sich das Dasein eines geistlichen Leibes. Da die Auferstehung uns die
menschliche Art nicht nimmt, sondern sie neu macht, formt

Paulus einen Schluß, der aus dem, was der Mensch jetzt ist, folgert, was er sein wird. Freilich ist das Kommende mit dem Gegenwärtigen nicht vergleichbar und nur durch den Gegensatz gegen das zu benennen, was uns jetzt bedrückt. Aber die wesentlichen Merkmale, die den Menschen zum Menschen machen, stehen fest. Er hat ein inwendiges Leben und er hat einen Leib, und beides ist miteinander zu einer festen Einheit verbunden. Das wird auch dann das Merkmal des Menschen sein, wenn ihn der Christus seinem Bilde ähnlich machen wird. Auch dann wird sein inwendiges Leben mit einem Leib verbunden sein, durch den es wirksam wird, und auch dann wird zwischen beiden eine Einheit bestehen, die das, was der Leib ist und kann, nach dem bestimmt, was der Mensch inwendig ist. Dann ist aber der Geist die Kraft, aus der das inwendige Leben entsteht; denn was Christus wirkt, das wirkt er durch den Geist. Folglich bekommt dann der Leib seine Art vom Geist, wie er sie jetzt von der Seele erhält. Jetzt wird der Mensch von zwei einander entgegengesetzten Seiten bewegt. Er erhält sein Denken und Begehren von seinem Fleisch und wird, wenn er im Christus ist, vom Geist bewegt. Das legt in den Christenstand den Zwiespalt hinein und macht, daß wir nur durch die Absage an das natürliche Begehren den Gehorsam gegen Gottes Willen erreichen. Das ist nicht das Letzte, was Gottes Gnade aus dem Menschen macht. Das Ende ist nicht der Kampf, nicht die Gespaltenheit des Begehrens, nicht die Entsagung, die, um für Gott zu leben, das eigene Ich verneint. Die Auferstehung macht den Leib ebenso dem Geiste untertan, wie er jetzt der Seele dient.

Dieser Schluß ist nicht nur ein Gebilde der Sehnsucht, die nach der Hilfe für die Not, die Sünde und Tod dem Menschen bereiten, verlangt und von der inneren Zwiespältigkeit, die jetzt den Christen belastet, befreit sein möchte. Bei diesem Schluß ist der Denkakt des Paulus, wie immer, vom Glauben geformt, der sich mit einem ungeteilten Ja an Gottes Werk hält, an das, was er uns durch die Natur gibt, die uns zu einer Seele und einem Leibe macht und beides zur Einheit verbindet, und an das, was er uns durch den Christus verleiht, der seinen Geist in uns wirksam macht, jetzt noch so, daß der Leib tot ist, Röm. 8, 10, doch mit der Verheißung, daß der Geist den sterblichen Leib auferwecken und ganz zu seinem Eigentum und Werkzeug machen wird.

Paulus sagte vom Leib der Glaubenden, er sei ein Glied des Christus, und von ihrer Gemeinde, sie sei sein Leib, I 6, 15; 12, 27. Aber dieser Leib ist noch vergänglich, ohne Ehre und ohne Kraft. Da aber Christus Geist in gottheitlicher Herrlichkeit ist, wird er sich einen Leib erbauen, der den Geist nicht verbirgt, sondern offenbart und ihn nicht hemmt, sondern ihm dient. Das wird dadurch geschehen, daß jeder, der mit ihm verbunden ist, einen geistlichen Leib erhält.

Was durch Jesus geschehen ist, steht mit dem, was die Schrift sagt, in Übereinstimmung. Paulus beruft sich auf den Satz, mit dem sie das Werden Adams beschreibt, Genes. 2, 7. Damals war die Gabe, die das göttliche Schaffen Adam verlieh, „eine lebende Seele". Leben erhielt er, aber in der Art, wie eine Seele Leben hat. Damit stellte die Schrift die Verschiedenheit des ersten Menschen vom Christus fest; denn diesen beschreibt sie als den Träger des Geistes, Jes. 11, 2. Der Geist ist aber nicht nur selbst lebendig, sondern ist die das Leben schaffende Kraft. Dieser Unterschied stellt Christus über Adam; denn der Geber des Lebens steht über dem Empfänger des Lebens. Der zum Schöpfer des Lebens Gemachte ist wieder ein Adam, wieder der Anfänger einer von ihm aus entstehenden Menschheit, die mit dem Geist begnadet wird. Den letzten Adam nennt ihn Paulus, obwohl er nur an zwei Adam, nicht an eine Reihe von solchen, denkt. Dennoch sagt er nicht ὁ πρότερος, ὁ ὕστερος, sondern ὁ πρῶτος, ὁ ἔσχατος. Denn die Formel ὁ πρῶτος ἄνθρωπος, הָרִאשׁוֹן אָדָם, war ihm gegeben, und ihr entsprach ὁ ἔσχατος 'Αδάμ. Vielleicht wirkt, wenn er Jesus „den letzten Adam" nennt, der Gedanke mit, daß Jesus das Ende der bestehenden Welt bringe, die neue Welt herstelle und die Vollendung schaffe.

Der Anfang der menschlichen Geschichte war aber nicht der Mensch, der den Geist empfing, sondern der, dem Gott eine Seele schenkte. Denn der erste Mensch entstand aus der Erde; ihr wurde der Stoff entnommen, aus dem Gott ihn formte, und diesem Stoff entsprach seine Art; erdartig war er, χοϊκός. Darum schuf Gott einen neuen, einen zweiten Menschen, den, der aus dem Himmel war. Ein Teil der Überlieferung vermißte hier ein χοϊκός paralleles Adjektiv und setzte κύριος ein; weil Adam aus der Erde war, wurde er irden, und weil Jesus aus dem Himmel war, wurde er Herr. Aber das Adjektiv, das zu ἐξ οὐρανοῦ gehört und den Gegensatz zu χοϊκός herstellt, folgt gleich: ἐπουράνιος. Für sich allein könnte ἐξ οὐρανοῦ nahezu mit ἐκ θεοῦ identisch sein. Dann wäre damit gesagt, nach Gottes Willen und durch Gottes Wirken sei der zweite Mensch geworden; Gott habe ihn ins Leben gerufen. Damit wäre aber der Gegensatz, in dem der zweite Satz zum ersten steht, umgebogen. Nicht das ergibt den Unterschied zwischen Adam und Jesus, daß Jesus Gottes Werk war, Adam dagegen nicht. Markions Satz, daß die Offenbarung Gottes erst mit Jesus begonnen habe, ist Paulus fremd. Beider Urheber ist Gott; aber das, wozu Gott beide machte, ist verschieden. ἐξ οὐρανοῦ ist gegensätzlich auf ἐκ γῆς bezogen und wird darum mit ἐπουράνιος wiederholt; denn es zeigt auf die wesentliche Verschiedenheit hin, die beide trennt, und diese ist durch das verschiedene Verhältnis, in dem beide zu Gott stehen, bedingt. Der zweite Mensch erhält nicht wieder die aus der Erde stammende Art des ersten Menschen; er ist von seinem Werden her mit dem Himmel verbunden, ein dem Himmel Angehörender, wie Adam durch seinen Ursprung und seine Art zur Erde gehört.

Dachte Paulus, wenn er vom zweiten Menschen sagte, er sei aus dem Himmel, an die neue Erscheinung Jesu? Dann wäre das seine Meinung: nicht schon mit dem menschlichen Dasein Jesu sei der zweite Mensch erschienen; denn damals habe ihn Gott „im Abbild des Fleisches der Sünde gesandt", Röm. 8, 3, weshalb er damals auch nicht die Auferstehung brachte, sondern selbst den Tod erlitt; dann aber sei der zweite Mensch vorhanden, wenn Jesus aus dem Himmel komme; denn dann sei er der Träger der göttlichen Schöpfermacht, durch die er unseren Leib dem seinen, in dem er jetzt im Himmel lebt, gleichförmig machen kann. Dazu wäre Phil. 3, 20 eine genaue Parallele, da Paulus dort sagt, er erwarte Christus aus der himmlischen Gemeinde als Retter, damit er unseren Leib dem seinen gleichgestalte. Diese Deutung trennt aber die Parusie vom irdischen Wirken Jesu so weit, daß die hier gegebene Vergleichung Jesu mit Adam nicht mehr denen gleicht, die I 15, 21. 22 und Röm. 5, 12—19 geben. Denn dort ist Adam nicht das Vorbild des kommenden Christus, sondern der in der Menschheit Lebende, in den Tod Gegebene und Auferweckte hebt den von Adam begonnenen Verlauf der Geschichte auf. Damit ist aber auch in dieser Stelle parallel, daß sie auf das Menschsein Jesu das Gewicht legt. Sein Menschsein entsteht aber nicht durch die Himmelfahrt oder die Parusie, sondern durch seine menschliche Geburt, und wenn nun Paulus diesem Menschen das zuschreibt, was aus dem Himmel kommt, so hat er ihm auch als Menschen die Einheit mit Gott zugeschrieben, die ihn auch im Abbild des Fleisches der Sünde zum Sohn Gottes macht, der in freier Entsagung statt der ihm wesentlichen Gestalt Gottes die des Menschen und Knechtes annahm.

Wenn der Satz bedeuten würde, daß Jesus vor seiner Geburt als Mensch im Himmel gewesen und von dort herabgekommen sei, müßte erwogen werden, ob er nicht unter dem Einfluß des Mythus stehe, der an den Anfang der Welt einen Urmenschen stellte, vielleicht so, daß dabei jüdische Platoniker mitwirkten, die vor die Entstehung der vielen, auf der Erde vorhandenen Menschen das Idealbild des Menschen stellten, der seinen Ort im göttlichen Bewußtsein hat, wobei sie sich auf die beiden verschieden gefärbten Berichte der Genesis über das Entstehen des Menschen stützten. Sie sahen in Genes. 2, 7 das Werden des realen Menschen beschrieben, wie auch Paulus dort den der Erde gleichartigen Menschen beschrieben findet, während der nach Gottes Bild geschaffene Mensch, Genes. 1, 26, der in Gott vorhandene Idealmensch sei, wie auch Paulus aus Genes. 1, 26 die Formel „Bild Gottes" als die deutlichste Bezeichnung für die Einheit Jesu mit Gott hernimmt, II 4, 4; Kol. 1, 15. Niemand hat aber den Ur- oder Idealmenschen den zweiten und letzten Menschen genannt, während Paulus gerade darauf Gewicht legt, daß nicht das Geistliche, sondern das Seelische das Erste sei, weil sich daraus ergibt, daß der Empfang des ewigen Lebens notwendig eine

Auferweckung aus dem Tod sein muß. Alle Platoniker ordneten den Gang der Weltgeschichte nach dem entgegengesetzten Schema; bei ihnen war das Pneumatische das Erste
und dann erst folgte das Irdische. Je genauer die antithetische
Beziehung des zweiten Satzes zum ersten gefaßt wird, um
so näher werden wir bei der von Paulus gewollten Absicht
des kurzen Sätzchens sein. Adam war nicht ἐκ γῆς, weil er
schon vorher in der Erde vorhanden war, sondern durch
Gottes Schaffen wurde er zum Menschen, wobei Gott das,
was er ihm gab, aus der Erde nahm, damit er ,,erdig" sei.
Parallel damit beschreibt der zweite Satz nicht, was Jesus
schon im Himmel gewesen sei, sondern was er als Mensch war,
und weil er aus dem Himmel das empfing, was ihn zum Menschen machte, war er der zweite Mensch. Eine Aussage über
die Präexistenz des Christus gibt das Sätzchen nicht, eint sich
aber leicht mit den Worten, die vom Christus die ewige Verbundenheit mit Gott aussagen. Ebenso verbindet es sich ohne
Spannung damit, daß bei Paulus das Leben Jesu nicht durch
eine Herabkunft aus dem Himmel, sondern durch eine Geburt begann.

Zu beiden Führern der Menschheit gehört eine ihnen gleich-
artige Schar. Die aus Erde Gebildeten gleichen dem ersten
Menschen, die im Himmel Lebenden dem zweiten. An wen
hat Paulus bei den ἐπουράνιοι gedacht? Von ihm und der noch
lebenden Christenheit spricht deutlich erst der zweite Satz.
Sprach er hier von denen, deren Los er II 5, 1 beschreibt?
Dann denkt er hier noch einmal an die, die um Jesu willen
starben, Vers 29, an die, die das ἐνδημεῖν bei Jesus empfangen
haben und nun himmlisch sind, wie er es ist. Daß er nicht die
Abgeschiedenen, sondern die ganze Gemeinde Jesu die Himmlischen nenne ohne Rücksicht auf den Ort, an dem sie sich
befinde, hat in Eph. 2, 6 keine genügende Stütze. Denn wenn
Paulus der Gemeinschaft, die Christus mit uns verbindet,
dadurch die Vollständigkeit gibt, daß ,,Gott uns mit ihm in
den himmlischen Bereich gesetzt habe", so ist nicht nur an
die auf Erden Lebenden, sondern auch an die gedacht, an
denen sich die II 5, 1 gegebene Verheißung erfüllt, und an
sie ist auch Phil. 3, 20 zu denken, bei ,,der in Himmeln be-

findlichen Gemeinde", von der der Christus zu denen, die auf
der Erde auf ihn warten, kommen wird.

Die Unsicherheit in der Fassung von Vers 48 ergab die
Schwankung in der Schreibung von 49 φορέσομεν und φορέσωμεν.
Die, die den Kohortativ setzten, legten in den Satz einen
mahnenden Ton und machten das Tragen des Bilds des Himmlischen zum gegenwärtigen Beruf der Christenheit; sie sei
nicht mehr genötigt, das Bild des Irdenen zu tragen; denn es
sei ihr geschenkt, daß sie in dasselbe Bild wie das des Christus
umgestaltet werde, II 3, 18, wie Paulus sagt, daß wir nicht
mehr im Fleisch seien, weil wir im Christus sind, und nicht
nach dem Fleisch wandeln, weil wir nach dem Geiste wandeln.
Die dagegen, die φορέσομεν schrieben, hörten in dem Satz die
Verheißung, die der Gemeinde den geistlichen Leib und damit
die Ähnlichkeit mit dem himmlischen Christus verspricht,
die sich ebenso gewiß erfüllen wird, wie die natürliche Lebens-
gestalt sich in allen wiederholt. εἰκών ist der Name für die
dem Beschauer sich zeigende Gestalt des Menschen, und
φορεῖν ist das für die Kleidung übliche Wort; es erinnert an
die Vergleichung des Leibs mit dem Gewand. Das macht es
wahrscheinlich, daß Paulus beim ,,Bild des Himmlischen"
an den durch die Auferweckung erneuerten Leib gedacht hat.

Der Eingang der Lebenden in das Reich des Christus

15, 50—58

In Korinth war man geneigt, Paulus zu erwidern: du sprichst
von der Auferstehung der Toten; damit sprichst du nicht von
uns; wir sind die Lebenden und erwarten vom Herrn, daß er
gleich komme und sich für uns, die Lebenden, offenbare.
Darum fügt Paulus zur Begründung der Auferstehungshoffnung einen Satz für die hinzu, die nicht mit ihrem Tode
rechnen. Von der Auferweckung hatte er gesagt, sie sei nicht
die Rückkehr des Menschen in den irdischen Stand, weil der
Christus der Himmlische und nicht einer von den vielen
Söhnen Adams ist, die das Bild dessen tragen, der aus der
Erde war. Damit ist auch denen, die nicht sterben werden,

gezeigt, was sie zu erwarten haben, nicht die Erhaltung ihres
natürlichen Lebens, nicht denselben Zustand, der ihnen jetzt
eigen ist, bei dem das Fleisch und das Blut die Träger des
Lebens sind, nicht die Verbindung der Verderbnis mit Unzerstörbarkeit. Das Fleisch und das Blut werden nicht die Empfänger dessen, was die Herrschaft Gottes schafft, und der
Prozeß der Zerstörung kann nicht das Merkmal der Unzerstörbarkeit erhalten. Vom Zerstörlichen, τὸ φθαρτόν, und vom
Sterblichen, τὸ θνητόν, sagt Paulus Vers 53, es ziehe Unzerstörlichkeit und Unsterblichkeit an; das geschieht aber dadurch,
daß die Zerstörung, die φθορά, beseitigt wird, und kommt dadurch zustande, daß Fleisch und Blut vergehen.

Wieder wird sichtbar, wie erhaben sich die Korinther über
den Leib fühlten; sie trugen ihn nicht als Last und führten
gegen ihn keinen Kampf. Darum machte er ihnen auch keine
Sorge, wenn sie an das zukünftige Leben dachten. Sie brauch-
ten dazu keinen anderen Leib.

Der Leib bestand für den Juden und ebenso für Paulus
aus den Knochen, dem Fleisch und dem Blut. Spricht Paulus
deshalb vom Vergehen des Fleisches und des Blutes, weil er
von den Knochen erwartet, daß sie zur Neubildung des Leibes dienen? Daß das Rabbinat gelegentlich die Hoffnung auf
die Auferstehung an den Fortbestand eines Knochen band,
steht fest. Paulus hat aber vom Samen gesagt, nicht er schon
sei der auferstehende Leib; Gott gebe dem aus ihm erweckten
Gewächs einen neuen Leib. Er hat auch nie von der Auferstehung oder Auferweckung des Leibes, sondern immer von
der der Toten gesprochen. Daß der Mensch wieder ins Leben
gerufen werde, das ist die Verheißung, die die Auferstehung
Jesu ihm verbürgte. Fleisch und Blut ist der überlieferte Name
des Menschen, der ihn nach dem kennzeichnet, woran sein
Leben gebunden ist und was ihn sterblich macht. Wenn nur
das Fleisch und das Blut, nicht auch die Knochen, zur Kennzeichnung des Menschen benützt werden, so beruht dies auf
der natürlichen Empfindung, daß das Knochengerüst nicht
in derselben Weise am inwendigen Leben des Menschen beteiligt ist wie das Fleisch und das Blut, weil die Empfindungen und die Bewegungen nicht aus den Knochen ent-

stehen. Den Fortbestand und das Neuwerden des Menschen
sah Paulus nicht im Knochen, sondern im Geist verbürgt.
Während es Paulus einleuchtend heißt, daß das, was in uns
von der Erde stammt, nicht zu ewigem Bestand und vollendeter Gemeinschaft mit Gott bestimmt sei, sondern endgültig
sterben müsse, nennt er die Aussage über das, was mit der
Gemeinde geschehen werde, ein ,,Geheimnis"; denn damit tut
er den Rat Gottes kund, der das Kommende bestimmt. ,,Wir
alle werden nicht entschlafen, wir alle werden aber verwandelt werden." Daran ist nicht zu denken, daß Paulus je irgendeinem Getauften versprochen habe, daß er nicht sterben werde.
Zu dem, was Gottes Gnade für die Gemeinde heilsam macht,
rechnete er nicht nur das Leben, sondern auch den Tod,
I 3, 22; Röm. 8, 36. 38; 14, 8. Für sich selbst rechnete er
beständig mit dem Sterben, I 15, 31; vgl. II 1, 9; und er
machte auch seine von Todesfurcht freie Haltung für die
Gemeinde zum Vorbild, das auch sie zur Bereitschaft zum
Sterben verpflichtet. Er sprach von Brüdern, die gestorben
sind, obwohl sie den auferstandenen Herrn gesehen hatten,
I 15, 6, erinnerte die Korinther an die verstorbenen Gemeindeglieder, I 11, 30, und sprach über den, der gesündigt hatte,
das Todesurteil, I 5, 5. Eben deshalb, weil alle in Adam sterben, sagte er mit diesem Nachdruck, daß die Auferstehung
Jesu uns die Auferstehung verbürge. Hat Paulus die Verneinung mit dem Verbum verbunden, dann stellt er sich vor,
die Offenbarung Jesu sei geschehen. Dann, wenn die Zeit abgelaufen ist, in der Fleisch und Blut das Merkmal des Menschen sind und der Herr sich offenbart, ist das Sterben für
alle vergangen. Dann wird von uns allen, die wir des Christus
sind, keiner entschlafen. Es ist aber auch möglich, daß Paulus
die Verneinung nicht mit dem Verbum, sondern mit πάντες zu-
sammengedacht hat. Nicht von uns allen gilt es, daß wir
entschlafen werden, von uns allen aber, daß wir verwandelt
werden. Dann hat er das οὐ nicht vor πάντες gestellt, weil ihm
eine starke sprachliche Gewöhnung seinen Platz vor dem Verbum gab. Eine Parallele dazu wäre πρὸς κατάκρισιν οὐ λέγω, II
7, 3, womit er nicht das Reden, sondern den vermuteten Zweck
der Rede verneint.

Von allen, die lebend den Herrn sehen werden, gilt es, daß sie nicht bleiben, was sie jetzt sind, sondern ihr natürliches Wesen ablegen und einen neuen Leib erhalten. Damit erfüllt sich auch an ihnen, was Paulus von den Toten gesagt hatte, daß diese nicht so wiederkehren, wie sie geschieden sind. Das geschieht durch einen göttlichen Schöpferakt, nicht durch eine Geschichte und Entwickelung, die an eine längere Zeit gebunden wäre, sondern mühelos in unmeßbarer Schnelligkeit. Paulus schließt damit einen Zwischenzustand zwischen dem sterblichen und dem ewigen Leben aus. Der Eintritt der alles verwandelnden Gottestat wird durch den Schall der Posaune verkündet. Sie gehört im Anschluß an die Erzählung von Gottes Herabkunft auf den Sinai zu dem von der Prophetie geformten Zukunftsbild, Jes. 27, 13, und findet sich darum auch beim Rabbinat, aber auch in den weissagenden Worten Jesu,[1] Paulus spricht auch 1 Thess. 4, 16 von ihr. Die johanneische Weissagung gibt dazu eine Parallele, Kap. 8. 9, die sich auch darin mit Paulus berührt, daß sie von einer Reihe sich folgender Posaunenstöße spricht. Die Deutung, die diese Ausgestaltung des apokalyptischen Bildes bei Paulus vermeiden will: „die die letzten Ereignisse anzeigende Posaune", vergleicht die göttliche Posaune mit denen, die jetzt dem jüdischen Kultus dienen. So zeigte z. B. in Jerusalem ein Priester den Beginn des Sabbats durch dreimaliges Posaunenblasen an. Wenn auch der kultische Gebrauch der Posaunen auf die Gestaltung des apokalyptischen Bildes eingewirkt haben mag, so hat doch Paulus den Posaunenschall, der die Auferweckung der Toten und die Verwandlung der Lebenden anzeigt, schwerlich mit dem menschlichen Blasen der Posaunen zusammengezählt. Vielmehr zeigt die Erwähnung einer letzten Posaune, daß die Beschreibung des göttlichen Tags, die Paulus den Korinthern gegeben hat, reicher als das in den Briefen Erhaltene gewesen ist.[1] „Er wird posaunen", der nämlich, der damit beauftragt ist, und dann werden die Toten und die Lebenden miteinander zum Christus gebracht, nun als die mit ewigem Leben Begnadeten. Denn

---

[1] Siehe meinen Kommentar zu Mat. 24, 31.

es ist eine göttliche Notwendigkeit, die von Gottes Weisheit
zuvor bestimmt ist, I 2, 7, daß „dieses Zerstörbare und Sterbliche", nämlich dieser Mensch, der aus der Erde kommt und
Fleisch und Blut und darum sterblich ist, ein neues Gewand
erhalte, das in Unzerstörbarkeit und Unsterblichkeit besteht.
Diesen Ratschluß Gottes hat schon die Schrift verkündet.
κατεπόθη ὁ θάνατος εἰς νῖκος stammt aus Jes. 25, 8: בִּלַּע הַמָּוֶת
לָנֶצַח. Die Anrufung Jesajas ist von der Septuaginta unabhängig;
denn diese gab κατέπιεν ὁ θάνατος ἰσχύσας. Dagegen wird das
Sätzchen des Paulus unter dem Namen „Theodotion" überliefert; wie es sich aber damit verhält, steht dahin. Das für
Aquila angegebene καταποντίσει τὸν θάνατον εἰς νῖκος ist verletzt; denn בלע übersetzte Aquila nicht mit καταποντίζειν. Auch
vom Rabbinat wird das Ende des Tods in der kommenden
Welt mehrmals mit Jes. 25, 8 belegt. Mit diesem Spruch hat
Paulus Hos. 13, 14 verbunden. ποῦ σου θάνατε τὸ νῖκος; ποῦ
σου θάνατε τὸ κέντρον; schrieb Paulus in der Erinnerung an
den griechischen Text: ποῦ ἡ δίκη σου θάνατε; ποῦ τὸ κέντρον
σου ᾅδη; Daneben steht אֱהִי דְבָרֶיךָ מָוֶת אֱהִי קָטָבְךָ שְׁאוֹל. Die Anrede
an den Hades, den Ort der Toten, entfernte Paulus, da der
Sieg über den Tod, den er feiert, nicht nur die im Hades
Befindlichen befreit, sondern auch den Lebenden die Sterblichkeit abnimmt.

Paulus verweilt bei der von Hosea ihm gegebenen Formel
„Stachel des Tods". Er wird dabei an den gespitzten Stecken
des Treibers denken, mit dem dieser die Rinder regiert, schwerlich an den tötenden Stachel des Skorpion. Er stellte mit dieser Formel die Korinther zum Schluß noch vor die Frage, woher der Tod seine Macht über den Menschen habe. Seine Antwort ist die, die Genes. 3 gegeben hat; der Mensch steht unter
dem Gericht Gottes, das ihm den Tod zuteilt, weil er sündigt.
Die vorangehenden Sätze waren ohne Abschweifung die Verkündigung des Lebens; daß dieses in der Versöhnung mit Gott
durch die Vergebung der Sünden die Voraussetzung habe,
war durch Vers 3 und 18 angedeutet. Doch hat Paulus auch
dann nicht von der Sünde, ihren Folgen und ihrer Heilung
gesprochen, als er Adam und Jesus nebeneinander stellte,
Vers 21. 22. 47. Nicht als den Sünder, der durch seinen Unge-

horsam den Tod über alle brachte, beschrieb er den ersten Menschen, sondern als den aus der Erde Geschaffenen, der uns noch nicht das vererben konnte, was uns erst der himmlische Mensch geben kann. So wurde aus dem Vorangehenden die mächtige Botschaft von der Überwindung des Tods. Nun aber fügt Paulus einen Satz ein, der die Botschaft vom Leben mit der von der Gerechtigkeit vereint. Damit wir vom Tode befreit werden, mußte für uns die Vergebung der Sünden erworben sein. Weil Christus der ist, der „für unsere Sünden gestorben ist", Vers 3, ist er der, der uns auferwecken wird. Das machte aber noch eine zweite Aussage nötig, die deutlich macht, wie die Befreiung von der Schuld durch die Rechtfertigung des Sünders zustande kommt. So große Macht, daß sie uns den Verlust des Lebens bringt, hat die Sünde durch das Gesetz. Denn dieses verwirft das sündliche Tun und trennt den Sündigenden von Gott. Weil die Sünde Übertretung ist, ist sie Schuld, und weil das Gesetz als Gottes Gebot heilig ist, fällt auf den, der es übertritt, das Urteil des Tods. Somit muß der, der uns vom Tod befreien soll, stärker sein als die Sünde und das Gesetz. Damit hat Paulus gesagt, warum uns nichts anderes als die Botschaft vom Christus den Weg ins Leben zeigt. Dieser Satz faßt zusammen, was Paulus Röm. 1—8 eingehend dargetan hat. Er brauchte ihm im Gespräch mit den Korinthern keine Begründung beizugeben; das zeigt, daß es „Judaisten", pharisäisch denkende Christen, in Korinth nicht gegeben hat.

Gesetz, Sünde, Tod sind die Mächte, die wider uns sind und gegen die wir ringen müssen. Nicht Menschenkraft erringt den Sieg; aber Gott gibt ihn dadurch, daß er Jesus zu unserem Herrn gemacht hat. Nun ist nicht mehr das Gesetz, das unser Begehren und Wirken verwirft, über uns gesetzt, sondern der Christus, durch den Gott seine Gnade an uns wirksam macht. Darum sind uns unsere Sünden vergeben und Gottes Urteil, das uns das Leben nimmt, ist von uns genommen.

Als sich Paulus vorstellte, die das Leben verkündende Verheißung sei erloschen, sagte er: wir müssen uns damit abfinden, daß wir essen und trinken und sterben, Vers 32. Nun

aber, da er die das Leben verleihende Verheißung aufs neue
in der Gemeinde befestigt hat, kann er ihr auch wieder ihren
Beruf ans Herz legen, der die Erhaltung des bloß natürlichen
Daseins weit überragt. Während aus der Nichtigkeit des
natürlichen Lebens Unruhe und zielloses Schwanken entsteht, empfängt die Gemeinde durch das ihr leuchtende Ziel
das Vermögen, gegründet und unbeweglich zu sein. Weil sie
zum Leben berufen sind, kennen sie „das Werk des Herrn",
an dem sie einen tätigen Anteil haben. Weil der Herr der beständig Wirkende ist, sind sie zur Teilnahme an seinem Werk
zu jeder Zeit in jeder Lage berufen. Sein Werk ist der Aufbau des Gott gehörenden Tempels, die Sammlung und Einigung der Gemeinde Gottes und in ihr die Heiligung jedes einzelnen, die ihn Gott untertan macht. An περισσεύειν haftet
zunächst der Gedanke, daß ihr Anteil am Werk des Herrn
einen reichen Inhalt habe. Denn Gelegenheiten zum Dienst
Gottes gibt es unübersehbar viele. Diese Ausbreitung des
christlichen Berufs in immer neue Dienste folgt aus der Herrlichkeit des göttlichen Ziels, das uns die Überwindung der
Sünde und des Todes zusagt. περισσεύειν kann aber auch
einen Komparativ bei sich haben, der das Wirken der Gemeinde als zunehmend, wachsend und voranschreitend beschreibt. Sie kann nicht bei dem verharren, was sie schon ist
und erkämpft hat; denn das Werk des Herrn wächst von Tag
zu Tag und ruht nicht, bis er sein letztes, unermeßlich großes
und ewiges Ziel vollbringen wird.

Paulus sagt hier von der Gemeinde dasselbe, was er von
sich und Timotheus sagt: „Er wirkt das Werk des Herrn",
I 16, 10. Die Arbeit der Kirche geschieht nicht nur durch ihre
Lehrer, sondern beteiligt alle ihre Glieder. Das war damit
gegeben, daß sie so miteinander verbunden sind, daß sie „den
Leib des Christus" bilden. Das gibt der Gemeinde den einheitlichen Beruf und macht aus ihrem Werk die Arbeit aller.

Sie verlangt von jedem κόπος, Anstrengung, die die ganze
Kraft einsetzt. Davor schreckt der Mensch zurück; sein
Wunsch ist ein bequemes, gegen Mühe und Leiden gesichertes
Dasein. Die Gemeinde soll aber die Beschwerde und Ent-
sagung, die ihr Dienst von ihr fordert, nicht fürchten. Denn

sie weiß, da ihr das kommende Werk des Christus verkündet
ist, daß sie sich nicht ohne Frucht und Erfolg abmüht. Frucht
bringt ihr ihr Tun „im Herrn". Mit diesem letzten Wort wird
wieder alle Lust zum Wirken und alle Tapferkeit des Kämp-
fens unter die Regel des Glaubens gestellt. Alles Schaffen
der Gemeinde entsteht aus ihrem Empfangen und wird dadurch erfolgreich, daß es in der Gemeinschaft mit dem Herrn
geschieht, der sie begabt und führt.

Die Sammlung für die Gemeinde in Jerusalem[1]

16, 1—4

Der Fortbestand der Gemeinde in Jerusalem war gefährdet,
weil ihr von der Judenschaft die Lebensbedingungen abgeschnitten wurden. Sie litt unter dem, was wir heute einen
Boykott nennen, der mit der zunehmenden Gegnerschaft
Jerusalems gegen die Kirche immer schärfer gehandhabt
wurde. Paulus sah in der Erhaltung der Kirche Jerusalems
eine Pflicht der gesamten Christenheit. Er wollte, solange
es noch möglich war, verhindern, daß die Bezeugung der Sendung Jesu in Jerusalem verstumme. Daher ordnete er in
seinen Gemeinden eine Geldsammlung für „die Heiligen" in
Jerusalem an. Dies war auch in Korinth bereits geschehen,
vermutlich durch den ersten Brief, und die Gemeinde hatte
beschlossen, sich an der Steuer zu beteiligen, II 8, 10; 9, 2.
Darum erkundigte sie sich, vermutlich in ihrem Brief, wie
sich Paulus die Einrichtung der Sammlung denke. Auch an
dieser Sache zeigt sich aber, daß eine Weisung des Paulus
damals in Korinth nicht ohne Reibungen Gehorsam fand.
Das ist bei der Haltung der führenden Männer, die die Gemeinde von Paulus befreien wollten, leicht verständlich. Für
sie war der Fortbestand der jerusalemischen Gemeinde nicht
mehr ein Anliegen, das sie innerlich faßte. Die Anfänge der
Kirche lagen hinter ihnen. Konnten sich die Christen in Jerusalem nicht halten, so mußten sie eben tun, was sie selbst getan hatten, als sie die Führung der korinthischen Gemeinde
übernahmen.

---

[1] Die Anweisungen über das, was sofort zu ordnen war, füllen Kap. 16.

Hätte Paulus schon während seiner Anwesenheit in Korinth eine Sammlung veranstaltet, so wäre vermutlich keine Verfügung über das dabei zu beachtende Verfahren nötig gewesen. Daß er es jetzt erst tut, mag seinen Grund in der wachsenden Not in Jerusalem haben, trifft aber auch damit zusammen, daß er nicht von dem spricht, was er den ephesinischen Christen befohlen habe. Dagegen sagt er, daß er die Gemeinden der Galatia an der Sammlung beteiligt habe. Der Satz zeigt, wie genau man in Korinth über den Fortgang der Arbeit des Paulus unterrichtet war. Man wußte dort, daß die galatischen Gemeinden die waren, die er zuletzt, bevor er nach Ephesus kam, gesehen hatte, Apgsch. 18, 23; 19, 1. Die Übereinstimmung der von Paulus hier gegebenen Angabe mit dem Bericht des Lukas spricht dafür, daß Paulus den Namen Galatien im ethnographischen Sinn brauchte und nicht die staatliche Namengebung, für die Galatien Name der Provinz war, verwendete. „Die Gemeinden der Galatia" werden Ankyra, Pessinus und die benachbarten Städte sein. Es scheint, daß Paulus seine Gemeinden am Hilfswerk für Palästina erst dann teilnehmen ließ, wenn sie sich während einer längeren Zeit befestigt hatten. Erst bei seinem zweiten Besuch in Galatien beteiligte er die Galater an diesem Werk und ebenso verfuhr er in Philippi und Thessalonich. Dem entspricht, daß er erst von Ephesus aus den Korinthern die entsprechende Anweisung gab.

Zweierlei war Paulus am Verhalten der Korinther wichtig, einmal die Weise, wie sie die Summe zusammenbrachten, sodann die Weise, wie sie den Jerusalemern überbracht wurde. Beides hatte er auch schon bei den Galatern geordnet, und dieselben Vorschriften erhielten nun auch die Korinther. Bei der Weise, wie die Gelder zusammengebracht werden, legt Paulus den Ton darauf, daß die Sammlung nicht eine einmalige sein soll. Wöchentlich einmal soll jeder nach seinem Ermessen den für Jerusalem bestimmten Betrag zurücklegen. Der Erste nach dem Sabbat ist die festgelegte jüdische Benennung des Sonntags. Ob ihn Paulus deshalb nennt, weil er bereits für das gottesdienstliche Leben der Gemeinde Bedeutung bekommen hatte, ist nicht gewiß. Deutlich ist nur, daß bei der Sammlung eine feste Ordnung bewahrt werden soll und launische Zufälligkeiten vermieden werden sollen. Daß Paulus den Korinthern die Bekanntschaft mit der jüdischen Zeiteinteilung zuschreibt, ist nicht nur deshalb unauffällig, weil die jüdischen Glieder der Gemeinde die siebentägige Woche selbstverständlich beibehielten; er konnte diese Einteilung der Zeit auch deshalb voraussetzen, weil die jüdische Woche durch Augustus zu einer öffentlichen Einrichtung gemacht worden war. Mit seiner Verfügung wollte Paulus erreichen, daß eine beträchtliche Summe zusammenkomme, ohne daß ein starker Eingriff in die Wirtschaft der Korinther nötig wurde. Darum verlangt er nicht ein plötzlich zu leistendes großes Opfer, obwohl die Sammlung ihren Zweck verlöre, wenn sie nicht eine beträchtliche Höhe erreichte.

Das Zweite, worüber Paulus die Weisung gibt, war das Verfahren bei der Überbringung der Gelder nach Jerusalem. Diese sollen in Korinth bleiben, bis er selber dort ist, da die Sammlung auch dazu dienen soll, um seine eigene Verbundenheit mit den Christen Jerusalems immer wieder zu bestätigen. Das war schon damals, als bei der Versammlung der Apostel Paulus die Unterstützung der Jerusalemer versprochen hatte, ein Gesichtspunkt gewesen, der jene Verabredung bestimmt hatte, Gal. 2, 10. Freilich sollen einige der Korinther selber ihre Gabe nach Jerusalem bringen; aber erst dann sollen die Korinther ihre Vertreter wählen und absenden, wenn Paulus selbst bei ihnen ist, und er behält sich, wenn die Summe groß genug ist, vor, sie selbst nach Jerusalem zu bringen. Der Plural ἐπιστολῶν verlangt nicht, daß wir an mehrere Briefe denken; er war auch für ein einziges Schreiben gebräuchlich, da ein Brief leicht nicht nur über eine, sondern über mehrere Angelegenheiten die Anordnung enthalten kann. Auch mit οὓς ἐὰν δοκιμάσητε könnte δι' ἐπιστολῶν verbunden sein. Dann wäre die korinthische Gemeinde die Verfasserin dieses Briefs, durch den sie ihren Vertretern das Zeugnis ausstellte, daß sie Glieder der Kirche sind und im Namen der Gemeinde handeln. Aber δι' ἐπιστολῶν kann auch zu πέμψω

gehören.[1] Dann ist Paulus der, der den Brief an die Jerusalemer schreiben wird, durch den er die abgeordneten Korinther den Jerusalemern empfiehlt und ihnen den Zweck
ihrer Sendung erklärt. Das ergäbe eine von Paulus verfaßte
ἐπιστολὴ συστατική, II 3, 1, wie sie zur raschen und sicheren
Herstellung des Vertrauens in der Synagoge üblich waren
und auch in der Kirche sofort in Gebrauch kamen. Seine
eigenen Reisepläne standen damals noch nicht fest; sein Verlangen zog ihn nach einem neuen Arbeitsfeld, das er im Westen
suchte, II 10, 16; wenn aber die für Jerusalem bestimmte
Summe groß wurde, dachte er auch an eine Fahrt nach
Jerusalem. Diese Vorschriften blieben unausgeführt. Zwar zeigt II 9, 2,
die Angabe, daß die Korinther vom vorigen Jahr her, ἀπὸ
πέρυσι, sammelten, daß Paulus annahm, es werde seiner Vorschrift gehorcht. Aber sie blieb jedenfalls beim Hauptteil
der Gemeinde erfolglos. Darum kam auch die Absicht, einige
Korinther nach Jerusalem zu schicken, nicht zur Ausführung.
Unter den Reisebegleitern des Paulus, die Apgsch. 20, 4
nennt, findet sich kein Korinther.

Der Reiseplan

16, 5–9

Die Vorschrift, mit der Absendung der Gelder zu warten, bis
Paulus selber in Korinth sei, machte eine Mitteilung über seine
Pläne nötig. Zu einem zweiten Besuch in Korinth war er fest
entschlossen. Es läßt sich deutlich beobachten, daß es sich
Paulus zur Regel machte, nach einiger Zeit die von ihm gesammelten Gemeinden zum zweitenmal zu besuchen; die
Gründe, die ihn dazu bewogen, liegen auf der Hand. So hielt
er es in Lykaonien und in Galatien, und er war entschlossen,
es in Makedonien und in Korinth ebenso zu halten. Er stellte
aber den Besuch bei den Makedonen dem bei den Korinthern
voran; diese mußten also noch mehrere Wochen auf die An-

---

[1] Vgl. δι’ ἐπιστολῆς ἀνθυπεκρίνετο Jos. b 1, 608.

29*

kunft des Paulus warten. Er begründet seinen Entschluß
nicht durch die dringenden Bitten der Makedonen, sondern
einzig damit, daß er auf diese Weise den Korinthern einen
längeren Aufenthalt verschaffen könne. Reiste er über Korinth nach Makedonien, so sähe er sie nur auf der Durch-
reise. Wählt er dagegen den entgegengesetzten Weg, dann
kann er länger bei ihnen verweilen, vielleicht sogar den Winter
hindurch, bis die Schiffahrt wieder eröffnet wird. In der Erfüllung seines Wunsches, mehrere Monate in Korinth zu bleiben, sähe er eine gnädige Verfügung des Herrn. Da er aber
nicht Herr über seine Zukunft ist, hängt die Ausführung seines
Planes davon ab, ob der Herr ihm den langen Aufenthalt in
Korinth gewähre. Der Satz zeigt, wie völlig sich Paulus bei
jedem Entschluß vom Herrn geleitet wußte.[1] Eingeweiht
waren aber die Korinther in die Pläne des Paulus nur dann,
wenn sie auch den Zeitpunkt seiner Abreise von Ephesus
kannten. Er begründet, warum er nicht jetzt schon Ephesus
verläßt, sondern dort noch bis Pfingsten bleiben will, mit der
Möglichkeit vieler und wirksamer Arbeit, vgl. II 2, 12. Die
Attribute der offenen Türe gehen vom Bild in die Sache
hinüber, auch ,,die große Türe''. Diese könnte nur dann aus
dem Bilde selbst erwachsen, wenn daran gedacht wäre, daß
durch eine große Türe viele zugleich hineingehen können.
Aber das zweite Adjektiv verläßt offenkundig das Bild, und
die Vorstellung bei der Türe ist schwerlich die, daß die anderen durch sie durchgehen, sondern die, daß sie für Paulus
offen sei, damit er sie benütze. Mit der Größe der Türe ist
gesagt, daß sich ihm die Gelegenheit zur Arbeit unzweideutig
zeige, so daß er sie nicht erst suchen und nicht auf sie warten
muß. Neben dem großen Erfolg steht der starke Widerstand,
von dem Paulus nicht nur deshalb spricht, damit sich die
Korinther über seine Lage und die des Christentums in Ephesus
nicht täuschen, sondern damit sie wissen, warum Paulus
Ephesus nicht jetzt schon verlassen kann. Er ist der, der die
Gemeinde schützt, und der Schein, daß er vor der Menge
ihrer Gegner weiche, darf nicht entstehen.

---

[1] Vgl. κἂν τὸ θεῖον ἐπιτρέπῃ Jos. a 20, 267.

Die Anweisung für die an der Arbeit Teilnehmenden
16, 10—18

Paulus hat der Gemeinde bereits angezeigt, daß er Timotheus zu ihr geschickt habe, I 4, 17. Zu einem zweiten Wort über seinen Besuch bei ihr gab Paulus einmal die Sorge Anlaß, mit der er jetzt, nachdem er über die Lage in Korinth unterrichtet ist, an das denkt, was dort in den nächsten Tagen geschehen kann, sodann der Wunsch, daß Timotheus sich bald wieder mit ihm vereinige. „Ohne Furcht" kann Timotheus bei den Korinthern sein, wenn ihm keine Gefahr droht. Dies hält aber Paulus nicht mehr für gewiß; er hält es vielmehr für möglich, daß seine Tätigkeit für ihn gefährlich werde, und dies zu verhindern, macht er zur Pflicht der Gemeinde. Daß er dabei nicht an die Gefährdung seines Lebens, sondern an die Verhinderung seiner Wirksamkeit gedacht hat, zeigt die Warnung: „daß ihn niemand verachte", und das Gebot: „Entlaßt ihn im Frieden." Da man in Korinth etwas später sagte, das Wort des Paulus sei verächtlich, ὁ λόγος ἐξουθενημένος II 10, 10, war die Befürchtung des Paulus, das Wort werde Timotheus abgeschnitten und seinen Geboten werde widerstanden werden, begründet genug. Wenn aber ein empfangener Auftrag nicht ausgeführt und die Pflicht nicht erfüllt werden kann, ist es unmöglich, furchtlos zu bleiben. Aus der Heiligkeit der Pflicht entsteht Furcht sowohl für die, die sie verhindern, als für den, dessen Kraft versagt.

Die Warnung vor der Verachtung des Timotheus wird damit begründet, daß er das Werk des Herrn wirkt. Die ihm angetane Schmach fällt auf den Herrn, und der Ungehorsam, der ihn am Wirken hindert, ist Widersetzlichkeit gegen den Herrn. Paulus gibt Timotheus dieselbe Stellung wie sich; sie können nicht sagen, sie lehnten ja nur Timotheus ab. Er trägt nicht nur die Schmach des Paulus mit ihm, sondern hat auch an seiner apostolischen Größe teil. Aber auch das verlangt Paulus von der Gemeinde, daß sie ihn nicht bei sich festhalte. Wenn er in den Kampf in Korinth verwickelt wurde, konnten die, die sich zu Paulus hielten, dringend wünschen, daß Timotheus sie nicht verlasse. Aber Paulus wollte

ihn bei sich haben, und dieser Wunsch wird dadurch verstärkt, daß ihn die Brüder teilen. Das sind wohl zuerst die
Männer, die Paulus als seine Mitarbeiter um sich versammelt
hat, an deren Dienst Timotheus wieder teilhaben wird, wenn
er nach Ephesus zurückgekehrt ist, Aquila und Titus und die
Apgsch. 20, 4 Genannten. Der zweite Mann, der mit der Gemeinde verwachsen war
und über den Paulus reden mußte, war Apollos. Das für sich
stehende περὶ δὲ Ἀπολλῶ τοῦ ἀδελφοῦ zeigt, daß die Korinther
eine Äußerung des Paulus über Apollos erwarteten. Denn sie
haben in ihrem Brief Paulus gebeten, Apollos nach Korinth
zu schicken. Sie haben dadurch den Schein gänzlich abgewehrt, ihr Begehren, daß Apollos wieder zu ihnen komme, sei
gegen Paulus gerichtet. Weil dieser Wunsch von der ganzen
Gemeinde ausging, nicht bloß von einer Gruppe, die sich um
Apollos sammeln wollte, um sich von der übrigen Gemeinde
zu sondern, hat ihn Paulus erfüllt. Auch er hielt es für richtig,
daß Apollos „mit den Brüdern" nach Korinth gehe. Dies
sind nicht die Brüder, von denen Paulus in Vers 11 sprach,
sondern die drei Korinther, Vers 17, die Paulus den Brief
gebracht hatten und jetzt wieder nach Korinth fahren.

Die Berufung des Apollos geschah vermutlich in der Absicht, der Zerklüftung der Gemeinde ein Ende zu bereiten.
Denen, die sagten, Paulus werde nicht mehr nach Korinth
kommen, I 4, 18, war damit das Recht entzogen, allein die
Gemeinde zu leiten. Indem sie Paulus bat, ihre Bitte zu unterstützen, zeigte sie, daß sie an der Gemeinschaft des Apollos
mit Paulus nicht zweifelte. Sie wurde in dieser Erwartung
nicht enttäuscht; denn Paulus bewies Apollos dadurch sein
volles Vertrauen, daß er ihn zur Annahme des Rufs zu bewegen suchte. Es war ihm aber nicht möglich, durch ein Gebot Apollos zur Arbeit in Korinth anzuhalten, nicht deshalb,
weil die Selbständigkeit des Apollos ihm verwehrt hätte, ihm
zu gebieten, wohl aber deshalb, „weil es gewiß nicht Wille
war, daß er jetzt komme".

Am Sinn von οὐκ ἦν θέλημα ist kein Zweifel möglich. Spräche
Paulus vom θέλημα des Apollos, so hätte er das Pronomen
αὐτοῦ gesetzt. Das absolut gesetzte θέλημα eignet keinem an-

deren als Gott. Im jüdischen Gebet kehrt die Formel יְהִי רָצוֹן =
γένοιτο θέλημα beständig wieder, und es dürfte lehrreich sein,
daß die Briefe des Ignatius mehrfach dieselbe Formel zeigen:
ἐὰν θέλημα ᾖ Eph. 20; Röm. 1; κατὰ θέλημα Smyrna 11. So
sprach man in Antiochia, aus dem Paulus kam. Für die Übertragung jüdischer Formeln ins Griechische und im Anschluß
daran für die Bildung der christlichen Sprache war Antiochia
seit alters ein wichtiger Ort.

Diese Begründung der den Korinthern gegebenen Absage
verbietet es, Vermutungen über ihre Motive zu wagen. Das
Entstehen der Gewißheit: „Es ist unzweifelhaft und deutlich
nicht Wille Gottes" entzieht sich der historischen Deutung.
Paulus und Apollos haben aber dieses Verbot nicht so gedeutet, daß es die Verbindung des Apollos mit Korinth für
immer löse; jetzt soll er nicht dorthin gehen; denn jetzt fehlt
ihm das εὐκαιρεῖν, die für dieses Unternehmen geeignete Lage
und Zeit; wenn er diese hat, wird er kommen. Somit war
Apollos in Ephesus nicht müßig, und die Rücksicht auf die
Arbeit, die sich ihm dort dargeboten hatte, hat seinen Entschluß, Ephesus jetzt nicht zu verlassen, mitbestimmt. Für die
Weise, wie Paulus die göttliche Leitung erlebte, ist dieser Bericht lehrreich; sie bezog sich auf den jetzigen Zeitpunkt und
gab keine auch schon über die Zukunft verfügendenWeisungen.

Ob Apollos das Versprechen, das Paulus den Korinthern
gab, erfüllt hat, wissen wir nicht. Die einzige Nachricht, die
wir noch haben, Titus 3, 13, beschreibt ihn als einen wandernden Evangelisten, der verbunden mit dem Gesetzeslehrer
Zenas von Gemeinde zu Gemeinde reiste. Damals war er in
der Nähe des Paulus, wollte aber nach Kreta fahren, und
Paulus gab Titus den Auftrag, ihm zur Weiterreise behilflich
zu sein. Wäre diese Notiz in Achaja geschrieben, so wäre damit
eine neue Wirksamkeit des Apollos in Korinth bezeugt. Es
ist aber keine gesicherte Aussage über den Ort möglich, an
dem Paulus an Titus schrieb. Dazu reicht auch die Angabe,
daß Paulus den kommenden Winter in Nikopolis zubringen
wollte, nicht aus.

Mit dem Entschluß, den Paulus der Gemeinde mitgeteilt
hat, war ihr die von ihr erbetene Hilfe versagt. Die Erhaltung

ihrer Einheit und die Sorge für den Christenstand aller ihrer
Glieder war damit zu ihrer eigenen Aufgabe gemacht. Die
nun folgenden Imperative zeigen ihr, wie sie diesem Anspruch
genügt. Wach sein, nicht schlafen, stehen, nicht fallen, sich
mannhaft halten, nicht weichlich und feige dem Kampf ausweichen und die Pflicht abschütteln, gekräftigt werden, die
Schwäche heilen,[1] das ist das, was ihr hilft. Die Mahnung: Seid
wach! berührt sich mit 15, 34: Werdet nüchtern! Der Schlaf
und der Rausch beschreiben dasselbe Versinken in sich selbst,
bei dem die Wahrnehmung endet und das Vermögen zur
richtigen Tat verloren ist. Den aufgerichteten, befestigten
Stand vermittelt ihnen der Glaube. Die kausale Kraft des ἐν
ist hier ebenso deutlich wie in der parallelen Formel: ἐν ᾧ
(τῷ εὐαγγελίῳ) καὶ ἑστήκατε I 15, 1; vgl. II 1, 24; Röm. 5, 2.
Der alles leitende Wille muß die Liebe sein.

Für das Gedeihen der Gemeinde war es weiter von Wichtigkeit, wie sie sich zum Hause des Stephanas verhielt. Dieses
hatte bisher die Führung in der Gemeinde, und Paulus bestätigt sie ihm. Sie kommt dieser Familie deshalb zu, weil sie
,,der Erstling Achajas" ist. Die, die Gottes Gnade zuerst berufen hat, sind dadurch zur Führung der Gemeinde bestimmt.
Das ist dieselbe Schätzung ,,des Rufs", aus der die Vorschriften 7, 17 ff. erwachsen sind. Sodann haben sie die Aufgabe, die ihnen ihre Berufung gab, erkannt und sich zum
Dienst für die Heiligen verordnet. Das heißt: sie verwalten
die Gemeindeämter. Genaueres, wie diese benannt und geregelt
waren, erfahren wir hier nicht. Vielleicht ist es auch nicht
richtig, wenn wir beim ,,Haus des Stephanas", das die Angelegenheiten der Gemeinde besorgt, nur an die Männer, den
Vater und die Söhne, denken. Es ist leicht möglich, daß auch
die Frauen des Hauses an diesen Diensten beteiligt waren.
Die Mitwirkung der Frauen war der Gemeinde sofort unentbehrlich, z. B. bei der Taufe der Frauen und bei ihrem Unterricht, vgl. die διάκονος in Kenchreä Röm. 16, 1. Nach der
Regel, daß die freiwillig geleistete Tat Lob verdient, I 9, 17,
betont Paulus ihren eigenen Entschluß, der sie zur Übernahme

---

[1] ἀνδρίζεσθαι und κραταιοῦσθαι stehen auch im Psalter beisammen;
Ps. 27, 14; 31, 25; 2 Sa. 10, 12.

der Dienste bewog. Diesen Entschluß ehrt und bestätigt die
Gemeinde dadurch, daß sie sich ihrer Führung gehorsam
untergibt. Die politischen Ideale der Griechen ließ Paulus
nicht in die Gemeinde hinein, weder den Autokrator noch den
autonomen Demos. Es tritt weder ein Führer auf, der seine
Macht auf die Unfreiheit der anderen gründet, noch wird der
Masse die Macht anvertraut, damit sie durch ihre Wahl und
ihren Beschluß das gemeinsame Leben ordne. Der Führer
handelt freilich in Kraft seines eigenen Entschlusses, aber
auf Grund der göttlichen Leitung, der er gehorcht, und die
Gemeinde gehorcht ihm mit ihrem eigenen Willen. Das entspricht genau dem, was Paulus der Gemeinde als echte Gemeinschaft am Leib, der aus den vielen Gliedern eine Einheit
macht, aufgezeigt hat, Kap. 12. Paulus erwägt aber, daß die
Befähigung und Berufung zum Gemeindedienst auch bei
anderen vorhanden sein kann. Eine Bevorzugung dieser einen
Familie liegt nicht in seiner Absicht. Er verlangt von der Gemeinde denselben Gehorsam „für jeden, der mitwirkt und
sich Mühe gibt". Das σύν in συνεργοῦντι ist nicht auf das Haus
des Stephanas bezogen, sondern hat denselben Sinn wie
συνεργοί I 3, 9; II 1, 24 und συνεργοῦντες II 6, 1.

Nun bezeugt Paulus noch den drei Männern, die als die
Vertreter der Korinther zu ihm gekommen waren, daß sie
ihren Auftrag zu seiner Freude ausgeführt haben. Was die
Korinther unterlassen mußten, τὸ ὑμέτερον ὑστέρημα, taten sie.
Den Korinthern war es nicht möglich, sich mit Paulus zu
besprechen, seine Weisung nachzusuchen, sich mit ihm zu
einigen und ihm Liebe und Gehorsam zu erweisen; nun taten
die Abgesandten der Korinther dies. „Der von euch nicht zu
beseitigende Mangel", τὸ ὑμέτερον ὑστέρημα, ist nun gehoben.
Die Formel ἀναπληροῦν τὸ ὑστέρημα,[1] חֶסְרוֹנֵךְ מְלָא, erscheint im
jüdischen Gebet oft. Durch das, was die Abgesandten der
Korinther taten, wurde der Geist des Paulus zur Ruhe gebracht. Solange der Geist in Paulus Verlangen, Sorge, uner-
füllte Wünsche erweckt, ist er nicht zur Ruhe gebracht. Das

---

[1] Jer. Berak. 5 b; Horajot 48 a. Jos. sagte ἀναπληροῦν τὸ λεῖπον a 5, 214;
b 4, 198.

geschieht ihm dann, wenn er in dem, was geschehen ist, die
Erfüllung seines Verlangens erkennt. Dasselbe geschah aber
auch dem Geist der Korinther. Auch das, was sie wollten
und für richtig hielten, ist durch das, was ihre Abgeordneten
taten, erfüllt. Dieselbe Formel braucht Paulus II 7, 13. Paulus
mahnt, die Leistung dieser Männer nicht unbeachtet zu lassen.
Die Gemeinde soll ermessen und in bleibender Erinnerung
bewahren, was ihre Glieder für sie tun. Sie weiß dann auch
bei späteren Gelegenheiten, wie sie den Ansprüchen ihrer Lage
gerecht zu werden vermag.

Die Grüße
16, 19—24

Voran stehen die Gemeinden der Asia, an der ersten Stelle
die von Ephesus. Aber Ephesus war nicht mehr die einzige
griechische Stadt im westlichen Küstengebiet Kleinasiens,
in der es durch die Wirksamkeit des Paulus zur Begründung
einer Gemeinde gekommen war. Der Kolosserbrief nennt
von diesen Städten Kolossä und Laodizea; die nächste Angabe ist sodann die der johanneischen Weissagung, die aus
dem Kreise dieser Gemeinden sieben ausgezeichnet hat. Dann
folgt der Gruß des Aquila und der Priska, der besonders mit
Korinth Verbundenen. Offenbar hat auch Priska auf das Leben der Gemeinde einen bedeutenden Einfluß gehabt. Da
Aquila einen größeren Hausstand leitete, entstand aus ihm
eine häusliche Gemeinde, vgl. Röm. 16, 5; auch sie war den
Korinthern wohl bekannt und bleibend mit ihnen verbunden.
Diese Gemeinschaftsbildung innerhalb der Gemeinde stellte
Paulus nicht unter das Urteil, das die Gruppen traf, die sich
auf den Namen eines Lehrers beriefen. Schloß sich die engere
Gemeinschaft an das Haus und Handwerk an, so war sie für
die Einheit der Gemeinde keine Gefahr. Nun grüßen ,,alle
Brüder‘‘, die zur Mitarbeit um Paulus Versammelten, vgl.
I 16, 11. Die Begrüßung einzelner Korinther unterbleibt. Da-
durch vermeidet Paulus die Auszeichnung einzelner, die ihm
besonders nahestanden, vor den anderen. An die Stelle einer
Liste Begrüßter tritt die Aufforderung, daß sie den den Frie-

den verbürgenden Kuß einander geben sollen. Nachdem der Brief verlesen ist, bestätigt die Gemeinde in einem feierlichen Akt ihre jeden einzelnen erfassende Verbundenheit. Sie macht dadurch die Wirkung sichtbar, die das ihr gesagte Wort des Christus anstrebt. Aus dem gehörten Wort entsteht die Gemeinschaft; denn es wird dem einzelnen dazu gesagt, damit er ein Bruder werde und bleibe, der für die Brüder lebt. Was der Apostel von ihnen verlangt, kann nur durch ihr gemeinsames Handeln geschehen. Dazu erklären sie sich durch die Bestätigung ihrer Gemeinschaft bereit. Heilig heißt der Kuß, weil er den Heiligen deshalb gegeben wird, weil sie Heilige sind. Was dem ἅγιος eigen ist, ist selbst auch ἅγιον. Vermutlich wurde bei diesem Sprachgebrauch auch daran gedacht, daß dieser Kuß von dem verschieden sei, der im täglichen Leben bei jedem freundlichen Verkehr die Begrüßung begleitete.

Nun folgen die Zeilen, die Paulus eigenhändig hinzufügte, um die Echtheit der Briefe zu sichern. Er beleuchtet mit seinem letzten Wort den Ernst der Lage. Denn er stellt fest, weshalb er denen, die er von der Gemeinde trennt, die Gemeinschaft versage. Allen in Korinth muß es völlig deutlich sein, wann ein Christ für ihn Anathema, ein für ihn Gebannter wird. Er verweigert den Gegnern die Gemeinschaft nicht wegen ihrer Herkunft aus einem anderen Kirchengebiet, nicht wegen ihrer Lehrsätze, mag auch manches von dem, was sie denken und dichten, gefährlich sein, II 10, 5, nicht wegen ihrer Auflehnung gegen sein Apostolat, obwohl sie damit sündigen. Dann bricht Paulus die Gemeinschaft ab, εἴ τις οὐ φιλεῖ τὸν κύριον. Er braucht das neben ἀγαπᾶν seltenere φιλεῖν, das die Empfindung, die die Bewegung des Willens begleitet, anklingen läßt. Es ist möglich, daß das Bekenntnis zum Christus, „durch den alles ist und wir durch ihn", I 8, 6, ohne Bedenken mitgesprochen und eifrig verteidigt wird und gleichzeitig das Fehlen der Empfindung anzeigt, daß im Grunde Jesus dem Menschen gleichgültig blieb, eine in die Vergangenheit versunkene oder in die Himmelshöhe entrückte Gestalt. Diese Absage traf die mit besonderer Wucht, die sich gegen Paulus mit dem Anspruch wandten, sie seien dem Christus eigen und

untertan. Damit war aber noch nicht gesichert, daß sie etwas
anderes in sich trugen als Eigensucht, die es ihnen unmöglich
machte, „den Herrn zu lieben". Dann gehören sie aber nicht
zu der Kirche, die Paulus im Christus geheiligt hieß.
Durch den auf den Brief folgenden Besuch des Paulus in
Korinth trat dieses Anathema für alle sichtbar in Kraft. Paulus rechnet im zweiten Brief die Gegner nicht mehr zur Gemeinde, und eben dies ist der Sinn von Anathema. Aber auch
schon der erste Brief urteilte über die Lage ebenso, I 3, 17;
5, 13. Auch jetzt war das Anathema mehr als eine Drohung;
schon jetzt kündete es den neuen Lehrern die Gemeinschaft auf.

Nicht Gläubige und Ungläubige, πιστοί und ἄπιστοι, hat
hier Paulus gegeneinander gestellt und die Zugehörigkeit zur
Gemeinde nicht am Besitz des Glaubens gemessen. Denn
Glaube fand sich hier und dort. Im Verkehr mit den Korinthern maß Paulus den Christenstand daran, ob der Glaube
die Liebe erwecke oder ob er allein, d. h. eigensüchtig, bleibe.

Paulus fügt eine „Zunge" bei, die er deshalb hier verwenden
konnte, weil sie mit ihrer Übersetzung in der Kirche verbreitet war. Das alte, aus dem Orient stammende Gemeinde-
statut, das man „die Lehre der Apostel" hieß, hat sie in das
Gebet hineingestellt, das es für das Abendmahl vorgeschrieben
hat. Das macht wahrscheinlich, daß die Verwendung dieses Rufs
zur Kennzeichnung der Christen in der jüdischen Kirche des
Orients üblich geworden ist. Teilen wir die Buchstabenreihe
in μαρὰν ἀθᾶ, מָרַן אֲתָא, ὁ κύριος ἡμῶν ἐλήλυθεν, so versetzt
sich der Rufende mit dem syrischen Perfekt in den Moment,
in dem die Ankunft des Herrn geschehen ist. Schwerlich wurde
dabei überwiegend an die Ankunft des Sohnes Gottes im
Fleisch gedacht, sondern seine neue Ankunft in der Herrlichkeit wird verkündet. Wäre μαραναθα mit dem Gebetsruf ἔρχου
κύριε, Apok. 22, 20, genau identisch, dann müßte μαρανα θα,
מָרְיָא תָא, geschrieben werden. Aber das volle Suffix ana war
nicht mehr häufig.

Den aus dem Orient Gekommenen hat Paulus den durch die
ganze Kirche hallenden Ruf in dem ihnen wohlbekannten
Laut vorgehalten, der ihnen den Richter verkündigt, der
offenbaren wird, wer ihm gehört und wer ihm nicht gehört.

Was für ein verbaler Gedanke in ἡ χάρις τοῦ κυρίου Ἰησοῦ μεθ' ὑμῶν mitgedacht ist, zeigt der zweite Satz: ἡ ἀγάπη μου μετὰ πάντων ὑμῶν. Paulus hat nicht gewünscht, daß seine Liebe bei den Korinthern sei, sondern hat ihnen bezeugt, daß sie bei ihnen allen ist. Das bestimmt auch den Ton des ersten Satzes: die Gnade des Herrn Jesu ist bei euch. Könnte Paulus nicht in dieser Gewißheit reden, so wäre die Anrede des Briefs, die die Korinther im Christus Geheiligte nannte, zerfallen, und damit wäre der Grund, auf dem der ganze Brief steht, zerbrochen; dieser besaß aber für Paulus Unerschütterlichkeit. Die Spannung im Verhältnis der Korinther zu ihm bewegt ihn aber noch zum zweiten Satz, der ihnen auch die Unüberwindlichkeit seiner Liebe bezeugt. Auf keinen verzichtet er, auch nicht auf die, die schuld an der Spannung sind, wie er nicht auf den verzichtet hat, den er richtete, I 5, 5. Wie er im Rufe des Christus die Treue Gottes hört, die den Ruf nicht widerruft, I 1, 9, so gehört auch die Liebe des Paulus denen, denen er sie gegeben hat, unwandelbar, weil er sie „im Christus" besitzt. Durch die Wirksamkeit des Christus in ihm hat er die Liebe empfangen und durch sie gilt von ihr: „die Liebe fällt nie", I 13, 8.

Die Überschrift des zweiten Briefs
1, 1. 2

Von der Überschrift des ersten Briefs unterscheidet sich die des zweiten nur an zwei Stellen. Sosthenes ist aus der Überschrift verschwunden, und der zweite, der jetzt das bestätigt, was Paulus den Korinthern zur Vorbereitung seiner Ankunft bei ihnen sagen wollte, ist Timotheus. Sosthenes hat Paulus nicht begleitet, als er Ephesus verließ. Dagegen ist Timotheus mit ihm nach Makedonien gewandert und wird mit ihm zu den Korinthern kommen. Es wäre nicht befremdlich, wenn der Brief gelegentlich an das erinnerte, was Timotheus bei seinem Besuch in Korinth erlebt hatte. Aber die Beziehungen auf das, was in Korinth geschehen war, gehen nicht so weit zurück. Das Letzte, woran Paulus die Korinther erinnert, ist sein eigener kurzer Besuch bei ihnen. Die vor diesem liegenden Ereignisse werden nicht mehr berührt. Nur das sagt die Überschrift des Briefs den Korinthern, daß sich Paulus von Timotheus nicht trennen läßt, sondern ihn vollständig deckt.

Die andere Abweichung vom ersten Brief entsteht dadurch, daß Paulus dem weiteren über Korinth hinausliegenden Kreis, den er in seinem Brief anspricht, durch den Landesnamen Achaja kennzeichnet. Ihren christlichen Charakter beschreibt er hier etwas kürzer; gemeinsam ist aber beiden Überschriften, daß Paulus den Ton darauf legt, daß er zu denen spricht, die nicht ihm, noch weniger aber sich selbst gehören, sondern Gottes Eigentum und deshalb heilig sind.

Aus dem, was die Korinther gesagt und getan haben, entsteht der Brief, und sein Ziel ist, die Ankunft des Paulus in Korinth vorzubereiten. Dennoch wendet er sich an jeden Christen, wo immer er in ganz Griechenland wohnhaft sei. Offenbar lebten die Christen der anderen Städte in vollendeter Gemeinschaft mit den Korinthern. Niemand faßte den Kampf in Korinth als ein lokales Ereignis auf. Um das Ziel und die Verfassung der Kirche wurde gekämpft, und darum wurden die Christen jeder Stadt von dem bewegt, was in Korinth geschah.

Die Danksagung für Gottes Tröstung
1, 3–7

Nicht überraschen kann es, daß Paulus den Brief mit
εὐλογητός, mit dem die jüdischen Doxologien kennzeichnenden
Worte, beginnt. Auch in der Beschreibung Gottes und seines
Verhaltens durch Genetive mit Vermeidung der Adjektive —
ὁ πατὴρ τῶν οἰκτιρμῶν καὶ θεὸς πάσης παρακλήσεως — klingt die
heimische Sprache nach.
Nicht die der Gemeinde gewährte Begnadigung wird hier
zum Grund der Danksagung, sondern Paulus preist jetzt die
Weise, wie Gott sich ihm in seinem eigenen Erleben bezeugt.
Das entspricht dem Ziel und Inhalt dieses Briefs. Denn Paulus
versucht hier, sich der Gemeinde verständlich zu machen; er
will ihr zeigen, wer er ist. Kein Anliegen, über das der frühere
Brief die Gemeinde belehrte, wird noch einmal besprochen,
nicht, weil die Bewegung, die jene Fragen aufwarf, überwunden wäre, sie wuchs vielmehr weit über Korinth hinaus in die
ganze Kirche hinein, und alles, worüber in Korinth gekämpft
wurde, die Gnosis, die Dirne und das Geopferte, das Verhältnis zur staatlichen Justiz, das Verlangen nach der Ehelosigkeit, die Unsicherheit über den Sinn des Abendmahls, über die
den Geist offenbarenden Vorgänge und über den Anteil der
Toten am Reiche Gottes, all das wurde bleibend und mit
stets steigender Wichtigkeit in der Kirche zum Problem. Aber
jetzt war das, was Paulus klären und befestigen wollte, einzig
sein eigenes Bild. Dieses schwankte in Korinth. Für sich
kämpft Paulus, das heißt: für sein Apostolat, dem in Korinth
die bleibende Bedeutung für die Kirche abgesprochen worden
ist. Aber aus der Frage nach seinem Apostolat ließ sich
nicht bloß ein Streit um formales Recht machen. Hier sind
das Amt und die Person völlig eins. Denn das Amt erhebt den Anspruch, von Gott verliehen zu sein. Gottes Beziehung zum Menschen ist aber immer ein Ganzes; sie
verleiht nicht nur einen Titel, ordnet auch nicht nur das
Schicksal, sondern formt das eigene, innerste Leben des
von Gott Berufenen. Daß dies bei Paulus so sei, war bestritten, wenn sein Apostolat bezweifelt wurde. Wenn sein

Apostelname Sinn haben soll, muß er zeigen, daß er mit seinem ganzen Denken und Wollen an Gott hängt. Damit hat er sich auf die Höhe des christlichen Standpunkts gestellt, dahin, wohin Jesus den Menschen dadurch stellt, daß er ihm die Gnade Gottes bringt und durch den Geist in ihm wirksam ist, wodurch er ihn nicht nur von außen bewegt, sondern in ihm selbst das neue, mit Gott geeinte Leben schafft.

Nichts im Reden und Tun des Paulus bereitete den Korinthern einen so tief wirkenden Anstoß wie die Heftigkeit des Widerstands, mit dem sich die Welt auf ihn warf und aus ihm den Leidenden machte. Wir kennen diese Stimmung der Korinther schon aus I 4, 8—13. Darum wird die Einordnung des Leidens in seine apostolische Sendung zum Hauptthema des Briefs, und an dieser Stelle sucht und findet auch die den Brief beginnende Danksagung ihren Stoff. Denn in seinem Leiden erfährt er beständig die Realität der Gottesgemeinschaft, die ihn zum Apostel macht. An ihm erweist sich Gott als den Barmherzigen, als den, der sich um das menschliche Leiden kümmert und an ihm Anteil nimmt. So handelt Gott an ihm dadurch, daß er ihn tröstet, und seine Tröstung durchdringt πᾶσαν τὴν θλίψιν, alles, was der Druck der Welt ihm antut.[1] Das steht aber in unmittelbarer Beziehung zu seiner apostolischen Sendung. Er wird durch das göttliche Trösten nicht nur selbst erquickt und zum Leiden gestärkt, sondern zum Tröster derer gemacht, die in irgendeiner Weise unter dem Druck der Welt leiden. Mit dem Trost, den er selbst empfängt, tröstet er sie.

Warum muß der Apostel des Christus leiden? Darauf hat Paulus eine Antwort bei der Hand, die jedes Warum in ihm zum Schweigen brachte: darum, weil der Christus gelitten hat. Aus der Geschichte Jesu, die ihn zum Kreuze führte, folgt die Geschichte seines Boten. Nicht das sagt Paulus, daß sein Leiden zum Leiden des Christus werde,

---

[1] „Der, der Tröstungen hat, möge euch trösten", בַּעַל נֶחָמוֹת יְנַחֵם אֶתְכֶם, B. Ketub. 8 b.

weil dieser sich mit barmherzigem Mitgefühl an diesem beteilige. Er war völlig unfähig, sich den Christus anders als aktiv zu denken. In allem, was Paulus hatte, sah er die Wirkung des Christus. Sein Wort ist das des Christus, er redet in ihm, II 13, 3; seine Kraft ist die des Christus; er erweist durch Paulus, daß er lebt, II 13, 4; sein Geist ist der des Christus, Röm. 8, 9. So sind auch seine Leiden die des Christus, die der Gekreuzigte auf sich nahm. Aber damit ist zugleich gegeben, daß die Tröstung mit dem Leiden verbunden ist. Denn der leidende Christus ist auch der Überwinder der Welt und des Tods. Darum hat die sich immer mehrende Häufung seines Leidens die sich immer mehrende Fülle des Trostes bei sich.

Weil die Bedrängnis und die Tröstung vom Christus kommen, reicht der Zweck beider über Paulus hinaus und dient dem Aufbau der Gemeinde; denn in diesem besteht das Werk des Herrn. Das Bedrückt- und das Getröstetwerden erlebte Paulus als einen Gegensatz: entweder wird er bedrückt oder er wird getröstet. Denn er betrieb keine Abstumpfung der seelischen Vorgänge etwa nach stoischen Regeln zur Apathie. Auch den Christus hat er sich nicht als apathisch leidend vorgestellt. Aber aus diesen weit voneinander getrennten Erlebnissen, aus den mit Angst und Schmerz gefüllten Stunden und aus den beglückenden Erfahrungen der inneren und äußeren göttlichen Hilfe, entsteht für die Gemeinde dieselbe Frucht, Trost, mit dem Paulus das eine Mal die Rettung verbindet, weil die Stärkung im Leiden sie für die kommende Rettung rüstet, und das andere Mal die standhaltende Geduld zusammenstellt, weil die Leiden des Apostels nicht nur aus seinem besonderen Amt, sondern aus dem Christenstand entstehen und darum auch zum Erlebnis der Gemeinde werden. Das Leiden weckt aber immer die bange Frage nach dem Ausgang. Wird die Gemeinde beharren oder dem Druck nachgeben und von ihm überwältigt werden? Die Hoffnung des Apostels schwankt aber nicht, weil ihm das Zusammensein von Leiden und Tröstung in seinem eigenen Erleben zeigt, daß auch die Gemeinde in jeder Lage an beiden Anteil haben wird.

Die Rettung aus Todesnot[1]

1, 8—11

Wie Paulus es eben beschrieben hat, handelt Gott beständig
an ihm. Nun bespricht er aber noch einen einzelnen Vorgang,
der sich in der letzten Zeit zugetragen hatte und beides belegt, die Größe seiner Bedrängnis und die Größe des göttlichen Trosts, der ihm dadurch widerfährt, daß Gott ihn rettet.
„Ich will nicht, daß ihr unbeachtet laßt", bedeutet nicht, daß
die Korinther noch keine Nachricht von diesen Ereignissen
erhalten hatten. Schwerlich hätte dann Paulus alle konkreten
Angaben über das, was geschehen war, unterlassen. Er sagt
aber kein Wort über die, die ihn in diese Todesgefahr brachten,
und ebensowenig über die Weise, wie ihm die völlig uner-
wartete Hilfe zuteil wurde. Einzig die innerliche Seite an
diesem Erlebnis, einzig das, was Gott ihm dadurch für sein
Glauben und Hoffen zeigt, stellt er hervor. Aber eben dies
ist es, was die Korinther nicht übersehen sollen. Sie kennen
ihn nur dann, wenn sie begreifen, was dieses Erlebnis für ihn
und sein Glauben bedeutet hat. Er spricht hier von der Not,
die über ihn kam, genau in derselben Weise, wie er von seinem
Tierkampf in Ephesus geredet hat, I 15, 32.

Wahrscheinlich geschah dieser Angriff auf Paulus kurz vor
seiner Abreise von Ephesus. Er sagt zwar nur, es sei dies in
der Asia geschehen; er hat aber wahrscheinlich beim Namen
der Provinz an ihre Hauptstadt, an Ephesus, gedacht, wie er
auch gesagt hat: „Alle in der Asia haben sich von mir abgewandt", 2 Tim. 1, 15, nämlich alle in Ephesus, und wie Lukas
die aus Ephesus stammenden Begleiter des Paulus „Asianer",
Apgsch. 20, 4, und die aus Ephesus gekommenen Juden „die
aus der Asia", Apgsch. 21, 27, genannt hat. Durch den Bericht des Lukas über den Aufruhr, den die Silberschmiede
von Ephesus gegen Paulus anstifteten, läßt sich das, was Paulus hier erzählt, nicht verdeutlichen. Denn nach dem Bericht
des Lukas behielten die Beamten der Stadt damals die Ruhe,

---

[1] Das, was bei der Abreise von Ephesus geschah, erläutert Paulus
von 1, 8—2, 13.

weshalb es ungewiß ist, ob Paulus durch jenen Tumult selbst
in Gefahr gekommen sei. Jener Kampf, den er seinen Tierkampf nannte, I 15, 32, liegt weit zurück, weshalb es unbegreiflich bliebe, warum Paulus jetzt nochmals von ihm redete.
Eher kann die Todesnot, an die er Röm. 16, 4 erinnert, die
sein, in die er noch kurz vor seiner Abreise aus Ephesus geraten ist. Da er in diesen Sätzen immer von „uns" spricht,
scheint er Timotheus mit einzuschließen.
Die Last, die ihnen damals aufgelegt wurde, war schwerer,
als daß sie sie tragen konnten. Einen Weg zur Rettung gab
es nicht mehr. „Wir selbst in uns selbst haben das Urteil
des Todes erhalten." Wenn der Glaube nicht mitreden durfte,
wenn Paulus nur das erwog, was sein Blick erfassen konnte,
wenn nur die sichtbaren Hilfsmittel in Rechnung kamen,
dann war die Todesstunde da. Vielleicht ist aber damit das
Erlebnis, von dem Paulus spricht, noch nicht ganz erfaßt.
Bezog sich das Urteil, das ihm den Tod zuteilte, nur auf jene
Not? Hätte er es ein Urteil genannt, wenn seine Rettung es
wieder aufhob? Vielleicht hebt Paulus hier jene Stunde ins
Licht, in der es ihm zur Gewißheit wurde, daß der Tod das
Ende seines apostolischen Wirkens sei. So tief reicht der Anspruch, den seine Sendung an ihn stellt. Über den Ernst desselben sollen sich die Korinther nicht täuschen. Verlangt wird
von Paulus der Verzicht auf sein Leben deshalb, weil er sich
nicht auf sich verlassen, sondern an Gott glauben soll, an den
Gott, der die Toten auferweckt, dessen Gnade nicht auf die
irdische Zeit beschränkt ist, sondern durch den Tod zum Leben
führt. Damit erinnert Paulus die Korinther an das, was er
ihnen I 15, 30—32 gesagt hatte. Schon dort sprach er aus,
daß ihn nichts zum steten Einsatz seines Lebens bewegen
würde, wenn nicht Gottes Verheißung auch den Toten gälte.
Bestätigt wurde ihm sein Glauben dadurch, daß er aus jener
Todesnot errettet wurde, und er weiß, daß er auch aus den
noch kommenden Gefahren gerettet werden wird. Dies ist
aber nicht nur sein eigenes Erlebnis, sondern auch das der
Gemeinde. Denn sie empfängt durch seine Rettung die Erhörung ihres Gebets und damit den Grund zur Danksagung.
Aus der Gemeinschaft des Apostels mit der Gemeinde folgt,

30*

daß sie sein Wirken mit ihrem Gebet begleitet. Indem er dieses voraussetzt, fordert er zugleich zu ihm auf. συνυπουργοῦντες sind sie bei seiner Rettung durch ihr Bitten. Das σύν meint schwerlich, daß ihr Gebet mit dem des Paulus zusammen wirke; σύν wird auf Gottes Wirken bezogen sein, an dem sie durch ihr Gebet dienenden Anteil haben. Paulus sah im menschlichen Bitten eine von Gott gewollte Voraussetzung und Bedingung der rettenden göttlichen Gnadentat. Denn ihr Ziel ist, daß der Mensch für sie danke und dadurch Gott preise, und dieses Ziel erreicht sie dann, wenn der Mensch um sie gebeten hat. An ἐκ πολλῶν προσώπων kann der Eindruck entstehen, πρόσωπον sei hier in derselben Weise entleert, wie es mit unserem ,,Person" geschah; ,,viele Gesichter" bedeuteten nichts anderes als ,,viele Menschen". Vielleicht hat sich aber Paulus die zur Danksagung versammelte Gemeinde konkret vorgestellt; sie hebt ihre Gesichter empor, und aus diesen, aus ihrem Blick und Mund, entsteht das Gott verherrlichende Dankgebet. διὰ πολλῶν kann als Maskulin oder als Neutrum empfunden sein. Ist es ein Maskulin, so betont es nochmals, was ἐκ πολλῶν προσώπων sagte, daß nämlich das, was Paulus erleidet, nicht bloß für ihn selbst ein Segen sei, sondern viele erfasse und zum Preis Gottes bewege. Da dies aber schon gesagt ist, wird es richtig sein, διὰ πολλῶν neutrisch zu lesen. In den vielen Worten, mit denen die Gemeinde die Rettung des Paulus preist, zeigt sich, wie hoch sie diese Wohltat schätzt. Da in der Versammlung nicht nur einer, sondern viele beteten, gab es auch viele Gebete.

Auch in II 4, 15 und 9, 11. 12 hat Paulus gesagt, daß die Erweckung der Danksagung in den Gemeinden das Ziel seines Apostolats sei, unter das er alles stellt, was er erlebt und erreicht, sowohl die Rettung aus seinen Nöten, als die Leistungen, zu denen die Gemeinde durch ihn angeleitet wird.

Die Danksagung der Korinther geschieht ὑπὲρ ἡμῶν, uns zu gut. Nicht nur die Fürbitte, sondern auch die Danksagung der Gemeinde wertete Paulus als eine ihm geleistete Hilfe. Es liegt ihm daran, daß das, was Gott für ihn tut, zu seinem Ziel gelange; das Ziel der ihm gewährten Rettung ist die Verherrlichung Gottes durch die Danksagung der Gemeinde.

Bleibt diese nicht aus, so ist das für ihn ein Segen, da er dadurch zu der Hoffnung berechtigt ist, daß Gott auch ferner
ihn retten werde, wie er ihn jetzt gerettet hat.

„Er wird mich retten"; als der Frühling wieder kam, fuhr
Paulus „im Geiste gebunden" nach Jerusalem, gewiß, daß
ihn Gott vor dem Gefängnis nicht rette. Daß er sein Leben
schütze, diese Hoffnung hielt er aber auch damals fest, sowohl
vor den Hohenpriestern als vor den kaiserlichen Statthaltern
und in der stürmischen Nacht, als sein Schiff scheiterte.
Warum er seine Hoffnung einschränken und nur noch auf
seine Rettung in Gottes himmlisches Reich richten konnte,
2 Tim. 4, 18, ohne daß ihm dies eine Erschütterung und Wandlung des Glaubens brachte, hat er durch das, was er über die
Todesgefahr in Ephesus sagte, erklärt, in der er, als ihm jeder
andere Stützpunkt genommen war, an den glaubte, der die
Toten auferweckt.

Die Möglichkeit, Paulus zu verstehen
1, 12—14

Die Erlebnisse des Paulus übertragen sich auf die Gemeinde,
weil sie sie zum bittenden und dankenden Gebet bewegen,
und das Gebet der Gemeinde wird in seinem Erleben in der
Weise wirksam, daß ihm Gott seinen Schutz gewährt. Das
ist echte, ganze Gemeinschaft, und diese ist sein Ruhm.

Daß er mit der Fülle der Leiden des Christus auch die Fülle
seiner Tröstung erfährt und daß dies zwischen ihm und den
Korinthern die Gebetsgemeinschaft herstellt, bewegt ihn zu
starker Freude, zu frohlockendem Jubel, zu heißem Dank.
Dieses sein Rühmen wäre aber ein leeres Wort, mit dem er
sich über die tatsächlichen Zustände täuschte, wenn er wirklich, wie man in Korinth zum Teil sagte, unverständlich
wäre. Ein Miterleben mit ihm, das die Gebetsgemeinschaft erzeugt, wäre nicht möglich, wenn er ihnen als ein Geheimnis
erschiene, in das sie sich nicht finden können. Ist das Verständnis nicht erreichbar, so endet die Gemeinschaft und das
in ihr begründete Gebet. Darum sagt Paulus sofort, er rede
in der Zuversicht, daß ihn die Gemeinde verstehe.

Die erste Voraussetzung für diese Zuversicht ist, daß sein
Rühmen eins mit dem Zeugnis seines Gewissens sei. Würde
sein Rühmen nicht durch sein Gewissen bestätigt, so wäre es
eine Lüge, weil dann seine Freude und Zuversicht beständig
durch das in ihm hörbar werdende Urteil seines Gewissens
widerlegt würde. Da Paulus das Urteil, das er in sich über sein
Verhalten fällen muß, ein Zeugnis nennt, macht er sichtbar,
daß er diesem Urteil glaubt und ihm bindende Kraft zuschreibt. Er hat seinem Gewissen freilich nicht zugestanden,
daß es endgültig über das Verhältnis des Herrn zu ihm urteilen
könne, I 4, 4. Es ist nicht befugt, im Namen des Herrn zu
ihm zu sprechen. Wohl aber ist es imstande, das zu beurteilen,
was Paulus will und tut, und in dieser Aussage sah er eine
Norm, der er gehorchen müsse.

Der Aufbau des Sätzchens ist freilich nicht eindeutig. Die
gegebene Deutung bezieht αὕτη rückwärts auf das soeben
Gesagte, wobei es wieder zweifelhaft bleibt, ob Paulus αὕτη
attributiv mit ἡ καύχησις ἡμῶν zusammendachte oder es zum
Prädikat der Aussage machte. In dieser Fassung sagt das
Sätzchen: was ich über unsere Nöte und unsere Rettungen
und über euren Anteil an beiden sagen konnte, sage ich mit
Freude und Zuversicht als unseren Ruhm, und dies ist, wie
das nun als Apposition antretende τὸ μαρτύριον τῆς συνειδήσεως
ἡμῶν sagt, das von unserem Gewissen Bezeugte. Oder αὕτη
sieht vorwärts auf das Folgende: unser Rühmen ist das, was
uns unser Gewissen bezeugt, dessen Urteil der mit ὅτι beginnende Satz ausspricht. Es wird aber nicht deutlich, was
bei dieser Fassung den Einsatz von αὕτη nötig machte; ,,unser
Rühmen ist das Zeugnis unseres Gewissens'' reichte für diesen
Gedanken aus.

Ihr Ruhm, den die Aussage ihres Gewissens als wahr erweist, entsteht aus der Weise, wie sie sich in der Welt be-
nommen haben, vor allem bei den Korinthern. An den Gegensatz zwischen der Welt und den Heiligen ist hier nicht gedacht; auch die Korinther gehören zur Welt, zu der zu gemeinsamem Leben verbundenen Menschheit. Die Frage, die
Paulus an sein Gewissen stellt, ist die, was ihn bei seinem
Verkehr mit den Menschen bestimmt habe, und er antwortet,

sein Verfahren sei durch das bestimmt gewesen, was Gott ist,
durch Gottes Heiligkeit, ἁγιότης (durch Gottes Eindeutigkeit, ἁπλότης ?) und durch Gottes Lauterkeit, εἰλικρίνεια. Die
kausale Kraft dieses ἐν ist deutlich; was Paulus bewegte und
sein Verhalten bestimmte, wird mit dem ἐν gesagt.
Erwogen muß werden, in welchem Sinne hier die Heiligkeit und Lauterkeit Gott zugeeignet sind. Sind sie das Merkmal, das Gott in seinem ganzen Wirken kennzeichnet, oder
lockert sich hier die dem Genetiv innewohnende Bedeutung,
so daß er den Wirker und Geber bezeichnet, der Paulus mit
Heiligkeit und Lauterkeit beschenkt? Bei der ersten Deutung
hat der Genetiv denselben Sinn wie im sogleich folgenden
ἐν χάριτι θεοῦ. Denn χάρις ist unzweifelhaft Gottes eigener
Wille und das Merkmal seines Tuns. Paulus empfängt sein
Wirken nicht von seiner Gnade, die Gott in ihn hineingelegt
habe, sondern von Gottes Gnade. Es ist somit deutlich, daß
er den Grund seines Verhaltens in Gottes Wirken fand, und
dies ist unmittelbar mit seinem Amtsbewußtsein gesetzt, nach
dem er Gottes συνεργός ist und das Werk des Herrn wirkt.
Damit hat er gesagt, sein Wirken entstehe aus Gottes Wirken,
und dies stellte ihn vor die Frage, ob das, was das nie fehlende
Merkmal Gottes sei, in seinem Wirken erscheine. Bei ἁγιότης
hat dieser Gedanke sofort einleuchtende Durchsichtigkeit.
Daß wir geheiligt werden, ist die Tat des Heiligen. Wie könnte
Paulus als der Bringer des göttlichen Rufs aus Menschen
Heilige machen, wenn nicht Gottes Heiligkeit alles, was Paulus sagt und tut, bestimmt? Die ἁγιότης Gottes trennt Paulus
von der Welt und verbietet ihm, sich menschliche Ziele zu
setzen und mit menschlichen Mitteln zu arbeiten. Gibt ihm
Gottes Heiligkeit sein Verhalten, dann liegt es ihm bei allem,
was er tut, allein an Gott. Aber die Heiligkeit Gottes bringt
nicht nur die Distanz des Menschen von ihm hervor, sondern
ist das Merkmal des offenbarten und angebeteten Gottes, der
den Menschen zu seiner Erkenntnis und seiner Gemeinschaft
beruft, und das ist das Ziel und die Wirkung des paulinischen
Apostolats.

Im Unterschied von ἁγιότης kann εἰλικρίνεια geneigt machen,
die geschwächte Fassung des Genetivs für das zu halten, was

Paulus gewollt habe; es sei freilich für Paulus in seinem beständigen Verkehr mit der Welt ein gewichtiges, stete Wachsamkeit forderndes Anliegen, sich die Reinheit der Ziele und
die Einheit der Gedanken zu sichern und nicht, bewußt oder
unbewußt, Fremdes in sich einzulassen, durch das das Wollen
und Denken in Widersprüche zerrissen würde; aber für Gott,
den Einen und Unabhängigen, der keinem fremden Einfluß
unterliege, sei nicht εἰλικρίνεια, Lauterkeit, die nichts Zwiespältiges in sich hat, das Kennzeichen; daß Gott Lauterkeit
eigen sei, sei selbstverständlich, aber eben darum ein nichts
besagender Satz, während es immer und vollends im Verhältnis zu den Korinthern schwerstes Gewicht habe, daß die
εἰλικρίνεια das Merkmal des Paulus sei, vgl. I 5, 8. Gewiß hat
Paulus sowohl bei ἁγιότης als bei εἰλικρίνεια an das von ihm
verlangte Verhalten gedacht. Er selbst darf sich durch keine
Handlung profanieren, sondern muß, was immer er sage und
tue, Gottes Heiligkeit sichtbar machen, und er selbst darf
niemals in seinem Denken und Wollen zweizüngig werden.
Damit ist aber nicht widerlegt, daß er sich gerade, weil er sich
der Größe dieser Pflicht bewußt war, nachdrücklich ein-
prägte, daß widerspruchsvolle Zwiespältigkeit und gegeneinander streitende Absichten in Gott keinen Raum haben,
daß Gott vielmehr die Menschheit mit vollkommener Klarheit und Einheit nach derselben Regel zu dem einen Ziel
führe, das das Bekenntnis der Gemeinde formuliert: „Durch
den Christus alles und wir durch ihn", I 8, 6.

Bei ἁγιότητι ist die Überlieferung nicht einstimmig, da daneben ἁπλότητι steht. Da Γ I und II leicht verwechselt werden
konnten, läßt die Variation an das Versehen eines Schreibers
denken. Der Sprachgebrauch hat ἁπλότης auch die Bedeutung
„Freigebigkeit" gegeben, II 8, 2; 9, 11. 13; aber hier neben
εἰλικρίνεια wird an die Eindeutigkeit der Ziele und die Durchsichtigkeit des Verhaltens gedacht sein, wie es II 11, 3 gebraucht ist. Für ἁπλότης spricht, daß ἁπλότης θεοῦ keine nahe-
liegende Formel ist, vielmehr eher befremdet; sie wird auch
durch τοῦ διδόντος θεοῦ ἁπλῶς, Jak. 1, 5, nicht ganz gedeckt.
Zum Zweck des Satzes, zur Abwehr der Klage, Paulus sei
unverständlich, paßte ἁπλότης ebenso gut wie εἰλικρίνεια. Man

kann aber nicht sagen, daß ἁγιότης θεοῦ nicht in den Gedankenzug passe und untragbar sei.

Abgewiesen ist mit dem Gesagten „die Weisheit, die die
Art des Fleisches hat". Bestimmte nicht Gott das Handeln
des Paulus, so gestaltete er es selbst, und bei einem so großen
Unternehmen, wie Paulus es betreibt, könnte er nur dann
Erfolge erzielen, wenn Weisheit sein Verhalten ordnete. Das
wäre aber nach der jetzt vorausgesetzten Annahme nicht
Gottes Weisheit; somit wäre es die, die das vom Fleisch erzeugte Begehren hervorbringt, jene Denkleistung, die der
Eigensucht anheimgefallen, hinterlistig, intrigant, von den
ethischen Normen gelöst und skrupellos ist. Warum nun Paulus der fleischlichen Weisheit nicht Gottes Weisheit, sondern
Gottes Gnade entgegenstellt, wissen wir durch I 1, 18–25.
Die Ausführung über die Torheit seiner Verkündigung macht
durchsichtig, warum er nicht die Herrlichkeit der göttlichen
Gedanken, sondern die gebende, helfende Gütigkeit Gottes
den Grund seines ganzen Verhaltens heißt. Sie macht es unmöglich, daß eigensüchtige, ehrgeizige, machtgierige Ziele sein
Handeln formen.

All dies wurde in besonderem Maß in seinem Verkehr mit
den Korinthern offenbar. Wer für die Beurteilung des Handelns keine andere Norm als den Gegensatz zwischen der Sünde und dem Recht zuläßt, muß sich an diesem Satz stoßen.
War denn Paulus im Verkehr mit anderen Gemeinden nicht
ebenso völlig an die göttliche Führung gebunden wie in Korinth? Aber Paulus handhabt nicht nur den Gegensatz zwischen der Sünde und der Gerechtigkeit, siehe I 7, sondern
kennt ein Gutes und ein Besseres, ein Mehr oder Minder von
göttlicher Begnadigung und Führung, ein größeres oder geringeres Maß von Geist und Kraft, und über seine Arbeit in
Korinth urteilte er, dort sei in besonderem Maß Gottes Heiligkeit, Lauterkeit und Gnade in ihm wirksam geworden.

Damit hat er seine Verständlichkeit gesichert. Bei dem, der
aus der Heiligkeit und Lauterkeit Gottes sein Handeln schöpft,
kann nicht Unklarheit entstehen, mit wem man es zu tun habe,
ob mit Gott oder mit einem das Seine suchenden Menschen,
und der, bei dem Gottes Gnade die fleischliche Weisheit aus-

stößt, wird nicht ein Intrigant, vor dessen Schleichwegen und Nebenabsichten die Gemeinde sich hüten müßte. Als Beleg für das, was er über den Grund seines Handelns gesagt hat, verweist Paulus die Korinther auf seinen brieflichen Verkehr mit ihnen. Dieser enthält nichts Zweideutiges. Paulus sagt in seinen Briefen genau das, was sie lesen und was von ihnen als der Sinn des Gelesenen erfaßt werden kann. Sie haben nichts zwischen den Zeilen seiner Briefe zu suchen und nicht hinter seinen Worten versteckte Hintergründe zu vermuten. Wenn sie sich bei seinen Briefen das denken, wozu die Worte sie anleiten, verstehen sie ihn; dann treffen ihre Gedanken mit den seinigen zusammen. Jetzt ist ihr Verständnis des Paulus noch beschränkt; denn sie betrachten sein Verhalten noch mit Erstaunen und mancherlei Bedenken. Er hat aber die Hoffnung, daß sie ihn noch vollständig begreifen werden. Schon gegen den I 5, 9 erwähnten Brief war der Einwand erhoben worden, es bleibe unklar, was Paulus verlange, und die Ereignisse, die auf den erhaltenen ersten Brief folgten, zeigten, daß der Widerspruch gegen ihn stark wurde. Nicht alle Korinther begriffen, warum Paulus, statt selbst zu kommen, Titus zu ihnen mit einem Brief gesandt hatte, der sie hart schalt, und vielleicht wurde auch der zweite Besuch des Titus, der ihnen diesen Brief brachte, mit Erstaunen aufgenommen. Paulus sucht darum zu verhindern, daß das, was er jetzt schreibt, unwillig angehört und mißdeutet werde. Das Präsens und der Plural „Wir schreiben" beschränkt diese Erklärung nicht auf den jetzt von ihm verfaßten Brief, umfaßt aber auch ihn. Wenn jetzt Paulus ihnen enthüllt, was er ist und will, so sollen sie seinen Brief mit der Zuversicht hören, er sei ein durchsichtiges und klares Wort, das nicht mit der Einrede entkräftet werden könne, was Paulus meine, könne man nicht wissen.

Auch jetzt schon haben die Korinther Paulus zum Teil erkannt. Das begründet seine Hoffnung, daß sie ihn vollständig erkennen werden. ἀπὸ μέρους sagt, daß ein Teil der Gemeinde manches an Paulus noch unverständlich findet. Wäre es nicht so, so müßte er nicht seinen Besuch durch diesen Brief vorbereiten, der sich einzig darum bemüht, daß sie ihn verstehen lernen. Verstanden haben sie ihn, wenn er für sie und sie für ihn zum Grund des Rühmens geworden sind.[1] Die, die ihn jetzt noch nicht erkennen, bedauern es, daß nicht ein anderer Apostel oder Lehrer, sondern er ihnen die Botschaft Jesu brachte und deshalb die Gemeinde in einer Verbundenheit mit ihm steht, die sie nicht abschütteln können. Diese Urteile vergehen aber, sowie er erkannt ist. Dann freuen sie sich aneinander und haben daran, daß sie zusammengeführt und in Gemeinschaft miteinander gebracht wurden, den Grund zu frohlockender Dankbarkeit. Dadurch gibt Paulus dem Bekenntnis „Ich bin des Paulus", I 1, 12, seinen reinen und unvergänglichen Sinn. Dieser Ruhm wird nicht vergehen, wenn sich Christus offenbaren wird; vielmehr bekommt er dann seine volle Wahrheit und beseligende Kraft. Dann, wenn sie vor den sie richtenden Herrn gestellt sein werden, werden sie ihre Gemeinschaft miteinander als Gottes große Gnadengabe schätzen. Dann wird sich die Gemeinde dessen rühmen, daß Gott Paulus zu ihnen geleitet und sein Wort in ihnen wirksam gemacht hat, und Paulus wird sich dessen rühmen, daß es ihm gegeben war, die korinthische Gemeinde zu einer Braut des Christus zu machen, die er ihm bei seiner Ankunft zuzuführen vermag, II 11, 2. Daß er sterben und die Ankunft des Herrn nicht lebend schauen wird, stört diese Zuversicht nicht. Der Tod wird ihn von der auf der Erde lebenden Gemeinde nur zeitweilig trennen. Da er auferweckt und sie verwandelt werden wird, sind sie beim Herrn vereint, II 4, 14; vgl. 1 Thess. 4, 17.

Die Weigerung des Paulus, nach Korinth zu kommen
1, 15–2, 2

Einen Anlaß, an der eindeutigen Zuverlässigkeit seiner Worte zu zweifeln, hatte Paulus den Korinthern dadurch gegeben, daß er sich entschlossen hatte, von Ephesus aus nicht nach Korinth zu gehen, obwohl ihn die Korinther damals er-

---

[1] καύχημα ὑμῶν ἐσμεν ist eine alte biblische Formel. Jerem. 17, 14 καύχημά μου σὺ εἶ, תְּהִלָּתִי אָתָּה. Deut. 10, 21 οὗτος καύχημά σου, הוּא תְהִלָּתְךָ. Judith 15, 9 σὺ καύχημα μέγα τοῦ γένους ἡμῶν.

warteten, sondern nach Makedonien zu wandern und erst von dort aus nach Korinth zu gehen. Dieser Entschluß stand ihm fest, als er Titus nach Korinth sandte; denn dieser hatte die Weisung, sich in Troas mit Paulus zu vereinigen, II 2, 12; nach Troas kam Paulus aber auf der Wanderung nach Makedonien. Erwartet haben ihn die Korinther auf Grund eines Versprechens, daß er von Ephesus aus sogleich nach Korinth kommen und von dort aus nach Makedonien gehen werde. Da er damals schon entschlossen war, nach Jerusalem zu fahren, war es kein großer Zeitverlust, wenn er aus Makedonien wieder nach Korinth zurückkehrte und von dort aus die Reise in den Orient antrat. Damit hätte er den Korinthern zweimal einen Besuch geschenkt. Dieses Versprechen hat Paulus nicht gehalten, da er, statt selbst zu kommen, Titus nach Korinth geschickt hat.

„In dieser Zuversicht" gab er ihnen dieses Versprechen, nämlich im Vertrauen, daß die Korinther sich seiner rühmen, wie er sich ihrer rühmt. Er hat also bei seinem Versprechen vorausgesetzt, daß die Gemeinschaft der Korinther mit ihm nicht erschüttert sei. Damals meinte er, er komme ihnen zur Freude und werde auch selber durch seinen Besuch bei ihnen erfreut. Diese Voraussetzung ist durch das Verhalten der Korinther zerfallen, und damit war für Paulus sein Versprechen unausführbar geworden.

Es bedarf aber der Erwägung, ob diese Deutung nicht mehr in ἐβουλόμην hineinliest, als es sagt. Hat Paulus seinen Willen den Korinthern mitgeteilt, so daß aus seinem Plan ein ihnen gegebenes Versprechen wurde? Oder teilt er ihnen erst hier seinen wieder umgeänderten Plan mit, um ihnen zu zeigen, wie viel ihm am Verkehr mit ihnen liege, wie eifrig er sich bemühe, ihnen beizustehen? Diese Erwägung hat deshalb Kraft, weil sich die Frage: wann gab Paulus den Korinthern dieses Versprechen? nicht sicher beantworten läßt. Als er den ersten Brief schrieb, stellte er noch die Reise nach Makedonien vor seinen Besuch in Korinth, I 16, 5–9. Damals war es ihm auch noch nicht gewiß, daß er selbst nach Jerusalem zu fahren habe. Was er den Korinthern versprach, setzt also eine andere Lage voraus als die, in der er den ersten Brief schrieb. Auch

in demjenigen Brief, von dem er gleich reden wird, stand dieses
Versprechen nicht. Denn diesen Brief hat Titus nach Korinth
gebracht; er wurde also verfaßt, als Paulus bereits entschlossen war, jetzt Korinth zu meiden. Daß noch ein Brief zwischen
dem ersten und zweiten der erhaltenen Briefe nach Korinth
gegangen sei, hat keine Wahrscheinlichkeit. Es bleibt somit
kaum etwas anderes als die Annahme übrig: Paulus versprach
dies den Korinthern bei jenem Besuch, an den er sie gleich
erinnern wird. Da dieser nur kurz war, scheint er bei seiner
Abreise gesagt zu haben, er kehre, sowie er die Dinge in Ephesus geordnet habe, noch bevor er zu den Makedonen gehe,
nach Korinth zurück. Von seinem Besuch sagt er aber, zu
diesem habe ihn Kummer bewogen, I 2, 1, während er von
seinem Versprechen sagt, er habe es in der Zuversicht gegeben,
daß sich die Korinther zu ihm halten und sich seiner rühmen.
So dürfen wir uns aber die Betrübnis des Paulus nicht vorstellen, daß sie seine Zuversicht völlig verschlang. Über allem
Kummer, den ihm die Gemeinde machte, stand immer wieder
seine Gewißheit, daß sie die Gemeinde des Christus sei. Wir
könnten uns aber diese Annahme ersparen, wenn ἐβουλόμην
nichts anderes bedeutete als: ich trug mich einst mit diesem
Plan. Es ist aber offenkundig, daß sich Paulus mit dieser
Satzreihe verteidigt und die Änderung seines Planes rechtfertigt. Wozu weist er den Gedanken ab, daß damit die Zuverlässigkeit seiner Verkündigung und die Sicherheit des Christenstands der Korinther erschüttert sei, wenn diese von der Umstellung seiner Pläne nichts wußten? Nur ein unerfülltes Versprechen, nicht eine ihnen unbekannte Wendung in den Gedanken des Paulus konnte die Korinther stutzig machen. Nur
der muß erklären, warum er einen Gedanken preisgegeben hat,
der ihn ausgesprochen hat.

πρότερον hängt an ἐλθεῖν; früher wollte ich kommen, als ich
jetzt komme. Damit erfahren die Korinther, daß er jetzt kommen will. Die den gesamten Brief formende Absicht, daß Paulus mit ihm seine Ankunft in Korinth vorbereitet, tritt sofort
ans Licht. Er erklärt, warum er nicht früher gekommen sei,
damit er nicht mehr davon reden muß, wenn er wieder bei
ihnen ist.

Er wollte damals, daß „sie eine zweite Gnade bekommen". Entweder ist die erste Gnade der Besuch, bei dem er ihnen dieses Versprechen gab, und die zweite Gnade wäre dann der zweite, jedoch unterlassene Besuch. Oder eine zweite Gnade erhalten die Korinther, weil Paulus sie nach diesem Plan zweimal besuchen wollte, vor und nach seiner Reise nach Makedonien. Gnade erhielten sie, weil da, wo Paulus ist, spricht und wirkt, Gottes Gnade wirksam ist. χάρις benennt auch hier nicht die eigene Gunst und Gütigkeit des Paulus, sondern die Gottes. Freilich ist der, den sie in ihren Dienst nimmt, selber auch der Gütige und Gebende. Vielleicht spricht dies für die zweite der möglichen Deutungen von δευτέραν χάριν, weil es zwar nicht ein unmöglicher, immerhin aber kein leichter Gedanke ist, daß Paulus auch den ihn betrübenden Besuch einen Erweis der χάρις genannt habe.

Weil er sein Versprechen nicht erfüllt hat, entsteht der Schein, er habe leichtsinnig gehandelt. Wären seine Pläne wohl erwogen und fest begründet, würden sie nicht schwanken. Diese Deutung seines Verhaltens widerlegt Paulus nicht weiter. Es genügt, die Frage zu stellen; damit bekommt sie sofort ihr Nein. Da die neue Frage mit ἤ einsetzt, wendet sich Paulus nicht mehr gegen den mit ἐλαφρία angedeuteten Vorwurf, sondern richtet sich gegen eine andere Beurteilung seines Verhaltens. Nun lehnt er das βουλεύεσθαι κατὰ σάρκα ab; er verneint, daß seine Pläne aus der menschlichen Art und Begier erwachsen, womit er bei seiner Aussage bleibt, daß ihm Gottes Heiligkeit und Lauterkeit sein Handeln gebe, Vers 12. Worin es sichtbar würde, daß er seine Pläne dem Fleisch gehorsam forme, sagt der mit ἵνα beginnende Satz. ἵνα abzuschwächen, so daß es nur noch die Folge, nicht mehr die Absicht, anzeigte, wäre nur dann erlaubt, wenn sich für einen Absichtssatz gar keine durchsichtige Deutung fände. Hier hat ἵνα aber schon deshalb seine echte Bedeutung, weil es an κατὰ σάρκα βουλεύεσθαι angeschlossen ist. Ein Planen dient immer einer Absicht, und wenn es unter dem Antrieb des Fleisches geschieht, wird in diesem Planen das natürliche Begehren wirksam. Paulus sagt also, beim Entwerfen seiner Pläne sei nicht das seine Absicht, „daß bei ihm das Ja ja und das Nein nein

sei". Dies könnte er nur dann wollen, wenn er vom Fleisch
regiert wäre und in seinen Vorsätzen seiner Eigensucht gehorchte. Nun spaltet sich die Deutung. Das Ja ja und Nein
nein, dieses fleischliche Planen, gilt den Gegnern des Paulus
entweder als Schande und Schwachheit; sie werfen es ihm vor
in der Meinung, er habe sich dessen durch die Weigerung,
nach Korinth zu kommen, schuldig gemacht. Oder dieses Ja
ja und Nein nein, dieses fleischliche Planen, erscheint ihnen
als das Natürliche und Richtige, und es wird Paulus daraus
ein Vorwurf gemacht, daß er nicht so verfahren ist.

Die Verdoppelung des ναί und des οὐ ist die im palästinischen Sprachgebrauch übliche Verstärkung der Zu- oder Absage. Auf diese Weise spricht der Redende den Ernst seines
Willens aus, der vom Hörer verlangt, daß er sich auf seine
Aussage verlasse; siehe Mat. 5, 37.

Wäre dies ein gegen Paulus gerichteter Vorwurf, so wäre
ihm damit hinterlistige Verschlagenheit zur Last gelegt; freilich handle er nicht leichtsinnig, sondern wohl überlegt; er
sage aber Ja ja und Nein nein zugleich, hinter seiner Zusage
stecke eine Absage, und man könne daher nie wissen, was man
von einem Versprechen, das er gebe, zu halten habe. Das sei
aber die Art des ehrgeizigen, herrschsüchtigen Fleisches, das,
statt ein ganzes, ehrliches Ja oder Nein zu sagen, sich mit
Lügen helfe. Es ist bei dieser Deutung weder nötig noch ratsam, καί als „auch" zu deuten, wodurch τὸ ναί ναί zum Subjekt,
τὸ οὐ οὐ zum Prädikat des Satzes würde: „damit bei mir das
Ja ja auch das Nein nein sei". Daß sich das Ja ja und das Nein
nein bei ihm zusammenfinden, wäre der Paulus gemachte
Vorwurf, wie im folgenden Satz ναὶ καὶ οὐ „Ja und Nein" das
Prädikat des Satzes sind. Die Schwäche dieser Auslegung besteht darin, daß sie einen starken Ton in das καί legt, während
sie das durch die Stellung betonte παρ' ἐμοί entkräftet. Der
für diese Deutung wesentliche Gedanke, die Gleichzeitigkeit des
Ja ja und Nein nein, bekommt keinen sprachlichen Ausdruck.

Bei der anderen Deutung macht es Paulus zum Merkmal
des fleischlichen Planens, daß der Mensch selbstherrlich über
sein Handeln verfügt. Dann lehnt Paulus mit dem Satz:
„Damit bei mir das Ja ja und das Nein nein sei", die Vermu-

tung ab, er gebe seine Zusage oder Absage nach seinem eigenen Ermessen; es liege lediglich an ihm, wenn er das eine Mal verspreche, nach Korinth zu kommen, und das andere Mal sein Versprechen widerrufe. Diese Vermutung liegt vor, wenn sich die Korinther darüber beklagen, daß er nicht gekommen sei. Damit machen sie ihn zum Herrn seiner Entschlüsse und stellen sich vor, er plane, was er plane, nach der Art des Fleisches. Verkannt ist damit jenes Bewußtsein vollständiger Abhängigkeit, das Paulus immer sichtbar macht, wenn er über seine Pläne spricht. Sowohl in seiner Zusage als in seiner Absage ist er der Geleitete, der nicht „nach Fleisch", sondern nach Geist Wandelnde.

Für diese Deutung fällt, abgesehen von der sprachlichen Fassung des Satzes, ins Gewicht, daß sie den Korinthern nichts Häßliches nachsagt. Die Verdächtigung des Paulus, weder sein Ja noch sein Nein sei ehrlich gemeint, gleicht einer giftigen Verleumdung, die sich schlecht mit dem Bedauern der Korinther, daß Paulus nicht gekommen sei, zusammenfügt. Daß sie dagegen bei den Entschlüssen des Paulus einzig an ihn denken und sich nicht deutlich machen, daß er in keiner Lage eigenwillig über sich verfügt, das ist nichts anderes als die natürliche Betrachtung der Ereignisse, die uns allen geläufig ist.

Weil Paulus seinen Willen nicht vom Fleisch empfängt, empfängt er ihn von Gott, und Gott ist treu. Gottes Treue macht aber, daß das von Paulus den Korinthern übergebene Wort nicht eine Zusage und eine Absage, nicht ein Ja und ein Nein ist. Das erläutert der folgende Satz: sein Wort ist einzig Ja, nur Zusage ohne Einschränkung. Befremden kann die feierliche Versicherung, daß Gottes Zusage nicht schwanke, an dieser Stelle nur dann, wenn übersehen wird, was Paulus der Gemeinde damit verweigert hat, daß er sein Versprechen widerrief. Er wollte nach dem, was geschehen war, nicht mehr zu ihr kommen, wenn sie nicht das Geschehene sühnte. Damit hatte er es fraglich gemacht, ob er seine Verbindung mit ihr fortsetze. Er aber war der, der ihr die Botschaft Gottes gebracht hatte; verlor diese ihre Geltung, wenn es Paulus unmöglich wurde, die Korinther wieder zu sehen?

Die Botschaft des Paulus unterliegt keinem Widerruf; denn „treu ist Gott". Dieser Ruf verbürgt die Wahrheit dieses Satzes, steht aber zugleich in fester Beziehung zu seinem Inhalt; denn er begründet ihn. Im Verkehr mit den Korinthern konnte Paulus nicht nur ja sagen; hier wurde auch das ihn von ihnen trennende Nein unvermeidlich. Denn Paulus ist vom Verlauf der Ereignisse abhängig, der seine Pläne korrigiert. Aber die wechselnden persönlichen Beziehungen schwächen die Vollständigkeit der Zusage nicht, die durch die Botschaft des Paulus an die Korinther ergangen ist. Durch sie sprach Gottes Gnade zu ihnen ihr unbeschränktes, durch nichts gehemmtes Ja.

Hier vertritt ἡμῶν nicht nur ἐμοῦ, sondern hat die Erinnerung an die in sich, die mit Paulus die Botschaft nach Korinth gebracht haben. Paulus hat hier auch an Silvanus und Timotheus gedacht. Denn es hat, da er nicht nur ja, sondern auch nein sagen muß und bald der Anwesende, bald der Abwesende ist, Bedeutung, daß er nicht der einzige gewesen ist, der das göttliche Wort nach Korinth gebracht hat, wie auch jetzt die Botschaft Gottes nicht an seine Person gebunden ist.

Je nach der Deutung des vorangehenden Satzes färbt sich auch die Fassung dieses Satzes verschieden. Wer urteilt, Paulus lehne den Vorwurf der Unwahrhaftigkeit ab, läßt ihn hier sagen, seine Verkündigung sei die lautere Wahrheit, von Zweideutigkeit frei und darum zuverlässig. Aber auch an dieser Stelle fehlt das für diese Deutung wesentliche Satzglied, daß das Wort nicht zugleich Ja und Nein sei, und der folgende Satz beschreibt nicht die Wahrhaftigkeit des Christus, sondern die Vollständigkeit seiner Gnade. Wenn dagegen der vorangehende Satz sagte, es habe nicht an ihm gelegen, daß er ja und nein sagen mußte, sagt der neue Satz, unberührt von den Hindernissen, die ihn nötigen, seine Pläne zu ändern, sei der von ihm verkündete Wille Gottes das von keinen Hemmungen beschränkte Ja, das die göttliche Gnade zur Menschheit sprach.

Da die Botschaft Jesus als den Sohn Gottes und Christus verkündet, ist das von der Botschaft Gesagte ganz an das gebunden, was im Christus geworden ist. In ihm aber ist das

Ja geschehen, die Zusage, nicht die Verwerfung, die Berufung
ohne Widerruf, die Annahme der Menschheit, nicht ihre Ver-
stoßung, ihre Versöhnung, nicht ihr Gericht. Alles, was es von
göttlichen Verheißungen gibt, wird durch dieses im Christus
zur Tat gewordene Ja bestätigt. Denn Gott hat sich durch die
Sendung des Christus zu allem Verheißenen bekannt. Damit
ist der Gemeinde das Amen verliehen, das auf das göttliche
Ja antwortende Wort des Glaubens und der Gewißheit, mit
dem sie Gott die Ehre gibt. Paulus fügt aber zu δι' αὐτοῦ noch
ein zweites διά hinzu: δι' ἡμῶν. In die Gott preisende Danksagung ist auch der Dank für den Anteil am Werk des Herrn
eingeschlossen, der Paulus und seinen Mitarbeitern verliehen
worden ist. Vor der Festigkeit und Fülle dieses göttlichen Ja
und dem ihm antwortenden Amen der Gemeinde verstummt
die Klage der Korinther, die es schmerzte, daß Paulus nicht
gekommen war, und der Kummer des Paulus, durch den ihm
die Reise nach Korinth unmöglich geworden war, vergeht in
dieser Danksagung.

Schon dadurch, daß Paulus mit dem göttlichen Ja das
menschliche Amen verband, war gesagt, daß die Festigkeit
der göttlichen Zusage das Verhalten derer, die das Wort empfangen, gestalte. Aus der Treue Gottes und der Unerschütterlichkeit seiner Verheißung entsteht die Festigkeit der Glaubenden. Dabei verweilt Paulus, weil die Ereignisse, die er mit
den Korinthern bespricht, an die wechselnden menschlichen
Pläne und Schicksale erinnerten. Darum sagt er auch zuerst
von sich selbst und von seinen Mitarbeitern, daß die fest machende Wirksamkeit Gottes ihnen zuteil werde. Die göttliche
Gnade ist aber für die Korinther dieselbe wie für ihn und vereint sie miteinander. Dasselbe ἡμᾶς σὺν ὑμῖν wiederholt er II
4, 14. Nun stellt er alle Worte zusammen, mit denen die religiöse Sprache die Sicherheit und Unverletzlichkeit beschrieb,
die der Mensch durch die Verbundenheit mit Gott empfängt.
ὁ βεβαιῶν — καὶ χρίσας wird das Subjekt des Satzes, θεός sein
Objekt sein, worauf ὁ καὶ σφραγισάμενος — καὶ δούς als Apposition an θεός antritt. Die Salbung weiht zum königlichen Handeln, I 4, 8. Sie ist in der Gleichgestaltung der Gemeinde mit
dem Christus enthalten; der zum Königtum von Gott Ge-

weihte weiht auch die Seinen zum „Mitherrschen", und die
von Gott erteilte Sendung macht unantastbar und unüberwindlich. Daß Paulus dabei an eine Ölsalbung etwa zusammen
mit der Taufe gedacht habe, ist deshalb aus dem Wort nicht
zu entnehmen, weil ὁ καὶ σφραγισάμενος folgt. Hier ist aber nicht
an ein sichtbares, dem Christen angehängtes oder ihm ein-
gedrücktes Siegel gedacht. Die Benützung der Versiegelung
zur Beschreibung der Unverletzbarkeit dessen, was Gott gehört, lag nahe, weil auch die Beschneidung als der Empfang
des göttlichen Siegels gewertet worden ist, Röm. 4, 11. Die
Realität der göttlichen Gnade wird durch den Empfang des
Geistes erlebt. Er läßt den Zweifel nicht zu, ob wirklich Gott
den Menschen zu seinem Eigentum gemacht habe. Darum
nennt ihn Paulus das Angeld, das das Besitzrecht des Käufers
feststellt, II 5, 5. Zugleich haftet am Angeld, das die Auszah-
lung des Preises zwar verbürgt, aber noch nicht leistet, der
Gedanke, daß die Verheißungen Gottes größer seien als das
jetzt der Gemeinde gewährte Lebensmaß. Die Verheißung
verkündet ihr den Eingang in das ewige Leben durch die Auferstehung. Was jetzt als Gabe der Gnade empfangen wird, ist
neben der kommenden Offenbarung des Christus klein. Das
allem Verheißenen gegebene göttliche Ja bewirkt noch nicht,
daß es schon jetzt empfangen werden kann, gewährt aber der
Gemeinde eine Hoffnung, die Gewißheit ist, und das, was diese
Gewißheit unerschütterlich macht, ist der in ihr wirksame
Geist. Das ἡμᾶς σὺν ὑμῖν bei βεβαιῶν bestimmt auch den Sinn
des ἡμᾶς in den folgenden Aussagen; sie sagen nicht aus, was
Gott einzig an Paulus tut, sondern gelten der Christenheit.

Wenn aber Paulus nicht leichtsinnig und nicht mit selbst-
herrlichem Machtwillen den Korinthern jenen Brief schrieb,
mit dem er ihnen seinen Besuch verweigerte, obwohl das Ja
des Christus mit unveränderter Festigkeit für ihn und sie in Geltung steht, dann wird es erst recht fraglich, warum er denn
nicht gekommen sei. Nun kann es Paulus nicht vermeiden,
den Grund zu nennen, der ihm die Reise nach Korinth verboten hat. Er bezeugt die Wahrhaftigkeit seiner Aussage durch
einen Eid. Gott macht er für das zum Zeugen, was er jetzt
sagt. Das bindet ihn mit einem so heiligen Band an die Wahr-

31*

heit, daß er sich des Todes schuldig nennt, wenn er jetzt nicht
völlig offen und wahrheitsgemäß redete. Die Anrufung Gottes
gegen seine Seele begehrt von Gott, daß er ihm das Leben
nehme, falls er jetzt die Korinther täusche. Dies war keine
neue Eidesform, sondern die Übernahme palästinischer Sitte;
daß aber Paulus in diesem Moment nach dem Eide greift und
ihn mit Todesernst füllt, macht sichtbar, daß in Korinth über
den Grund, der das Ausbleiben des Paulus herbeiführte, lebhaft gestritten wurde und es dort noch Männer gab, die von
starkem Mißtrauen bewegt und bereit waren, jede Aussage des
Paulus zu entstellen. Um dies zu verhüten, leistete er diesen Eid.[1]
    Nicht Furcht hielt ihn zurück. „Weil ich euch schonte, kam
ich nicht nach Korinth." Er wäre auch damals der Unüberwindliche gewesen; aber damals wäre er ihr Richter geworden,
der, auch wenn er verurteilt, weiß, daß der Christus durch ihn
spricht und seine Macht durch ihn offenbart. Von den beiden
Möglichkeiten, die er I 4, 21 nebeneinander stellt: „Soll ich
mit dem Stock oder mit Liebe und dem Geiste der Sanftmut
kommen?" bestand damals nur noch die erste; die zweite war
durch das Verhalten der Korinther beseitigt. Was das οὐκέτι
bedeutet, wird durch die folgenden Sätze enthüllt. Paulus
dachte hier nicht an den ersten Aufenthalt in Korinth, während dessen die Gemeinde entstanden ist, sondern an den nicht
weit zurückliegenden Besuch, zu dem ihn die Sorge um die
Korinther bewogen hatte.
    Das seiner Kraft bewußte Wort „Aus Schonung für euch!",
das der sprach, der weiß, daß er Sieger bleiben wird, klang
wie der Spruch eines Herrn, der über den Glauben der Korinther Macht hat. Aber so ist es nicht gemeint. Es wäre falsch
verstanden, wenn sie ihm die Absicht zuschrieben, über ihren
Glauben Herr zu sein. Nicht er ist der Grund des Glaubens,
nicht ihm gilt er; er fällt nicht unter sein Urteil; er kann ihn
ebensowenig entrechten, wie er die aus dem Glauben entstehende Erwartung erfüllen kann. Sie sind durch ihren Glauben mit Jesus verbunden, und er allein ist über ihren Glauben
Herr. Wenn Paulus den Korinthern mit seiner Macht zu strafen droht, so trifft diese Drohung nicht die Glaubenden. Nicht

---

[1] Vgl. Jos. a 1, 213 ἐπικαλοῦμαι θεὸν μάρτυρα τῶν ἐσομένων.

geschont, sondern unterdrückt und aus der Gemeinde ausgeschieden wird nur die Sünde. Weil Sünde geschehen war, wäre es ihm verboten gewesen, sie zu schonen. Weil er aber am Glauben der Gemeinde nicht zweifelte, konnte er auch wegbleiben und das Gericht über den Sünder der Gemeinde anheim geben. Denn sie steht, weil sie Glauben hat. Indem er und Timotheus wegblieben, blieben sie bei ihrem Amt, συνεργοί zu sein, nämlich Gottes; die Formel ist dieselbe wie I 3, 9. Gottes Wirken schafft durch den Dienst des Paulus in ihnen die Freude. Sie hielt Paulus für ein wesentliches Merkmal der Gemeinde; fehlte sie, so wäre die Botschaft Jesu nicht angenommen oder wieder preisgegeben; schwankte sie, so schwankte der Glaube. Die Freude und das Gericht verdrängen sich aber. Muß er richten, so können er selbst und die Gemeinde dies nur trauernd tun. Um die Gefallenen müßten sie miteinander klagen, vgl. πενθεῖν I 5, 2; II 12, 21. Die Freude entsteht daran, daß sie gerettet sind, für ihre Sünden die Vergebung haben und für Gott geheiligt sind.

Ermöglicht wurde für Paulus der Entschluß, für die Korinther der Bringer der Freude zu sein und deshalb jetzt in der Ferne zu bleiben, dadurch, daß „ihr durch den Glauben steht". Müßte Paulus an ihrem Glauben zweifeln, dann hätte er keinen Grund mehr, sie zu schonen, und könnte die Zucht nicht ihnen anvertrauen und nicht mehr für sie der Bringer der Freude sein. Aber ihres Glaubens ist er gewiß, und durch den Glauben ist ihr Stand fest, vgl. I 15, 1; 16, 13.

Aus einer Reise, die in der Absicht begründet wäre, die Korinther nicht zu schonen, wäre „ein Kommen in Betrübnis" geworden. Schon einmal hatten ihn schlimme Nachrichten zu den Korinthern gerufen, so daß ihn Kummer bewog, zu ihnen zu reisen; vgl. II 12, 21. Dies wollte er aber nicht noch einmal tun. Er hält ihnen vor, was ihr Verlangen, daß er damals selber nach Korinth komme, ihm zumutete. Er hätte sie betrüben müssen; das heißt aber, er selbst wäre betrübt worden. Denn wer soll ihn erfreuen, wenn er die, zu denen er kommt, betrüben muß? Darum hat er sich entschlossen, mit seinem Besuch in Korinth so lange zu warten, bis er dort wieder die finde, die ihm zur Freude sind.

Die Absicht des Paulus bei seinem Brief
2, 3–11

Paulus wartete; er blieb aber nicht untätig. Statt zu kommen, schrieb er an die Gemeinde und sandte Titus mit seinem Brief zu ihr. Schon die Worte, durch die er den Korinthern seinen Entschluß, sie jetzt nicht zu sehen, deutete, geben über die Absicht Auskunft, mit der Paulus diesen Brief geschrieben hat. Er mied jetzt die Korinther, weil er sie schonte; damit ist gesagt, daß es unbedingt notwendig sei, daß bei ihnen Gericht geschehe; jetzt müssen Strafen verhängt werden. Dies hat ihnen der Brief gesagt und mit großem Ernst von ihnen verlangt. Jetzt, sagte Paulus, hätte mich Kummer zu euch geführt und ihr hättet mich betrübt. Dadurch wissen wir, daß Paulus den Brief bekümmert geschrieben hat und die Gemeinde durch ihn betrübte. Er wollte erst dann wieder kommen, wenn er sich an ihnen freuen konnte. Somit war die Beseitigung dessen, woraus die Betrübnis entstand, das Ziel seines Briefs. Denn, sagte er, ich habe ein Recht, von euch zu verlangen, daß ihr mir Freude macht, und dies war nicht ein eigensüchtiger Wunsch, steht vielmehr völlig unter der Liebesregel, da Paulus erwarten durfte, daß seine Freude die aller sei. Diese Zuversicht hatte Paulus auch damals, als er den Brief schrieb, zu allen. Auch damals gab er keinen Korinther auf. Das ist dieselbe Zuversicht, von der II 1, 15 sagte, sie habe ihn zu dem Versprechen bewogen, gleich wieder zu kommen; sie wurde ihm auch durch die Nachrichten aus Korinth, die ihn bewogen, sein Versprechen zu widerrufen, nicht genommen. In dieser Zuversicht forderte er von der Gemeinde die Umkehr. Auch damit verwaltete er seinen apostolischen Dienst, bei der Wirksamkeit Gottes, die ihnen die Freude verleiht, der Mitwirkende zu sein; denn seine Absicht war, dadurch die Betrübnis zu beenden, die jetzt auf beiden Teilen lag.

Bekümmert schrieb Paulus, und die Gemeinde soll wissen, wie groß seine Betrübnis war. „Aus vielem Druck" schrieb er; damit erinnert er an seine Lage in Ephesus; aus dem ihn umtobenden Kampf heraus entstand der Brief. „Und aus Bedrängnis des Herzens heraus" schrieb er; damit kennzeichnet

er seine inwendige Lage. Das zusammengepreßte Herz ist das
betrübte Herz, wie das weit gewordene Herz, II 6, 11, das frohe
Herz kennzeichnet. Das Zeichen, wie schwer er litt, waren die
vielen Tränen. Die Sitte verbot es dem Juden nicht, auch in
der Gegenwart anderer zu weinen, vgl. Phil. 3, 18, und der
weinende Paulus hat auf die Gemeinden einen tiefen Eindruck
gemacht, Apgsch. 20, 19. 31. Sie sahen an seinen Tränen, wie
völlig er selbst an seinem Dienst beteiligt war und wie echt die
Gemeinschaft war, die ihn mit ihnen verband. Aber nicht dazu
schüttete er seinen Kummer in seinem Brief vor ihnen aus,
damit sie bekümmert werden. Freilich mußte aus der Betrübnis des Paulus die der Korinther entstehen, und Paulus wollte,
daß dies geschehe und sein Brief sie erschüttere. Aber sein
Ziel war nicht ihre Betrübnis, sondern er machte seinen Brief
deshalb zum Zeugen seines Kummers, damit sie seine Liebe
zu ihnen erkennen. Wandte er sich von der Gemeinde ab, so
wäre dies das Ende der Liebe gewesen. Aber die Liebe endet
nicht, und weil sie unüberwindlich ist, wich Paulus dem Kampf
nicht aus, sondern schrieb ihr den sie erschütternden Brief.

Daß die Freude des Evangeliums aus der Gemeinde verscheucht war und Betrübnis bei ihr einzog, entstand durch
die Tat eines einzelnen Gemeindeglieds. Paulus nennt wieder,
wie im ersten Brief, keinen Namen und beschreibt die Tat des
Sünders auch nicht nach ihrem Hergang. In der Parallele,
II 7, 12, heißt er sie eine Ungerechtigkeit. Er nennt dort den
Schuldigen ὁ ἀδικήσας, und weil es einen Täter von Unrecht
gibt, gibt es auch einen, der Unrecht leiden mußte, einen
ἀδικηθείς. Dieser von der Tat Geschädigte war nicht Paulus
selbst; „nicht mich hat er betrübt".

Wir würden zum Verständnis dieser Andeutungen nichts
gewinnen, wenn wir sie mit I 5, 1-5 verbänden und in dem,
der nach diesem Bericht der Gemeinde Not machte, den suchten, der durch seine Ehe schuldig geworden war. Dies würde
zur Erfindung einer recht verwickelten Geschichte nötigen.
Wir müßten annehmen, der im ersten Brief Gerichtete habe
sich gegen das Urteil des Paulus in der Gemeinde zu behaupten
vermocht, nicht nur gegen den ersten Brief und gegen Timotheus, sondern auch gegen Paulus selbst, als er zur Gemeinde

kam; auch Paulus habe es nicht vermocht, ihn aus der Gemeinde zu entfernen oder ihn zur Reue zu bewegen, und nun
müßte er noch eine zweite Handlung gewagt haben, für die
Paulus brieflich die Bestrafung verlangte; jetzt erst habe ihn
die Reue erfaßt. Weder die Satzreihe 2, 5–11 noch 7, 12 enthält ein Wort, das an πορνεία und an die fortgesetzte Auflehnung gegen das früher über ihn gesprochene Urteil denken
läßt. Gelegenheit zu wilden Ausbrüchen gewalttätiger Eigensucht und herrischen Übermuts gab die Haltung der Korinther
genug.

Wäre aus dem Urteil I 5, 1–5 ein langes, heißes Ringen mit
dem Verurteilten und mit der Gemeinde geworden, so wäre
die Regelung der christlichen Freiheit das wichtigste aller Anliegen geblieben. Aber πάντα μοι ἔξεστιν wird im zweiten Brief
nicht wiederholt und es wird von keinem der Fälle mehr gesprochen, bei denen es zu einem falschen Gebrauch der Freiheit gekommen war. Die knappen Sätze II 6, 14–16 genügen,
um die Abgrenzung der Gemeinde von der Welt zu sichern.
Die folgenden Worte werden vermutlich richtig geordnet,
wenn geschrieben wird: ἀλλὰ ἀπὸ μέρους, ἵνα μὴ ἐπιβαρῶ, πάντας
ὑμᾶς. „Nicht mich, sondern euch alle" ist der von Paulus gewollte Gegensatz; „nicht ich bin der Gekränkte und Leidende,
sondern ihr alle seid es". Damit aber diese Darstellung des
Geschehenen nicht zur Übertreibung werde, sondern exakt bei
der Wirklichkeit bleibe, schickt er das einschränkende ἀπὸ
μέρους voran und motiviert diese Einschränkung durch ἵνα
μὴ ἐπιβαρῶ. ἀπὸ μέρους erinnert an II 1, 14. Wie ἀπὸ μέρους
dort das Verstehen als nur teilweise vorhanden und unfertig
geblieben einschränkt, so beschränkt es hier die Versenkung
in Schmerz und Leid als verschieden abgestuft und ungleich
groß. Unmöglich ist es dagegen, in ἀπὸ μέρους die Absicht
hineinzulegen, einen Teil der Gemeinde auszunehmen als von
der Betrübnis nicht betroffen. Denn πάντας ὑμᾶς erträgt keine
Einschränkung. Ist nur ein Teil der Gemeinde von der Betrübnis betroffen, so sind es nicht alle. Paulus sagt aber, daß
die ganze Gemeinde durch das gelitten habe, was der Missetäter tat. Wie sich die, die sich Paulus widersetzten, zu dieser
Tat verhielten, ist damit nicht gesagt. Möglich ist, daß sie

das sittliche Empfinden so tief verletzte, daß auch sie sie mißbilligten. Der Schluß des Briefes, Kap. 10–13, zeigt aber, daß
Paulus sie nicht mehr zur Gemeinde rechnete. Sie bilden für
sich eine Gruppe, die neben der Gemeinde stand, an die Paulus
nicht mehr dachte, wenn er von „euch" sprach. Das Anathema,
das er seinen Gegnern I 16, 22 angekündigt hat, stand seit
den Ereignissen bei seinem Besuch in Korinth für ihn in Kraft.
Daß Paulus vom verschiedenen Anteil der einzelnen am Leid
spricht, hat er damit begründet, daß er „nicht dazu noch eine
Last auflegen will". Durch das Geschehene ist die Gemeinde
belastet, und Paulus will ihre Last nicht über das wirklich
Geschehene hinaus noch vergrößern. Er dachte dabei wohl an
den Übeltäter; aus Schonung für ihn soll das Unheil, das er
angerichtet hat, nicht übermäßig vergrößert werden. Aber
auch den anderen Korinthern, in denen die Erinnerung an
die peinlichen Vorgänge noch ungeschwächt lebt, geschah damit, daß Paulus jedes leidenschaftliche Wort vermied, eine
Wohltat, die ihnen die Versöhnung mit dem Schuldigen er-
leichterte.

Die andere Deutung verbindet οὐκ ἐμὲ ἀλλὰ ἀπὸ μέρους und
weiter ἵνα μὴ ἐπιβαρῶ πάντας ὑμᾶς; Paulus schränke das zuerst
Gesagte: „Mich hat er nicht betrübt" durch ἀπὸ μέρους ein,
womit er von seinem Kummer sage, er sei gemäßigt geblieben
und nicht imstande gewesen, seine Zuversicht ganz zu zerstören; da er doch offenbar an den Ereignissen mit lebhaftem
Schmerz Anteil nahm, nehme er im Interesse der Wahrhaftigkeit das absolute „Mich nicht" zurück, und die ganze Aussage „Mich nicht, vielmehr nur zum Teil" habe den Zweck,
sämtlichen Korinthern die Last zu ersparen, die er ihnen auflegte, wenn er sich als den Gekränkten und Bekümmerten beschriebe. Aber das absolute „Nicht mich" erträgt keine nachträgliche Korrektur, und ἀλλά ist zur Anbringung einer solchen
nicht die richtige Partikel. Für diesen Gedanken wäre οὐκ ἐμὲ
εἰ μὴ ἀπὸ μέρους die sprachlich richtige Form.

Nicht, weil er selbst gekränkt war, schrieb Paulus gegen den
Übeltäter, auch nicht nur, um diesen zur Buße zu bewegen.
Alle hatte er betrübt und dadurch den Fortbestand der Ge-
meinde gefährdet. Das war es, was auch Paulus mit Kummer

belud. Daß einzelne sündigten und abfielen, war in der gegenwärtigen Weltzeit und unter dem auf die Gemeinde gelegten
Druck nicht zu verhindern. Aber die Gemeinde wollte Paulus
erhalten, und darum weil die Tat des Sünders eine starke Wirkung auf die Gemeinde hatte, brachte sie auch Paulus das ihn
tief bewegende Leid.

Mit der Erklärung „Nicht mich, sondern euch hat er betrübt" sind die nun folgenden Weisungen begründet. Hier
haben die Korinther zu handeln; ihr Urteil ist gültig; die von
ihnen verhängte Bestrafung genügt und ihre Verzeihung hat
Kraft. Nach dem Brief des Paulus hatte die Gemeinde nicht
mehr gewagt, die Sache endgültig durch ihren eigenen Beschluß zu ordnen, sondern hat die Rückkehr des Titus zu Paulus benützt, um ihm ihr Urteil vorzulegen mit der Frage, ob
er die Strafe für genügend halte, und um ihn zu bitten, ihrem
Wunsch, dem Verurteilten zu verzeihen, zuzustimmen. Paulus
war mit der von der Mehrheit beschlossenen Bestrafung zufrieden. Warum es nicht zu einem einstimmigen Urteil der
Gemeinde kam und ob die Minderheit eine leichtere oder eine
schwerere Bestrafung wollte, erfahren wir nicht. Daran, daß
ein Teil der Gemeinde sich ihr widersetzt habe, ist nicht zu
denken, weil II 7, 17 ausdrücklich betont, daß die Gemeinde
einstimmig den Weisungen des Titus gehorsam war. An die,
die ihm widerstanden, hat er auch hier nicht gedacht.

Der Brief des Paulus und das Wort des Titus hatten aber
auch den Übeltäter erschüttert, der nun seine Tat so ernstlich
bereute, daß die Gemeinde fürchtete, die Verzweiflung über-
wältige ihn, wenn ihm die Vergebung versagt werde. Der
Festigkeit der Gemeinschaft, die die Glieder der Gemeinde
verband, entsprach die Wucht, mit der ihre Rechtsverwaltung
die Schuldigen traf. Die Vergebung war aber dem Sünder noch
nicht gewährt worden, weil die Gemeinde es für richtig hielt,
daß Paulus ihm zuerst verzeihe. Das war der Grund, weshalb
Paulus sofort, längst ehe er erzählt, was sein Brief in Korinth
für Wirkungen hatte, die Sache des verschuldeten Korinthers
ordnete. Er ordnet an, daß die Gemeinde ihm „Liebe bestä-
tige". Er sagt nicht, daß sie ihn aufs neue lieben solle. Denn
die Liebe war dem Sünder dadurch nicht entzogen, daß die

Gemeinde seiner Sünde mit der Tat widerstand. Da sich aber
der Schuldige durch seine Sünde der Liebe widersetzt hatte,
bedurfte diese einer Bestätigung, die ihren unverletzten Fortbestand sicherte, und sie empfing diese dadurch, daß der Sünder wieder als Bruder unter den Brüdern stand.

Wenn die Korinther dies tun und den, dessen Bestrafung
Paulus gefordert hat, wieder als Bruder bei sich haben, so ist
damit der Zweck seines Briefes nicht verletzt. Paulus wollte
nicht den Tod des Sünders, nicht seine endgültige Trennung
von Christus und der Gemeinde; was er mit seinem Brief wollte,
war einzig, daß die Gemeinde die Echtheit ihres Christenstands
beweise, was sie dadurch tut, daß sie in allem Paulus gehorsam
ist. Da die Gemeinde diese Probe bestanden hat, hat sie nun
auch die Vollmacht, den Gefallenen und Bestraften wieder
aufzurichten. Jedem aber, dem sie die Strafe schenkt, χαρίζε-
ται, verzeiht auch Paulus. Eben deshalb, weil sie ihre Echtheit
bewiesen hat, ist auch Paulus an ihr Urteil, sowohl an ihr
Strafen als an ihr Vergeben, gebunden; denn das Binden und
Lösen der Gemeinde hat Geltung vor Gott, Mat. 18, 18. Dabei
erneuert Paulus mit zarter Güte die Erklärung: „Er hat nicht
mich betrübt.“ Weil er für sich selbst nicht in der Lage ist,
etwas verzeihen zu müssen, sagt er: „Was ich verziehen habe,
wenn ich etwas verziehen habe.“ Damit macht er sein Vergeben nicht zweifelhaft, zeigt vielmehr, wie vollständig und
wahrhaftig es ist. Die Erinnerung an die Verschuldung wird
völlig ausgelöscht und die Gemeinschaft so erneuert, daß sie
keinen sie schwächenden Riß behält.

Wie er die Bestrafung nicht um seinetwillen, sondern um
der Gemeinde willen verlangte, so verzeiht er auch „um euretwillen“. Alles geschieht dazu, damit die Gemeinde den echten
Christenstand bewahre. Die vor Gott gültige Kraft erhält
sein Vergeben dadurch, daß es „vor dem Angesicht des Christus“, in seiner Gegenwart geschieht. Da Paulus gesagt hat,
er gewähre die Vergebung unter den Augen des Christus, hätte
er auch sagen können, er gebe es in seinem Namen und nach
seinem Gebot.

Dem, was nach dem Willen des Christus geschieht, widersteht der Satan. Der Christus verzeiht, der Satan verklagt;

im Namen des Christus vergibt einer dem anderen; unter der
Einwirkung des Satans wird die Vergebung verweigert und
die Gemeinschaft versagt. Es gehört zum Beruf des Paulus,
die Gemeinde dagegen zu schützen, daß der Satan über sie die
Oberhand gewinne und Recht und Macht bekomme, sie zu
verklagen und Gottes Gericht über sie zu bringen. Es wäre
aber ein Übervorteiltwerden durch den Satan, wenn Paulus
die Gemeinde, statt sie zum Verzeihen zu ermächtigen, am
Vergeben hinderte. Wenn aber ihre zum Verzeihen fähige
Liebe die in ihrem Kreise geschehene Sünde überwindet, werden die Pläne des Satans vernichtet. Da sich Paulus den Satan
als eine geistige Macht denkt, handelt er nach νοήματα, nach
Gedanken, durch die er sein Wirken ordnet. Diese Pläne sind
auf die Vernichtung dessen gerichtet, was der Christus schuf.
Paulus spürt sie darin, daß in der Gemeinde Sünde geschieht,
die Strafe und Vergebung nötig macht. Wenn es dem Satan
gelingt, die Gemeinde durch Haß und Rachsucht zu zerspren-
gen, hat er das Recht, vor Gott als ihr Verkläger zu treten,
weil sie dadurch die Gegenwart ihres Herrn verliert und „sein
Angesicht" sich ihr entzieht.

Die eilige Reise des Paulus nach Makedonien
2, 12. 13

Durch das Gesagte war die Not des zum Sünder Gewordenen
geheilt. In Korinth wurde aber um Größeres gerungen als nur
um die Aufrichtung eines Gefallenen. Weil das Verhältnis der
Gemeinde zu Paulus unsicher geworden war, quälte ihn jene
Bangigkeit, συνοχὴ καρδίας, von der er Vers 4 gesprochen hat.
Deshalb fügt Paulus zur Erläuterung seines Entschlusses, die
Ankunft in Korinth aufzuschieben, noch eine Angabe hinzu,
die den Korinthern eindrücklich zeigt, wie groß die Sorge war,
die sie ihm machten.

Die Wanderung nach Makedonien führte Paulus nach Troas,
wo er Titus anzutreffen hoffte. Von Korinth sollte Titus nach
Troas kommen und Paulus über die Vorgänge in Korinth und
die Wirkungen seines Briefs unterrichten. Daß Paulus Titus
nach Korinth gesandt hatte, wird nicht ausdrücklich gesagt;

in Korinth wußten das alle. Aber die Angabe über die verabredete Vereinigung des Titus mit Paulus in Troas und der Bericht über die Ankunft des Titus bei Paulus in Makedonien, II 7, 2–16, machen es beinahe sicher, daß Paulus vor der Abreise aus Ephesus Titus zum Mittelsmann zwischen sich und den Korinthern bestellt hatte.

Vieles hielt Paulus in Troas fest. Er war dorthin gekommen εἰς τὸ εὐαγγέλιον τοῦ χριστοῦ. Man könnte geneigt sein, hier τὸ εὐαγγέλιον nicht, wie gewöhnlich, als den Namen der Botschaft, sondern als Tätigkeitsnomen zu verstehen: „zur Evangelisation", was weiter geneigt machen könnte, im Genetiv τοῦ χριστοῦ nicht den zu finden, der die Botschaft gebracht hat, sondern den, den sie beschreibt. Aber das εἰς in ἐλθὼν εἰς τὸ εὐαγγέλιον τοῦ χριστοῦ gleicht dem in ἀφωρισμένος εἰς εὐαγγέλιον θεοῦ Röm. 1, 1; das, wozu er abgesondert wurde, war die Botschaft, und sie war das, wozu er nach Troas kam. Die vom Christus gebrachte Botschaft war das Ziel seiner Reise, das freilich nur dadurch erreicht wird, daß Paulus die Botschaft sagt. Was er begehrte, wurde ihm in Troas gegeben: „eine Türe war offen im Herrn." Dieses ἐν κυρίῳ zeigt nicht nur, was wir beständig beobachten können, daß Paulus jeden Erfolg an das göttliche Wirken gebunden wußte; es verstärkt zugleich die Beweisführung. Gelegenheit zur erfolgreichen Arbeit ist Gottes Gabe. Paulus kann sie sich nicht bereiten; er muß sie finden und findet sie nur dann, wenn Gott sie ihm gibt. Darum verpflichtet eine Arbeitsgelegenheit; sie darf, weil sie von Gott gegeben ist, nicht mißachtet werden. Trotz seines herrlichen Amts, die Botschaft des Christus zu sagen, und obwohl Gott Menschen dazu bereitet hatte, daß sie nach ihr verlangten, „bekam er nicht Ruhe für seinen Geist". Auch hier ist beim „Geist" an die produktive Kraft in unserem inwendigen Leben gedacht, die unsere Gedanken und unser Wollen in uns hervortreibt. Bei Paulus trieb der Geist in beständiger Anspannung die Gedanken und Wünsche hervor, die sich sorgend und hoffend mit den Korinthern beschäftigten. Auskunft über den Grund, der Titus an der Durchführung des verabredeten Planes hinderte, gab ihm der Geist nicht; dadurch versetzte er ihn in Unruhe. Es war ja möglich, daß Titus deshalb

nicht gekommen war, weil er in Korinth in einen Kampf verwickelt wurde, der ihn dort festhielt. Darum kürzte Paulus
die Zeit, die ihn von der Begegnung mit Titus trennte, dadurch
ab, daß er ihm nach Makedonien entgegenfuhr. ἀποταξάμενος
αὐτοῖς zeigt an, daß es in Troas eine Gemeinde gab, die ihn
gern bei sich behalten hätte, vgl. Apgsch. 20, 6–12. Ihr Anfang
kann leicht vor den kurzen Besuch fallen, von dem hier Paulus
erzählt.

Durch diese Erzählung sind die Korinther für den Bericht
vorbereitet, durch den ihnen Paulus sagen wird, welche Freude
die Rückkehr des Titus und die Nachrichten, die er ihm
brachte, ihm bereitet haben. Aber diesen Bericht schiebt er
noch auf; er folgt erst 7, 2. Zunächst verbindet er mit der
Erinnerung an jene bangen Tage eine Darstellung der Herrlichkeit seines Apostelamts, die den Korinthern das Innerste, was
ihn bewegt, enthüllt.

Paulus der Bringer der Erkenntnis Gottes[1]
2, 14–17

Wie im ersten Brief, so beantwortet Paulus auch hier, wo er
die Herrlichkeit seines apostolischen Wirkens aufzeigt, zuerst
die Frage, ob er den Menschen Erkenntnis bringe. In der
Christenheit wird aber nur nach der einen Erkenntnis gefragt,
nach der, die Gottes Werk sieht und Gottes Willen wahrnimmt
und Gottes gewiß wird. Dieses Erkennen bringt aber weder
Paulus noch irgendein Mensch hervor. Gott macht sich selber
wahrnehmbar; Erkenntnis Gottes entsteht durch Gott, und
dies ist die Höhe, auf die sich Paulus hinaufgestellt weiß, daß
dieses göttliche Wirken, durch das Gott für die Menschen erkennbar wird, beständig durch ihn geschieht. In jeder Lage,
πάντοτε, und an jedem Ort, ἐν παντὶ τόπῳ, wiederholt sich derselbe Vorgang: Gott begegnet dem Menschen, und dieser sieht
sich vor Gott gestellt, weiß sich von Gott gerufen und wird
seiner Gnade gewiß. Dafür bringt Paulus Gott die Danksagung
dar gerade in der Erinnerung an die bangen Tage, da ihn die

---

[1] Die Herrlichkeit seines Apostolats beschreibt Paulus von 2, 14–7, 1.

Sorge, daß die korinthische Gemeinde zerfalle, von Troas nach
Makedonien trieb.

Das macht aus der Wanderung des Paulus von Ort zu Ort
einen Triumph, den Zug des Siegers, der seinen Sieg feiert.
Aber der Sieger, der seinen Sieg durch die Siegesfeier des
Triumphes offenbar macht, ist nicht Paulus, sondern Gott.
Paulus und Timotheus sind aber in die Schar, die den Sieger
begleitet und seinen Sieg verkündet und feiert, hineingestellt:
τῷ θριαμβεύοντι ἡμᾶς; vgl. Kol. 2, 15. Das hat ihnen Christus
gebracht; in ihm macht Gott aus ihnen die Teilnehmer an
seinem Triumph. Da sich Paulus als Mitarbeiter Gottes weiß,
kann er seinen Anteil am Triumph Gottes mit dem vergleichen,
den die haben, die für den Feldherrn kämpften und nun mit
ihm seinen Sieg feiern und verkünden. Aber die Weise, wie
Paulus vom Triumph Gottes in Christus über die himmlischen
Mächte gesprochen hat, Kol. 2, 15, macht es wahrscheinlich,
daß er sich in die Schar derer gestellt hat, die vom Sieger
überwunden sind und nun seinen Sieg dadurch verkünden,
daß sie in seinem Triumphzug mit ihm ziehen. Paulus jubelt,
daß Gott „über uns triumphiert".

Erkenntnis Gottes entsteht nur dadurch, daß das Wort von
der Versöhnung den Menschen von seiner Feindschaft gegen
Gott befreit. Das menschliche Begehren und Denken wird
überwunden, wenn Gott wahrgenommen wird. Für Paulus
stand hinter diesem Gedanken die Erinnerung an seinen Widerstand gegen Jesus. Gott hat ihn im Christus aus seinem
Feind zu seinem Zeugen gemacht, und dadurch ist er fähig
geworden, den Sieg Gottes zu offenbaren. Doch kann in dieser
ganzen Ausführung ἡμεῖς nicht nur auf Paulus bezogen werden,
sondern schließt auch Timotheus ein, den er mit 1, 19 an der
Gründung der Gemeinde wie sich selbst beteiligt hat. Es ist
aber ein für alle gültiger Satz, daß sich der Mensch Gott widersetzt, bis Gott seinen Eigenwillen überwindet. Darum gleichen
alle, die mit der Erkenntnis Gottes begnadet sind, denen, die
den Sieger dadurch feiern, daß sie von ihm bezwungen sind.

Die Erkenntnis Gottes, die durch seinen Triumph überall
entsteht, nennt Paulus einen Geruch. Vom Triumphzug ging
die Vorstellung leicht zum Wohlgeruch hinüber, weil der Sie-

geszug in eine Wolke von Wohlgerüchen eingehüllt war, die seine Ankunft weithin anzeigte. Dies ist aber nur der äußere Anlaß zum Bild. Die Vergleichung der Erkenntnis Gottes mit dem Geruch beruht darauf, daß sich der Geruch unaufhaltsam verbreitet und vom Menschen wahrgenommen wird, ohne daß er sich ihm entziehen kann. So entsteht durch die Botschaft des Paulus die Erkenntnis Gottes überall als ein Erlebnis, das über den Menschen kommt und dem er sich ergeben muß, weil Gottes Gnade es ihm schenkt.

Der Gedanke, daß die Erkenntnis Gottes wie ein Geruch zum Menschen komme, bewegt Paulus zu einer Erläuterung: „Wohlgeruch des Christus sind wir für Gott." Weil Christus der Mittler des göttlichen Triumphes ist, geht der Wohlgeruch von ihm aus; er bringt ihn hervor; und weil Gott der Triumphierende ist und sich dadurch verherrlicht, daß er den Menschen sich offenbart und ihnen seine Erkenntnis gibt, ist der von Christus ausgehende Wohlgeruch ein Wohlgeruch für Gott. „Wir", sagt Paulus, „sind dieser Wohlgeruch", weil er seine Arbeit nicht von seiner Person trennen kann und nicht eine Lehre oder Erzählung bringt, die von dem ablösbar wären, was er ist und tut. Der Geruch, der die Erkenntnis Gottes ist, könnte nicht durch ihn entstehen, wenn er nicht sagen dürfte, er hafte an ihm; er bringt ihn mit sich, wo er ist und was er tut.

„Ich bin von Christus zum Wohlgeruch gemacht"; damit überträgt Paulus auf sich und sein Werk den Opfergedanken. Vielleicht hat ihn zu dieser eigenartigen Formel auch eine Erinnerung an das Opfergesetz geführt, das vom Opfer sagt, es sei ein Wohlgeruch für Gott. Damit beurteilt Paulus sich und sein Wirken nach demselben Maßstab, den er auf die von ihm zum Glauben Berufenen anwendet, wenn er sie das Gott dargebrachte Opfer und ihr Glauben eine Opferhandlung und ihren Leib das Gott übergebene lebendige Opfer nennt, Röm. 15, 16; Phil. 2, 17; Röm. 12, 1. Damit wendet er aber den Blick nicht von dem ab, was durch ihn in denen entsteht, die ihn hören. Denn er beschreibt sofort das, was dieser Geruch aus den Menschen macht, aus den Geretteten und aus den Sterbenden; das verdrängt aber den Opfergedanken nicht, weil

die beiden Wirkungen des Christus, die Verherrlichung Gottes
und die Rettung des Menschen, untrennbar verbunden und
einträchtig sind.

Wieder, wie in I 1, 18, erscheint auch hier im Zusammenhang mit der von Paulus gebrachten Erkenntnis die Teilung
der Menschheit in Gerettete und Sterbende. Ist es nicht das
Merkmal der Erkenntnis Gottes, daß sie alle mit unwider-
stehlicher Macht erfaßt? Gerade die Vergleichung mit dem
Geruch zog die Erwägung herbei, daß die Erkenntnis Gottes
ihre Wahrheit dadurch erweisen müsse, daß sie allen zuteil werde.
Nun gibt es aber nicht nur Gerettete, sondern überall und
immer auch solche, die von Gottes Gericht dem Tode übergeben sind. Damit hat Paulus auf denselben Tatbestand hingezeigt, der ihn im ersten Brief bewogen hat, die Verkündigung eine Torheit zu nennen, die von den Juden und den
Griechen verworfen werde. Paulus antwortet: immer sei das
Wort, durch das sich Gott offenbart, wirksam; keiner könne
sich dem Geruch, der in ihn eindringt, entziehen. Aber die
Wirkung ist verschieden. Der Mensch empfängt durch das
Wort den Tod oder das Leben; beides entsteht durch das göttliche Wort, und beides macht die Macht des Christus offenbar
und verherrlicht Gott.

Zum Tode führt das Wort das, was tot ist, und da, wo Leben
ist, schafft es Leben. Aus dem Tode folgt Tod und aus dem
Leben Leben. Schwerlich verband Paulus mit dem ἐκ–εἰς die
Vorstellung einer ansteigenden Bewegung; dann beschriebe
„von Tod zu Tod, von Leben zu Leben" die zunehmende
Verwirklichung und Vertiefung des Todes und des Lebens;
die Toten würden durch das göttliche Wort erst recht und
immer mehr Tote und die Lebenden erst recht und immer
mehr die Lebenden. Tod und Leben sind aber bei Paulus ein
absoluter Gegensatz; daß er von mehr oder weniger Toten,
mehr oder weniger Lebenden gesprochen habe, hat keine
Wahrscheinlichkeit. ἐκ hat also kausale Kraft. Über dem
Sünder steht das Urteil Gottes, das ihm den Tod verordnet,
und dieses Urteil wird an ihm dadurch vollstreckt, daß ihm
der Christus umsonst verkündet und von ihm mit Unglauben
abgewiesen wird, und über denen, die gerettet werden, steht

Gottes Wahl, die sie zum Leben verordnet, und diese wird dadurch an ihnen wirksam, daß sie der Christus im Glauben mit sich vereint.

Das ist wahrscheinlicher als die Vermutung, Paulus habe daran gedacht, daß in der Geschichte des Christus und seiner Boten Tod und Leben beisammen sind. Am Tod des Christus entsteht der Anstoß und aus diesem der Tod derer, die sterben, und am Leben des Auferweckten entsteht der Glaube und aus ihm das Leben derer, die gerettet werden. Dasselbe Ärgernis und dieselbe Heilswirkung haften auch an der Vereinigung von Todesgefahr und erlebter Rettung, von Leiden und sieghafter Kraft im Wirken des Paulus. Da aber bei ἐκ θανάτου und ἐκ ζωῆς kein Genetiv steht, sind wahrscheinlich die beiden θάνατος und die beiden ζωή denen zugeeignet, zu denen der Geruch der Erkenntnis Gottes kommt.

Auch vom Gesetz hat man in der Synagoge gesagt, es sei beides, Medizin zum Leben oder Medizin zum Tod, סַם חַיִּים oder סַם הַמָּוֶת. Darüber, ob es dies oder jenes sei, entschied auf dem Standort des Rabbi das Verhalten des Menschen; wenn er sich mit der Thora um ihrer selbst willen, לִשְׁמָה, beschäftigte, wurde sie ihm zum φάρμακον ζωῆς; sie tötete ihn, wenn er sich nicht um ihrer selbst willen, לֹא לִשְׁמָה, mit ihr beschäftigte, B. Taan. 7a. Da Paulus nicht mehr dem Menschen das Vermögen zuschrieb, sich das Leben zu erwerben, suchte er es nicht mehr beim Gesetz. Für ihn bedurfte es ein neues göttliches Wort, die Botschaft des Christus, damit es für die Menschen ein Heilmittel gebe, mit dem er das Leben empfängt.

Im Dienst der Vorbestimmung Gottes den einen den Tod, den anderen das Leben bringen ist ein Beruf, der völlig jenseits des menschlichen Vermögens liegt. Das kann nur der Mitarbeiter Gottes, nur der, durch den Gott wirkt. Die Verneinung der eigenen Tüchtigkeit, die entschlossene und völlige Absage an das eigene Denken und Wollen, ist für diesen Dienst die Voraussetzung. Dieses Nein zu sich selbst, mit dem Paulus beständig festhält und jedermann verkündet: „Ich bin nichts", II 12, 11, trennt ihn von den vielen anderen, die sich auch mit dem Wort Gottes befassen. Daß er mit einigen in Korinth Lehrenden im Kampfe steht, kann daher die Korinther nicht

überraschen. Er ist nicht nur von ihren neuen Führern getrennt, sondern von allen, die, wie jene, nicht zugeben, daß
nicht sie durch sich selbst das Vermögen haben, Gottes Wort
wirksam zu sagen. Hier wird deutlich, daß Paulus den Kampf
mit den korinthischen Meistern im Bewußtsein führt, daß er
sich einer Bewegung widersetze, die weithin durch die Kirche
geht. Die „Vielen", an die er hier denkt, sind dieselben, von
denen er Phil. 3, 18 spricht.

Mit καπηλεύειν τὸν λόγον τοῦ θεοῦ ist ihr Verhalten mit dem
verglichen, was man dem Speisen und Wein verkaufenden
Wirt nachsagte. Schwerlich geht der Vorwurf dahin, daß er
Fälscher sei; dafür käme doch nur der Wein in Betracht. Was
ihm nachgesagt wird, ist die Gier nach Profit, die Übervorteilung und Ausbeutung seiner Gäste, die bei ihm als besonders
anstößig empfunden wird, weil er seine Gewinne durch den
Verkauf von Lebensmitteln erzielt. Bei dieser Fassung wächst
der Satz ohne Sprung unmittelbar aus dem Bekenntnis zum
eigenen Unvermögen heraus. Sowie dieses fehlt und der Mensch
in sich selbst das Vermögen zu einer christlichen Wirksamkeit
zu haben meint, machen sich seine selbstischen Begehrungen
geltend. Nun wird das Wort Gottes zum Mittel, mit dem er
für sich selbst um Macht und Ehre und um seinen Unterhalt
wirbt. Nun ist sein eigener Vorteil das Ziel seiner Tätigkeit,
wie der Wirt seines Vorteils wegen dem Gast die Speisen reicht.
Aus Gottes Wort wird die eigene Sache dessen, der es in eigener Vollmacht nach seinem eigenen Willen sagt. Diese Verkündigung bringt aber nicht mehr den Geruch der Erkenntnis
Gottes hervor. Sie stellt den Hörer nicht mehr vor Gott, sondern bindet ihn an das, was der Lehrer ist und will. Weil
Paulus bei seinen korinthischen Gegnern das Verhandeln des
göttlichen Wortes sah, sagte er von ihnen, daß sie die Erkenntnis Gottes verhindern, II 10, 5, und in II 4, 2 warnt er
sie vor dem Verfälschen des göttlichen Worts, δολοῦν τὸν
λόγον τοῦ θεοῦ.

Sich und Timotheus trennt Paulus von den vielen mit Gottes Wort Hausierenden; denn sie reden so, wie man aus Lauterkeit spricht. Das Verhandeln des Worts erzeugt die Vermengung der Motive; die eigensüchtigen Absichten verbinden

32*

sich mit den religiösen Zielen, und eigene Gedanken werden
mit dem, was Jesus gab, vermengt. Die Anpassung an die
anderen, der Synkretismus, der sich, sei es Jüdisches, sei es
Griechisches, aneignet, stellt sich als die notwendige und Er-
folg verbürgende Arbeitsweise dar. Was aus dem selbstischen Willen stammt, wird nicht von
Gott empfangen, ist also nicht aus Gott gesagt. Es wird auch
abseits von Gott, nicht in seiner Gegenwart gesagt. Es wird
auch nicht in der Gemeinschaft mit Christus und unter seiner
Leitung gesagt. Dagegen schreibt Paulus seinem Wort die im
Vorangehenden beschriebene unausdenkbar große Wirkung
deshalb zu, weil er aus Gott vor Gott im Christus spricht.

Die Beglaubigung des von Paulus verwalteten Apostolats

3, 1–6

Paulus war einsam geworden. Niemand sprach für ihn, niemand als er selbst. Niemand bestätigte die Stellung, die ihn
zum Führer der Gemeinde machte. Keine andere Autorität
deckte sein Apostolat. Wenn Orientalen in seine Gemeinden
kamen, war dies für sie ein Anstoß, den sie schwer überwanden.
Sie hatten das Gefühl, sie träten in eine von der Gesamtkirche
abgesonderte Kirche, die Paulus eigenmächtig an seine von
ihm sich beigelegte Führung gebunden habe. „Wieder empfehlen wir uns selbst"; dieses πάλιν, das Paulus II 5, 12 wiederholt, zeigt deutlich, daß es schon zu einer Erörterung über
seine Vereinsamung gekommen war. Der erste Brief gab zu
diesem Vorwurf kaum Anlaß, da höchstens von Kap. 9 und 15,
8–11 gesagt werden konnte, er verteidige damit selbst sein
Apostolat, während der Hauptteil des Briefes sich völlig in
die Gedanken und Nöte der Gemeinde hineinstellte. Falls der
Galaterbrief auch nach Korinth gekommen war, konnten die
Gegner des Paulus von Gal. 1 und 2 sagen, Paulus habe hier
sich selbst empfohlen. Näher liegt aber, daß der Brief, auf den
er sich II 2, 3 bezog, der den Gehorsam der Gemeinde mit starken Worten forderte, die vom Herrn ihm gegebene Sendung
nachdrücklich bezeugte. Dazu gab ihm aber schon sein Besuch
in Korinth Anlaß. Damals mögen die, die ihm widerstanden,

ihm erwidert haben: du stehst jenseits des kirchlichen Ver-
bands; niemand weiß etwas von deinem Recht, unser Führer
zu sein; du mußt dich selbst empfehlen.

Der Galaterbrief zeigt, daß diese Einrede gegen Paulus auch
von denen erhoben wurde, die sich bemühten, das mosaische
Gesetz auf die Kirche zu übertragen und sie dadurch in die
Judenschaft einzuordnen. Diese Übereinstimmung reicht aber
nicht aus, um die korinthischen Evangelisten als „Judaisten"
zu erweisen. Allen, die sich nicht mit Paulus einigen konnten,
bot sich die Einrede als wirksame Waffe dar, er habe sich
seine führende Stellung selber beigelegt und habe niemand
als sich selbst, der sie beglaubige.

Die Gegner hatten das Ansehen, das sie für sich beanspruchten, damit gestützt, daß ihnen ihre heimatliche Kirche und
deren Lehrer Schreiben mitgegeben hatten, die sie beglaubig-
ten, und da Paulus auch von Briefen, die die korinthische Gemeinde ausstellte, spricht, war vermutlich auch dies vorge-
kommen, daß jemand bei seiner Abreise von Korinth von der
Gemeinde begehrt hatte, daß sie ihm für seine Wirksamkeit
bei ihr ein Zeugnis schreibe. Auch Apollos war durch ein
Schreiben der ephesinischen Brüder an die Korinther bei diesen eingeführt worden; er mag auch bei seiner Rückkehr nach
Ephesus ein Schreiben der Korinther mitgenommen haben, in
dem sie ihm für seine Dienste dankten. Paulus spricht aber
von „einigen", die diese Einrichtung der Kirche benutzten,
hat also jedenfalls nicht einzig an Apollos gedacht, und die
für Apollos ausgestellten Briefe wurden schwerlich dazu benutzt, um die Überlegenheit des Apollos über Paulus zu beweisen. Solche Zeugnisse, die den Zweck hatten, eine Verbindung zwischen den Gemeinden herzustellen und eine gewisse
Kontrolle über die, die bei ihnen als Lehrer auftraten, durchzuführen, wurden überall ausgestellt. Das Zeugnis, das die
Jerusalemer für Judas Barsabbas und Silas ausstellten, steht
Apgsch. 15, 23, und wenn Jakobus Männer seines Vertrauens
nach Antiochia sandte, Gal. 2, 12, brachten sie wahrscheinlich
ein sie beglaubigendes Schreiben mit; wie konnte sonst jedermann wissen, daß sie von Jakobus kamen? Auch über Andro-
nikus und Junias, die die Verbindung der römischen Gemeinde

mit Jerusalem herstellten, Röm. 16, 7, waren die römischen
Christen vermutlich durch ein Schreiben der Jerusalemer
unterrichtet worden. Es geschah nichts Ungewöhnliches, wenn
auch die, die nach Korinth zogen, solche Briefe besaßen. Irgendeine Hinterlist und parteisüchtige Absicht darf denen,
die sie ausstellten, nicht zugeschrieben werden. Sie taten nichts
anderes, als was Paulus tat, als er II 8, 18–24 schrieb, wo er die
beiden mit Titus zu den Korinthern Gesandten diesen empfiehlt. Nach dem Urteil der Gegner war der Besitz solcher
Zeugnisse nicht nur eine Ehre, sondern eine für jeden unent-
behrliche Stärkung seiner Wirksamkeit. Daß sie Paulus fehlten, war in ihren Augen ein Mangel, ein Zeichen, daß er sich
von den anderen Aposteln getrennt hatte und sich über die
Gemeinden erhob. Paulus sah dagegen darin, daß er „nicht
von Menschen und nicht durch Menschen berufen war", Gal.
1, 1, die Kraft seines Apostolats. Eben deshalb konnte er das
ausrichten, wozu kein Mensch tüchtig ist, II 2, 16.

Der Brief, der Paulus und Timotheus beglaubigt und jedes
briefliche Zeugnis unnötig macht, weil er dieses weit überragt,
sind die Korinther. Damit sagt er ihnen noch einmal, was er
ihnen schon I 9, 2 gesagt hat. Dieses Zeugnis tragen sie nicht
bei sich, wie man ein briefliches Zeugnis bei sich hat, sondern
es ist, weil die Korinther in ihrem Herzen sind, in ihre Herzen
hineingeschrieben. Der Plural ἐν ταῖς καρδίαις, den Paulus II
7, 3 wiederholt, spricht dafür, daß ἡμῶν nicht ein scheinbarer
Plural ist, sondern Timotheus mit Paulus zusammennimmt.
An die Versicherung, daß die Korinther in ihren Herzen seien,
hat Paulus sie II 7, 3 noch einmal erinnert, und dort diese Aussage so ausgelegt: sie stürben miteinander und lebten miteinander. Ein briefliches Zeugnis hat nur einen beschränkten
Leserkreis; nur wenige wissen von ihm, und nur wenige lesen
es. Vom Brief, der Paulus beglaubigt, wissen alle Menschen,
daß er vorhanden und für Paulus ausgestellt ist, und alle lesen
ihn und erfahren durch ihn, was Paulus ist. Denn die Gemeinde
lebt nicht im Verborgenen, sondern in voller Öffentlichkeit
und richtet ihre Botschaft an alle Menschen aus, und für
Korinth mag die starke Formel „von allen Menschen" keine
Übertreibung gewesen sein, da es leicht möglich ist, daß das

Entstehen und Dasein der christlichen Gemeinde in der ganzen Stadt besprochen worden ist.

Diesen Wert haben die Korinther für Paulus deshalb, weil es an ihnen wahrnehmbar ist, daß sie das Werk des Christus sind. Christus hat diesen Brief geschrieben, und daß er für Paulus ausgestellt ist, ist deshalb deutlich, weil Christus die Gemeinde durch den Dienst des Paulus geschaffen hat. Christus schreibt aber nicht mit Tinte. Wirksam ist Christus durch den Geist, und das, was durch den Geist entsteht, bekommt seine Art dadurch, daß der Geist der Geist des lebendigen Gottes ist. Darum besteht die Schrift des Christus darin, daß Leben entsteht.

Warum machte es auf die Gegner keinen Eindruck, wenn Paulus die Gemeinde den Beweis für sein Apostolat hieß? Sie machten sich nicht deutlich, wer diesen Beweis für ihn führte und wodurch er ihn herstellte. Wenn die Gemeinde nicht mehr als eine Schöpfung des Paulus war, war sie kein Beweis für sein apostolisches Recht. Allein die Tüchtigkeit des Paulus reicht niemals aus, um eine Gemeinde berufener Heiliger zu schaffen. Das ist das Werk des Christus und seines Geistes, und dies macht das Dasein der Gemeinde zum Beweis seines Apostolats.

Deshalb bleibt der Blick des Paulus nicht an denen haften, die nur ein menschliches Zeugnis für sich haben, sondern von der Schrift, die Christus durch den Geist schreibt, sieht er auf die Schrift Gottes zurück, die dem alten Israel gegeben war, und von ihr aus gedenkt er der Weissagung, mit der Ezechiel das Wirken des Geistes beschrieben hat, 11, 19; 36, 26. Weil Gott jetzt durch den Geist schreibt, schreibt er nicht mehr auf steinerne Tafeln, sondern in die Herzen, und weil der Geist diese gestaltet, sind sie nicht mehr steinern, sondern sind nun, wie der Prophet verhieß, „aus Fleisch bestehende Herzen". Das steinerne Herz ist das unempfängliche und unbewegliche; das aus Fleisch bestehende ist für die Einwirkung des Geistes empfänglich und bewegt sich, wie der Geist es bewegt; nun fühlt, denkt und begehrt es, was der Geist ihm gibt, gebietet und zeigt. Im Gegensatz gegen den Stein verliert hier die Formel σάρκινος jede Beziehung zur sündlichen Begehrlichkeit und natürlichen Vergänglichkeit. Ob die Worte ἐν πλαξὶν καρδίαις σαρκίναις ganz unverletzt sind, ist zweifelhaft. Bei dieser Schreibung ist καρδίαις σαρκίναις Apposition zu πλαξίν. Wie einst, so schreibt auch jetzt Gott seinen Willen auf Tafeln, jetzt aber auf Tafeln, die aus Fleisch bestehende Herzen sind. Es lag nahe, σαρκίναις mit πλαξίν zu verbinden, was durch die Schreibung καρδίας erreicht wird. Vielleicht ist auch eines der Worte, entweder πλαξίν oder καρδίαις, ein Zusatz. Daß sich aber das Sätzchen auch glatter formen läßt, beweist nicht, daß Paulus nicht die etwas harte Apposition geschrieben hat.

Diese Zuversicht, daß ihn der Christus dazu brauche, um durch Geist in den Herzen seinen Willen wirksam zu machen, kann er nur deshalb haben, weil sie einzig und vollständig durch Christus in Gott begründet ist. Sie setzt den gänzlichen Verzicht auf die ihm selbst eignende Tauglichkeit voraus und ergibt die völlige Unmöglichkeit, aus sich selbst Pläne zu formen und Urteile zu fällen. Durch diese völlig erkannte und stets bejahte Unfähigkeit zum eigenmächtigen Handeln bleibt er von denen geschieden, die aus dem Wort Gottes die Ware machen, die ihnen Vorteil bringen soll.

Neben der Erkenntnis ihrer eigenen Unfähigkeit steht ihre Gewißheit, daß Gott sie tüchtig gemacht hat. Sie haben das Vermögen zu jenem unfaßbar großen Dienst, der im Geist geschieht und darum die Erkenntnis Gottes und das Leben schafft. Was ihn möglich macht, beschreibt die neue Formel „Diener eines neuen Bunds", einer neuen Verordnung Gottes, durch die er sein Verhältnis zur Menschheit in neuer Weise bestimmt. Neu ist Gottes Verhalten gegen die Menschen geworden verglichen mit der Ordnung, die aus Israel Gottes Volk gemacht hat. Daß Paulus den Satz von der καινὴ διαθήκη ohne Erläuterung in die Erörterung hineinstellen konnte, ohne daß die Gemeinde davon überrascht sein konnte und ohne daß er als ein eigenartiges Theologumenon des Paulus erschien, war damit gegeben, daß die Verkündigung des neuen Bundes bei jeder Feier des vom Herrn gegebenen Mahles geschah, I 11, 25. Es gab keine Verkündigung des Todes Jesu, die nicht Verkündigung des neuen Bundes war.

Den Unterschied zwischen den beiden göttlichen Ordnungen kennzeichnet Paulus durch den Gegensatz zwischen dem Geschriebenen und dem Geist. Es ist schwerlich richtig, die Genetive οὐ γράμματος ἀλλὰ πνεύματος von διαθήκης abzulösen und wieder an διακόνους anzuheften; denn diese Genetive geben dem, was durch die neue göttliche Verfügung geschieht, volle Deutlichkeit. Sie wird nicht dadurch wirksam, daß Gott „Geschriebenes", sondern dadurch, daß er „Geist" gibt. Damit ist auch das, was die Wirksamkeit des Paulus dem Menschen bringt, vollständig bestimmt; da er im Dienst des neuen Bundes steht, bringt er ihm, was dieser dem Menschen verleiht. Damit vertieft Paulus den Satz, mit dem er seine Beglaubigung durch Christus beschrieben hat. Er stellte dort Schrift neben Schrift, das durch den Geist Geschriebene an die Stelle des mit Tinte Geschriebenen. Aber der Brief, durch den Christus ihn beglaubigt, überragt nicht nur jedes menschliche Dokument, wie es ihm etwa ein Apostel oder seine Gemeinde ausstellen könnte, sondern ist auch weit herrlicher als die von Gott geschriebene Schrift, durch die Israel als Gottes Volk beglaubigt ist. Denn der Brief, den Christus für Paulus schrieb, macht, weil er durch den Geist geschrieben ist, die Herrlichkeit des neuen Bundes offenbar. Dieser ist aber vom alten Bund verschieden, wie Geist von der Schrift verschieden ist.

Den ersten Brief begann Paulus damit, daß er den Korinthern, die nach der Erkenntnis Gottes begehrten, sagte, wie sie zustande kommt, nicht durch das Denken des Menschen, mit dem er sich selbst die Weisheit zu verschaffen meint, sondern dadurch, daß er Gottes Geist empfängt. Hier sagt er den Korinthern, die ihre Freiheit priesen, wie sie zur Freiheit vom Gesetz gelangen. Vom Gesetz, das ihn tötet, befreit sich der Mensch nicht selbst. In die Freiheit gelangt er dadurch, daß er Gottes Geist empfängt.

Daß Paulus seine Sendung verteidigen muß, kommt daher, daß der Gemeinde der Unterschied zwischen der Schrift und dem apostolischen Wort nicht mehr deutlich war. Die Gemeinde war über den Kreis hinausgewachsen, dem Paulus mit Wort und Tat gezeigt hatte, wie das Gesetz im Menschen seine Macht offenbart und wodurch die Freiheit vom Gesetz emp-

fangen wird. Es ist nicht anzunehmen, daß Apollos den von
ihm gewonnenen Juden dies mit derselben Deutlichkeit erkennbar machen konnte, wie Paulus es vermochte. Vielleicht
sahen sie in dem von Jesus vergeistigten Gesetz den Weg,
auf dem sie sich zu Gott hin bewegen konnten. Die aus dem
Orient Gekommenen waren gewohnt, den positiven Zusammenhang zwischen dem Gesetz und dem Christus, dem Israel
nach dem Fleisch und dem nach dem Geist, der Gerechtigkeit
der nach dem Gesetz Gerechten und der Gerechtigkeit der
durch den Glauben an Jesus Gerechten zu betonen, und auch
der von Paulus selbst unterwiesene Teil der Gemeinde war
unter ihren Einfluß gekommen. Sonst wäre es nicht nötig
geworden, daß Paulus sein Apostelamt vor ihr rechtfertige.
Keiner begriff aber wirklich, was die Sendung des Paulus war,
wenn er nicht den Gegensatz erlebte, der zwischen dem Gesetz
und dem apostolischen Wort besteht.

Dieser Gegensatz wird verhüllt, wenn γράμμα mit Buch-
stabe, litera, übersetzt wird. Die Neigung, den Satz des Paulus
so zu fassen, kann sich darauf berufen, daß er seinen Blick auf
die Gesetzestafeln richte, in die der Finger Gottes die heiligen
Buchstaben eingegraben hat. Daß es nun für Paulus keine
heiligen Buchstaben mehr gab, gehörte in der Tat wesentlich
zur Neuheit seiner Botschaft. Aber die Übersetzung „Buch-
stabe" bleibt unzulänglich, weil sie die Kraft und Geltung verdunkelt, die für Paulus das von Gott Geschriebene, auch wenn
es nur noch auf Stein geschrieben war, besaß. Ihm war es ganz
unmöglich, „das Geschriebene" leer, sinnlos, kraftlos zu heißen. Das γράμμα macht Gottes Willen offenbar, seine διαθήκη,
sein Recht, das mit absoluter Geltung den Anteil des Menschen an Gott bestimmt. Veraltet und abgetan wird es nur
dadurch, daß Gott die neue διαθήκη gibt, in der Gott durch
den Geist in die Herzen schreibt.

Wenn Gottes Schrift nur die Tafeln oder das Pergament
beschreibt, bleibt der Mensch sich selbst überlassen. Er vernimmt auf diese Weise nur den Anspruch Gottes, der ihn zum
Wollen beruft und zum Wirken verpflichtet, wodurch er erfährt, daß er den Willen Gottes nicht will und mit dem, was
er tut, nicht Gottes Werk wirkt. „Das Geschriebene" ist das,

was Gott für den Sünder schreibt, und darum spricht es über ihn das Todesurteil. Dieses Urteil ist aber kein leeres Wort; es ist die uns tötende Macht. Dagegen tritt durch den Geist Gottes Wirken in das inwendige Leben des Menschen hinein. Damit ist Gottes Wort nicht gegen ihn, sondern in ihn hinein gesprochen mit schöpferischer Gnade. Nun verkündet es nicht unsere Trennung von Gott, sondern wirkt unsere Einigung mit ihm. „Gottes Liebe ist durch den Geist in unseren Herzen ausgeschüttet", Röm. 5, 5. Damit hat er an die Stelle des Todesurteils die Gabe des Lebens gesetzt.

Die Meinung ist verbreitet, daß diese Sätze bei den Korinthern eine völlig neue Denkweise voraussetzen, die sie nach dem ersten Brief, als sie für die Freiheit schwärmten, noch nicht hatten; jetzt seien sie geneigt, sich an das geschriebene Gesetz zu binden und zu vergessen, daß sie von ihm den Tod empfangen. Zur Erklärung dieser Wandlung wird dann angenommen, daß inzwischen Vorkämpfer für das Gesetz nach Korinth gekommen seien. Das nötigt, den Zusammenhang des zweiten mit dem ersten Brief aufzuheben. Allein das Thema, auf das Paulus hier die hellste Klarheit legt, geht durch seine ganze Verhandlung mit den Korinthern hindurch. Beständig ist davon die Rede gewesen, wie sich der Christenstand von der alten Frömmigkeit unterscheide und sich über sie erhebe. Weil sie vom „Geschriebenen" befreit waren, verkündeten und betätigten die Korinther ihre unbegrenzte Freiheit, und bei allen ihren neuen Unternehmungen, beim Verzicht auf die Zucht, bei der Abschüttelung der Ehe, bei der Abschaffung der brüderlichen Schiedsgerichte, bei der Freigabe des Geopferten, bei der Verehrung derer, die die neue Sprache des Geistes redeten, ja auch bei der Absonderung der Toten von Gottes Reich, war es immer ihr Ziel, die Neuheit und Herrlichkeit des Christenstands zu betätigen, die sie über die Judenschaft erhob. Das Neue, das der Gemeinde diese Zuversicht gab, war aber der Geist. Überraschen kann es darum nicht, daß Paulus denselben Korinthern, denen er seinen ersten Brief schrieb, zeigt, was den neuen Bund vom alten, das Gesetz vom Geist und die Gemeinde des Christus von Israel unterschied. Darüber hatten sie dringend Unterricht nötig.

Denn ihre stolze Überzeugung von der Neuheit ihres Lebens war noch keineswegs der Beweis, daß sie wirklich über das Judentum hinaufgelangten; vielmehr glich das, was in Korinth geschah, wieder dem, woran die Judenschaft fiel. Hier und dort meinte der menschliche Eigenwille, er könne sich dem tötenden Spruch des Gesetzes entziehen. War es in der Synagoge das Gesetz, mit dem sich der Jude Größe und Ehre erwerben wollte, so waren es bei den Korinthern der Geist und seine Gaben, die ihrer Eigensucht dienen sollten. Darum war das Neue, das sie priesen, nicht neu, sondern eine Angleichung ihrer Gemeinde an die jüdische. Die Korinther priesen die Erkenntnis und erklärten: wir haben sie alle. Dasselbe sagte aber auch der Rabbi; sein Stolz war das monotheistische Bekenntnis, der der Korinther dagegen das Bekenntnis zu Jesus; aber hier und dort fand man im Wissen das, was den Menschen Gott wohlgefällig machte und der Gemeinde die Einheit gab, und in diesem Wissen fand man den Grund zu stolzem Eigenruhm. Die Weisheit der Welt, die Paulus aus der Gemeinde verscheuchen wollte, weil sie das Kreuz Jesu leer machte, näherte sich der Weisheit der Schriftgelehrten, die durch die Kreuzigung Jesu zur Torheit geworden ist, I 1, 20, und die Herrschaft, die die neuen Lehrer über die Gemeinde übten, glich der, die das Rabbinat über die Judenschaft besaß; sie konnten sich wieder der Menschen rühmen, wie Israel sich seines Rabbinats und der Rabbi sich seines Lehrers rühmte. Wenn die Freiheit dazu führte, daß „der Bauch zum Gott" wurde, so war sowohl der alte als der neue Bund gebrochen. Unzweifelhaft waren die Aufhebung der christlichen Gerichte und die Freigabe des Opfers antijüdische Maßnahmen; aber die Tendenz, aus der sie stammten, die Angleichung an die griechisch-römische Welt, die die Reibungen mit ihr nach Kräften vermied, beherrschte auch die Judenschaft mit großer Macht. Woher kam denn der Anstoß am Leiden des Paulus, wenn nicht daher, daß der Konflikt mit der Welt durch seine Leiden offenbar war? Und hat nicht auch dasselbe Motiv bei der Verkürzung der Verheißung wenigstens mitgewirkt? Erschien der Verzicht auf die Toten nicht auch deshalb als ein Gewinn, weil die Lehre von der Auferweckung der Toten

für die rationalen Juden und Griechen ein Anstoß war? Wenn
die großen Apostel deshalb gerühmt wurden, weil sie Juden
seien, II 11, 22, während Paulus deshalb anstößig war, weil
er den Griechen zum Griechen wurde, so daß er nicht mehr
voll als Jude galt, so war dies ein deutliches Zeichen dafür, daß
nicht mehr klar erfaßt war, weshalb ein Diener des Christus
ein Jude blieb und weshalb er es nicht mehr war. Die lockende
Macht, die die feste Einheit und einflußreiche Geltung der
Judenschaft für die Kirche hatte, war nur dann überwunden,
wenn der Unterschied zwischen dem alten und dem neuen
Bund in seiner ganzen Tiefe erlebt war. Wenn erkannt war,
daß dort Schrift ist, die tötet, und hier Geist, der Leben erzeugt,
war auch jede Neigung beseitigt, den Paulus aufgetragenen
Dienst zu mißachten. Hätte Paulus wirklich angenommen, es
gebe in Korinth Kämpfer für das Gesetz, so hätte er der Frage,
was das Gesetz wirke und wie Christus uns von ihm befreit
habe, selbständige Bedeutung gegeben. Aber das Thema dieser
Satzreihe ist das des ganzen Briefs; Paulus spricht von sich, von
seinem Dienst und von seiner unvergleichlichen Herrlichkeit.

So sehr es Paulus daran liegt, daß keine Vermengung seiner
Botschaft mit dem Gesetz entstehe, so behält doch jenes Nein,
mit dem er die Erhebung über die Schrift abgewiesen hat, seine
volle Kraft. Den alten Bund ehrt Paulus ohne Widerspruch
als Gottes Bund, und unter den tötenden Spruch des Gesetzes
beugt er sich als unter Gottes heiliges Recht. Da beide Bünde
den göttlichen Willen kundtun, besteht zwischen ihnen die
Einheit eines kausalen Zusammenhangs. Weil der alte Bund
errichtet wurde, wird der neue errichtet; weil das Gesetz tötet,
macht der Geist lebendig. Wer dies erkannt hat, überhebt sich
nicht über die alte Schrift, und ebenso fern ist er von der Absicht, mit der Judenschaft zu wetteifern und die Kirche nach
ihrem Vorbild zu gestalten.

Die Mose überragende Herrlichkeit des Paulus
3, 7–11

Die Gegner verlangten von Paulus Großes, ungleich Größeres, als sie an ihm sahen; aber das, was sie von ihm verlangten, war etwas ganz anderes als das alles menschliche

Vermögen übersteigende Werk, das ihm aufgetragen war. Ruhm verlangten sie von ihm, Würde, die seine Größe der Welt sichtbar machte, und diese fanden sie bei ihm nicht. Mose, der doch nur der Mittler des alten Bundes gewesen war, war von Gott hoch geehrt und verherrlicht worden; Paulus hatte nicht einmal, was Mose hatte, und doch wollte er, der Diener des neuen Bundes, weit über Mose erhaben sein. Paulus antwortet: der Ruhm, den Gott uns gab, ist unvergleichlich größer als der, mit dem er Mose verherrlicht hat.

Es war nicht die Absicht des Paulus, die Größe Moses herabzusetzen. Wie er im alten Bund die Verfügung Gottes erkennt, unter der die Menschheit steht, so hat für ihn auch der Mittler des alten Bundes die unvergleichliche Größe, die ihm sein Auftrag verliehen hat. Wie aber der neue Bund über dem alten steht, so erhebt sich auch die Paulus gegebene Würde hoch über das, was Moses Ruhm gewesen ist. Denn Gott gibt allen denen, durch die sein Werk geschieht, Herrlichkeit; je mächtiger aber seine Offenbarung wird, desto leuchtender und würdiger ist diese Herrlichkeit.

Mose war mit „dem Dienst des Todes" beauftragt; denn er bringt dem Menschen das Gesetz, durch das er schuldig wird und stirbt. Daß Mose nichts als Tod verkünden kann und ihn mit dem, was ihm von Gott gegeben war, nicht aufheben kann, sondern bewirken muß, wird darin sichtbar, daß sein Dienst ἐν γράμμασιν ἐντετυπωμένη λίθοις war. Bei den γράμματα ist schwerlich an die einzelnen Buchstaben, sondern an die Sätze gedacht, die zusammen den Dekalog bilden. Das Wesen des Gesetzes verlangt die vielen einzelnen Satzungen, durch die das mannigfaltige Tun der Menschen geregelt wird. Durch diese Sätze war Mose das, was er zu sagen und zu tun hatte, vorgeschrieben. Diese waren aber nur in die Steine, nicht in die Herzen geschrieben, und da der Dienst Moses in der Überbringung dieser in Stein geschriebenen Sätze bestand, war sein Dienst ein Dienst des Todes. Aber auch so war sein Werk die Erfüllung des göttlichen Willens, und darum leuchtete sein Angesicht, als er vom Verkehr mit Gott auf dem Sinai zum Volk zurückkam, und dieser Glanz war so stark, daß die

Israeliten ihn nicht ansehen konnten,[1] obwohl dieses Leuchten
vergänglich war. Dadurch hat Mose δόξα empfangen; er war
ein δεδοξασμένος, wie Paulus im Anschluß an Exod. 34, 29
sagt. Dort gab der griechische Text: δεδόξασται ἡ ὄψις τοῦ
χρώματος τοῦ προσώπου αὐτοῦ neben קָרַן עוֹר פָּנָיו. Vom Dienst
Moses unterscheidet sich aber der des Paulus, wie das Leben
vom Tode verschieden ist, da ihn der Geist in seinen Dienst
genommen hat. Indem er dem Menschen den Christus zeigt
und durch die Heilsbotschaft in ihm den Glauben wirkt,
braucht ihn der Geist zur Ausrichtung seines Werks, und
darum hat er, obwohl auf seinem Gesicht kein überirdisches
Leuchten liegt, den ungleich größeren Ruhm.

Wie entsteht der Tod? Durch die Verurteilung. Wie wird
das Leben begründet? Durch die Gerechtigkeit. Dieser neue
Satz erläutert die vorangehende Antithese. Gegen dieses Urteil des Paulus ist von jeher die Einrede erhoben worden, er
habe damit, daß er das Ergebnis des Gesetzes einzig und vollständig in der Verurteilung sehe, den Wert des von Mose Vollbrachten einseitig verkürzt. Der Zusammenhang dieses Urteils mit der eigenen Geschichte des Paulus liegt freilich hell
im Licht. Er mußte sich verurteilen und anerkennen, daß auch
seine ganze, vom Gesetz ihm vorgeschriebene Frömmigkeit
der Verurteilung verfallen sei, nachdem sie seinen Kampf
gegen den Christus nicht nur nicht verhindert, sondern begründet hatte; er verallgemeinere nun aber sein eigenes Erlebnis und sehe im Verlauf seiner eigenen Geschichte den
universalen Willen Gottes, der für die ganze Menschheit gültig
sei. Paulus hat aber die hier formulierte Deutung des Gesetzes
durch den Satz ergänzt, daß Mose nicht nur die Gerechtigkeit
des Menschen, sondern auch die Gottes bezeugt habe, Röm.
3, 21. Ihm war Mose der Bote des Gottes, der sein Volk beruft
und für sich heiligt, und darum war er auch der Bringer der
Verheißung, die den Christus und seinen neuen Bund verspricht. Die Verheißung hebt aber, solange sie noch Verheißung ist, das jetzt bestehende Verhältnis zu Gott nicht auf.
Sie bewirkt freilich, daß der Jude nicht verzweifeln durfte,
sondern Gott für das Gesetz preisen sollte und konnte. Aber

---

[1] „Das Gesicht Moses war wie das Gesicht der Sonne", Sifre Num. 140.

ungeheilt blieb damit nach dem Urteil des Paulus die Schuld,
unüberwunden der Zwiespalt zwischen dem göttlichen und
dem menschlichen Willen, unaufgehoben die Verwerflichkeit
des menschlichen Tuns, auch wenn es die vom Gesetz geboten-
nen Werke leistete und aus dem ganzen Leben einen Dienst
Gottes machte, und Paulus verlangte vom Juden, der Mose
rühmte und die ihm gegebene Herrlichkeit feierte, daß er
diesen Tatbestand mit entschlossener Wahrhaftigkeit aner-
kenne. Nur dann würdigte er, was ihm durch den Dienst des
Paulus, der ihm den Ruf Jesu brachte, verliehen war; nur
dann endet seine Befreiung vom Gesetz nicht in der Überhebung dessen, der sich selber rühmt.

Weil die Botschaft Jesu, die Paulus verwaltet, durch den
Geist im Menschen wirksam wird, bringt sie ihm die Gerechtigkeit, freilich nicht mehr seine eigene, auf die der vom Gesetz
Verurteilte endgültig verzichten muß, wohl aber die Gottes,
die im Christus den Menschen dadurch gerecht macht, daß
sein Geist in ihm Glauben wirkt, der sich dem Herrn ergibt,
seinem Willen gehorcht und sein Werk tut. Dies nannte Paulus die echte, vor Gott gültige Gerechtigkeit.

„Denn in diesem Stück ist das Verherrlichte nicht verherrlicht worden wegen der überragenden Herrlichkeit". Die Formel ἐν τούτῳ τῷ μέρει, „in diesem Punkt", erscheint noch einmal II 9, 3. Was Mose an Herrlichkeit empfangen hat, ist
begrenzt geblieben „in diesem Stück", nämlich darin, daß
Mose noch nicht den Dienst des Geistes und der Gerechtigkeit
hat, sondern nur mit dem Dienst der Verurteilung und des
Todes beauftragt war. Er ist freilich auch in diesem Dienst
Knecht Gottes und verherrlicht, das sagt τὸ δεδοξασμένον;
aber die Verherrlichung ist ihm versagt geblieben, οὐ δεδόξασται, weil er nur die steinernen Tafeln zu bringen hatte, auf
denen unsere Verurteilung steht. Dies geschah aber im Blick
auf das, was kommen sollte; eine noch größere Herrlichkeit
hatte Gott den Menschen zugedacht, die denen gegeben ist,
die im Dienst des Geistes und der Gerechtigkeit stehen. Bei
dieser Deutung ist ἐν τούτῳ τῷ μέρει zum Verbum, zu οὐ
δεδόξασται, gezogen. Die andere Deutung verbindet es mit
τὸ δεδοξασμένον; das in diesem Stück Verherrlichte gehe auf

den Glanz auf Moses Gesicht; in diesem besonderen Punkt sei
Mose mit Herrlichkeit begnadet worden; aber auch der so
Verherrlichte sei nicht verherrlicht worden, weil er der Diener
des Todes und der Verurteilung sein mußte; darum sei er
nicht so verherrlicht worden, wie es Paulus, der Träger der
Botschaft Jesu, ist.

Darum steht Moses Beruf und Werk neben dem des Paulus
wie das, was beseitigt wird, neben dem, was bleibt. Wir kennen
diesen Gegensatz schon durch I 13, 10. 13. Abgetan wird das
Gesetz mit seinen Folgen, Schuld und Tod. Nicht für immer
sollte das Gesetz der Herr des Menschen sein. Vielmehr ist
ihm die Macht über ihn nur so lange gegeben, bis der Christus
sein Herr wird. Durch ihn geschieht Gottes Herrschaft, die
nicht endet und denen, die an ihr Anteil erhalten, das ewige
Leben gibt.

Die Israel überragende Herrlichkeit der Gemeinde

3, 12–18

Den für ihn geschriebenen Brief hat Paulus die Korinther
genannt, da an ihnen die Echtheit seiner Sendung und die
Wahrheit seines Worts erkannt werde. Er könnte darum nicht
von seiner Herrlichkeit sprechen, wenn sie nicht auch an der
Gemeinde sichtbar würde, wie das, was Mose fehlt, an dem
sichtbar wird, was die Judenschaft ist. Dies veranschaulicht
Paulus durch das, was die Erzählung, die Moses Herrlichkeit
darstellt, über sein Verhalten sagt. Es lag ihm der Satz des
griechischen Textes im Sinn: ἐπέθηκεν ἐπὶ τὸ πρόσωπον αὐτοῦ
κάλυμμα, וַיִּתֵּן עַל־פָּנָיו מַסְוֶה. Das war die Tat dessen, der wußte,
daß sein Glanz vergehe, und darum verhüten mußte, daß die
Israeliten dies sehen. Keine solche Nötigung zwingt Paulus,
sein Amt zu verbergen und sein Wort zu verkürzen. Alles sagt
er allen ohne Scheu. Dazu macht ihn „diese Hoffnung" tüchtig. Im Vorangehenden sprach er von dem, was bleibt. Damit
hat er seinen Blick auf das Kommende gerichtet. Er sprach
von der alles andere übertreffenden Herrlichkeit. Das erhob
sich weit über das, was gegenwärtig schon vorhanden ist. Er
sprach von der Gerechtigkeit, die er bringe, und auch damit

gab er seinen Hörern eine Hoffnung; denn jetzt wird ihre Rechtfertigung von ihnen geglaubt, während sie offenbar und ewig gültig durch den Spruch des kommenden Richters werden wird. Die Größe dieser Hoffnung läßt aber nicht zu, daß er ebenso wie Mose handle. Wenn dieser sein Gesicht in der Absicht verdeckte, daß die Israeliten das Ende des Gesetzes nicht sehen sollen, so tat er damit nach dem Urteil des Paulus, was er sollte. τὸ καταργούμενον kann hier nichts anderes bedeuten als in Vers 11. Dort war es aber nicht der Glanz auf Moses Gesicht, sondern das, womit Mose beauftragt war, das Gesetz und seine Wirkungen. Dafür, daß Moses Dienst ein Ende nehmen sollte, weil er noch nicht das letzte, endgültige Wort Gottes zu sprechen hatte, hätte er den Israeliten ein Zeichen gegeben, wenn er ihnen erlaubt hätte, das Erlöschen seines Glanzes zu sehen. Dies durfte er ihnen nicht gestatten; nur als den sollten sie ihn sehen, den Gott hoch geehrt und durch den Glanz auf seinem Gesicht als den Bringer seines Worts beglaubigt hatte.

Mit einem starken „Aber!" schiebt Paulus den Gedanken weg, daß es möglich gewesen wäre, daß Mose sich nicht verhüllt, sondern dem Volk das Erlöschen seines Glanzes gezeigt und ihm das Ende des Gesetzes geoffenbart hätte. Das geschah nicht, und es konnte nicht geschehen, weil Moses Dienst Verurteilung und Tod gewesen ist. Das Gegenteil geschah; es wurde Israel unmöglich gemacht, die nur vorläufige Geltung des Gesetzes und die begrenzte Sendung Moses zu erkennen. Das geistige Vermögen, das ihm dies ermöglicht hätte, wurde ihm versagt. „Aber ihre Gedanken wurden verhärtet". Die νοήματα, die Produkte des νοεῖν, sind die Vorstellungen und Begriffe, die unser Denkvermögen in uns hineinlegt. Weil sie die Ergebnisse unseres Denkens sind, sind sie zugleich auch die Organe, durch die wir jede neu sich zeigende Wirklichkeit erfassen und deuten. Es hängt darum vom Zustand der in uns befestigten Gedanken ab, ob uns das, was vor uns geschieht, wahrnehmbar und verständlich wird. Die jüdischen Gedanken vergleicht Paulus aber mit einer schwieligen, verdickten, verhärteten, unempfindlich gewordenen Haut. Da, wo sie ἐπωρώθη, hart wurde, spürt sie nichts mehr. Der Gedankenbesitz, den der Jude in sich trägt, macht ihn für jede neue Erkenntnis unfähig. Im Widerstreit zwischen dem, was er denkt, und dem, was sich ihm zeigt, hält er seine Gedanken wie ein unwandelbares Heiligtum fest. Zur Wahrnehmung und zum Verständnis reicht darum sein Vermögen nicht mehr aus. Das war die Erfahrung, die Paulus immer machte, sowie er mit einem Juden sprach. Er stieß bei diesem sogleich auf einen völlig befestigten, unbeweglichen Gedankengang. „Wir sind Moses Jünger", Joh. 9, 28, sagte er; Mose leuchtete vor ihm in unvergänglichem Glanz; eine größere Herrlichkeit als die, die Mose hatte, einen anderen Bund als den, den Israel empfangen hatte, einen anderen Willen Gottes als den, den das Gesetz verkündete, gab es nicht. Nichts nahm der Jude mehr in sich auf, als was er hatte. Darum sagte Paulus, seine Gedanken gleichen einer Haut, die nichts mehr zu spüren vermag.

Und doch las der Jude das Gesetzbuch, von dem auch Paulus ohne jede Schwankung und Unsicherheit sagte, es sei Gottes Wort, beständig mit dem größten Eifer. Auch Paulus sah im alten Bund Gottes Bund mit seinem Volk, und der Gedanke, es gebe in Gott einen Zwiespalt und sein Wille zerbreche in sich bestreitende Gegensätze, lag ihm völlig fern. Er las die Geschichte vom verklärten Angesicht Moses so gläubig wie jeder Jude, ehrte Mose als den Knecht Gottes nicht weniger als jener, vgl. I 10, 1–4, und vernahm im Gesetz nicht nur die Verurteilung des Juden, sondern auch die Bezeugung der göttlichen Gnade und die Verkündigung der kommenden Herrschaft Gottes mit der unaussprechlich großen Verheißung für Israel. Wie konnte denn ein Jude ungläubig bleiben, während er doch den alten Bund beständig in jedem Gottesdienst verlas? Damit füllte er ja alle seine sabbatlichen Versammlungen. Verlesen wird der alte Bund dadurch, daß die Bücher Moses vorgelesen wurden. Es liegt aber, sagt Paulus, über der Verlesung des alten Bunds eine Decke, die der Judenschaft die Erkenntnis des alten Bundes unmöglich macht. Dies ist dieselbe Decke, die Mose auf sein Angesicht legte, mit der er verbarg, was mit seinem Glanz geschah. Wie und weil Mose dies noch verhüllen mußte, bleibt es auch der Judenschaft verborgen. Deshalb sucht sie im Gesetz ihre Gerechtigkeit

33*

und erkennt nicht, daß sie sie auf diesem Wege nicht gewinnt, und erwartet vom Gesetz das Leben, obwohl sie es von ihm nicht empfangen kann, und hält den ihr gegebenen Bund für ewig, obwohl er bereits zum veralteten Bund geworden ist. Trotz ihres eifrigen Studiums des Gesetzes sieht sie nicht, wozu es ihr gegeben ist.

Nun läßt sich die Verbindung der Worte verschieden denken. μὴ ἀνακαλυπτόμενον kann Attribut zu κάλυμμα sein. „Moses Decke wird nicht aufgedeckt, weil sie im Christus beseitigt wird." Was Mose noch nicht sagen durfte, sagt der Christus, und was noch nicht durch Mose empfangen werden kann, wird vom Christus empfangen. Er macht den Sinn des Gesetzes offenbar, und von ihm erfährt Israel, wozu Gott es geschaffen hat und was er aus ihm machen wird. Wenn es mit dem Christus verbunden ist, ist es imstande, sich vor Gott als schuldig zu erkennen und damit Gottes Gesetz wahrhaft zu ehren und dennoch der göttlichen Gnade gewiß zu sein. Weil dies aber im Christus geschieht, bleibt dies Israel versagt, solange es Jesus verwirft.

Oder μὴ ἀνακαλυπτόμενον ist ein für sich stehender Akkusativ, wodurch παλαιὰ διαθήκη zum Subjekt von καταργεῖται wird: „da nicht aufgedeckt wird, daß der alte Bund im Christus beseitigt wird". Veraltet, folglich entkräftet und beseitigt ist der alte Bund durch das, was Christus schafft; er ist der Wirker und Mittler des neuen Verhältnisses Gottes zur Welt, und da dies Israel nicht gezeigt ist, muß es an den alten Bund Gottes glauben, als gäbe es kein anderes göttliches Wort als das alt gewordene Bundeswort.

Daß Paulus nicht ἀποκαλυπτόμενον, sondern ἀνακαλυπτόμενον sagte, spricht für die an die erste Stelle gesetzte Deutung, da für den Gedanken „es wird offenbart" ἀποκαλύπτειν das im Sprachgebrauch befestigte Wort gewesen ist. Für die zweite Deutung läßt sich sagen, daß καταργεῖται sich leichter an παλαιὰ διαθήκη anfüge als an κάλυμμα. καταργεῖν, der Wirkung berauben, entkräften, kann leicht vom alten Bund gesagt werden, der mit Macht über das Geschick des Menschen verfügt. Aber auch der Decke hat Paulus eine machtvolle Wirkung zugeschrieben, da sie den Zugang zum wahren Sinn und Zweck

des Gesetzes unmöglich macht. Dächte hier Paulus an die
Aufhebung des alten Bunds, so würde er schwerlich das Präsens setzen. Diese geschieht nicht fortwährend, sondern ist
Gottes einmalige Tat, die durch die Sendung des Christus
vollbracht ist. Die Decke müßte dagegen beständig, so oft
die Verlesung des Gesetzes stattfindet, weggenommen werden,
wenn die Erkenntnis des Gesetzes möglich werden soll.
Die Entfernung der Judenschaft vom Gesetz, die es für sie
fremd und dunkel machte, war ihr Schicksal. Aber Paulus
weiß nichts von einem blinden Schicksal, erkennt vielmehr in
ihm Gottes heiligen und gütigen Willen. Weil aber Gott das
Schicksal wirkt, beherrscht es den Menschen nicht nur von
außen, sondern es gestaltet sein inwendiges Verhalten. Die
Decke, die die Verlesung des Gesetzes für die Juden nutzlos
macht, liegt auf ihren Herzen. Sie besteht in „ihren hart gewordenen Gedanken", um deren willen ihnen das neue Wort
Gottes, das Wort Jesu und des Paulus, verächtlich scheint.
Noch einmal erinnert sich Paulus an die Erzählung vom
bedeckten Gesicht Moses. Vor Israel legte er die Decke an;
er legte sie aber auch ab, dann nämlich, wenn er zum Herrn
ging. ἡνίκα δ'ἂν εἰσεπορεύετο Μωυσῆς ἔναντι κυρίου λαλεῖν αὐτῷ,
περιῃρεῖτο τὸ κάλυμμα ἕως τοῦ ἐκπορεύεσθαι, Exod. 34, 34 Sept.
neben וְעַד־צֵאתוֹ עַד־הַמָּסְוֶה אֶת־הַמָּסְוֶה יָסִיר אִתּוֹ לְדַבֵּר ׳י לִפְנֵי מֹשֶׁה וּבְבֹא. Damit
zeigte Mose Israel, was ihm einst geschehen wird. Auch ihm
wird die Decke, die es jetzt blind und seinen Gottesdienst
fruchtlos macht, abgenommen werden, und dies geschieht,
wie bei Mose, dann, wenn es sich zum Herrn wendet. ἡνίκα
ἐάν läßt den Zeitpunkt unbestimmt, sagt aber, daß die Sache
gewiß geschehen wird. Das Geheimnis, über das Paulus mit
den Römern spricht, Röm. 11, 25, war ihm schon damals bekannt; er erwartete, daß auch der Judenschaft der Weg zu
Jesus gebahnt werde. Diese Hoffnung trug sein Gebet für
Israel, von dem er Röm. 10, 1 spricht.
Bisher hat Paulus die Armut der Synagoge beschrieben,
deren Gottesdienst darin besteht, daß sie das Gesetz verehrt,
ohne es zu kennen, und es mit einem Herzen hört, das das
Gesetz nicht fassen kann, sondern ihm widerstreben muß.
Nun stellt er neben die jüdische Not die im Christus verbun-

dene Gemeinde, wie er sich selbst neben Mose gestellt hat. Wie seine Herrlichkeit unvergleichlich größer ist als die Moses, so überragt auch der der Gemeinde gegebene Reichtum die jüdische Armut weit. Die Bekehrung zum Herrn macht frei vom Gesetz, weil der, der sich zu ihm wendet, bei ihm den Geist findet. Denn „der Herr ist der Geist". Dieser entdeckt dem Menschen den Sinn des Gesetzes, überführt ihn seiner Schuld, offenbart ihm im Christus Gottes Gnade, bringt ihm den Ruf Gottes, durch den er die Vergebung empfängt und gibt ihm die Liebe, die das Gesetz erfüllt. Wie der alte Bund dem alten Menschen gegeben ist, so entsteht aus dem neuen Bund der neue Mensch, der nicht mehr unter dem Gesetz steht, weil der Geist ihn bewegt. Die Gleichung „der Herr ist der Geist", die den Geist untrennbar mit dem Herrn vereint, hat sowohl positiven als negativen Sinn und in beiden Beziehungen absolute Geltung. Jenseits des Christus gibt es keine Wirksamkeit des Geistes. Die Judenschaft, die sich von Christus fern hält, erfährt sie nicht. Für sie bleibt die Schrift, obwohl sie das Werk des Geistes ist, unverständlich; für sie ist sie nur die sie tötende Macht. Dagegen ist in der Gemeinschaft mit dem Christus der Geist wirksam. Wer im Christus ist, lebt im Geist und wandelt nach dem Geist. Darum besitzt die Gemeinde das Verständnis der Schrift und den Gehorsam gegen sie. Damit hat Paulus beides, was er I 12, 3 gesagt hat, wiederholt, sowohl das Urteil, das der Judenschaft den Besitz des Geistes abspricht, weil sie Jesus verwirft, als die Versicherung, daß jeder den Geist habe, der sich zur Herrschaft Jesu bekennt.

Nicht ein Geist neben anderen Geistern ist der Christus, sondern er ist der Geist, durch den alles, was Geist hat, ihn empfängt. Das ist eine Parallele zu I 8, 6: „Durch ihn ist alles." Damit hat Paulus nicht verneint, daß Christus auch jetzt einen Leib habe. Denn der Himmlische hat einen vom Geist bereiteten und ihm dienstbaren Leib, I 15, 49. Aber die Gegenwart und Wirksamkeit des Christus in der Gemeinde begründet Paulus nicht durch seinen Leib; durch diesen entsteht vielmehr die Abwesenheit des Christus, die zur Folge hat, daß Paulus erst dann bei ihm sein kann, wenn der Tod ihm seinen irdischen Leib genommen hat, II 5, 6.

Weil die, die unter der Herrschaft Jesu stehen, vom Geist geleitet sind, sind sie die Freien. Das unterscheidet sie von der alten Gemeinde, deren Verhältnis zu Gott Knechtschaft, δουλεία, war. Sie empfangen ihren Willen nicht nur durch die von ihnen gelernte Schrift, sondern werden von innen her bewegt und mit ihrem eigenen Willen Gott untertan gemacht. Paulus bestätigt den Korinthern, daß der Christenstand Freiheit ist, sorgt aber dafür, daß sie nicht vergessen, wie sie entsteht, warum „der Freigelassene des Herrn" sein Knecht ist, I 7, 23. Ihre Freiheit ist darin begründet, daß der Herr der Geist ist und sich durch den Geist zum Herrn des Menschen macht.

Das gibt nicht nur dem Apostel Ruhm und Größe, δόξα, sondern verleiht sie allen. ἡμεῖς πάντες sagt nachdrücklich, daß hier Paulus das beschreibe, was jedem Glied der Gemeinde verliehen sei. Er hätte die Herrlichkeit des neuen Bundes verdunkelt, wenn er nur seine eigene Würde preisen könnte. Das hätte jenes συνιστάνειν ἑαυτόν ergeben, das ihm verboten ist. Aus dem Preis seiner Herrlichkeit wird aber kein Eigenruhm, weil die Herrlichkeit, die die Moses überragt, überall vorhanden ist, wo Christus, der eins mit dem Geiste ist, wirksam ist. Durch ihn ist die Decke von der Gemeinde weggenommen. Hier entfernt Paulus die Decke vom Gesicht, immer noch in Erinnerung an Mose, der auf sein Gesicht die Decke legte. Liegt die Decke auf den Herzen, so liegt sie auch auf den Gesichtern. Wenn das Herz nicht fühlt, denkt und will, ist das Auge blind; dann „sind die Gedanken, νοήματα, geblendet", II 4, 4. Vielleicht steht nicht nur Moses Decke, sondern auch Jes. 25, 7: die Decke über allen Völkern, die der Herr wegnehmen wird, in der Nähe. Da aber der griechische Text dort die Decke nicht gibt, käme der Anschluß an Jesaja nur für Paulus, nicht auch für die Korinther, in Betracht. Man könnte erwarten, von dem durch keine Hülle gehinderten Gesicht empfange der Mensch das Vermögen, die Herrlichkeit des Herrn zu sehen. Aber Paulus verläßt den Standort des Glaubens nicht. Die Gestalt, εἶδος, die die δόξα Jesu sichtbar machte, ist der Gemeinde noch verborgen, II 5, 7. Dagegen ist ihr durch die Befreiung von der Decke gewährt, daß sie die Herrlichkeit des Herrn spiegelt. Er macht aus ihr seinen Spiegel, in dem er seine Herrlichkeit zeigt. Wieder erscheint ein Satz, den schon der erste Brief, I 13, 12, der Gemeinde vorgehalten hat. Das Angesicht der Gemeinde ist aufgedeckt; das bringt ihr aber noch nicht die Erkenntnis „Antlitz zum Antlitz", πρόσωπον πρὸς πρόσωπον. Die Erkenntnis ist vermittelt; wahrnehmbar wird die Herrlichkeit des Herrn jetzt nur in seiner Gemeinde.

Da Paulus hier nicht vom verklärten Leib der Auferstandenen spricht, sondern angibt, was den gegenwärtigen Besitz der Gemeinde von dem der Synagoge trennt, hat er bei δόξα nicht an einen Lichtglanz gedacht. In der ganzen Ausführung entsteht die δόξα durch das, was der Mensch im Auftrag Gottes tut. Die δόξα Moses ist sein Dienst der Verurteilung, die des Paulus sein Dienst des Geistes und der Gerechtigkeit. So ist auch die δόξα des Christus das, was er tut, daß er Gott offenbart, den Menschen zu Gott beruft, ihn heiligt, vom Bösen erlöst und am Werk Gottes beteiligt. Das ist das, was dem Christus seine anbetungswürdige Größe gibt, und diese macht er an der Gemeinde sichtbar, am Glaubenden, der sich Gott ergibt, am Gehorchenden, der den Willen Gottes tut, am Barmherzigen und Liebenden, der für die Erbarmung und Liebe Gottes zum Werkzeug wird, am Hoffenden, der auf Gottes Herrschaft wartet. „Das, was bleibt", I 13, 13, ist das Spiegelbild der Herrlichkeit des Christus, sein der Gemeinde eingesenktes Bild. Auch damit, daß Paulus ein Toter wird, II 4, 10, wird das Bild des Christus an ihm wie in einem Spiegel sichtbar gemacht. Wird aber der Mensch zum Spiegel des Christus, so empfängt er damit eine neue Gestalt, die nun die Merkmale des Christus besitzt. Was nach I 15, 49 den Inhalt der Hoffnung bildet, vgl. Röm. 8, 19, ist auch das, was durch die gegenwärtige Gemeinschaft des Christus mit der Gemeinde empfangen wird. Dadurch wird ihre Hoffnung fest gemacht.

Gegen alles mantische und mystische Verhalten hat Paulus damit die Grenze gezogen. Er hat nicht eine Verwandlung seines Wesens in das Wesen Jesu, nicht eine Transsubstantiation, erlebt. Der Mensch behält seine Ichheit und wird nicht

aus den Maßen seines natürlichen Lebens herausgenommen.
Er erhält aber eine neue Gestalt; eine Transformation geschieht an ihm, so daß sein Verhalten demjenigen gleicht, das
Jesus zum Christus macht. Das Bild des Christus empfangen ist Ruhm und Würde,
Größe und Macht, δόξα. Denn der, zu dessen Spiegel die Gemeinde gemacht wird, ist der Herr der Herrlichkeit. Herrlichkeit bringt Herrlichkeit hervor, und dies kann nicht anders
sein, weil der, dessen Gestalt sie empfängt, der Herr des Geistes ist. An eine zunehmende Vermehrung der Herrlichkeit,
etwa von der gegenwärtigen zur kommenden Herrlichkeit, hat
Paulus bei ἀπὸ δόξης εἰς δόξαν schwerlich gedacht. Dadurch
erhielten die einander folgenden ἀπό einen verschiedenen Sinn.
In ἀπὸ κυρίου πνεύματος hat ἀπό den kausalen Sinn. Die Gestaltung der Gemeinde zu seinem Bild geht von ihm aus und geschieht deshalb, weil er über den Geist verfügt. Als der Herr
des Geistes ist er aber auch der Inhaber der Herrlichkeit, womit erklärt ist, warum die Gemeinde Herrlichkeit hat und sich
im Herrn rühmen kann. Mit κύριος πνεύματος wird erklärt,
warum „der Herr der Geist ist". Er, kein anderer, sendet ihn;
er und niemand sonst ist durch den Geist wirksam. Dieser
ist da, wo der Herr ist, und ist nicht da, wo man den Herrn
verwirft.

Alle großen Worte, mit denen die Korinther nach dem ersten
Brief ihren Christenstand feiern, sind hier bestätigt. Sie sind
die Freien, haben den Geist empfangen und dürfen sich rühmen; denn sie sind hoch über die Judenschaft emporgehoben
und mit Ruhm und Würde gekrönt. Dies sind sie aber durch
das, was ihnen Paulus brachte; sie sind es nicht als Juden und
können es nicht bleiben, wenn sie sich von Paulus weg rückwärts wenden. Daß sie den Ruhm des Paulus bestreiten und
dennoch sich selber Ruhm beilegen, ist unmöglich. Die Größe
der Gemeinde und die des Apostels sind untrennbar verbunden; denn beide empfangen ihre Herrlichkeit nicht durch das,
was sie selber sind, sondern durch das, was Christus ist. Davon
aber, daß die Bewegung in der Gemeinde zum Griechentum
hinstrebte, zeigt sich keine Spur. Mit Mose vergleicht sich
Paulus, und die Gemeinde stellt er nicht neben eine Philo-

sophenschule oder neben eine im griechischen Tempel versammelte Schar, sondern ihr Gegenbild, mit dem sie sich zu vergleichen und von dem sie sich zu trennen hat, weil es ihr ihre Vergangenheit, aber nun ernsthaft ihre Vergangenheit zeigt, ist einzig die Synagoge mit ihrer heiligen Schrift.

Die Macht des göttlichen Lichts
4, 1–6

Diesen Dienst, neben dessen Herrlichkeit die Moses verschwindet und durch den er die Gemeinde aus der Armut der Synagoge herausführt und zu dem Herrn des Geistes bringt, der aus ihr sein Bild macht, hat Gottes Barmherzigkeit Paulus gegeben. Wir kennen diese Begründung seines Amts schon durch I 7, 25. Nun liegt aber auch die Pflicht auf ihm, daß er sich bewähre. Die Zumutung, daß er sich selbst empfehle, hat er II 3, 1 abgelehnt; vgl. II 5, 12; 10, 18. Nicht er in seiner eigenen Person ist der Beweis seines Amts und nicht mit seinen eigenen Worten, mit denen er seine Leistung rühmte, kann er es verteidigen. Er könnte es nicht rechtfertigen, wenn ihn nicht der Bestand der Gemeinde beglaubigte. Darum hat er auch nicht nur von seiner eigenen Herrlichkeit, sondern auch von der der Gemeinde gesprochen, ohne die sein Ruhm zerfiele. Dessen ist er sich aber vollständig bewußt, daß die Zumutung: Bewähre dich und beweise dein Recht, volle Wahrheit hat, vgl. II 6, 4. Das ihm Aufgetragene nimmt sein eigenes, persönliches Verhalten in Anspruch, und dieses ist ein wesentlicher Teil des Dienstes, den er zu vollbringen hat. Versagen und untauglich werden darf er nicht; vgl. II 4, 16.

Dazu gehört zuerst die Absage an das, was verheimlicht wird, weil es mit Scham und Schande verbunden ist. τὰ κρυπτὰ τῆς αἰσχύνης gibt einen jener Genetive, die ihren Träger durch das kennzeichnen, was er wirkt. αἰσχύνη wird zunächst Scham bedeuten; es ist an die Mißbilligung und Verachtung gedacht, die das Verwerfliche seinem Täter in seinem eigenen Urteil bringt, da das Heimliche, solange es verheimlicht bleibt, nicht auch schon Schande bringt. Paulus hat aber die Enthüllung alles Heimlichen vom Gericht des Herrn erwartet, vgl. I 4, 5,

wozu unser Satz eine enge Parallele herstellt. Die Wiederholung derselben Regel, die nichts Verheimlichtes zuläßt, in
beiden Briefen gibt einen bedeutsamen Beitrag zum Urteil
des Paulus über seine Gegner. Paulus vertieft damit das, was
er über den Unterschied zwischen der Judenschaft und der
christlichen Gemeinde gesagt hat. Die Not des Juden besteht
darin, daß er mit seinem religiösen Verhalten seine inwendige
Unreinheit und Gier zudeckt. Paulus glich aber nicht mehr
jenen Juden, die es nur in der Sichtbarkeit sind, Röm. 2, 28;
weil er unter dem Herrn des Geistes steht, hat er alles, was
verheimlicht werden muß, abgetan. Das ist die Weise, wie
Paulus von dem sprach, was in ihm sündlich war: „Ich habe
ihm abgesagt."

Die Partizipien erklären, was er zu den von ihm verworfenen
Heimlichkeiten als seinem Amt besonders schädlich rechnete.
Jedes listige Verfahren arbeitet versteckt, und der Vorwurf,
er hintergehe schlau die Gemeinde, wurde Paulus in Korinth
nicht erspart, II 12, 16. Ebenso wäre die Verfälschung des
Worts ein mit Scham verheimlichtes Verhalten. Denn der
Fälscher gibt nicht zu, daß er fälsche, preist vielmehr sein
Wort als Gottes Wort an, auch wenn er es mit seinen eigenen
Begierden vermengt. δολοῦν τὸν λόγον τοῦ θεοῦ erinnert an καπηλεύειν τὸν λόγον τοῦ θεοῦ, II 2, 17. Fälschen und verschachern
sind leicht beisammen, da der Profit größer wird, wenn die
Ware verfälscht worden ist. Behält das Wort den durch Gottes
Werk ihm gegebenen Inhalt, so ist es für die Zwecke des Menschen nicht brauchbar. Er muß es seinem eigensüchtigen Begehren anpassen, wenn er mit ihm seine eigene Größe und Macht
begründen will. Da mit δολοῦν nicht nur die Absicht des Redenden, sondern auch der Inhalt seines Worts als verwerflich
gekennzeichnet ist, geht die hier gegen die Gegner erhobene
Anklage noch über das hinaus, was ihnen mit καπηλεύειν vorgeworfen war.

Paulus hat von seinem Gewissen gesagt, es sei rein, I 4, 4.
Dieselbe von Anklagen freie Gestalt seines Gewissens zeigt
sich hier. Er gibt nicht zu, daß er Eigenes in sein Wort ein-
mische. Er urteilte vom ganzen Inhalt seiner Verkündigung,
er habe ihn von Jesus empfangen.

Der Verfälschung des Worts steht die Versichtbarung der Wahrheit gegenüber; sie ist das Mittel, durch das Paulus sein Apostolat bewährt. Es kennzeichnet ihn, daß er nicht von der Erkenntnis der Wahrheit, sondern von ihrer Versichtbarung, ihrer φανέρωσις, spricht. Er macht das wahrnehmbar, was wirklich ist. Schwerlich hängte er an diese Aussage irgendeine Beschränkung. Die Wahrhaftigkeit seines Apostolats, die Wahrheit dessen, was seine Botschaft von Jesus sagt, die Wahrheit seines Urteils über die menschliche Sünde, den wahren Zustand des Hörers, wie immer er sich verkleide oder verstecke, und die Wahrheit des Christenstands und der Neuheit des im Glauben lebenden Menschen, alles zeigt er „jedem Gewissen der Menschen". Immer erreicht er jene Zustimmung, mit der das inwendige Urteil des Menschen das Wahre vom Erlogenen, das Wirkliche von der Täuschung trennt. Die universale Formel „an jedem Bewußtsein der Menschen" bildet er in der Überzeugung, daß Gottes Wort immer stärker als das Denken der Menschen sei. Was immer der Mensch sein mag, das Vermögen des Paulus, die Wahrheit in sein Sehfeld zu stellen, hängt nicht von der Eigenart des Hörers ab. Weil er Mensch ist und das menschliche Bewußtsein hat, kann ihm Paulus zeigen, daß er mit allem, was er sagt, von Wirklichkeiten spricht. Damit sagt er aber nicht, daß er jeden zum Glauben führe. Mit dem Bewußtsein, das Wort sei wahr, ist zwar dem Menschen der Glaube möglich gemacht; denn allem, was er nicht als wahr bejaht, hat er den Glauben versagt; aber es ist ihm damit zugleich auch der Anlaß zum Unglauben gegeben. Der Widerstand gegen das Wahrgenommene, die Absage an die ihm vermittelte Gewißheit, die die empfangene Erkenntnis für die Gestaltung des Willens unfruchtbar macht, ist ihm damit noch nicht versperrt. Wuchtig steht über dem Verkehr des Paulus mit allen Menschen das Schlußwort „vor Gott", vgl. II 2, 17. Weil er sich um die Zustimmung des Hörers bemüht und sein eigenes Gewissen anruft, damit es ihm die Wahrheit des apostolischen Worts bezeuge, hat es entscheidende Wichtigkeit, daß er sich dessen bewußt sei, er rede und handle in Gottes Gegenwart. Damit enden die Heimlichkeiten, jede hinterlistige Diplomatie und jede eigensüchtige Entstellung des Worts.

Die Erwägung war unvermeidlich, ob Paulus nicht zu viel gesagt habe. Den Satz, daß er selber keine zweideutige, dunkle Gestalt sei, sondern offen und ohne Vorbehalt zu allen rede und sich im Verkehr mit allen einzig um die Wahrheit bemühe, schützt Paulus nicht durch eine weitere Verteidigung. Hat er aber nicht von seinem Erfolg zu Großes gesagt? Stößt seine Botschaft nicht beständig auf Ablehnung? Wenn er sagt, auch das Evangelium sei zugedeckt, benutzt er noch einmal das aus der Erzählung von Mose genommene Bild. Wir sind damit nahe beim Satz, daß die Paulus aufgetragene Botschaft eine Torheit sei, I 1, 18. Paulus gibt hier wieder dieselbe Antwort wie dort; er verweist auf die Teilung der Menschheit in solche, die gerettet werden, und in solche, die dem Tode übergeben sind, wie er es auch II 2, 15 tat. Das göttliche Gericht, das Mose durch seinen Dienst der Verurteilung und des Todes verkündete, bleibt in Kraft. Was Paulus den Menschen bringt, beruht darauf, daß Gott über das Tod wirkende Urteil einen neuen Bund mit einem neuen Wort gestellt hat, dessen Verkündigung Paulus aufgetragen ist.

Er wendet aber den Blick nicht leichthin von den Sterbenden weg, sondern heißt uns bedenken, wie es dazu kommt, daß, wie auf dem Gesetz, so auch auf der Botschaft des Christus eine Decke liegen kann. Das folgt aus dem Zustand ihrer Gedanken, ihrer νοήματα, vgl. II 3, 14, mit denen der Mensch das, was ihm gesagt wird, zu fassen hat. Daß Paulus in jedem Menschen die συνείδησις berühre und aufwecke, so daß dieser die Wahrheit dessen, was er ihm zeigt, anerkennt, daran zweifelte er nicht. Wie sich nun aber der Mensch verhält, hängt davon ab, ob die ihn füllenden Gedanken ihm die Zustimmung zur Wahrheit gestatten oder verbieten. Kann er seinem Gewissen nicht folgen und das, was ihm gezeigt ist, nicht glauben, so sind seine Gedanken geblendet, und es gibt in der Menschheit Gedanken, die blind gemacht sind und darum blind machen, weil nicht Christus allein in der Welt wirksam ist, sondern der Satan ihm widersteht. Hätte es Paulus einzig mit dem Menschen zu tun, so würde dieser der Wahrheit untertan. Paulus stößt aber auch auf das, was der Satan aus dem Menschen macht. Denn sein Wirken reicht in das innere

Sein des Menschen hinein und schließt sein Denken für die Wahrheit zu. So entstehen die Ungläubigen, die die Botschaft abzulehnen imstande sind. Wieso der Satan eine solche Macht über das inwendige Geschehen ausüben kann, sagt die starke Formel „Gott dieser Zeit." Wie der Mensch in Gottes Hand liegt und sein Inneres für Gottes Wirken offen ist, so hat auch der Satan den Zugang zum verborgenen Grund, aus dem die Gedanken des Menschen wachsen. Er übt damit eine mit Gott vergleichbare Macht aus, die, wie die Gottes, unsichtbar bleibt, aber den Menschen völlig von sich abhängig macht. Doch fehlt die Bestimmung nicht, die diese Macht beschränkt und keinen absoluten Dualismus zuläßt. Die Macht des Satans gehört nur dieser Zeit an und hört mit ihr auf. Sie endet mit der Offenbarung und dem Sieg des Christus. Bis dahin muß aber das Evangelium oft umsonst gesagt werden, und es ist, bevor der Christus offenbar ist, möglich, ihm den Glauben zu verweigern. Die aber, denen der Satan das Denken verdirbt und das Sehen raubt, sind die Sterbenden.

Wie bekam der Satan diese mit Gottes Wirken vergleichbare Macht? Davon, wie „der letzte Feind", der Tod, seine Macht über die Welt erhielt und wie alle Adamssöhne der Sünde untertan geworden sind, hat Paulus gesprochen, und damit wird auch angegeben sein, wie der Satan zum Gott dieser Zeit wurde. Dem Tod und der Sünde gab das gegen die Menschheit gefällte Urteil Gottes, sein κατάκριμα, ihre Macht. Da an die Stelle der Verurteilung durch den Christus die Rechtfertigung, das δικαίωμα, getreten ist, ist die Macht des Satans auf diese Zeit beschränkt.

Bei dieser Beschreibung der Vorgänge, durch die ein Mensch ungläubig wird, hat Paulus an die gedacht, die ihm in Korinth widerstanden. Denn er spricht, II 10, 5, von ihren νοήματα, ihren Vorstellungen, Begriffen und Theorien, die sie zum Ungehorsam gegen Christus bewegen, und beantwortet die Frage, wie es denn unechte Apostel des Christus geben könne, damit, daß er auf die Wirksamkeit des Satans verweist, II 11, 14.

Was aber geschieht, wenn ein Mensch auch vor der Botschaft Jesu ungläubig bleibt, wird dann nach seinem ganzen Ernst erfaßt, wenn erwogen wird, was das Evangelium ist. Je heller

das Licht ist, um so stärker ist die Aufforderung zum Sehen,
und um so schwieriger ist es, sich der Wahrnehmung zu entziehen. Daß das Leuchten der Botschaft von der Herrlichkeit
des Christus jene Geblendeten umsonst anstrahlt, das macht
ihr Verhalten zum erschreckenden Geheimnis, das auf die
Wirksamkeit des Satans hinweist. Da das, was Paulus will
und schafft, die Versichtbarung der Wahrheit ist, ist es kein
Sprung, wenn er nun die leuchtende Kraft seiner Botschaft
preist. Um der Wahrheit bewußt zu werden, braucht der
Mensch Licht, und dieses kommt zu ihm durch das Evangelium. Den die Welt beherrschenden Geistern, über denen
„der Gott dieser Zeit" steht, schreibt Paulus die Bewirkung
der Finsternis zu; sie sind κοσμοκράτορες τοῦ σκότους τούτου,
Eph. 6, 12. Darum gleicht der Zustand der Menschheit der
Nacht, Röm. 13, 12. Durch den Christus bricht aber in diese
Dunkelheit das Licht hinein.

Das Subjekt von αὐγάσαι ist φωτισμός, das Helligkeit er-
zeugende Wirken. Offenkundig ist auch hier, daß Paulus nicht
an Äther und irgendein naturhaftes Leuchten dachte, da ja
dieses Leuchten von der Botschaft ausgeht, die ihre Leuchtkraft von ihrem Inhalt bekommt. Sie versetzt in das Licht,
weil sie die Herrlichkeit des Christus verkündet. Hier ist τῆς
δόξης deutlich ein objektiver Genetiv, der angibt, was berichtet wird. Wäre τῆς δόξης τοῦ χριστοῦ das Subjekt der Botschaft,
so wäre die δόξα als wirkende Macht vorgestellt, ähnlich wie
wenn ἡ δόξα Gottesname wird, vgl. Jak. 2, 1. Dagegen sträubt
sich, daß noch ein Relativsatz folgt, der angibt, worin die
Herrlichkeit des Christus bestehe. Er hat sie deshalb, weil er
das Bild Gottes ist. Seine Herrlichkeit ist somit als sein Besitz
und Kennzeichen gedacht. Unser εἰκών ist das, was uns für
die anderen die Sichtbarkeit gibt. Im Christus wird der Un-
sichtbare gesehen. Das gibt dem Geheimnis, das im Unglauben zutage tritt, vollends die finstere Tiefe. Wie kann sich
der Mensch von dem abwenden, in dem sich Gott ihm zeigt?
Wie kann er dem Licht widerstehen, das vom Bilde Gottes
her in sein Denken fällt? Aber nicht nur die Finsternis des
Unglaubens, sondern auch die Sicherheit und Heilsmacht des
Glaubens wird durch diesen Satz erkannt. Dem, der als Gottes

Bild erkannt ist, ergibt sich der Mensch mit ganzem Willen und unbegrenzter Zuversicht.

Indem Paulus den Christus im Anschluß an Genes. 1, 26 das Bild Gottes nennt, spricht er den zentralsten Satz seiner Theologie aus; vgl. Kol. 1, 15. Nun wissen wir, warum er Jesus völlig von der Reihe der Propheten sondert und nicht mit Mose vergleicht, mit dem er sich selbst, nicht aber Jesus verglichen hat, und wissen, warum er nicht über Jesus hinaus nach einer Gottesschau strebte, weder durch mystische Erlebnisse, noch im Zukunftsbild der Hoffnung, da der, der den Christus sehen wird, Gott sieht, und wissen, warum er im Christus die Versöhnung und Rechtfertigung der Menschheit fand und sich von der Herrenmacht des Christus und der schöpferischen Kraft seines Geistes erfaßt, bewegt und gestaltet wußte, und wissen, warum er ihn als den Mittler des ganzen göttlichen Schaffens pries. Der letzte Sinn des Bekenntnisses ,,Wir sind des Christus!'' war mit dem Wort ausgesprochen: ,,Er ist Gottes Bild.''

Der Preis der strahlenden Leuchtkraft des Evangeliums und die Enthüllung der Schuld, die der Unglaube auf sich lädt, wären nichtig, wenn Paulus sich selber verkündete. Man verlangt von ihm, daß er sein Recht beweise und den Grund seiner Autorität aufzeige. Dies könnte er aber niemals leisten, wenn er das κηρύσσειν ἑαυτόν betriebe. Wenn hinter seiner Botschaft einzig er selber stände, wäre sie nichts. Sich selbst beweist er gerade dadurch, daß er nicht sich verkündet, nicht für sich um Glauben wirbt und den Glauben nicht an seine Person bindet, sondern zum einzigen Inhalt seiner Predigt Christus Jesus macht. Daran tritt als zweiter Akkusativ κύριον an, der angibt, als was Paulus Jesus durch seine Botschaft den Menschen zeigt. Ihren Herrn macht er ihnen bekannt, und dies ist er in unbegrenztem Sinn, weil er das Bild Gottes ist. Deshalb verbreitet seine Botschaft das alles durchleuchtende Licht, und darum bringt sie der Gemeinde die Herrlichkeit.

Doch auch er selbst und seine Gehilfen haben eine Stelle im Evangelium; es spricht auch von dem, was Paulus ist, und gibt denen Antwort, die ihn fragen, was er sei. Ihre Stelle ist aber nicht die des Herrn, sondern die der Sklaven, die das

Eigentum der Gemeinde sind. Damit ist das mit I 3, 22 Gesagte bestätigt: „Paulus, Apollos, Kephas gehören euch", und I 9, 19 wiederholt: „Für alle machte ich mich zum Sklaven." Nicht das übliche διάκονοι, sondern δοῦλοι sagte hier Paulus, weil bei διάκονος an die gebende, Hilfe leistende Arbeitsamkeit des Dieners gedacht ist, während er hier den Abstand der Apostel vom Christus, der ihnen alle herrischen Absichten untersagt, hervorheben will. Darum braucht er hier dasjenige Wort, das die Apostel völlig an die Gemeinde bindet und sie ohne Einschränkung als ihren Besitz beschreibt. Die Ablehnung des gegen ihn gerichteten Vorwurfs, er maße sich ohne Grund die Führerschaft an, und die Einrede gegen die hierarchischen Bestrebungen der Korinther sind in diesem Satz vereint. Ihre Grenze hat die Abhängigkeit der Lehrenden von der Gemeinde an der Stelle, an der bei Paulus jeder Gehorsam, jede ὑπακοή und jedes ὑποτάσσεσθαι, unmöglich wird. „Wir sind eure Sklaven" bedeutet nicht: „Ihr seid unsere Herren", κύριοι. Paulus verkündigt nicht die Herrschaft der Gemeinde, sondern den Christus als den Herrn, und deshalb weil die Gemeinde in ihm ihren Herrn gefunden hat, gehört ihr Paulus an mit allem, was er ist und kann. Das stellt noch das wuchtig antretende διὰ ᾿Ιησοῦν, um Jesu willen, fest. Nicht in der Gemeinde liegt das, was Paulus zu ihr zieht, als hätte sie in sich selbst eine Würde, die ihn ihr als ihren Knecht verpflichtete. Er gibt ihr seine Liebe, die ihn ganz an sie bindet, um Jesu willen. Vermutlich steht hier hinter der Benennung Jesu mit seinem menschlichen Namen ein reicher Gedankengang. Vor dem Blick des Paulus wird hier der Träger des Kreuzes stehen, der sich selbst den Menschen hingegeben und sich für sie aufgeopfert hat.

Nicht aus der Gemeinde wächst Paulus hervor, und nicht von ihr empfängt er sein Amt. Von ihm könnte in keiner Weise die Rede sein, auch nicht so, daß er der Knecht der Gemeinde und der Herold des Christus sei, wenn nicht in ihm Gottes Licht schaffendes Wirken geschehen wäre. Einzig Gottes schöpferische Gnade, die ihr Werk in seinem inwendigen Leben tat, erklärt beides, warum er die Herrlichkeit des Christus bezeugt und warum seine Predigt nicht von ihm selber

redet und die Gemeinde nicht ihm gehört, sondern er ihr. Zur
Beschreibung des schöpferischen göttlichen Wirkens diente
Paulus Genes. 1, 3, der Anfang der Weltschöpfung, der dadurch geschah, daß Gottes gebietendes Wort aus der Finsternis das Licht hervorstrahlen ließ. Vermutlich empfand Paulus
ὁ θεὸς ὁ εἰπών als das Subjekt und den Relativsatz ὃς ἔλαμψεν
als die Aussage des Satzes. Der, der das schöpferische Wort,
durch das das Licht entstand, gesprochen hat, ist der, der in
unseren Herzen leuchtete, und weil Gottes Licht in die Herzen
fiel, strahlte die Erkenntnis der Herrlichkeit Gottes im Angesicht des Christus einen hellen Schein aus. Dadurch wurde für
Paulus aus der Botschaft Jesu ein helles Licht. Er hat hier
nicht von der besonderen Weise seiner Bekehrung gesprochen,
da er nicht einzig von sich spricht. Deshalb spricht er vom
schöpferischen Vorgang, dem er die Erkenntnis Jesu verdankt,
in Worten, die auch das, was seine Mitarbeiter erlebten, mit
umfaßt. Sie alle, die die Botschaft Jesu mit Paulus sagen, sind
dadurch dazu gelangt, daß Gottes Werk, das Licht aus dem
Dunkeln hervorruft, in ihnen geschah. ἐν προσώπῳ χριστοῦ
steht hier nicht in der abgeschwächten Bedeutung „in seiner
Gegenwart und vor ihm stehend", vgl. II 2, 10. Es bliebe ein
dunkler Gedanke, wenn Paulus sagen würde, in der Gegenwart
Jesu, während er dabei gewesen sei, habe Gott in den Herzen
geleuchtet. ἐν προσώπῳ gehört zu τῆς δόξης und gibt an, wo
sich Gottes Herrlichkeit zeigt. Wird es im Innern hell, so wird
die Sendung Jesu erkannt und Gottes Größe und Gnade an
ihm wahrgenommen. Wenn er sagt, er erkenne die Herrlichkeit Gottes im Gesicht Jesu, so wird darin eine Erinnerung an
Moses glänzendes Antlitz nachwirken. Damals war Gottes
Herrlichkeit auf dem Antlitz Moses zu sehen; aber Paulus sieht
sie nicht mehr nur dort, sondern Jesu Angesicht macht ihm
Gottes Größe und Gnade wahrnehmbar.

Die Bewährung des Paulus durch das Leiden
4, 7–18

Wir wissen schon durch den ersten Brief, I 4, 9–13, daß die
Leiden des Paulus die Korinther befremdeten. Den Anstoß,
den sie daran nahmen, daß seine Arbeit zu einem Kampf

wurde, der Leiden auf ihn häufte, hatten sie noch nicht überwunden. Wenn man von ihm verlangte, daß er sein Wirken
rechtfertige, so war vor allem an seine immer neuen Kämpfe
und Nöte gedacht. Er konnte sein Ziel, daß sich die Korinther
seiner rühmen, nur erreichen, wenn er sie dazu brachte, daß
sie sich seiner Leiden rühmten, wie er selbst es tat.
Seine Erkenntnis, die ja die Erkenntnis der Größe und Ehre
Gottes ist, nennt Paulus einen Schatz. Dieser ist aber in einen
Behälter gelegt, der nicht erkennen läßt, daß er einen Schatz
in sich trägt. Er liegt in einem „tönernen Geschirr", so daß der,
der nichts anderes als das Geschirr sieht, vom Schatz nichts
ahnen kann. Wer Paulus nur von außen sah, kann in ihm
nicht den vermuten, dem Gott seine allmächtige Gnade geoffenbart und den er in ihrem Dienst zur Menschheit gesendet
hat. Erkennbar wird dies erst für den, der durch das Wort des
Paulus und durch seine Taten an seiner Erkenntnis Gottes
Anteil erhält. Bei der Doppelheit des Lebens, die er durch den
Kontrast zwischen dem tönernen Geschirr und dem Schatz
verbildlicht, hat er nicht einzig oder zuerst an den Gegensatz
gedacht, der zwischen dem Fleisch und dem Geist besteht.
Nicht das beschäftigt ihn jetzt, daß das, womit unser Leib
unser inwendiges Leben füllt, neben dem steht, was Gott in
uns schafft. Denn das Folgende zeigt, daß Paulus bei dem, was
seiner Sendung scheinbar widerspricht, vor allem an sein
Schicksal, an die vielen schmerzlichen Erfahrungen bei seiner
Arbeit, gedacht hat und daß er diese aufs engste mit dem
verbunden hat, was Jesu Beruf auf der Erde gewesen ist. Paulus suchte den Grund seiner Leiden nicht in seinen Sünden,
auch nicht nur in der Schwächlichkeit und Zerbrechlichkeit
des Leibes, obwohl er selbstverständlich nicht leiden könnte,
wenn er nicht im Leibe lebte. Er rechnete vielmehr sein Leiden
zu jener Umwandlung in das Bild des Christus, die er II 3, 13
als den Ruhm der Christenheit gepriesen hat. Auch die Korinther nahmen nicht daran Anstoß, daß Paulus im Leibe
evangelisiere; dies aber wünschten sie, daß er dies mit einem
Erfolg tue, der den Triumph Gottes, von dem er II 2, 14 sprach,
jedermann zeige und ihm und ihnen Sicherheit und Ruhm
verschaffe.

34*

In diesem Widerspruch, der die Arbeit des Paulus kennzeichnet, erkennt er das weise Handeln Gottes. Denn es wird in
seiner Arbeit ein Übermaß von Kraft offenbar. Die Erkenntnis der Herrlichkeit Gottes, die er seinen Schatz genannt hat,
besteht nicht nur in Worten, sondern darin, daß er in seinem
Erleben der Größe Gottes inne wird. Denn „Gottes Herrschaft
besteht nicht nur in Worten, sondern in Kraft", I 4, 20. Bei
diesem Erweis erstaunlicher Macht haben wir auch an das
Wunder zu denken, das sich Paulus mit großer Zuversicht
erbeten hat. Er hat aber nicht einzig in diesen Gaben der
Gnade die Kraft Gottes gesehen. Er sah sie auch in der Wirksamkeit seines Worts. Überall drang die Erkenntnis Gottes
wie ein Geruch in die Menschen, II 2, 14; überall entstand
im Umgang mit Paulus Glauben und wuchsen Gemeinden
heran. Überall wurde es offenbar, daß er nicht im Dienst einer
schwachen, sondern der allmächtigen Gnade stand, die das
Übermaß ihrer Kraft den Menschen nicht verbarg. Nun macht
aber das Geschick des Paulus allen deutlich, daß diese über-
reiche Kraft nicht aus ihm selber stammte und nicht sein
eigener Besitz war. Jedem, der ihn beobachtet, wird unzweideutig gezeigt, daß sie Gottes Kraft ist. Dadurch, daß der
Behälter des Schatzes diesem nicht entspricht, wird offenbart,
daß der Schatz einen anderen Ursprung hat als sein Geschirr.
Es enthüllt sich in diesem Gegensatz der Gegensatz zwischen
der kommenden und der gegenwärtigen Welt, zwischen der
alten Schöpfung und dem alten Menschen und der neuen
Schöpfung und dem neuen Menschen, zwischen Christus und
der Welt, zwischen Gott und der Natur.

Davon ist die Folge, daß im Schicksal des Paulus immer
zwei Erfahrungen verbunden sind, Not und Hilfe, Not, die
sichtbar macht, daß das Gefäß irden ist, Hilfe, die kundtut,
daß Paulus der wunderbare Schatz der Erkenntnis anvertraut
ist, die aus ihm das Werkzeug der allmächtigen Gnade macht.
Bedrückt wird er ἐν παντί, auf jede Weise mit jedem Mittel,
mit dem ihn die Gegner hindern und schwächen können, nun
aber nicht so, daß er in die Enge getrieben würde, nicht mehr
arbeiten und sich nicht mehr bewegen könnte. Seine Arbeit
geht ununterbrochen fort, weil ihm immer wieder ein Ausweg

bereitet wird. Seine Lage scheint ratlos, so daß er sich nicht mehr zu helfen weiß; aber völlig rat- und hilflos wird er nie. Er muß sich vor seinen Verfolgern flüchten, gerät aber nicht in ihre Gewalt, weil er von dem, der ihm hilft, nicht im Stich gelassen und den Feinden überlassen wird. Er wird vom Angriff der Feinde überwältigt und zu Boden geworfen; das ist aber nicht sein Tod.

Woher es kommt, daß er beständig ein Sterben an sich herumträgt, weiß Paulus, sowie er an die Geschichte Jesu denkt. Jesus ist für die Welt ein Toter geworden; er hat von Gott die νέκρωσις, die Versetzung in den Zustand eines Toten, erhalten, und das muß Paulus, weil Christus aus ihm sein Bild gemacht hat, an seinem Leibe allen zeigen. So macht er sichtbar, daß er den verkündet, der sich dem Angriff seiner Feinde und seinem Leiden nicht entzog und Gott nicht nur darum diente, weil er ihm das Leben gab, sondern ihn dadurch verherrlichte, daß er zum Getöteten wurde, weil auf der Menschheit das Urteil liegt, durch das ihr der Tod verordnet ist. Wegen des Zusammenhangs, in dem sein Leiden mit dem Leiden Jesu steht, war Paulus zum Leiden bereit; denn deshalb dient auch dieses seinem Botenamt. Als der Herold Jesu erzählt er seine Passionsgeschichte; aber er erzählte sie nicht nur, sondern er erlebte sie auch; vgl. Phil. 3, 10.

Allein aus dem Tode Jesu wurde die Offenbarung des Lebens. Auch Paulus ist deshalb verpflichtet, ein Getöteter zu werden, wie es Jesus ist, weil er von ihm das Leben empfängt, das an demselben Leibe, der jetzt leiden muß, sichtbar werden wird. „Wir", sagt Paulus, „sind Lebende"; aber eben deshalb, weil wir das Leben empfangen haben, werden wir beständig zum Tode verurteilt und in das Leiden geführt, dessen Ausgang der Tod sein wird. Um Jesu willen geschieht dies, weil er nicht anders als in Kraft seines Todes zum Herrn und Haupt der Menschheit und des Paulus geworden ist. Dieser hat noch etwas anderes als das von Christus ihm geschenkte Leben, nämlich das sterbliche Fleisch, und damit auch an diesem das Leben Jesu offenbar werde, gibt ihm Jesus auch an seinem Sterben teil. Paulus wiederholt hier den Korinthern die Verheißung, die er ihnen I 15, 50–55 gab, daß der Leib, der aus

Fleisch besteht, von seiner Sterblichkeit befreit und die Unzerstörbarkeit anziehen werde. Diese Hoffnung befreit von
der Sorge um den Leib und verbietet seine Erhaltung und
Schonung um jeden Preis. Sie macht stark, durch die Gleichgestaltung mit dem getöteten Jesus nach dem Leben zu streben. Daß Paulus aus der Verheißung der Auferstehung die
Kraft zu seinem Kampfe nahm, hat er den Korinthern schon
I 15, 30–33 gesagt.

Seit dem ersten Brief hatte sich die Lage der Korinther noch
nicht verändert. Sie waren immer noch gegen jeden Angriff
gesichert und in der Stadt an einen ehrenvollen Platz gestellt.
Was sie erlebten, war also von dem verschieden, was Paulus
erfuhr, und gerade diese Verschiedenheit trieb die Bedenken
hervor, ob auch Paulus richtig verfahre. Dieser Unterschied
entsteht aber aus der doppelten Wirkung, die vom Herrn
deshalb auf die Seinen ausgeht, weil er zugleich der Tote und
der Lebende, νεκρός und ζῶν, geworden ist. Wird sein Tod
wirksam, so entsteht ein Lebenslauf wie der des Paulus, dem
die Welt widersteht und den Tod bereitet. Wird dagegen das
Leben wirksam, so entsteht ein Christenstand wie der der
Korinther, die unter dem Schirm des Christus in Sicherheit
leben. Aber dieser Unterschied in ihrem Geschick und Beruf
trennt sie nicht, weil Paulus mit den Korinthern denselben
Geist des Glaubens hat. Sie sind trotz der Verschiedenheit
ihrer Erfahrung und ihres Verhaltens durch denselben Geist
und darum auch durch denselben Glauben miteinander vereint.

Durch die Formel „Geist des Glaubens" ist der Geist durch
das gekennzeichnet, was er wirkt. Damit, daß Paulus in der
Erkenntnis des Christus das Werk Gottes sah, der in den
Herzen Licht schafft, hat er gesagt, daß der Glaube das Werk
des Geistes sei; denn das Wirken Gottes im inwendigen Leben
des Menschen geschieht durch den Geist. Dessen Werk besteht darin, daß der Mensch die Erkenntnis des Christus empfängt und dadurch mit dem Glauben begnadet wird. Paulus
erlebte das Glauben nicht als seine eigene Leistung, die er mit
seiner Willensmacht aus sich hervorbrächte. Den Christus
erkennt der Mensch, weil er ihm gezeigt wird, und ihm ergibt

er sich, weil er zu ihm hin bewegt wird. Da derselbe Geist den leidenden Paulus und die vom Leiden befreiten Korinther bewegt, sind sie beide Glaubende und im Glauben eins. Freilich ist der Anspruch an Paulus ein anderer und größerer als der an die Korinther. Es ist nicht dasselbe, in der Nähe des Todes oder in Sicherheit zu glauben, nicht dasselbe, dann zu glauben, wenn man am Tode des Christus Anteil bekommt, oder dann, wenn man an seinem Leben teilhaben darf. Die Anspannung des Glaubens ist für den, der sterben muß, größer als für den, der hoffen kann, daß er als Lebender in das Reich des Christus eingehen könne. Weil aber derselbe Geist in beiden ist, entsteht aus dieser Verschiedenheit zwischen ihnen kein Bruch; vielmehr wird gerade durch sie die Gemeinschaft, die ihnen der gemeinsame Glaube gibt, erprobt.

Die Regel für sein Verhalten nimmt Paulus aus dem Spruch des Psalms 116, 10. Alle Worte der Schrift, die vom „Glauben" sprachen, wurden in der ersten Gemeinde eifrig beachtet, weil sie ihr dasjenige Verhalten bestätigten, das ihr unter der Leitung Jesu zum Hauptstück ihrer Frömmigkeit geworden war. Darum war auch jener Psalmvers Paulus gegenwärtig, und er fand in ihm nicht nur deshalb für sein Verhalten die Leitung, weil er vom Glauben redete, sondern auch, weil er mit dem Glauben das Reden begründete. Das brachte den Psalmvers in die engste Berührung mit dem, was die Lage des Paulus von ihm forderte. Die wütenden Angriffe gegen ihn nötigten ihn beständig zur Erwägung, ob er noch reden könne und müsse. Schwieg er, so war er von aller Anfechtung frei, und der Wunsch der Korinther, daß er sich dem Leiden entziehe, war erfüllt. Aber er kann nicht schweigen; denn er glaubt. Weil ihm der Spruch „Ich glaubte, darum redete ich" kund tut, was er zu tun hat, „glauben auch wir und reden wir". Kein Angriff macht ihn stumm, weil ihm keiner den Glauben nehmen kann.

Daß keine Todesgefahr ihn bezwingen kann, ist in seiner Gewißheit begründet, daß ihn Gott, der Erwecker Jesu, mit Jesus auferwecken wird. Der vom Tode Jesu Getroffene wird auch, wie er, auferweckt. Dieses σὺν Ἰησοῦ wird ähnlich gedacht sein wie σὺν αὐτῷ Röm. 8, 32. An denen, die mit Jesus

verbunden sind, macht Gott vereint mit Jesus seine Leben
schaffende Gnade offenbar. Weil Gott Jesus auferweckt hat
und die Offenbarung des Lebens an der Gemeinde vereint mit
Jesus wirkt, wird er auch Paulus auferwecken. Das weiß er,
und weil er das weiß, glaubt er und redet er und kämpft er
weiter, ohne zu ermatten, obwohl er darüber stirbt. Aus
dem Satz: „Gott wird uns auferwecken" entsteht aber
nicht auch der Satz: „Gott wird euch auferwecken." Denn
die Korinther sind die Lebenden, denen es zuteil werden
kann, daß ihnen der Tod erspart wird, da sie den Herrn
lebend sehen. Aber eine Trennung entsteht dadurch zwischen
ihm und den Korinthern nicht. „Denn er wird uns darstellen
mit euch." So wird die Einigung zwischen ihm und der Gemeinde vollständig hergestellt; beim Christus werden sie beisammen sein.

Die Satzreihe wird wesentlich anders gefaßt, wenn τὸ αὐτὸ
πνεῦμα und καὶ ἡμεῖς nicht auf die Verschiedenheit zwischen
Paulus und den Korinthern, sondern auf die Übereinstimmung
des Paulus mit dem Psalmisten bezogen wird; Paulus vergleiche sich mit dem Psalmisten; mit ihm habe er denselben
Geist des Glaubens, und wie jener, glaube und rede auch er.
Als aber Paulus vom „selben Geist" sprach, war dem Hörer
der Psalmist noch gar nicht sichtbar; dagegen war ihm der
tiefe Gegensatz gezeigt, der zwischen den „wir" und den „ihr"
bestand, und auch im Folgenden wird der Psalmist gar nicht
in das Sehfeld der Hörer gestellt, sondern einzig „das geschriebene Wort" angerufen, von dem Paulus seine Regel empfängt.
Ein heutiger Ausleger denkt freilich bei einem solchen Wort
auch an den Psalmisten, der damit sein eigenes Verhalten
beschreibt. Paulus zieht dagegen einen solchen Spruch unmittelbar an sich heran; er sagt ihm nicht, was der Psalmist
getan habe, sondern was er selbst zu tun habe. Vor allem aber
entscheidet, daß Paulus sich auch dann noch einmal mit den
Korinthern vergleicht, als er an seine Auferweckung denkt.
Er hält den Gedanken: unsere verschiedenen Schicksale trennen uns nicht, fest und verbindet sich mit der Gemeinde vor
dem Herrn durch das ἡμᾶς σὺν ὑμῖν auch dann, wenn ihn der
Tod wegrafft. Aber auch damit ist die Vergleichung des Pau-

lus mit den Korinthern noch nicht erschöpft; denn sie setzt
sich auch im nächsten Satz noch fort.

Die Erwartung, Paulus werde bei Christus mit den Korinthern vereint sein, war für ihn weit mehr als nur ein tröstender
Zukunftsblick; sie gestaltet mit verpflichtender Kraft sein
ganzes Wirken und Leiden. Er hat jene Erwartung deshalb,
weil er alles, sein Reden, Kämpfen, Leiden und Sterben, für
die Korinther tut. Das ist der tiefe Sinn seiner Erklärung, er
sei ihr Knecht, Vers 5; er ist es auch dadurch, daß er leidet
und stirbt. Darüber steht als das von Gott gewollte und bewirkte Ziel, daß die Gnade groß werde zu Gottes Ehre, was
dadurch geschieht, daß die Gnade die Danksagung durch die
größere Zahl vermehrt. Damit ist τὴν εὐχαριστίαν als Objekt
zu πλεονάσασα genommen. Das ist derselbe Gedanke, der Paulus aus der Betrachtung seines Leidens auch in II 1, 11 erwuchs.
Da Paulus für die Gemeinde leidet und dabei nicht nur Not,
sondern auch Rettung erlebt, begleitet die Gemeinde sein
ganzes Wirken und Leiden mit ihrer Danksagung, und je
länger er seine Arbeit fortsetzen und je weiter er sie ausbreiten
kann, um so größer wird die Zahl der Dankenden. Dies ist
aber das von der Gnade begehrte Ziel, weil dadurch Gottes
Größe von vielen erkannt und gepriesen wird.

Weil die Gnade sein Geschick ordnet und aus ihm Gottes
Verherrlichung macht, gibt es für Paulus kein Ermatten und
Verzagen, vgl. II 4, 1, was durch die Zerstörung seines auswendigen Menschen nicht aufgehoben wird. Paulus spricht
von seiner Zerstörung nicht wie von einem nur möglichen Fall;
er schrieb nicht ἀλλ' ἐὰν διαφθείρηται, sondern beschreibt mit
εἰ καὶ διαφθείρεται die Verderbnis seines äußeren Menschen
als das, was tatsächlich geschieht. Er wird aber nicht durch
einen Todesstoß zerstört, der ihn plötzlich vernichten würde,
sondern dadurch, daß er durch die Anstrengungen und Entbehrungen zunehmend geschwächt und allmählich aufgerieben
wird. Dennoch bleibt ein Versagen, bei dem er auf die Fortführung seines Werks verzichtete, durch das ausgeschlossen,
was an seinem inwendigen Menschen geschieht. Neben dem
allmählichen Zerstörtwerden des einen steht das täglich sich
wiederholende Erneuertwerden des anderen. Da die beiden

Menschen, der äußere und der innere, zum einen Menschen verbunden sind, trifft das, was dem äußeren Menschen geschieht, auch den inneren. Was jenen angreift, trifft durch Schmerz, Schwäche und Angst auch den inneren und wäre für sich imstande, auch ihn zu zerstören. Er wird aber in die Zerstörung des äußeren nicht mit hineingezogen, weil er täglich neu gemacht wird. Paulus deutet sich das Fortbestehen seines Glaubens und Wirkens gegenüber dem zunehmenden Versagen seiner natürlichen Kräfte als einen stetigen Zufluß belebender Wirkung vom Christus her.

Daß er an sich einen äußeren und einen inneren Menschen unterscheidet, gleicht dem Gegensatz zwischen dem alten und dem neuen Menschen und dem Gegensatz zwischen dem Fleisch und dem Geist; doch behält die Formel „äußerer und innerer Mensch" neben jenen Gegensätzen ihren besonderen Sinn. An die Stelle des alt gewordenen Menschen tritt ein neuer durch den Christus. Durch ihn werden aber beide alt und neu, der äußere und der innere Mensch. Mit dem Gegensatz Fleisch und Geist sind die beiden Mächte genannt, die uns unseren Willen geben. Er entsteht entweder durch die natürlichen Vorgänge, die durch den Leib in unser Innenleben hineinwirken, oder er wird uns von Gott her durch den Geist gegeben. Ob uns unsere Bewegung von außen oder von oben gegeben werde, immer wird dabei der ganze Mensch bewegt. Die Unterscheidung des inneren vom äußeren Menschen sieht dagegen nicht über das hinaus, was uns unser Bewußtsein zeigt. Sie geht von der Beobachtung aus, daß neben jenem Dasein, das die Natur formt und von außen bewegt, in uns ein Vorgang geschieht, bei dem wir denkend und wollend eine von uns ausgehende, uns eigene Produktivität betätigen, und in diesem inwendigen Herd des Lebens empfängt Paulus den Zufluß von Kraft, der der Zerstörung des von außen gestalteten und bewegten Menschen widersteht.

Die Formel „äußerer und innerer Mensch", die eine psychologische Beobachtung fixiert, geht schließlich, wenn wir ihren vermutlich ersten Bildner suchen, auf Plato zurück. Wie aber die Beziehung zwischen dem Sprachgebrauch des Paulus und dem Platonismus zustande kam, läßt sich nicht beobachten.

In den Synagogen von Antiochia an durch die syrischen und
kleinasiatischen Städte bis nach Ephesus konnte man wahrscheinlich reichlich platonisch gefärbte Sätze hören, wobei
auch für diese Prediger bei weitem nicht gesichert war, daß
sie noch unmittelbar aus Plato schöpften. Für Paulus ist ein
unmittelbarer Anschluß an Plato völlig ausgeschlossen, weil
er die Formel „äußerer und innerer Mensch" hier aufs engste
mit der Auferstehungshoffnung verwebt. Er wehrt mit ihr
gerade den müden Verzicht auf den Leib und den Rückzug
in das Seelenleben ab. Das Zerstörtwerden des Leibes bleibt
für ihn eine Not, da es ja der Beginn des Sterbens ist. Darum
hat das Dasein eines inneren Menschen neben dem äußeren
für ihn Gewicht, weil es ihn als den Freien, der zu überwinden
vermag, über sein Schicksal erhebt, das ihn zum Sterben führt.

Das Vergehen des äußeren und die Erneuerung des inneren
Menschen treibt den Blick zu dem hin, was kommen wird.
Nur die Hoffnung macht zu dieser Gestaltung des Lebens fähig. Ohne sie hätte es keinen Sinn, den äußeren Menschen der
Zerstörung preiszugeben und ihr die im Innenleben wirksamen
Kräfte entgegenzustellen. Das Gehoffte beschreibt Paulus
wieder mit δόξα, mit dem Wort, das jetzt im Gespräch mit den
Korinthern die wichtigste Stelle hat. Bedrängnis und Herrlichkeit sind Gegensätze, die einander aufheben. Die Bedrängnis
schwächt, schändet und raubt die Ehre. Aber gerade das, was
die Korinther an Paulus bedauern und geringschätzen, bringt
ihm die unvergleichlich große Ehre ein. Auch die anderen Bestandteile des Satzes sind einander antithetisch angepaßt.
Wie neben ϑλίψις δόξα steht, so entsprechen einander παραυ-
τίκα und αἰώνιον, der Druck ist auf die gegenwärtige Zeit beschränkt, die Herrlichkeit dagegen ist unvergänglich, sodann
ἐλαφρόν und βάρος, der jetzt zu bestehende Kampf erfordert
nur eine kleine Anstrengung; die Herrlichkeit legt dagegen
auf den, der sie empfängt, ein großes Gewicht. Damit ist sie
nicht als Last beschrieben; was jetzt an die Würde Last und
Gefahr anheftet, ist dann alles abgetan. Die kausale Beziehung, die Paulus zwischen der von ihm getragenen Bedrängnis und der auf ihn wartenden Herrlichkeit herstellt, ist nicht
anders gedacht als die, die den Empfang des Kranzes an das

Laufen des Läufers und den Faustkampf des Kämpfers bindet,
I 9, 24. καθ' ὑπερβολὴν εἰς ὑπερβολήν, „so, wie ein Überschuß
entsteht, und mit dem Erfolg, daß ein Überschuß entsteht",
gehört zu κατεργάζεται und entfernt es gänzlich vom Verdienst-
gedanken. Eine Angleichung des Lohns an die Leistung ist
damit ausgeschlossen. Wenn aus diesem nur kurz währenden
und mit wenig Mühe zu bestehenden Kampf ein so wunderbares Ergebnis entsteht, so zeigt sich darin „die alles Denken
überragende Liebe des Christus", Eph. 3, 19.

Die Voraussetzung für die Erfüllung dieser Hoffnung ist,
daß Paulus sein Ziel nicht in dem findet, was gesehen wird,
sondern in dem, was nicht gesehen wird. σκοπεῖν ist die Benennung jenes Blicks, mit dem sich der Mensch sein Ziel wählt
und es beständig im Auge behält. Die Unterscheidung zwischen dem, was nicht gesehen wird, und dem, was gesehen
wird, hat keine Beziehung zum Gegensatz zwischen einem
körperlichen und einem körperlosen Dasein. Die Abwendung
vom Sehen ergibt sich daraus, daß das Sehen das nicht erfaßt,
was kommen wird. Alles, was die kommende Welt in sich hat,
gehört zu dem, was nicht gesehen wird. Wird aber aus der
Zukunft Gegenwart, dann wird das, was nicht gesehen wird,
gesehen. Es ist nicht nur Paulus, sondern auch den anderen
Führern der Kirche zum Bewußtsein gekommen, daß sich
unser Wille im Glauben und Hoffen von dem löst, was unser
Auge uns zeigt, Hebr. 11, 1; Joh. 20, 29; 1 Petri 1, 8. Weil das
Sichtbare das ist, was jetzt besteht, hat es nur eine begrenzte
Dauer. Es ist nicht für immer geschaffen, während das Kommende das Bleibende ist. Damit hat Paulus auf die Weisheit
verzichtet, die sich in die bestehende Welt einfügt, I 3, 18.
Ihn lehrt die Weisheit Gottes, wohin er seinen Blick zu richten
hat, I 2, 7.

Die Bewährung des Paulus in der Nähe des Todes
5, 1–10

Unzweideutig hat Paulus im Vorangehenden von seinem
Sterben gesprochen. Wer die Versetzung Jesu in den Zustand
der Toten an seinem Leibe trägt, stirbt und gelangt nur da-

durch zum Leben, daß er auferweckt werden wird, II 4, 10. 14.
Das machte das Schicksal des Paulus in besonderem Maße
schwer, weit über alle Entbehrungen und Verfolgungen hinaus.
Wie kann Paulus sein Sterben mit seiner apostolischen Sendung vereinigen? Ist diese nicht widerlegt, wenn die Nachricht
von seinem Tode in Korinth eintrifft? Es ist nicht seltsam,
daß er den Korinthern gezeigt hat, wie er sich zu seinem Sterben stellte.

Er setzte damit das in I 15 begonnene Gespräch über den
Tod und die Auferstehung fort, zwar nicht so, daß er noch
einmal die Verheißung der Auferstehung begründete; er nahm
an, er habe die gegen sie kämpfenden Gedanken aus der Gemeinde verscheucht. Jedoch blieb der Zusammenstoß mit der
Neigung der Korinther, die Toten von der vollendeten Gemeinde abzusondern, immer noch hart, da Paulus sich selber
für das Sterben bereit machte. Mit der Verkündigung der Auferstehung war noch nicht ganz gesagt, wie es sich mit dem
Tode derer verhalte, die dem Christus gehörten. Die Verbindung der Toten mit den Lebenden im Reich des Christus war
erst dann deutlich begründet, wenn Paulus den Sterbenden
sagen konnte, ihr Sterben hebe ihre Gemeinschaft mit Christus
nicht auf. Er wird aber nicht zum Apokalyptiker, beschreibt,
obwohl er im Paradies gewesen ist, nicht den Zustand der
Verstorbenen und formt keinen Lehrsatz, der mit allgemeiner
Gültigkeit die am Tode entstehende Frage entschiede. Wie
seine Verkündigung der Auferstehung aus seiner eigenen Geschichte erwuchs und darauf beruhte, daß er den Auferstandenen gesehen hatte, so leitet er hier auch die Sterbenden
dadurch zum Hoffen an, daß er ihnen an seinem eigenen Erleben zeigt, wie er zum freudigen Sterben gelangt.

Daran ist nicht zu zweifeln, daß Paulus mit den Worten
„Wenn unser auf der Erde stehendes, in einem Zelt bestehen-
des Haus abgebrochen wird" von seinem Sterben sprach. Das
ist nicht die Beschreibung seiner Auferstehung, sondern die
seines Tods. Die Verwandlung des aus Fleisch bestehenden
Leibes in die Unsterblichkeit hat er nicht mit dem Abbruch
des Zeltes verglichen; jene Verwandlung geschieht momentan
durch einen zeitlosen schöpferischen Akt Gottes, I 15, 52,

und so hat er sie auch an dieser Stelle gedacht, wenn er sagt, er wünsche sich, daß das Sterbliche vom Leben verschlungen werde, Vers 4 (= I 15, 55). Daß sein Blick auf den Tod gerichtet ist, zeigt sich ebenso deutlich, wenn er nun vom Ablegen des Gewandes spricht. Daß es ihm versagt ist, in das ewige Leben durch die Verwandlung des Leibes einzugehen, sagt er dadurch, daß er das neue Gewand nicht über das alte anziehen könne. Ihm ist verordnet, daß er sein Gewand ausziehe. Das Ablegen des Gewands ist dasselbe wie der Abbruch des Zeltes, in dem er jetzt wohnt. Das wird weiter durch die Weise deutlich, wie er sein Verlangen nach dem Sterben begründet. Er begehrt es, weil die Auswanderung aus dem Leibe ihm das Verweilen beim Herrn bringen wird. Das ist ein Gegensatz zu dem, was die Auferstandenen empfangen. Für sie ist die Gegenwart beim Herrn nicht dadurch bedingt, daß sie vom Leibe getrennt sind, vielmehr dadurch, daß ihnen ein neuer Leib gegeben wird. Paulus sagt hier also, was ihm dann zuteil wird, wenn er stirbt.

Dann hat er ein unvergleichlich herrlicheres Haus als das, in dem er jetzt wohnt und das ihm genommen wird. Dieser Bau ist aus Gott; damit ist der Unterschied, der ihn vom Zelt unterscheidet, noch nicht angegeben; denn auch dieses hat Paulus von Gott, I 11, 12; wohl aber ist damit ausgesprochen, was die über den Tod hinausschauende Hoffnung trägt. Sie hat ihren Grund in dem, was Gott für den Menschen baut. Paulus verfällt dem Tod; aber Gott hat für ihn gesorgt, und er schafft nicht nur Irdisches und Zeitliches. Nun erst folgt die Beschreibung dieses Baus nach seinem Unterschied von dem durch den Tod zerstörten Leib. Neben dem abbrechbaren Zelt steht ἀχειροποίητος αἰώνιος und neben ἐπίγειος steht ἐν τοῖς οὐρανοῖς. Auch ἀχειροποίητος steht im Gegensatz zur Beweglichkeit des Zelts, die die Zerbrechlichkeit des Leibes darstellt. Nur was die Menschenhand macht, wird abgebrochen; was dagegen ohne die Mitwirkung des Menschen durch Gottes Schöpferhand entsteht, ist unvergänglich. Wenn Paulus beim Zelt und Haus nur daran dächte, daß für ihn selbst am Leib das Leben hafte, hätte er den neuen Bau schwerlich ἀχειροποίητος genannt. Vom Leibe her entsteht die Erwägung nicht,

ob er mit Händen gemacht sei oder nicht. Dagegen gibt es
„einen mit Händen gemachten" Tempel, der dadurch, daß er
Menschenwerk ist, seine Unzulänglichkeit und Vergänglichkeit dartut, weil die wahre Wohnstätte Gottes nicht durch
Menschenhand verfertigt wird. Paulus hat aber schon von
seinem irdischen Leib gesagt, er sei ein Tempel, I 6, 19. Jetzt
wohnt aber Gottes Geist noch in einem vergänglichen, zum
Abbruch bestimmten Tempel; dagegen wird der neue Bau
ganz dem entsprechen, was ein Tempel sein soll. Auch αἰώνιος
sieht nach dem Zusammenhang auf das hinaus, was kommen
wird. Es kennzeichnet den neuen Bau im Gegensatz zur Vergänglichkeit des alten als den bleibenden, der, nachdem er
einmal errichtet ist, nicht mehr beseitigt werden wird. Mit
dem Plural ἐν τοῖς οὐρανοῖς wird bedeutsam auf die Vielheit
der Himmelsräume hingewiesen; für die, die durch den Tod
von der Erde geschieden werden, ist dort Raum. Daß Paulus
ernsthaft vom Sterben seinen Eingang in den Himmel erwartete, wird dadurch bestätigt, daß er dann das Wohnhaft-
sein beim Herrn erlangen wird. Denn bis der Herr durch seine
neue Ankunft wieder in die Welt kommt, hat er sich ihn im
Himmel gedacht.

Daran, daß er aus dem nicht mit Händen gemachten,
ewigen Haus wieder ausziehen müsse, hat Paulus nicht gedacht. Spricht er also nicht doch von dem, was er bei der
Offenbarung des Christus empfangen wird, wenn er gleichzeitig mit der Verwandlung der Gemeinde auferweckt werden
wird? Da er aber sagt, er habe dieses Haus dann, wenn er
sterbe, müßten wir annehmen, er sehe über den Zwischenraum
zwischen seinem Tode und seiner Auferstehung hinweg; vielleicht denke er, bis zur Offenbarung Jesu schlafe er im Grabe;
mit der Auferweckung scheint ja gesagt zu sein, er werde wieder aus dem Grabe herausgeholt; bei diesem Zustand verweile
er aber nicht, da er über ihn völlig durch die Gewißheit getröstet sei, daß er einst den Auferstehungsleib erhalte; dieser
sei ihm verbürgt, und weil er seiner gewiß sei, sage er, er habe
ihn schon. Daß dies aber nicht die Meinung des Paulus war,
zeigt seine Erwartung, daß er beim Herrn sein werde, wenn
er den Leib verlassen habe. Ist er wohnhaft beim Herrn, so

schläft er nicht und liegt nicht im Grabe. Dann hat er nicht
zwischen den Tod und seine Auferweckung einen leeren Zwischenraum gesetzt. ἔχομεν läßt sich nicht verdünnen, so daß
es nur bedeutete „zugesichert und in Hoffnung haben". Mit
ἔχομεν sagt er, was er dann hat, wenn er gestorben ist.[1]
Wenn αἰώνιος nicht nur vorwärts, sondern auch rückwärts
sähe und sagte, dieser Bau sei vor der Schöpfung der Welt
hergestellt, so würde der Gedanke sichtbar, daß alles, was von
himmlischer Art sei, von Anbeginn an bestehe, da das Werden
und Vergehen nur am irdischen Leben hafte. Auch die Vergleichung des Leibes mit dem Tempel, die in ἀχειροποίητος
anklingt, konnte den Gedanken in diese Richtung bringen;
dem Geiste Gottes sei von Anfang an die Stätte bereitet, in
der er wohnen werde. Aber die festgefügten Überzeugungen
des Paulus machen es unwahrscheinlich, daß er wirklich seinem künftigen Leibe Präexistenz zugeschrieben habe. Die,
die für den Menschen ein Dasein postulierten, das seiner Geburt vorangehe, sprachen von der Präexistenz seiner Seele,
nicht von der des Leibs. Die Seele hieß aber Paulus nicht ewig.
Vom Verhältnis, in das Christus den Menschen zu Gott bringt,
sagte er freilich, es sei schon vor der Schöpfung der Welt vorhanden; er beschrieb aber dieses Verhältnis nicht als Präexistenz. Ewigkeit hat es durch Gottes Willen, durch sein
Vorherwissen und Vorherordnen, durch seine Wahl, durch die
πρόθεσις, πρόγνωσις, προορισμός, ἐκλογή, I 2, 7; Röm. 8, 28. 29;
Eph. 1, 4. Der Ansatz eines präexistenten Leibes wäre nur
dann wahrscheinlich, wenn Paulus den auswendigen und den
inwendigen Menschen mit selbständigem Dasein nebeneinander gesetzt hätte. Es wird aber in allen seinen Aussagen über
den Menschen sichtbar, daß ihm der Mensch ein unteilbares

---

[1] Wenn der Dialektiker aus dem, was bei Paulus Geschichte war,
Gleichzeitigkeit macht, ist er nicht mehr Exeget. „Die neue Leiblichkeit
ist schon jetzt bei Gott für uns da. Sie ist schon jetzt unser eigen, aber
befindet sich noch im Himmel in der Verborgenheit Gottes", Althaus,
Die letzten Dinge 4. Aufl. 132. Paulus hat nicht gesagt, er habe ein himmlisches Haus, während er im Zelt wohnt; gesagt hat er, er habe es dann,
wenn sein Zelt abgebrochen sei. Er hat nicht gesagt, er sei beim Herrn,
während er im Leibe ist, sondern er hat gesagt, er sei dann beim Herrn,
wenn er den Leib verlassen habe.

Ganzes war. Er ist dies sowohl, wenn er seinen Willen durch die natürlichen Vorgänge empfängt und „im Fleische ist", als wenn er ihn vom Geiste erhält und „im Christus ist". Immer ist es der ganze Mensch, der die Bewegung empfängt und nach der einen oder der anderen Regel wandelt. Es ist aber nicht nötig, αἰώνιος rückwärts auf den Anfang der Zeit zu beziehen. Paulus sprach ja gleich vorher vom αἰώνιον βάρος δόξης, ohne damit zu sagen, die Herrlichkeit, die ihm die jetzt erlittene Bedrängnis verschaffe, sei schon vorhanden. Ebenso sind die αἰώνια, in denen er sein Ziel findet, nicht jetzt schon irgendwo aufbewahrt, sondern entstehen durch Gottes Schöpfertat dann, wenn der Christus seine Herrschaft beginnen und vollenden wird, I 15, 52. 28.

Der Satz des Paulus hat oft überrascht, weil er den Eindruck machte, er gebe damit das, was er im ersten Brief gegen die Korinther vertreten hat, auf. Seine Hoffnung ist im ersten Brief seine Auferweckung durch den wiederkehrenden Herrn. Dies heißt er auch jetzt die Gewißheit, die ihn über sein Sterben erhebt, II 4, 14, die er auch an den Schluß dieser Aussprache stellt, Vers 10. Ein Widerspruch könnte also nur in dem entstehen, was er im ersten Brief über die Toten sagte. Sie sind des Christus, I 15, 23. Widerspricht der Satz: „Sie sind des Herrn" dem Satz: „Sie sind beim Herrn"? Er sagt vom Tode, für die Glaubenden ist er ein Gewinn, weil sie des Christus sind, I 3, 22; sie verlieren, wenn sie entschlafen, das Leben nicht, I 15, 18; sie bleiben, auch wenn sie gezüchtigt werden und deshalb sterben müssen, von der Welt geschieden und werden der Verurteilung nicht unterworfen, I 11, 32; auch dann wird der Geist noch gerettet, I 5, 5. Die Toten, zu deren Gunsten einige getauft werden, mag es nun die Bluttaufe oder eine Wassertaufe sein, sind des Heils bedürftig und empfänglich, I 15, 29. Wo sind sie? Nicht für alle diese Fälle kann nach unserem Satz geantwortet werden: sie sind im Himmel. In Phil. 2, 10 spricht Paulus von denen, die im Himmel sind, denen, die auf der Erde sind, und denen, die unter der Erde sind, ἐπουράνιοι, ἐπίγειοι, καταχθόνιοι. Letztere sind zweifellos Tote. Um aber die gesamte Menschheit zu umfassen, rechnet er zu ihr nicht nur die auf Erden Lebenden und die an einem unterirdischen Ort versammelten Toten, sondern auch „Himmlische". Zum mindesten ist es nicht gewiß, daß nicht auch „die Himmlischen" ein Teil der Menschheit sind. Begegneten uns diese Himmlischen nicht schon I 15, 48? Es ist eine wenig glaubhafte Behauptung, daß sich Paulus, der beständig in die Nähe des Todes kam, nie gefragt habe, wohin die Sterbenden gehen, und daß er sich früher eine andere Antwort gegeben habe als die, die er hier gibt: sie gehen, wenn sie dem Herrn gehören, zu ihm in die Himmel. Im Römerbrief sagt er von den Toten, sie seien des Herrn, weil Jesus auch über die Toten Herr sei, Röm. 14, 8. 9; denn der Tod trenne die Glaubenden nicht von der Liebe Gottes, die er ihnen im Christus erweist, Röm. 8, 38. Wo sind die von Gott Geliebten, die Christus Gottes Liebe erfahren läßt? Paulus hat sie schwerlich im Hades gesucht, von dem er nie spricht, auch nicht bei den Unterirdischen, Phil. 2, 10, oder im Abyssos, den er im Zusammenhang mit der Auferstehung Jesu nennt, Röm. 10, 7.

In Phil. 1, 21–24 spricht er wieder von seinem Sterben;[1] für ihn sei der Tod ein Gewinn, nach dem er verlangt, weil er dann beim Herrn sein werde; würde er ihn nicht von der Gemeinde und seiner Arbeit trennen, möchte er sterben. Das ist genau das, was er hier den Korinthern über sein Sterben sagt. Den Thessalonichern sagte er, bei der Ankunft des Christus würden die Lebenden nicht vor den Toten bevorzugt; „Gott wird die Entschlafenen durch Jesus mit ihm führen." Woher wird er sie führen? Gewöhnlich wird gesagt: aus ihren Gräbern; denn sie stehen ja auf, ἀναστήσονται. Es gibt aber keinen Satz, durch den Paulus deutlich sagte, daß die Toten in den Gräbern seien. Begründeter wäre die Vermutung, Gott führe sie durch Jesus aus dem Paradies heraus; denn solange Paulus Rabbi war, war es seine Meinung, der Fromme komme nach dem Tode in das Paradies, und er selbst war einmal im Paradies, II 12, 4. Aber er sagt nicht, daß dies der Ort der ent-

---

[1] Daß Paulus im Zusammenhang mit dem Bericht über die, die ihn zu verdrängen suchten, über sein Sterben spricht, verstärkt die Parallele, die zwischen den Korintherbriefen und dem Philipperbrief besteht.

schlafenen Gerechten sei, auch nicht, wohin er das Paradies verlegte, ob er es in den Himmeln oder irgendwo im Weltenraum suchte. Es liegt also nirgends eine deutliche Aussage vor, die zeigte, daß Paulus seine Gedanken über das, was nach dem Tode mit ihm geschehe, geändert habe.

Nach I 15, 36–43 verhält sich der irdische Mensch zum himmlischen wie der Same zum Gewächs, und es scheint, Paulus habe auf dieses Gleichnis verzichtet, da er jetzt vom Umzug aus dem einen Haus in das andere spricht. Denn der himmlische, ewige Bau entsteht nicht aus dem Zelt, wie das neue Gewand nicht durch eine Veränderung des alten hergestellt wird. Jetzt erwartet Paulus, er empfange einen neuen Leib. Aber auch die frühere Betrachtung bezeugt entschlossen die Neuheit des ewigen Leibs. Paulus hat nicht den Leichnam den Samen genannt, aus dem ein ewiger Leib hervorwachse, hat nicht gesagt, daß sich der seelische Leib in einen geistlichen verwandle, und hat nicht Fleisch und Blut das Vermögen zugeschrieben, aus dem Tode wieder zu erwachen. Das, was der Mensch jetzt ist, nicht nur seinen Leib, verglich er dem Samen, und dem, was der Mensch sein wird, schrieb er die unerfindbare, überraschende Neuheit zu, die aus dem Gewächs ein Wunder macht. Auf der Überzeugung, daß der Mensch durch den Tod hindurch fortbestehe, beruht aber auch in dieser Satzreihe alles, was er zur Deutung seines Todes sagt. Wie er früher vom selben Menschen sagte, er sterbe und er werde auferweckt, so ist es hier derselbe Mensch, der aus dem Zelt auswandert und in den himmlischen Bau einzieht, und in beiden Betrachtungen bestimmt das, was der Mensch jetzt ist und tut, das, was aus ihm werden wird. Weil er „des Christus ist", I 15, 23, wird er auferweckt werden, und weil er das Wohlgefallen des Herrn hat, II 5, 9, wird er zu ihm gehen und ein himmlisches Haus erhalten. Da im Gericht des Herrn über das geurteilt werden wird, was der Mensch durch seinen Leib vollbracht hat, ist auch hier das irdische Leben mit großem Ernst als die Saatzeit gewürdigt. Beide Aussagen über den Tod vereinen die beiden Überzeugungen: die Einheit des Ichs, die durch das Sterben nicht aufgehoben wird und das Kommende mit dem Gegenwärtigen kausal verknüpft, und die

Neuheit des Kommenden, die durch die gänzliche Umwandlung des ganzen Daseins geschaffen wird.

Hat er nicht doch das ursprüngliche Ziel, das er früher mit so großem Ernst der Gemeinde zeigte, entleert und verschoben, wenn er schon durch den Tod in sein ewiges Haus gelangen kann? Wozu nun noch die Auferstehung? Diese Einrede entsteht aus einem Begehren, das grundsätzlich dem des Paulus widerspricht. Hier denkt der Mensch nur an seine eigene Verewigung und Beseligung; findet er sie im Himmel, so ist er befriedigt, so daß ihm der Anteil an der Offenbarung des Christus als eine Störung erscheint; sie drücke ja das himmlische Dasein auf die Stufe eines „Zwischenzustands" herab. Das ist von dem, was Paulus begehrte, deshalb verschieden, weil er nach der Offenbarung Gottes im Christus verlangt hat. Dem Verhältnis zum Christus, das dadurch entstand, daß der Christus den Menschen rief, schrieb er Totalität und Unzerstörbarkeit zu. Während der irdischen Zeit verbindet er den Menschen im Glauben mit sich; mit dem Tode führt er ihn zu sich, und da er im Himmel ist, ist dies die Versetzung in ein himmlisches Haus, und wenn er seine Herrschaft in der Welt offenbart, ist er bei ihm und wird mit der nun verklärten Gemeinde vereint als ein Auferstandener.

Sofort, nachdem er ausgesprochen hat, was ihm in der Todesstunde Ruhe, ja Freudigkeit gibt, zeigt er den Korinthern, wie wenig der Gedanke an sein himmlisches Haus sein Verlangen vom großen Endziel der Offenbarung Gottes abzieht. „Denn auch darüber seufzen wir." Er beweist damit, daß er nicht im Zeitweiligen, sondern im Ewigen sein Ziel hat und nach der unvergleichlich großen Herrlichkeit strebt. Dafür ist es ein Beweis, daß ihm trotz aller Freudigkeit, mit der er sterben kann, der Tod eine Entsagung auferlegt, die ihn schmerzt. Das Zeichen, daß er die Entbehrung, die der Tod ihm bringt, als Leid empfindet, sind seine Seufzer. Denn die Verheißung umfaßt noch Größeres, das, wovon er I 15, 51 sprach, das plötzliche Verschlungenwerden der Sterblichkeit durch das Leben, dem nicht zuerst ein Auswandern aus dem Zelt und ein Ablegen des jetzt ihn kleidenden Gewandes vorangehen muß. In diesem Fall könnte er das neue Gewand über das alte anziehen. Da ihm der befestigte Sprachgebrauch für den Leib beide Bilder, Haus und Gewand, zutrug, vermischt er sie unbedenklich. Wenn er aber an den Vorgang denkt, den er das Überkleiden heißt, kann er nicht mehr von dem im Himmel befindlichen Hause sprechen; in jener Lage wäre es eine aus dem Himmel zu ihm herabkommende Wohnung, da er ja dann auf der Erde stände und hier statt seines sterblichen den neuen ewigen Leib empfinge.

Diese Sehnsucht wäre unmöglich und eine trügende Hoffnung, wenn nicht die mit εἴγε eingeführte Voraussetzung gegeben wäre. εἴγε kennzeichnet sie als einleuchtend und unentbehrlich. Er muß als einer, der sich bekleidet hat und nicht nackt ist, erfunden werden. Soll dies heißen, vorausgesetzt sei, daß er nicht in einen leiblosen Zustand gerate, sondern ein Gewand, das heißt einen Leib, erhalte? Aber gegen diese Deutung sträubt sich εὑρηθησόμεθα. Das läßt nicht zu, daß Paulus hier an einen dauernden Zustand denke, wie eine leiblose Seele ihn hätte. Damit hat er einen bestimmten Moment ins Auge gefaßt, eben den, in dem die Verwandlung geschehen sollte. In jenem Moment ist er aber nicht leiblos, sondern befindet sich in seinem Zelt, aus dem er heraustritt, ohne daß es abgebrochen wird, und trägt sein irdisches Gewand, das nun unter dem neuen Gewand verschwinden wird. Sodann wird εὑρηθησόμεθα sinnlos, wenn Paulus nicht an den dächte, der ihn finden wird. Auf wessen Urteil es ankommen wird, braucht er nicht zu sagen. Voraussetzung und Begründung seines Verlangens ist, daß der Richter, gegen dessen Willen niemand in das ewige Leben eingehen wird, ihn nicht nackt finde, weil er sich bekleidet hat. Somit wandelt Paulus die Vorstellung „sich bekleiden" und „nicht nackt sein" noch einmal. Hier denkt er bei ἐνδυσάμενος weder an den sterblichen noch an den unsterblichen Leib, sondern an den, der sein Gewand geworden sein muß, damit er an Gottes Herrschaft Anteil habe. Wie geläufig diese Vorstellung Paulus war, zeigen Gal. 3, 27 und Röm. 13, 14. Wer verwandelt werden will, muß Christus angezogen haben. An γυμνός haftet die Vorstellung, der Nackte müsse sich schämen und sich flüchten; Entblößung entehrt und schließt von der Gemeinschaft aus.

Darum darf sich Paulus nach der Verwandlung sehnen, weil er seiner Gemeinschaft mit dem Christus gewiß ist und in ihm den hat, der sein ganzes Leben formt. Darum darf er wünschen, seine Ankunft zu erleben, die ihm den plötzlichen Eingang in sein Reich bereitete.

Es ist leicht verständlich, daß hier der Text schwankend wurde und neben ἐνδυσάμενος auch ἐκδυσάμενος erscheint. Wer bei ἐνδυσάμενος an die Bekleidung mit einem Leibe dachte, mußte den Satz unverständlich heißen; Paulus war ja nicht nackt, wenn er sich ein Gewand anzog. Sinnvoller schien es, wenn Paulus sagte, vorausgesetzt sei, daß er nicht nackt sein werde, wenn er, der Sterbende, sein Gewand ablege; auch dann werde er von Christus nicht beschämt werden, sondern das himmlische Kleid empfangen.

Noch einmal verweilt Paulus bei dem Druck, der ihm damit aufgelegt ist, daß er sich entkleiden muß. Das Sterben bleibt für ihn eine Last. καί vergleicht nicht die seufzenden Zeltbewohner mit anderen Seufzenden, sondern fügt das Seufzen zu jener Beurteilung des Todes hinzu, die ihn verklärt, Vers 1. ἐφ' ᾧ „auf das hin, daß, um dessentwillen daß", hat begründende Kraft.

Da er weiß, daß sein Verlangen unerfüllbar ist, macht er sich von ihm frei. Dem Druck, der ihn seufzen macht, könnte er nur erliegen, wenn er vergäße, daß er nicht nur durch das, was von außen sein Leben formt, sondern auch in seiner inwendigen Gestalt, in der Bewegung seines Willens, Gottes Werk ist. Sowohl die Kraft seines Hoffens, das sich nach dem ewigen Leben sehnt und die Verheißung, die es ihm verspricht, mit festem Griff erfaßt, als seine Bereitschaft, sein Leben zu opfern, und sein Vermögen, den Tod freudig zu leiden, weil er ihn in sein himmlisches Haus hinüberführt, sind Gottes Werk. Das Subjekt des Satzes ist ὁ κατεργασάμενος und ϑεός ist Prädikat: „Der, der uns eben dazu bereitet hat, ist Gott." Mit dieser Gewißheit endet jeder Widerspruch gegen sein Los; nun ist er damit, daß der Schluß seines apostolischen Wirkens das Sterben sein wird, ganz versöhnt und ganz bereit. Er könnte sein Denken und Wollen nicht von Gott gewirkt heißen, wenn nicht der Geist Gottes Gabe wäre. Er kann aber

in dieser Lage, die ihn zum Seufzenden macht, nicht nur an
die Größe der Gnadengabe denken, die ihm dadurch verliehen
ist, daß Gott durch seinen Geist seinen Willen zu Gottes
Werk macht. Denn dadurch, daß sein vom Geist gewirktes
Verlangen unerfüllbar bleibt, erlebt er, daß der Geist zwar
die kommende Gnadengabe verbürgt und vorbereitet, sie aber
noch nicht gegenwärtig macht. Beides, was der Geist ihm gibt
und was er ihm noch nicht gibt, beschreibt er, wie I 1, 22,
mit dem Satz: Gott hat mir das im Geist bestehende Angeld
gegeben.

Weil Gott es ist, der ihm dieses Ende bereitet, und weil
Gott ihn dazu tüchtig macht, bricht der Vorblick auf den
Tod seine Zuversicht nicht. Er gewinnt vielmehr im Blick
auf das, was der Tod ihm bringen wird, ein starkes Verlangen
nach dem Tod. Denn der Leib trennt ihn vom Herrn. An die
Vergleichung des Leibes mit dem Haus schließt sich leicht
der Satz an, der Leib sei seine Heimat. Damit lebt er aber an
einem anderen Ort als der Herr und gleicht dem Ausgewan-
derten, der fern vom Herrn in der Fremde lebt. Diesen Satz
spricht aber Paulus nicht aus, ohne ihm eine Erläuterung
mitzugeben. Denn er hat den gesamten Christenstand auf die
Überzeugung gestellt, daß der Herr gegenwärtig und wirksam
sei und mit seiner Herrschaft das ganze christliche Leben
umfasse. Mit dem von Paulus immer wiederholten ἐν κυρίῳ
war ja gesagt, daß das ganze Erleben und Handeln durch die
wirksame Gegenwart des Christus entstehe. Dieses im Herrn
Sein und Handeln kommt aber durch den Glauben zustande.
Dieser gibt Paulus den Wandel, bewegt sein Denken und
Wollen und versieht ihn mit dem Vermögen zur Tat. Daß er
„durch den Geist wandelt", geschieht dadurch, daß er durch
den Glauben wandelt. Von einer anderen Gemeinschaft mit
dem Herrn als von der, die durch den Glauben entsteht, weiß
Paulus nichts. Damit ist aber auch die Grenze beschrieben,
die die Gemeinschaft mit dem Herrn noch nicht überschreiten
kann. Denn es ist das Merkmal des sich hingebenden Vertrauens, daß es über die Wahrnehmung hinüberreicht. Ohne
Wahrnehmung kann es nicht entstehen; aber es ist nicht auf
sie beschränkt, sondern ist größer als sie, weil es den Menschen

ganz dem ergibt, dem er vertraut. Weil der Glaube aber über die Wahrnehmung hinausfährt, ist er noch nicht die letzte und höchste Form der Gemeinschaft. Wäre der Herr sichtbar und uns der Anblick seiner Gestalt gewährt, so ergäbe dies einen unmittelbaren Verkehr, weil damit an die Stelle des vertrauenden Glaubens das Schauen träte. Diese durch den Anblick hergestellte Gegenwart des Herrn ist aber das, was die Verheißung verspricht und der den Glauben wirkende Geist uns verbürgt, was aber erst kommen wird. Nach dieser in den Satz hineingestellten Erläuterung kehrt Paulus wieder zu dem zurück, was er sagen wollte. Er kennt kein Bangen vor dem Tod, sondern begehrt ihn, weil er ihn zum Herrn bringt. Damit hat er ausgesprochen, warum es für ihn ein begehrtes Ziel ist, eine Wohnstätte in den Himmeln zu bekommen. Denn im Himmel ist er beim Herrn.

Der aber, dem es zum heiß begehrten Ziel gemacht ist, beim Herrn zu sein, hat nur noch den einen Willen, sein Wohlgefallen zu erwerben. Verweigerte er dem, was Paulus tut, seine Zustimmung, so wäre er von ihm geschieden. In die Nähe des Herrn kommt nur der, dem er sein Wohlgefallen gibt. Mit φιλοτιμούμεθα stellt Paulus sein Bemühen, das Lob des Herrn zu gewinnen, neben die anderen Bestrebungen der Menschen, in die sie ihre ganze Tatkraft legen, weil sie ihnen Ehre eintragen. Für ihn entsteht Lob und Ehre einzig und völlig aus dem Urteil, das der Herr über sein Wirken fällt. Dieser Wille steht über dem Umschwung in seinem Zustand. Ob er lebt oder stirbt, ob er im Zelt oder im himmlischen Tempel wohnhaft ist, immer kann er nur eines begehren, hier und dort nichts als das Wohlgefallen des Herrn. Da Paulus diesen Willen vom Diesseits ins Jenseits hinüberlegt, macht er sichtbar, wie kräftig er sich seinen Zustand nach dem Tode als persönliche Lebendigkeit gedacht hat. Die Vorstellung, daß er beim Herrn schlafen werde, hatte er nicht; ebensowenig dachte er an ein nur ruhendes Dasein. Jesus ist auch für seine himmlische Gemeinde der Herr, und sie lebt für ihn und findet ihre Ehre in der Erfüllung seines Gebots. In diesem Willen sind die Irdischen und die Himmlischen eins, und die beiden Perioden im Dasein des Paulus sind durch ihn zu einer festen Einheit verbunden. Ein Übergang aus dem Wirken in das Ruhen wäre das Ende der Liebe, und dieses hieß Paulus eine Unmöglichkeit.

Damit, daß er sein ganzes Verhalten darauf richtet, das Wohlgefallen des Herrn zu erlangen, hat sich Paulus unter die Ordnung gestellt, die für alle Geltung hat, daß alle dem Urteil des Christus unterworfen sind. Von dem Ausgang seines Lebens erwartet er nicht, daß er ebenso allen Gliedern der Gemeinde verordnet sei wie ihm. Jedenfalls hat die Frage, wie sie sich zum Sterben stellen, für ihn und seine Mitarbeiter ein besonderes Gewicht. Aber gemeinsam ist ihm mit allen, die zur Gemeinde gehören, daß sie das ewige Leben vom Wohlgefallen des Herrn empfangen und sich um dieses entschlossen und beständig bemühen. Denn er ist für alle der Richter, für die Toten und die Lebenden. Er fällt sein Urteil in voller Öffentlichkeit. Darum stellt sich Paulus ein βῆμα vor, eine Tribüne, auf die für die richterliche Verhandlung der Sessel gestellt wird, auf den sich der Richter, um das Urteil zu fällen, setzt. Mit der Erinnerung an die Tribüne verbindet sich die Vorstellung der rechtskräftigen, allen kundgemachten Urteilsfällung. Das macht deutlich, daß sich Paulus in die Lage versetzt, die durch die Wiederkunft Jesu entstehen wird. Er ist gegenwärtig und die gesamte Gemeinde ist vor ihm versammelt. Gerichtet muß werden, weil jeder sichtbar werden muß, auch in dem, was sein für alle anderen verborgenes Geheimnis geblieben war. Das ist das Ende aller Unwahrheit und Finsternis; nun herrscht die Wahrheit und damit auch die Gerechtigkeit ohne Verhüllung. Nun wird die Wahrheit nicht nur im Gewissen eines jeden, II 4, 2, sondern für das Auge aller offenbar, I 4, 5.

Der Wille des Richters ist, daß jeder das durch den Leib Hervorgebrachte bekomme. Damit erweitert Paulus, was er bisher über den Leib gesagt hat. Hier ist der Leib nicht nur unsere Wohnung und unser Gewand, sondern als das Werkzeug gewertet, durch das wir zum Handeln fähig sind. Die Wohnung und das Gewand war er auch für die, die aus dem Christenstand den Besitz der Erkenntnis machten und darum den Leib mit dem, was er verlangt und hervorbringt, sich selbst überließen. Paulus hofft aber, er habe die Mißachtung des Leibes aus der Gemeinde entfernt. Weil dem Menschen der Leib gegeben ist, kann er Diener und Mitarbeiter Gottes sein. Sein Leben im Leib ist die ihm zum Wirken gegebene Zeit. Darum nannte Paulus den Leib „die Waffe der Gerechtigkeit", Röm. 6, 13. Aus dieser Würdigung des Leibes entstand sein Entschluß, „das Bleiben im Fleisch" dem Aufbruch, durch den er zum Christus käme, vorzuziehen, Phil. 1, 22. Dem Verlangen nach dem Tode war dadurch Maß und Regel gesetzt, daß der Anteil am Werk des Herrn an den Leib gebunden ist. Darum war der zum Sterben bereite Paulus zugleich der umsichtige und tapfere Kämpfer für sein Leben, wie ihn Lukas durch seinen Bericht über die Gefangenschaft des Paulus, Apgsch. 21—28, der Kirche zeigt. Er hing am Leben nicht nur deshalb, weil er den Abbruch des Leibes scheute und gern bei denen wäre, die ohne Tod den Herrn sehen, sondern auch, weil Leben Wirken ist. Aber er war zugleich vom Leben gelöst, weil er nicht mit seiner eigenen Kraft und für sich selber wirkt, sondern Gott der ist, der durch ihn wirkt.

Zu dem hinzu, was er tat, wird jeder das bekommen, was er mittelst des Leibes erworben hat. πρός, nicht κατά sagte Paulus, weil der Lohn zum Erarbeiteten und Vollbrachten hinzukommt. Dem Tun des Menschen antwortet das Tun des Christus in beiden Fällen, sowohl wenn das Bewirkte etwas Gutes und Heilsames als wenn es etwas Schlechtes und Schädliches war; vgl. Prediger 12, 14. Die Möglichkeit, daß durch den Leib auch Schlechtes hervorgebracht werde, besteht auch für die Christenheit, und sie wird durch das Urteil des Christus erfahren, was an dem, was sie schuf, heilsam und was verderblich war. Damit klingt auch noch diejenige Würdigung des Leibes an, die Paulus zu den Formeln „Leib der Sünde", Röm. 6, 6, und „Fleisch der Sünde", Röm. 8, 3, bewogen hat. Er hat aber den Zusammenhang der leiblichen Vorgänge mit dem eigensüchtigen, verwerflichen Begehren bei der Betrachtung seines eigenen Sterbens ganz zurückgestellt. Er begehrt den Tod nicht deshalb, weil ihn der Leib zum Sündigen zwingt, sondern sprach auch

hier als der, der „für die Sünde gestorben ist", Röm. 6, 2.
Darin gleicht die neue Betrachtung des Todes der in I 15 gegebenen. Die Frage nach der Aufhebung der Schuld wird wieder
als beantwortet übergangen; Paulus verkündet den Korinthern
das Leben, und dieser Botschaft gibt er verstärkte Kraft, da
er, der zum Sterben Verpflichtete, ihnen die Botschaft vom
Leben sagt.

Das Verständnis des Todes Jesu
5, 11–21

Paulus unterbricht sich, um den Zweck, dem seine Aussprache dient, klar zu machen. Es sollen ihm nicht Absichten
unterlegt werden, die ihm fremd sind. Die Beschreibung, wie
er sein Leiden trägt, hat er damit zum Abschluß gebracht,
daß er zeigte, warum er sich nicht nur geduldig, sondern freudig zum Sterben bereit macht. Damit hat er jene Betrachtung, durch die er die Erhabenheit seines Amts und die Herrlichkeit seines Werks gepriesen hat, 2, 14–4, 6, wirksam ergänzt. Aber ganz hat er damit die Beschreibung seines Apostolats, die er mit 2, 14 begonnen hat, noch nicht zum Ende geführt. Fertig ist er mit ihr erst dann, wenn er den Korinthern
noch zweierlei gezeigt hat, einmal, wie seine apostolische Sendung aus dem Tod Jesu heraus gewachsen ist. Dann kennen
sie sein letztes und innerstes Motiv, das sein ganzes Verhalten
bestimmt, und begreifen, warum sein Wort nichts anderes
als die Botschaft vom Kreuze des Christus war, I 2, 2. Dann
aber muß er auch darüber noch ein Wort sagen, wie er sich
selbst bewährt. So, wie die Korinther ihm das συνιστάνειν ἑαυτόν
nachsagen und zum Vorwurf machen, ist es ihm gänzlich
fremd. Selbstempfehlung betreibt er nicht, und daß sein Amt
so groß ist, daß er dafür niemals tüchtig sein kann, ist offenkundig. Alles, was er durch sein Wirken schafft, ist Gnadengabe. Aber eben deshalb, weil er als der Diener Gottes spricht
und handelt, ist die Pflicht auf ihn gelegt, zu zeigen, daß er
in Wahrheit Gottes Diener ist, und da man in Korinth daran
zweifelt, daß er dies vermöge, wird er sie noch an das erinnern, was er für sich als seinen Beweis geltend machen kann.

Ehe er aber die Gemeinde auf diese höchsten Höhen führt,
stellt er fest, was er mit dieser Beschreibung seines Verhaltens
will.

Er benützt dazu das vorangehende Wort, durch das er sich
und die Korinther in jenen Tag versetzt hat, an dem sie vor
dem himmlischen Richter offenbar sein werden. Wer das
bedenkt, hat nicht nur einen Blick in die Zukunft getan, sondern für sein gegenwärtiges Verhalten die Regel empfangen.
„Er kennt die Furcht des Herrn." Wenn der Herr richten
wird, wird die von ihm ausgehende Furcht auf die fallen, die
das Schlechte wirkten. Aber diese Furcht leitet die, die ihn
kennen, schon jetzt und trennt sie von allem, was ihm nicht
wohlgefällt. Sie werden vor seinem Richterstuhl offenbar sein;
das kann aber nicht nur ein leeres Wissen bleiben, das sie
bloß im Gedanken an das Kommende zeitweilig beschäftigte.
Wer einst so vor dem Richter offenbar werden will, daß er
sein Lob empfängt, muß jetzt offenbar sein für Gott. Dabei
denkt Paulus nicht an die Allwissenheit Gottes, vor der sich
niemand verstecken kann, sondern daran, daß er sich beständig dem Licht Gottes zuwendet und sich von ihm richten
läßt, damit keinerlei Unwahrhaftigkeit und unredliche Neben-
absicht in ihm Raum bekommen. Offenbar ist er für Gott
deshalb, weil er „allen Heimlichkeiten abgesagt hat", II 4, 2.

Das wird nicht dadurch geschwächt oder gehindert, daß
er sich um die Zustimmung der Menschen bemüht. „Menschen
überreden wir"; das muß oft gegen Paulus von denen gesagt
worden sein, die sich seinem Einfluß widersetzten; vgl. I 2, 4;
Gal. 1, 10. Wie bringt er, fragten sie, seine Erfolge zustande,
und warum hängen die Gemeinden an ihm? Er weiß, antworte-
ten sie, die Menschen zu bereden. Es war nicht unwahr, was
sie sagten; er sucht in der Tat die Menschen zu gewinnen,
und es ist ihm gegeben, sie zu überzeugen, II 4, 2. Dies tut
er aber so, daß er dabei in der Furcht des Herrn bleibt und
nichts in ihm ist, was er dem Blick Gottes entzöge.

Aber nicht einzig Gott kennt seine Lauterkeit; auch die
Korinther kennen sie, wie er hofft. Auch für sie ist er keine
verdeckte, zweideutige Gestalt. Wenn sie auf das Urteil ihres
Gewissens horchen, so wissen sie, daß in Paulus nichts ist,

was das Licht scheuen muß. Das würde ihnen ihr Gewissen
selbst dann sagen, wenn sie es aus Furcht vor den Gegnern
oder aus Befangenheit im Widerspruch gegen ihn nicht gestehen
wollten.

Dazu, ihnen dies zu sagen und überhaupt ihnen sein Wirken
und Leiden zu beschreiben, treibt ihn kein eigensüchtiger
Zweck, als wollte er mit seinen Worten um Anerkennung und
Verehrung werben. Das aber begehrt er, daß sich die Korinther
seiner rühmen. Ihr Verhältnis zu ihm soll von jeder Trübung
frei werden und ihnen große Dankbarkeit und freudige Zuversicht geben. Sie können sich freilich nicht seiner rühmen,
ohne denen zu widersprechen, die ihn herabsetzen. Dazu, daß
sie tapfer und wirksam für ihn eintreten, rüstet er sie. Auch die
Gegner rühmen sich, aber nur des Gesichts, nicht des Herzens
wegen. ἐν bei καυχᾶσθαι wird auch hier, wie sonst immer, den
Grund des Rühmens anzeigen. Paulus wird aber beim Gesicht
nicht nur an ihre Mienen, sondern an ihre ganze, für die anderen zurecht gemachte Haltung gedacht haben, die im Gegensatz zum Herzen, zur Stätte des inwendigen Lebens, steht.
Was sie inwendig erleben und besitzen, gibt ihnen keinen
Grund zum Ruhm. Sie sind sich ihrer Eigensucht bewußt und
wissen, daß sie ohne Glauben und Liebe sind. Aber in ihrem
Auftreten vor den anderen sind sie sicher, feierlich und an-
spruchsvoll. Auf ihre Geschicklichkeit, den Christen und den
Lehrer darzustellen, sind sie stolz.

Mit einem gewaltigen Satz spricht Paulus aus, warum er die
Korinther auffordert, sich seiner zu rühmen. Nichts ist in
ihm als der Liebeswille. ,,Für Gott und für euch'', dafür lebt
er ganz und gar. Das, nur das, ist der echte Grund zum Ruhm.
An dem, den der Liebeswille regiert, kann man sich freuen,
und für ihn kann man einstehen. Er ist freilich nicht immer
für die anderen verständlich und erfreulich. Er weiß, daß oft
ein Schrecken von ihm ausgeht: Paulus, du bist von Sinnen;
du fährst über das menschliche Vermögen hinaus, redest un-
verständliche Worte, stellst unerhörte Ansprüche, schonst
die menschliche Gebrechlichkeit nicht und mißachtest die
von der Natur uns gesetzten Schranken. ,,War ich von Sinnen,
so war ich es für Gott!'' Kein selbstisches Verlangen mischt

sich ein, wenn er in die Höhe fährt. Er will nicht sich als den christlichen Helden und geistlich Großen erweisen und nicht ein Prunkstück von übermenschlicher Frömmigkeit herstellen. Gottes Ehre sucht er allein; Gottes Wille soll gelten und Gottes Werk geschehen, nichts sonst. Er ist aber nicht einzig der Ekstatiker, der vernünftige Bedenken nicht hört und für den die natürlichen Möglichkeiten keine Schranke sind, sondern er ist auch der Besonnene, der genaue Beobachter, der scharfsinnige Denker, der kluge Führer. Auch dann ist keine eigensüchtige Absicht dabei. So oft er seine geistige Kraft anspannt, um sein Wort und sein Verfahren fruchtbar zu machen, so geschieht es für euch. Niemand hat Grund, wenn er vor dem besonnenen und klugen Paulus steht, an Verschlagenheit und Hinterlist zu denken.

Woher kommt es, daß er nichts als die Liebe in sich hat, die für Gott und die Gemeinde lebt? Die Liebe des Christus hält ihn fest und läßt ihn nicht los. Sie ist das, was ihm seine Bewegung gibt; sie gibt ihm den Wahnsinn, der für Gott eifert, und die Verständigkeit, die ihn für die Gemeinde nützlich macht. Zur Macht, die ihn völlig bestimmte, wurde die Liebe des Christus deshalb, weil Paulus das Urteil fällte, daß einer für alle starb. Er sah die Liebe Jesu an seinem Tod. Wer sie gesehen hat, macht das Wort vom Kreuz nicht leer, I 1, 17. Jesu Tod war seine freie Tat, in der nichts Eigensüchtiges war, nur jener Wahnsinn, der Gott über alles ehrte, und jene nüchterne Wahrhaftigkeit, die für die Menschen die Rettung schuf. Durch die Tat Jesu war Paulus genötigt, sich zu besinnen, was hier geschehen sei; er mußte sich durch ein Urteil den Grund und die Wirkung dieser Geschichte deutlich machen, und er urteilte: hier handelt Einer, ein völlig Einziger, der von allen anderen ausgesondert und über alle erhaben ist, und dieser Eine starb für alle. Beide Aussagen, durch die sich Paulus den Tod Jesu deutete, ergaben sich unmittelbar aus der Sendung Jesu. Vor die Liebe des Christus war er gestellt; der Christus ist aber der Eine, durch seine Sendung von allen getrennt und über alle gestellt, und er ist deshalb der, der den Beruf und die Macht hat, für alle zu handeln. Gottes Herrschaft wird in ihm wirksam, für die es keine Schranke gibt; sie macht den Christus zum Herrn aller, und darum ist sein Tod für alle vollbracht.

Folglich starben alle. Gott, der dem Christus das Leben nahm, hat allen den Tod verordnet. Jetzt war dies nicht mehr nur eine Drohung, nicht nur die Ansage des künftigen Tods. Das Urteil Gottes war am Christus geschehen, und allen war damit das Leben genommen. Der aber, der starb, war der Christus, den die allmächtige Gnade in die Welt gesendet hat. In Kraft seiner Sendung, die ihm den Tod zuteilte, ist er der Geber des Lebens, und dies ist an ihm offenbar geworden, da er auferweckt wurde. Nun aber leben die, denen er durch seinen Tod das Leben erwarb, nicht mehr für sich selbst, sondern für ihn, durch dessen Tod sie starben und durch dessen Leben sie leben. Das war der Wille Gottes, den Paulus im Ausgang Jesu wahrnahm: Lebe für den, durch den du, Toter, lebst, weil er für dich starb. Damit war die Liebe aus der Liebestat Jesu in sein eigenes Leben hinübergelegt.

Von den korinthischen Meistern sagte Paulus: „Liebe haben sie nicht." Sie hätten sie, wenn sie, wie er, über das Kreuz Jesu urteilten. Wären auch sie durch seinen Tod Gestorbene, dann wäre ihr Größenwahn tot, und sie mißbrauchten das Leben, das sie von ihm empfingen, nicht für ihre eigensüchtigen Zwecke.

Aus dieser Würdigung des Todes Jesu erwuchsen Folgen, die das ganze Verhalten des Paulus bestimmten. „Von jetzt an", von der Zeit an, da er die Liebe Jesu in seinem Tode verstand, endeten alle seine bisherigen Beziehungen zu den Menschen, und alle seine Urteile über sie wurden abgetan. Er kennt die Menschen nicht mehr so, wie jedermann die anderen kennt und wie er selbst sie früher kannte. Denn sein Denken und Wissen entsteht nicht mehr aus dem Vermögen und Begehren des Fleisches. κατὰ σάρκα gehört ebenso zu εἰδέναι und γνῶναι, wie es in den Formeln κατὰ σάρκα περιπατεῖν, στρατεύεσθαι, καυχᾶσθαι, II 10, 2. 3; 11, 13, zu den Verben gehört.

Die Formel sagt nicht, was er nicht mehr kenne, daß er die leibliche Gestalt der anderen nicht mehr kenne und nicht mehr wisse, was sie nach ihrem natürlichen Vermögen leisten können; auf dieses Wissen hat Paulus nie verzichtet, so wenig er deshalb, weil er nicht nach dem Fleisch, sondern nach dem Geist wandelte, auf die Ausübung der natürlichen Funktionen verzichtete. Mit κατὰ σάρκα sagt er vielmehr, wie der in Frage stehende Akt, hier sein Wissen, das seine Verbindung mit einem anderen Menschen herstellt, zustande komme. Sein Wissen von den Menschen entsteht nicht unter dem Antrieb und mit den Mitteln des Fleisches, wird nicht vom natürlichen Vermögen hervorgebracht und hat nicht in der Befriedigung seiner Eigensucht seinen Zweck. Ist das Denken durch die leiblichen, von der Natur uns bereiteten Vorgänge bestimmt, so bleibt es an die eigenen Bedürfnisse und Wünsche gebunden. Es betrachtet die anderen mit der Frage, ob und wie sie uns ähnlich und nützlich seien, stiftet Gemeinschaft durch die gleiche Art und durch den gemeinsamen Vorteil und schafft Haß, wenn der andere den eigenen Vorteil hemmt. Dieses Denken hat Paulus vor dem gestorbenen und auferstandenen Christus verloren, weil durch ihn sein selbstischer Wille starb und ihm die Liebe gegeben wurde, die ihn für den Christus leben heißt. Nun führt ihn der Geist zu den Menschen und zeigt ihm, was in ihnen ist, und vereinigt ihn mit den anderen und macht aus allen die eine Gemeinde, den einen Leib.

Die beiden Formeln „Wir wandeln nicht nach dem Fleisch" und „Wir erkennen nicht nach dem Fleisch" sind voneinander nicht trennbar und verwenden dasselbe Urteil über den Leib. Dem, der nicht nach dem Fleisch wandelt, geben nicht die Antriebe, die uns die Natur vermittelt, das Handeln, und diese sind auch nicht die Quelle, aus denen er seine Urteile über die Menschen schöpft. Würde das Denken vom natürlichen Begehren bestimmt, so wäre es auch das Handeln. Beide Aussagen sprechen die Freiheit vom natürlichen Begehren mit derselben festen Zuversicht aus, die darin ihren Grund hat, daß dann, wenn Christus der Herr des Menschen ist und ihm seinen Willen gibt, die Liebe sein Denken und Handeln formt. Die Liebe ist aber nicht das, was der Leib und die Natur dem Menschen schenken.

Mit diesem Satz war denen in Korinth, die Paulus verstehen und den Gegensatz zwischen ihm und seinen Gegnern

begreifen wollten, kräftig geholfen. Wenn sich Paulus seine
Urteile über die Menschen von seinem Fleisch geben ließe,
wäre er Nationalist; dann schätzte er einzig die, die er seine
Brüder nach dem Fleisch hieß, und hielte sich von denen,
die von anderer Rasse und von fremdem Volkstum waren,
fern. Damit hätte er aber verleugnet, was der Tod des Christus
offenbart. Ordnete er seinen Verkehr mit den Menschen nach
dem, was sein Fleisch begehrt, dann würbe er um den Beifall
„der Weisen, Mächtigen und Vornehmen" und kümmerte
sich nicht um die, „die nichts sind". Dann wäre er auch nicht
bereit, sich der Schwachen anzunehmen. Wieder hätte er damit
jene Erkenntnis preisgegeben, die der Tod Jesu, mit dem alle
starben, ihm vermittelt hat. Wenn er es der Gemeinde verwehrt, sich ihr Ziel in der Bereicherung und Kräftigung des
Menschen zu geben, und jeder Vollkommenheit das Urteil
spricht, die der Mensch zu seinem eigenen Ruhm begehrt, so
verstehen sie, daß er nicht anders urteilen kann, wenn sie
begriffen haben, daß er niemand nach dem Fleisch kennt,
weil nur die leben, die nicht für sich, sondern für den Herrn
leben.

Den stärksten Beweis dafür, daß das vom Leibe her bestimmte Wissen für ihn vergangen ist, gibt Paulus mit dem
Satz: „Wenn wir auch nach dem, was das Fleisch kann und
will, den Christus erkannten, allein jetzt kennen wir ihn nicht
mehr", nämlich κατὰ σάρκα. Daß Paulus dies hinzugedacht hat,
ist gewiß, da ein absolut gesagtes: „Wir kennen Christus nicht
mehr" bei ihm nicht möglich ist, auch nicht, wenn wir den
Satz so ergänzten: „sondern wir glauben und gehorchen ihm."
Denn Paulus kennt keinen Glauben und keinen Gehorsam,
der auf andere Weise entstände als durch die Botschaft des
Christus, und diese macht ihre Hörer mit ihm bekannt. Paulus
sagt also, daß seine Kenntnis des Christus nicht aus dem
Vermögen und Willen des Fleisches stammt. Was sucht er bei
ihm? Nicht, was das Fleisch sieht und begehrt. Was gibt ihm
sein Urteil über den Christus, jenes Urteil, mit dem er sich
als tot und als für den Herrn lebend erkennt? Dieses Urteil
verwendet nicht die Maßstäbe, die uns die Natur durch den
Leib darreicht. Weder die Macht des Einen, mit der er alle

in sein Sterben und Leben hineinzieht, noch die Begründung unseres Lebens durch seinen Tod, noch die Lösung des Willens vom eigenen Ich stimmt mit den Urteilen und Zielen des Fleisches zusammen. Allein wenn der Mensch mit Christus gestorben ist und durch ihn lebt, denkt er auch dann nicht mehr, was das Fleisch ihn denken heißt, wenn er verlangend nach dem Christus schaut. Offenbar ist es die Meinung des Paulus, daß sich das Begehren des Fleisches im Verkehr mit Christus besonders stark regen könnte. Den Christus sichtbar bei sich zu haben ist das Begehren des Fleisches. Es wäre gern vom Glauben dadurch entbunden, daß ihm das Schauen gewährt würde, und es möchte ihn als den kennen, der ihm Not und Tod abnimmt und ihm alle göttlichen Gaben bringt. Von wem kann das Fleisch die Erfüllung seiner Wünsche bis hinaus zu seiner Verewigung und völligen Beseligung empfangen, wenn nicht von ihm? Wer aber zum Christus kommt, wird vor sein Kreuz gestellt, und durch dieses sterben die aus dem Fleisch aufsteigenden Gedanken über ihn. Und damit sind sie auch im Verkehr mit jedem Menschen tot.

Durch das Absterben der natürlichen Denkweise wurde das Verhältnis des Paulus zu Christus völlig umgewandelt. Auch vom Christus, nicht nur von sich selbst und von den anderen Menschen, hat er früher so gedacht, wie das natürliche Begehren es dem Menschen vorschreibt. Wer nach dem Fleisch denkt, hält ihn für ohnmächtig, weil er stirbt, für Anathema, weil ihn Gott dem Tode übergeben hat, für vergangen, weil er unsichtbar ist, für einen Betrüger, weil er die menschlichen Wünsche nicht erfüllt und nicht einmal sich selber half. So hat einst auch Paulus über ihn gedacht, als er an ihm nur sah, was das Fleisch sieht, und nur das schätzte, was das Fleisch begehrt. Das ist aber jetzt für Paulus Vergangenheit. Jetzt kennt er Christus nach dem Geist, jetzt, da er die Liebe des Christus in seinem Tod und seiner Auferstehung erkannt hat und von ihr die Liebe empfangen hat.

Auch in der Erinnerung an seine jüdische Zeit schrieb sich Paulus die Kenntnis des Christus zu. Als der Christus stand Jesus vor ihm, und den Christus hat er gehaßt. Er konnte ihn

nicht verfolgen, wenn er ihn nicht gekannt hätte. Zum Feind
des Christus wurde er damals, weil er an ihm nichts anderes
wahrnahm als das, was das Fleisch erkennt. Er gab ja damals
nicht zu, daß er durch den Tod Jesu gestorben sei, wollte
vielmehr durch sich selber leben in Kraft seiner eigenen Gerechtigkeit, gab auch nicht zu, daß in Jesus das Leben für ihn
erschienen sei und daß sein Leben nun ihm gehöre; er gedachte damals, für sich selbst zu leben, sich zum Ruhm. Nur
von der Christusidee, vom Bild, das die messianische Erwartung zeichnete, hat er hier nicht gesprochen; er denkt nicht
an ein Gebilde des Denkens, nicht an die Verheißung von ihm
oder die Lehre über ihn, sondern immer an die lebendige Person, wenn er vom Christus spricht. Ob noch mehr hinter diesem Wort steht, eine Erinnerung an die Tage, während deren
er Jesus im Tempel hörte, die ihm auch ein Bild von der leiblichen Gestalt Jesu gaben, ist ungewiß. Die Worte schließen
dies zwar nicht aus, sagen es aber nicht. Die Formel: nach
dem Fleisch kennen! bedeutet etwas ganz anderes als mit
eigenen Augen gesehen haben und durch eigene Bekanntschaft ein Bild von ihm besitzen.

Wie alle diese Worte ist auch dieser Satz aus dem Gespräch
mit den Korinthern herausgewachsen. Denen, die sich nicht
ihres Herzens rühmen können, weil sie die Liebe nicht haben,
die meinen, der Ruf des Christus habe sie zu Herren der Gemeinde gemacht, die das Kreuz Jesu entleeren und des Leidens sich weigern und hoffen, ihr Fleisch und Blut werde
Gottes Herrschaft erlangen, sagte er: Ihr kennt den Christus
bloß nach dem Fleisch. Und denen, die von Paulus sagten, er
kenne den Christus nur nach dem Fleisch, denn er wandle
nach dem Fleisch, II 10, 2; daher rühre seine dürftige Weisheit und die übertriebene Schätzung des Kreuzes Jesu, die
ihn verleite, aus der heilsamen Botschaft Gottes einzig die
Verkündigung des Gekreuzigten zu machen; der Geist mache
von der Gebundenheit an die menschliche Geschichte Jesu
frei und lasse sein dunkles Ende versinken, sagte er: Ich kenne
den Christus nicht mehr nach dem Fleisch. Eine scharfe
polemische Spitze hatte der Satz sicher, und die, gegen die sie
gerichtet war, waren Juden; denn einzig Juden konnte er zu-

36*

muten, daß sie das Gewicht des Vorwurfs würdigen: ihr
seht am Christus nur, was das Fleisch sieht, und sucht bei
ihm nur, was das Fleisch begehrt. Für einen Griechen blieb
dies immer eine dunkle Formel, wie die Geschichte der Auslegung zeigt.

Vermutlich dachte er auch an die, die die ersten Apostel
über ihn erhoben und dies damit begründeten, daß jene den
im Leibe lebenden Christus gekannt haben. Die, die den Ruhm
des Petrus und Johannes darin finden, daß sie Christus nach
dem Fleisch erkannten, kennen Christus nicht. Wir dürfen
aber κατὰ σάρκα nicht von εἰδέναι und γνῶναι trennen und der
Formel nicht den Sinn geben „jemand nach seiner leiblichen
Gestalt kennen", weil Paulus nicht gesagt hat, er kenne niemand nach seiner leiblichen Figur. Da er aber an die Zeit
denkt, da er Christus nur nach dem Fleisch kannte, war ihm
auch gegenwärtig, wie er im Unterschied von den ersten
Aposteln zum Apostel wurde und warum er nur der Geringste
unter ihnen werden konnte. Aber nicht von den ersten Jüngern hat er gesagt, daß sie Jesus nach dem Fleisch erkannten.
Von sich hat er dies gesagt, und weil er dies von sich sagen
muß, ist er wie eine Fehlgeburt in das Leben und in das
Apostelamt gelangt. Nun aber ist er in Wahrheit Apostel;
denn er erkennt ihn so, wie der Geist ihn erkennen lehrt.

Eine neue Folgerung tritt hervor; das zweite ὥστε ist mit
dem ersten parallel und entsteht wie jenes aus dem, was durch
den Tod des Christus geschehen ist. Das, was er nun von sich
und allen sagt, ist nicht dadurch begründet, daß er die Menschen nicht mehr mit den Maßstäben des Fleisches mißt und
auch in seinem Urteil über Jesus nicht von seinem natürlichen Begehren bestimmt ist. Das wäre nicht mehr als ein
„Erkenntnisgrund", ein Kennzeichen dafür, daß jeder im
Christus zum neuen Geschöpf gemacht wird. Seinen wirkenden Grund hat dies darin, daß mit dem Christus alle starben
und die, die er zu Lebenden macht, für ihn leben. Darum ist
der, der in ihm ist, weil er ihn mit seiner allmächtigen Gnade
mit sich vereint und in ihm wirksam wird, ein neues Geschöpf,
das durch einen neuen Schöpferakt Gottes entstanden ist,
der noch nicht in der ersten Schöpfung enthalten war. Da

der, der dem Tod übergeben war, nun das Leben hat, ist er
zu etwas geworden, was die erste Schöpfung ihm noch nicht
gegeben hat. Diese schuf τὰ ἀρχαῖα, das von Anfang an Bestehende, den Menschen, der sündigen und sterben muß. Aber
das Alte, von Anfang an Bestehende und bisher einzig Vorhandene ist vorübergegangen, weil Christus aus den Menschen
neue Geschöpfe macht. Der getötete und auferstandene
Christus hat offenbart, daß die kommende Welt eine neue
Welt ist, und sie ist schon Gegenwart in jedem, den der
Christus regiert.

In dem allem, im Tod des Christus und seiner Geltung für
alle, in seiner Auferweckung, die ihn zum Geber des Lebens
macht, in seiner Gegenwart, durch die er den Menschen mit
sich vereint und aus ihm das neue Geschöpf macht, ist Gott
der Wirkende, und das, was er dadurch an Paulus getan hat,
ist die Aufhebung der Feindschaft, die Paulus mit Gott ent-
zweite, seine Versöhnung mit Gott. Da Paulus im Tod des
Christus den ihm bereiteten Tod sah, hat er erkannt, daß er
Gott wider sich habe. Der den Tod verhängende Gott behandelt den Menschen als seinen Widersacher, dem er widersteht. Aber aus der Bezeugung der Feindschaft entstand ihre
Aufhebung, da Gottes Liebe Jesus für alle sterben ließ und
die Liebe Jesu Gottes Liebe offenbart. Dadurch bringt er dem
Menschen den Frieden Gottes, seine Einführung in die Ge-
meinschaft mit Gott. Wer im Christus ist, hat Gott für sich.
Zugleich mit dem Empfang der göttlichen Liebe wurde Paulus, da er ja nicht für sich selber lebt, mit dem Dienst begnadet, der entsprechend dem, was ihm selber geschah, darin
besteht, daß er der Bote jenes göttlichen Willens ist, der die
Versöhnung schafft. Mit jedem Glied dieses Satzes weist
Paulus von sich weg. Das zusammenfassende τὰ πάντα, die
Kennzeichnung des göttlichen Handelns als Versöhnung, die
Begabung mit dem Dienst, durch den das versöhnende Handeln Gottes geschieht, das alles zieht den Blick von Paulus
weg und heftet ihn allein an Gott. Wer Paulus so kennt,
kennt auch ihn nicht mehr nach dem Fleisch.

Er hat damit die Gnade gepriesen, die ihm selbst zuteil
geworden ist. Seinen Kampf gegen Gott hat Gott beendet,

indem er ihm das fleischliche Denken nahm und das neue
Geschöpf aus ihm machte, das Gott nicht mehr verwirft, wie
es auch nicht mehr gegen Gott streitet, sondern mit dem
Dienst Gottes begnadet ist. Aber dieses göttliche Handeln
wurde nicht einzig ihm zuteil und hat ihn nicht aus der Welt
herausgehoben, als hätte die Liebe des Christus einzig ihn
gesucht. Was mit ihm selbst geschah, war ein Teil dessen, was
Gott für die Menschheit getan hat. „Gott versöhnte im Christus die Welt mit sich." ἦν καταλλάσσων, nicht κατήλλαξεν, sagt
Paulus, weil er sagen will: indem Gott der Welt den Christus
gab und dies so, wie es geschehen ist, war die Versöhnung
der Welt sein Wille und sein Werk. Da Paulus sein eigenes Erlebnis mit dem vergleicht, was Gott für die Welt tat, beginnt
er den Satz mit ὡς. Aber die Partikel, die auf die Analogie
hinweist, drückt das Verhältnis seiner eigenen Geschichte zu
dem, was der Menschheit zuteil wurde, nicht vollständig aus.
In dem, was Gott für die Welt tat, liegt der Grund, weshalb
Paulus in dieser unbegreiflich herrlichen Weise begnadigt
worden ist. Darum hat er zu ὡς noch ὅτι gesetzt.

　　Die Versöhnung der Menschheit mit Gott geschieht dadurch, daß Gott vergibt. Ihr Streit mit Gott entsteht nicht
schon dadurch, daß die alte Schöpfung noch nicht die neue ist
und das, was von Anfang an bestand, τὰ ἀρχαῖα, vorübergehen
muß. Eine Versöhnung ist deshalb nötig, weil aus dem alten
Zustand die παραπτώματα entstehen, die Handlungen, durch die
der Mensch fällt und den von Gott ihm gegebenen Stand verliert. Rechnet ihm Gott diese Fehltritte an, so stirbt er. Da
aber Gott sie nicht in Rechnung bringt und sie ihm nicht ver-
gilt, sondern über sie hinweg seine Gemeinschaft mit ihm herstellt, schenkt er ihm die Vergebung; vgl. Ps. 32, 2; Röm.
4, 8. Damit aber die Versöhnung zustande komme, muß noch
etwas zweites geschehen: es muß den Menschen ein Wort
gegeben werden, das das Ende der Entzweiung verkündet und
die Vergebung anbietet. Das kann nur ein Wort Gottes leisten,
das Menschen übergeben wird, damit sie es sagen, und dies ist
die Stelle, an der Paulus in das göttliche Werk, das der Menschheit den Frieden Gottes bringt, hineingestellt ist. In ihn hat
Gott das die Versöhnung verkündende Wort hineingelegt.

Oder erweitert er hier den Sinn des ἡμῖν ? Sagt er, in der Menschheit habe Gott das die Versöhnung bringende Wort befestigt ?
Da aber gleich im nächsten Satz das „wir" wieder seinen voll
persönlichen Sinn hat, wird Paulus auch hier von der unbe-
schreiblich großen Herrlichkeit des Berufs reden, der ihm
gegeben worden ist.

Durch das, was Paulus über das von ihm Erlebte gesagt
hat, treten die Merkmale seines Wirkens klar heraus. Für
Christus wirkt er; denn im Christus versöhnte Gott die Welt
mit sich. Sein Gesandter ist Paulus. Das ὑπὲρ χριστοῦ nähert
sich dem Gedanken, Paulus sei der Vertreter des Christus
und rede an seiner Statt; wie er einst selbst zu den Menschen
gesprochen habe, so rede er jetzt zu ihnen durch den von ihm
gesandten Boten. Jedenfalls bedeutet diese Beschreibung
seines Wirkens, daß sein Zweck gar nicht in Paulus, sondern
einzig in dem liege, was Christus sagt und schafft. Da in allem,
was Christus tut, Gott der Handelnde ist, ist das für den
Christus gesprochene Wort Gottes eigenes Wort; Gott redet
durch Paulus. Gottes Rede ist ein Mahnen und das für Christus
gesprochene Wort ist ein Bitten. Denn Gott stellt die Menschen im Christus nicht vor seine Macht und sein Gericht.
Jetzt wird der Menschheit das Wort von der Versöhnung gesagt, das den Frieden verkündet und die Vergebung anbietet.
Die göttliche Gnade gibt dem Wort des Paulus seine Gestalt.
Er faßt darum seine ganze Verkündigung in die Mahnung zusammen: „Seid mit Gott versöhnt." Denn das ist das Ziel
des göttlichen Versöhnens, daß der Mensch seinen Widerstand gegen Gott aufgebe und den ihm angebotenen Frieden
mit Gott wolle. Von diesem Ziel aus wurde die Predigt des
Paulus sowohl zur Anbietung des Glaubens und der Taufe
als zum Gebot, das den Eigenwillen des Menschen richtete.

Ehe Paulus in der Beschreibung seines Wirkens fortfährt,
schiebt er noch einen Satz ein, der dartut, wie das versöhnende
Handeln Gottes geschah. Er ist eine Parallele zu Vers 14. 15,
nochmals eine Deutung des Todes Jesu. Da das erste Wort in
ihm die Tat der Liebe aufzeigte, die versöhnt, leitete Paulus
dort aus ihm die Wandlung unseres Todes in das Leben ab.
Dazu fügt der neue Satz die Wandlung unserer Sünde in

Gerechtigkeit. Das erste Wort erkannte im Tode Jesu die Offenbarung der Liebe, die dem Zorn und dem Streit und dem Tod ein Ende macht. Paulus hat aber die Liebe nie von der Gerechtigkeit getrennt und zwischen ihnen keine Spannung gekannt. Für die Gemeinschaft, die die Liebe begehrt, ist die Gerechtigkeit die Voraussetzung, ohne die sie unmöglich wird, weshalb die Liebe die Gemeinschaft so schafft, daß sie die Gerechtigkeit herstellt. Vom Tod sprach Paulus nicht, ohne an die Sünde zu denken, und von der Vergebung sprach er nicht, ohne die Verschuldung zu bejahen. Er konnte daher im Tode Jesu nur deshalb die Liebe erkennen, die den Toten das Leben gibt, weil er in ihm die Gerechtigkeit sah, die die Sünde verwirft und beseitigt. Nur so entsteht eine wahrhafte Vergebung, die in Gottes Gnade begründet ist und den Sünder rettet.

Durch die Sendung des Christus war der in der Welt, der Sünde nicht kannte. Er sah sie an den Menschen um ihn her, hatte aber nicht jene Kenntnis der Sünde, die dadurch entsteht, daß sie unser Erlebnis und unsere Handlung wird. Eben deshalb, weil er die Sünde nicht kannte, hat Gott ihn zur Sünde gemacht. Nur er war der, der zur Sünde werden konnte, ohne daß daraus für ihn Untergang und Höllennot entstand. Er wird von Gott gerichtet, entehrt und entrechtet, aus der heiligen Gemeinde ausgestoßen, von der Erde weggetrieben und des Lebens beraubt. Dadurch leidet er, was Gott der Sünde tut, und macht sichtbar, was dann geschieht, wenn der Mensch Gott gegen sich hat. Das tat Gott uns zugut. Er machte ihn zur Sünde, damit nicht wir zur Sünde würden. Wir tun Sünden; aber an uns ist noch nicht offenbar, was die Sünde aus dem Menschen macht. Damit wir nicht erfahren, was die Sünde wirkt, ließ Gott dies den erfahren, der die Sünde nicht kannte, damit an uns die Gerechtigkeit wirksam werde. Das ist nun selbstverständlich nicht unsere Gerechtigkeit, sondern die Gottes, die einzige, die es gibt. Der Genetiv θεοῦ hat seinen einfachen, völlig durchsichtigen Sinn; jede verkünstelte Fassung des Genetivs verdirbt den Satz. Von Jesus sagt Paulus: er wurde durch Gott zur Sünde; von uns sagt er: wir werden zur Gerechtigkeit Gottes. Seine Gerechtig-

keit macht er an uns offenbar; sie formt uns innen und außen,
gibt uns den Willen und das Schicksal, macht uns mit Gottes
Willen eins und gibt uns Anteil an seinem Leben. Daß die
Sünde und die Gerechtigkeit als Gegensätze gedacht sind,
so daß die Gerechtigkeit dadurch wirksam wird, daß das Sündigen vergeht, und daß Gottes Gerechtigkeit, einzig sie, dem
Sünder zur Gerechtigkeit verhilft, das sind Sätze, die zum
befestigten Besitz des Paulus gehört haben. Damit, daß
Gottes Gerechtigkeit im Menschen wirksam wird und sein
Verhalten bestimmt, erlebt er die Wahrheit der ihm verkün-
deten Versöhnung. Das sie ausrufende Wort bliebe grundlos
und darum ungewiß, wenn nicht die am menschlichen Sündigen entstehende Frage eine deutliche Antwort erhielte.
Für Paulus war diese Frage dadurch beantwortet, daß der
Christus gestorben ist.

Die Bewährung des Apostolats durch die Tat

6, 1–10

Der Gesandte, der für Christus zu den Menschen geht, durch
den Gott sie mahnt, tut Gehilfendienst. Sein Wirken ist ein
Mitwirken, nicht mehr, hat aber eben deshalb Unentbehrlichkeit und folgenreiche Macht. Über den zu συνεργεῖν gehörenden Dativ kann kein Zweifel entstehen: ϑεῷ, wie I 3, 9. Sein
Mitwirken besteht, wie die göttliche Rede es verlangt, II 5, 20,
im Ermahnen. Mit dem Ruf „Seid versöhnt mit Gott!" ist
die Gnade den Menschen angeboten; wirkt die Botschaft im
Hörer den Glauben, so ist sie auch angenommen. Wird sie
dagegen gehört, ohne daß sie Glauben wirkt, oder wird der
Glaube durch sündliches Verhalten wieder zerstört, so ist
die Gnade vergeblich ohne Wirkung und Frucht empfangen;
vgl. I 15, 10. Dies zu verhüten, ist das Ziel, das Paulus mit
seinem Ermahnen anstrebt, unter das auch jetzt sein Gespräch mit den Korinthern gestellt ist. Abgewiesene, unnütz
gemachte Gnade — das ist Fall und Schuld und ergäbe den
Zusammenbruch der Gemeinde. Er läßt sie den tiefen Ernst
spüren, der sein Mahnen begleitet, der darin begründet ist,
daß der Mensch nicht über die göttliche Gnade verfügen kann.

Sie kommt zu ihm an dem von Gott geordneten Zeitpunkt und muß dann so angenommen sein, daß sie ihre Wirkung schafft. Kommt das apostolische Wort so zum Menschen, daß es für ihn zum Ruf des Christus wird, so verlangt die dadurch geschaffene Lage von ihm eine Entscheidung, deren Gewicht der Größe des ihm Angebotenen entspricht. Paulus sagt mit Jes. 49, 8 Sept., daß die Erhörung an die von Gott beschlossene Zeit gebunden sei und die Hilfe dann eintrete, wenn der von Gott bestimmte Tag der Rettung gekommen sei. Die vom Propheten genannte Bedingung zum Empfang der Erhörung und Hilfe ist aber jetzt durch den Botendienst des Paulus gegeben. Er warnt die Korinther, die Entscheidung hinauszuschieben. Die Gemeinde schwankte nun schon lange; er fürchtet, längeres Zaudern werde für sie unheilvoll. Sie soll nicht erst noch auf den warten, dessen Ankunft ihr versprochen wird, 11, 4, und sich nicht länger davor scheuen, die, die sie verwirren, auszuschließen. Denn der Tag des Heils kann für sie vorübergehen.

Paulus spricht aber jetzt noch nicht von dem, was der von Gott den Korinthern geschenkte Tag von ihnen verlangt, sondern gibt zuerst noch dem Beweis, durch den er seine apostolische Sendung rechtfertigt, die Vollendung. Ihr Anspruch bindet nicht nur die Hörer seiner Botschaft, sondern auch ihren Träger. Da er Gottes Gnade zu den Menschen bringt, darf er in keinem Fall irgendeinen Anstoß geben; durch diesen würde er den, der ihn erleidet, daran hindern, die ihm angebotene Gnade anzunehmen. Das wäre der völlige Widerspruch zu dem ihm erteilten Beruf. Ist er schuld, daß jemand die Botschaft verwirft, ungläubig wird oder sündigt, so fällt auf seine Dienstleistung ein Flecken. Dadurch würde es zweifelhaft werden, ob er wirklich als der Gesandte des Christus mit dem Wort der Versöhnung zu den Menschen komme. Er ist also mit tiefem Ernst dazu verpflichtet, sich zu bewähren, und dies ununterbrochen in jeder Lage, mag sie noch so schwierig sein. So hat er sich zu bewähren, wie Gottes Diener den Tatbeweis für ihre Sendung führen. Der Einsatz des Nominativs ὡς θεοῦ διάκονοι, nicht διακόνους, gibt dem Satz eine fein empfundene Färbung. Paulus macht

es nicht fraglich, ob er Gottes Diener sei; darüber streitet
er mit den Korinthern nicht; aber er zeigt ihnen, wie die,
die Gottes Diener sind, für ihre Sendung den Beweis führen.
Er macht dadurch seine Verteidigung schon nahezu zur
Anklage gegen die, die sich in Korinth für Gottes Diener aus-
gaben.

Voran stellt er die unüberwindliche Tragkraft, mit der er
sich Druck und Pein gefallen läßt. Er häuft die Worte: Be-
drückungen, Zwangslagen, Hemmungen, die ihm die freie
Bewegung nehmen, Verurteilungen zu Schlägen und zu Gefängnis, Tumulte der gegen ihn erregten Massen. Dadurch
gibt er nicht Anstoß und hängt an seinen Dienst keinen Makel;
das ist im Gegenteil die Erfüllung und Bewährung seines die
Versöhnung anbietenden Dienstes. Das ist seine triumphierende
Antwort an die, die ihm seine Nöte als Mißerfolge anrechnen
und in ihnen eine Verdunkelung seines Amts und eine Gefährdung der Christenheit sehen. Gerade dadurch bleibt er
seiner Sendung treu. Muß er nicht deshalb der Welt die Versöhnung anbieten, weil der Mensch in Feindschaft gegen
Gott lebt und sich gegen den Christus empört? Muß ihr
Widerstand nicht gerade dann offenbar werden, wenn sie
zur Versöhnung mit Gott eingeladen wird? Es kann nicht
seine Sache sein, sich vor ihrem Widerstand zurückzuziehen;
sie zeigt ja durch ihn, daß sie den Frieden mit Gott nicht
hat und die Versöhnung mit ihm bedarf. Weil der Mensch
ihm widersteht, geht er zu ihm.

Mit dem Mut zum Leiden, den er zum Kampf mit den Gegnern braucht, verbindet sich die Nötigung, gegen sich selbst
hart zu sein. Anstrengung wird oft von ihm gefordert,
die ihn ermüdet, durchwachte Nächte, Fasttage, die, sei es
einsam, sei es in den Gemeinden, dem Gebet vorbehalten
bleiben, Reinheit, ἀγνότης, bei der Paulus zunächst an die
Freiheit von sinnlicher Erregtheit denken wird, die er auch
im vertrauten Verkehr mit den christlichen Frauen zu bewahren hat.

Schon mit ἀγνότης wandte Paulus den Blick auf die Weise,
wie er seinen inwendigen Besitz in seinem Wirken fruchtbar
machen muß. Er bedarf für dieses das Erkennen, γνῶσις, den

wachen Blick, der die Menschen und ihre Lage sieht und begreift. Wäre er nicht der klare Beobachter und starke Denker, wäre er nicht brauchbar für seinen Dienst. Und weil er nicht träumend, sondern als der Wissende mit den Menschen verkehrt, muß er Langmut üben können, die den Verkehr nicht rasch abbricht und sich Sünden und Schwächen nicht zornig widersetzt, sondern die Gemeinschaft auch dann bewahrt, wenn sie schwierig wird. Nur mit der Geduld, die warten kann, täte er aber noch nicht ganz, was er soll. Zu ihr gehört die zum Helfen bereite Gütigkeit. Wäre er aber bei seinen Entschlüssen und Handlungen nur auf sich selbst angewiesen, so würde er versagen. Aber er steht unter der Leitung des heiligen Geistes. Da er hier πνεῦμα ἅγιον zwischen die Erweisungen seiner christlichen Tüchtigkeit stellt, dachte er wahrscheinlich vor allem daran, daß ihm Inspirationen bei der Bildung seiner Entschlüsse zu Hilfe kommen. Nun folgt die Liebe, die nicht nur wartet, vergibt und freundliche Hilfe leistet, sondern fähig macht, für die anderen zu denken, zu handeln und zu leben. Sie erhält das Beiwort ἀνυπόκριτος, das ihr auch Röm. 12, 9 und 1 Petr. 1, 22 gegeben wird, damit jene Nachahmung der Liebe abgewiesen sei, unter der der von seiner Eigensucht gefesselte Mensch seine Lieblosigkeit verbirgt. Das Wort des Paulus konnte nur dann Kraft bekommen, wenn die Wahrheit ihm sein Wort gab; diese war das Merkmal seiner Rede. Sein Wirken bliebe aber auch dann ein leerer Versuch, wenn ihm nicht Gottes Kraft den Erfolg verliehe; sie gab ihm seine Macht. Da er allen diesen mannigfachen und großen Ansprüchen gewachsen ist, hat er das Recht zu der Aussage, daß er Gottes Diener sei.

Er überdenkt noch einmal sein Verhältnis zur Welt. Er leidet nicht nur durch sie; er kämpft und hat dazu alle Waffen, die, die den Gegner treffen, und die, die ihn selber schützen. Die Waffe, mit der er seinen Kampf führt, ist die Gerechtigkeit. Was er am Gegner bestreitet, ist das Unrecht, und was ihm die Überlegenheit gibt und ihn zum Sieger macht, ist das Recht. Er hat dabei, ebensowenig wie in II 5, 21, nur an menschliche Rechte gedacht. Vor Gott haben die, die gegen ihn streiten, sei es Juden oder Griechen und Römer,

Unrecht; sie widerstehen der Gerechtigkeit Gottes, Röm. 10, 3; er dagegen ist der Zeuge der Gerechtigkeit Gottes und diese macht ihn zum Sieger in seinem Kampf.

Daß er kämpft und wie kräftig er kämpft, zeigt die doppelte Wirkung, die durch ihn entsteht. Er beschreibt sie durch eine Reihe von Antithesen, die derjenigen gleicht, die 4, 8–10 steht. Dort aber beschrieben sie das ihm bereitete Schicksal, in dem die menschliche Schwachheit und die göttliche Hilfe beisammen sind. Hier beschreiben diese Gegensätze, was er selbst hervorbringt und, wenn er wirklich seinen Dienst erfüllen will, hervorbringen muß. Darum rühmt er sich ihrer; sie widerlegen seine Sendung nicht, im Gegenteil, sie beweisen, gerade weil sie so schroff und unversöhnlich sind, sein Recht. Ruhm und Ehrlosigkeit, ihn verleumdende und verklagende Scheltworte und ihn lobende Anerkennung begleiten ihn. Fände er nicht Ruhm und Lob, so fehlte seinem Wort die gewinnende Macht der Wahrheit und seiner Tat die göttliche Kraft, die sie gültig macht. Fände er dagegen nur Ruhm und Lob, dann lebte er im Frieden mit den Feinden Gottes, statt sie zur Versöhnung mit ihm zu führen, und hätte Gemeinschaft mit den Ungerechten, denen er zur Gerechtigkeit zu verhelfen hat. Es muß von ihm gesagt werden, er sei ein Verführer, da er nicht jenen Christus verkündet, den die Juden begehren und der den Griechen gefallen könnte; er gilt aber gerade deshalb als Verführer, weil er wahr ist, und dies ist er, weil er die Wirklichkeit der göttlichen Tat und Herrschaft kennt und andere sie erkennen lehrt. Man umgeht ihn, beachtet ihn nicht, versteht ihn nicht; aber ebenso wahr ist, daß er so spricht, daß er verstanden und sein Wort geglaubt wird, und so handelt, daß die Herrlichkeit seiner Sendung wahrgenommen wird.

Darum zerfällt auch sein Erleben in scheinbar unvereinbare Gegensätze, die deshalb gleichzeitig geschehen, weil sich mit dem, was die Menschen ihm antun, das verbindet, was Gott aus ihm macht. Die Menschen machen ihn zum Sterbenden, Gott zum Lebenden; weil er jenen als ein Verführer gilt, wird er gezüchtigt; aber ein Todesurteil dürfen sie an ihm nicht vollstrecken. Von den Menschen her fällt Betrübnis und Kummer in seine Seele; am Herrn hat er den Grund einer Freude, die ihm keine schmerzhafte Erfahrung nehmen kann. Durch seinen Dienst wird er ein Armer und völlig besitzlos; aber durch das, was Gott ihm gibt, wird er für viele zum Spender von Reichtum und selbst zu dem, der alles besitzt. Mit πτωχοί und μηδὲν ἔχοντες setzt er jene Betrachtung seiner Lage fort, die er mit ἀποθνήσκοντες begonnen hat. Er zählt auf, was die anderen bewegt, ihn ohnmächtig, erfolglos, gescheitert und verächtlich zu heißen. Dazu gehört auch seine Armut. Nach der vorangehenden mächtigen Darstellung seiner geistigen Ausrüstung hat er sich nicht „geistlich arm" genannt, und auch μηδὲν ἔχοντες wird nichts anderes bedeuten als μὴ ἔχοντες I, 11, 22. Das πάντα κατέχειν wird ähnlichen Sinn haben wie πάντα ὑμῶν I 3, 22 und wie dieses darin begründet sein, daß er Gott für sich hat und dem Christus angehört, aus dem und durch den alles ist. Schwankend wird das Urteil bleiben, wie er πολλοὺς πλουτίζοντες gemeint hat. In II 8, 9 nennt er den arm gewordenen Christus den, der euch reich gemacht habe. Hier denkt er an die Belebung und Vermehrung dessen, was den inwendigen Besitz des Menschen ausmacht, und läßt diesen Reichtum aus der Entsagung entstehen, mit der Jesus auf die natürlichen Lebens- und Machtmittel verzichtet hat. Den inwendigen Reichtum hat er auch I 1, 5; 4, 8 einen πλοῦτος genannt. Da er aber bei seiner eigenen Armut nicht an ein inwendiges Darben denkt, bekommt der Satz, wenn der Reichtum der Vielen geistlicher Reichtum sein soll, eine schillernde Färbung. Die Korinther hieß er deshalb πλουτιζόμενοι, weil sie so viel Besitz erhalten, daß sie reichlich zu geben vermögen, II 9, 11. Er wird auch hier mit großer Freude daran denken, daß er viele aus zerrütteten Verhältnissen heraushob und ihnen durch die Eingliederung in den festen Verband der Gemeinde nicht nur die Lebensmittel, sondern auch die Möglichkeit, reichlich zu geben, zuleitete. Auch sie wurden in ihrem Maß zu solchen, die „alles besitzen". Auch dieses „alles besitzen" spricht nicht nur von geistigen Kräften, sondern ist das jubelnde Wort des Freien, für den der ganze natürliche Inhalt des Lebens zur heilsamen Gabe Gottes geworden ist.

Die Verpflichtung der Gemeinde zur Entschiedenheit
6, 11–7, 1

Mit der Aufzählung dessen, was Paulus bei seinem Kampf einzusetzen hat, beendet er die Darstellung seiner apostolischen Größe. Er hat aber nie von sich ohne die Absicht gesprochen, das Verhalten der Gemeinde zu regeln. Das nächste Ziel, das er erreichen wollte, war, daß „sie sich seiner rühmen". Von dieser Absicht spricht der erste Satz; er ist in der Erwartung gesagt, Paulus habe es erreicht, daß sich die Gemeinde ohne Hemmung wieder an ihn anschließe. Aber es kann nicht überraschen, daß er die Mahnung sogleich vertieft. Ihre Einigung mit Paulus konnte nicht zustande kommen und nicht fest bleiben, wenn sie nicht ihre ganze Haltung nach dem Sinn des Paulus ordnete.

Ist der Mund offen, so tritt die Rede frei heraus. Paulus hat sich ohne Hemmung und Ängstlichkeit ausgesprochen. Er hat vollständig gesagt, was er über sich zu sagen hat, und es wird ihn auch später nichts hindern, der Gemeinde alles zu sagen, was ihre Gemeinschaft mit ihm stärken kann. Neben den offenen Mund stellt er das weit gewordene Herz. Ihren Eintritt in sein Herz hemmt nichts; sie haben den freien Zugang zu seiner Liebe und können sich ohne Mühe mit ihm einigen. Daß es für sie dabei noch Schwierigkeiten gibt, liegt an ihnen. In ihm ist der ihnen gewährte Raum nicht eng; sie werden in ihm nicht gedrückt und um ihre freie Bewegung gebracht. Seine Liebe gewährt ihnen ihr Recht unverkürzt und bringt ihnen die volle Anerkennung entgegen. Aber sie sind beengt, gehindert und bedrückt, nicht durch ihre Gedanken und Überzeugungen, hier rechnet Paulus auf ihre Übereinstimmung mit ihm, aber in ihren σπλάγχνα, an jener innersten Stelle, an der der Trieb, der sie zu ihm zöge, entspränge. Sie fühlen sich gekränkt, verletzt, befremdet; ihr Verlangen, alles wegzuräumen, was sie von Paulus trennt, ist schwach. Paulus verlangt von ihnen dasselbe Verhalten, das er ihnen erweist. Auch sie sollen so weit werden, daß sie für ihn Raum haben. Das wäre die Vergeltung, mit der sie ihm sein Werben um ihre Liebe lohnten. Er stützt sich dabei auf

sein Vaterrecht; vgl. I 4, 14. Daß er dabei das ἡμεῖς, das er
bisher beständig brauchte, aufgibt — λέγω —, ist sofort durchsichtig; die Gemeinde hat nicht mehrere Väter, I 4, 15.

Wurde die Gemeinde von Paulus nur durch Verstimmungen
getrennt? Entstand ihr Unbehagen nur durch die Erinnerungen an das, was bei seinem Besuch und durch seinen Brief
geschehen war? Alle diese Vorgänge waren nur die Folgen
der Schwankung, die das gesamte Verhalten der Gemeinde
unsicher machte. Sie hatte die Grenze, die das Christliche
vom Fremden schied, verwischt. Alles, was Paulus sagte, um
sich ihr verständlich zu machen und ihre Gemeinschaft mit
ihm zu stärken, war umsonst gesagt, wenn sie nicht anerkannte, daß sie von der jüdischen und griechischen Welt durch
einen absoluten Gegensatz getrennt sei. Sie konnte sich nicht
mit Paulus einigen, wenn sie sich mit der Welt verbrüdern
wollte. „Versöhnt euch mit Gott", das war die Botschaft, die
Paulus der mit Gott und miteinander verfeindeten Menschheit brachte. Aber die Versöhnung mit Gott war die entschlossene, vollständige Absage an das, was den Menschen mit Gott
verfeindet. Kam es nicht zu dieser Absage oder wurde sie
nicht festgehalten, so war der Botschaft der Glaube versagt.

Wo Gott wirksam ist, wirkt seine Gerechtigkeit, II 5, 21,
die den Willen des Menschen an denjenigen Gottes bindet und
ihn Gott gehorsam macht. Hat dagegen der Mensch nichts als
seinen eigenen Willen, dann entsteht ἀνομία, Widerspruch
gegen jede Norm, die ihn verpflichten will. Dann verkündet
und betätigt er seine unbegrenzte Freiheit nach der Regel:
„Alles steht in meiner Macht." Wo Gott wirksam ist, leuchtet
sein Licht, das dem Menschen seine Herrlichkeit zeigt, II 4, 6.
Wo dagegen Gottes Geist und Wort nicht sind, ist Finsternis.
Gottes Werk geschieht durch den Christus; der Satan dagegen
wirkt gegen ihn und blendet die Gedanken der Menschen, so
daß sie den Christus verwerfen, II 4, 4. Das trennt den Gläubigen vollständig vom Ungläubigen. Der an die Gerechtigkeit
Gebundene, im Licht Lebende und dem Christus Gehörende
ist von dem geschieden, der seiner Eigensucht gehorcht, sich
in die Finsternis stellt, weil sie sein Schutz sein soll, und sich
der Wirkung des Satans ergibt. Die Glaubenden sind zur Ge-

meinde verbunden, in der Gott gegenwärtig ist; sie sind ein
Tempel Gottes. Jenseits der Gemeinde werden dagegen die
Götterbilder verehrt, und sie sind das Zeichen dafür, daß die
Welt im Finstern lebt und Gott widersteht.
Dieser Gegensatz läßt sich nicht verhüllen. Für ihn gibt es
keine Vermittlung, keinen Frieden, keine Vereinbarung, die
beiden Teilen Recht und Geltung einräumte. Eine Teilhaberschaft, μετοχή, gibt es zwischen der Gerechtigkeit und dem
jedes Gebot verwerfenden Willen nicht. Die Gerechtigkeit
beseitigt den selbstherrlichen Willen, und die eigensüchtige
Begier vertreibt die Gerechtigkeit. Licht und Finsternis
können nicht miteinander bestehen; das eine treibt das andere fort. Christus und der Satan können sich nicht verstän-
digen und ihre Herrschaft nicht teilen. Christus entthront
den Satan, und dieser kämpft gegen die Herrschaft des
Christus. Folgerichtig gibt es für den Glaubenden nichts, was
er beim Ungläubigen zu suchen hätte, als könnte er dort etwas
finden, was ihm gehört. Er kann nicht vom Gesetzlosen erfahren, was Gerechtigkeit sei, und nicht von der Finsternis
erwarten, daß sie ihn erleuchte, und nicht durch den Satan
zum Diener des Christus werden; vgl. II 11, 14. Es ist keine
Übereinkunft möglich, die dem Tempel Gottes und den Götterbildern zugleich Raum, Ehre und Anbetung zuteilte, I 10, 21.
Es gibt also kein ἑτεροζυγεῖν, kein Eingespanntsein in
dasselbe Joch, mit den Ungläubigen. ἑτερόζυγος war der
griechische Ersatz für כִּלְאַיִם, Lev. 19, 19. ἑτερόζυγος heißt
daher ein Tier, das mit einem Tier von anderer Art dasselbe
Joch zu gemeinsamer Arbeit trägt. ἑτερόζυγος ist z. B. ein
Esel, der mit einem Rind zusammen pflügt. Das ἑτεροζυγεῖν übt
der, der mit einem ihm Wesensfremden zusammen wirkt.
Die Weise, wie Paulus das Wort braucht, stützt die Vermutung, es sei auch sonst in übertragenem Sinn verwendet worden. „Joch, zusammenjochen, zusammengejocht", συζευγνύναι,
σύζυγος, בֶּן־זוּג, wurde in Palästina oft von der Ehe gebraucht;
ebenso hieß man zwei zu gemeinsamem Wirken verbundene
Lehrer „Jochgenossen". Somit war eine gemischte Ehe ein
ἑτεροζυγεῖν, ebenso die Verbindung eines Lehrers mit einem
Mitarbeiter, der nicht desselben Sinnes mit ihm war.

Wir alle, sagten die Korinther, haben die Erkenntnis, I 8, 1. Sie hatten wenigstens nach ihrem Urteil nicht in ihrem eigenen Kreise Ungläubige, mit denen sie sich gern verständigt hätten, um mit ihnen zu gemeinsamem Wirken zu gelangen. Umstritten war aber bei ihnen ihr Verhältnis zur Welt. Wer die unbeschränkte Freiheit verkündete, sich gegen die Zucht auflehnte und zur Dirne, zum städtischen Richter und zum griechischen Opfermahl ging, der betrieb die Verbindung der Gerechtigkeit mit der Gesetzlosigkeit. Darüber wäre nicht gestritten worden, wenn die Gemeinde das, was jenseits von ihr geschah, als fremd und mit ihrem Besitz unvereinbar abgewiesen hätte. Sie glitten in dem Maß, wie sie sich vom apostolischen Wort entfernten, zurück in die Welt.

Der Beruf der Gemeinde ist damit, daß sie ein Tempel Gottes heißt, wieder wie I 3, 16. 17, auf die höchste Formel gebracht. Der Gottesname „der lebendige Gott" hat zu dem, was in Korinth verhandelt wurde, deshalb Beziehung, weil dort eifrig über den Tod und über das Leben gesprochen wurde. Sie sind Gerettete und mit dem Leben Begnadete, weil der lebendige Gott bei ihnen ist; vgl. II 3, 3. Den Beruf der Gemeinde und die aus ihm entstehende Pflicht und den für sie aus ihr erwachsenden Segen hat Paulus durch drei Schriftworte dargestellt. Das hat wohl auch Beziehung dazu, daß das Verhältnis der Korinther zur Schrift unsicher geworden war. Es liegt Paulus daran, hervorzuheben, daß das Größte, was von der Gemeinde gesagt werden kann, der von der Schrift gegebenen Verheißung die Erfüllung bringt.

Die Gegenwart Gottes bei der Gemeinde, durch die sie zu seinem Volk wird, spricht Paulus mit Lev. 26, 11 aus. Das erste Satzglied καὶ θήσω τὴν σκηνήν μου ἐν ὑμῖν hat Paulus durch das ihm geläufige ἐνοικήσω ἐν αὐτοῖς ersetzt, da er nicht von der Hütte Gottes sprechen will. Die Anrede an Israel stellte er um in eine Verheißung für die αὐτοί. Aus der Gemeinschaft Gottes mit seinem Volk entsteht die Verpflichtung, Unreines zu meiden und sich abzusondern. Diese spricht Paulus mit den Worten Jesajas aus, 52, 11. Im Zusatz κἀγὼ εἰσδέξομαι ὑμᾶς klingt Ezech. 20, 34 an. Trennt sich die Gemeinde von dem, was sie profaniert, so gibt ihr Gott die Gotteskindschaft.

Paulus dachte an 2 Sam. 7, 14, an das Wort, das dem Sohn
Davids die Sohnschaft Gottes verhieß. Vom Christus aus
erfaßt die Verheißung auch die, die des Christus sind. Da
Paulus an die dem einzelnen gewährte Gemeinschaft mit
Gott dachte, sprach er nicht nur von den Söhnen, sondern
auch von den Töchtern Gottes, vgl. Jes. 43, 6. Die bekräf-
tigende Formel λέγει κύριος παντοκράτωρ stammt aus der
Schrift, 2 Sam. 7, 14.

Die Absonderung, zu der die gnädige Gegenwart Gottes
verpflichtet und die zu seinen Kindern macht, stellt die Gemeinde dadurch her, daß sich jeder, der zu ihr gehört, von
dem reinigt, was Fleisch und Geist befleckt. Das sind die beiden Mächte, die den Menschen bewegen und ihm seinen
Willen geben; das Fleisch gibt ihm jenes Begehren, das nach
den natürlichen Gütern greift, und vom Geist empfängt er
jenen Willen, der den Willen Gottes will. Weil das Fleisch
unser Inwendiges bewegt und dort das Begehren erweckt,
sprach Paulus nie von einer Befleckung, die nur das Fleisch
verdürbe. Er nannte den Schaden, den der Mensch sich dadurch bereitet, daß er ißt, was Göttern geweiht worden ist,
nicht eine Befleckung des Munds oder des Bauchs, sondern
er hieß ihn eine Befleckung des Gewissens, I 8, 7, und von
der Vereinigung mit der Dirne sagte er freilich, sie entweihe
den Leib; aber er dachte dabei nicht nur an den körperlichen
Vorgang, sondern daran, daß der Leib dem Christus als sein
Glied gehört, nun aber seiner Verfügung entzogen wird, I 6,
15. Ein Riß, der die Gemeinschaft mit dem Christus aufhebt,
befleckt den Geist.

Durch die Abwehr der Befleckung vollenden sie die Heiligkeit. Sie haben sie dadurch begonnen, daß sie den Ruf des
Christus empfangen haben, durch den sie zum Tempel Gottes
gemacht sind; der Tempel ist aber heilig, I 3, 17. Aber ihre Heiligkeit wird durch alles, was beschmutzt, gehemmt, unterbrochen und in Gefahr gebracht. Ihr Anteil an Gott ist ihnen
nicht wie ein naturhafter Zustand unwandelbar zugeteilt, sondern formt und füllt ihr ganzes Verhalten und bekommt dadurch die Vollendung, daß sie alles von sich abtun, was sie
aus der Gemeinschaft Gottes vertreibt. Diesen Willen gibt

37*

ihnen die Furcht Gottes. Wer es für möglich hält, Widergöttliches mit dem Göttlichen zu verbinden, fürchtet Gott nicht. Er verbirgt sich, daß dem Beschmutzten die Heiligkeit genommen und die Gemeinschaft Gottes verweigert wird.

Mit dem nächsten Satz spricht Paulus wieder von der Störung, die das Verhältnis der Korinther zu ihm getrübt hat, und bezeugt ihnen, daß seine Versöhnung mit ihnen vollständig sei. Das ist die Fortsetzung zu 6, 11–13. Das mahnende Wort unterbricht diesen Gedankengang; fehlte es, so würde hier niemand an eine Lücke denken. Ist die Mahnung deshalb ein Zusatz, den eine spätere Hand eingelegt hat? Aber das Urteil, die Gedankenbewegung wäre ruhiger und glatter, wenn ein Abschnitt fehlte, ist nie ein Grund, um ihn zu entfernen. Wir haben Paulus keine Vorschriften zu geben, wie er das, was er sagen wollte, ordnen müsse. Jedenfalls ist die Forderung: Weg mit der Vermengung von Christlichem und Widerchristlichem! völlig in die Lage hineingesprochen, die der erste Brief zeigt. Wer Judaisten nach Korinth versetzt, muß freilich von dieser Mahnung befremdet sein. Sie gilt nicht den für ihr Gesetz kämpfenden Juden. ἀνομία ficht die Gemeinde an, nicht Legalismus; ihre Freiheit, die zu allem Vollmacht hat, wird ihr zur Gefahr. Der Belial führt den Angriff gegen den Christus; nicht das Gesetz wird als Hindernis vor die Botschaft Jesu gestellt. Die griechische Welt lockt, und ihre Götterbilder werden nicht gefürchtet. Das Bestreben der Judenschaft, sich abzusondern und auch die Christen in die Judenschaft hineinzubringen, macht hier keine Not; die Not ist die, daß sich die Kirche zur Welt hin bewegt. Dies aber war die Lage in Korinth.

Zur Ausscheidung des Abschnitts wären sprachliche Beobachtungen unerläßlich, die eine andere sprachliche Gewöhnung zeigten als die des Paulus. ἄπιστος steht hier in derselben Weise wie I 6, 6; 7, 12 f.; 10, 27; 14, 22; II 4, 4. Die entsprechende Verwendung von μιστός zeigen die Korintherbriefe noch nicht; sie erscheint aber 1 Tim. 4, 3. 10; 6, 2. Dem Wechsel zwischen μετοχή und κοινωνία entspricht I 10, 16. 17 κοινωνία τοῦ σώματος, τοῦ αἵματος — οἱ πάντες μετέχομεν und 20. 21 κοινωνοὺς τῶν δαιμονίων γενέσθαι, τραπέζης μετέχειν.

ἀνομία ist durch Röm. 6, 19 vollständig gedeckt. φῶς und σκότος kann neben II 4, 6; Kol. 1, 12. 13 nicht befremden. συμφώνησις steht nur hier; aber I 7, 5 gibt σύμφωνος. μερίς steht auch Kol. 1, 12. Die Kennzeichnung der Gemeinde als ναός mit dem Attribut ἅγιος wiederholt I 3, 16. 17; 6, 19. Über die εἴδωλα sprach Paulus I 8, 4, und der Gottesname θεὸς ζῶν steht auch II 3, 3. ταύτας οὖν ἔχοντες τὰς ἐπαγγελίας zeigt die Hand des Paulus: ἔχοντες οὖν τοιαύτην ἐλπίδα II 3, 12; ἔχοντες τὴν διακονίαν ταύτην II 4, 1; ἔχοντες δὲ τὸ αὐτὸ πνεῦμα II 4, 13; vgl. ἐπαγγελίαν ἔχειν 1 Tim. 4, 8. Der Plural ἐπαγγελίαι stimmt mit II 1, 20 überein. Die Anrede ἀγαπητοί steht auch II 12, 19. καθαρίζειν ἑαυτούς kann neben Eph. 5, 26; Tit. 2, 14 nicht unpaulinisch genannt werden. σάρξ und πνεῦμα stehen hier wie I 5, 5, und die Beziehung der Heiligung auf den Leib und den Geist ist mit I 7, 34 parallel. μολυσμός ist durch μολύνεσθαι I 8, 7 für Paulus gesichert. ἐπιτελεῖν „das Begonnene vollenden" steht auch II 8, 6. 11; Röm. 15, 28; Gal. 3, 3. ἁγιωσύνη erscheint auch 1 Thess. 3, 13, und daß die Heiligkeit vom Verhalten des Menschen abhängig sei, hat Paulus auch Röm. 6, 22 gesagt. φόβος θεοῦ spricht nicht gegen die Herkunft des Satzes von Paulus; vgl. II 5, 11; Eph. 5, 21. Das in den Schrifttext eingelegte ἐνοικεῖν war Paulus geläufig, Röm. 8, 11; 2 Tim. 1, 14; Kol. 3, 16.

συγκατάθεσις erscheint nur hier, hat aber nichts Fremdartiges, da συγκατατίθεσθαι verbreiteten griechischen Gebrauch hat.[1] Ob Paulus Βελιάρ oder Βελιάλ schrieb, ist nicht zu entscheiden. Die Verwandlung des abstrakten Nomens בְּלִיַּעַל in einen Namen des Feinds geschah in Palästina, wie das Schriftstück der Priester, die zur Begründung „des neuen Bunds" nach Damaskus auswanderten, zeigt. Der Jude nannte den Feind nicht mit seinem Namen, sondern kennzeichnete ihn durch ein Wort, das den Abscheu ausdrückte. Das vereinzelte ἑτεροζυγεῖν erinnert durch die Weise, wie es das Verbot von כִּלְאַיִם auf das christliche Verhalten überträgt, an die Deutung, die Paulus dem Verbot des Maulkorbs für den dreschenden Ochsen gegeben hat, I 9, 9. Die Sprache dieser Sätze umfaßt nichts, was auf eine fremde Hand hindeutete.

---

[1] ψεύδει δόξῃ συγκατατίθεσθαι, Jos. a 8, 172.

Die Versöhnung des Paulus mit den Korinthern[1]
7, 2–4

Mit den Korinthern war Paulus deshalb verbunden, weil sie die Heiligen Gottes sind. Wenn sie ihre Heiligung, statt sie zu vollenden, widerrufen und in die Gemeinschaft mit der Welt zurücktreten, haben sie keinen Raum für Paulus mehr. Dann ist das χωρήσατε ἡμᾶς unmöglich geworden. Er würde es aber auch von sich aus unmöglich machen, wenn die Gemeinde zur Klage Grund hätte, daß sie Unrecht von ihm erlitten habe. Denn Unrecht zerstört die Gemeinschaft. Einem Übeltäter kann und darf sie nicht Raum gewähren. Er hat aber niemand Unrecht getan, niemand verdorben, niemand ausgebeutet. Die Fortführung des Gedankens durch ,,Ich sage es nicht, um zu verurteilen'', zeigt, daß seine Versicherung, er habe ihnen nichts Böses getan, nicht nur abstrakt die Möglichkeiten erwägt, von denen seine Versöhnung mit den Korinthern abhängig ist, sondern den Anklagen widerspricht, die in Korinth gegen ihn erhoben worden sind. Sie haben gesagt: diesem oder jenem habe er Unrecht getan, diesen oder jenen verdorben, diesen oder jenen unredlich um das gebracht, was ihm gehörte. Wie leicht solche Vorwürfe entstehen konnten, kann man sich an dem Eingriff in die Gemeinde deutlich machen, den wir durch I 5, 3 kennen, obwohl es unwahrscheinlich ist, daß sich die Verhandlung des Paulus mit den Korinthern immer noch mit jenem Fall beschäftige. Damals konnte aber leicht gesagt werden, Paulus habe dem Bestraften Unrecht getan, weil er nicht gewürdigt habe, daß er nach seiner Überzeugung innerhalb der Freiheit, die Christus ihm gegeben habe, gehandelt habe, und er habe ihn verdorben, da er ihn aus der Gemeinde ausgestoßen und in die Verzweiflung gestürzt habe. Die Abwehr des πλεονεκτῆσαι bezieht sich auf die Verdächtigungen derer, die ihm die Unentgeltlichkeit seiner Arbeit übel nahmen und argwöhnisch untersuchten, ob er nicht heimlich irgendwie Christen Geld abnehme; vgl. II 12, 17. Aber alle solche Anklagen, aus welchem Anlaß sie entstanden sein mögen, heißt Paulus nichtig. Er hat

---

[1] Über das, was bei der Rückkehr des Titus geschah, berichtet Paulus von 7, 2–16.

jedem Korinther sein Recht gegeben, war für das Heil eines
jeden besorgt und hat keinem einen Vorteil abgelistet. Er erklärt auch jetzt, wie I 4, 4: „Ich bin mir nichts bewußt!" Sie
haben also kein Recht, ihm den Raum bei sich zu verweigern.
Die Abwehr der Anklagen läßt erwarten, daß Paulus mit
seinen Verklägern abrechnen werde. Dem falschen Verkläger
gebührt Verurteilung. Dies ist aber nicht seine Absicht. Er
widerriefe damit das 3, 2 und 6, 11–13 Gesagte; würde er mit
seinen Verklägern rechten, so wären sie nicht in seinem Herzen
und dies so, daß sie darin einen weiten Raum haben. Er schuf
für seine Gemeinschaft mit ihnen einen starken Ausdruck, als
er sagte, sie seien in seinem Herzen, wodurch sie zur Gemeinsamkeit des Lebens und Sterbens mit ihm verbunden seien;
vgl. Phil. 1, 7. Daß er nicht nur von ihrem gemeinsamen Leben, sondern auch von ihrem gemeinsamen Sterben spricht,
dürfte weit mehr als Rhetorik sein. Da er in der nächsten Zukunft die große Versuchung kommen sah, die der Antichrist
bringen wird, I 10, 13; 2 Thess. 2, 8, hatte es tiefen Sinn, wenn
er sagte, daß auch das Sterben, das über die Gemeinde kommen wird, sie nicht trennen kann. Sie sterben, wenn die Not-
zeit kommt, miteinander, wie sie miteinander durch den
Christus leben.

Aus seiner vollendeten Gemeinschaft mit ihnen entsteht das
große Maß von Offenheit in seiner an sie gerichteten Rede,
der helle, zuversichtliche Jubel in der Erinnerung an sie, der
sein ganzes Empfinden durchströmende Trost, der den Erinnerungen an das Geschehene alles Bittere nimmt, die über-
reiche Freude, die den ganzen auf ihm liegenden Druck über-
strahlt. Damit hat die Gemeinde die Versicherung empfangen, daß Paulus völlig mit ihr versöhnt und das früher Geschehene erledigt sei. Das war ihr nicht schon mit der neuen
Ankunft des Titus gesagt; diese konnte sie im Gegenteil aufs
neue erschrecken. Wieder kam Paulus nicht selber; wieder
sandte er ihr nur einen Vertreter, wieder den, den er damals
zu ihr schickte, als er sich weigerte, sie zu sehen. Darum hat
Paulus, bevor er über den Bericht des Titus und über seine
neue Sendung sprach, den Korinthern gesagt, daß er ganz
mit ihnen verbunden sei.

Die Tröstung des Paulus durch Titus
7, 5–16

Den Bericht über seine Reise, den Paulus nun fortsetzt,
macht er zu einer Bestätigung dessen, was er über die Herrlichkeit seines Apostolats gesagt hat. Seine Erzählung bleibt
in derselben Bahn wie sein Beweis für seine Sendung. Ihr
Merkmal sind seine Leiden, in denen er die göttliche Hilfe
erfährt. Leiden brachte ihm auch sein Besuch bei den Makedonen, zugleich aber auch den Trost, der ihm die große Freude
zutrug. Von seinem Besuch in Troas sagte er, er habe keine
Lösung vom Druck für seinen Geist gefunden, II 2, 13; hier
sagt er dasselbe von seinem Fleisch. Der Wechsel im Ausdruck
kann dadurch veranlaßt sein, daß die schwerste Last, die er
in Troas zu tragen hatte, die Sorge um die korinthische Gemeinde war, während in Makedonien neben dem, was ihn
inwendig bewegte, auch der Verkehr mit den Gemeinden und
mit der heidnischen Bevölkerung seine Kraft angriff. Auch
jetzt beschreibt sich Paulus nicht als den Unberührbaren und
Unverwundbaren, den die auf ihn drückenden Widerstände
nicht erschüttern. Er stand bei allem, was er tat, unter einem
Druck. Von außen griffen ihn die Feinde an, von innen schüt-
telten die Schauer der Furcht seine Seele. Er verstärkt damit
jenen Zug in seinem Bild, auf den er den Blick der Gemeinde
bei der Erinnerung an seinen ersten Aufenthalt in Korinth
gerichtet hat, I 2, 3. Da Paulus von den makedonischen Christen mit dem größten Lobe spricht, 8, 1–5, haben ihm die Gemeinden nicht durch innere Spaltungen Not bereitet. Die
Angriffe, die ihm Kämpfe bereiteten, gingen also von den
Juden und Heiden aus; mit der Verstärkung der Evangelisation durch die Ankunft des Paulus wuchs auch der Widerstand gegen die Christenheit. Die Befürchtungen, die er tragen
mußte, stammten aus seinem „Fleisch"; sie überfielen ihn,
wenn er seine Arbeit mit den natürlichen Maßstäben maß. Er
hat sie aber nicht für sündlich, nicht für Glaubensschwäche gehalten, sondern in ihnen eine ihm verordnete Last gesehen.
Denn er sah das Werk des Geistes nicht in der Vernichtung
dessen, was die Natur uns gibt. „Durch das Fleisch lebte er",

II 10, 3, Gal. 2, 20, als der, der nicht nach dem Fleische wandelt und sich darum von seiner Furcht nicht beraten und bewegen läßt, sondern vom „Geist des Glaubens" die Kraft empfängt, nach dem Wort zu handeln: „Ich glaube; darum rede ich", II 4, 13.

Er war also das, was man in Korinth von ihm sagte, II 10, 1: ταπεινός, kein Großer, kein Starker, sondern nur mit kleiner Kraft zu geringem Dienst befähigt. Er empfing aber auch den göttlichen Trost, nach der Regel, daß Gott den Geringen durch seinen Trost Mut und Freudigkeit verleiht, weil ihr Dienst ihm wohlgefällt. Aufmunternden Trost gab ihm Gott dadurch, daß Titus bei ihm eintraf. In den Männern, die sich mit ihm zu gemeinsamer Arbeit verbunden hatten, sah Paulus ein göttliches Geschenk, das er in hohen Ehren hielt, und da bei jeder Reise, die sie in seinem Auftrag unternahmen, mancherlei Gefahren in der Nähe waren, brachte ihm ihre unverletzte Rückkehr eine große Freude, und bei der Ankunft des Titus war sie besonders groß, weil Paulus lange und sehnlich auf ihn gewartet hatte.

Daß Titus zurückkam, war das erste, was Paulus freute; noch mehr erfreute ihn, wie er zurückkam. Als er sich von Paulus trennte, war auch er bekümmert gewesen; er hatte an dem Kummer teil, der Paulus verhindert hatte, selbst nach Korinth zu gehen. Nun kam er aber getröstet zurück. Er konnte Paulus berichten, daß die Gemeinde entschlossen war, sich nicht von Paulus zu trennen. Daß er sich geweigert hatte, selber zu kommen, erschütterte sie. Sie verlangte nach seiner Ankunft, beklagte die Vorgänge, die ihn von der Gemeinde fern hielten, und trat deutlich und kräftig für ihn gegen die ein, die sie von ihm trennen wollten. Die Rede, Paulus brauche nicht mehr zu kommen, I 4, 18, war verstummt. Er wußte nun, daß der Aufenthalt in Korinth, den er plante, nicht wieder dem gleiche, an den er sich nur mit Betrübnis erinnerte. Seine Wirksamkeit in Korinth stieß bei der Gemeinde nicht mehr auf Widerstand.

Was bei der Ankunft des Titus in Korinth geschah, war durch den Brief bewirkt, den er der Gemeinde zu überbringen hatte. Das machte eine zweite Äußerung des Paulus

über diesen Brief notwendig, vgl. II 2, 3. 4. Der günstige Erfolg des Briefs nötigte zur Überlegung, ob es nötig gewesen
sei, mit der Gemeinde so streng zu reden. Der Brief hatte die
Gemeinde betrübt, entsprach also nicht dem Beruf des Paulus,
des Verkünders der heilsamen Botschaft von Gottes Versöhnung mit der Welt. Das erfreuliche Verhalten der Korinther
bewog aber Paulus nicht, den Brief zu bedauern. Daß er durch
ihn die Gemeinde betrübt hatte, legte es ihm zwar nahe, ihn
zu bereuen; denn er hat nicht das begehrt, daß sie betrübt
werden, II 2, 4. Er freut sich aber dennoch an ihm, weil mit
ihrer Betrübnis die Wendung ihres Verhaltens, die μετάνοια,
entstand. Die Leitung des Geistes, von der Paulus seine Entschlüsse empfing, schloß für ihn die Möglichkeit nicht aus,
daß er das, was er getan hatte, zu bereuen habe. Er wäre zur
Reue bereit gewesen, wenn der Erfolg seines Verfahrens unheilvoll gewesen wäre. Erst der Erfolg macht uns ganz sichtbar, was wir tun. Er nötigt darum zur erneuten Prüfung unserer Entschlüsse. Paulus beobachtete darum auch mit Spannung, ob Aussagen, die er wagte, wahr wurden; er hätte es
als Beschämung, καταισχυνθῆναι, empfunden, wenn sie widerlegt würden, II 7, 14; 9, 3. 4. Die Vollständigkeit der göttlichen
Gnade, die Christus ihm durch seine Gemeinschaft mit ihm
verleiht, verstand er nicht so, daß sie ihm Unfehlbarkeit und
Sündlosigkeit in dem Sinn gebe, daß die Möglichkeit des
Irrens und Fehlens für ihn vergangen sei. Das I 10, 12 Gesagte
galt auch ihm.

Den Brief an die Gemeinde hat er aber nicht bereut, weil
das, was er durch ihn bewirkte, notwendig und für sie heilsam war. Es konnte ihr nicht erspart werden, daß sie entschlossen verwarf, was geschehen war, und das Unrecht, das
Paulus ihr vorhielt, strafte. Da Paulus dies durch seinen
Brief erreichte, änderte er das Urteil, das ihn zu seiner Absendung bewogen hatte, nicht.

εἰ καὶ πρὸς ὥραν bedeutet: „wenn auch nur für kurze Zeit";
βλέπω — ὑμᾶς ist als Zwischenbemerkung zwischen den Vorder-
und den Nachsatz hineingestellt.

Die Wendung des Denkens und Wollens, die vom Bösen
löst und dem Willen Gottes gehorsam macht, ist ein gött-

liches Geschenk, eine Wirkung seiner Gnade. Wenn ein dem
Menschen bereitetes Leid diese Wirkung hat, wird es ihm
nach Gottes Willen, κατὰ θεόν, angetan. Paulus handelte also,
als er hart mit der Gemeinde redete, in seinem Beruf, Gottes
Diener für sie zu sein. Er hätte seinen Dienst nicht völlig ausgeführt, wenn er ihr das strenge Wort erspart hätte. Weil er
es ihr gab, gab er ihr alles, was er ihr schuldig war. Nun
wurde sie, soweit er in Betracht kam, in nichts geschädigt und
verkürzt. Gottes Wille will immer das Heil des Menschen; es
gibt deshalb einen nach Gottes Willen dem Menschen bereiteten Kummer; das ist der, der zur Umkehr und dadurch zur
Rettung führt. Darum entsteht aus diesem Leid keine Reue
und kein Bedauern. Die Rettung zu empfangen bedauert man
nicht. Diese Verbindung der Worte ist wahrscheinlicher als
die, die ἀμεταμέλητον zum Attribut von μετάνοιαν macht.

Die heilsame Größe dessen, was der Gemeinde durch den
Brief des Paulus geschah, wird ihr durch den Gegensatz verdeutlicht, der das beschreibt, was geschieht, wenn der Mensch
mit eigensüchtigem Willen den Menschen betrübt. Neben
der im Auftrag Gottes bereiteten Betrübnis steht die Betrübnis der Welt. Der Genetiv wird den nennen, der die Betrübnis anrichtet, in genauem Gegensatz zu der Betrübnis,
die jemand nach Gottes Absicht und unter seiner Leitung
bereitet wird. Mit ihren eigensüchtigen Worten und Taten
einander Betrübnis zu bereiten, ist oft das Geschäft der Menschen. Dieses Leid bewirkt aber das Gegenteil zur Rettung,
den Tod, nach der von Paulus stets verwandten Regel, daß
sündliches Verhalten den Tod zur Folge hat. Durch diesen
Kummer entsteht nicht Umkehr; vielmehr sündigt der, der
ihn anrichtet, und der, der ihn leiden muß, zürnt dem, der
ihn ihm bereitet, so daß aus der Sünde des Übeltäters wieder
Sünde entsteht. Darum folgt auf die Pein, die der Mensch dem
Menschen bereitet, Gottes Gericht.

An dem dagegen, was aus der Betrübnis der Korinther entstand, freut sich Paulus. Sie wurden eifrig, rechtfertigten sich,
zürnten dem Übeltäter, fürchteten sich vor den Folgen der
in ihrer Mitte begangenen Übeltat, begehrten von Herzen
nach der Ankunft des Paulus, priesen ihn hoch und wehrten

denen, die ihn herabsetzten, und legten auf den Übeltäter eine Strafe. Dadurch bewies die Gemeinde, daß sie an dem Vorgang, der die Gemeinschaft des Paulus mit ihr unterbrochen hatte, in keiner Weise schuldig war. Das war nicht schon von Anfang an klar; zunächst war die Annahme möglich, die Gemeinde sei am Vorgang mitschuldig. Diesen bösen Schein hat die Gemeinde nun zerstört.

Dadurch, daß der Brief der Anlaß für die Rechtfertigung der Gemeinde wurde, ist ans Licht getreten, weshalb ihn Paulus unter der göttlichen Leitung schreiben mußte. An der unheilvollen Handlung waren zunächst die beiden Korinther beteiligt, der, der das Unrecht getan, und der, der es erlitten hatte; aber der Erfolg zeigt nun deutlich, daß Paulus nicht nur um dieser beiden Männer willen dazu geführt wurde, das ernste Wort an die Gemeinde zu richten. Sein Zweck war nicht bloß, daß der Schuldige bestraft werde und der Geschädigte eine Genugtuung erhalte. Auch dies mußte geschehen und ist nun durch den Brief erreicht worden. Aber der Zweck des Briefs ging darüber hinaus; er wollte das erreichen, was die gesamte Gemeinde um seinetwillen tat. Es sollte vor Gott offenkundig werden, daß die Gemeinde für Paulus eiferte und sich nicht durch Undankbarkeit und Mißachtung an ihm versündigte. In II 2, 4 hat Paulus dies den Zweck seines Briefs genannt, ,,daß sie die Liebe erkennen, die er in besonderem Maß zu ihnen habe". Er spräche hier einen ähnlichen Gedanken aus, wenn ἕνεκεν τοῦ φανερωθῆναι τὴν σπουδὴν ἡμῶν (nicht ὑμῶν) τὴν ὑπὲρ ὑμῶν (nicht ἡμῶν) πρὸς ὑμᾶς geschrieben würde. Es kam oft vor, daß die Schreiber bei den Pronomina unsicher wurden. πρὸς ὑμᾶς wäre leicht verständlich, wenn Paulus von seinem eifrigen Bemühen um die Korinther spräche. Dieses wurde auch im Verkehr mit anderen sichtbar, z. B. in seiner Unterredung mit Titus, Vers 14, soll aber auch den Korinthern allen bekannt sein und von allen gewürdigt werden. Dagegen spricht ἐνώπιον τοῦ θεοῦ dafür, daß Paulus nicht von seinem Eifer, sondern von dem der Korinther spricht. Sein eigenes Verhalten war nie zweideutig gewesen und bedurfte nicht erst einer neuen Erprobung, damit es im göttlichen Urteil feststehe, daß er für die Korinther alles zu tun bereit sei. Schwankend haben sich nur die Korinther verhalten, und ihnen lag es ob, vor Gott den Beweis zu führen, daß sie sich nicht undankbar an Paulus versündigten. Mit σπουδή kennzeichnete Paulus auch Vers 11 das Verhalten der Korinther, und neben das, was dem Schuldigen und was dem Gekränkten durch seinen Brief geschah, wird er nicht das stellen, was er mit ihm für sich selbst erreichte, sondern das erwägen, was er für die Korinther bedeutet hat. πρὸς ὑμᾶς wird dann sagen, daß es in der Gemeinde allen bekannt sein soll, was das einstimmige, gültige Urteil der Gemeinde über Paulus sei, damit niemand mehr an ihrer treuen Verbundenheit mit Paulus zweifeln könne. Auch der Übergang zum abschließenden Satz „Deshalb sind wir getröstet" stellt sich leichter her, wenn Paulus vom Eifer der Korinther sprach. Dies, daß sie sich treu zu ihm halten, macht ihn getrost. Bei der anderen Lesung würde er sagen: er sei deshalb getröstet, weil jetzt niemand mehr an seinem Eifer für die Korinther zweifeln könne.

Noch höher steigt die Freude des Paulus, und es kennzeichnet ihn, daß er noch eine größere Freude hatte als die, die ihm das Bekenntnis der Korinther zu ihm selbst bereitet hat. Mit denen, die unter ihm arbeiteten, verband ihn jene Gemeinschaft, die die Liebe schafft. Er erlebte mit ihnen, was ihnen ihre Arbeit zutrug. Darum war es für ihn ein besonders starker Grund zur Freude, daß Titus froh von Korinth zurückkam. Alle Korinther hatten sich zu Titus so gestellt, daß „sein Geist zur Ruhe kam", vgl. I 16, 18. Alles, was er von ihnen erwartete und für sich wünschen konnte, haben sie erfüllt. An dem, was Titus in Korinth erlebte, war Paulus deshalb in besonderer Weise beteiligt, weil er sich vor seiner Entsendung nach Korinth bei Titus für die Korinther verbürgt hatte. Er hat vor ihm damals ihren Christenstand und ihre Verbundenheit mit ihm gerühmt und nicht zugelassen, daß Titus die Echtheit ihres Glaubens bezweifle. Er übertrug eben damals, als er seinen strengen Brief Titus übergab, seine Zuversicht auch auf seinen Stellvertreter. Die Lage war freilich damals so, daß der Ausgang seiner Sendung ungewiß war. Der Ruhm der Korinther war damals nicht in dem begründet, was geschehen war, sondern im Urteil des Glaubens. Darum war es aber für

Paulus eine Erfahrung, die ihn froh und dankbar machte, daß das, was er für die Korinther gesagt hatte, Wahrheit wurde. Wahr wurde das den Korinthern gegebene Lob dadurch, daß sie taten, was Paulus Titus versprochen hatte. Auch diesen Anlaß benützte Paulus, um den Korinthern einzuprägen, daß sie seine Wahrhaftigkeit nicht anfechten dürfen. Er hat mit ihnen mit derselben Offenheit, die Verstellung und Täuschung nicht erträgt, wie mit Titus verkehrt.

Paulus freut sich daran, daß Titus eine herzliche Zuneigung zu den Korinthern gewann. Seine σπλάγχνα, aus denen die Empfindungen aufsteigen, „sind ihnen in besonderem Maß zugewandt". Mit περισσοτέρως ist daran gedacht, daß sich im Verkehr mit anderen die Gefühle, die uns die Gemeinschaft erleichtern, in recht verschiedenem Maß einstellen. Titus sprach mit herzlicher Freude von den Korinthern, weil er sich an den Gehorsam, den ihm alle leisteten, erinnerte. Keiner widersprach ihm; jeder war bereit, das zu tun, was Titus gebot. Die Scheidung der Gemeinde von denen, die Paulus widerstanden, war also vollständig erreicht. Daß auch diese sich gehorsam unter die Leitung des Titus gestellt hätten, ist durch das, was Paulus im letzten Teil des Briefs von ihnen sagt, ausgeschlossen. Sie waren noch in Korinth, standen nun aber neben der Gemeinde und bildeten eine besondere Gruppe für sich. Bei der Abreise des Titus war es noch ungewiß, ob ihn die Korinther ablehnen oder aufnehmen werden. Nun nahmen sie ihn „mit Furcht und Zittern" auf. Das ist dieselbe Formel, mit der Paulus sein eigenes Verhalten in Korinth beschrieben hat, I 2, 3, und ihre neue Verwendung legt auch auf jene Aussage Licht. Über Gewalt verfügte Titus nicht; gefährdet konnten sich die Korinther nicht fühlen. Aber er sprach zu ihnen im Namen Gottes und tat ihnen durch sein Gebot den göttlichen Willen kund. Ergeht aber das Gebot in Gottes Namen, dann erbebt der Mensch, der Gott vor Augen hat, und fürchtet sich. Denn nun macht er sich schuldig, wenn er eigenwillig und ungehorsam vom Gebot abweicht. Gerade weil die Gemeinde in der letzten Zeit bei sich erlebt hatte, daß ihr das Sündigen nahe lag, fürchtete sie sich. Es verhielt sich mit der Furcht und dem Zittern, die an Paulus in Korinth

sichtbar waren, ebenso; er erbebte nicht vor Menschen und
ihrem wilden Widerstand gegen sein Wort; aber er zitterte
unter der unaussprechbar großen Verpflichtung, die auf dem
liegt, der „die Geheimnisse Gottes zu verwalten hat", I 4, 1.
Nachdem die Korinther durch ihren Gehorsam das Herz
des Titus für sich gewonnen hatten, war Paulus die Sorge um
die Haltung der Korinther abgenommen; seine Zuversicht
war wieder unbegrenzt.

Die neue Sendung des Titus nach Korinth zur Einsammlung der Steuer für Jerusalem [1]

8, 1–15

Das Nächste, was Paulus tat, war, daß er Titus zum zweitenmal nach Korinth schickte, auch diesmal mit einem Brief,
mit dem, den wir jetzt lesen. Zu diesem Entschluß bewog ihn,
daß die Sammlung für die Christen Jerusalems in Korinth
unterblieben war. Titus hatte zwar versucht, auch in diesem
Punkt den Widerstand der Gemeinde zu überwinden, Vers 6;
sein Erfolg war aber gering geblieben. Das erste, was erreicht
werden mußte, war die innere Gesundung der Gemeinde,
und Titus war erfreut, daß dieses Ziel erreicht worden war.
Paulus war es aber schmerzlich, daß sich die Korinther der
Steuer entzogen, sowohl um der Korinther als um der Makedonen willen. Denn die makedonischen Gemeinden hatten
die Sammlung mit großem Eifer in Gang gebracht, und ihnen
konnte es nicht verborgen bleiben, da einige von ihnen Paulus
nach Korinth zu begleiten hatten, wenn sich die Korinther
bleibend weigerten, sich um die Erhaltung der jerusalemischen
Gemeinde zu kümmern und Paulus bei seiner Fürsorge für
diese zu unterstützen.
Ganz läßt sich der Beschluß des Paulus, die Sammlung
sofort einzurichten und dazu Titus nach Korinth zu senden,
nicht verdeutlichen. Da er die Wintermonate in Korinth zu-
brachte, hat sein Besuch so lange gedauert, daß die Summe
während seiner eigenen Gegenwart die erforderliche Höhe

---

[1] Die Aufforderung zur Steuer für Jerusalem füllt 8, 1–9, 15.

erreichen konnte. Wahrscheinlich war Paulus, als er den Brief
schrieb, bereits entschlossen, die Reise nach Jerusalem in den
Frühling zu verlegen. Denn er sagt, der Beschluß der Korinther, an der Steuer teilzunehmen, falle schon in das vergangene Jahr, II 8, 10; 9, 2. Von ihrer Bereitwilligkeit zur
Steuer hatten die Korinther schon in ihrem Brief, den sie an
Paulus nach Ephesus sandten, gesprochen; sie haben also
schon vor dem Pfingsttag über die Steuer verhandelt. Inzwischen hatte ein neues Jahr begonnen, und da Paulus vermutlich die Jahre nach der jüdischen Weise zählte, also ein
neues Jahr mit dem Tischri (Oktober) begann, war es bereits
Herbst, als er von Makedonien aus nach Korinth schrieb. Er
konnte also nicht mehr an einen Aufenthalt in Korinth und
an die Fahrt nach einem der syrischen Häfen vor dem Schluß
der Schiffahrt denken. Obwohl also die Gemeinde ihm ihre
Summe erst in einigen Monaten übergeben mußte, zögerte er
mit der Aufforderung, die Sammlung zu beginnen, nicht.
Sofort, sowie er wieder auf den Gehorsam der Korinther rechnen konnte, hat er sich bemüht, die Korinther in die Reihe
der für Jerusalem steuernden Gemeinden hineinzustellen und
auch an dieser Stelle die Entzweiung zwischen ihm und ihnen
zu beseitigen.

Die Gnade Gottes, die den makedonischen Gemeinden gegeben wurde, meldet Paulus den Korinthern. Es ist Gnade, wenn
der Mensch von seinem Besitz frei und zum Geben willig wird;
denn so handelt die Liebe, und diese ist das größte Geschenk,
das Gott in der irdischen Zeit dem Menschen gibt. Eine alle
anderen überragende Gemeinde, wie die von Korinth in der
Achaja und die von Ephesus in der Asia, gab es in Makedonien
nicht; Thessalonich hatte nicht dieselbe Bedeutung. Der Bericht des Lukas stimmt mit dieser Angabe überein, da er die
Gründung der Gemeinde von Philippi, Thessalonich und
Beröa nebeneinander erzählt. Dazu werden seither auch noch
in anderen Städten Gemeinden entstanden sein.

Die Gnade, von der Paulus den Korinthern berichtet, schuf
bei den Makedonen „den Reichtum der Freigebigkeit".
πλοῦτος wird seinen konkreten Sinn haben, und der Genetiv
τῆς ἁπλότητος wird das nennen, was diesen Reichtum hervor-

gebracht hat; er war das Werk der Freigebigkeit. Aber nicht
nur im Ergebnis der Sammlung, sondern noch mehr in der
Weise, wie sie zustande kam, wird offenbar, daß den Makedonen Gnade gegeben worden ist. So handelten bedrängte Gemeinden. Da die Verfolgung die Beschaffung der Lebensmittel
schwierig machte, hätte sie die Sammlung unmöglich gemacht, wenn nicht die segensreiche Frucht der Bedrängnis,
die Bewährtheit, den Gemeinden zuteil geworden wäre. Von
der Verfolgung, die sie litten, sprechen schon die Briefe an die
Thessalonicher I 1, 6; II 1, 4–7. Weil sie sich aber in ihr bewährten, hatten sie Grund zu jenem Ruhm der Verfolgung, den
Paulus Röm. 5, 3 zu einem Merkmal der Christenheit macht.
Man kann es verstehen, daß Paulus der Kontrast zwischen
den Korinthern, die in Sicherheit lebten und keine Sammlung
zustande brachten, und den verfolgten Makedonen, die es
konnten, schmerzhaft war.

Sodann entstand der Eifer, der der Sammlung den reichen
Ertrag gegeben hatte, aus ihrer starken Freude. Von ihrem
Anfang an, als sie das Wort empfangen hatten, 1 Thess. 1, 6,
waren die Makedonen eine frohlockende, jubelnde Schar,
und sie waren es auch damals, als Paulus wieder bei ihnen
war. In Korinth waren sie zwar stolz und stark, aber, da sie
gelernt hatten, zu streiten und zu sündigen, nicht mehr froh.
Nun gab es bei ihnen Trauer, I 5, 2, Betrübnis, II 2, 2; 7, 8,
Wehklagen, II 7, 7. Wird die Gemeinde durch den Ruf des
Christus nicht mehr froh gemacht, so hat sie auch nicht mehr
das Vermögen, an andere zu denken und für andere zu sorgen.
Die Liebe, die willig und reichlich gibt, und die Freude sind
beisammen. Der Betrübte denkt nur an sich selbst.

Endlich gaben die Makedonen nicht aus ihrem Überfluß,
sondern ,,aus in die Tiefe gehender Armut". Die Verfolgung
hatte in den makedonischen Städten dieselbe Wirkung wie
in Jerusalem. Die Reichen waren nicht in der Gemeinde, und
die, die zu ihr gehörten, fanden kaum den Unterhalt. Darum
hatten die Makedonen Verständnis für die Not in Jerusalem.
Daß aber die, die selber darben, reichlich geben, ist Gnade.
So viel sie konnten und mehr als sie konnten, gaben sie. Das
weiß Paulus aus eigener Beobachtung, so daß er hier als

Zeuge spricht. Sie handelten völlig frei mit eigenem Willen, ohne daß Paulus sie irgendwie drängte. Er erwartete von denen, die ,,nach dem Geist wandeln", daß in ihnen ein eigener Wille erwache. Weil ihnen der Geist gegeben ist, werden sie nicht nur von außen bewegt und sind nicht an das Gebot eines Führers gebunden. Nun ist ihr inwendiges Leben der Ort, an dem sie die Wirkung Gottes empfangen, und seine Gabe ist der in ihnen selbst entstehende Wille. Durch ihn wird aus dem, was durch sie geschieht, ihre eigene Tat und aus ihrer Gabe ein Gott und den Brüdern von ihnen selbst dargebrachter Dienst. Das ist dieselbe Wertschätzung der Freiwilligkeit, die Paulus den Verzicht auf die Gaben der Gemeinden unentbehrlich machte, I 9, 15–18. So mußte er urteilen, da er in der Gemeinde den Leib sah, der durch die Lebendigkeit seiner Glieder lebt.

Darum schrieb er den Makedonen nicht selber den Anteil an der Steuer vor, sondern sie selber ,,baten Paulus mit vielem Mahnen um die Gunst und die Teilhaberschaft am Dienst für die Heiligen". Sie durften am Liebeswerk des Paulus mithelfen, weil sie darin eine Gunst sahen, nicht eine ihnen auferlegte Pflicht. Nun erst hören wir, für wen die Makedonen sammelten, und auch jetzt empfand es Paulus nicht als unerläßlich, den Ort zu nennen, wo die der Unterstüzung bedürftigen Heiligen wohnen. Es gibt nur eine Gemeinde, deren Erhaltung so wichtig ist, daß die ganze Christenheit ihr beistehen muß. Auch die Korinther wußten sofort, von welchem Liebeswerk jetzt die Rede sei. Es wird sichtbar, wie stark das Interesse für Jerusalem war, das Paulus überall in seinen Gemeinden wach machte. Ohne dieses konnten sie nicht verstehen, was ihn zur Fahrt nach Jerusalem bewog, und ihn bei ihr nicht, wie er es verlangte, mit ihren Gebeten begleiten, Röm. 15, 30.

Die Makedonen machten es nicht so, wie Paulus hoffte. Was hoffte er? Daß sie ihm ihre Geldstücke bringen; aber sie gaben sich selbst. Nicht nur ihre Habe, ihre ganze Kraft, ihr Leben ohne Vorbehalt machten sie dem Willen des Paulus untertan. Aber der Anblick der Gemeinden, die sich ihm ohne Einschränkung ergaben, über die er völlig verfügen kann, erweckt in ihm keinen herrischen Gedanken. Daß sie ihm die unbeschränkte Macht über sich einräumen, ist deshalb richtig, weil sie dies zuerst dem Herrn gegenüber tun. Darum darf Paulus über sie verfügen, weil sie willig dem Herrn ergeben sind. Das ist aber die Erfüllung des göttlichen Willens; so handelt der Mensch, wenn Gottes Wille in ihm wirksam ist und durch ihn geschieht.

Weil sich Gottes Gnade bei den Makedonen so mächtig offenbarte, beschloß Paulus, Titus nach Korinth zu schicken. Er hatte „diese Gnade" bei seinem früheren Besuch begonnen; nun soll er sie vollenden. „Diese Gnade", dabei dachte Paulus nicht an menschliche Liebe und Hilfsbereitschaft, sondern an den gebenden Willen Gottes, wie er ihn in den Makedonen wirksam sah. Dieselbe Gnade war aber auch den Korinthern gewährt; ihr Anteil an ihr war nicht weniger groß als der der Makedonen. Es gab keine göttliche Notwendigkeit, die die Korinther zum Eigennutz verdammte und ihnen den Anteil am Liebeswerk der Kirche verbot. Denn sie sind „in allem reich". Die Fülle der Gaben, die sie empfangen haben, beweist, daß sie auch in dieser Gnade reich werden dürfen, weshalb es kein vergebliches, zum Mißlingen verurteiltes Unternehmen ist, wenn Paulus Titus jetzt zu ihnen mit dem Auftrag schickt, die Sammlung einzurichten.

Unter den Gaben gibt hier Paulus dem Glauben die erste Stelle, weil mit ihm der Anteil an der Gnade empfangen wird. Er ist die Begnadigung des einzelnen in seinem inwendigen Leben. Sie sind aber zur Gemeinde verbunden, und das, was diese einigt und ihre Gemeinschaft füllt, ist das Wort, und dieses ist ihnen reichlich gegeben. Zum heilsamen Wort gelangt der Mensch durch das Erkennen, und dieses wird ihm gegeben, weil es ihn zur Tat befähigt. Auch die Tatkraft, der Eifer, der handeln will, die σπουδή, ist den Korinthern reichlich gewährt. Der Eifer bekommt die Richtigkeit durch die Liebe. Diese steht wieder, wie I 13, an der letzten Stelle als die größte aller Gaben. Paulus denkt dabei an den Anteil, den er am Erwachen der Liebe in den Korinthern hat: „reich seid ihr an der aus uns in euch hineingelegten Liebe." An ihm und seinen Mitarbeitern haben die Korinther die Liebe ge-

sehen und von ihnen haben sie sie empfangen. Die Formel
sagt weit mehr als: ihr seid reich an Liebe zu mir. Er dachte
jetzt, da er die Korinther in das Liebeswerk hineinzog, das
ihm persönlich am Herzen lag, auch an die Liebe, die ihn an
die Korinther und die Korinther an ihn band. Aber er erhebt
die Liebe beständig über jede parteiische Beschränktheit.
Weil sie an der Wahrnehmung Gottes und seiner Gnade entsteht, ist sie größer als unsere persönlichen Beziehungen und
reicht so weit als Gottes Werk. Die Korinther hätten die Liebe
nicht empfangen, wenn sie niemand als Paulus lieb hätten.
Der so reich begnadeten Gemeinde wird auch die Gnade zuteil werden, die sie zur Unterstützung der Jerusalemer willig
macht.

Den Grundsatz der Freiwilligkeit wahrt Paulus auch den
Korinthern gegenüber. Er schreibt nicht durch einen Befehl
die Steuer aus. Was er tut, um die Korinther für sie zu gewinnen, ist nur, daß er ihnen den Eifer der Makedonen vorhält, neben dem sich herausstellen wird, ob die Liebe der
Korinther echt sei. Das tut er aber nicht als Versucher, nicht
mit der Absicht, ans Licht zu bringen, daß ihre Liebe unecht
sei. Denn er glaubt an die ihnen gegebene Gnade, und aus
dieser Gewißheit heraus hat er sich den δοκιμάζων genannt;
er stellt durch das, was er jetzt tut, die Echtheit ihrer Liebe
fest. Bei δοκιμάζειν ist immer an das positive Ergebnis der
Prüfung gedacht. Wer es übt, weist die Echtheit, die δοκιμή,
des Geprüften nach. Nur wenn ein ἀδόκιμον δόκιμον scheint,
wird aus dem δοκιμάζειν bloß jene Prüfung, die den unwahren
Schein zerstört.

Paulus fügt einen Satz ein, durch den er sagt, worauf sich
seine Zuversicht zu den Korinthern gründe, weshalb er an die
Echtheit ihrer Liebe glaube und gewiß sei, daß dieselbe
Gnade, die sich an den Makedonen offenbarte, auch ihnen
gegeben sei. Sie kennen den Christus, seine Entsagung, ihre
nicht ausdenkbare Tiefe und ihre sie begabende Macht. Die
Fassung, die Paulus hier dem Bild des Christus gibt, bringt
es unmittelbar in Beziehung zu dem, wozu er die Korinther
aufruft. Wie bei den Makedonen, waren auch bei ihnen die
meisten nicht in der Lage, den anderen von ihrem Überfluß

zu helfen. Auch sie müssen, wenn sie der Liebe gehorchen,
entsagen. Sie machen sich, indem sie geben, um der anderen
willen arm, damit ihnen durch ihre eigene Armut geholfen sei.
Es geschieht ihnen damit, was Paulus, II 3, 18, das Merkmal
der Christenheit nannte, daß sich das Bild des Christus in
ihr zeige und sie in seine Gestalt umgeformt werde.
  Zerbricht die Analogie, weil die Korinther auf eine Geldsumme verzichten und mit dieser den Jerusalemern helfen,
während Jesus „geistlich" arm wurde und „geistlich" reich
macht? Paulus war aber in seinem Denken nie von jenem
Dualismus geleitet, der einzig an seelische Vorgänge denkt,
wenn er von Armut und Reichtum spricht. Unbestritten ist,
daß Paulus beim Reichtum, den Jesus hat, weggibt und
schenkt, nicht nur an den Besitz von Boden oder Gold gedacht hat; aber er stellte sich Jesus auch nicht als eine Seele
vor, die in ihrer Vereinsamung nichts als Empfindungen hat.
In welchem Sinn Paulus Jesus reich hieß, zeigt I 8, 6: „durch
ihn ist alles"; dem Mittler des göttlichen Schaffens ist die
ganze Macht und Herrlichkeit Gottes eigen; von ihm, der
Gottes ist, gilt mit unbeschränkter Geltung: „Alles ist sein",
I 3, 22. 23. Er ist aber „im Fleisch" in die Menschheit hineingestellt, und die Merkmale des Fleisches sind „Zerstörung, Entehrung, Kraftlosigkeit", I 15, 42. 43, und diese sind dadurch
zu seinem Merkmal, das allen sichtbar ist, geworden, daß er
der Gekreuzigte ist. Diese Armut ist ihm aber durch seine
Sendung aufgetragen, geschieht also „um euretwillen", um
derer willen, zu denen er gesendet ist, und ist das Mittel, mit
dem er der Menschheit den Reichtum verschafft. Diesen beschrieb die Aufzählung der Gaben, die die Korinther empfangen haben, Vers 7; er umschließt aber auch das, was die
empfangen, die „die Herrschaft Gottes ererben", und auch
dies gehört zum Reichtum, den die Armut des Christus den
Korinthern erwarb, daß sie, die Armen und Darbenden,
reich genug sind, um denen zu helfen, die in Jerusalem der
Hilfe bedürftig sind.
  Was der Gemeinde dadurch zuteil wird, daß Christus sie
zu seinem Bilde macht, wird nicht durch ein apostolisches
Gebot, nicht durch eine Gesetzgebung hergestellt. Das ge-

schieht in ungezwungener, eigener Liebe. Was Paulus für sie
tun kann, besteht nur darin, daß er ihnen seine Ansicht mitteilt, die sie an das erinnert, was für sie nützlich ist. Er bewahrt bei der Ausschreibung der Steuer genau dieselbe Grenze
wie bei der Herstellung des Eherechts, I 7, 6. 25. 35. Was
Paulus den Korinthern rät, ist für sie heilsam, weil er sie zur
Ausführung ihres Beschlusses ermahnt. Es ist schon lange
her, daß sie mit der Sammlung begannen, nämlich mit dem,
was für ihr Zustandekommen das Wichtigste ist, mit dem
Wollen. Ihr Entschluß, sich an der Sammlung zu beteiligen,
fällt noch ins vergangene Jahr; denn er geschah vor ihrem
Brief an Paulus, vor I 16, 1. Es ist aber nicht nützlich, im
Gegenteil schädlich und gefährlich, zwar einen Willen zu
haben, aber ihn nicht zur Tat zu machen. Ein kraftlos ge-
machter Wille, ein Beschluß, der nur Beschluß bleibt, klagt
an. Heilsam ist das Wollen nur dann, wenn das Vollenden
folgt. Paulus verlangt von den Korinthern nicht einen neuen
Entschluß, wohl aber, daß sie ihren Beschluß endlich ausführen. Dies dient zu ihrem Heil.

Weil Paulus von der Ausführung des Wollens spricht, muß
er sagen, wann der Wille zur Tat geworden sei und gesagt
werden dürfe, der Beschluß sei ausgeführt. Der Maßstab, nach
dem das Vollbringen gemessen werden soll, ist das Haben.
Wenn die Willigkeit vorhanden ist, ist der Geber wohlgefällig,
wenn er nach dem gibt, was er hat. Es wird nicht eine Gabe
von ihm verlangt, die er nicht hat, und wenn seine Gabe klein
ist, weil er wenig hat, nimmt ihm dies das göttliche Wohlgefallen nicht, und ebensowenig wird ihm deshalb im brüderlichen Urteil die Wertschätzung versagt. Wenn sie leisten
müßten, was sie nicht können, würde aus dem Liebeswerk ein
Druck, der ihnen Not brächte. Aber es soll nicht den anderen
dadurch die Befreiung vom Druck bereitet werden, daß sie
selbst bedrängt werden. Paulus spricht nicht von der Bevorzugung der Unterstützten durch die Schädigung der Unter-
stützenden. Das heißt er eine Ungleichheit, die die Gemeinschaft angreift. Diese verlangt, daß dann, wenn auf der einen
Seite ein Mangel, auf der anderen dagegen ein Überfluß vorhanden ist, ein Ausgleich stattfinde, wobei je nach dem Lauf

der Geschichte die Rollen wechseln können. Jetzt sind die
Korinther die, die geben können; Paulus nimmt an, daß auch
sie in eine Lage kommen können, die sie der Hilfe anderer
Gemeinden bedürftig macht. Sie werden sie dann durch den
zwischen den Gemeinden bestehenden Verband empfangen,
wie sie sie jetzt geben.

Was nach dieser Regel erreicht werden kann, stellt Paulus
an Israel dar, das in der Wüste durch die „geistliche Speise",
I 10, 3, ernährt wurde. Jeder erhielt das von Mose bestimmte
Maß Manna, das zu seiner Ernährung ausreichte, ohne daß
es einen Unterschied machte, ob er viel oder nur wenig zu
sammeln vermochte.[1] So sind auch die Bedingungen, unter
denen sich die einzelnen Gemeinden und in ihnen ihre Glieder
ihre Lebensmittel erwerben, verschieden, und es entsteht hier
Überfluß, dort Mangel. Aber durch den Austausch innerhalb
der Kirche soll erreicht werden, daß keinem das Nötige fehlt.
Die Voraussetzung für diese Ökonomie geben die Worte I 7,
30. 31: „Kaufen als die, die nicht besitzen, die Welt benützen
als die, die sie nicht ausnützen." Nur denen konnte dies Paulus
sagen, für die es Geltung hatte: „Wir, die wir nicht nach dem
Fleisch wandeln, sondern nach dem Geist", Röm. 8, 4. Nach
dieser Regel war dem natürlichen Begehren nicht mehr zugestanden als das, was seine Erhaltung sichert.

Die drei nach Korinth gesandten Vertreter des Paulus
8, 16–24

Titus kam nicht allein; denn Paulus stärkte seine Autorität
dadurch, daß er zwei Brüder mit ihm sandte. Immer wurde
in der Christenheit darauf geachtet, daß nicht einer allein die
Leitung an sich ziehe, sondern die Entschlüsse in Gemeinschaft mit einem oder zwei anderen fasse. Die Regel Jesu, der
zwei oder drei in seinem Namen Verbundenen seine Verheißung
gab, Mat. 18, 19, wurde von der Kirche treu befolgt. Auch bei

---

[1] Exod. 16, 18 ist nach Sept. zitiert; nur setzt Paulus dem griechischen
Sprachgefühl folgend τὸ ὀλίγον, nicht τὸ ἔλαττον, antithetisch neben
τὸ πολύ.

seiner früheren Sendung nach Korinth war Titus nicht allein,
sondern von einem Bruder begleitet, II 12, 18. Paulus schrieb
aber nicht für jeden der drei, die er nach Korinth sandte,
eine besondere Beglaubigung, eine eigene ἐπιστολὴ συστατική,
sondern beglaubigte sie in dem an die Gemeinde gerichteten
Brief, nachdem er ihr gesagt hatte, weshalb er die Brüder
zu ihr sandte. Über Titus, der der Gemeinde bereits bekannt
war, sagt er nur wenige Worte. Den Eifer, mit dem Titus auf
den Gedanken einging, die Sammlung für Jerusalem in Korinth zu fördern, schätzt Paulus als eine gnädige Wirkung
Gottes, für die er dankt. Der Entschluß ging freilich von Paulus aus; er richtete die Aufforderung, die παράκλησις, an Titus.
Diese war aber kein Gebot, sondern bekam nur dann Geltung,
wenn Titus sie annahm, und der Eifer, mit dem Titus dies tat,
gab seinem Dienst den Wert der Freiwilligkeit.

„Angestellte" hatte Paulus keine; die römische Vorstellung
„Beamter", der die Befehle seines Vorgesetzten auszuführen
hat, lehnte er für seine Wirksamkeit ab. Er war auch im Verkehr mit denen, die mit ihm wanderten, nicht der Herr, freilich Führer, aber Führer Freier.

„Nach eigener Wahl zog er zu euch aus." Das verlegt die
Reise des Titus und seiner beiden Begleiter nicht in eine
frühere Zeit. Das zwänge zu der Vorstellung, Titus sei ohne
einen Brief des Paulus, der den Korinthern seinen Auftrag
mitteilte, zu ihnen gekommen und Paulus habe sie erst nachträglich noch über den Zweck seiner Sendung unterrichtet
und ihn und seine beiden Begleiter bei ihr beglaubigt. Das
wäre ein völlig unverständliches Verfahren. Die Unterweisung
der Gemeinde über die Steuer und die Empfehlung der von
ihm Gesandten gehört in den Zeitpunkt, in dem Paulus sie
aussandte, und dies hat sprachlich keine Schwierigkeit, da
die Aoriste ἐξῆλθεν und συνεπέμψαμεν der üblichen Fassung der
Briefe entsprechen. Als dies in Korinth gelesen wurde, war
die Abreise des Titus und die Entsendung seiner Begleiter
Vergangenheit.

Paulus hat einen Bruder abgesandt, οὗ ὁ ἔπαινος ἐν τῷ εὐαγγελίῳ διὰ πασῶν τῶν ἐκκλησιῶν. Das Sätzchen wird wie Röm.
2, 29 gebaut sein: „dem das Lob zuteil wird durch das Evan-

gelium." Die Formel gleicht II 2. 12: „Ich kam εἰς τὸ εὐαγγέλιον
τοῦ χριστοῦ nach Troas." "War die heilsame Botschaft der Grund,
weshalb er gelobt wurde, so hat er sich dadurch ausgezeichnet,
daß er viele mit Jesus bekannt machte. Das konnte sowohl
innerhalb der Gemeinde in ihren Versammlungen, als im
Verkehr mit ihrer Umgebung geschehen. Das überbietet Paulus dadurch, daß er durch die Wahl der Gemeinden damit beauftragt war, mit Paulus zu wandern. Die Botschaft Jesu
den Menschen zu bringen, war der Beruf, in den alle je nach
ihrem Vermögen eingesetzt waren; damit aber, daß er Paulus
zu begleiten hatte, war ihm ein besonderes Amt anvertraut,
und daß nicht nur eine, sondern mehrere Gemeinden ihm ihre
Vertretung übergeben hatten, zeigt, in welchem Maß er ihr
Vertrauen besaß. Die Wanderung, bei der er Paulus zu begleiten hatte, war nicht die nach Korinth, da Paulus selbst
erst später dorthin reiste. Es ist also an die Fahrt des Paulus
nach Jerusalem gedacht, von der auch schon II 1, 16 die Rede
war. Welche Gemeinden diesen Bruder des Evangeliums wegen
lobten und ihn mit Paulus nach Jerusalem sandten, läßt
sich nicht bestimmt angeben. Es liegt nahe, an die makedonischen Gemeinden zu denken; unter den Begleitern des
Paulus auf der Fahrt nach Jerusalem waren aber nicht nur
Makedonen, sondern auch Männer aus Ephesus und einer
aus Derbe, Apgsch. 20, 4. Es ist nicht unwahrscheinlich, daß
Paulus auch die Gaben der Epheser, vielleicht auch die der
Galater (I 16, 1) bei sich hatte. Von den Makedonen sagt
er 9, 4, daß sie erst zugleich mit ihm nach Korinth kommen
werden.

Die Begleitung des Paulus wurde wegen der Gnade ein-
gerichtet, die durch seinen Dienst geschah, also wegen der
Sammlung für Jerusalem, die für ihn die Würde und Freude
einer Erweisung der göttlichen Gnade besaß, Vers 1 und 4. Die
neue Bestimmung „zum Ruhm des Herrn selbst und zu unserer Bereitwilligkeit" ist an die den Satz tragende Aussage
angeschlossen „er wurde als unser σύνέκδημος gewählt". Dadurch, daß Paulus nicht allein, sondern mit Vertretern seiner
Gemeinden nach Jerusalem kommt, wird der Ruhm des Herrn
groß und sein mächtiges Wirken in der Völkerwelt denen in

Jerusalem wahrnehmbar. Dadurch wird es zugleich Paulus
möglich, bei seinem Entschluß, die Gelder zu sammeln und
selbst nach Jerusalem zu bringen, zu bleiben und ihn zu vollenden. An die unmittelbar vorangehenden Worte läßt sich
πρός nicht anschließen, weil Paulus von dem, was er im „Dienst
der Gnade" tat, zwar sagen konnte, das geschehe zur Verherrlichung des Herrn, nicht aber, es geschehe, damit er selbst
willig sei. Was die Wahl von Männern, die mit ihm nach Jerusalem fuhren, mit seiner eigenen Bereitwilligkeit zu tun hatte,
sagt er sofort. Paulus übernahm nicht allein die Verantwortlichkeit für die gesammelte Summe, da diese einen beträcht-
lichen Umfang, ἁδρότης, erhalten hatte. Er schützte sich gegen
Verdächtigungen dadurch, daß andere die Aufsicht über die
Gelder hatten. Daß ihn Timotheus beständig begleitete, genügte dafür nicht, da jedermann wußte, wie eng verbunden
Timotheus mit ihm war. Von den Gemeinden Gewählte, die
dadurch neben Paulus eine selbständige Stellung hatten,
waren besser imstande, seinen Ruf zu schützen. Er begründet
diese Einrichtung mit Prov. 3, 4 Sept., welcher Spruch ihm
auch Röm. 12, 17 im Sinne lag. Das einzige, was zur alten
Fassung des Spruchs hinzukommt, ist das οὐ μόνον — ἀλλά.
Löblich vor dem Herrn ist das, was Paulus mit dem Gelde
macht, ganz gewiß; aber er darf sich nicht allein auf das Wohlgefallen des Herrn, der ihn kennt, berufen, sondern muß auch
erreichen, daß die Menschen keinen Anlaß zu Vorwürfen
haben.

Den zweiten, dem Paulus den Auftrag gab, Titus zu begleiten, berief er, weil er sich schon oft willig erwiesen hatte,
Aufträge des Paulus auszuführen. Er sagt von ihm, er sei
gern bereit gewesen, nach Korinth zu gehen wegen seines
Vertrauens zu den Korinthern. Er hat von seiner Bekanntschaft mit ihrer Gemeinde auch für sich Großes erwartet.
Neben dem, den Paulus den Korinthern zuerst empfahl, ist
der zweite etwas zurückgestellt; er gab aber beiden vereint
den Namen „Apostel von Gemeinden, Ruhm des Christus",
Vers 23. Es gehörte also auch der zweite zu der Gruppe der
Männer, die eine Gemeinde dazu ausgesondert hatte, Paulus
nach Jerusalem zu geleiten.

Er faßt, was er über die von ihm Gesandten gesagt hatte, noch einmal zusammen. Titus „ist sein Genosse und Mitarbeiter bei euch". Das ist dasselbe συνεργός wie das, das Paulus Röm. 16, 21 von Timotheus braucht; sein σύν ist auf Paulus bezogen. Verschieden ist die Kennzeichnung seiner beiden Gefährten dadurch, daß bei Timotheus ὁ συνεργός μου keine einschränkende Bestimmung bei sich hat, während bei Titus εἰς ὑμᾶς seine Mitarbeit mit Paulus auf die Arbeit in Korinth beschränkt. Titus stand etwas selbständiger neben Paulus als Timotheus, wobei wohl schon dies zur Geltung kam, daß der Anteil des Titus an der Kirche in die erste Zeit der griechischen Evangelisation zurückreichte, da er mit Paulus und Barnabas schon in Antiochia verbunden war, Gal. 2, 3. Dieselbe Abstufung in der Gemeinschaft mit Paulus zeigen auch seine an die beiden Gefährten gerichteten Briefe. εἰς ὑμᾶς, im Verkehr mit den Korinthern, war er dadurch der συνεργός des Paulus geworden, daß er ihn von Ephesus aus an seiner Statt zu ihnen gesandt hatte und ihm jetzt bis zu seiner eigenen Ankunft seine Vertretung bei ihnen übergibt.

Dem Urteil der beiden anderen gab das Ansehen Gewicht, das sie bei anderen Gemeinden hatten. Als ihre Abgeordneten, ἀπόστολοι, waren sie die Träger ihres besonderen Vertrauens. Sie vertraten aber nicht nur die anderen Gemeinden vor den Korinthern, sondern machten ihnen auch die Herrlichkeit des Christus sichtbar. Denn in ihrem Christenstand wird der freigebige Reichtum und die wirksame Macht der Gnade des Christus wahrnehmbar.

Die Korinther werden den zu ihnen Gekommenen Liebe erweisen und dadurch zugleich den Ruhm bekräftigen, mit dem Paulus sie lobt. ἐνδεικνύμενοι vertritt nicht einen Imperativ, sondern das Präsens; Paulus deutet nicht an, daß er über das Verhalten der Korinther besorgt sei. Dies tun sie jetzt aber „in das Angesicht der Gemeinden", so daß diese die Zeugen ihres Verhaltens sind. Die zu ihnen Gekommenen sind durch ihren Auftrag bleibend mit den Gemeinden, zu denen sie gehören, verbunden; sie werden diesen, aber auch denen, zu denen Paulus sie führen wird, von dem erzählen, was sie in Korinth erlebten. Das gibt den Entschlüssen der Korinther in diesen Tagen ein besonderes Gewicht.[1]

Die Mahnung zum reichlichen Geben
9, 1–15

Den Aufruf zur Teilnahme an der Steuer hat Paulus dadurch beträchtlich verstärkt, daß er die Korinther unter die Aufsicht seiner drei Vertreter stellte. Er hatte freilich nachdrücklich gesagt, daß er die Freiheit der Gemeinde nicht beschränke, 8, 8, und daß das Merkmal einer Gabe, die die Liebe gibt, dies sei, daß sie mit freiem Willen gegeben werde, 8, 3. Die Lage der Gemeinde war aber wesentlich verändert, da sie nun bei ihrem Verhalten in der Steuerfrage beaufsichtigt war. Darum begründet Paulus jetzt noch einmal seine Mahnung, wobei er den Ton darauf legt, daß er von ihnen

---

[1] Da Paulus nicht gesagt hat, welche Gemeinden die Begleiter des Titus abgesandt haben, reichen die Angaben über seine Gefährten Röm. 16, 21 und Apgsch. 20, 4 nicht aus, um ihre Namen festzustellen. Als Paulus in Korinth an die Römer schrieb, waren außer Timotheus noch drei Männer bei ihm, Lukius, Jason und Sosipatros, die die römischen Christen begrüßten. Paulus kennzeichnet sie aber nur als Volksgenossen; er hebt hervor, daß sie, wie er selbst, aus Israel hervorwuchsen. Von den Korinthern Gajus, Erastus und Quartus sind sie dagegen deutlich getrennt. Jason war Thessalonicher, vgl. Apgsch. 17, 7; Sosipatros war wahrscheinlich auch Makedone, der, den Lukas Apgsch. 20, 4 Sopatros aus Beroia nennt. Über Lukius läßt sich nichts sagen, da die Gleichsetzung von Lukius mit Lukas viel zu gewagt ist. Es waren also zwei Führer der makedonischen Gemeinden bei Paulus in Korinth. Ob sie aber die Begleiter des Titus oder die Makedonen waren, die erst mit Paulus nach Korinth kamen, II 9, 4, ist nicht gewiß. Bei der Abfahrt von Makedonien nach Jerusalem war nur noch Sosipatros bei Paulus, nicht mehr Jason. Dafür waren zwei andere Thessalonicher mit der Begleitung des Paulus beauftragt, Aristarchus und Sekundus. Ein anderer Thessalonicher, Demas, war bei Paulus während seiner römischen Gefangenschaft, Kol. 4, 14; 2 Tim. 4, 10. Es ist also möglich, daß „die Apostel der Gemeinden" Abgesandte der makedonischen Gemeinden, etwa Jason und Sosipatros, waren; aber irgendwelche Gewißheit ist nicht zu erreichen. Es ist ebenso denkbar, daß Paulus einen der Epheser vor sich her nach Korinth geschickt habe.

eine reichliche Gabe erwarte. Dadurch entsteht der Schein,
Paulus fange mit einem neuen Ansatz eine zweite Besprechung
desselben Themas an. Er hat aber die Ordnung seiner mahnenden Worte wohl erwogen. Den Ernst, mit dem er die Sammlung für Jerusalem betrieb, hat die Gemeinde jetzt dadurch
vor Augen, daß er Titus mit seinen beiden Begleitern zu ihr
sandte. Damit war der Grund reichlich gegeben, ihr darzutun, warum sie sich zu reichlichem Geben entschließen müsse.

Über das Ziel der Sammlung hat Paulus schon so oft gesprochen, daß er es nicht noch einmal tut. Wir hören also über
die Hauptsache, über die Gemeinde Jerusalems, ihren einzigartigen Beruf und ihre Not nichts. Das μέν bezieht sich auf
δέ Vers 3. Überflüssig ist es, über die Steuer zu schreiben;
dagegen hat Paulus etwas anderes getan: er hat seine Vertreter
nach Korinth gesandt. Er schriebe über den Zweck der Sammlung, wenn ihm die Willigkeit der Korinther unbekannt wäre.
Aber er kennt ja ihren schon im vergangenen Jahr gefaßten
Entschluß, an der Steuer teilzunehmen. Er hat dies den Makedonen erzählt und dadurch ihren Eifer verstärkt. Es hatte
Gewicht, daß schon manche Monate vergangen waren, seit
sich die Korinther zur Steuer entschlossen hatten. Denn die
Summe kam nach I 16, 2 dadurch zusammen, daß die Korinther wöchentlich einen Beitrag zurücklegten. Wenn sie
dies schon während manchen Monaten taten, mußten sie eine
ansehnliche Summe beisammen haben, und die Makedonen
mußten sich anstrengen, wenn sie nicht weit hinter ihnen
zurückbleiben wollten. Auf „die Mehrheit", τοὺς πλείονας,
hatte dies Eindruck gemacht, so daß sie sich zu großen Gaben
entschlossen; es gab freilich auch solche, die sich das Beispiel
der Korinther nicht zum Vorbild nahmen. Aber die meisten
der Gebenden wurden durch den Vorsprung der Korinther zu
reichem Geben bewegt. Das war vor der Ankunft des Titus
geschehen, als Paulus noch annahm, die Korinther haben
ihren Beschluß auch ausgeführt. Bei seinem eigenen Besuch
in Korinth scheint er sich nicht nach der Steuer erkundigt zu
haben. Da sich nun aber aus dem Bericht des Titus ergab,
daß die Korinther die Sammlung eingestellt hatten, wurde
die Lage für Paulus peinlich. Er schickt deshalb die Brüder

nach Korinth, damit nun sofort die Sammlung beginne und das, was er zum Ruhm der Korinther gesagt hatte, nicht widerlegt werde. Nicht widerlegt ist er, wenn die Korinther bereit sind, wenn Paulus von Makedonen begleitet zu ihnen kommt. Wären sie dann nicht bereit, müßte sich Paulus schämen; dann sähe es so aus, als hätte er durch eine erdichtete Vorspiegelung die Makedonen zum Geben angereizt. Aber die Beschämung fiele nicht nur auf ihn, sondern nicht weniger auf sie. Schämen müßte sich Paulus ἐν τῇ ὑποστάσει ταύτῃ, „wegen dieses Unterfangens", weil er es gewagt hat, sich auf das Versprechen der Korinther zu verlassen und anzunehmen, daß sie es auch ausführen, und sie dafür vor den Makedonen zu rühmen, vgl. II 11, 17 ἐν ταύτῃ τῇ ὑποστάσει τῆς καυχήσεως, „bei diesem Wagnis des Rühmens". Weil die Sache nicht diese peinliche Wendung nehmen darf, kommen die Abgesandten des Paulus zu den Korinthern. Von ihrer Mitwirkung erwartet Paulus, daß die Korinther ihr Versprechen erfüllt haben werden, ehe er selbst nach Korinth kommt. Dies wird dann geschehen, wenn das, was sie tun, eine Segnung, εὐλογία, nicht eine Übervorteilung, πλεονεξία, ist. Die Segnung verkündet die Gabe und verspricht die tatkräftige Liebe, die die Hilfe bringt. Die πλεονεξία sucht den eigenen Vorteil durch die Schädigung der anderen. So verhielten sich die Korinther, wenn sie den Jerusalemern wenig gönnten, damit sie selbst um so mehr behalten.

Die Wohltat heißt Paulus Saat und das, was als ihr Lohn auf den Gebenden zurückfließt, Ernte, wie er es auch Gal. 6, 7 getan hat. Saat und Ernte entsprechen sich. Hätten die Korinther seinem Rat, I 16, 2, gefolgt, so wäre ihr Beitrag zur Steuer ohne Anstrengung und Beschwerung zusammen gekommen. Nun müssen sie, da die Zeit drängt, sich stärker anstrengen. Aber die Saat reichlich auszustreuen, darf keinen reuen. Wer nur sparsam sät, weil ihn das Saatkorn reut, wird dies an seiner Ernte spüren. Dem Sparenden, der seine Gabe möglichst gering bemißt, stellt Paulus den gegenüber, der deshalb gibt, weil er segnet, ἐπ᾽ εὐλογίαις, weil er Gemeinschaft versprochen, Liebe zugesagt und seine Bereitschaft zu helfen verkündet hat. Der Inhalt einer Segnung ist das Heil des an-

deren. Dem, der so gibt, wird es vergolten werden; auch er
wird gesegnet werden.

Damit ist das Recht eines jeden, selbst seine Gabe zu bemessen, nicht angetastet. Segnen kann man nicht mit Kummer
oder aus Zwang.

Wieder steht Paulus ein Sätzchen aus dem griechischen
Spruchbuch, Prov. 22, 9, zu Gebot. Es gab ihm „den fröh-
lichen Geber" und sagte von ihm, ihn segne Gott. Paulus
formt um: ihn hält Gott wert, ἀγαπᾷ.

Damit die Korinther der Mahnung des Paulus gehorchen,
müssen sie haben, was sie für sich selber bedürfen. Der, dem
mangelt, was ihm nötig ist, kann nicht froh und reichlich
geben. Dafür ist die αὐτάρκεια, das Vermögen, sich das Nötige
zu verschaffen, die Voraussetzung. Diese ist aber kein un-
erfüllbarer Traum, nicht eine in die Ferne schweifende Hoffnung. „Mächtig ist Gott." Was kann er? „Jede Gnade groß
machen." πᾶσα χάρις legt in das göttliche Geben die Vielheit
hinein, die es den vielen Bedürfnissen und mancherlei Nöten
parallel macht. Für jedes Anliegen hat Gott eine χάρις und
das Vermögen, dieser Gnade einen reichen Gehalt und eine
starke Wirksamkeit zu geben. Daraus entsteht für die Gemeinde der von Sorgen befreite Zustand, das Vermögen, sich
bei jedem Anlaß und zu jeder Zeit alles zu beschaffen, was
sie bedarf, und damit ist sie reich zu jedem guten Werk gemacht. Wer immer alles hat, was er braucht, kann geben,
kann wirken und zwar Gutes wirken; nun kann er an die anderen denken und sich ihrer annehmen.

„Reich sein für viele gute Werke" hat Paulus nicht gesagt, sondern „reich sein zu jedem guten Werk". Dieselbe
Formel steht auch 2 Tim. 3, 17; Titus 3, 1. Spräche er von
„vielen guten Werken", so bliebe ihre Zahl unbestimmt, und sie
muß unbestimmt bleiben, wenn wir mit unserer Neigung und
Phantasie bestimmen, was wir wirken wollen. Wir werden
aber zum Werk, das wirklich gut ist, aufgerufen, und durch
den Anspruch, der an uns ergeht, bekommt es seine Zahl und
sein Maß. Das gute Werk wird nicht von uns erfunden, sondern durch die Lage, in die wir geführt werden, von uns verlangt. Nun ist es aber der Beruf der Christenheit, jeden An-

spruch, der sie zum Handeln auffordert, zu erfüllen. So oft
sie zu einem heilsamen gütigen Werk aufgerufen wird, hört
sie diesen Ruf und macht aus ihm die Tat. Damit sie dazu
fähig sei, macht Gott seine Gnade so groß, daß sie die αὐτάρκεια,
die Versorgung mit allem, was sie bedarf, besitzt.

Paulus hat seine Mahnung durch eine große Verheißung
begründet; er mahnte als Glaubender. Dem Säenden verhieß
er das Ernten, und dem, der zum guten Werk bereit ist, versprach er, daß ihm nichts mangeln werde. Das sagt er nun
nicht nur mit seinen eigenen Worten, sondern mit einem Wort
der Schrift, Ps. 112, 9 Sept., nur daß er statt εἰς τὸν αἰῶνα τοῦ
αἰῶνος nur εἰς τὸν αἰῶνα sagt. Zu diesem Spruch des Psalms
kam er, weil er die Korinther zum „Säen" ermuntert hatte.
Mit dem, was der Säemann tut, verglich auch das ἐσκόρπισεν
des Psalms das Tun dessen, der dem Darbenden gibt, und das
Ernten verhieß er ihm dadurch, daß er sein Wohltun seine
Gerechtigkeit nannte, die unvergänglich sei. Hilft er, so ist
dies gerecht vor Gott, und das Recht, das er sich damit erworben hat, wird durch nichts entkräftet und ihm nie entzogen werden. Größeres als Gerechtigkeit konnte Paulus dem,
der wohltut, nicht verheißen. Die Gnade macht ihre Größe,
die Paulus im vorangehenden Satz gepriesen hat, dadurch
offenbar, daß sie auf unser Wohltun Gottes Wohlgefallen
legt, wodurch es zu unserer Gerechtigkeit wird.

Wie Paulus durch den Leib und seine Glieder, I 12, 14,
und durch die Entfaltung des Samens zum Gewächs, I 15, 36,
das verdeutlicht, was durch Gottes Geist entsteht, so beschreibt
er auch hier das Walten der göttlichen Gnade durch den Zusammenhang, der die Ernte aus der Saat entstehen läßt. Nachdem der Mensch die erste Gabe, das Saatkorn, empfangen hat,
empfängt er auch die zweite, das Brot. Die erste Gabe ruft
der zweiten, und diese bleibt nicht aus, nachdem die erste
empfangen ist. Das überträgt Paulus auf jene Aussaat, die
durch die Wohltat geschieht, und auf jene Ernte, die die Wohltat zu unserer Gerechtigkeit macht. Gott wird den Korinthern
das, was sie zum Saatkorn machen können, reichlich geben
und wird aus ihrer Saat das Gewächs hervorwachsen lassen,
nämlich ihre Gerechtigkeit. In der Formel τὰ γενήματα τῆς

δικαιοσύνης ὑμῶν wird der Genetiv angeben, in was die γενήματα bestehen. Erinnerungen an Jes. 55, 10 und an Hosea
11, 12 wirkten bei der Formung des Satzes mit. Jesaja hatte
den Regen, der nicht abläßt, „bis er Saatkorn dem Säenden
und Brot zur Speise gibt", dazu benützt, um den Glauben
an die Zuverlässigkeit das göttlichen Worts zu erwecken, und
Hosea hatte zu jenem „Säen" ermahnt, das Gerechtigkeit
einträgt.

Aus dieser Zuversicht sagt Paulus den Korinthern: „Ihr
werdet in allem reich gemacht zu jedem Erweis von Freigebigkeit", geht nun aber noch zu jener Erwägung über, durch
die seine Mahnung die stärkste Begründung bekommt. Die
Wohltat lindert nicht nur die Not ihres Empfängers und
bringt nicht nur ihrem Geber als kostbare Ernte die Gerechtigkeit, sondern sie wirkt auch Danksagung für Gott. Wie sie
aus Gottes Gnade entsteht, so ist auch ihr Ziel und höchster
Ertrag Gottes Lob. Hier erinnert Paulus an seinen eigenen
Anteil am Liebeswerk: „durch uns bringt die Freigebigkeit
Danksagung für Gott hervor." Er sagt damit, weshalb er mit
diesem starken, persönlichen Anteil an der Sammlung für
Jerusalem beteiligt ist. Es ist sein ihn völlig bewegender Wille,
daß Gott gepriesen werde, und daß er der Anlaß ist, daß Gott
gedankt wird, das ist seine Freude und das Ziel seiner ganzen
Tätigkeit, vgl. II 1, 11; 4, 15.

Eine λειτουργία, eine für das Gemeinwohl ausgeführte Leistung, nannte Paulus das, was die Gemeinden taten, die die
Steuer zusammenlegten. Diese λειτουργία bedurfte aber der
διακονία, dessen, der sie anordnete, leitete und ihr zu ihrem
Erfolg dadurch verhalf, daß er die Gelder nach Jerusalem
brachte, und dies war das, was Paulus tat. Was dadurch erreicht wird, daß die Korinther diese λειτουργία und Paulus
diese διακονία üben, ist nicht nur, daß dadurch aufgefüllt wird,
was den Heiligen fehlt, sondern „sie wird groß durch die vielen
Danksagungen für Gott". Die Voraussetzung für diesen Dank
ist „die Bewährtheit dieses Dienstes". Weil dieser Dienst echt
ist, aus wahrhafter Liebe geschieht und wirklich Hilfe bringt,
somit uneigennützige Brüderlichkeit offenbart, preisen sie
Gott. Mit dieser Deutung wird vermieden, δοκιμή hier gegen

seinen gewöhnlichen Sinn als Tätigkeitsnomen zu fassen. Das ergäbe den Gedanken: weil man in Jerusalem die Echtheit dieses Dienstes anerkennt und die Aufrichtigkeit und Stärke der Liebe, die sich in ihm betätigt, spürt, preisen sie Gott. Das Gebet der Jerusalemer, mit dem sie die Gaben des Paulus empfangen, bleibt aber nicht an diesen Anlaß gebunden. Sie klagen nicht über ihre Not und danken nicht nur für die Geldsumme, sondern preisen Gott „wegen eurer durch Unterwerfung geschehenen Zustimmung zur Botschaft des Christus". Was die, die ihr Geld nach Jerusalem senden, mit den dort kämpfenden Heiligen verbindet, ist einzig die Botschaft des Christus. Diese hat sich aber als das sie einigende Band erwiesen. Sie wird es, wenn der, dem sie gesagt wird, ihr sein Jawort gibt, ὁμολογεῖ, und diese Zusage die gehorsame Unterwerfung unter den Willen des Herrn, ὑποταγή, in sich hat. Die Formel ὑποταγὴ τῆς ὁμολογίας ist eine Parallele zu ὑπακοὴ πίστεως, Röm. 1, 5; 16, 26; mit der ὁμολογία wird der Glaube bekannt, und mit der ὑποταγή ergibt sich der Glaubende gehorsam dem Willen des Herrn.

Nachdem zuerst der Christenstand der Geber zum Inhalt des Gebets geworden ist, wird auch „die Freigebigkeit der Gemeinschaft" zum Grund der Danksagung mit dem bedeutsamen Zusatz: nicht nur mit ihnen, sondern mit allen sind sie verbunden. Die Gemeinden des Paulus betätigen durch ihre Gemeinschaft mit der Kirche Jerusalems die mit der ganzen Christenheit.

Mit der Danksagung verbindet sich wie immer die Bitte. Man kann aber in Jerusalem nicht für die griechischen Gemeinden beten, ohne daß sich das Verlangen regt, sie zu sehen. Wieder begründet Paulus dieses Verlangen nicht nur damit, daß sich die griechischen Christen denen in Jerusalem liebend mit ihren Gaben nahten; der entscheidende Grund für dieses Verlangen liegt in der überreichen Gnade, die den Korinthern zuteil geworden ist. Steht hinter τὴν ὑπερβάλλουσαν χάριν τοῦ θεοῦ ἐφ' ὑμῖν eine Vergleichung, die den geistigen Stand der korinthischen Gemeinde höher einschätzt als den der palästinischen Gemeinden, die unter dem harten Druck des Rabbinats und der Volksstimmung schwer litten und langsam starben?

Aber Paulus mengt keinen schmerzhaften Ton in diese Danksagung ein. Nichts erinnert hier an Reibungen und Spaltungen zwischen der palästinischen und der griechischen Christenheit. Nur Dank für Gottes Geschenk, das nicht völlig und unverkürzt beschrieben werden kann, weil es größer als das menschliche Denken und Reden ist, bewegt Paulus jetzt, da er die Aufforderung zur Teilnahme an der Steuer beschließt. Neben diesem Dank wird kein Seufzer über die Verfolgungswut der Juden und über die Armut der palästinischen Christen hörbar. Die Not ist der Anlaß zur Hilfe, und die Bedrückung fordert zur Gemeinschaft auf. Daß sie zustande kommt, daß die Korinther helfen können und helfen wollen und daß ihre Gabe in Jerusalem die Danksagung für ihre Gemeinschaft erwecken wird, das alles ist Gnade, eine Gnade, die die menschliche Erwartung und Beschreibung überragt.

Die Satzreihe Kap. 8 und 9, mit der Paulus das Zaudern und die Unlust, an der Sammlung für Jerusalem teilzunehmen, überwindet, kennzeichnet den Führer und Lehrer Paulus nicht weniger deutlich als die großen lehrhaften Abschnitte des ersten Briefs. Auch seine Klugheit wird in der Weise sichtbar, wie er die peinlichen Folgen, die das Versagen der Korinther haben konnte, verhütet hat. Aber seine Klugheit ist nicht das Einzige und nicht das Größte, was er hat. Er ordnet hier das Handeln der Gemeinde, aber nicht durch einen Rückfall unter das Gesetz, sondern in der Freiheit des Glaubens. Er spricht mit überlegener Geltung als der Führer, aber als der Führer Freier. Die Kraft, die ihn und die Gemeinde bewegt, ist die übergroße Gnade, und durch sie empfängt er den eigenen Willen, die Tatkraft, die handelt, und die Freude, die gibt.

Die Ansage des Kampfes an die Gegner[1]

10, 1–6

„Ich selbst aber Paulus"; der Brief folgt ohne Riß und Rätsel den Ereignissen. Von dem, was bei seiner Abreise von Ephesus geschah, Kap. 1 u. 2, war er zu dem übergegangen,

---

[1] Was Paulus nach seiner Ankunft in Korinth bewirken wird, sagt er 10, 1–13, 10.

was sich zutrug, als Titus Paulus in Makedonien fand. Der
Bericht des Titus gab Paulus wieder die Freude an den
Korinthern; die störenden Vorgänge sind erledigt; Paulus ist
mit ihnen versöhnt. Weil aber die Steuer im Rückstand war,
beschloß er die Entsendung des Titus und seiner beiden Begleiter nach Korinth. Über den Zweck dieser Verfügung ist
die Gemeinde durch Kap. 8 und 9 unterrichtet. Sie gibt ihr
keinen Grund zur Verstimmung. Was ihr Paulus zumutet,
ist keine drückende Last, im Gegenteil Anteil an der unaussprechbar großen Gabe Gottes. Was wird nun geschehen?
Darüber zu zweifeln gibt es keine Möglichkeit. Nun reist Paulus selbst nach Korinth, „er selbst aber", nicht nur Titus und
seine Begleiter, und er hat bei seiner Reise ein ungleich größeres Ziel als das, mit dem Titus beauftragt war. Jetzt hat es
entscheidende Wichtigkeit, daß sich niemand über den Ernst
der Lage täusche, die dadurch entsteht, daß „er selbst Paulus"
wieder zu ihnen kommt. Dann beginnt, wenn die Gegner es
wollen, ein Kampf.

Die Vermutung, es sei damit ein zu anderer Zeit geschrie-
bener Brief an den aus Makedonien nach Korinth gesandten
angehängt worden, macht aus den vier letzten Kapiteln ein
zerrissenes Fragment. Denn mit „ich selbst aber Paulus" fing
kein Schreiben an. „Ich selbst aber" hat Beziehung zu anderen,
mit denen das, was nun Paulus selber tun wird, verglichen
wird. Warum da eigenwillig Fragmente schaffen, wo gerade
durch das αὐτὸς δὲ ἐγὼ Παῦλος ein fester und durchsichtiger
Zusammenhang geschaffen ist? Aber nicht nur den letzten
Abschnitt, sondern auch den vorangehenden Brief würde die
Abtrennung der letzten Kapitel in ein zerstörtes Bruchstück
verwandeln; denn es bliebe undurchsichtig, warum Paulus
den Korinthern erzählte, was er bei der Abreise von Ephesus
und in Makedonien erlebte. Dabei war immer vorausgesetzt,
daß das Ziel seiner Reise Korinth sei, 1, 16; 2, 1–3; 8, 19; 9, 4.
Von dem aber, was er selbst in Korinth zu tun gedachte,
enthielte nach dieser Theorie der Brief kein Wort.

Er „mahnt durch die Sanftmut und Milde des Christus".
Nicht Zorn gibt ihm die Feder in die Hand, nicht der Entschluß, als Richter die zu beugen, die ihm in Korinth wider-

standen. Er weiß es, und er weiß es nicht nur, sondern erlebt
es in der Bewegung seines Denkens und Wollens, daß Christus
langmütig ist und Rücksicht nimmt, schont und dem Verfeindeten Gelegenheit zur Versöhnung und dem Fehlenden
Raum zur Umkehr gibt. Diese Langmut und nachsichtige Milde
des Christus macht ihn zu dem die Gemeinde Ermahnenden.

Wozu er sie mahnt, sagt er nicht sofort; zuerst begründet
er, weshalb er mahnen muß. In Korinth machten sich noch
nicht alle deutlich, was geschehen wird, wenn er nun wieder
selber bei ihnen ist. Es gab solche, die seine Anzeige, er werde
kommen, leicht nahmen. Die, die einst so von ihm gesprochen
hatten, wie I 4, 18 andeutet, fanden, sein Besuch habe sie nicht
widerlegt. Sie verglichen miteinander, was er ,,dem Gesicht
nach", κατὰ πρόσωπον, und was er abwesend sei. Hat man ihn
vor sich, so ist er machtlos und arm, ταπεινός, ein schwacher
Mensch. Paulus bestätigt dies; das war er bei seinem letzten
Besuch in der Tat. Damals hat ihn Gott schwach gemacht,
II 12, 21. ταπεινός ist nie der Name für einen bloß seelischen
Vorgang. Nicht das sagen die Gegner von ihm, er sei demütig,
furchtsam, feig und unterwürfig gewesen. Das ist völlig sicher,
daß sie Paulus nie sich bücken und kriechen sahen. ταπεινός
geht immer auf das, was ein Mensch hat und kann. Er hat,
sagten sie, keine Macht; er kann nur reden, bitten und mahnen; aber handeln kann er nicht; Grund, sich vor ihm zu
fürchten, hat niemand. In den Briefen ist er freilich mutig,
da redet er aus dem gewaltigen Bewußtsein seiner apostolischen
Sendung heraus. Er spricht aber, sagten sie, anders aus der
Ferne und anders, wenn er bei uns ist. Dann fallen die großen
Worte von ihm ab, und übrig bleibt nichts als ein schwacher
Mensch. Das war die Weise, wie sich die Gegner des Paulus
dem Eindruck seiner Briefe entzogen. Er weiß, daß sie geneigt sind, mit diesem Urteil auch das zu entkräften, was er
soeben geschrieben hat und noch schreiben wird, und davor
warnt er sie.

Im Gegensatz zum schwächlichen Paulus waren sie die
Wagenden. Ein Wagnis war es, wenn sie das Verbot der Ehe
mit Verwandten aufhoben, und sie wagten Kühnes, wenn sie
ihre Frauen entließen und dem, der es nicht aushielt, sagten:

Geh zur Dirne, und sie bewiesen sich als die Wagenden, wenn
sie in den griechischen Tempel zum Opfermahl gingen und
das Verbot der Apostel mißachteten. Als die kühn Wagenden
zeigten sie sich vor allem dadurch, daß sie Paulus widerstanden
und ihren Christenstand mit den höchsten Worten priesen. So
Großes zu sagen und zu planen, hatte Paulus nach ihrer Meinung nicht den Mut und nicht die Kraft. Er wird aber nach
seiner Ankunft der Gemeinde zeigen, daß auch er wagen kann.
Er bereitet seine Wirksamkeit in Korinth schon jetzt durch
sein Gebet vor; vgl. II 13, 7. 9; denn er weiß, daß er dann
nicht nur in den Briefen, sondern auch im persönlichen Verkehr der Kühne sein muß, der sich nicht scheut, auch schwere
Worte zu sprechen, die die, denen sie gelten, wuchtig treffen,
und er ist entschlossen, nach seiner Ankunft mit Mut und
Tapferkeit zu handeln. Dies ist aber nicht das, was er sich
wünscht, nicht das, worum er Gott bittet, II 13, 7. Kommt
es zum Kampf, so wird er dazu gezwungen. Von der Gemeinde
erwartet er keinen Widerstand; wäre auch sie gegen ihn, so
füllte das auch seinen neuen Besuch wieder mit Betrübnis,
während er entschlossen ist, nur im Einverständnis mit der
Gemeinde zu handeln, und er hat durch den ersten Teil des
Briefs dargetan, warum er mit der Überzeugung nach Korinth
geht, daß die Gemeinde wieder fest mit ihm verbunden sei.
Nicht mit allen, nur mit „einigen" wird er den Kampf aufnehmen, nur mit denen, „die von ihm urteilen, daß er nach
dem Fleisch wandle". Sie sagen damit von ihm, er sei nicht
mehr und könne nicht mehr, als was der Mensch von Natur
ist und kann; dazu, daß er mehr sein wolle und sich als Apostel
über alle erhebe und von den Korinthern verlange, daß sie
sich zu ihm halten und sich seiner rühmen, treibe ihn nur
seine eigensüchtige Einbildung. Dieser gehorcht aber der
Mensch nur so lange, als nichts anderes ihm seinen Willen
gibt als das Fleisch, I 3, 3. Falls wirklich die Gegner die geistliche Kraft eines Lehrers nach seinen Visionen und der Menge
seiner „Zungen" maßen, konnte sich dieses Urteil auch darauf
stützen, daß sie von den Gesichten des Paulus nicht viel
wußten, und die, die sich „die Pfählung seines Fleisches"
als ein körperliches Leiden vorstellen, das auch den anderen

sichtbar geworden sei, können annehmen, daß auch diese für
Paulus qualvollen Vorgänge als Beweis dafür dienten, daß
nichts als das Fleisch in ihm wirksam sei. Ich halte aber diese
Deutung von II 12, 7 nicht für textgemäß.

Dem Vorwurf, er wandle nach dem Fleisch, antwortet
Paulus: „Im Fleisch wandeln wir, aber nicht nach dem
Fleisch." Auch in der Formel ἐν σαρκὶ περιπατεῖν hat ἐν
starke kausale Kraft. Zu jedem Gedanken und Willen, auch
zu denen, mit denen ihn der Geist beschenkt, und zu jeder
Tat, auch zu der, durch die er Gottes Willen tut, braucht
Paulus den Dienst seines Leibs. Weil ihn aber Christus mit
sich verbunden hat, ist der Leib nicht mehr die einzige Macht,
die ihn bewegt. Darin sah Paulus die Herrlichkeit des von
ihm zu vollbringenden Dienstes, daß der Geist der sei, dem
er diene, II 3, 8.

Was Paulus jetzt in Korinth zu tun hat, vergleicht er nicht
mehr mit dem Amt eines Vaters, der durch Züchtigung den
Ungehorsam bricht, wie I 4, 21, sondern mit dem Heerdienst,
vgl. 2 Tim. 2, 3. Für diesen gibt ihm aber nicht seine natürliche Art die Waffen. Er würde „nach der Regel des Fleisches"
kämpfen, brauchte er Gewalt oder List, Redekunst oder blen-
dende Theorien. Aber nicht mit solchen Mitteln beweist er
seinen Gegnern seine Überlegenheit. Er hat „Waffen, die für
Gott mächtig sind". Sein Ziel ist allein Gottes Ehre, daß sein
Wille geschehe und seine Gnade offenbar werde. Dafür kann
man nur mit solchen Waffen kämpfen, die Gott darreicht,
Eph. 6, 13–17. Nur sie sind stärker als alles, womit sich Menschen Gott widersetzen; nur sie machen den Triumph Gottes
offenbar, II 2, 14. Seine Waffe, die für Gott stark ist, besteht
darin, daß er die Wahrheit für jedes Gewissen offenbar zu
machen vermag, II 4, 2.

Nicht um sich zu verteidigen, kommt Paulus nach Korinth.
Dort greift er an und gleicht dem, der Wälle erstürmt und
Festungen niederlegt: „um Befestigungen abzubrechen; Urteile reißen wir ein und jede Höhe, die sich gegen die Erkenntnis Gottes erhebt."[1] Die Wälle, die gegen ihn errichtet

---

[1] Dachte Paulus an Sprch. 21, 22 πόλεις ὀχυρὰς ἐπέβη σοφὸς καὶ καθεῖλεν
τὸ ὀχύρωμα ἐφ' ᾧ ἐπεποίθεισαν οἱ ἀσεβεῖς?

sind, um ihm den Zugang zur Gemeinde zu versperren, sind λογισμοί, Urteile, die den Christenstand seiner Gegner und den des Paulus messen, Aussagen über ihre Gemeinschaft mit dem Herrn und über das Verhältnis, in dem Paulus zu ihm stehe. Durch seine λογισμοί formt der Mensch seinen Willen, sichert sich seinen Einfluß und bindet seine Anhänger an sich. Deshalb gleichen sie den Wällen und Burgen, durch die man sich schützt.

Die Absicht dieser hoch aufgeführten Bauten ist, die Erkenntnis Gottes zu verhindern. Durch das, was die Gegner von sich sagen, machen sie sich groß; der Mensch empfiehlt sich selbst und ruft die anderen zu sich. Nun ist sein Ziel nicht, daß Gott ihnen sein Wirken zeige. Das ist aber das Ziel, auf das alles gerichtet ist, was Paulus sagt und tut. Daß Gott wahrgenommen werde, das ist das große Anliegen dessen, der zur Menschheit mit dem Wort gesendet ist: ,,Versöhnt euch mit Gott", II 5, 20. Aus ihren maßlosen Aussagen über ihren Christenstand folgte, daß sie von der Offenbarung des Christus einzig die Verherrlichung der Christenheit erwarteten. Das nannte Paulus ,,Unfähigkeit, Gott zu erkennen", I 15, 34. Denn sie verhüllten sich damit, daß Jesus auferweckt worden ist.

Wird eine Burg erstürmt, so gibt es Gefangene. Beim Siege des Paulus sind die Gefangenen Gebilde des Denkens, νοήματα; vgl. II 4, 4. ,,Und wir nehmen alles Erdachte für den Gehorsam gegen den Christus gefangen." Zwei Deutungen dieses Bildes sind möglich. Entweder sagt es, an die Stelle der Gedanken, die ihrer Freiheit beraubt werden, trete der Gehorsam; statt zu theologisieren, sollen die Gegner gehorchen. Oder εἰς drückt das Ziel aus, das durch die Gefangennahme des Erdachten erreicht werden soll. Ihre Gedanken sollen dazu dienen, mit dem, was sie tun, dem Christus gehorsam zu sein. Für die erste Deutung läßt sich sagen, daß es die Absicht und auch der Erfolg des Paulus war, daß die Auflehnung gegen Jesus, zu der die korinthische Theologie geführt hatte, endete. Er duldete keine Aufforderung zur Ehescheidung, keine Entfernung der Erinnerung an den Tod Jesu aus dem Festmahl der Gemeinde, keine Beschränkung der Verheißung Jesu auf ihre eigene Verklärung, keine Verdrängung der von Jesus bestellten Boten durch die neuen Meister. Von ihnen verlangte er den gänzlichen Verzicht auf ihre Weisheit; sie sollen närrisch werden, I 3, 18. Allein von einer Lähmung des Denkvermögens, „der Vernunft" (Luther), hat Paulus nicht gesprochen. Die Einheit erlangt die Gemeinde dann, wenn sie sich denselben νοῦς, nämlich den νοῦς des Christus, verschafft, I 1, 10; 2, 16, und der totale Verzicht auf die Weisheit geschieht dazu, damit der Mensch die Weisheit Gottes empfange. An einen Gehorsam, der nicht in der Erkenntnis begründet sei, konnte er deshalb nicht denken, weil er keinen anderen Gehorsam als den des Glaubens begehrte, Röm. 1, 5; der Glaube entsteht aber durch das vernommene Wort. Darum macht die Unfähigkeit zu verstehen — οὐ συνιᾶσι II 10, 12 — jede Frömmigkeit völlig wertlos, auch wenn ihr die höchsten Prädikate beigelegt werden.

Paulus spricht also nicht von der Vernichtung des Denkvermögens, sondern davon, daß es dem Christus untertan werde. Wer „nach dem Fleisch" denkt, bildet seine Gedanken aus sich selbst nach dem Befehl seiner Eigensucht. Dieses eigenmächtige Spiel des Denkvermögens hört durch die Erkenntnis Gottes auf. Mit ihr ist dem Denken ein erhabenes Ziel gezeigt; es wird nun deshalb geübt, damit der Mensch mit dem, was er tut, dem Christus gehorsam sei. In der Formel τὴν ὑπακοὴν τοῦ χριστοῦ wird der Genetiv den nennen, dem der Gehorsam geleistet wird. Die Formel „für den Gehorsam gefangen werden" gleicht dem, was Paulus Röm. 6, 16 sagt: „Ihr seid Knechte des Gehorsams geworden." Der Gehorsam, mit dem sich der Mensch dem Christus ergibt, bekommt über den Verlauf seines Denkens und Wollens Macht. Seine Bewegung hat ihr Ziel nun darin, daß das Wohlgefallen des Herrn ihm zuteil werde, II 5, 9, und diesem Ziel wird nun jede theologische Aussage wie ein Gefangener untertan. Es ist freilich offenkundig, daß Paulus mit dem Gehorsam, den Christus selbst Gott dargebracht hat, die Wende der menschlichen Geschichte gekommen sah. Denn durch den Gehorsam Jesu ist das geheilt, was der Ungehorsam Adams hervorgebracht hat. Alles, was Paulus über die rechtfertigende und

versöhnende Macht des Todes Jesu sagt, war daher ein Preis
seines Gott dargebrachten Gehorsams. Aber die Deutung,
alles, was der Mensch denke, müsse dem Gehorsam gleichen,
mit dem Christus Gott verherrlicht habe, würde vermutlich
das, was die kurze Formel εἰς τὴν ὑπακοὴν τοῦ χριστοῦ ausspricht, übersteigen, da der Genetiv leicht auf den hinzeigen
kann, auf den der, der mit der Bildung von Gedanken beschäftigt ist, jetzt hört, nachdem seine früheren Gedanken
von Paulus gefangen genommen sind. Das wird auch durch
den nächsten Satz bestätigt, der vom Ungehorsam der Widerstrebenden und vom Gehorsam der Korinther spricht.

Diese Kampfansage war nicht gegen die gerichtet, die sich
zu Petrus bekannten und die ersten Apostel priesen. Wenn
Paulus bei ihnen Ungehorsam gegen Jesus sähe, der ihnen die
Erkenntnis Gottes unmöglich mache, hätte er ihr Bekenntnis
zu Petrus nur als einen erlogenen Vorwand behandelt. Niemand konnte sich ernsthaft auf Petrus berufen und zugleich
Jesus den Gehorsam versagen. Die Verehrung der ersten
Apostel ·hat aber Paulus zwar Unverstand genannt, weil
sie einen Rangunterschied zwischen den Aposteln aufrichtete,
nicht aber als unlautere Heuchelei geächtet. Wem die Ansage
des Kampfes gilt, zeigt sogleich Vers 7, der sich wieder, wie
I 1, 12, auf das Bekenntnis „Wir sind des Christus" und
seinen gegen Paulus gerichteten Sinn bezieht. Da sie sich
gegen Paulus auf Christus berufen, sind sie nicht willig, Christus zu gehorchen; sie lieben ihn nicht, I 16, 22, und machen
darum aus ihren νοήματα den Ersatz für den Gehorsam, wie
sie ihnen auch als Ersatz für das Evangelium dienen. Daher
wird der Sieg des Paulus über sie darin bestehen, daß er ihre
Gedanken dem Christus gehorsam macht, während sie jetzt
mit ihnen sich selbst groß machen und sich über die Gemeinde
und die Apostel erheben.

Er ist aber darauf gefaßt, daß er auch auf Ungehorsam
stoßen wird. Nicht alle werden ihm ihre Gedanken ausliefern,
damit er sie dem Christus gehorsam mache. Seine Wirksamkeit in Korinth gliche nicht der Erstürmung einer Burg, wenn
ihm nicht Widerstand entgegengestellt würde. Er ist aber
auch dafür gerüstet und entschlossen, bei diesem Besuch

jedem Ungehorsam die gerechte Strafe zu geben. Die Verwaltung des Rechts wird ihm die Gemeinde dadurch möglich
machen, daß sie ihren Gehorsam vollständig macht. Paulus
hat also die Gemeinde von seinen Gegnern getrennt und er
wird sie, wenn er bei ihnen ist, vollends von ihnen trennen.
Daß sie gehorcht, hat er erreicht und wird er vollends erreichen.
Somit trifft es nicht die Gemeinde, wenn er Ungehorsam nicht
länger erträgt; denn die Widerstrebenden haben sich dann
nicht nur von Paulus, sondern auch von der Gemeinde getrennt und werden auch von dieser gestraft. Das macht, daß
sein neuer Besuch nicht mehr, wie der frühere, ihnen Betrübnis
bringen wird, auch wenn er manchen aus der Gemeinde aus-
schließen wird, II 12, 21–13, 2.

Der leere Ruhm der Gegner
10, 7–18

Paulus erwägt, was die Gegner für sich geltend machen.
τὰ κατὰ πρόσωπον kann, wie in II 5, 12, das benennen, was der
Mensch zur Schau stellt, wovon sich das durch einen schroffen
Gegensatz unterscheidet, was er inwendig ist. Dann hat das
Sätzchen einen tadelnden Sinn: ihr seht nur auf das Gebaren
der Gegner, ohne zu erwägen, was hinter dieser Schaustellung
steht. τὰ κατὰ πρόσωπον kann aber auch ebenso wie κατὰ
πρόσωπον Vers 1 gedacht sein, wo es im Gegensatz zu ἀπών auf
das hinzeigt, was bei der Anwesenheit des Paulus geschah.
Dann wäre τὰ κατὰ πρόσωπον das, was vor den Augen aller in
ihrer Gegenwart geschieht. Paulus würde damit feststellen,
daß er nicht von heimlichen Vorgängen spreche und keine
Anklagen erhebe, von denen einzig er oder nur wenige Kenntnis haben; das Urteil der Gemeinde habe sich auf das zu gründen, wofür sie alle Zeugen sind, und dies reiche vollständig
aus, um ihnen ein befestigtes Urteil zu verschaffen. Sie können
nicht zwischen Paulus und seinen Widersachern schwanken,
wenn sie erwägen, was sie selber miterlebt haben. Für diese
Fassung des Sätzchens spricht, daß ein Anlaß, die Gemeinde
zu tadeln, weder im Vorangehenden noch im Folgenden sichtbar wird. Denn er hat ihr soeben bezeugt, daß er von ihr die

Vollendung ihres Gehorsams erwarte. War dies der Sinn des Sätzchens, dann wird Paulus βλέπετε als Imperativ empfunden haben: Nehmt wahr, was sich vor euren Augen begibt, und geht nicht unaufmerksam daran vorbei. Hätte Paulus βλέπετε als Indikativ gedacht, so bedeutete es: ,,Ihr seht, was bei euch in aller Öffentlichkeit geschieht.''

Zu dem, wofür sie alle Zeugen sind, gehört an erster Stelle der Anspruch der Gegner: ,,Wir sind des Christus.'' Damit begründen sie ihr Bürgerrecht in der Gemeinde und ihre Selbständigkeit gegen Paulus. Er spricht auch jetzt mit größter Zurückhaltung, da er nicht Herr über ihren Glauben ist, II 1, 24. Darüber, woher sie ihre Zuversicht nehmen, daß sie dem Christus gehören, und wie es mit ihr stehe, urteilt er nicht. Es wird auch hier sichtbar, wie lange er sich dagegen sträubte, ein Bekenntnis, das Glauben aussprach, als unecht zu entwerten. Das aber lehnt Paulus ab, daß ihr Bekenntnis sie dazu berechtige, seine Verbundenheit mit Christus anzutasten. Geben sie dem Bekenntnis einen exklusiven Sinn, so ist es verfälscht. Das ist dasselbe Urteil, das er I 1, 12 ausgesprochen hat. Sind sie des Christus, so ist der Schluß, den sie daraus zu ziehen haben, der, daß auch Paulus des Christus ist. Sie müssen das Wirken des Christus auch in ihm erkennen, wenn es ihnen bei ihnen selbst erkennbar ist. Halten sie nur sich für begnadet, so ist das eines jener Urteile, jener λογισμοί, die Paulus niederreißen wird.

Er hat damit, daß er in derselben Weise, wie sie es tun, von sich sagt, er gehöre dem Christus an, nur das für sich beansprucht, was jeder Glaubende von sich sagen darf. Er könnte aber mehr von sich sagen; denn er könnte von der Macht reden, die ihm mit seiner apostolischen Sendung verliehen ist, und es könnte ihm, wenn er seine Macht rühmte, nicht begegnen, daß er sich seines Ruhmes schämen müßte. Er könnte nicht widerlegt werden. Aber davon redet er jetzt nicht, weil er den Eindruck vermeidet, er wolle die Gemeinde einschüchtern. Seine Gegner glauben nicht an seine apostolische Macht; denn sie sind die, die ihn wegen seines Apostelnamens verhören, I 9, 3. Er gäbe aber seinem Gespräch mit der Gemeinde eine falsche Richtung, wenn seine Gegner ihm erwidern könnten: du versuchst, die Gemeinde zu erschrecken; sie soll sich dir unterwerfen, weil sie dich fürchten soll. Zur Furcht nimmt nur der die Zuflucht, der knechten will; Paulus dagegen spricht zur Gemeinde der Freien. Darum kennt er keine andere Furcht als die des Herrn, II 5, 11. Seine Gegner hätten freilich zu dieser Einrede auch dann kein Recht, wenn er sein Apostelamt gegen sie geltend machte. Denn dieses macht aus ihm nicht eine Gestalt, vor der man sich fürchten müßte. Dazu, daß er baue, nicht dazu, daß er abbreche, ist ihm seine Sendung gegeben. Denn ihr Zweck ist die Verkündigung der göttlichen Gnade. Darum verbreitet er um sich her nicht Angst und begehrt keinen von der Furcht erzwungenen Gehorsam, sondern er baut die, die sein Wort annehmen, in die Gemeinde hinein, der der Geist die Freiheit gibt. Er vergleicht sein Wirken mit der Sendung der Propheten. Er denkt an den Jeremia erteilten Beruf, ,,abzureißen, aufzubauen'', Jer. 1, 10, und sieht in seinem Wirken die göttliche Verheißung erfüllt: καὶ ἀνοικοδομήσω αὐτοὺς καὶ οὐ μὴ καθελῶ αὐτούς, וּבְנִיתִים וְלֹא אֶהֱרֹם, Jer. 24, 6. Er spricht aber jetzt nicht von seiner apostolischen Macht, weil sie schon früher von seinen Briefen sagten, sie seien dazu geschrieben, damit die Gemeinde Angst vor ihm bekomme. ὡσάν ist ähnlich wie I 12, 2 in den Satz hineingelegt; es bedeutet, er wolle sie mit allen Mitteln, wie es ihm gerade passe, einschüchtern; auf die Wahrheit dessen, was er sage, komme es ihm nicht an; seine Absicht sei nur, daß sie sich fürchten.

Dies führt Paulus zu einem anderen Urteil, zu einem zweiten λογισμός, den er zerstören will, zur Behauptung, bei ihm klaffe das Wort und das Werk und darum das aus der Ferne geschriebene und das von ihm persönlich gesagte Wort weit auseinander. Die Gegner begründeten ihr Urteil durch den Kontrast zwischen seinen Briefen und dem, was er bei seinem Besuch geleistet habe. Daß die Briefe inhaltsreich, βαρεῖς, und packend, ἰσχυραί, seien, bestritten sie nicht. Aber den Eindruck, den die Briefe machten, entkräfteten sie dadurch, daß sie auf seinen Besuch hinwiesen. Damals, als auch sein Leib bei ihnen war, bei der παρουσία τοῦ σώματος, war er kraftlos und sein Wort war ohne Wert. Sie urteilten über sein Wort

nicht anders, als es auch die Synagoge tat, und sie mußten
zum selben Urteil wie die Juden kommen, sowie sie in Abrede
stellten, daß er in der Sendung durch Christus und in der Gemeinschaft mit ihm rede. Sie bewiesen aber sowohl durch ihr
Lob als durch ihren Tadel, daß sie Paulus nicht verstanden.
Für ihn bestand die Kraft und der Wert seiner Briefe darin,
daß sie als ein Wohlgeruch des Christus die Erkenntnis Gottes
in die Leser trugen, II 2, 17; sie dagegen urteilten über sie,
als ob sie ein Kunstwerk des Paulus seien, mit dem er sich
selbst vor ihnen ausstelle. Ebensowenig begriffen sie, was
Paulus bei seinem Besuch bekümmert hatte und weshalb er
geduldig wartete, bis der Gehorsam der Gemeinde vollendet
sei. Wenn sie aber aus seiner Geduld den Schluß ziehen, daß
er kraftlos sei, so heißt das Paulus eine Selbsttäuschung, vor
der er sie warnt. Bei ihm sind das Wort und das Werk nicht
getrennt, und sein aus der Ferne gesprochenes Wort ist kein
anderes als das, das er in der Nähe spricht. Weil sie nichts anderes als ihre großen Worte hatten, mit denen sie ihren Anteil
am Geiste priesen, I 4, 10, nahmen sie an, der Christenstand
des Paulus bestehe auch nur in Worten. Er aber lebte für sein
Werk, und dies war der Aufbau der Gemeinden. Das Mittel,
mit dem er es herstellte, war das Wort, aber ein mit der Kraft
geeintes Wort.

Zum Wagen forderten sie ihn auf, und er ist dazu bereit.
Aber zum Wagnis, sich zu einem der Ihrigen zu machen[1]
oder auch nur sich mit ihnen zu vergleichen, ist er nicht imstande. Sie zu beschämen und von der Gemeinde abzusondern, dazu fehlt ihm der Mut nicht; aber dazu, sich ihnen
gleichzustellen, reicht seine Verwegenheit nicht aus. Sie sind
aber nur darum so unglaublich groß, weil „sie sich selbst empfehlen", und selber tun, was sie Paulus nachsagen, was er aber
nicht tut. Sie kommen zur Bewunderung ihrer Größe nur
dadurch, daß „sie sich selber mit sich selber messen". Das
könnte heißen, daß sie sich nur miteinander vergleichen, alle

---

[1] Der bewährte Novize der Essäer φανεὶς ἄξιος οὕτως εἰς τὸν ὅμιλον
ἐγκρίνεται, Jos. b 2, 138. Der Gebrauch von ἐγκρῖναι deutet an, daß sich
um den oder die Führer ein geschlossener Kreis von Anhängern gebildet
hat.

dagegen, die nicht zu ihrer Gruppe gehören, verachten; auf
das, was die anderen sind und leisten, brauchen sie nicht auf-
zumerken; sie allein sind des Christus, und wer sich nicht
zu ihnen hält, ist es nicht. Vielleicht gab Paulus aber diesem
Satz noch eine schärfere Spitze: jeder beschaut nur sich selbst;
er mißt sich nicht an dem, was andere sind und tun, sondern ist
so völlig in sich selbst versunken, daß er keinen anderen Maßstab als sein eigenes Erlebnis hat; so kennt er nichts Größeres
als sich selbst, weshalb ihn nichts stören kann, wenn er sich
selbst bewundert. Das war die Folge davon, daß sie ihrem
Bekenntnis den exklusiven Sinn gaben. Damit entzogen sie
sich der Gemeinschaft; „Liebe haben sie nicht", I 13, 1–3.[1]
Paulus hebt aber hier nur hervor, daß ihre Urteile wertlos
sind. Wer nichts mehr sieht als sein eigenes Erlebnis, „nimmt
nicht wahr". Er hat es sich unmöglich gemacht, aufzufassen,
was um ihn her geschieht. συνιέναι bedarf kein Objekt, vgl.
Mat. 13, 19. 23. Der Ton liegt darauf, daß der Akt des Wahr-
nehmens und Verstehens nicht zustande kommen kann. Damit
verliert das Wort die Wahrheit, und das Handeln wird zur
Betätigung des eigensüchtigen Machtwillens. Gemeinschaft
gibt es für die, die sich blind gemacht haben, nicht; sie ver-
einsamen und ertragen nur solche, die ihnen untertänig sind.

Sie müssen Gewaltiges von sich gesagt haben, da sie sich
nicht nur über Paulus erhoben, sondern sich auch vor den
ersten Aposteln nicht beugten und die apostolische Ordnung
der Kirche umzuformen versuchten. Und doch wurden Petrus
und seine Mitapostel in Korinth mächtig gefeiert und noch
weit über Paulus hinaufgestellt. Wenn sie sogar noch größer
als „die übergroßen Apostel" waren, so beschrieben sie ihren
Anteil am Geist als unermeßlich reich und ihre Vollkommenheit
als wunderbar.

Neben ihren Ruhm stellt Paulus den seinen. Ihr Stolz stützt
sich auf das, „wofür es kein Maß gibt". Was für andere voll-

---

[1] Mit der absichtlichen Betonung der eigenen Größe fügt sich leicht
zusammen, daß Paulus von denen, die ihm in Rom widerstanden, sagt,
sie täten es aus Neid, Phil. 1, 15. So stark wie in Phil. 3, 2: „Seht euch
die Hunde an" hat er hier seinen Abscheu vor dieser Selbstbespiegelung
und ihren gewaltigen Worten nicht ausgesprochen; aber auch hier wird
sichtbar, daß dieses hochmütige Christentum ihm Ekel bereitete.

bracht wird, kann man messen. Da erwuchs aus dem inwendigen Leben eine sichtbare Frucht, die in die Geschichte hineingestellt ist und durch sie ihre Begrenzung bekommt. Dagegen
haben Gedanken, Wünsche und Worte, die vom Werk geschieden bleiben, kein Maß.[1] Im Gegensatz zu ihnen rühmt
sich Paulus dessen, was ihm zugemessen wird. Er rühmt sich,
daß er nach Korinth kommen werde, rühmt sich, daß es den
Gegnern nicht gelungen sei, ihm die Gemeinde zu entfrem-
den, und daß er im Kampf mit ihnen der Sieger sei. Das ist
aber nichts „Ungemessenes". Denn daß er jetzt wieder nach
Korinth kommen wird, hat Gott ihm zugemessen. Dazu hat
ihn die göttliche Leitung gebracht, die ihm Schritt um Schritt
die Kraft zur Arbeit und ihren Erfolg zuteilt. Durch den Maßstab, κανών, wird das Maß, μέτρον, abgemessen. Paulus gelangt wieder nach Korinth „nach dem Maß des Maßstabs,
den Gott uns als Maß zugeteilt hat".[2] Weil er das tut, was Gott
ihm zugeteilt hat, fällt er dadurch, daß er sein ganzes Wollen
in sein Wirken legt, nicht aus dem Glauben heraus. Wer das
ihm Zugemessene tut, übt „den Gehorsam des Glaubens",
Vers 5.

Wenn er jetzt die Korinther an sich zieht und den Gegnern
die Nichtigkeit ihres Ruhms vorhält, so gleicht er nicht dem,
der sich übermäßig streckt, um sich größer zu machen, als er
ist. So handelte er freilich, wenn er fürchten müßte, daß er
nicht mehr nach Korinth kommen könne. Aber er kommt;
denn er ist vor allen anderen, ehe die, die jetzt die Gemeinde
an sich ziehen, dorthin kamen, mit der Botschaft des Christus
nach Korinth gelangt. Wenn er die Gemeinde sein Werk und
sich ihren Vater heißt und für sein Gebot von ihr den Gehorsam verlangt, so hat Gott ihm dies zugemessen. Wenn die
später in die Gemeinde Gekommenen sich benehmen, als sei
die Gemeinde ihr Werk, und Paulus ersetzen wollen, so rühmen sie sich wegen dessen, was durch fremde Anstrengung

---

[1] Vgl. πρὸς ἐλπίδας ἀναιδεῖς ἀμέτρους ἐξετείνατε τὰς ἐπιθυμίας Jos. b 6,
21. σεμνύνων ἑαυτὸν ἀμέτρως a 19, 318.
[2] Vgl. περὶ σιτίων ὅρον ἔθηκεν αὐτὸς (Mose) καὶ κανόνα τὸν νόμον Ap. 2,
174. σκοπῷ καὶ κανόνι τῆς ὅλης περὶ τὸν βίον ἐπιτηδεύσεως ἐκείνῳ (David)
κεχρημένος a 10, 49

und Aufopferung, vor allem durch die des Paulus, zustande kam.

Mit dem, was Paulus bisher erreicht hat, ist aber das ihm zugeteilte Maß noch nicht erschöpft; er weiß sich noch zu Größerem berufen. Denn er hat die Hoffnung, daß er in der korinthischen Gemeinde groß werde. Bei αὐξανομένης τῆς πίστεως ὑμῶν würde ἐν ὑμῖν wenig bedeuten; denn daß ihr Glauben in ihnen geschieht, muß nicht gesagt werden; ihr Glauben hat seinen Ort nicht außer ihnen. Wird dagegen ἐν ὑμῖν mit μεγαλυνθῆναι verbunden, so hat es starke Kraft. In ihrer Gemeinde, in der er der Geringe und Schwache, ταπεινός und ἀσθενής, war und um sein Ansehen kämpfen mußte, wird er noch Größe über das hinaus empfangen, was er schon empfangen hat. Das geschieht aber nicht durch seinen ehrgeizigen Eigenwillen zur Erfüllung eines selbstsüchtigen Verlangens, sondern nach dem für ihn bestimmten Maß.

Die Voraussetzung für die Ausdehnung seiner Wirksamkeit ist, daß der Glaube der Korinther wächst. Paulus kann nicht an anderen Orten evangelisieren, wenn die Gemeinde in Korinth zerfällt. Groß wird er bei den Korinthern dadurch, daß er die Gemeinde zu einigen und in der Erkenntnis Gottes zu befestigen vermag. Schwankungen, wie sie die Gemeinde erlebt hat, zeigen Schwächen und Lücken im Glauben an und werden dadurch überwunden, daß der Glaube wächst. Er wächst, wenn das Wirken Gottes dem Glaubenden in neuer und deutlicherer Weise gezeigt wird und wenn die Einigung des Menschen mit Gottes Wort und Willen, die ihn inwendig formt und ihm seinen Willen gibt, fester wird.

Wenn diese Bedingung gegeben ist, will Paulus weiterwandern und die Botschaft über Griechenland hinaustragen, immer aber so, daß er nicht fremde Arbeit ausnützt und sich nie Ruhm mit dem verschafft, was schon bereit liegt. Er wird sich nie in eine Gemeinde setzen, die nicht durch ihn gesammelt worden ist. Damit deutet er den Korinthern seine römischen Pläne an. Da er über seine Fahrt nach Jerusalem bereits mit ihnen gesprochen hat, ist es nicht befremdlich, daß auch schon davon die Rede war, was er von Jerusalem aus unternehmen werde. Daß ihn dabei der Grundsatz leitete, da Chri-

stus zu verkünden, wo ihn noch niemand verkündet hatte, hat
er auch den Römern gesagt, Röm. 15, 20. An ihn werden wir
an erster Stelle zu denken haben, wenn er bei der Vergleichung
seiner Arbeit mit der aller anderen ohne Bedenken geurteilt
hat: ὑπὲρ ἐγώ, περισσότερον αὐτῶν πάντων ἐκοπίασα, II 11,
23; I 15, 10.

Indem er bei dem Maß bleibt, das ihm zugeteilt ist, bleibt
er der Regel treu, daß der Mensch sich des Herrn wegen rühmen soll, I 1, 31. Denn er rühmt sich einzig mit dem, was ihm
Gott zugemessen hat. Jeder Eigenruhm ist zwecklos und verwerflich, weil nur der bewährt ist, den Gott lobt. Sein Urteil
ist allein das geltende, I 4, 5. Weil dieser an sich einfache Satz
der Eigenliebe des Menschen widerspricht und nur von dem
erfaßt wird, der sich Gott im Glauben ergeben hat, war er
auch damals noch, wie zur Zeit des ersten Briefs, I 1, 31, der
Kernpunkt des Streits.

Die Nichtigkeit der gegen Paulus erhobenen Klagen
11, 1–15

Für die, die die Korinther von Paulus trennen wollten,
reichte nach seinem Urteil das Gesagte aus. Mit ihnen bespricht sich Paulus nicht weiter, wenn er auch ihre Gegenwart in der Gemeinde nie vergißt. Sie erscheinen noch 11, 12,
weil sie es sind, die sich beschweren, daß Paulus von der Gemeinde keine Gaben annimmt, weshalb sie daran erinnert
werden, daß der Satan es fertig bringe, auch falsche Apostel
des Christus zu schaffen, und 11, 18–20, wo sie als die beschrieben sind, die sich nach dem Fleisch rühmen und darum
Toren sind, weshalb die Geduld, mit der die Korinther sie er-
trugen, für sie und für Paulus eine Schande ist. Diesen Urteilen
gibt Paulus keine Begründung bei; er ist überzeugt, daß die
Gemeinde vom hohlen Ruhm dieser Männer nicht mehr geblendet ist. Dennoch besteht noch ein Hindernis, das ihren
freudigen und völligen Anschluß an ihn hemmt. Dieses haben
ihr die bereitet, die Paulus nicht ihre eigene Größe, wohl aber
die der ersten Apostel entgegenstellten. Unter den Menschen,
deren sie sich rühmten, I 3, 21, galt ihnen Petrus als der

Vornehmste. Wenn der eine sich für den einen gegen den anderen ereiferte, I 4, 6, konnte man sich mit keinem so wirksam brüsten wie mit Petrus. Sie vergaßen die Schuld nicht,
die auf Paulus lag und ihn zum Geringsten der Apostel
machte, und bedachten nicht, zu was für einer Wirksamkeit
ihn die Gnade gestärkt hatte, I 15, 9. 10. Solange aber die
Gemeinde denen glaubte, die sie bedauerten, weil ihr nicht
einer der ersten Apostel, sondern bloß Paulus den Ruf Jesu
gebracht habe, blieb zwischen ihr und ihm eine Trennung bestehen; dieses letzte, was sie noch von ihm trennt, hebt er
nun weg.

Er tut es unter einem Zwang, der ihn quält. Es ist ein
schmerzendes und ihn entehrendes Unternehmen, wenn er
sich nun mit den anderen Aposteln vergleicht und sich neben
sie stellt. Wer von seiner eigenen Größe spricht, redet wie ein
Törichter, wie ein ἄφρων. Hätte er helle Augen und Verstand,
so begriffe er, daß Menschenlob und vollends Eigenlob nichts
taugt, weil die Bewährung nur vom Herrn empfangen wird.
ἄφρων behält denselben Sinn wie I 15, 36; es kennzeichnet
den, der die Tatbestände nicht würdigt, die sein Reden und
Handeln bestimmen müssen. Das hat Paulus so oft und so
eifrig gesagt, daß wir am Ernst des Urteils, das er damit
über sein Verhalten fällt, nicht zweifeln dürfen. Er hat nicht
gescherzt, als er sich jetzt einen Toren hieß; hinter diesem
Wort steht schmerzhafte Pein.

Der Zwang, dem er nachgibt, geht von der Gemeinde aus:
„Ihr zwangt mich", II 12, 11. Nicht die zwingen ihn, mit
denen er sich nicht vergleichen wollte, I 10, 12. Vom Kampf,
bei dem Burgen erstürmt, Gedanken gefangen genommen
und Ungehorsame bestraft werden, unterscheidet sich die
törichte Rede, die mit den Törichten nach ihrer eigenen Torheit spricht, deutlich. Unverstand ist nicht Ungehorsam, und
Anpassung an den Unverstand ist nicht Gebrauch der apostolischen Waffen. Von denen, die Paulus verdrängen und
seinen Ruhm mit dem ihrigen verdunkeln wollten, hatte sich
die Gemeinde abgewandt. Wer dies bestreitet, wird kaum
imstande sein, diesen Teil des Briefs mit dem vorangehenden
Hauptteil zusammenzudenken. Daß Paulus der Apostel der

40*

Korinther ist, steht nach dem Hauptteil des Briefes fest. Aber er war nicht der einzige Apostel; es gab Apostel, die weit größer waren als er. Um die Gemeinde von dem Druck zu befreien, den die Verherrlichung der ersten Apostel auf sie gelegt hatte, tut er, was nur Toren tun, und beantwortet die Klagen, die beweisen sollen, daß er geringer als jene sei. Andere Anklagen als die, die schon im ersten Brief hörbar wurden, kommen nicht an das Licht. Wir hören wieder, daß Paulus die Tiefe der Erkenntnis und darum auch die Macht des Worts fehle und daß er die Gaben der Gemeinde ablehne. Daß er nun diese Vorwürfe entkräftet, macht sein Wort zum sinnlosen Gerede, wie es nur ein Tor von sich gibt. Wer aber mit Unverstand spricht, nimmt die Nachsicht und Geduld seiner Hörer in Anspruch. Sie wären befugt, dem unverständig Redenden das Gehör zu versagen. Paulus bittet deshalb, daß sie ihn dennoch hören, obwohl er jetzt nicht so spricht, wie ein Apostel reden soll, sondern so, wie die es taten, die sich an die Menschen hingen und mit ihnen sich ihren Ruhm bereiten wollten. Er verspricht ihnen aber, er werde den Unverstand nicht übertreiben; nur ein wenig Unverstand sollen sie ihm jetzt geduldig gestatten. Er rühmt sich ja nicht über Ungemessenes, sondern wird bei der Wahrheit bleiben.

Es muß Allergrößtes auf dem Spiele stehen, wenn er sich jetzt zu einer törichten Rede nötigen läßt. Der klare eindeutige Anschluß der Gemeinde an Jesus ist in Gefahr. Wenn sie über die Apostel streitet, verschwindet ihr Jesus. Es kann keinen Streit um die Apostel geben, solange es feststeht, daß sie des Christus ist und nicht den Aposteln gehört, I 3, 23. Wehrt sich in Korinth jeder eifersüchtig für seinen Meister, I 3, 3, so treibt auch ihn jetzt Eifersucht, aber die Eifersucht Gottes. Nicht das ängstigt ihn, daß die Korinther ihm ihre Liebe entziehen. Er warb sie nicht für sich und ist nicht deshalb beunruhigt, weil sie andere höher schätzen als ihn und ihre Liebe von ihm weg zu anderen wenden. Er fürchtet aber, sie widerrufen ihren Anschluß an Jesus, wenn sie sich von Paulus lösen. Hier wird der Genetiv θεοῦ ζήλῳ mehr sagen, als wenn Paulus Röm. 10, 2 von den Juden sagt ζῆλον θεοῦ ἔχουσιν. Dort nennt der Genetiv den, für den sie eifern. Dagegen wird

Paulus sein Eifern, wenn er es θεοῦ ζῆλος nennt, als die Wirkung des göttlichen Eiferns beschreiben, wie er in Vers 1
seine Sanftmut und Nachgiebigkeit die des Christus nennt.
Dann ist θεοῦ ζῆλος mit δικαιοσύνη θεοῦ, ἀγάπη θεοῦ, ἀλήθεια
θεοῦ, δόξα θεοῦ parallel gedacht. Aus Gottes Verhalten entsteht das des Paulus, aus Gottes Gerechtigkeit, Liebe, Wahrheit und Herrlichkeit erwächst seine Gerechtigkeit, sein Lieben,
seine Wahrhaftigkeit, sein Ruhm. Ebenso entsteht aus Gottes
Eifern das seine. Der „eifrige Gott" verlangt den Menschen
ganz für sich und duldet keine Teilung der Liebe; vgl. Num.
25, 11.

Am Eifer Gottes hat Paulus teil, weil er der Brautwerber
war, durch den die Verlobung der Gemeinde zustande kam.
Das Verhalten der Braut darf aber dem Brautwerber nicht
gleichgültig sein. Sie muß dem Vertrauen, das er ihr dadurch
erwiesen hat, daß er ihre Verlobung vermittelte, gerecht
werden und darf ihn nicht täuschen. Er wacht darüber, daß
sie ihre Verlobung treulich halte. Er hat sie Einem Manne
verlobt; das ist das Kennzeichen der „reinen Jungfrau". Die
Untreue verteilt ihre Liebe an mehrere, und die Dirne kennt
viele; Paulus hat aber die Gemeinde in die redliche und ganze
Liebe zu Christus geführt; denn er ist der Eine Mann, dem
er sie verlobt hat, um sie ihm in unverletzter Keuschheit dann
zuzuführen, wenn er zu seiner Gemeinde kommt und sie zu
sich nimmt. Dann wird die Hochzeit sein, während es jetzt
noch Brautzeit ist. Paulus erläutert damit, was er mit dem
Wort sagte, er wolle sich der Gemeinde am Tage des Christus
rühmen, II 1, 14; dann führt er sie als Braut dem Christus zu.
Das ist derselbe Bilderkreis, der Johannes seine Verheißung
für „die Braut", die νύμφη, gab, den die Hochzeitsgleichnisse
Jesu verwendeten und mit dem schon der Täufer sein Verhältnis zum Christus beschrieb, Joh. 3, 29; er war auch dem
Rabbinat nicht fremd.

Vom Christus, der seine Gemeinde als seine Braut mit sich
verlobt, sieht Paulus auf Adam zurück, der von Gottes
Schöpfermacht Eva als seine νύμφη empfing. Das lag im Zug
der paulinischen Lehrbildung, da Paulus den Griechen das,
was der Name „Christus" bedeutet, auch dadurch verdeut-

licht hat, daß er ihn mit dem Anfänger der Menschheit verglich. Die Paradiesesgeschichte bestätigt ihm die Befürchtungen, mit denen er die Ereignisse in Korinth betrachtete,
die den Eifer in ihm erweckten und ihn zum törichten Reden
bewegen. Die Gemeinde darf nicht Eva gleichen, die die
Schlange durch ihre List betrog. Ob Paulus in der Schlange
eine Versichtbarung oder ein Werkzeug des Satans sah, läßt
sich nicht bestimmen. Erinnert hat sie ihn jedenfalls an den,
der dem Werk des Christus widersteht, II 4, 4; 11,14, und dazu
über klug berechnete Mittel verfügt, deren Schädlichkeit nicht
sofort erkennbar ist.[1]

Wird der Anschluß der Gemeinde an Paulus locker, weil
ihm andere Apostel übergeordnet werden, so steht sie in der
Gefahr, daß ihre Urteile und Begriffe, ihre νοήματα, verdorben
werden. Dann wird sie für die Theorien offen, die ihr von
den neuen Meistern angeboten werden, und diese treten an
die Stelle der Botschaft, durch die Paulus ihr den Christus
gezeigt und sie mit ihm verlobt hat.

Solche Gebilde des Denkens werden blind, wenn die Wirkung des Satans sie erreicht, II 4, 4, und nicht der Gehorsam, den die Gemeinde Christus schuldet, das Ziel ist, an das
sie gebunden sind, II 10, 5. Die Verderbnis der Gedanken
besteht darin, daß sie die auf den Christus gerichtete Einfalt
verlieren. Andere Anliegen als der Dienst des Christus sollen
die Gemeinde beschäftigen; es soll nicht ihr einziges Begehren
sein, daß sie „den Christus erkennen", Phil. 3, 10. Dadurch
verliert sie die Lauterkeit, die εἰλικρίνεια, die keine Vermengung des vom Christus Empfangenen mit Fremdem
erträgt, I 5, 18. Die Führer der anderen Gruppen gaben dies
nicht zu; nur von Paulus, nicht von Jesus wollten sie die
Gemeinde trennen. Aber mit dem Apostel wird auch der
verworfen, dessen Botschaft er sagt. Wenn die Braut den
Brautwerber mißachtet, ist ihr die Untreue nahe. Die Gedanken einer keuschen Braut beschäftigen sich nicht mit
vielen, sondern sind an den Einen gebunden, so daß sie nur
nach dem Willen dessen fragen, dem sie ganz gehört. Neben
τῆς ἁπλότητος stellt sich τῆς ἁγνότητος als Glosse dar, die

---

[1] ὁ ὄφις ἐξηπάτησεν Εὔαν = Genes. 3, 13 ὁ ὄφις ἠπάτησέν με, הַנָּחָשׁ הִשִּׁיאַנִי.

deshalb nahe lag, weil die Verderbnis der Gemeinde mit dem verglichen war, was einem um seine Keuschheit betrogenen Mädchen geschieht. ἁγνότης ist aber neben ἁπλότης beträchtlich schwächer. Denn mit ἁπλότης ist die Reinheit nicht nur verlangt, sondern es ist mit einer den Vorgang in der Tiefe fassenden Formel bestimmt, worin die Reinheit bestehe und wie sie bewahrt werde. Nicht vielerlei kirchliche Interessen, wie die Spaltung der Kirche nach ihren Aposteln sie erzeugte, nicht Beweglichkeit des Denkens, das sich bald von diesem, bald von jenem Meister anregen läßt, sondern der geschlossene Wille, der den Blick einheitlich auf den Christus richtet, ist das Merkmal der treuen Gemeinde, die der Verführung widersteht. Unter diesem Anspruch steht die Gemeinde in derselben Weise, wie Paulus unter ihm steht, II 1, 12.

Wann wäre die Verlobung, die Paulus gestiftet hat, aufgehoben und die Gemeinde berechtigt, die von ihm ihr gegebenen Gedanken wegzulegen? Dann, wenn der, der kommt, einen anderen Jesus verkündete und sie einen anderen Geist erhielte und eine andere Heilsbotschaft bekäme. Doch das ist ein völlig unmöglicher Fall. Es gibt keinen anderen Jesus als den, den Paulus verkündete, und keinen anderen heiligen Geist als den, den sie durch das Hören seines Evangeliums erhielten, und keine andere Heilsbotschaft als die, die er ihnen sagte. Es gibt für sie keinen anderen Zugang zu Gott als den, der ihnen aufgeschlossen worden ist, keinen anderen Glaubensgrund als den, den sie haben, und kein anderes Ziel als das, auf das ihr Hoffen gerichtet ist. Was ihnen ein Apostel im Namen Gottes sagen und bringen kann, wurde ihnen von Paulus gebracht.

Das freilich ist möglich, daß ein anderer Apostel zu den Korinthern kommen wird, und Paulus würde nicht sagen, daß er ihnen nichts anderes bringen werde als das, was sie hatten, wenn man ihnen nicht mit großen Worten die Ankunft eines solchen versprochen hätte. Auch Paulus nimmt an, daß er kommen werde; er bekennt sich zu dem, was er I 3, 22 gesagt hatte, daß alle, Paulus und Petrus und wer sonst noch im Dienst des Christus steht, der Gemeinde gegeben seien, um sie zu fördern. Wogegen er sich wehrt, ist nur das, daß die Gemeinde wegen dieser Erwartung das fraglich mache, was ihr gegeben ist, und sich mit dem Gedanken trage, damit verliere das, was ihr Paulus sagte, die Gültigkeit. Es gibt nicht zwei Jesus und zweierlei Arten von heiligem Geist und zwei verschiedene Evangelien.

Schon der Ruf, den die Gemeinde an Apollos gerichtet hatte, war ein Versuch, ihr die Einheit dadurch zurückzugeben, daß ein zur Führung fähiger Mann in die Gemeinde kam. Nun bemühte sie sich wieder um die Ankunft eines Lehrers, dessen Autorität ausreiche, um ihren Streit zu beendigen. Die, die Paulus widerstanden, verlangten, daß die Gemeinde auf den Herbeigerufenen warte und nichts Entscheidendes tue, bis er gesprochen habe. Dieser war nicht bloß irgendein Bruder aus einer anderen Gemeinde; das fügt sich in die in Korinth entstandene Lage nicht hinein und wird durch die Begründung ausgeschlossen, die Paulus seinem Widerspruch gegen diese Berufung gibt: „Ihr hättet nur dann Grund, euch geduldig zu fügen und auf den Kommenden zu warten, wenn er euch einen anderen Jesus verkündigte; denn ich stehe nicht hinter denen zurück, die in besonderem Maß Apostel sind." Davon, daß der Verheißene das Gesetz verkünden werde, spricht kein Wort. Er wird Jesus verkünden, den Geist bringen und die Heilsbotschaft sagen, also, da es keinen anderen Jesus und keinen anderen Geist und keine andere Heilsbotschaft gibt, dasselbe wie Paulus tun. Eben darum hat es keinen Sinn, auf seine Ankunft zu warten, statt auf Paulus zu hören. Daß Paulus nicht von der Verkündigung des Christus spricht, sondern erwägt, ob der Kommende einen anderen Jesus predige, hat Gewicht. Denn ihr Verkehr mit Jesus gab den ersten Aposteln den Vorzug vor Paulus. Weil ihm dieser fehlte, war er „der geringste Apostel", I 15, 9. Das ist aber kein Beweis, daß der Kommende das Gesetz aufrichten wolle. Paulus wußte nichts von einem anderen Jesus; für ihn gab es nur den einen, den er und durch ihn auch die Korinther kannten, der für die Glaubenden das Ende des Gesetzes ist, Röm. 10, 4. Auch jener Jesus, von dem der Kommende sprechen wird, sendet den Geist, und mit diesem endet das Gesetz.

Wenn der Kommende das Unmögliche tut, wenn er einen anderen Jesus, einen anderen Geist, ein anderes Evangelium bringt, dann „ist es löblich, daß ihr aushaltet, Geduld übt und das Peinliche ertragt". Was sollen sie ertragen? Die neue Botschaft, den anderen Jesus und den anderen Geist? Von dem, was nicht geschieht und nie geschehen kann, hat Paulus nicht gesagt: „Haltet es aus", und bei der abgelehnten Deutung, nach der Paulus die Verkündigung des mit dem Gesetz vermengten Evangeliums in Korinth erwarten soll, wird aus dem zustimmenden „Ihr habt Recht, daß ihr dies ertragt", erst recht ein Widersinn. Paulus, wird gesagt, spotte. Aber ein anderer Jesus, ein anderer Geist, ein anderes Evangelium waren nach dem Urteil des Paulus ernste Dinge, über die er nicht gespottet hat, Gal. 1, 8. ἀνέχεσθε „ihr hebt die Gemeinschaft nicht auf, brecht den Verkehr nicht ab, sondern übt Geduld und tut daran recht", ist nicht anders gedacht als ἀνέχεσθε Vers 19. 20. Damit ist das Verhalten der Gemeinde, das sie jetzt übt, beschrieben, nicht das, was sie dann üben soll, wenn der Kommende gekommen sein wird. Jetzt ertragen sie die Verwirrung in der Gemeinde, gestatten den Gegnern des Paulus das Wort und die Macht und wagen es nicht, sie auszuscheiden. Das hätte Sinn, wenn der, der ihnen versprochen wird, ihnen etwas anderes und Neues brächte. So aber hat ihr Zuwarten und Aushalten keinen Sinn. Paulus verlangt, daß das ἀνέχεσθαι gegenüber seinen Widersachern aufhöre und der Abbruch der Gemeinschaft nicht deshalb hinausgeschoben werde, weil die Ankunft und das Urteil eines anderen Apostels abgewartet werden soll.

Da ἀνέχεσθε das Verhalten beschreibt, das die Korinther jetzt üben, ist das Präsens richtig. Die Variante ἀνείχεσθε entstand leicht aus der Erwägung, durch den Bedingungssatz sei ein unmöglicher Fall gesetzt.

Die Stelle läßt sich nicht dadurch erklären, daß den Korinthern ein zweiter Besuch des Apollos versprochen war. Von ihm konnte Paulus freilich mit Gewißheit sagen, daß sie von ihm kein neues Evangelium erhalten werden. Aber der begründende Satz, durch den sich Paulus mit den Überaposteln vergleicht, läßt sich schwerlich verstehen, wenn der Kom-

mende auf Apollos gedeutet wird. So groß war Apollos auch
nach dem Urteil seiner Verehrer schwerlich, daß er hoch über
Paulus stand; er war auch nicht nach dem Urteil des Paulus so
geistesgewaltig, daß es ihm genügen konnte, zu versichern,
er stehe nicht unter ihm. Schon der an beiden Orten, II 11, 5
und 12, 11, gleichartig erscheinende Plural οἱ ὑπερλίαν ἀπόστολοι
verbietet die Deutung auf Apollos, und nach den Aussagen
des ersten Briefs über ihn bliebe es unverständlich, wie die
Gegner des Paulus dazu kommen konnten, von seiner Ankunft für sich eine wirksame Unterstützung zu erwarten.

Hätten die, die sich auf Christus beriefen, einen fremden
Lehrer herbeigerufen, so müßte er zu ihrer Partei gehört
haben. Sie konnten Unterstützung aus anderen Gemeinden
erwarten, weil sie nicht die einzigen waren, die gegen Paulus
eine Umbildung der Kirche durch ihre Anpassung an die Welt
betrieben. Paulus schreibt dieses Begehren vielen zu, II 2, 17;
Phil. 3, 18, und daß die Apostel schon bei der Versammlung
in Jerusalem Anlaß hatten, die Zuchtlosigkeit und den Genuß
des heidnischen Opfers der Kirche zu verbieten, Apgsch. 15,
20. 29, macht wahrnehmbar, wie alt und mächtig die Bewegung war. Ihre Vertreter konnten aber nicht erwarten, daß
die Ankunft eines „der übergroßen Apostel" ihnen den Sieg
bringe. Für die Bestrebungen, die gegen die Verfassung der
apostolischen Kirche verstießen, für die Auflösung der Zucht,
für die Einführung der Ehelosigkeit, für die Freigabe des
griechischen Opfers und für die Beschränkung der Verheißung
auf die Verherrlichung der irdischen Gemeinde hat niemand
auf die Zustimmung der ersten Apostel gerechnet. Nach der
gesamten Haltung des zweiten Briefs müssen wir annehmen,
die von Paulus gegebenen Weisungen seien von allen anerkannt worden als für die Kirche gültig. Dagegen konnten
die aus dem Orient Gekommenen vom Besuch eines Apostels
eine festere Verbindung der Gemeinde mit der orientalischen
Kirche erwarten, was zur Folge hatte, daß Paulus nicht mehr
allein der Führer der Gemeinde war, sondern über sich den
großen Apostel hatte, an dessen Zustimmung er gebunden
war. Das wäre auch dann erreicht worden, wenn zwar nicht
ein Apostel selbst, sondern ein von ihnen Gesandter nach Ko-

rinth gekommen wäre. Auch dann hätten die ersten Apostel
die Leitung der Gemeinde in ihre Hand genommen, und es
hätte in Korinth eine Paulus überlegene Autorität gegeben.
Da es wahrscheinlich ist, daß die Berufung des Kommenden
von denen ausging, die sich zu Petrus hielten, liegt die Vermutung nahe, der Angerufene, dem die Gemeinde die Entscheidung der umstrittenen Fragen übergeben soll, sei Petrus
gewesen. Doch zeigt der folgende Satz durch seinen Plural
οἱ ὑπερλίαν ἀπόστολοι, daß in Korinth nicht so vom Primat
des Petrus gesprochen wurde, daß es nicht neben ihm noch
andere hoch verehrte Apostel gab. Von denen, die „die Säulen
der Kirche" waren, Gal. 2, 9, käme neben Petrus nur noch
Johannes in Frage, da von Jakobus schwerlich erwartet
wurde, daß er Jerusalem verlasse, um die griechischen Gemeinden zu besuchen. Die, die Jakobus anriefen, müßten
gehofft haben, er werde für Korinth etwas ähnliches anordnen wie das, was er für Antiochia getan hatte, Gal. 2, 12,
und ihnen einige seiner Freunde senden. Dagegen hatten
Petrus und Johannes Jerusalem verlassen; aber der Mangel
an Nachrichten, die uns über ihre Wirksamkeit nach ihrer
Trennung von Jerusalem Auskunft gäben, läßt kein Urteil
darüber zu, ob ein Besuch des Petrus oder des Johannes in
Korinth damals im Bereich der Möglichkeit lag. Der Bericht
des Lukas über den Abschied des Paulus von den Ephesern,
Apgsch. 20, stellt nur das fest, daß sich damals Johannes
noch nicht in Ephesus niedergelassen hatte.

Die Korinther haben keinen Grund, noch länger Geduld zu
haben und auf den zu warten, auf dessen Besuch man sie
hoffen hieß. „Denn ich komme zum Ergebnis, λογίζομαι, daß
ich in nichts hinter denen zurückstehe, die im Übermaß
Apostel sind." Paulus spricht noch mit demselben zornigen
Eifer, mit dem er das καλῶς ἀνέχεσθε prägte. Dieselbe Formel
wiederholte er, nachdem er die gegen ihn erhobenen Anklagen
widerlegt hat, zur Begründung des Vorwurfs, den er der
Gemeinde deshalb macht, weil sie sich nicht für ihn gewehrt
hat. Sie hatte die Pflicht, ihn zu verteidigen; „denn ich blieb
in nichts hinter denen zurück, die im Übermaß Apostel sind,
wenn ich auch nichts bin", II 12, 11.

An wen hat Paulus gedacht, als er von den über ihn hoch erhabenen, am meisten apostolischen Aposteln sprach? Jeder häßliche Klang, der an Neid und Eifersucht erinnerte, wird diesen Worten genommen, wenn er bei ihnen einzig an die korinthischen Gegner dachte. Das setzte voraus, daß sie sich ein Apostelamt zuschrieben, das sie über alles erhoben, was Paulus und die anderen Apostel hatten. Maßlos haben sie sich gerühmt, das steht fest, und niemand hatte neben ihnen noch Bedeutung; sie kannten keinen, an dem sie sich zu messen hatten, II 10, 12. Wir haben zwar bisher nur gehört, daß sie von sich sagten: ,,Wir sind des Christus." Kennzeichnet Paulus hier sie als die übergroßen Apostel, so führte sie der exklusive Sinn ihres Bekenntnisses dazu, daß sie sich als die einzig wahren Boten Jesu beschrieben. Paulus spricht Vers 13 von Pseudoaposteln und sagt, II 13, 3, daß es den Korinthern fraglich gemacht worden sei, ob Christus durch ihn rede. Wer in denen, die im Übermaß Apostel sind, die neuen Führer der Korinther findet, deutet auf sie auch ,,die Diener des Christus", mit denen sich Paulus Vers 23 vergleicht. Erklären sie, daß sie im Dienst des Christus stehen, so haben sie von ihm eine Sendung empfangen und können sich für berechtigt halten, sich Apostel zu heißen. Den Vorwurf des Paulus, sie nützten fremde Arbeit aus, hätten sie nach dieser Deutung dadurch abgewehrt, daß sie erklärten, der Herr habe sie nach Korinth gesandt und ihre Sendung gehe jeder anderen Sendung vor.

Da aber Paulus im Vorangehenden erwogen hat, was der von außen Herbeigerufene der Gemeinde bringen werde, kommt nicht mehr einzig sein Verhältnis zu den Korinthern in Betracht. Sein Blick richtet sich auf die gesamte Kirche mit allen, die sie als die Apostel des Christus verehrt, da er es nicht wie die korinthischen Größen macht, die sich nur an sich selber messen; er mißt sich an den anderen und zwar an denen, deren Größe aus ihm nach dem Urteil aller und auch nach dem seinen ,,den Geringsten" macht. Es ist eine harte Annahme, daß Paulus zweimal versichert habe, er sei den in Korinth Eingedrungenen ebenbürtig und habe alles, was sie haben. Trotz des Zorns, der in ὑπερλίαν durchklingt, ist

dies die uneingeschränkte Anerkennung ihres Apostolats.
Gegen das ὑπερλίαν ereifert er sich, aber nur gegen dieses; ihr
Apostolat ist dadurch bejaht. Ebenso fest steht sein eigenes
Apostolat. Er spricht hier nicht zu denen, die Lust haben, ihn
wegen seines Apostolats zu verhören. Nur davon wird jetzt
gesprochen, wer mehr oder minder Apostel sei. Von Pseudoaposteln hat Paulus nicht gesagt, er sei nicht weniger als sie,
denn er habe dasselbe Vermögen und dasselbe Recht wie sie;
von den Pseudoaposteln sagt er im Blick auf die Korinther
das gerade Gegenteil, er werde es zu verhindern wissen, daß
sie seien wie er, II 11, 12. ,,Ich bin nicht im Nachteil gegen
sie" sagte er auch nicht von denen, die so groß sind, daß er
nicht so verwegen ist, sich zu ihnen zu zählen, II 10, 12.
Damit hat er sich geweigert, sich mit ihnen zu vergleichen,
wie er es auch unterlassen hat, gegen sie seine apostolische
Sendung geltend zu machen, II 10, 8. Mit denen aber, die er
die überaus großen Apostel heißt, vergleicht er sich und begehrt nicht mehr, als daß ihm dasselbe zugestanden werde
wie jenen. Guten Sinn hat es dagegen, wenn er sich mit dem
vergleicht, den sie in Korinth erwarten, und mit denen, die
diesen senden. Denn der Kommende verkündet Jesus, bringt
den Geist und das heilsame Wort, tut also das, was Paulus
tut. Nun hat es Sinn, wenn er sagt: Ihr braucht auf keinen
zu warten; ich stehe keinem, der die Kirche im Auftrag Jesu
leitet, nach, mag er noch so hoch stehen und noch so über-
schwenglich gepriesen werden; eine Berufung an eine höhere
Autorität als die meine gibt es nicht. Warum sollen die korinthischen ,,Apostel" noch einen Zeugen von außen herbeiholen, wenn
sie selbst im höchsten Maß Apostel sind ? Über den Aposteln,
die es im allerhöchsten Sinn sind, gibt es nicht noch höhere.

Oder verkennen diese Erwägungen die bittere Ironie, mit
der Paulus spricht? Die sonderlich apostolischen Apostel
seien verspottet; ihnen sei gesagt, sie seien keine Apostel,
eben weil sie besonders großartige Apostel sind. Ein Apostel,
der sich überhebt, hat seinen Apostelnamen widerlegt. Wenn
aber Paulus 12, 11 sagt: ,,Ich bin nichts", so hat das mit
Spott und Ironie nichts zu tun, sondern ist heiliger Ernst,
und dasselbe gilt vom ersten Satz: ,,Ich bin nicht im Nach-

teil neben jenen", in den er durch die vorangehende Beweisführung, die die Größe seiner Arbeit und seinen Verkehr mit
dem himmlischen Herrn beschrieb, schwerstes Gewicht hineingelegt hat. Derselbe Ernst hat auch 11, 5. 6 geprägt. Denn
Paulus rechtfertigt sein Urteil: „Ich bin nicht im Nachteil"
dadurch, daß er ernsthaft erwägt, was ihm etwa als Mangel
angerechnet werden könne. Daß er nicht als Redner ausge-
bildet worden ist? Dies gibt er zu; aber das, was über den
Wert der Rede entscheidet, die Erkenntnis, fehlt ihm nicht.
Soll er denn gesagt haben, seine Erkenntnis sei nicht geringer
als die derer, die die Erkenntnis Gottes verhinderten? II 10, 5.
Zürnende Polemik schuf das Wort von den absonderlich
apostolischen Aposteln, das ist offenkundig. Nur Unverstand
erhebt den einen Apostel über den anderen und redet von
mehr oder minder apostolischen Aposteln. Aber ebenso deutlich ist, wem diese Polemik gilt. Sie trifft nicht Abwesende,
nicht die, die in Jerusalem oder Antiochia sind, nicht Petrus,
nicht Johannes, nicht Apollos oder wer immer es war, den
die Korinther über Paulus erhoben. Daß aber nicht nur eine
einzelne Gruppe, sondern die Gemeinde die Torheit beging,
die Paulus dadurch, daß er selbst töricht redet, niederringen
will, zeigt der erste Brief. Dazu, sich der Menschen zu rühmen
und sich für den einen Menschen gegen den anderen aufzu-
blähen, I 3, 21; 4, 6, waren nicht nur einige „Irrlehrer",
sondern die Gemeinde bereit. Da sie sich ihrer königlichen
Würde und Macht freute, wurden bei ihr auch die Apostel
erhabene, ruhmvolle Gestalten; dagegen ließ sich Paulus
nicht leicht zu einem triumphierenden Helden machen, da
der schwere Ernst seines Kampfs ihn tief in die menschliche
Not hineinstellte. Dagegen aber, daß er wegen seiner Arbeit
und seines Kampfs der Schwächere sei, hat er sich gesträubt
und schon im ersten Brief im Blick auf die großen Apostel
nicht nur das μηδὲν ὑστερηκέναι mit seiner ganzen Wucht
von sich ausgesagt, sondern schon damals das ὑπὲρ ἐγώ, das
er jetzt eine wahnsinnige Rede heißt, II 11, 23, gewagt: „Mehr
als sie alle habe ich mich gemüht", I 15, 9. 10. Aber nicht
deshalb, weil die Apostel Toren waren, wurde auch Paulus
zum Toren, sondern weil die Korinther es waren.

Wenn Paulus hier gegen die Bewunderung streitet, mit der die Kirche zu ihren großen Aposteln aufsah, löst er in uns eine peinliche Empfindung aus, die die Auslegung der Kirche, zum Teil auch die meine, beeinflußt hat. Daß er uns aber jetzt mißfallen müsse und nicht nachgeahmt werden dürfe, hat er mit den stärksten Worten immer wieder gesagt. Er verlangt von uns nicht, daß uns das, was er kopflos und ohne Verstand sagt, wohlgefalle, und verbietet uns, daß wir es wiederholen. Die andere Auslegung macht aber Paulus noch schwärzer, als er sich selbst gemacht hat. Verliert nicht seine Selbstanklage, daß er verkehrt rede, ihren Sinn und Ernst, wenn er sich nur mit den korinthischen Größen vergleicht? Da, wo er dies wirklich tut, als er sagte, ihr Rühmen sei so maß- und grundlos, daß er sich nicht mit ihnen vergleiche, dachte er nicht daran, sich dieses Urteils wegen zu entschuldigen. Dagegen hat er jetzt dazu freilich Anlaß, da er sich neben Petrus und Johannes und alle die stellt, durch deren Arbeit die Kirche entstanden war.

Warum lehnt er sich, da er doch, ohne zu zögern, einräumt, er sei der Geringste der Apostel, dagegen auf, daß ihm die großen Apostel vorgezogen wurden und dann, wenn eine Verständigung mit ihm nicht möglich war, ihre Autorität angerufen wurde? Aber sein Urteil über sich selbst, er sei der Geringste, ergab sich nicht daraus, daß er für sein apostolisches Wirken weniger gerüstet sei als jene, sondern aus seiner Verschuldung, die er vor seiner Berufung auf sich geladen hatte. Daß er deshalb zum geringeren Apostel gemacht wurde, empfand er als schwere Hemmung. Es konnte bei denen, denen er die Botschaft Jesu gab, nicht wirklich zum Glauben kommen, wenn es ihnen zweifelhaft gemacht wurde, ob wirklich Christus durch ihn rede. Gegen diesen ihn immer bedrückenden Widerstand kämpft er hier nicht anders als im Galaterbrief. Er anerkennt im Galaterbrief, daß das Ansehen der jerusalemischen Apostel das seine überragte, Gal. 2, 2. 6. 9; sie sind die Säulen, die die Kirche tragen. Aber auch nach dem Galaterbrief ergab sich daraus für Paulus keine Unterordnung unter Petrus; im Gegenteil, seine Aussagen über sein Verhältnis zu Petrus sind völlig mit dem Satz: „Ich bin in nichts im Nachteil" eins. ἐμοὶ οὐδὲν προσανέθεντο, Gal. 2, 6, sagt dies nicht weniger bestimmt als οὐδὲν ὑστέρησα, und auch an das unwillig abwehrende ὑπερλίαν klingt Gal. 2, 6 an: „Was immer sie waren, hat für mich kein Gewicht." Für andere hatte dies freilich Gewicht, jedoch nicht für ihn. Wenn die, die sich zu Petrus bekannten, auf das Gewicht legten, was die ersten Apostel im Unterschied von Paulus waren, war er nach ihrem Urteil der kleinere. Es wird aber mit keinem Wort an das erinnert, was die ersten Jünger durch ihre Gemeinschaft mit Jesus während seines irdischen Wirkens empfangen hatten. Aus der Antwort des Paulus ergibt sich, daß niemand in Korinth sagte, Petrus und seine Mitapostel hätten ein vollständigeres, deutlicheres Evangelium. Gefeiert wurden sie wegen ihres zu jedem Wagen bereiten Muts, II 11, 21. Sie waren die Treuen, die um Jesu willen alles geopfert haben und ungebeugt vor Jerusalem und der Welt seine Zeugen sind.[1]

„Rühmt euch meiner", verlangte Paulus von den Seinen. Er gestand damit auch denen, die „des Petrus waren", zu, daß sie sich ihres Apostels rühmten. Zum übergroßen Apostel wurde Petrus aber dann von ihnen gemacht, wenn sie von den Korinthern verlangten, daß sie sich nur des Petrus und nicht des Paulus rühmten. Was Paulus peinlich empfunden und gescholten hat, war nicht das Verhalten des Petrus oder des Johannes, nicht der Anspruch, den sie an ihn und die Kirche stellten, sondern das, was die, die sich um ihretwillen von Paulus trennten, aus ihnen machten. Dafür streitet Paulus mit diesen scharfen Worten, daß ihm nicht mit Berufung auf die anderen Apostel das Wort entzogen werde und Christus, wenn er durch ihn spricht, nicht mit dem Vorwand abgewiesen werde, daß er einzig durch Petrus oder doch deutlicher und verbindlicher als durch Paulus durch Petrus rede. Das hieß Paulus immer und überall in Galatien wie in Korinth Verehrung von „Fleisch und Blut", Gal. 1, 16, womit Gottes Gnade in parteiische Gunst verwandelt sei, Gal. 2, 6. Darum hat er mit dieser Schärfe gesagt, es gebe nicht Apostel, die noch apostolischer seien als er.

---

[1] In dieser Richtung formen im zweiten Jahrhundert die sog. Apostelgeschichten die Apostelbilder. Die in Korinth gestalteten ὑπερλίαν ἀπόστολοι können leicht der Anfang für solche Apostelgestalten gewesen sein.

Die sachkundige Auslegung zum Urteil des Paulus „Ich blieb in nichts hinter den übergroßen Aposteln zurück" hat Lukas durch seine Vergleichung des Paulus mit Petrus gegeben. Er hat gesagt: im Wort, im Wunder, im Gesicht, im Leiden und in der Errettung aus dem Leiden waren Petrus und Paulus einander gleich. Er hat aber auch das von Paulus gesagte περισσότερον und ὑπὲρ ἐγώ wiederholt; denn über das von Petrus in Jerusalem Gewirkte erhebt sich bei Lukas das, was Paulus auf seinen Wanderungen geschaffen hat.

Als Paulus das mit starker Gewißheit gefüllte „In nichts im Nachteil!" ausgesprochen hat, erinnert er sich an den Vorwurf, der ihm oft gemacht worden ist: Wenn du nur mit größerer Wirkung sprächest und in der Kunst der Rede bewandert wärest! Er ist ἰδιώτης τῷ λόγῳ; denn er betreibt das Reden nicht als seinen Beruf mit jener Schulung und Vollkommenheit, die durch die berufsmäßige Ausübung einer Funktion erworben wird. ἰδιώτης hat hier denselben Sinn wie I 14, 16; es ist der Gegensatz zu dem, dessen Beruf es ist, Redner zu sein. Indem er den Anspruch, daß er ein Redner sein müsse, ablehnt, wiederholt er das, was er I 1, 17 über seine Sendung gesagt hat. Er macht wieder sichtbar, wie fern ihm die Beschränkung seines Wirkens auf das Wort lag, wie scharf er der Trennung von Wort und Werk widersprach. Seine Arbeit besteht nicht darin, daß er spricht, sondern darin, daß er „baut". Unverkennbar denkt er dabei an die Urteile, die in Korinth über seine Reden gefällt wurden, II 10, 10, und es mögen auch Erinnerungen an Apollos, den ἀνὴρ λόγιος, mitwirken. Wie weit die korinthischen Gegner durch ihre Redegabe glänzten, ist völlig ungewiß. Einen Schluß in dieser Richtung läßt der Satz des Paulus nicht zu; er sagt nur, was von ihm, dem Apostel, verlangt wurde, nicht, was die Gegner in Korinth auszeichnete.

Mit dem Zugeständnis des Paulus, er sei in der Rede ungeschickt, läßt sich jene Deutung stützen, nach der sich Paulus mit den Korinthern vergleicht, die sich Apostel hießen. Geschulte Redner waren auch die ersten Apostel nicht, und wenn man Petrus oder Johannes oder einen von ihnen Beauftragten nach Korinth berief, so tat man es nicht, um von ihnen kunstvolle Reden zu hören. Aber beim ganzen Streit über die Befähigung des Paulus zur Verwaltung des Worts hat die künstlerische Gestaltung der Rede nur eine nebensächliche Bedeutung gehabt. Das geringschätzige Urteil über sein Wort war, wie der Fortgang des Satzes sofort zeigt, durch die geringe Wertung seiner Erkenntnis bedingt, und von der Erkenntnis der ersten Apostel konnte man in Korinth sehr wohl behaupten, daß sie größer als die des Paulus sei, und damit war auch gesagt, daß ihr Wort das des Paulus weit überrage. Für geschulte Redner hat Paulus die hohen Apostel nicht gehalten; denn daß er selbst dies nicht ist, verkürzt sein unbedingtes ,,In nichts stehe ich ihnen nach" nicht. Der Hauptpunkt in diesem Satz ist nicht das Zugeständnis, daß seine Rede ungeschult sei, sondern die Versicherung, daß er in der Erkenntnis neben den Aposteln stehe, womit er seinem Wort das gleiche Recht und Gewicht wie dem der Apostel zugeschrieben hat.

,,Sondern wir machten bei allem in allen bei euch wahrnehmbar." Es ist schwer glaublich, daß dieses Sätzchen nicht verletzt sei. Beschädigt muß es nicht schon deshalb sein, weil aus dem Partizip eine selbständige Aussage wird — so braucht Paulus das Partizip oft —, auch nicht schon deshalb, weil es ein Plural ist. Das ,,Ich" der vorangehenden Sätze kann nicht befremden, da sie das eigene Verhältnis des Paulus zu den Korinthern und zu den Aposteln beschrieben. Mit φανερώσαντες zeigt er dagegen auf das Ergebnis seines Wirkens hin, und wenn Paulus von diesem spricht, ist es seine stetige Gewohnheit, auch an seine Mitarbeiter zu denken. Kann aber φανερώσαντες ein Objekt entbehren? Sollen wir es aus der vorangehenden Aussage herüberholen: ,,Bei jedem Anlaß im Verkehr mit allen machen wir es bei euch sichtbar", nämlich daß unsere Erkenntnis der der großen Apostel nicht nachsteht? Oder hat er ἑαυτούς als Objekt zu φανερώσαντες hinzugedacht und wahrscheinlich auch hinzugesetzt? ,,Bei jedem Anlaß im Verkehr mit allen machen wir wahrnehmbar, was wir sind, so daß jeder vor Augen hat, daß wir nicht geringer als die großen Apostel sind?" In dieser Richtung haben die Varianten φανερωθέντες und φανερωθείς

den Satz zu heilen gesucht. Durch diese Fassung wird die
Aussage über seine Erkenntnis und sein Wort nicht weiter
geführt, sondern abgebrochen.

Oder ist der Satz eine Parallele zu II 4, 2? Was machen
wir bei jedem Anlaß sichtbar? Das, was ist, was die Menschen
sind und was Gott für sie ist, τὴν ἀλήθειαν. War dies die Meinung des Satzes, so wäre anzunehmen, daß τὴν ἀλήθειαν ausgefallen sei. Dann hätte er mit ἀλλά die Vergleichung mit den
Aposteln nicht abgebrochen, sondern für seine Erkenntnis einen
Beweis geführt. Denn nur Erkenntnis, γνῶσις, vermag das,
was geschieht, zu enthüllen und dem Menschen zu zeigen, was
er durch seine Taten wird und was Gottes Tat aus ihm macht.

Paulus geht nicht in den Bereich der Theologie hinüber;
er kennt keine paulinische und keine petrinische Theologie,
die miteinander verglichen werden müßten, keine „Theologie
der Urgemeinde", die er mit seinen eigenen Denkgebilden,
seinen νοήματα, überboten habe. Diese bekommen nach seinem
Urteil dadurch Wichtigkeit, daß sie den Willen formen. In
der Weise, wie dies geschieht, offenbaren sie ihren Wert oder
ihren Unwert, ihre Wahrheit oder ihre Verlogenheit. Deshalb
geht Paulus zu dem Vorwurf über, der sein Verhalten traf,
und spricht über den Anstoß an der Unentgeltlichkeit seines
Wirkens, dem er entscheidende Wichtigkeit zuschrieb. Darüber, daß er sich durch Handarbeit sein Brot erwarb, wird jetzt
nicht mehr gesprochen. Das war eine Folge aus dem Hauptsatz, aus der Ablehnung jeder Besoldung, und um diese ging
der Kampf. Vorgeworfen wird Paulus, daß er durch sein Verhalten die Gemeinde kränke. Kann aber ein völlig selbstloses
Handeln eine Sünde sein? Nach seinem Verfahren teilt er
den Nachteil sich, den Vorteil der Gemeinde zu. Er macht
sich niedrig und die Gemeinde erhöht er. Das ὑψωθῆναι der
Gemeinde geschieht dadurch, daß er ihr die heilsame Botschaft Gottes verkündet. Das ist die höchste Erhebung des
Menschen; da er dies aber „geschenksweise", δωρεάν, tut, macht
er dadurch sich selber arm und klein. Das ist nicht die Weise,
wie ein Mensch sündigt. Die Sünde tut er, wenn er seiner
Eigensucht gehorcht. In δωρεάν klingt das Gebot nach, das
Jesus den ersten Jüngern gab, Mat. 10, 8; vgl. I 9, 14.

41*

Es wird ihm aber vorgehalten, daß auch er nicht imstande gewesen sei, seine Regel konsequent durchzuführen. Man wußte in Korinth, daß er den Philippern gegönnt hatte, ihn zu unterstützen, Phil. 4, 15. 16. Nur gegen die Korinther ist er so spröde, daß er keine Gaben von ihnen nimmt. Von den anderen Gemeinden nahm er dagegen Besoldung an, und ohne diese hätte er seine Arbeit in Korinth nicht vollbringen können. Das ist aber für die korinthische Gemeinde kränkend und für die Gemeinden, die ihn unterstützen müssen, eine ungerechte Belastung. Auf diese Weise beraubt er sie, und da eine Gemeinde ein Tempel ist, ist dieser Raub Tempelraub, ἱεροσυλία, wie er wieder nicht ohne Schärfe sagt, um die Entrüstung über sein Verfahren dadurch zu widerlegen, daß er sie ins Maßlose übertreibt. Als er in Korinth einmal in Not war, halfen ihm die Brüder aus, die aus Makedonien gekommen waren. Nach Phil. 4, 15 wird man an einen Besuch der Philipper bei Paulus denken. Die Briefe nach Thessalonich zeigen freilich, daß auch Thessalonicher zu Paulus nach Korinth gingen. Ob er aber auch von ihnen Geld annahm, ist ungewiß. Vielleicht spricht er aber hier nicht von einer Sammlung, die in der Gemeinde für ihn veranstaltet wurde, sondern von den persönlich gegebenen Geschenken einzelner. Dagegen hat er die Korinther nie um Hilfe gebeten und nie irgendeine Leistung für sich von ihnen verlangt. Nie hat er irgendwie auf sie gedrückt. Wie unerschütterlich dieser sein Vorsatz ist, spricht er durch die Beteuerung aus: „Die Wahrheit des Christus ist in mir." Wahrheit ist das Kennzeichen des Christus; ihm ist sie eigen. Christus trügt nicht; Christus erfüllt sein Wort, und die dem Christus eignende Wahrheit ist in ihm und macht ihn wahrhaft und seinen Vorsatz unerschütterlich. Er beschränkt aber seinen Vorsatz auf die griechischen Gegenden. Wie er sich in anderen Ländern, wenn er nach Rom und Spanien zieht, die Lebensmittel verschaffen wird, kann er nicht jetzt schon bestimmen. In den griechischen Orten wird er aber von diesem Entschluß nicht abweichen. Da bleibt es bei dem δωρεάν, an dem er eine helle Freude hat. Die Unentgeltlichkeit seines Wirkens ist sein Ruhm; er hat schon I 9, 15—18 gesagt, warum sie dies ist und daß er um keinen Preis auf ihn verzichten wird.

Es muß ein starker Grund sein, der ihn dazu bewegt, obgleich sein Verhalten nicht nur ihn selbst belastet, sondern
auch einen Anstoß schuf, über den die Korinther nicht hin-
wegkamen. Fehlt ihm die Liebe zu den Korinthern? Macht
er dadurch sichtbar, daß er sie nicht schätzt? Auf diese Deutung seines Verhaltens kommt er noch einmal zurück, 12,
14. 15; hier beseitigt sie sein „Gott weiß es". Es gibt aber
in Korinth Männer, die sich ihren Ruhm dadurch sichern wollen, daß sie sagen können, sie machten es wie Paulus, und sie
passen auf eine Gelegenheit, die sie dazu berechtigte, und
diese Gelegenheit schneidet er ihnen jetzt und immer ab.
Sie begehrten von den Gemeinden Gehalt und erklären es
für unmöglich, auf ihn zu verzichten. Vermutlich sagten sie,
ihr geistliches Leben würde geschädigt und die Ausübung
ihres christlichen Berufs wäre gehemmt, wenn die Gemeinde
sie nicht unterstützte. Sie wollten aber nicht hinter Paulus
zurückstehen und verlangen darum auch von ihm, daß er sich
bezahlen lasse. Dieses Verlangen wird er immer vereiteln;
denn darin, daß sie sich ihm gleichstellen und sich rühmen,
sie seien wie er, darf er sie nicht bestärken. Dieser Satz bringt
die Deutung, die Paulus sagen läßt, er sei in allem den korinthischen Aposteln ebenbürtig, in schwere Not; damit hätte
er ihnen ja feierlich bezeugt, er sei wie sie, während er hier
erklärt, er nehme alles auf sich, damit sie nicht sagen können,
er sei wie sie.

Die, die die ersten Apostel kannten, hielten ihm vor, daß sie
Gehalt empfingen. Konnte er denn jemand deshalb verwerfen,
weil er Besoldung annahm? Es wird sichtbar, wie notwendig
die ausführliche Beweisführung war, I 9, 4–14, durch die
Paulus jedem Evangelisten das Recht sicherte, von der Gemeinde den Unterhalt zu empfangen.

Paulus schilt keinen, der Gebrauch von seinem Rechte
macht. Das könnte er nur, wenn er aus seiner Regel ein
Gesetz für die anderen machte; sie können aber wissen, daß
er die Freiheit der anderen nie verletzt. Gerade deshalb hat
er ihnen gezeigt, wie sein Verhalten aus seiner eigensten Geschichte herauswächst, I 9, 15–18, damit sie ihm nicht nachsagen, er verlange auch von ihnen die Entsagung, die er selber

übt. Wenn sie sich aber an ihm ärgern und ihr Verhalten ihm aufdrängen, so zeigen sie ihre Unsicherheit und die Unechtheit ihres Ruhms. Sie sind nicht mit ganzem Herzen, was sie sind; sonst wäre es ihnen nicht unerträglich, daß Paulus größer ist als sie. Ihr eigensüchtiger Ehrgeiz wird offenbar, wenn sie verlangen, Paulus müsse ebenso handeln wie sie.

Muß aber wirklich der Unterschied zwischen ihm und ihnen jedermann sichtbar sein? Warum ist es notwendig, daß er zwischen sich und ihnen diesen Graben aufreiße, der ihn von ihnen trennt? Es gibt falsche Apostel, und der, der wirklich das Botenamt empfangen hat, darf denen, die es sich fälschlich beilegen, nicht gleichen. Es muß ein Merkmal geben, an dem man den echten vom falschen Apostel unterscheiden kann, und dieser Unterschied wird dadurch allen sichtbar, daß Paulus unentgeltlich dient und die anderen sich an seiner Entsagung ärgern.

Heißt er die korinthischen Lehrer falsche Apostel? Er spricht wie immer mit großer Sorgfalt und fällt nicht selber das Urteil. Er spricht nicht seine Gegner als falsche Apostel an. Aber ihnen und der ganzen Gemeinde gibt er zu bedenken, daß es falsche Apostel gibt und daß es die Pflicht des echten Apostels ist, sich von ihnen zu unterscheiden. Wenn die Korinther bei dem bleiben, was ihnen zugemessen ist, trifft sie das Urteil „falscher Apostel" nicht; wenn sie aber von ihrem Ruhm nicht lassen und versichern, sie seien ebenso geistlich und ebenso zur Führung der Gemeinde berufen wie er, ja sie seien es noch mehr als er, dann fällt auf sie das Urteil, sie haben sich den Apostelnamen eigenmächtig und lügnerisch angemaßt.

Arbeiter sind auch die falschen Apostel, jedoch betrügerische, die den, der sie in seinen Dienst nahm, hintergehen. Sie suchen ihren eigenen Gewinn, nicht den ihres Herrn. Was sie in Wahrheit sind, verstecken sie und nehmen vor der Gemeinde die Haltung derer an, denen Christus das Botenamt übergab. Wie kann aber aus dem Bekenntnis zu Christus eine Lüge und aus dem, was in seinem Namen getan wird, Täuschung werden? Wie das Bekenntnis nicht der Einfall des Menschen, sondern das Werk des Geistes ist, so entsteht auch die Verwandlung des Bekenntnisses in eine Lüge nicht einzig durch den menschlichen Entschluß. Empfangen wird beides, das Bekenntnis und seine Verderbnis.

Jenes gibt Christus, diese bewirkt sein Widersacher. Durch ihn entstehen die Gestalten, die aussehen, als habe Christus sie gesandt, ohne daß sie gesandt sind. Sie bringen Paulus nicht zum Erstaunen, da er darauf gefaßt ist, daß sich die Gegenwirkung des Satans gegen das Werk des Christus zeige. Zum Verführer wird er aber nicht in seiner satanischen Gestalt, sondern im angenommenen Bild eines Engels des Lichts. Wird hier einer „der Herrscher und Herren und mit Vollmacht Begabten" sichtbar, unter denen die Welt steht, nämlich der Herrscher über das Licht, der das Licht kommen und gehen heißt, der Bruder dessen, der die Vollmacht über das Feuer hat, Apok. 14, 18? Vgl. die Macht, die die Luft regiert, Eph. 2, 2. Der Engel, dem das Licht untertan ist, ist aber selbst eine leuchtende Gestalt. Oder ist der Gedanke des Paulus der, Licht sei das Kennzeichen aller, die Gottes Art haben; wenn Gott einen Engel sende, kleide er ihn in Licht, vgl. Mat. 28, 3? Den Satan dagegen dachte sich Paulus mit dem Merkmal der Gerichteten behaftet, die in die Finsternis versetzt werden; um sich aber als einen Boten Gottes zu erweisen, ahmt er in seiner Gestalt die heiligen Engel Gottes nach. Es ist möglich, daß Paulus sich die Paradiesesgeschichte so dachte, daß der Satan als leuchtender Engel zu Adam und Eva getreten sei. In der dichterischen Wiedergabe der Paradiesesgeschichte, die den Titel „Offenbarung Moses" bekam, wird erzählt: bei der Unterredung mit Eva „nahm der Satan die Gestalt eines Engels an und lobte Gott wie die Engel", Apok. Mose 17. Da „der Gott dieser Zeit", II 4, 4, die Macht hat, zur Versuchung des Menschen sich durch ein Lichtgewand unkenntlich zu machen, zeigen auch die, die er sich gehorsam macht und zur Störung des Werkes Jesu gebraucht, die satanische Art nicht unverhüllt. Das Merkmal des Dieners Jesu ist, daß er „ein Diener der Gerechtigkeit" sei; denn Gottes Herrschaft wirkt Gerechtigkeit. Darum ermahnt auch ein Diener des Satans nicht mit deutlichen Worten zur Sünde und zum Unglauben, sondern tritt als ein Diener der Gerechtigkeit auf.

Vor Gott besteht aber keine Unwahrheit. Sein Gericht zerstört den angenommenen Schein; denn es richtet die Werke.

Es ist mehr als ein Zufall, daß der das Gericht ankündende Satz ὧν τὸ τέλος ἔσται κατὰ τὰ ἔργα αὐτῶν dieselbe Fassung hat wie Phil. 3, 19 ὧν τὸ τέλος ἀπώλεια; vgl. Röm. 3, 8 ὧν τὸ κρίμα ἔνδικόν ἐστιν. So oft Paulus auf die Vermengung eigensüchtiger Begehrlichkeit mit der Berufung auf Christus und seine Gnade stieß, sprach er mit unwandelbarem Ernst über sie dieselbe Verurteilung aus. Nicht Gehaltsempfänger und unentgeltlich Arbeitende unterschied er voneinander wie Diener des Satans und Diener des Christus, sondern die ehrgeizige Ruhmsucht, die mit christlichem Schein Gewinne macht, trennte er von der Gemeinde als ihr satanisches Gegenbild.

Der durch Mühsal erworbene Ruhm des Paulus
11, 16–33

Das stärkste Hindernis, das den freudigen Anschluß an Paulus schwer machte, war seine zu jedem Kampf bereite Haltung. Wer sich deshalb ärgerte, weil er sich nicht besolden ließ, wurde erst recht gegen ihn aufgebracht, weil er nicht daran dachte, sich in Sicherheit zu bringen. An dieser Stelle zeigte der Gegensatz, der seine Gegner von ihm trennte, seine Tiefe. Für ihn war seine Ohnmacht sein Ruhm, für sie ein Ärgernis. Wie sich seine Kämpfe zu seinem Auftrag, der ihm die Verkündigung der göttlichen Gnade übergab, verhalten, hat er in der großen Ausführung 4, 7–5, 10 gezeigt. Nun spricht er noch einmal von ihnen; denn nun antwortet er denen, die die ersten Apostel über ihn erhoben. Auch jene litten Verurteilung und Schmach um Jesu willen; auch sie waren nicht müßig, sondern wanderten mit der Botschaft Jesu durch die Länder. Er wäre nichts neben ihnen, wenn nicht auch er durch Leiden und Arbeit sein Amt verwaltete. Aber er muß sich vor ihnen nicht schämen; denn seine Leistung überragt die ihrige.

Er geht aber nicht gleich an diese Beweisführung heran, sondern schickt ihr mehrere Sätze voran, durch die er sein Verfahren entschuldigt. Er empfindet jetzt die Peinlichkeit des Rühmens besonders stark und bringt diese auch der Gemeinde zum Bewußtsein. Auch sie schont er jetzt nicht; sie hat sich zu lange vor denen, die sein Apostolat verkleinerten, gebeugt und durch ihre Unterwürfigkeit den Zwang auf ihn gelegt, der ihn nötigt, wie ein Unverständiger für sich selbst zu reden. Nicht aus eigener Torheit spricht er so; auch jetzt sucht er seinen Ruhm nicht bei sich selbst, sondern empfängt die Ruhe, Freude und Kraft dadurch, daß Gott der Grund seines Ruhmes ist. Er kann aber jetzt mit der Gemeinde nicht so reden, wie es unter Gottes Leitung und nach seinem Willen, κατὰ κύριον, geschieht. Ihr dient er jetzt dadurch, daß er gedankenlos spricht wie die, die ihre Eitelkeit blind macht. Aber nur ein wenig will er sich rühmen; denn er hat nicht im Sinn, von seinen Erfolgen mit ihr zu sprechen. Er wird ihr nicht einen seiner großen Tage beschreiben, wo viele ergriffen auf ihn lauschten und die begeisterte Menge einen Gott in ihm vermutete, weil sie Gottes allmächtige Gnade für ihn wirksam werden sah. Als den Schwachen, Hilflosen, Gequälten zeigt er sich ihr; damit macht er nicht sich selber groß, und doch wird er gerade dadurch erreichen, daß die Gemeinde seine Größe erkennt und nicht nach einem anderen Apostel begehrt. Darum läßt er sich zu diesem Wagnis, sich zu rühmen, herbei. Wie II 9, 4 kennzeichnet er auch hier seinen Entschluß, sich zu rühmen, mit ὑπόστασις als ein Unternehmen, zu dem es Selbstüberwindung und mutige Entsagung braucht. Denn er benimmt sich dadurch wie die vielen, denen das Fleisch eingibt, was sie denken, reden und erstreben. Da der Antrieb, den die leiblichen Vorgänge in uns hineinlegen, eigensüchtig ist, kämpft der, der sich „nach dem Fleische rühmt", für seine eigene Würde und für die angenehmen Folgen, die ihm die ehrenvolle Stellung bringt. Darum ist ein Ruhm „nach dem Fleisch" nicht „nach dem Herrn". Wer „nach dem Herrn" spricht, sucht nicht das Seine, sondern ist auf das bedacht, was Gottes ist.

Auch die Formel καυχῶνται κατὰ τὴν σάρκα macht nicht das Fleisch zu dem, was gerühmt wird, wie mit γνῶναι κατὰ σάρκα, II 5, 16, nicht das Fleisch zu dem gemacht wird, was erkannt ist. Auch ein Ruhm wie der: „Wir sind des Christus" oder

„Wir sind des Petrus" kann ein dem Fleisch gehorchendes
Rühmen sein. Freilich gilt, daß „die, die nach dem Fleisch
sind, nach dem trachten, was des Fleisches ist", Röm. 8, 5.
Deshalb wird dann, wenn das Begehren des Fleisches das
Rühmen erzeugt, schließlich das, was gerühmt wird, nichts
anderes sein als das Fleisch oder, wie Paulus 5, 12 sagt,
das Gesicht. Es ist aber möglich, daß der Mensch auch
dann, wenn er sich mit geistlichen Ansprüchen und hohen
Erkenntnissen schmückt, an nichts anderes denkt als an sich
selbst.

Paulus mutet mit seinem unverständigen Reden der Gemeinde freilich Hartes zu. Es ist nicht nur für ihn selbst eine
Pein, daß er wie ein Tor sprechen muß, sondern er plagt auch
sie damit, daß sie ihn so reden hören. Sie haben sich aber dies
selber bereitet; denn sie unterließen es, Paulus gegen die zu
verteidigen, die ihn verdrängen wollen. Sie sind immer noch
die Klugen, vgl. I 4, 10, und beweisen dies dadurch, daß sie
mit Vergnügen das Gebaren der Törichten ertragen. Sie haben
keinen Grund, ihnen zu widerstehen, da sie ja nicht selber
töricht sind. Weil die Gemeinde diese Toren, von denen er II
10, 12 sagt: οὐ συνιᾶσι, freundlich duldete, sind sie zur Macht
gelangt.

Sie „unterjochten"; die Führerstellung, die sie für sich in
Anspruch nahmen, tastete die Freiheit aller an. Sie „aßen
auf", sorgten für ihren Unterhalt und kümmerten sich nicht
darum, ob auch die anderen die Lebensmittel hatten. Sie
„nahmen" und ließen sich besolden. Sie „richteten sich stolz
auf" und ließen die anderen ihre Überlegenheit fühlen. Sie
„schlugen sie ins Gesicht", nötigten sie gewaltsam zum
Schweigen und machten ihnen begreiflich, daß sie neben ihnen
recht- und ehrlos seien. Das war Angleichung der Gemeinde
an die jüdischen Gemeinden und schließlich an den Staat.
Begründung der Gemeinschaft auf die Gewalt, ihre Ausnützung
zum Vorteil der Machthaber, stolze Betonung der eigenen
Macht und Würde und Entehrung aller anderen waren die
beim Rabbinat und im Staate üblichen Methoden. Sie boten
sich sofort zur Nachahmung an, sowie zwar Jesus noch als
der Christus gepriesen wurde, in Wahrheit aber der Mensch

sich zum Beherrscher der Gemeinde machte. Das heißt Paulus
Torheit, fabelnde und schwärmende Verhüllung der Wirklichkeit; nur wenn der eigensüchtige Machtwille den Menschen
blendet, sieht er sich hoch über den anderen und die anderen
tief unter sich. Darin erlebte die Gemeinde, daß sie mit der
Verdrängung des Paulus auch Christus verlor. Da die Gemeinde
so viel Verwerfliches und Widerchristliches geduldig ertragen
hat, muß sie es nun auch tragen, daß Paulus töricht von sich
spricht. Beiden, ihm und der Gemeinde, ist ihre Ehre genommen worden. Paulus spricht so, wie der ihnen angetane Schimpf
es verlangt, κατὰ ἀτιμίαν. Die Gemeinde wurde entehrt; denn
sie wurde der Gier stolzer Menschen untertan; diese Schande
trifft aber Paulus nicht weniger als sie. Denn diese Vorgänge
machen offenbar, daß er kraftlos geworden ist. Wäre er stark,
so wären die, die die Gemeinde mißhandeln, nicht zu diesem
Ansehen gelangt. Sie wagen dies nur, weil sie ihn für ungefährlich und sich für stark genug halten, seinen Widerspruch
zu mißachten, und die Gemeinde läßt sich dies alles nur deshalb gefallen, weil ihr wegen der Abwesenheit des Paulus die
Erinnerung an ihn verblaßte und sein Wort die Kraft verlor.
ὡς ὅτι vergleicht seine Schwachheit mit der der Gemeinde
bereiteten Schande und begründet zugleich das, was der Gemeinde angetan wurde, durch seine eigene Machtlosigkeit;
vgl. II 5, 19.

Paulus wird aber deshalb, weil ihm in Korinth die Ehre
versagt wird, nicht mutlos und beschämt, so daß er nichts
Großes von sich auszusagen wagte. Wird ausgesprochen, was
ein Apostel ist und leistet, so muß dies durch die größten
Worte geschehen, die jeden anderen Ruhm überragen. Aber
an all das, womit das Amt und Werk eines Apostels gepriesen
wird, hat auch Paulus Anspruch. Zwei Voraussetzungen
tragen das apostolische Wirken, die Zugehörigkeit zur Judenschaft und die Einsetzung in den Dienst des Christus. Beides,
was die anderen zu ihrem großen Wirken befähigt hat, hat
Paulus auch. Damit wendet er den Blick wieder von den
angeblich großen, in Wahrheit aber kleinen Gegnern in
Korinth weg und sieht in die ganze Christenheit hinein. An
allen mißt er sich, die in Korinth über ihn gestellt wurden.

Wer die besonders apostolischen Apostel in Korinth sucht,
urteilt, Paulus denke auch hier einzig an sie; sie hätten ihre
führende Stellung damit begründet, daß sie Juden seien,
weshalb ihnen Paulus sage: „Auch ich bin Jude", und da sie
sich nicht einzig auf ihr jüdisches Erbe stützten, sondern als
die Diener des Christus vor die Gemeinde traten, antworte er:
„Ich über sie hinaus." Nach all den sie so tief erniedrigenden
Worten soll er sich doch noch ihnen gleichstellen und sich
darum bemühen, ebensoviel zu gelten wie sie. Freilich sagt
er von seinem Dienst des Christus ὑπὲρ ἐγώ; damit hätte er
ihnen aber zugestanden, daß sie, wie er selbst, Diener des
Christus seien und, wie er selbst, arbeiten, leiden und wandern,
nur weniger als er selbst. Aber dies alles haben die, die den
Ertrag fremder Arbeit ausnützten, nicht getan. Mit dem
ὑπὲρ ἐγώ behält das μηδὲν ὑστερηκέναι seine volle Geltung;
denn es wird noch überboten und eben dadurch mit verstärk-
ter Kraft wiederholt. Das hat Paulus nicht von denen gesagt,
von denen er fürchtete, daß sie die Braut des Christus verführen, II 11, 3.

Die drei Namen „Ebräer, Israeliten, Aussaat Abrahams"
beschreiben das dem Juden eignende Erbgut nach allen seinen Seiten. Die jüdische Gemeinde ist ein völkischer Verband, der durch seine eigene Sprache zusammengehalten
wird. Darauf weist „Ebräer" hin. Auch dazu setzt Paulus
hier wie in Phil. 3, 5 sein κἀγώ. Er hat die völkische Verfassung der Judenschaft nicht bestritten, als wäre die natürliche
Begründung der Gemeinde ihre Schwäche, die ihr den Fall
gebracht habe. Paulus hat sie als der alten Gemeinde von Gott
gegeben geehrt. Nach der Überlieferung seiner Familie gehörte
sie zum vorexilischen Bestand des Volks, da er sie dem Stamm
Benjamin zuteilt, und er sah immer im Juden den συγγενής,
Röm. 9, 3; 16, 7. 11. 21. Daß er in Tarsus aufgewachsen
war, gab ihm von seiner Jugend an Anteil am Griechischen;
das hinderte ihn aber nicht, sich einen Ebräer zu heißen; denn
auch sein Anteil an der heiligen und an der volkstümlichen
Sprache kann schon in seine Jugend zurückreichen, da sein
Vater Pharisäer war, Apgsch. 23, 6; jedenfalls besaß er ihn,
als er in Jerusalem zum Jüngerkreis Gamaliels gehörte. Mit

dem Bekenntnis „Ich bin Israelit" wird auf den heiligen
Charakter des Volkes hingewiesen; Israel ist der Name, den
Gott dem Volk gegeben hat, der ihm sagt, es sei Gottes Eigentum; und mit der Einordnung in die Zahl der Kinder Abrahams ist immer die Erinnerung an die Verheißung verbunden,
die den von Abraham Stammenden den Eingang in die Herrschaft Gottes verspricht. Lehrreich ist, daß das Bekenntnis
nicht lautet: „Ich bin Jude." „Jude" wurde zunehmend zum
Namen der Mehrheit des Volks, die den Anspruch Jesu abgewiesen hat. Wer Christ ist, heißt sich darum nicht mehr
einen Juden. Paulus setzt von den Aposteln voraus, daß sie
so von ihrem Judentum reden, wie Johannes es tat, der sich
nicht mehr „Jude" hieß; vgl. Röm. 11, 1; Phil. 3, 5.

Von den mit seinen korinthischen Gegnern Gleichgesinnten
sagte Paulus nicht: Ich bin Israelit wie ihr! Ihnen sagte er:
Ich bin es mehr! μᾶλλον, Phil. 3, 4; ich bin meinem Volk
mit stärkerer Liebe ergeben als ihr, mit dem Gesetz Gottes
fester verwachsen als ihr und von der Verheißung Gottes so
völlig erfaßt, wie ihr es nicht seid. Dieses μᾶλλον hat er aber
nicht den Führern der Kirche entgegengehalten. Von ihrem
Judentum sagt er: κἀγώ! Aber er sagt dies, der Apostel der
Völker, den die Judenschaft einen Abtrünnigen und Zerstörer des Gesetzes hieß, weil er sich denen gleich machte, die
jenseits des Gesetzes lebten, der auch in der jüdischen Christenheit manchem nicht mehr als ein voller Jude galt. Und
dies sagt er denen, die ihr Bekenntnis zum Judentum dadurch
bewährt hatten, daß sie ihr Leben für die Evangelisation
Israels verwandt und sich als die Zeugen Jesu vor Jerusalem
gestellt hatten. Für sie war ihr Judentum ihr Ruhm auch in
Korinth, und Paulus schmälert ihn ihnen nicht. Was er tut,
ist einzig dies: er setzt zu ihrem Judentum sein κἀγώ. Sie
haben aber nicht nur gewagt, was ein Jude wagen soll, und
sind nicht nur mit treuem Bekennermut vor der Judenschaft
und der Welt Israeliten gewesen, sondern sie haben die Kirche
deshalb geschaffen, weil sie die Diener des Christus sind.
Einen höheren Ehrennamen hatte Paulus für niemand, auch
nicht für sich selbst, I 3, 5. Wenn er nun fortfährt: ὑπὲρ ἐγώ, so
ist das, was er in besonderem Maß von sich aussagt, nicht die

Erkenntnis des Christus, nicht der Anteil an seinem Geist, nicht das Maß des Glaubens und der geistlichen Gaben, das jedem von ihnen gegeben ist. Gottes Gaben werden mißbraucht, wenn ihr Empfänger seinen Ruhm aus ihnen macht; für dies alles bleibt es beim μηδὲν ὑστερηκέναι. Was seinen Dienst über den der anderen Führer der Kirche erhebt, ist auch nicht sein Erfolg, seine Sendung zu den Völkern und die Menge der von ihm gesammelten Gemeinden, sondern genau so, wie I 15, 10 und I 3, 8, sein κοπιᾶν, der Einsatz seiner ganzen Kraft, die Bereitschaft zu jeder Arbeit und jedem Kampf. Damit bleibt er bei der Regel, daß an einem Diener des Christus nur das geprüft werden könne, was seine Treue sichtbar macht. Damit, daß er zu allem bereit war, was der Dienst forderte, deckt er seine Verschuldung, die ihn unter die anderen erniedrigt, und beweist er, daß er die Barmherzigkeit, die ihm zuteil wurde, nicht vergeblich empfing.

Dieses ὑπὲρ ἐγώ, das seine Arbeitsamkeit und Tapferkeit über die der anderen Apostel stellt, spricht er aber nicht aus, ohne daß er seinen Widerwillen gegen diese ganze Verhandlung noch stärker bezeugt als bisher. Wenn darüber gesprochen wird, welcher Apostel mehr als der andere für Christus gewagt und gearbeitet habe, so ist das nicht nur gedankenloses Gerede, nicht nur das Wort eines Toren, sondern das Wort eines Wahnsinnigen. So spricht nur, wer den Verstand verloren hat. Über das Maß und den Wert seines Dienens urteilt nicht der Diener, sondern allein der Herr. Sagte Paulus wirklich, es sei ein wahnsinniger Gedanke, daß er mit größerer Tapferkeit und stärkerer Entsagung Christus gedient habe als die Korinther? Dann wäre auch I 4, 9—13 eine wahnsinnige Rede gewesen; sie war aber nach dem Urteil des Paulus ein väterliches Wort.

Nachdem er aber sein „Ich mehr!" ausgesprochen hat, beweist er es mit seinen ihn anstrengenden Beschwerden, seinen Verhaftungen, den Schlägen, die er erhielt, und den Versuchen, ihn umzubringen. Darauf zählt er die gegen ihn ergangenen Urteile auf. Fünf jüdische Gerichte haben ihn als Gotteslästerer zu Schlägen verurteilt. Jedem dieser Urteile ging ein heißer Kampf voran, der die Judenschaften im Innersten erregte. Was sie so gewaltig aufbrachte, waren die Sätze des Paulus über das Gesetz und über die Berufung der Heiden. Immer war mit dem Empfang der Schläge Lebensgefahr verbunden. Die Zahl 40 hat das Rabbinat aus dem Gesetz übernommen, Deut. 25, 3, und das Verbot, den vierzigsten Streich zu geben, das auch bei Josefus und in der Mischna sichtbar wird,[1] hatte den Zweck, den Richter gegen die Verschuldung zu schützen, die er dann auf sich lüde, wenn durch ungenaue Zählung beim Vollzug der Strafe die vom Gesetz verordnete Zahl überschritten würde. Lukas hat uns keinen einzigen von diesen leidenschaftlich bewegten Vorgängen erzählt. Die erste dieser Züchtigungen hat Paulus vermutlich schon in Damaskus erlitten, da es nicht wahrscheinlich ist, daß die Juden die Besetzung der Tore bewirkten, um Paulus endlich zu erwischen, bevor sie mit den ihnen gegebenen Mitteln versucht hatten, ihn zum Schweigen zu bringen. Darauf folgen die von römischen Richtern erlassenen Urteile, die drei Geißelungen mit den römischen Ruten, von denen uns Lukas eine, die in Philippi, beschrieben hat, Apgsch. 16, 22, und die Steinigung, die in Lystra an Paulus vollzogen wurde, Apgsch. 14, 19.

Sein Dienst verlangte aber nicht nur deshalb von ihm die unbedingte Hingabe und die Aufopferung seiner ganzen Kraft, weil die Feinde des Christus ihn mit ihren Strafen überwältigen wollten, sondern auch deshalb, weil er ihn als der in die Weite Wandernde auszuführen hatte, und dies hat neben der Arbeit der ersten Apostel besonderes Gewicht. Er konnte nicht durch die Länder wandern, wenn er für sich selber sorgte und die Gefahren vermied. Dreimal litt er Schiffbruch; bei einem derselben kam er in die schwerste Gefahr, da er eine Nacht hindurch bis in den Tag hinein im Meere schwamm, bis er endlich doch noch aufgefischt wurde. In die Reisen, die uns Lukas erzählt hat, lassen sich diese Schiffbrüche kaum einfügen. Ehe Paulus aber nach dem Westen zog, wirkte er 14 Jahre, Gal. 2, 1, in Syrien; er scheint damals von Antiochia aus einen regen Verkehr, sei es mit Tarsus und Kilikien, sei es mit den Städten der syrischen Küste,

[1] Jos. a 4, 238. 248. Mi. Makkot 3, 12.

gepflegt zu haben, zu dem er die Schiffahrt benützte. Aber
nicht nur die Fahrten über das Meer brachten ihm Gefahr;
auch seine Märsche durch die Länder waren reich an Gefahren
beim Übergang über die Flüsse, bei der Begegnung mit Ban-
diten, wo immer er war, unter Juden und unter Heiden, in der
Stadt oder in der Einöde oder auf dem Meer. Sogar im Kreise
der Brüder konnte es vorkommen, daß er gefährdet war,
wenn sich falsche Brüder leidenschaftlich gegen ihn erbitterten. Auch diese Erinnerung wird sich auf die Zeit seiner Wirksamkeit in Syrien beziehen. In den von ihm selbst gesammelten
Gemeinden war er nicht in Lebensgefahr. Wenn ihn ,,Brüder"
umbringen wollten, so waren es solche, die aus der palästinischen und syrischen Judenschaft in die Kirche gekommen
waren und für das Gesetz eiferten.

Aber auch mit dem, was ihm die Wanderungen brachten, ist
noch nicht alles genannt, was er tragen muß. Aus seiner Wirksamkeit entstand vieles, was hart war, Anstrengung und
Mühsal, durchwachte Nächte, Hunger und Durst, Fasten-
zeiten, Kälte und Mangel an Kleidung. Von τὰ παρεκτός will
Paulus nicht reden; der Gegensatz zeigt, was er als von außen
hinzukommend neben seine eigentliche Aufgabe gestellt hat.
Denn im Folgenden spricht er von dem, was ihm im Verkehr
mit der Christenheit begegnete. Daneben stehen jene Erlebnisse, die ihm die Juden und Griechen bereiteten und die
ebenfalls seine Kraft und Geduld beanspruchten. Zu seinem
Dienst gehört aber vor allem, daß er Tag um Tag für die da
ist, die ihn aufsuchen, und diese Besucher kamen nicht nur
aus dem Ort, an dem er verweilte, sondern auch aus der Ferne.
Er ist mit allen seinen Gemeinden verbunden, sorgt und müht
sich für alle. Ist jemand schwach, so ist es auch Paulus; denn
der Schwache kommt zu ihm, klagt ihm seine Schwachheit
und erwartet von Paulus, daß er ihn stärke; dadurch wird er
aber selbst seiner Ohnmacht bewußt, die ihm nichts anderes
gestattet, als mit den Kraftlosen kraftlos zu sein, I 9, 22.
Fällt einer der Brüder, weil ihn eine Versuchung überwältigte,
so wird der Fall zu Paulus gebracht; er soll warnen, richten,
aufrichten. Das kann er nicht, ohne daß er ,,in Brand gerät".
Ihm tut die Sünde der anderen weh, und das an der Sünde

haftende Leid wird sein Leid, und in den Widerstand gegen
das Ärgernis und den Fall, durch den er dem Schuldigen zur
Umkehr hilft, legt er die Glut des Schmerzes, mit dem er allem
Bösen widersteht.

Nun hat er aufgezählt, „was zu seiner Schwachheit gehört".
Alle die vielen Ereignisse zeigten sich wieder seiner Erinnerung, die ihn ohnmächtig und hilfsbedürftig machten. Wünscht
er sie weg? Bedauert und bemitleidet er sich? Nein! Sich
rühmen ist zwar ein törichtes Unternehmen; wenn es aber
nötig ist, daß er sich rühme, dann rühmt er sich der Ereignisse, die aus ihm einen schwachen Menschen machen. Denn
durch sie wird offenbar, daß die übergroße Kraft, die sich
in seinem Wirken zeigt, die Gottes ist, II 4, 7. Gegen den Verdacht, daß er übertreibe und erfinde, schützt er sich durch die
Berufung auf Gott, der ihn kennt. Ihm gehört er in Kraft seiner
Schöpferherrlichkeit — θεός — und in Kraft der Vaterschaft,
durch die er den Herrn Jesus zum Offenbarer seiner Gnade
gemacht hat. Er vollzieht aber die Anrufung Gottes nicht ohne
den Lobpreis, der ihm in der palästinischen Form geläufig war.

Noch eine Erinnerung taucht vor ihm auf, die er eingehender
wiedergibt als alles andere: die Weise, wie die erste Periode
seines Wirkens, die in Damaskus, zum Abschluß kam. Ihr
Ausgang war die äußerste Gefahr, die vollendete Ohnmacht;
denn die Tore wurden seinetwegen bewacht. Nur dadurch
gelang ihm die Flucht, daß er in einem Korb über die Mauer
hinuntergelassen wurde. Das war die Weise, wie er zum erstenmal zu den ersten Aposteln kam. Lukas hat denselben Vorgang erzählt, Apgsch. 9, 23—25, in einer Fassung, die sich
nahe mit dem Satz des Paulus berührt, während die Apostelgeschichte sonst keine wörtlichen Berührungen mit den Briefen des Paulus hat. Das läßt erkennen, daß Paulus diesen
Vorgang oft erzählt hat, weil er eine besonders deutliche Ver-
anschaulichung der Weise war, wie sich Schwachheit und
Kraft, Gefahr und Rettung von Anfang an in seinem Wirken
verbanden.[1] Verschieden ist die Erzählung des Lukas von

---

[1] Neben II 11, 33 καὶ διὰ θυρίδος ἐν σαργάνῃ ἐχαλάσθην = Apgsch. 9, 25
καθῆκαν αὐτὸν χαλάσαντες ἐν σπυρίδι steht Josua 2, 15 καὶ κατεχάλασεν
αὐτοὺς διὰ τῆς θυρίδος, וַתּוֹרִדֵם בַּחֶבֶל בְּעַד הַחַלּוֹן. Dachte Paulus, wenn er
seine Rettung erzählte, an die der Kundschafter aus Jericho?

der des Paulus dadurch, daß Lukas nur die Urheber des Beschlusses, Paulus um jeden Preis umzubringen, nur die Juden
nennt, während Paulus die Größe der Gefahr dadurch sichtbar macht, daß der von Aretas, dem König der Nabatäer,
bestellte Ethnarch, der Häuptling der Nabatäer, mit seinen
Mannschaften die Stadt besetzte. Im einzelnen läßt sich der
Vorgang nicht verdeutlichen. Daß Damaskus damals vom
Cäsar an den König von Petra abgetreten worden sei und nicht
mehr zum römischen Reich gehört habe, ist nicht glaublich.
Entweder stand der Häuptling der Nabatäer mit seiner Schar
draußen vor den Toren, um Paulus abzufangen, wenn er
sich flüchtete, während die Juden in der Stadt Paulus suchten, oder der Ethnarch war das Haupt der in Damaskus an-
gesiedelten Nabatäer, mit dem sich die Juden verbanden, damit er durch seine Mannschaft das Entrinnen des Paulus ver-
hindere.

Der überirdische Verkehr des Paulus mit dem Herrn
12, 1—12

Nun geschieht etwas Überraschendes: Paulus macht an
der Stelle, die er erreicht hat, nicht Halt. Nun rühmt er sich
nicht nur seiner Ohnmacht, sondern spricht über „Gesichte
und Offenbarungen des Herrn". Der Genetiv wird auch hier,
wie I 1, 7, den nennen, der sichtbar gemacht wird; κύριος ist
somit der Name Jesu. Paulus erzählt, wie Jesus sich ihm durch
eine in ihm sich vollziehende Schau gezeigt habe. Dabei
wiederholt er die Verurteilung, die er auf sein Tun legt; sich
zu rühmen ist zwar notwendig, aber nicht heilsam, weil es
töricht ist; nur weil er von den Korinthern gezwungen wird,
spricht er so, Vers 1. 11. Dieses Urteil ist nicht nur eine Zu-
gabe zu seiner Erzählung, sondern bestimmt vollständig ihre
Fassung. Paulus hat aus ihr keine Parallele zur Aufzählung
seiner Strafen und Gefahren gemacht. Er gibt keine Übersicht über seinen visionären Umgang mit Jesus. Nur drei
weit zurückliegende Vorgänge werden besprochen und dies so
unvollständig und bloß mit Andeutungen, daß eine deutliche

Vorstellung von dem, was Paulus erlebte, verhindert wird.
Absichtlich bleibt auf dem Erzählten das Geheimnis liegen.

Warum sprach er nicht nur von seiner Schwachheit, sondern
auch noch von seinen Gesichten? Der Schlüssel zu seinem
Verhalten wird die Haltung der Korinther sein. Dies sagt
auch der einleitende Satz: „Ich werde zu Gesichten und Offenbarungen des Herrn kommen." Es wird von den Korinthern
erwartet, daß er dorthin komme, und dies von Anfang an,
seit das Rühmen begann. Daß er zu seinen Leiden komme,
hat schwerlich jemand erwartet. Daß Paulus zum Leiden nicht
weniger bereit sei als die anderen Apostel, hat niemand angezweifelt; anstößig war an ihm nicht die Leidensscheu, sondern das Übermaß von Leiden. Dagegen soll er zu den Gesichten kommen. Er tut dies unter einem Zwang gegen seine
eigene Neigung: „Ihr habt mich dazu genötigt." Das heißt
doch nicht nur: ihr habt mich genötigt, mich mit irgend etwas
zu rühmen und irgend etwas zu meiner Verteidigung zu sagen,
sondern wird bedeuten: ihr habt mich nach dem gefragt,
worüber ich sprach. Durch die Verteidigung wird die Stelle
sichtbar, an der der Angriff geschah. Denen, die nach seinem
Leiden und Sterben fragten, hatte er bereits reichlich gezeigt, warum sie ein notwendiger Teil seines Wirkens seien,
II 4, 7–5, 10; 6, 4. 5. Wenn ihn dennoch noch ein Zwang zum
Reden nötigt, ergab er sich nicht aus dem Anstoß an seinem
Leiden; er entstand also aus dem Verlangen, von ihm zu
hören, ob sich Jesus ihm in Gesichten gezeigt habe. Somit
wurden von den anderen Aposteln solche Gesichte zu ihrem
Ruhm erzählt. Ihr Ansehen beruhte nicht nur darauf, daß
Jesus sie vor seiner Kreuzigung in seine Gemeinschaft gezogen
hatte, sondern auch darauf, daß er ihnen jetzt während ihres
apostolischen Wirkens durch Gesichte seine Gegenwart kund-
tat und ihnen seinen Willen offenbarte. Dagegen wußte man
damals in Korinth von Gesichten des Paulus noch wenig, wie
man dort auch von der Zungenrede des Paulus nicht viel
erfahren hatte, I 14, 18. Was Lukas vom Verkehr des Christus
mit Paulus in Korinth erzählt, Apgsch. 18, 9, gab Paulus,
auch wenn es der Gemeinde bekannt geworden war, keine besondere Herrlichkeit.

42*

Die andere Deutung, nach der sich Paulus mit den korinthischen Führern vergleicht, muß aus seiner Antwort schließen, daß jene Gesichte erlebten und mit ihnen ihre Autorität begründeten, während sie solche Paulus, von dem sie sagten, er wandle nach dem Fleisch, II 10, 2, nicht zutrauten. Dieser Schluß läßt sich nicht dadurch abwehren, daß die Weise, wie sich Paulus seiner Gesichte rühmt, mit dem Ruhm seiner Schwachheit einträchtig bleibt. Richtig ist, daß seine Verteidigung auch jetzt die Richtung beibehält, die er ihr im Vorangehenden gegeben hat. Es hat Gewicht, daß er, nachdem er von seiner Erhebung zum dritten Himmel und von seinem Eingang in das Paradies gesprochen hat, von jenen Erlebnissen redet, die er einen Pfahl für sein Fleisch heißt, weil sie ihn in besonders peinlicher Weise als ohnmächtig erweisen. Wenn aber gesagt wird, er habe von seinem himmlischen Verkehr mit dem Herrn nur deshalb gesprochen, um zu erklären, weshalb er auch dieses schwerste Leid, die Mißhandlung durch einen Engel des Satans, tragen müsse, so ist das Gewicht nicht gewürdigt, das sowohl für Paulus als für die Korinther die Erzählung von seinen Gesichten gehabt hat.

Es ist freilich schwierig, den Gegnern des Paulus die Berufung auf ihre Visionen zuzuschreiben, wenn man sie für Anhänger des Rabbinats und Kämpfer für das Gesetz ausgibt. Denn ein pharisäischer Jude hatte seinen Stützpunkt nicht in Visionen, sondern im geschriebenen Gesetz. Dagegen verbindet es sich mit dem, was wir durch den ersten Brief erfuhren, leicht, daß die Korinther von Paulus die Vision erwarteten und die ersten Apostel über ihn erhoben, weil sie die Vision hatten, die Paulus fehle. Wer Paulus abweist, weil er nicht, wie er selbst, des Christus ist, und sein Wort verächtlich heißen kann, wer erklärt, er stehe über der Schrift, I 4, 6, und daraus bei der Ehe, der Justiz und dem Genuß des Opfers die radikalen antijüdischen Folgerungen zieht, wem die Zungenrede die wertvollste Offenbarung des Geistes ist, wer so gewiß ist, daß er lebend den Christus schauen werde, daß er auf die Auferweckung der Toten verzichten kann, wer seine geistliche Größe als so herrlich empfindet, daß sich Paulus nicht mit ihm vergleichen mag, der überrascht nicht, wenn er Petrus und Johannes ihrer Visionen wegen feiert und jeden Führer abweist, dem er den visionären Umgang mit dem Herrn nicht zuzutrauen vermag, und er würde auch nicht überraschen, wenn er selbst Visionen erlebte und mit ihnen seinen Ruhm begründete. Ob aber die korinthischen Meister dies taten, wissen wir nicht, da sich Paulus nicht einzig mit ihnen verglichen hat.

Warum er von sich nicht in der ersten, sondern in der dritten Person wie von einem Fremden spricht, sagt er Vers 5; einen Menschen, dem solches widerfährt, soll man rühmen; sich selbst rühmt er nicht. Er vermeidet, indem er der Erzählung diese objektive Haltung gibt, den Eigenruhm. Nur durch ein Merkmal kennzeichnet er diesen Menschen: es ist ein Mensch im Christus. Wäre er dieses nicht, so hätte sich der Herr ihm nicht an seinem himmlischen Ort gezeigt. Merkwürdig ist, daß er die Jahre zählt, die seit jenem Erlebnis vergangen sind. Er erzählt wohl absichtlich nichts aus der letzten Vergangenheit, nichts, was in Korinth geschehen ist. Daß er die Jahre zählen kann, zeigt, wie tief sich der Vorgang seinem Gedächtnis eingeprägt hat. Da er weiß, wann er geschah, weiß er auch, wo und bei welchem Anlaß er geschah; aber davon gibt er nichts preis. Man wird vermuten, daß das Gesicht ihm bei einer Wendung in seiner Geschichte und Wirksamkeit zuteil wurde, die ihn tief bewegte. Aber unsere Nachrichten reichen nicht aus und die chronologischen Ansätze sind immer noch viel zu sehr Wahrscheinlichkeitsberechnungen, als daß sich das Ereignis nennen ließe, das mit dieser Erfahrung seiner Gemeinschaft mit dem Herrn verbunden war.

In seiner Vision hat er den Leib nicht mehr gespürt und die Erde verlassen. Ob Paulus im Leib entrückt wurde oder ohne ihn, kann er nicht sagen. Er hat sich die Ablehnung einer Aussage über den Leib dadurch erleichtert, daß er den Satz als Bericht über das von einem anderen Erlebte formt. Der Ton, den er darauf legt, ob er im Leib oder nicht im Leib gewesen sei, zeigt aber, daß man darnach in Korinth fragte, und dies entspricht der Geringschätzung des Leibes, die dort im Gange war. Leiber können nach der korinthischen Theologie nicht in den Himmel hinein, so wenig sie auferweckt werden können. Zur Entscheidung dieser Frage trägt aber das Erlebnis des Paulus nichts bei. Nur das kann er sagen, daß damals der Leib und die Welt, mit der uns der Leib verbindet, für ihn gänzlich verschwunden war.[1]

Das, was Paulus erlebte, war „eine Schauung und Enthüllung des Herrn". Dennoch spricht er nur vom Ort, an den er gebracht wurde, nicht vom Herrn, den er dort sah. Gerade das Wesentliche am Vorgang bleibt verhüllt. Er macht dadurch offenbar, wie vollständig er mit seinem Glauben an die menschliche Gestalt Jesu gebunden war. Urteile, die ihm die Neigung zuschreiben, aus dem Evangelium den Menschen Jesus zu entfernen, greifen völlig fehl. Er war imstande, die himmlische Christusgestalt zu beschreiben; aber er nahm nichts derartiges in seine Botschaft auf, auch nicht in der Form, wie Johannes in der Gestalt des Lamms den am Thron Gottes stehenden Christus beschrieb. Paulus stellte das, was er sah, unter dasselbe Urteil wie das, was er hörte. Nur ihm war dies gezeigt; der Wille des Christus war nicht, daß er daraus die Botschaft für die Menschheit mache. Es blieb sein Beruf, die Geschichte Jesu zu erzählen. Dies war das Zeugnis Gottes und Gottes heilsame Botschaft für die Welt, nicht das, was Paulus im Himmel sah.

Er hat nicht einen jener Vorgänge erzählt, bei denen der Herr zu ihm kam und mit ihm über seine Arbeit sprach, sondern daß er in die Himmel erhoben wurde. Denn dies ist δόξα, ihn verherrlichender Ruhm, und darüber, ob ihm δόξα eigen sei oder fehle, verhandelte man in Korinth.

Wie er die Himmel zählte, läßt sich nicht sagen. Man kann vermuten, daß er vom dritten Himmel spreche, weil er der höchste sei. Dann hat er über den Himmel der Luft und der Wolken und über den Himmel der Sterne als den dritten

---

[1] Es ist nicht unmöglich, daß in Korinth zur Deutung der Weissagung und Vision jene Seelenlehre verwendet wurde, die Josefus b 7, 349 vorträgt und die auch im palästinischen Rabbinat verbreitet war, nach der die Seele im Schlaf den Leib verläßt und überall hingelangen kann, so daß sie Weissagung empfängt.

Himmel den Himmel des Christus und Gottes gesetzt.[1] Das
Rabbinat sprach oft von sieben Himmeln. Auch dies ist nicht
sicher bestimmbar, wie er ἕως faßte; will er sagen, er sei bis
an die Grenze des dritten Himmels gebracht worden, oder
sagte er, er sei in ihn hineingetragen worden? Ebenso zurückhaltend sind die Andeutungen über sein zweites Gesicht. Daß
er hier nicht wieder sagt, wie weit es zurückliege, trägt den
Schluß nicht, daß die Versetzung in das Paradies und die
in den dritten Himmel derselbe Vorgang sei. Er spricht nicht
nur Vers 1, sondern auch wieder Vers 7 von den ἀποκαλύψεις,
die ihm zuteil geworden seien. „Paradies" nannte der befestigte palästinische Sprachgebrauch den Ort der verstorbenen
Gerechten. Das stößt sich nicht damit, daß Paulus von den
Schauungen des Herrn sprach. Die Vorstellung hat keine
Schwierigkeit, daß ihm der Herr im Paradies am Ort und im
Kreise der Gerechten begegnet sei. Verstärkt wird die Bedeutung dieses Vorgangs dadurch, daß er ihm nicht nur den
Anblick des Herrn, sondern auch zu ihm gesprochene Worte
gab, jedoch solche, die er nicht wiederholen darf. Über den
Ort, den Paulus dem Paradies gab, läßt sich nichts sagen.
Die Synagoge gab darüber keine einheitliche Tradition; das
Paradies wird im Himmel oder irgendwo innerhalb der Welt
gesucht. Daß Paulus sein eigenes Sterben als Eingang in den
Himmel beschrieb, II 5, 1, stellt nicht einwandfrei fest, daß
auch das Paradies, in das er entrückt wurde, im Himmel war;
denn er spricht dort von seinem eigenen Sterben und vom
Sterben derer, die „im Christus sind".

Für das Verständnis des Paulus haben diese Erzählungen
Wichtigkeit. Seit vierzehn Jahren wanderte er auf der Erde
herum mit dem Bewußtsein, er sei im Himmel gewesen, und
mit den sterbenden Menschen verkehrte er im Bewußtsein,
er habe den Ort der Gerechten gesehen. Er war dessen, „was
nicht gesehen wird", gewiß, II 4, 18, und hatte dort sein Ziel.
Er war aber durch seine Erlebnisse zugleich wie über das
Rabbinat, so auch über die Apokalyptik hinaufgehoben.

---

[1] Tanchuma צו 16. 20: das Unterste ist שָׁמַיִם, über ihm sind die sieben
רְקִיעוֹת, das Oberste ist כִּסֵּא הַכָּבוֹד.

Diese Erlebnisse waren nicht das, was er der Welt mitzuteilen hatte; die Worte des Herrn, die er dabei hörte, waren unsagbar. Diese Erzählungen machen die Tiefe seines Entschlusses deutlich, nichts als sein Wissen zu werten, als daß der Christus gekreuzigt worden ist, und in keiner Weissagung mehr als eine Spiegelung zu suchen und Ekstatiker nicht für die Kirche, sondern für Gott zu sein, I 2, 2; 13, 12; II 5, 13.

Aber nicht dazu, damit er sich rühme und sich und den anderen seine Größe zeige, hat er dies erlebt. Für ihn bleiben die Erlebnisse, die ihm Schwachheit und Not auflegen, der Grund seines Ruhms. Die Begnadigung, die ihm damit gewährt wurde, ist freilich unbegreiflich groß, weshalb es nicht sinnloses Geschwätz wäre, wenn er sich ihretwegen rühmte. ἄφρων wäre er nur dann, wenn das, was er erzählte, nicht wahr wäre. Unverständig ist nur der, der sich mit seinen Gedanken jenseits der Wirklichkeit herumtreibt und sich nicht auf das gründet, was er erlebt. Er hält sich aber zurück und geht mit solchen Mitteilungen sparsam um, weil er keine Erwartungen erwecken will, die er im persönlichen Verkehr nicht erfüllen kann. Spräche er von dem, was er im Himmel und im Paradies gesehen hat, so legte er einen Glanz um sich, dem das widerspräche, was man an ihm sieht und von ihm hört. Er muß seine Arbeit in den gegenwärtig gültigen Verhältnissen tun und darf nicht zu Hoffnungen verleiten, die ihn aus den natürlichen Lebensbedingungen herauslösten.

Nun ist die Überlieferung des Textes gestört. ἵνα μὴ ὑπεραίρωμαι erscheint zweimal, und das schwankend überlieferte διό stört den Satzbau. Wird geschrieben καὶ τῇ ὑπερβολῇ τῶν ἀποκαλύψεων διὸ ἵνα μὴ ὑπεραίρωμαι, so wird τῇ ὑπερβολῇ τῶν ἀποκαλύψεων durch διό zum Vorangehenden gedrängt. Hier ist aber für den instrumentalen Dativ kein glatter Anschluß zu gewinnen. „Damit niemand über mich wegen des Übermaßes der Offenbarungen über das hinaus urteile, was er an mir sieht", wäre ein möglicher Satz; aber das καί verbietet diese Verbindung der Worte. Es bliebe nur der Anschluß an das entfernte φείδομαι übrig: „Ich spare dazu, damit niemand zu viel erwarte, und wegen des Übermaßes der Offenbarungen", das keine Beschreibung des Erlebten und keine Mitteilung der gehörten Worte gestattet. Aber die Beziehung des Dativs auf das entfernte φείδομαι ist schwerlich das, was Paulus wollte. Ich halte καὶ τῇ ὑπερβολῇ τῶν ἀποκαλύψεων διὸ ἵνα μὴ für ein Gemenge aus zwei Schreibungen: καὶ τῇ ὑπερβολῇ τῶν ἀποκαλύψεων ἵνα μὴ ὑπεραίρωμαι, hier gehörte der Dativ zu ὑπεραίρωμαι, und τῇ ὑπερβολῇ τῶν ἀποκαλύψεων διὸ ἵνα μή, hier gehörte der Dativ zu λογίσηται. Wenn aber Paulus nur ein und zwar nur das zweite ἵνα μὴ ὑπεραίρωμαι schrieb, wenn also das erste διὸ μὴ ὑπεραίρωμαι ein Eindringling ist, dann war καὶ τῇ ὑπερβολῇ τῶν ἀποκαλύψεων mit ἐδόθη verbunden.

Um andere an sich zu ziehen und sich untertan zu machen, darf Paulus seine Gesichte nicht gebrauchen. Aber auch für ihn selbst, für die Gestaltung seines eigenen Willens, entsteht aus seiner besonderen Begnadigung eine ernste Pflicht. Immer ist die Auszeichnung des Menschen durch besondere Gnadengaben von der Versuchung begleitet, daß er durch sie seine eigensüchtige Begehrlichkeit stärke und sich über das erhebe, was ihm zugemessen ist. Darum wurde Paulus auch noch anderes gegeben als die Tage höchster Erhebung, die ihm das Paradies und den Himmel aufschlossen. Das passive ἐδόθη macht nicht undeutlich, wer hier der Gebende sei; es folgt dem festen palästinischen Gebrauch, vgl. Mat. 13, 11, und denkt an denselben Geber, der ihm die ihn hoch ehrenden und beseligenden Erlebnisse bereitete. Gottes Absicht ist bei dieser Gabe, die ihm Pein und Demütigung bereitet, die, daß er gegen allen selbstischen Stolz und jede Anwandlung herrischer Eigensucht geschützt sein soll. Von diesen ihn beugenden Erlebnissen hatten die Korinther ebensowenig Kenntnis als von den Vorgängen, die ihm den Anblick Jesu an den himmlischen Orten verschafften. Nachdem er aber von diesen gesprochen hat, spricht er auch von jenen. Denn alle, die meinen, Gesichte würden dazu empfangen, damit man sich ihrer rühme, haben die Warnung nötig, die ihnen die die Gesichte begleitende Gefahr enthüllt. Haben sie Gesichte, ohne daß sie mit ihnen auch den Schutz gegen die Überhebung empfangen, dann sind ihre Gesichte nicht echt und nicht eine vom Herrn ihnen bereitete Begnadigung.

Die Gabe, die ihn davor bewahrt, daß er sich groß dünke, bestand in „einem Pfahl für das Fleisch". Sein Fleisch wird gerichtet, geschwächt und verwundet; denn das ὑπεραίρεσθαι wird vom Fleisch bewirkt. Eitelkeit und Übermut entstehen durch das eigensüchtige Begehren, das vom Leib her in den Menschen kommt. Darum wurde das Fleisch des Paulus an einen Pfahl gebunden, weil sich sein Fleisch nicht regen und ihn nicht zum Stolz verführen soll. Daß der Pfahl „im Fleisch" stecke, ist eine Vorstellung, die der Text hier ebensowenig gibt als Gal. 5, 24: οἱ τοῦ χριστοῦ τὴν σάρκα ἐσταύρωσαν. Der Pfahl befindet sich nicht im Leib, sondern der Leib befindet sich am Pfahl. σκόλοψ und σταυρός sind Synonyme.[1] σκόλοψ ist ein Balken, nicht ein Dorn oder Splitter, und der Dativ τῇ σαρκί bedeutet nicht „im Fleisch". Die falsche Übersetzung „Pfahl im Fleisch" gab den Anlaß zu medizinischen Betrachtungen: Paulus rede von einer zwar schmerzhaften, aber nicht tötlichen oder ihn gänzlich lähmenden Krankheit, und es fehlt nun nicht an Vermutungen, die diese Krankheit definieren. Die Deutung, die Paulus selbst seinem Gleichnis gibt, zeigt aber nach einer anderen Seite hin. Wenn ein Mediziner als Gutachter herbeigerufen werden soll, müßte es ein Psychiater sein.

Der Pfahl für sein Fleisch besteht darin, daß ein Engel des Satans zu ihm gesendet wird mit dem Auftrag, ihn in das Gesicht zu schlagen. Wieder ist uns jede deutliche Vorstellung dieses Vorgangs versagt. Von einer Erscheinung des Satans, von einer Vision, die ihn in ein Gespräch mit ihm geführt hätte, hat Paulus nicht gesprochen. Nur einer der ihm dienen-

---

[1] Als Kelsus von der Kreuzigung Jesu sprach, verwandte er σταυρός nur vereinzelt; häufiger brauchte er σκόλοψ · τὴν ἐπὶ τοῦ σκόλοπος αὐτοῦ (Jesu) φωνήν, Origenes wahres Wort 2, 55. ἀπὸ τοῦ σκόλοπος ἀφανὴς γενέσθαι 2, 68. ἀνασκολοπισθομένου τοῦ σώματος 2, 36. Auch bei Philo sind οἱ ἀνασκολοπισθέντες die Gekreuzigten, Nachkommen Kains 61; Träume 2, 213. σταυρός hat hier Paulus vermutlich deshalb vermieden, weil daran die Vorstellung der Übergabe in den Tod durch die richterliche Verurteilung haftet. Hier sprach Paulus nicht von dem ihn tötenden Gericht, sondern davon, daß sein Fleisch gehindert werde, sich zu betätigen und kraftlos gemacht werde, so daß es Paulus nicht hoffärtig machen kann. Darum vergleicht er sich mit dem, dessen Leib an einem Balken befestigt ist. Davon ist Num. 33, 55 verschieden: die Kanaaniter, die im Lande zurückbleiben, sind σκόλοπες ἐν τοῖς ὀφθαλμοῖς ὑμῶν, לִשְׂכִּים בְּעֵינֵכֶם.

den Geister darf ihn berühren, und es ist nicht erkennbar, ob
er dabei eine für Paulus sichtbare Gestalt annahm. Da er ihm
Schläge ins Gesicht geben soll, ist schwerlich daran gedacht,
daß der Satan die Macht über den Tod hat, weshalb das Heran-
treten eines seiner Engel die Schauer des Todes in die Seele
legt; dabei könnte man an jene Stunden denken, in denen
Paulus darüber klagte, daß er sterben müsse, II 5, 2. Aber die
Schläge ins Gesicht sind vor allem Entehrung, und das führt
darauf, daß ihn der Engel als ein Bote des Verklägers angreift
und ihm seine Schulden vorhält. Dann erinnern die Faust-
schläge des Satansengels an die schmerzhafte Stärke, mit der
Paulus die Erinnerung an seine Missetaten in Jerusalem in sich
trug, die ihm ein nie verlöschendes Gefühl der Unwürdigkeit
gaben, I 15, 9.[1]

Ein gebietendes Wort, das den Feind vertriebe, stand ihm
nicht zu Gebot; denn es war ihm „gegeben", daß ihn der
Diener des Verklägers entehre und mißhandle. Was er tun
konnte, um sich von ihm zu befreien, war, daß er den Herrn
anrief, und er tat dies dreimal. Das Erdulden der satanischen
Anklagen zog sich also durch eine längere Zeit hin. Das Subjekt
von ἀποστῇ ist ἄγγελος; Paulus bat nicht um die Heilung einer
Krankheit, sondern um die Entfernung einer geistigen Macht,
die ihm seine Schuld und Ohnmacht zeigte. ἄγγελος, nicht das
bildliche σκόλοψ, ist in der Aussage des Paulus der Hauptbegriff.

Auf seine zum drittenmal wiederholte Bitte erhielt er eine
Antwort des Herrn, die ihm sagt, daß er ihm gnädig sei. Das
wird dadurch, daß der Satansengel ihn schilt und plagt, nicht
zweifelhaft. Das aber, daß der Herr ihm gnädig ist, ist für
Paulus genug; mehr bedarf er nicht, keinen anderen Schutz,
keine andere Quelle der Kraft. Aber auch in diesem Moment,
in dem das Gebet des Paulus aus tiefstem Zagen und bitterer
Pein entsteht, bittet es nicht nur um sein eigenes, persönliches
Heil. Auch jetzt leidet und betet er als der in die Arbeit
Gestellte und zum Dienst Berufene. Die satanischen Angriffe
nehmen ihm die Kraft. Wie kann er reden, wenn ihn ein Satansengel auf den Mund schlägt, wie kühn und mächtig vor

---

[1] Wenn ein Mensch in Übertretung fällt, greifen ihn die Engel des
Verderbens an, Tanch. וישלח 9. 167.

die Menschen treten, wenn er dem Verkläger nicht antworten
kann ? Was der Satansengel ihm bereitet, macht ihn schwach.
Aber die Gnade des Christus reicht für ihn aus; denn die Kraft
wird, weil sie nicht die des Paulus, sondern die des Christus
ist, durch die Schwachheit nicht gelähmt und in ihrer Wirksamkeit verhindert, sondern ihm vollständig dargereicht, so
daß sie durch die Schwachheit des Paulus ihre volle Wirkungs-
macht bekommt. Somit dient auch diese „Gabe", so schmerzhaft sie ist und so tief sie ihn erniedrigt, dem gnädigen Willen
des Herrn und der Sendung, die Paulus von ihm erhalten hat.

Soll Paulus wirklich seine Mißhandlung durch einen Boten
des Satans deshalb erzählt haben, um sich denen gleichzustellen, denen er sagte: Seht euch vor, daß euch nicht der
Satan zu falschen Aposteln mache? II 11, 13. Dachte er
dagegen an die ersten Apostel, so hat seine Erzählung tiefen
Sinn. Er ist ihnen gleichgestellt; denn der Herr hat ihm seine
Verschuldung vergeben. Das bedeutet aber nicht, daß ihn
der Herr schonlich behandelt und ihm parteiische Gunst er-
zeigt habe. Es gibt im Verhältnis Jesu zu Petrus keine
προσωπολημψία, Gal. 2, 6, aber auch nicht im Verhältnis Jesu
zu ihm selbst. „Ich bin dir gnädig", sagte ihm Jesus; „nun
trage es, wenn dich ein Bote des Satans quält." Darin wird
die Gerechtigkeit des Herrn offenbar. Die aber, die Lust haben,
ihm seinen Fall anzurechnen, und in ihm immer wieder den
Verfolger sehen, sollen bedenken, daß er noch einem ganz anderen Verkläger Rede stehen muß und gegen dessen Verklagen
vom Herrn die Zusicherung seiner Gnade empfangen hat.
Die Korinther sind ebensowenig seine Verkläger, wie sie nicht
seine Richter sind.

Er preist also seine Leiden nicht deshalb, weil er nichts
anderes von sich zu sagen hätte, als daß er schwach sei, und
nichts Wunderbares und unbegreiflich Herrliches erlebte;
vielmehr weil er so Großes erlebt hat, preist er seine Schwachheit; denn seine höchsten Erfahrungen machen, statt ihn·
vom Preis seiner Leiden wegzuziehen, seine Überzeugung,
daß sie die Bedingung seines Wirkens seien, vollends fest.
Es freut ihn auch, daß er von seinen Gesichten und von der
Tröstung reden kann, durch die ihn der Herr seiner Gnade ver-

sicherte; aber am meisten freut es ihn, wenn er von dem redet, was ihm Schwachheit bringt. Denn wegen seiner Schwachheit wird die Kraft des Christus bei ihm gegenwärtig. Mit ἐπισκηνῶσαι „sein Zelt bei jemand aufschlagen, bei ihm verweilen und gegenwärtig sein" verwendet er die palästinische Formel, die für die Gegenwart Gottes beim Volk und im Tempel üblich war.

Er trägt also das, woran die anderen Anstoß nehmen, Schwachheit, ihn entehrende Mißhandlungen, ihm angetane Pein, die Vertreibung von Ort zu Ort und den Mangel an Hilfsmitteln, der seine Arbeit hemmt, nicht nur mit gelassener Geduld, nicht als ein hartes Los, in das er sich ergeben muß; dem allem stimmt er zu und hat daran Wohlgefallen, weil er es für heilsam hält. Was ihm diese Haltung ermöglicht, ist, daß dies alles für den Christus geschieht. Das alles dient der Ausrichtung seines Willens, der Ausbreitung seiner Botschaft und der Versichtbarung seiner gnädigen Gegenwart. Unbestritten ist freilich, daß er, um seine Sendung auszuführen, stark sein muß; aber eben dann, wenn er schwach ist, ist er stark.

Nun beschließt Paulus die Rede, von der er sagt, daß sie keinen Verstand habe. Er schämt sich ihrer; nun hat er in der Tat getan, was nur ein törichter Mensch tun kann. Schuld daran ist die Gemeinde, die es nicht begriffen hat, daß es ihre Pflicht sei, sich zu ihm zu bekennen, und es zuließ, daß sein Apostolat bezweifelt und herabgesetzt wurde. Daß er dies von ihnen verlangen durfte, beweist er ihnen wieder, wie 11, 5, dadurch, daß er in nichts hinter den überaus großen Aposteln zurückblieb. Davon, daß er sie durch das besondere Maß seiner Anstrengung und Aufopferung überragt, wird jetzt nicht mehr gesprochen. Was er im Wahnsinn gesagt hat, wiederholt er nicht; es genügt das in Torheit Gesagte. Denn das entscheidende Gewicht hat die Tatsache, daß er dieselbe Vollmacht und Begabung hat wie die, vor denen sich die Kirche in Verehrung beugt. Das sagte er nicht von denen, deren Gedanken er gefangen nehmen will, damit sie dem Christus gehorsam werden, II 10, 5, sondern von denen, die die Diener des Christus sind wie er, die verurteilt und geschlagen wurden wie er, wandern wie er und sich mühen wie er, doch so, daß er sagen darf: Ich habe mehr gearbeitet als sie,

Vers 23. Aber das Selbstbewußtsein, mit dem Paulus die unüberwindliche Stärke seines Willens und sein Sieg erringendes Können beschaut, ist zugleich der völlige Verzicht auf sich selbst. Es sagt ihm, er sei nichts. Jede Zuversicht zu sich und jeden auf die eigene Leistung begründeten Anspruch hat er preisgegeben. Durch dieses „Ich bin nichts" wird aus seinem Ruhm der Ruhm des Herrn; nun tritt an die Stelle des Stolzes der Dank. Aber auch damit spricht er nichts aus, was ihn von den anderen unterschiede oder ihn unter sie herabsetzte; denn nichts zu sein ist das Merkmal aller, durch die Gott wirksam ist, I 3, 7.

Am nächsten Vers entsteht kein Zweifel darüber, daß er sich in diesem Wort mit den ersten Aposteln vergleicht. Wenn er von „den Zeichen des Apostels" spricht, so sagt er, es gebe bestimmte Vorgänge, die einen Apostel, nicht Paulus allein, sondern sie alle, als Apostel kenntlich machen, und diese Vorgänge kamen während seiner Wirksamkeit in Korinth zustande und machten sein Apostolat für die Korinther offenbar und unbestreitbar. Zweierlei rechnete er zu dem, was einem Apostel nicht fehlen könne, einmal die standhafte Tragkraft, die Widerstand und Bedrückung aushält; diese hat er mit seinem ὑπὲρ ἐγώ den anderen Aposteln nicht aberkannt, vielmehr zugesprochen; sodann das Wunder. Für dieses verwendet er die drei Worte σημεῖον, τέρας, δύναμις, אוֹת‎, מוֹפֵת‎, גְּבוּרָה‎, die der palästinische Sprachgebrauch für das Wunder geschaffen hat. Dies ist in der ganzen Erörterung über seine Größe die einzige Stelle, an der er sich auf das Wunder stützt. Sie gleicht völlig der Berufung auf das Wunder, die Röm. 15, 19 gibt, sowohl in der dankbaren Schätzung des Wunders, in dem er eine wesentliche Verstärkung des apostolischen Wirkens sieht, als darin, daß er es nicht für sein erstes und wirksamstes Arbeitsmittel hält. Der Apostel ist nicht dadurch Apostel, daß er Wunder tut, sondern er ist es, damit er die Botschaft Jesu sage; dazu wird ihm auch das Wunder verliehen zu seiner Beglaubigung. Weil das, was einen Apostel beglaubigt, an Paulus sichtbar war, hat die Gemeinde nicht auf einen anderen zu warten und keinen Grund, sich von Paulus zu trennen.

Die unverkürzte Liebe des Paulus zu den Korinthern
12, 13—18

Nichts wurde der Gemeinde deshalb versagt, weil Paulus ihr Apostel ist; nichts fehlt ihr, was die anderen Gemeinden empfingen. Das einzige, was ihr nicht gegönnt worden ist, ist, daß sie Paulus besolden darf. Sie heißt das eine Kränkung, ein Unrecht, da Paulus sie dadurch unter andere Gemeinden herabsetze. Er bittet, daß sie ihm dieses Unrecht verzeihen; denn abstellen wird er es nicht. Er hat bei seinem ersten Aufenthalt in Korinth, während dessen er die Gemeinde sammelte, und bei seinem zweiten Besuch, als ihn der Kummer nach Korinth trieb, II 2, 1, keine Gaben von der Gemeinde angenommen; er wird es bei seinem dritten Besuch, den er durch seinen Brief vorbereitet, auch nicht tun. Nun nimmt er von dem, was die Korinther kränkt, den Schein der Lieblosigkeit fort und deutet ihr sein Verhalten als den Erweis seiner besonderen Liebe. Ihm ist es immer peinlich, wenn ihm Gaben gebracht werden; denn damit beschwert er die Gebenden; so entsteht ein καταναρκᾶν. Das hat er den Korinthern erspart, weil er nicht ihre Habe sucht, sondern sie. Das ist aber der Wille wahrer Liebe, daß sie sich nicht für sich um einen Vorteil bemüht, sondern die Gemeinschaft mit dem Menschen herstellt. Dies entspricht auch seinem väterlichen Verhältnis zu ihnen. Die Eltern sparen für die Kinder, nicht umgekehrt. Ihm würde es große Freude machen, Geld für die Korinther auszulegen. Hier korrigiert er sich aber sogleich; nicht Geld, sein Leben wäre er bereit auszugeben, wenn er dadurch den Korinthern das Leben sicherte. Es darf doch nicht geschehen, daß ihre Liebe deshalb abnimmt, weil die seine größer wird. Je mehr er unentgeltlich für sie tut, um so größer ist seine Liebe. Dem sollte entsprechen, daß auch ihre Liebe größer wird, und nun tritt statt dessen der abnorme Vorgang ein, daß durch das Stärkerwerden seiner Liebe die ihrige schwächer wird.

Das alles wäre umsonst gesagt und könnte die erkältete Liebe der Korinther nicht heilen, wenn sich der Argwohn bei ihnen festsetzte, es sei nur Schein, daß er unentgeltlich ar-

beite. Die, die sich dagegen auflehnten, daß er die Besoldung
zurückwies, waren geneigt, zu sagen, es sei völlig unmöglich,
daß er sich auf diese Weise erhalte; er verschaffe sich heimlich von den Korinthern Geld; bei seiner Klugheit gelinge ihm
dies leicht. Eine Gelegenheit, auf Schleichwegen zu Geld zu
kommen, bekomme er durch die Boten, die er nach Korinth
sandte. Daß hier von mehreren die Rede ist, die er zu den
Korinthern schickte, entspricht der Mehrzahl der Briefe, die
er an sie schrieb. Mit Namen nennt er aber nur den letzten,
den er dorthin gesandt hatte, Titus, und hier hören wir nachträglich, daß auch bei der ersten Reise nach Korinth Titus
von einem Bruder begleitet war. Er wird hier deshalb erwähnt, weil Paulus möglicherweise ihn dazu benützen konnte,
um sich von den Korinthern heimlich Geld zu verschaffen.
Er ist aber überzeugt, daß seine Mitarbeiter alle in der Besoldungsfrage genau so verfahren wie er. Da derselbe Geist
ihm und Titus den Willen gibt, handeln sie einträchtig.

Die endgültige Reinigung der Gemeinde
12, 19—13, 10

Was Paulus von 10, 1 an schrieb, glich einer an die Korinther
gerichteten Verteidigung. Wie er aber nicht dazu nach Korinth geht, um sich zu verteidigen, sondern dazu, um der Gemeinde wieder den festen Stand zu geben, so bereitet er auch
seine Ankunft nicht dadurch vor, daß er eine Verteidigungs-
schrift an die Korinther verfaßt. Es scheint freilich, daß er mit
dem, was er ihnen sagte, das abwehren wollte, was seine Ehre
und Geltung bei ihnen minderte. Sein Wort dient aber nicht
seinem eigenen Interesse, und deshalb ist es keine Apologie.
Dazu ist er nicht imstande, weil er in dem, was er den Korinthern sagt, vor Gott gestellt und vom Christus bewegt ist.
Er spricht in Kraft eines göttlichen Antriebs aus einer von
Gott begründeten Notwendigkeit heraus unter der Leitung
des Christus zur Erfüllung seines Willens. Damit ist gesagt,
daß er mit seinem Brief nichts für sich sucht, sondern den
Korinthern darbietet, was sie bedürfen, und dies beschreibt
er mit dem Wort „Aufbau", das ihm immer bei der Hand ist,

wenn er an die Bedürfnisse und Pflichten der Gemeinde denkt. Er behandelt es auch hier als völlig durchsichtig und ganz gewiß, daß das, was „vor Gott im Christus" geschieht, einzig den Willen der Liebe erfüllt.

Was ihn zu dieser Rede, die einer Verteidigung glich, bewegt, ist die Furcht, daß sein Besuch beiden Teilen eine schmerzliche Enttäuschung bereite. Er fürchtet, er werde sie nicht so finden, wie er sie zu finden wünscht, und dies hat zur Folge, daß auch er sich gegen sie nicht so verhalten kann, wie sie es sich wünschen. Daß seine Widersacher noch bei ihnen mächtig seien, fürchtet er nicht. Er spricht in diesen letzten Worten nicht mehr von ihnen; denn er ist überzeugt, daß sie sich nicht länger in der Gemeinde halten können. Ob sie auf seine Ankunft warten wollen oder vorher abreisen, überläßt er ihnen, sagt auch nicht noch einmal, was er tun werde, wenn sie den Mut haben, ihm persönlich entgegenzutreten; darüber hat er 10, 4—6 das Nötige gesagt. Dagegen bekümmert ihn der Zustand der Gemeinde. Nach all dem, was geschehen ist, erwartet er, daß ihre Gemeinschaft schwer zerrüttet sei. Er zählt alle die Vorgänge auf, die dann eintreten, wenn eine Gemeinschaft die Eintracht nicht mehr zu finden vermag: Zank, Eifersucht, Erbitterung, ehrgeiziges Parteitreiben, Reden, durch die sie sich gegenseitig beschuldigen, heimlich herumgetragene Verleumdungen, eitle, anmaßende Ansprüche, zuchtlose Auflehnung gegen die Ordnungen.

Das erinnert ihn an seinen letzten Besuch, von dem er sagte, er habe ihm und ihnen Betrübnis gebracht, II 2, 1. Damals hat Gott ihn klein und schwach gemacht. Das wäre wieder das, was Gott ihm zuteilte, wenn er statt einer aufrichtig und treu verbundenen eine gegeneinander verhetzte Gemeinde vorfände. Dann könnte der Aufbau der Gemeinde nur dadurch geschehen, daß er manchen aus ihr entfernte. Um die aber, die er wieder von ihr trennte, müßte er trauern, wie er es I 5, 2 von ihr verlangt hat. Denn durch die Trennung von der Gemeinde sind sie vom Christus getrennt.

Dem Ausschluß aus der Gemeinde verfallen die, „die früher gesündigt haben und nicht Buße taten wegen der Unreinheit

und Unzucht und Ausschweifung, die sie trieben". Alle drei
Worte strafen die Verirrungen, die den geschlechtlichen Vorgang verderben. Von ihnen urteilt Paulus, daß sie zur aufrichtigen und völligen Gemeinschaft unfähig machen. Der
innerlich Beschmutzte verbirgt sich vor den anderen, bleibt
ihnen fremd und ist darum, sowie sich ein Anlaß zeigt, bereit,
die Gemeinschaft zu stören. Indem Paulus bei seinem Besuch
den geordneten, von Unnatur gereinigten Vollzug der natürlichen Funktion zur Bedingung für die Zugehörigkeit zur
Gemeinde machen wird, verfolgt er jenes Ziel, das er in seinem
ersten Brief ihr mit Kap. 5 und 6 vorgehalten hat.

Wohin zielt das πρό in προημαρτηκότων? Denkt Paulus an
die Sünden, die in der Zeit geschahen, als man den Verkehr
mit der Dirne für unbedenklich erklärte und die Ehelosigkeit
für den allen anzuratenden Zustand hielt? Sein Brief hatte
diesen Bestrebungen das Ende bereitet und von denen, die
unter dem Einfluß der Freiheitslehre gesündigt hatten, die
Umkehr verlangt. Nun kündige Paulus denen, die ihm nicht
gehorcht und die wilde Befriedigung des geschlechtlichen
Triebes fortgesetzt haben, den Ausschluß aus der Gemeinde
an, und bei dem zähen Widerstand, mit dem er bekämpft
worden war, erwarte Paulus, daß die Zahl der Unbußfertigen
groß sei. Diese Deutung bezieht das πρό auf die Zeit, bevor
Paulus von diesen Dingen Kenntnis hatte und der Gemeinde
die Unzucht verbot. Die von Paulus verlangte Umkehr hätte
während der Zeit geschehen sollen, in der er mit der Gemeinde
rang. Nun sei er entschlossen, die, die immer noch nicht zur
Umkehr willig waren, auszuschließen. Unmöglich kann man
es nicht heißen, daß Paulus die Zeit, in der er seinen Verkehr
mit der Gemeinde wieder aufnahm, die Grenze hieß, bei der
ihr Sündigen enden mußte. Wenn er aber vom früheren Gesündigthaben spricht, ist der nächste Gedanke doch der, die
Grenze, bis zu der das Sündigen geschah und hinter der es
nicht mehr geschehen durfte, sei I 6, 11 genannt. Durch
den Eintritt in die Gemeinde wurden sie abgewaschen, geheiligt und gerechtfertigt, womit Unreinheit und Unzucht enden.
Denn das Verhalten, das aus der Vergebung und Heiligung
folgerichtig entsteht, ist die Umkehr, μετάνοια. Blieb sie aus,

weil die innere Befleckung aus der heidnischen oder jüdischen
Zeit auch in den Christenstand hinüberwirkte, so ergab dies
einen unwahren und unwirksamen Christenstand, der nicht
auf die Dauer möglich war. Bei dieser Deutung geschieht die
von Paulus verlangte μετάνοια zugleich mit der Annahme
des christlichen Worts. Paulus bewies, wenn dies seine Meinung war, damit, daß die Klarheit seiner Beobachtung nie
durch die Unbedingtheit seiner gläubigen Urteile getrübt
wurde. Bei vielen, die sich die Vergebung angeeignet hatten,
rechnete er dennoch auf den Fortbestand ihres alten verwerflichen Begehrens. Dann war das geschehen, was er den Aufbau
der Gemeinde mit Holz und Stoppeln hieß, I 3, 12, und es
war seine Pflicht, den Bau von diesen ihn entstellenden und
schwächenden Teilen zu reinigen.

Er begründet diesen Entschluß damit, daß er jetzt zum
drittenmal komme. Damit hat er den Korinthern einen besonders großen Teil seiner Arbeit geschenkt; sonst erhielten
seine Gemeinden von ihm nur noch einen zweiten Besuch.
Nur mit Jerusalem und Antiochia erneuerte er seine Gemeinschaft durch wiederholte Besuche. Er hat also mit den sündigenden Korinthern lange Zeit Geduld gehabt und ihnen
reichlich Frist und Antrieb zur Umkehr gegönnt. Nun wird
er durch die Aussage von zwei oder drei Zeugen bei jedem
Fehltritt feststellen, was geschehen ist. Durch das Verhör
der Zeugen ist die richterliche Verhandlung begonnen, die
durch das Urteil des Paulus zum Abschluß kommen wird.
Damit hat Paulus die Regel, nach der die jüdische Rechtsverwaltung geordnet war, Deut. 19, 17, auf die kirchliche Zucht
übertragen. Das war aber nicht neu von ihm geschaffenes
Recht, sondern entsprach dem, was in der palästinischen
Kirche nach der Anweisung Jesu, Mat. 18, 16, geschah. Es
spricht nichts dagegen, daß Paulus den Spruch Jesu gekannt
habe; sein Satz steht sprachlich etwas näher bei Mat. als
beim Deuteronom.[1]

---

[1] Paulus ἐπὶ στόματος δύο μαρτύρων καὶ τριῶν σταθήσεται πᾶν ῥῆμα
= Mat. 18, 16 ἵνα ἐπὶ στόματος δύο μαρτύρων ἢ τριῶν σταθῇ πᾶν ῥῆμα =
Deut. 19, 17 ἐπὶ στόματος δύο μαρτύρων καὶ ἐπὶ στόματος τριῶν μαρτύρων
στήσεται πᾶν ῥῆμα.

43*

Schon bei seinem letzten Besuch hat er den Korinthern angekündigt, was er jetzt wiederholt. Die Sündigenden sind also zweimal gewarnt. Seine Warnung gilt allen, denen, die in ihrer vorchristlichen Zeit das Sündliche getrieben haben, aber nicht nur ihnen, sondern auch den anderen allen. Es bedarf der Erwägung, ob diese Unterscheidung nicht die eben verwendete Deutung der προημαρτηκότες unmöglich mache. Nötigt sie nicht, in ihnen die zu sehen, die aus ihrem Christenstand heraus in die Unzucht gerieten? Keiner von den Korinthern ist auf andere Weise heilig geworden als dadurch, daß er gewaschen wurde. Sie waren, als er ihnen den Ruf Jesu brachte, alle „unter der Sünde", Röm. 3, 9. Zwischen ihnen gab es keinen Unterschied, weil das Sündigsein nicht durch den Fall der einzelnen entsteht, sondern aus dem Menschsein folgt. Das war die völlig gesicherte Überzeugung des Paulus; sie hat ihn aber nicht dazu geführt, von jedem Griechen oder Juden anzunehmen, daß er Unreinheit und Unzucht treibe, und keinen Unterschied zwischen dem menschlichen Handeln anzuerkennen. Sünde hieß er nicht menschliche Zustände, sondern das menschliche Handeln, und neben die, die in der genannten Weise früher gesündigt haben, stellt er nicht sündlose Gerechte, die es bei Paulus nicht gibt, sondern solche, die ebenso wie jene beurteilt werden müssen, weil auch sie Sünder waren und auch jetzt zum Sündigen fähig sind.

Dadurch, daß er die Gemeinde reinigen wird, wird er die Unsicherheit, die an sein Apostolat gehängt worden ist, endgültig beseitigen. Dieses war nun schon lange angefochten; ist Paulus des Christus oder ist er es nicht? fragten sie; redet Christus durch ihn oder haben wir es bloß mit Paulus zu tun? Ist er schwach oder tritt Gottes Kraft für ihn ein? Dieses Zweifeln und Schwanken wird nun vor dem, was sie erleben werden, verstummen. Denn sie werden durch den Spruch, durch den er ihr Sündigen richten wird, erfahren, daß, wenn Paulus spricht, Christus spricht. Dafür ist es die Bedingung, daß er weder sich selber verkündet, noch irgendeine Weisheit lehrt, sondern nichts als Christus kennt und nichts als das Zeugnis des Christus sagt, II 4, 5; I 2, 2; 1, 6. τοῦ ἐν ἐμοὶ λαλοῦντος χριστοῦ steht neben Hab. 2, 1 τοῦ ἰδεῖν τί λαλήσει ἐν ἐμοί,

לִרְאוֹת מַה־יְדַבֶּר־בִּי und Sach. 1, 10 ὁ ἄγγελος ὁ λαλῶν ἐν ἐμοί הַמַּלְאָךְ הַדֹּבֵר בִּי. Dadurch, daß Christus Paulus zu seinem Sprecher macht, gleicht sein Erlebnis dem des Propheten. Deshalb, weil Christus das Wort des Paulus zu seinem Wort macht, hat es Heilsmacht, schafft es Glauben und verpflichtet es mit heiligem Gebot. Darum zeigt es auch dem, der sich ihm widersetzt, mit richtender Macht seine Schuld. Paulus dachte, wenn er von seiner Sendung sprach, nicht nur an den Tag seiner Bekehrung. Denn er ist nicht der Bote eines toten oder abwesenden Herrn, sondern spricht und handelt in der Gemeinschaft mit dem Lebendigen. In dieser Würdigung seines Apostolats hatte alles, was Paulus der Gemeinde sagte, seinen Grund. Wurde sie fraglich gemacht, so wurde der ganze Bestand der Gemeinde erschüttert. Paulus wird nun aber die Wahrheit seines Apostolats mit der Tat so beweisen, daß alle Ungewißheit überwunden ist.

Es ist freilich wahr, daß Paulus schwach ist; aber dies verdunkelt die Gegenwart des Christus in ihm nicht. Denn auch Christus war schwach; weil ihm Gottes Kraft nicht beistand, sondern ihm Schwachheit beschieden war, wurde er gekreuzigt. In ihm sind aber die Schwachheit und die Kraft Gottes verbunden. Denn der Gekreuzigte lebt, und dies ist die Wirkung der göttlichen Kraft, und sie werden in Korinth sehen, daß Christus bei ihnen mächtig ist. Ebenso hat Paulus die Schwachheit und das Leben. Im Christus ist er schwach; er ist es wegen seiner Gemeinschaft mit dem, der für die Sünden gestorben ist und an seinem Boten zeigt, daß er der von der Welt Getötete ist, II 4, 10. Er ist aber zugleich, da sich Christus mit ihm verbindet, mit dem Leben begnadet, so daß sich Gottes Kraft durch ihn offenbart.

Somit ist Paulus zu dem, was er vorhat, gerüstet. Ebenso sollen sich aber auch die Korinther rüsten. Wie bereiten sie sich auf seine Ankunft vor? Versuchen sollen sie sich, sich erproben und tüchtig machen, alle leeren Worte abtun und das, was nur Schein und unwahr ist, beseitigen.

Wenn dem Menschen die Versuchung bereitet wird, ist immer sein Glaube das, was der Erprobung unterworfen wird. So ist es auch, wenn die Korinther sich selber versuchen. Die

Frage, für die sie sich um eine deutliche Antwort bemühen
sollen, ist, ob sie im Glauben seien. Sind sie im Glauben, so
sind sie im Christus und sind ihm gehorsam und vom Sündigen
getrennt. Sie haben von Paulus nichts zu fürchten, wenn sie
glauben können. Mit der Formel „im Glauben sein" hat Paulus
angedeutet, was für ihn das Glauben bedeutet hat. Er stellt
es nicht als einen abgesonderten Vorgang neben die übrige
Bewegung unseres Lebens. Denn jenes Glauben, mit dem sich
der Mensch Jesus ergibt, macht alles, was in ihm ist, sich untertan; es ist die den Menschen haltende, bewegende und formende Macht. Das vermag der Glaube nicht durch seine eigene
Kraft und Würde, sondern deshalb, weil er das Band ist,
durch das Jesus den Menschen mit sich vereint. „Im Glauben
sein" heißt „im Christus sein", oder, wie Paulus hier absichtlich mit einem noch stärkeren Ausdruck sagt: Jesus Christus
ist in ihm. Das konnte er deshalb sagen, weil er sagen konnte:
„der Geist ist in ihm", I 6, 19. Da er den Geist nicht vom
Christus sondert, ist im Geist Christus selbst im Menschen;
vgl. Eph. 3, 17. Die Gegenwart Jesu in uns können wir deshalb erkennen, weil wir erkennen können, daß wir glauben,
und dies so, daß wir „im Glauben sind", so daß das, was wir
denken und wollen, unter der Leitung des Glaubens steht.
Damit trägt unser Leben in allen seinen Erweisungen jenes
Kennzeichen, das dem eigen ist, was Jesus wirkt. Es ist vermutlich tief begründet, daß Paulus gerade jetzt, da er von
der Gegenwart und Wirksamkeit des Christus im Menschen
spricht, ihm seinen vollen Namen „Jesus Christus" gibt. Er
wendete den Blick der Korinther nach innen; ihr eigenes Verhalten und Erleben sollen sie messen; aber er löst sie damit
nicht vom Menschen Jesus und seiner Geschichte ab und macht
aus dem Christus nicht ein Geistwesen oder eine himmlische
Gestalt. Alles lag Paulus am Anschluß an den Menschen
Jesus, daß in ihm der erkannt werde, der die göttliche Gnade
der Menschheit bringt.

Mit εἰ μήτι wird der Tatbestand, der im Vorangehenden als
vorhanden bejaht war, aufgehoben: „falls dies nicht so ist,
sonst" seid ihr unecht, Scheinchristen, unbrauchbar. Ist nicht
der Christus in ihnen gegenwärtig und wirksam, so sind sie

nichts anderes als Fleisch und haben nur, was die Natur ihnen gibt. Dann haben sie aber in der Gemeinde keinen Raum. Nur wenn Jesus sich in ihnen seine Gegenwart gibt, „sind sie mit ihm Ein Geist", I 6, 17, und „sein Leib", I 12, 27, so daß ihr Leib „ein Glied des Christus ist", I 6, 15. Nur dann haben die großen Worte, mit denen die Gemeinde preist, was sie geworden ist, Wahrheit; nur dann sind sie Heilige und Gerechte.

Vom Urteil, das die Korinther über sich selbst zu bilden haben, kehrt Paulus zu der Gewißheit zurück, die sein eigenes Handeln trägt. Bei den Korinthern kann es solche geben, deren Christenstand nur Schein ist, so daß sie verwerflich und untüchtig erfunden werden; Paulus dagegen ist nicht unbewährt und untüchtig, und dies wird nicht ein Geheimnis bleiben, über das man zweifeln könnte; das werden die Korinther durch ihr eigenes Erleben erkennen. Nun wäre er aber gänzlich mißverstanden, wenn sie aus seinen drohenden Worten schlössen, er begehre über sie Gericht zu halten und die Macht des Christus an ihnen dadurch zu offenbaren, daß er sie bestrafen wird. Sein Gebet, mit dem er sein Wirken in Korinth vorbereitet, erbittet für sie, daß sie nichts Böses tun. Er bittet nicht darum, daß er sich als den Bewährten und Wahrhaftigen beweise, dessen Drohung sich erfüllt und dessen Urteil vor Gott gültig ist, weil Christus in ihm spricht und Gottes Kraft mit ihm ist. Er bittet nicht, daß er der Sieger über seine Gegner sei und seine Größe denen zeigen könne, die an ihm zweifelten, sondern das ist seine Bitte, daß die Korinther das tun, was recht und löblich ist. Erfüllt Gott sein Gebet, dann sieht es aus, als fehle Paulus die ihn beglaubigende Macht; dann hat er gedroht, ohne daß die Drohung geschieht, hat vom Gericht über die Gemeinde gesprochen, während es nicht notwendig wird, und ihnen den Erweis der Kraft Gottes verheißen, obwohl er nur bestätigen kann, daß die Gemeinde aus sich selber richtig gehandelt hat. Dies ist aber das, was er erbittet und plant, weil die Wahrheit ihn regiert und ihm seine Macht zuteilt. „Die Wahrheit des Christus ist in ihm", II 11, 10. Wenn er der Wahrheit widerstände, würde nicht Christus in ihm reden. Wenn er den Unechten in Korinth

erklärt, daß er sie nicht länger schone, so kämpft er für die
Wahrheit; wenn er den Zweifel an seiner Sendung und an
seiner Verbundenheit mit Christus vernichtet, so kämpft er
für die Wahrheit; wenn er nicht zuläßt, daß die Größe der
ersten Apostel dazu benützt werde, um sein Werk zu hindern,
so kämpft er für die Wahrheit. Wenn er aber, um seine Größe
zu zeigen, die Korinther auch dann strafte, wenn sie von sich
aus das Gute taten, dann handelte er gegen die Wahrheit,
und das kann er nicht.

Wenn es nicht zu einem Gericht über die Korinther kommt,
sondern die Eintracht in der Gemeinde und ihre Einigung
mit ihm leicht und völlig hergestellt wird, dann ist er schwach;
sie aber sind stark, und daran freut er sich; denn darum betet
er. Sein Ziel ist ihre völlige Herstellung, daß sie das, was ihre
Gemeinschaft stört, überwinden und in vollem Maß fruchtbar
machen, was Christus ihnen gegeben hat. Er beschreibt damit das Ziel, das er ihnen vorhält, mit demselben Wort, mit
dem er sie im ersten Brief zur Eintracht mahnt, I 1, 10. So
geschieht gerade das, was er mit seinem Brief wollte. Es wäre
ein törichtes Urteil, wenn jemand sagte, dann habe er ver-
gebens so ernst zur Gemeinde gesprochen. Deshalb schrieb
er so streng, damit er nicht streng verfahren müsse. Auch
dazu würde ihn die Vollmacht befähigen, die er als Apostel
hat; aber bei allem, was er im Auftrag des Herrn und mit
seiner Macht tut, ist das Ziel Aufbau, nicht Abbruch. Mit diesem Wort, mit dem er schon II 10, 8 gesagt hat, was er beim
Kampf mit seinen Gegnern wollte, schließt er den Teil des
Briefs, durch den er der Gemeinde ankündigte, was nach
seiner Ankunft bei ihr geschehen wird.

Der Segen über die Gemeinde
13, 11—13

In Vers 7 hatte Paulus das, was die Gemeinde zu tun hat, nur mit der alles umfassenden Formel benannt „tun, was gut, richtig und löblich ist." Nun läßt er noch bestimmte Imperative in die Gemeinde hineinklingen, die ihr sagen, was sie zu tun hat. Voran steht: „Freut euch." Würden die Schwierigkeiten, die aus dem Zusammenleben der Brüder miteinander entstehen, die Freude verdrängen, so wäre der Zerfall der Gemeinde unvermeidlich. Für all das Große, was sie zu leisten hat, ist es Bedingung, daß ihr Blick an der Größe der Gnade hafte, die ihr zuteil geworden ist, womit ihr die Freude verliehen ist. καταρτίζεσθε setzt fort, was Paulus über sein Gebet gesagt hat, Vers 9. Er mahnt: macht euch fertig, beseitigt das Störende und bessert das Beschädigte; bleibt nicht in unfertigen Anfängen stecken; bemüht euch um den ganzen Christenstand. παρακαλεῖσθε umfaßt beides, das den Leidenden zum Trost und das den Säumigen und Müden zur Mahnung gesagte Wort. Dann folgt die Mahnung, das Denken und Wollen einheitlich auf dieselben Ziele zu richten, womit die Voraussetzung dafür gegeben ist, daß die Gemeinde Frieden hat. Für alles, was die Gemeinde zu leisten hat, macht Paulus sie willig und unermüdlich durch die Verheißung, die über ihrem Bemühen steht. Dann erlebt sie Gottes Gegenwart so, daß er Liebe und Frieden schafft. Die Genetive kennzeichnen Gott durch das, was er wirkt. Weil von Gott Liebe und Frieden kommt, ist es kein träumerisches Unternehmen, das scheitern muß, wenn sich die Korinther darum bemühen, alles zu beseitigen, was die Gemeinschaft stört.

Auch diesmal wie beim ersten Brief, I 16, 20, gibt Paulus der Gemeinde auf, nach der Verlesung des Briefs ihre Gemeinschaft miteinander durch den Kuß zu bekräftigen. Namentliche Grüße fügte er hier nicht bei. Paulus grüßt im Namen aller Heiligen. Zunächst haben wir an die zu denken, bei denen er damals war, also an die Makedonen. Vielleicht hat er aber zu „alle Heiligen" keine Beschränkung hinzugedacht. Dann war es seine Meinung, daß durch ihn alle, die zur Gemeinde Jesu gehören, die Korinther grüßen. Indem sie ihre Gemeinschaft mit ihm bewahren und erneuern, bleiben sie die Glieder der einen Gemeinde, die alle Heiligen umfaßt.

Das eigenhändig von Paulus Geschriebene ist hier ein besonders reicher Segen. Vielleicht haben ihn die Schwierigkeiten, mit denen er in Korinth rang, bewogen, den Segen, auf dem sein Apostolat und der Bestand der Gemeinde und ihre Verbundenheit miteinander beruhen, besonders inhaltsvoll zu formen. Was sie alle vom Herrn Jesus Christus erfahren, ist Gnade; was Gott ihnen gewährt, ist Liebe, und was der heilige Geist gibt, ist Gemeinschaft. Der dritte Genetiv läßt sich nicht anders fassen als die beiden ersten. Der heilige Geist ist das Subjekt der κοινωνία, wie und weil Jesus der Gnädige und Gott der Liebende ist. Etwas Neues, was die Aussagen des Paulus über Gott sonst nicht zeigten, tritt hier nicht hervor. Immer sind, wenn Paulus das Verhältnis der Gemeinde zu Gott erwägt, der Christus und der Geist die beiden Wirker, durch die sie Gottes Liebe erlebt; nie denkt er beim Christus und beim Geist an ein zwiespältiges, getrenntes Wirken, und immer ist alles, was der Christus und der Geist an Willen und Kraft haben, Gottes Eigentum.

Daß Paulus den Segen mit der Gnade Jesu und nicht mit der Liebe Gottes beginnt, konnten nur die befremdlich finden, die von Paulus erwarteten, er sei, wenn er über unseren Anteil an Gott rede, vom menschlichen Standort weggehoben, so daß er unser Verhältnis zu Gott von oben her, von Gottes Standpunkt aus, beschreibe. Paulus hat aber keine andere Beziehung zu Gott gehabt und begehrt als die, die ihm seine Geschichte gab. Er nennt daher zuerst den Vorgang, durch den Gott ihm begegnet, sich ihm offenbart und ihn zu sich ruft; das ist „die Gnade des Herrn Jesus Christus"; hier hat jedes Wort volles Gewicht. Aber die Gütigkeit Jesu, die vergibt und begabt, ist darum so reich und so mächtig, weil Gottes Wille durch sie offenbar wird, nämlich seine ἀγάπη, daß er den Menschen wert hält und ihn für sich begehrt. Aus der Liebe entsteht die Gemeinsamkeit des Wollens und des Wirkens, und in welchem Maß Gottes Liebe uns diese gönnt,

spricht der Satz aus, daß uns der heilige Geist an dem teil-
gebe, was er will und wirkt.

Daß in Korinth Dinge geschehen konnten, die Paulus be-
trübten und ihn wegen vieler Korinther besorgt machten,
hinderte ihn nicht, dem Segen die universale Fassung zu
geben: „die Gnade Jesu und die Liebe Gottes und die Gemeinschaft des heiligen Geistes ist mit euch allen." Nur das
Verhalten des Menschen setzt der göttlichen Gabe Grenzen
und kann bewirken, daß sie ihm entzogen wird. In der Gnade
Jesu und der Liebe Gottes und der Gemeinschaft des Geistes
sah Paulus das für alle Vorhandene, das Bleibende.

PERSONENVERZEICHNIS

SACHREGISTER